本書の特徴と使い方

思想家の時代スケール 思想家相互の時代的な距離感が，感覚的にわかります。

思想家のプロフィール 思想家の生涯を，時代背景などとともにわかりやすくまとめました。

解説資料 原典だけでは分かりにくい思想には，解説資料を追加しています。

原典資料 原典資料を豊富に掲載し，思想家の生の言葉に触れられるようにしました。

入試DATA㉒ 2011年以降のセンター／共通テスト出題年次を表示しています。

Words 単元に出てくる〔…〕番号は巻末の用語解説に〔…〕

…コンを表示しています。

入試出題回数 2001年からのセンター／共通テスト出題回数を表示しています。

Outline 重要な思想家の思想の要点を，図解でわかりやすくまとめました。

Approach その思想家の思想の特徴・問題意識などをコンパクトな読み物にまとめた導入資料。身近な話題から思想の世界に入り込めます。

Side Story 思想家にまつわる興味深いエピソードを紹介しています。

Introduction
各節の導入資料です。時代背景を示す年表を中心に，その節を学ぶ上での基礎知識をまとめました。

SUMMARY
各節の学習内容のまとめです（複数の節をまとめている場合があります）。キーワードが赤字になっているので，赤シートを使って定着度を確認できます。また，「CHALLENGE」で大学入試問題に，「RANK UP」で国公立二次試験の問題にチャレンジできます。

FEATURE
各節の思想を発展的にとらえた特集です。各時代の思想が社会や文化にどんな影響を与えたかを知ることで，現代の諸課題を考えるヒントになります。

私たちと一緒に倫理を学びましょう！

知恵　哲　真田先生

編著者

長島隆行　相﨑健一　新井直明　伊藤由樹子
井上兼生　金澤みなみ　齊藤龍馬　澤井望美
坂東正己　本郷洋子　三浦俊二

倫理を学ぶにあたって—哲学って難しい？

これから倫理の勉強をはじめようとしているみなさん。教科書や資料集をひもとくと，哲学者や宗教家の名前がずらりと並んでいて，「なんだか難しそう！」・「これってなんの役に立つの？」と感じた人もいるのではないでしょうか。

倫理が探究するもの，それは「自分」です。「自分」とは，いまこの文章を読んでいる「あなた自身」に他なりません。

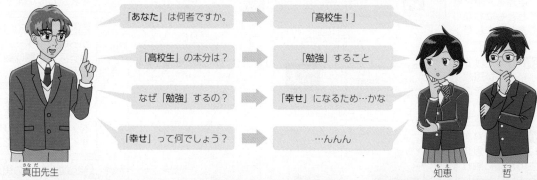

真田先生		知恵　哲
「あなた」は何者ですか。	➡	「高校生！」
「高校生」の本分は？	➡	「勉強」すること
なぜ「勉強」するの？	➡	「幸せ」になるため…かな
「幸せ」って何でしょう？	➡	…んんん

哲学的な思索にチャレンジ！

哲学的な思索とは，このように「問い」を積み重ねていくことでテーマを徹底的／根本的（ラディカル）に考えていく営みです。自分を相手に議論を進めること[1]もできますが，一人では行き詰まって／息づまってしまうかもしれません。そんなとき，**道を広げ，壁を壊してくれるのが「他者」の存在です**。先人たち，とりわけ思想家と呼ばれる人たちとその著作を通して対話することで，より遠くへと思索の歩みを進めることができるでしょう。またクラスメートや教師と対話（ダイアローグ[2]）してみるのも哲学的な活動です。近年，喫茶店や集会所に集まった見知らぬ者同士で，さまざまなテーマを議論する哲学対話が日本でも行われるようになりました。

[1] ソクラテスは，一人であっても内なるダイモンの声，また人格化された法と対話することで思索を深めていた。
[2] dialogue とは，二人の人物が向き合って（dia），言葉と論拠（logos）を重ね合わせることをいう。

❶カフェ・デ・ファール（フランス・パリ）
1992 年，哲学者マルク・ソーテがここで世界初の「哲学カフェ」を開いた。

哲学対話を楽しもう！

哲学対話（ダイアローグ）は，友達同士の気まぐれなおしゃべり（チャット）や相手の主張を論破し自分の意見を相手に納得させる討論（ディベート）とは異なります。哲学対話で対話者が心がけることは，相手の話に真剣に耳を傾けること，自分の考えを丁寧に伝えること，自分の意見を押し付けないこと，です。そうした対話を重ねることで，**テーマに対して多様な見方が存在することを理解し，自分が思い込みや偏見にとらわれていないかを探り，そうして自分が見えていなかったものに気づくこと**，そのような実践が哲学対話です。

取り上げるテーマは参加者が話し合って決定します。「恋と愛の違い」，「いじめとは何か」，「友達になるとはどういうこと」など身近なものが取り組みやすいでしょう。古代ギリシアの哲学者ソクラテスも若い少年を相手に，恋心や友情といったみなさんにも関心のあるテーマを真剣に議論しています（プラトンの著書『リュシス』）。

❶哲学対話の実践　机を取り払い，参加者は円形になって話し合う。最初に対話のルール（人の悪口は言わない，他の人の発言を遮らないなど）を全員で確認しておこう。

私にとって幸せは，ミュージシャンとして成功することかな。

僕は，宇宙の始まりを解き明かす研究ができれば幸せかな。

二人の幸福観は異なるようだけど，自分の能力を発揮するという点では共通しているね。それでは知恵さん，成功するとはどういうことだろうか？　哲君，宇宙が始まるとはどういうことだろうか？さらに考えを深めてみよう。

哲学対話は結論を求めるのではなく，さらなる「問い」や「疑問」を発見する営みでもあるのです。どうですか，哲学はとてもエキサイティングなものでしょう？　みなさんもチャレンジしてみましょう。

 Side Story 「日常何気なく見ている平凡な事柄を手掛かりとして思索を推し進めてゆく」，吉野源三郎著『君たちはどう生きるか』の解説にある丸山真男の言葉。生きた体験を通して物事の是非を自分の頭で考える。倫理の「学び」はここから始まる。

哲学にチャレンジ！〜「トロッコ問題」を考えてみよう

　次のような状況を考えてみましょう。暴走するトロッコのレールの先に5人の作業員がいます。このままでは5人は逃げ遅れてひかれてしまうのは確実です。その手前に引き込み線があり、そちらには1人の作業員がいます。レールを引き込み線に切り替えれば5人は助かりますが、1人の作業員は確実にひかれて命を落としてしまいます。あなたはレバーを唯一操作できる立場にいます。また、どちらの作業員にも声をかけられる状況にはありません（下の絵と同じように作業員は逃げられない状況にあるということ）。あなたは、レバーを動かしますか？（引き込み線に切り替える）、あるいは動かしませんか？（この場合、手に持ったまま動かさないと考えてください）　これは究極の二者択一で、あなたに他になすべき選択肢はありません（誰かに助けを求める、奇跡が起こる、などといった選択肢はありません）。

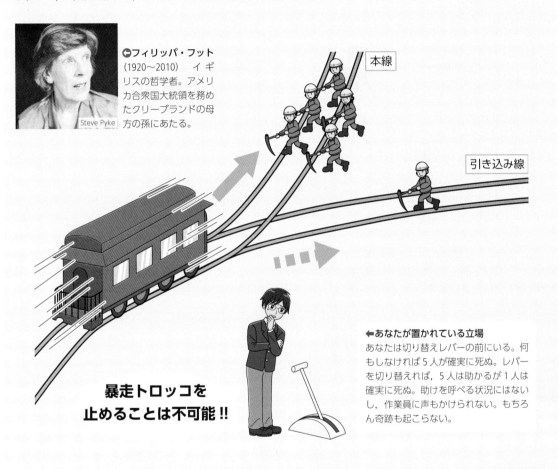

◆フィリッパ・フット
（1920〜2010）　イギリスの哲学者。アメリカ合衆国大統領を務めたクリーブランドの母方の孫にあたる。

Steve Pyke

本線

引き込み線

**暴走トロッコを
止めることは不可能!!**

←あなたが置かれている立場
あなたは切り替えレバーの前にいる。何もしなければ5人が確実に死ぬ。レバーを切り替えれば、5人は助かるが1人は確実に死ぬ。助けを呼べる状況にはないし、作業員に声もかけられない。もちろん奇跡も起こらない。

　これはイギリスの哲学者フィリッパ・フットが提起した倫理的問題です。ここで、真田先生のひとひねり。この状況はネットで全世界に配信されています。世界中があなたの意思決定に注目しています（逃げることはできません）。さあ、あなたはレバーを動かしますか、それとも握ったまま動かしませんか？

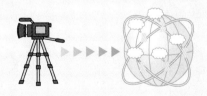

考えるのを止めて何もしなければ、動かさなかった（意思）と周りの人は思うわ。きちんと考えて答えを出さないと周りの人に釈明ができないわね。でも、今の自分ではどうしていいかわからない、というのが本音です。

災害現場での救命活動、臓器移植の是非など、この問題は現実にある倫理的課題を考える試金石になりますね。倫理の授業を進めたあとで、もう一度みんなで話し合ってみると良いですよ。最初の時とは考え方が変わるかもしれませんよ。

Side Story　トロッコ問題の別バージョンを紹介しよう。あなたは橋の上におり、目の前にいる太った男を突き落とせばトロッコを止めることができる（太った男は無防備で誰でも突き落とせるが、落とせば確実に死ぬ！）。あなたはどうするだろうか？

Introduction

第 1 章

現代に生きる自己の課題

➡佐野碧華（みはな）（市立函館高校）
画「めざめ」(2019年) F30
油彩・キャンバス，令和2
年度全国高等学校総合文化
祭「こうち総文」美術・工芸
部門北海道代表作品

　試験勉強をしようと眠さをこらえて早起きした。窓の外には薄紅色に染まる雲が見える。

　朝の光が目に射し，きりきりと痛んだが，白みゆく空にうっとりした。

　ふと，昨日知恵とけんかしたことを思い出し，胸が苦しくなった。今は自分にも非があったと考えている。でも関係は修復できると信じている。

　これは哲君の日記の一部です。この中に「心の働き」といえるものがどれだけあると思いますか？

　「しよう」は意図，「眠さ」は生理的欲求，「こらえて」は意志，「見える」は知覚，「痛んだ」は感覚，「うっとり」は気分，「思い出し」は記憶，「苦しい」は感情，「考えている」は思考，「信じている」は信念——。

　私たちが世界を経験する中で，心はめまぐるしく働いているのです。古くは「魂」（たましい）とも呼ばれた心と向き合うことは「自分自身を知ること」であり，また，人間の心が長い進化の過程で形作られてきたことから「人間とは何か」を探究することでもあります。**第1章では，心を科学的に探究してきた心理学の見方・考え方を学んでいきましょう。**

〈朝の教室〉

哲：昨日はごめんね。知恵ちゃんの気持ちも考えずに，一方的に非難して。

知恵：私も感情にまかせて怒鳴（どな）ったりして，ごめん。

哲：自分や相手の心を理解するのって難しいな。

知恵：以前授業で「第二の誕生」って習ったよね。私たちの年頃は「自我のめざめ」の時期で，自分へのこだわりが強くなるって教わったじゃない。

哲：うん。頭で理解できていても，冷静に自分を見つめて行動するにはまだまだ時間がかかりそう。

真田：哲君，知恵さん，おはよう。昨日はけんかしていたみたいだけど，仲直りできたのかな？

哲：はい，先生。でも，僕たちもうすぐ「大人」ってみなされる18歳になるんですけど，オルポートが成熟した人格の特徴として挙げた「情緒の安定」（じょうちょ）や「自己客観化」が身についていなくて，まだまだ「子ども」から抜け出せないみたいです。

真田：大人と子どもの境界を揺れ動くみんなは，マージナル-マンとして焦り（あせ）やいらだちを感じることもあると思いますが，着実に成長していますよ。では，倫理の授業を始めましょうか。

私の存在とは？人間とは？誰しもがその答えを求め模索する

①人間とは何か

Words 1 理性 2 ホモ-サピエンス 3 ホモ-ファーベル 4 アニマル-シンボリクム 5 ホモ-ルーデンス 6 ホモ-ロークエンス 7 ホモ-ポリティクス 8 ホモ-エコノミクス

1 人間の定義

人間は **ホモ-サピエンス**（知性人）である。15

リンネ（1707～78）
スウェーデンの博物学者
＊生物の分類学上，人間の本質は理性にある。

人間は **ホモ-エコノミクス**（経済人）である。

アダム＝スミス（➡p.135）
イギリスの経済学者
＊人間は経済的に合理的な行動をする。

人間は **ホモ-ファーベル**（工作人）である。15 18 22

ベルクソン（➡p.165）
フランスの哲学者
＊道具を作り，環境や自分を作り変える。

人間は **ホモ-ルーデンス**（遊戯人）である。15 17 18 22

ホイジンガ（1872～1945）
オランダの歴史家
＊「遊び」から文化が生まれた。

人間は **ホモ-レリギオースス**（宗教人）である。15

エリアーデ（1907～86）
ルーマニアの宗教学者
＊祈りをささげる人

人間は **アニマル-シンボリクム**（象徴的動物）である。

カッシーラー（1874～1945）
ドイツの哲学者
＊人間は言語や記号などの象徴を扱う動物である。

人間は **ポリス的動物** である。

アリストテレス（➡p.34）
古代ギリシャの哲学者
＊人間の生きる目的はポリス（社会）にある。

人間は **考える葦** である。

パスカル（➡p.103）
フランスの哲学者
＊人間は自然の中で最も弱いが，思考することが人間の尊厳である。

人間は **みずから造るところのもの** である。

サルトル（➡p.162）
フランスの哲学者
＊人間は自覚的に自己の本質を作り上げる自由な存在である。

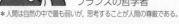
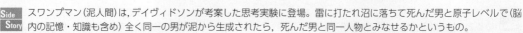

Side Story スワンプマン（泥人間）は，デイヴィドソンが考案した思考実験に登場。雷に打たれ沼に落ちて死んだ男と原子レベルで（脳内の記憶・知識も含め）全く同一の男が泥から生成されたら，死んだ男と同一人物とみなせるかというもの。

「青春は何もかも実験である」（「鉄道の父」ジョージ・スティーブン）

②青年期の特徴

Words　9 第二の誕生　10 自我のめざめ　11 第二次性徴　12 心理的離乳　13 第二反抗期　14 マージナル・マン

Think　子どもからおとなになっていくときに，何が起こる？

原典A　第二の誕生

View　人間は，「生きる」ために「第二の誕生」を克服する

　わたしたちは，いわば二回この世に生まれる。一回目は存在するために，二回目は生きるために。はじめは人間に生まれ，つぎには男性か女性かに生まれる。……

　……自然によって定められた時期にそこ（子どもの状態）からぬけだす。そしてこの危機の時代は，かなり短いとはいえ，長く将来に影響をおよぼす。

　暴風雨に先だってはやくから海が荒れさわぐように，この危険な変化は，あらわれはじめた情念のつぶやきによって予告される。……①気分の変化，たびたびの興奮，たえまない精神の動揺が子どもをほとんど手におえなくする。②まえには素直に従っていた人の声も子どもには聞こえなくなる。それは熱病にかかったライオンのようなものだ。子どもは指導者をみとめず，指導されることを欲しなくなる。

　気分の変化を示す精神的なしるしとともに，③顔かたちにもいちじるしい変化があらわれる。容貌が整ってきて，ある特徴をおびてくる。（男性は）頬の下のほうにはえてくるまばらな柔らかい毛は次第に濃く密になる。声が変わる。というより失ってしまう。④かれは，子どもでも大人でもなく，そのどちらの声も出すことができない。……

　これがわたしのいう第二の誕生である。⑤ここで人間はほんとうに人生に生まれてきて，人間的ななにものもかれにとって無縁のものではなくなる。これまでの私たちの心づかいは子どもの遊びごとにすぎなかった。ここではじめて，それはほんとうに重要な意味をもつことになる。

（ルソー 著／今野一雄 訳『エミール (中)』岩波文庫）

解説

Aルソーは，身体的な出生をさす第一の誕生に対して，青年期における精神的な自己の誕生を「第二の誕生」と呼んでいる。その生みの苦しみは，青年自身が耐えて乗り越えていかなければならない。苦しみを乗り越えるなかで，自立心が形成されていくのである。

　『エミール』は物語風に書かれた教育改革論。ルソーは，大人が理屈やしきたりを教え込むのではなく，その人の自然の天性に従い，子ども自身がみずからの力で成長することを重視した。そこで自然のなかで，**子どもの成長に応じながら，経験を通して学ぶべきことを説いた（消極教育）**。同書は『社会契約論』と対をなし，理想の社会を実現するための市民を育てる意図があった（➡p.122）。しかし，女子に対する教育は保守的で，フェミニストからは批判された（➡p.186）。

Q　①〜⑤は青年期の特徴をあらわしています。それぞれの特徴を何というでしょうか。

（➡答えは巻末「解答」参照）

自己の課題

1　第二次性徴

　生まれながらの生殖器の違いを第一次性徴というのに対して，**思春期**に入り性ホルモンの働きによって身体に現れる男女の特徴を**第二次性徴**という。女子では乳房の発育，陰毛の発生，初経，男子では変声，陰毛の発生，精通の順に出現する。自分の性的なあり方(**セクシュアリティ**)が強く意識されるようになり，不安や悩みを抱えることもある。

💡　現代は前の世代よりも第二次性徴が早まる傾向にあり，**発達加速現象**という。

2　自我のめざめ

　外の世界や他者と区別し，意識する自分自身を**自我ego**という。青年期は，**自我のめざめ**により「他の誰でもない自分」(**自己 self**)という存在が強く意識される。

➡ムンク「思春期」　少女は，月経の血と思われる染みの上で，足を固く閉ざしている。

💡　壁に伸びる黒い影は，何を表しているのだろうか。

3　マージナル・マン

　複数の社会集団や文化の境界線上に位置し，そのいずれにも完全に所属できない人々を**マージナル・マン（境界人・周辺人）**という。ドイツの社会心理学者**レヴィン（1890〜1947）**は，**青年が子ども集団にも，大人集団にも属しきらない中間の存在**で不安定な状態にあることから，青年をマージナル・マンと呼んだ。青年が示す，**過度の自意識，劣等感，情緒不安定**はその心理的特性である。

どっちなの？

子ども　青年　マージナルマン（境界人）　おとな

4　心理的離乳と第二反抗期

　親の監督から離れ，一人の人間として自立しようとする青年期の心の働きを，アメリカの心理学者**ホリングワース（1886〜1939）**は**心理的離乳**と名づけた。その過程で，親や身近な大人に反抗する態度があらわれる（**第二反抗期**）。

💡　2〜4歳のころに自我の芽生えによって生じるものを**第一反抗期**（「イヤイヤ期」）という。

Side Story　寒い夜，2匹のヤマアラシがくっつき合って暖を取ろうとするが，お互いのトゲで傷つけあう。凍えないよう，2匹はちょうどよい距離を見つけようと試行錯誤する。これを**ヤマアラシのジレンマ**といい，青年期の人間関係と似ている。

③青年期の自己形成

Approach 「自分は何者か？」という問いに，君は答えられるか？

> 映し鏡　ショーウインドー　隣の人と自分を見比べる
> そう　それが　真っ当と思い込んで生きてた
> どうして
> 今になって　今になって
> そう僕は考えたんだろう？
> どうして
> まだ見えない　自分らしさってやつに
> 朝は来るのか？
> アイデンティティがない　生まれない
> らららら
>
> サカナクション『アイデンティティ』（一部抜粋）
> JASRAC 出 1609966-601

知恵：熱心に聞いているけど好きな曲なの？

哲：僕は他人からどう見られているか，いつも気にしているんだ。自分に自信がないからかな？

知恵：それは「自分らしさ」が，他の人と比べることで見えてくるからじゃない？

哲：比べると自分のダメなとこばかり目について，**劣等感**に苦しめられるんだ。それに，人によって自分の態度や振る舞いも変わってしまって，「自分らしさ」ってホント，何なんだろうって思う。

知恵：劣等感って悪いものじゃないと思う。それに，私はいろいろな自分がいてもいいと思うな。世の中や環境の変化に対応できるじゃない。

いろんな自分がいてもよくない？

ばらばらになったみたいで不安じゃないかな？

（二人の会話を耳にした真田先生）

真田：アイデンティティの拡散は心理的な危機か，自己を多元的に開く可能性か，という議論ですね。
　　　エリクソンはさまざまな環境に個別に適応するような自己のあり方を「**プロテウス*的**」と呼んで非倫理的としました。でも，現代は家族や地域社会はもちろん，SNS など人間関係が多様化しているから，場面ごとに現れるさまざまな自己イメージを統合することは容易なことではありませんね。

知恵：そういえば，SNS などの仮想空間で選んだアバターによって自分の行動や判断の傾向が変わることを**プロテウス効果**といいますよね。

真田：仮想空間で他の人の生き方を経験すると，他者への理解を深める効果があるとの研究があります。VRを活用した**役割実験**といえますね。

哲：オンラインのバトルゲームで回復役の魔法使い（づか）を選ぶと，何かと仲間に気遣うようになったりして，普段と違う自分がいることに気がつくことがあるな。そうか，自分を知るにはいろいろな生き方を試してみることが必要なのか。よし今度は屈強な戦士のアバターを利用してみよう。

真田：哲君，オンラインゲームの中だけが世界のすべてではありませんよ。卒業後の進路という現実をしっかり考えてくださいね。

***プロテウス** ギリシャ神話に登場する海の神。ポセイドンが飼っているアザラシなどの番人を務める。自身の姿を自由に変える能力を持ち，予言を聞き出そうとしたメネラオスから逃れるために，大蛇やライオン，大木などに姿を変えた。

Think アイデンティティとは，どのような意識＝感覚なのだろうか？

原典**A** アイデンティティ

View 自分が自分であるという確信をアイデンティティ（自我同一性）という。

　自我同一性の感覚とは，内的な不変性と連続性を維持する各個人の能力（心理学的な意味での個人の自我）が他者に対する自己の意味の不変性と連続性とに合致する経験からうまれた自信のことである。それぞれ主要な危機の終わりにこのようにして確証された自己評価 self-esteem は，**確かな未来に向かっての有効な歩みを自分は学びつつあるという確信**に，つまり，自分が理解している社会的現実の中にはっきり位置づけるようなパーソナリティを，自分は発達させつつあるという確信に成長していく。

（エリクソン 著／小此木啓吾 訳『自我同一性』誠信書房）

●アイデンティティの三つの基準

①連続性・一貫性（いっかん）

自分は自分である

②斉一性（せいいつ）
他者が思う自分
自分が思う自分

③帰属性（きぞく）

学校　社会

解説

A アメリカの心理学者**エリクソン**（1902 ～ 94）は，〈何者かになること〉を**アイデンティティの確立**と呼び，青年期の発達課題とした。アイデンティティは，「何かと何かが一致すること」を意味し，次の3つの感覚（確信）で構成されるとした。①自分は自分であるという〈**一貫性**〉を，時間的な〈**連続性**〉のなかで持っている感覚。②他人から見られている自分と自分がこうであると思っている自分が一致している〈**斉一性**（せいいつせい）〉の感覚。③ある社会集団に所属し，他の成員からも認められて，現実の社会で自分を位置づけられているという〈**帰属性**〉の感覚。

Side Story バーチャルリアリティ（VR）上で操作するアバターの外見が，ユーザーの心理的状態や態度に影響を与えることをプロテウス効果といい，心理学の見地から研究が進められている。

1 ライフサイクル

エリクソンは，人生を自我の**心理－社会的な発達**の観点から８つの段階にわけ，**ライフサイクル（人生周期）**ととらえた。各段階には**達成しなければならない発達課題**があり，それを達成して次の発達段階に向かうことで，人格的な成長を遂げるとした。

発達段階	心理－社会的危機	発達課題 （獲得される徳）
1 乳児期 0～2歳頃	基本的信頼 vs 基本的不信	自分の世界を信用できるようになる。（**希望**）
2 幼児前期 2～4歳頃	自律性 vs 恥・疑惑	自分の体をコントロールできるようになる。（**意志**）
3 幼児後期 5～7歳頃	自主性 vs 罪悪感	家庭の外にも関心をもつようになる。（**目的**）
4 児童期 8～12歳頃	勤勉性 vs 劣等感	文化やルール，基本的技術を身に付ける。（**適格**）
5 青年期 13～22歳頃	同一性 vs 同一性拡散	アイデンティティを確立する。（**忠誠**）
6 成人前期 23～34歳頃	親密 vs 孤立	アイデンティティ同士の融合を実現する。（**愛**）
7 成人後期 35～60歳頃	世代性* vs 停滞性	みずからの経験を次の世代へとつなげる。（**世話**）
8 老年期 61歳頃～	統合性 vs 絶望	人生全体をひとつにまとめあげる。（**英知**）

＊**ジェネラティビティ**の訳。次世代の確立と育成に心を砕くこと。**産出性（プロダクティビティ）**と**創造性（クリエイティビティ）**をあわせもつ。

2 アイデンティティの拡散 かくさん

将来の目標が決められず，勉強や仕事に集中できない

反社会的なものを過大評価し，自らその仲間となる

すべてに対して確信が持てず，優柔不断や自意識過剰な状態

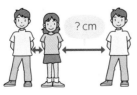
近づいたり離れたり，対人関係の距離を一定に保てなくなる

解説▶ アイデンティティ確立の過程で，自分が何者なのかという自己認識や目標を見失ってしまっている状態を，エリクソンは**アイデンティティの拡散**と呼んだ。

💡 アイデンティティの拡散に苦しむ青年を描いた作品にはどのようなものがあるだろうか。また物語の中で青年はどう変化しただろうか。

3 心理・社会的モラトリアム

モラトリアムは本来，経済用語で「**債務の支払い猶予**（ゆう）」を意味する言葉である。エリクソンは，青年期は心理・社会的モラトリアム－おとなとしての**社会的責任や義務に応える準備ができておらず，それらを猶予あるいは免除される期間**－にあるとした。エリクソンは「社会の側の選択的な寛容と，青年の側の挑発的な遊び心によって特徴づけられる」とし，この期間に青年は，社会的な遊びの場（部活，ボランティア，留学，バックパッカーなど）で**役割実験**を行い，**試行錯誤**を通して自分に合ったものを取捨選択して，アイデンティティを形成していくと論じた。

ぼくは軽音楽部の部長。仲間のまとめ役として，がんばるぞ！

4 モラトリアム人間

精神科医小此木啓吾（おこのぎけいご）（1930～2003）は，あえてモラトリアムの状態にとどまり続け，**決定を先延ばしにする青年**が増えているとし，このような人々を**モラトリアム人間**とよんだ。

💡 アメリカの心理学者ダン・カイリーは，1980年代におとなになりきれない男たちの急増に注目して，その現象を「**ピーターパン・シンドローム**」と名づけた。

5 延長する青年期

前近代の社会では，子どもがおとなの仲間入りをする成人式などの**通過儀礼**を経ることで「一人前」とみなされてきたが，産業革命とともに青年期が出現する。その後青年期は，社会が複雑化し，求められる知識や技術がより高度になったことで，延長し続けていった。

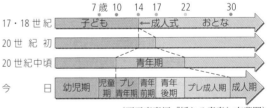

（西平直喜編『揺れる青春』有斐閣）

🔵**ナゴール（バヌアツ共和国）**
バンジージャンプの起源とされる，オセアニア州・バヌアツの通過儀礼。足にブドウ科植物のツタをくくりつけ，高さ50メートル前後のやぐらから飛び降りる。

🔵**日本の成人式** 2022（令和4）年に成年年齢が18歳に引き下げられたが，以前のように20歳の年に開かれることが多い。「はたちのつどい」という名称で催行する自治体もある。

朝日新聞社提供

Side Story ダン・カイリーは社会に適応できず苦しむ青年をピーターパンと呼んだが，歌手の優里は「ネバーランドの大気圏を／破って今夢をかなえるんだ／笑うやつなど蹴り飛ばせ」と，モラトリアム期の青年像を「ピーターパン」で歌った。

自己とは何か―社会学からのアプローチ

ジェームズの I と me

プラグマティズムを唱えたことで有名なアメリカの哲学者・心理学者のジェームズ（→p.142）は、自己（私）には「知る主体としての自己」（主我 I）と「知られる客体としての自己」（客我 me）の2つの側面があるとし、さらに客我を3つに分類した（右表）。

客我		
物質的自己	：	身体、衣服、家族、財産など
精神的自己	：	自分の性格や価値観など心のあらわれ
社会的自己	：	他者が自分に対して抱くイメージに基づいて形成される自己のイメージ

今日の私かわいい♥

こんなところを哲君に見られたら「知恵はうぬぼれ屋」（社会的自己）だと思われちゃうわね。注意しなきゃ。

鏡を見る知恵は主我だけど、その態度をうぬぼれてると反省すると客我に反転するぞ。どういうことだろう？

鏡に映る肌艶のよい知恵　　鏡を見る知恵うぬぼれる知恵
物質的自己　←　主我／精神的自己　←

うぬぼれた自分を反省する知恵
主我

右の文章は、村上春樹の小説『スプートニクの恋人』からの引用です。物語の語り手である「ぼく」が気にしている古典的なパラドックスとはどういうことでしょうか？

日本の小説家
村上春樹 (1949 ～)
1987年に発表した『ノルウェイの森』が大ベストセラーとなる。国内の主要な文学賞のほか、フランツ・カフカ賞を受賞するなど国際的評価も高い。

しかし自分について語ろうとするとき、ぼくは常に軽い混乱に巻き込まれることになる。「自分とはなにか？」という命題につきものの**古典的なパラドックス**に足をとられてしまうわけだ。つまり純粋な情報量から言えば、このぼく以上にぼくについて多くを語ることのできる人間は、この世界のどこにもいない。しかしぼくが自分自身について語るとき、そこで語られるぼくは必然的に、語り手としてのぼくによって、その価値観や、感覚の尺度や、観察者としての能力や、様々な現実的利害によって、取捨選択され、規定され、切り取られていることになる。とすれば、そこに語られている「ぼく」の姿にどれほどの客観的真実があるのだろう？　ぼくにはそれが非常に気にかかる。というか、昔から一貫して気にかかってきた。

(村上春樹『スプートニクの恋人』講談社)

クーリーの鏡に映った自己

アメリカの社会学者 C.H. クーリー (1864-1929) は、自己とはすべて社会的自己であり、**他者の反応や評価が自分自身を映し出す鏡として働くことで、私たちは自己を知り、自己を形成していくことができる**と説いた。クーリーはこの理論を「**鏡に映った自己** looking-glass self」と名づけた。

責任感が強いよね　マジメ過ぎるんじゃないかなぁ　周りの人が思う「私」って？

ちょっとお節介かも…　いつも気を遣ってくれて優しいの

Focus 社会学って何？

社会学は、私たちにとって当たり前であることが、なぜ当たり前なのかを問い、そこに**日常生活では意識されない社会作用や仕組み**があることを解明する学問である。フランスの社会学者デュルケムは、社会学とは「**一般の人の目に映じるのとは異なった仕方でものを見るようにさせること**」だとし、その発見は「通念にさからい」、人々を「戸惑わせるもの」だと指摘した。たとえば、デュルケムは、人が罪を犯さないのは罰を恐れるからではなく、内面化された社会規範が抑止力として働くからだという。ある統計によると、日本は近年、刑法犯の検挙数は減少しているが、再犯率は高まっている。そこで「保護観察終了時の職の有無と再犯率」の統計を参照すると、保護観察終了後に無職でいる者が有職者より再犯率が高いことがわかる。2つの統計からは「再犯の背景には、社会的孤立や経済的困窮がある」ことが予測できる。このように、「**社会的事実**」をデータによって分析するやり方――犯罪であれば、個人の性格や気質ではなく、統計に基づいた分析を行うこと――は、社会学の手法の1つである。

社会は独自の存在である
デュルケム
1858〜1917　フランス

社会とはそれ独自の現象であり、自然現象のように私たちの外部に客観的に存在していると考えたデュルケムは、社会的事実（＝社会生活の諸側面）を「もの」として取り扱うことを社会学に求めた。社会は私たちの外から、私たちをかたちづくるものであるという立場である。主著**『自殺論』**では、きわめて個人的な行為に見える自殺が社会的な影響を受けていることを分析した。自殺率という社会的事実が共同体の連帯の強さという社会的事実によって規定されることを証明した。

Side Story
①疾風怒濤（アメリカの心理学者ホール (1844-1924) は、不安と動揺を特徴とする青年期を「疾風怒濤の時代」とよんだ。）
②第二反抗期・心理的離乳　③第二次性徴　④マージナル - マン（境界人）　⑤自我のめざめ

ミードの一般化された他者

　アメリカの社会学者・哲学者 **G.H. ミード** (1863-1931) は，ジェームズの主我 (I) と客我 (me) の概念を発展させた自我理論を唱えた。ミードは，社会的な関係を通して他者の期待や態度を自分に取り入れ（役割取得），取り込んだ他者の期待や態度（客我me）とそれに反応する自分（主我I）との相互作用によって自我は形成されると論じた。

　成長の過程ではじめに「ごっこ遊び」を通して親や教師などの「重要な他者」の期待が取り込まれる。次いで「ゲーム遊び」を通して共同体や複数の他者の多様な期待をまとめあげ一般化した「一般化された他者」の期待が取り込まれる。ミードは，主我は「一般化された他者」を内面化したものである客我と相互に作用しあい，またそれらが他者との相互行為のなかで変容していくことで成熟した自我が形成されていくとした。

●自我の社会性の形成過程

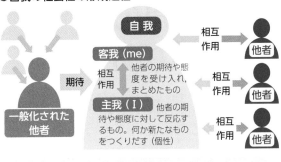

ミードの言葉：自我の社会性

　他の自我との明確な関係のなかでのみ，自我は存在しうるのである。（中略）個人は，彼の社会集団の他の成員の自我との関係においてのみ，自我を所有できる。彼の自我の構造は，この社会集団に属している他のすべての個人の自我の構造と同じく，彼の属しているこの社会集団の一般的行動類型を表現ないし反映している。

（G．H．ミード 著／河村望 訳『精神・自我・社会』人間の科学社）

ギデンズの再帰的自己

　イギリスの社会学者 **A. ギデンズ** (1938-) によれば，自己を規定する準拠枠（家柄，身分など）を失った現代社会では，「あなたは何者なのか（自分は何者なのか）」という問いかけに対して，自分自身で答えなければならなくなった。そのために，**現代社会を生きる私たちは，自己の生活史を振り返り，それを再構成し，たえまなく自己の物語を物語り続けなければならなくなった**という。ギデンズはこのことを**再帰的プロジェクト**とよんだ。

Instagram が若者を中心に流行っているけど，自己語り（ナラティブ）の一種なのかな？

イギリスの社会学者
アンソニー＝ギデンズ (1938 〜)

　『社会学』『親密性の変容』などの著作で知られる理論社会学者。トニー＝ブレア政権 (1997年〜 2007 年) には，労働党のブレーンとして「第三の道」（保守党でも労働党でもない新たな路線）を提唱し，ラジカルな中道を理論的に下支えした。

　自己は再帰的プロジェクトであり，個人はその責任を負っている。私たちは私たちが現にそれであるものではなく，私たちが私たち自身から作り上げているものである。
（アンソニー・ギデンズ著／秋吉美都ほか 訳『モダニティと自己アイデンティティ』筑摩書房）

　ギデンズは，現代社会の特徴を**再帰性**に見出しました。再帰性とは，「新しい知識と情報を行為の環境につねに組み入れることで行為の環境が再構成・再組織される」ことです。現代を生きる私たちも同様に，つねに**自己を吟味し，作り直すことで自己を成立させている**と，ギデンズは説いています。

ブルデューのハビトゥス

フランスの社会学者
ピエール＝ブルデュー (1930 〜 2002)

写真：Gamma Rapho／アフロ

　主著『ディスタンクシオン』で知られる。20 世紀フランス知識人の中でも，特に重要とされる一人。美的嗜好を装置として，社会階級の成立や再生産について分析を行った。ディスタンクシオン (distinction) とは「区別」（他者からの「卓越化」）を意味する。

　芸術作品のいわゆる美的な知覚のしかた（中略）は，社会的に形成され獲得されたひとつの関与性の原理をそなえている。
（ピエール・ブルデュー著／石井洋二郎訳『ディスタンクシオン』藤原書籍）

　他者を通して自己が形成されるならば，だれを他者とするかが，自己にとって重要な意味をもつことになる。フランスの社会学者ブルデューは，個人の見方や行動の傾向（好きな芸能人は誰か，いつも聞く音楽は何かなど）は，所属する社会集団との相互作用によって獲得・形成される**社会的性向（ハビトゥス）**であると指摘した。ハビトゥスは経済・文化・社会資本からなり，社会的な序列を形成する。ブルデューは，「機会の平等」が保障されたとしても，各人に与えられた資本の総量（富，学歴・教養，社交性）が各人の社会的成功に大きな影響を与えていると指摘し，現代社会における格差の再生産の構造を複合的に分析してみせた。

そういえば，「貴族のスポーツ」「労働者のスポーツ」って聞くな。

Side Story アメリカの社会学者ベッカー (1930-2014) は，一度「逸脱者」というラベルを社会の側から貼られた者は，「逸脱者」の規範を内面化し，「逸脱者」であることを自分の個性とみなすようになるというラベリング理論を唱えた。

自己の課題

第1節

人間の心のあり方

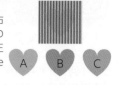

➡ムンカー錯視
縦線で一部隠れている右のハートはA，B，Cのどの色でしょうか。正解はこのページのSide Storyを参照。

A　B　C

哲：心は目に見えませんよね。心理学って心をどうやって研究しているのでしょうか。

真田：実証的な心の研究は，ドイツの実験心理学者ヴント（1832-1920）が創始した，自分自身の意識内容を観察・報告させる内観法がはじまりとされています。

哲：それって客観的ですか？　報告者の主観がまじることはないのかな？

真田：そこでアメリカの心理学者ワトソン（1878-1958）は，外部から観察できる「行動」だけを研究対象とする行動主義を唱えました。ワトソンは，パブロフが犬で行った条件反射（学習によって反射行動を引き起こす現象*）の実験を，人間に応用した研究をおこないました。またアメリカの心理学者スキナー（1904～1990）は複雑な動物実験を通して「オペラント条件づけ」を発見しました（図1参照）。例えば犬に「お手」（前足を上げる反応）を教えるときに，「餌」（反応を強化させる報酬）を与えます。すると「"お手"という声の刺激」と「お手をする犬の反応」の結びつきが強まります。このように報酬や罰によって自発的な学習をうながすことを「オペラント条件づけ」といいます。

哲：うーん自分も，成績がいいとお小遣いをアップしてもらえるから勉強するっていうことがあるな。

*梅干を見ただけで唾液が出るようになるなど（古典的条件づけ）。

真田：一方ドイツでは**ゲシュタルト心理学**が起こりました。ゲシュタルトとは全体的な形態のことです。課題解決において，全体的な配置を**認知**したり，全体的な構造から洞察したりしていることが唱えられました。図2はゲシュタルトの認知効果を説明するものです。

哲：へー，面白いですね。**実験や観察を通して心のメカニズムを解明する心理学**に興味がわいてきました。

図1　スキナーの実験

↓スキナー箱

レバー

レバーを押すと餌が出たり（強化子），電流が流れたり（嫌子）する装置（**スキナー箱**）にネズミを入れる。ネズミの行動として，強化子のときはレバーを押す回数が増加し（**強化**），嫌子のときはレバーを押す回数が減少する（**弱化**）ことが観察された。

図2　図と地

形象の部分を図，背景を地と呼ぶ。左の絵は黒を図とすれば樹木，白を図とすれば2頭の動物が現れる。このような図形を**反転図形**といい，右のルビンの壺は有名。

➡反転図形の例

➡ルビンの壺

知覚・記憶・問題解決など情報を処理するこころのしくみを解明

①認知の心理学

Words　18知覚
19記憶

　人間をコンピューターの情報処理にたとえると，脳はハードウェア，認知機能はソフトウェアにあたる。**認知**は外部の環境から情報を獲得（**知覚**）し，それを保持（**記憶**）し，またそれを利用あるいは新たな情報を創出（**思考**）する一連の心のはたらきである。

1 知覚

●①知覚の恒常性

　離れた距離にある物の網膜像の大きさは異なるが，同じ対象物であれば距離が離れても，ある範囲内までは一定に見える。この視知覚は大きさ，形，色，明るさなど一定の不変性をもつ。

コンピューターとの類比

知覚・記憶・思考の処理

情報

脳内の情報処理（ソフトウェア）

脳の活動（fMRI画像）（ハードウェア）

人が離れて小さくなっても，身長が縮んでいくようには感じないのはどうしてかな？

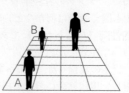

➡知覚の恒常性
3人の人物A，B，C。大きさは物理的にはA＝C＞Bだが，A＝B＜Cと知覚される。

Side Story　上のハートの答えはAである。Cと答えた人が多いのではないだろうか。周りの色に誘導される「色の同化」と，反対の色あいに誘導される「色の対比」によって，違った色に見える「ムンカー錯視」と呼ばれるものである。

●②錯覚

認識の誤謬である**錯覚**（**錯視**）もまた知覚が網膜像をそのまま認識しているわけではないことを示している。

●③ゲシュタルト

知覚は個別的な刺激には還元できず，**全体的な枠組み・形態（ゲシュタルト）によって規定**される。

ゲシュタルトの原理

近接の原理

近いものどうしがペアとして認識される。

類同の原理

同じ形と色のものが一つのまとまりとして認知される。

代表的な錯視の例

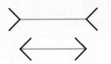

ミラー・リャー錯視

上の線分が長く見えるがどちらも同じ長さである。どちらも矢羽の向きを変えることで線と知覚に誤差が生じる現象。

エビングハウス錯視

中央に描かれた円は，右の方が大きく見えるが，どちらも同じ大きさである。周りの円との大きさの対比で生じる現象。

💡 人間は視覚刺激を図と地にわけて判断しているんだね。それをどうやって覚えるんだろう？

2 記憶

●①記憶の過程

符号化（記銘） → 貯蔵（保持） → 検索（想起）

覚えること　　　忘れないこと　　　思い出すこと

符号化（記銘） 入力された感覚刺激を「意味」に変換し，記憶表象として貯蔵する（覚える）こと。

貯蔵（保持） 記憶表象を保持する（忘れない）こと。推論や解釈によって内容が変更されることがある。

検索（想起） 記憶表象を取り出す（思い出す）こと。「忘却*」によって取り出せないことがある。

*忘却には，記憶表象自体が薄れて利用できなくなることと，記憶表象にアクセスできなくなること（「ど忘れ」）がある。

●②記憶の種類

感覚記憶 意味に変換される前の感覚刺激を数秒程度記憶すること。

↓**注意**：大量の刺激から注意が向けられた刺激のみ記憶に向かう。

短期記憶 数十秒から数分程度記憶すること。会話，計算，推論など認知課題を遂行するための**ワーキングメモリ**の機能をもつ。

※短期記憶で覚えていられる容量は数字で $5 \sim 9$ 桁とされ，マジカルナンバー $7（\pm 2）$ と呼ばれる。

↓**反復（リハーサル）**：繰り返し復唱すること。意味づけも有効。

長期記憶 膨大な容量を持つ永続的な記憶のこと。

"スーパーカリフラジリスティックエクスピアリドーシャス"，言ってみて！

何それ？　スーパーカリフラ…もう無理！

"2974-6741"，覚えてられる？"肉なし，空しい"と数を文字に変換して覚えてみて！

語呂合わせだね。これは精緻化リハーサルだね。

●③長期記憶の分類

├**非宣言的記憶** 身体的な記憶，技能────**手続き記憶** 自転車の運転など

└**宣言的記憶** 言葉やイメージを伴う記憶────**意味記憶** 言葉や概念などの一般的な知識

　　　　　　　　　　　　　　　　　　└**エピソード記憶** 旅行や卒業式など個人的な思い出

3 問題解決

目標達成のための認知活動が**問題解決**である。すでにある情報から**推論**によって解決を導き出す方法には，**演繹的推論**と**帰納的推論**がある。

また問題解決の方略には**アルゴリズム**と**ヒューリスティック**の２種類がある。

💡 修学旅行楽しかった。そういえば自由行動で宿の名前と場所を忘れちゃって困ったよね。どうしたっけ？

アルゴリズム	コンピュータのプログラムのように，一連の規則的な手続きに沿って問題解決を行うこと。
ヒューリスティック	思考手順を簡略化し，素早い判断をおこなうこと。**実用的**だが，誤った判断をするリスクがある。

A　**代表性ヒューリスティック**：典型的なパターンで判断すること

　　　──➤「きみは個性的だから血液型はB型だね」

B　**利用可能性ヒューリスティック**：すぐに思いつく情報で判断すること

　　　──➤日本は歯医者とコンビニ，どちらの数が多いか？

C　**係留と調整ヒューリスティック**：最初に得た情報で推定すること

　　　──➤「朝の占いで運命の人に出会うと言われた。ハンカチを拾ってくれたあなたがその人ね」

演繹的推論	**帰納的推論**
複数の前提から結論を導き出す推論 (➜p.113)	個々の事例を一般化する推論 (➜p.110)

知恵が駅前のホテルに一軒一軒電話して確認したんだよ。僕は別の学校の友達が修学旅行で利用した○○ホテルじゃないかと予想したけどね。

Side Story 2018年度で歯科医院は約68,000件，コンビニの店舗数は約58,000店で歯科医院の方が多い。よく利用するので身近に感じるコンビニの方が多いと判断する人が多い。

②人格の心理学:個性とパーソナリティ

哲：前回，ヒューリスティックスやバイアス（→p.22）について勉強しましたが，他に人が陥りやすい心理的傾向にどのようなものがありますか？

真田：では哲君に質問。500円のバイト代でおじさんの手伝いをした。作業が終わると，おじさんは1,000円追加して払ってくれた。でも1,500円は払い過ぎだと思ったおじさんは，"500円返してくれ"と言う。不満そうな君を見たおじさんは，"もしコイントスして表が出たら返さなくてもいい，でも裏だったら追加の1,000円は返してくれ"と言ってきた。君はおじさんの賭けにのりますか？

哲：表にすると下のようになりますね。賭けに負けても最初のバイト代500円と同じだから，賭けにのります。

選択肢（1500円から）		手に入れる総額
賭けにのらない（−500円）		1000円
賭けにのる	勝つ（+−0）	1500円
	負ける（−1000円）	500円

知恵：哲君，賭けの期待値は1500円× 1/2+500円× 1/2だから，1,000円。つまり，賭けにのらなかった場合と同じだよ。**いつもは慎重な性格の哲君**が賭けにのるとは驚いた！

真田：どうして哲君は賭けを選んだか。カーネマンのプロスペクト理論から考えてみましょう。右下の図は人間の心理特性を表している。どんな特徴があるかな？

知恵：左のグラフの傾きが右よりきつくなっています。

哲：損失の悲しみは利得の喜びよりも強く感じられる，ということですか？

ダニエル＝カーネマン（1934〜）

『ファスト＆スロー』などの著作で知られる。イスラエルで生まれ，主にアメリカの大学で教鞭を執ってきた心理学者である。カーネマンは経済学と認知心理学を統合した行動経済学を提唱し，2002年にノーベル経済学賞を受賞した。

私たちは直感的で感情に根ざす「早い思考」と合理的で努力を要する「遅い思考」を相互に用いて意思決定している。

真田：そうです。"ちょっとでも損失が発生すると，かなりがっかりする"ということです。カーネマンはもう一つ，このグラフの特徴を指摘しています。

哲：うーん，何だろう？

真田：損失領域の傾きは次第に緩やかになっていますよね。これは損失額が増えていっても心理的負担はそれほど増えない（逓減）ことを意味しています。

知恵：そうか！ グラフでは賭けに負けても，がっかり感は賭けにのらないときとあまり差がないものね。"損失に対して次第に鈍感になっていく"ということですね。

真田：正解。プロスペクト理論のポイントは次の2点です。

- 利得も損失もありうるギャンブルでは損失回避になり，極端にリスク回避的な行動が行われる。
- 確実な損失と不確実だがより大きな損失というように，どちらに転んでも悪い目の出るギャンブルでは，感覚度の逓減によりリスク追求的になる。

哲：僕は損失を避けたくて賭けにのったんだ。いつもは冷静なのに，損失に気がとられてしまったんだ。

真田：人間は損失に敏感で，回避する傾向があります。この**損失回避性**という心理特性によって，損失場面でついギャンブルに出てしまい，結果的に大きな損失を被ることがある，といわれています。

真田：合理的な判断とは何か，自問自答を繰り返す**クリティカルシンキング**（批判的思考）を普段から心がけましょう。

図 カーネマンのプロスペクト理論

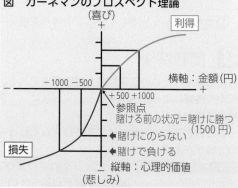

（喜び）
利得
−1000 −500
+500 +1000
横軸：金額（円）
参照点
賭ける前の状況＝賭けに勝つ（1500円）
◄賭けにのらない
◄賭けで負ける
損失
縦軸：心理的価値
（悲しみ）

1 個性とパーソナリティ

「その人らしさ」のことを，**個性**あるいは**パーソナリティ**（性格）という。紀元前4世紀に生まれた哲学者・テオプラストス（アリストテレスの弟子）は，著書『人さまざま』において，「おしゃべり」「けち」「おせっかい」など30種類の性格を描きだした。たとえば，ほら吹きとは，言うまでもなく，じっさいには身につけていない優越さを，身につけているかのように見せかけることである。

●「守銭奴」（1668年） フランスのモリエールが発表した戯曲。ここでは，人が守銭奴（けち）であることが，喜劇として描かれている。

Side Story イギリスで活躍した心理学者アイゼンクは，自分の性格理論に基づき，性格を「外向性─内向性」（E尺度）と「神経症的傾向」（N尺度）の2つの次元（特性）の組合せでとらえる「モーズレイ性格検査」（MPI）を開発した。

パーソナリティの
三要素

性格

気質　　　能力

人格 ＝パーソナリティ	**個人の特性や性格が組み合わさったもの**で，その人の全体的な行動や考え方の特徴や傾向のまとまり。アメリカの心理学者**オルポート**（1897-1967）は，パーソナリティを環境に対するその人独自の適応のしかたを決定するものと定義している。パーソナリティの形成には，**先天的要素の遺伝と後天的要素の環境の両方が一定の役割を果たしており**，人生の各段階を通して発達していく。
性格 ＝キャラクター	**行動にあらわれるその人の独特の特徴**のこと。パーソナリティと性格は同義語として使われることもあるが，性格は個人の感情や意志側面の特徴を重視する場合に使われる。
気質	**人が生まれながらに持っている性質**で，パーソナリティの基盤になっている感情的特徴（感受性や反応の強さなど）のこと。遺伝によって規定される部分が多い。

2 類型論（るいけいろん）

人のパーソナリティをいくつかのタイプ（類型）に分類して説明する。

 類型論のメリットとデメリットを考えてみよう。

●ユングの類型論

心的エネルギーの向き 心の機能		外向型	内向型
		自分の周囲や現実に興味があり，他人の意見を受け入れる。	自分の内面に興味があり，自分の内的基準を重視する。
思考型	分析的・論理的に判断する。	客観的な外的事実を尊重し，知性に従って生活するように努める。	極めて独創的な思考をする。外から入る情報より，自分の見解を尊重する。
感情型	好きか嫌いかの価値で判断する。	周囲の人々と価値観を共有する。愛嬌があり，対人関係を円滑にする。	外からは控えめ，不親切，無感動にみられるが，深い同情や細やかな感情を持つ。
感覚型	五感で体験したことを重視する。	リアリストで，客観的事実をそのまま受け取って経験を集積していく。	外界からの刺激よりも，それによって引き起こされる主観を頼りにする。
直観型	隠された可能性に気づく。ひらめきを重視。	外的なものに対して，人が認めている現実の価値ではなく，可能性を求めて行動する。	世界の事物にひどく無関心。自分の内面の世界に可能性を求める。

解説▶ スイスの精神科医**ユング**（1875 ～ 1961，**→**p.168）は，**心的エネルギー（リビドー）が向かう方向**によって，大きく**内向型と外向型の2つに分類**した。さらにその下位分類として，思考－感情，感覚－直観という心の4つの機能と組み合わせて8つに分類している。8つのいずれかに当てはめることで，性格を大雑把にとらえることが，あくまでも優位な一面にすぎず，別の特徴は無視されてしまう。

●クレッチュマーの類型論

やせ型	肥満型	筋骨型
非社交的，無口，神経質，おとなしい	社交的，寛容，寛大，陽気，気分屋	頑固，几帳面（きちょうめん），ていねい，激怒する

パーソナリティ

解説▶ ドイツの精神科医**クレッチュマー**（クレッチマー，1888 ～ 1964）は，体型からパーソナリティを分類した。しかし，外見によってパーソナリティを分類するこの考えは，現代において科学的な根拠が乏しいとの指摘もなされている。

●シュプランガーの類型論 21 22

類型	重視する価値
①経済型	「金銭」や「社会的地位」を重視
②権力型	「人を服従させること」を重視
③審美型	「楽しいこと」を重視
④理論型	「理論」や「真理」の追究を重視
⑤社会型	「人の役に立つこと」を重視
⑥宗教型	「神への信仰」を重視

解説▶ ドイツの**シュプランガー**（1882 ～ 1964）は著作『生の諸形式』で，その人が**人生のなかで何の価値に重きを置くか**によって，パーソナリティを6つに分類した。価値類型が異なる人同士では，お互いに意見がかみ合わず，理解し合うことが難しい。

3 特性論（とくせいろん）

人のパーソナリティをさまざまな要素（性格特性）の組み合わせとしてとらえる考え方。

 性格を客観的に測定するにはどうしたらよいだろうか？ **質問紙法**を利用した**性格検査**を調べてみよう。

●ビッグファイブ特性論

因子	特性
①情緒安定性（じょうちょ）	傷つきやすさ，落ち着き
②外向性	社交性，活発さ
③経験への開放性	想像力，好奇心
④協調性	優しさ，共感性
⑤誠実性	まじめさ，責任感

解説▶ ビッグファイブとは，5つの因子をものさしにして，それぞれの因子の強弱からパーソナリティをとらえる理論。この5つの因子は，**文化や民族を超えて普遍的**なものであると考えられている。

左の表を参照して，各因子の強弱を5段階で書き込み，右のレーダー型の表を完成させてみよう。

弱い 1 ──→ 5 強い

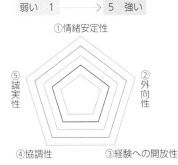

①情緒安定性
②外向性
③経験への開放性
④協調性
⑤誠実性

Side Story 心理学者のミシェルは，人の行動には長期にわたる安定性や一貫性は認められず，そのときどきの状況によって決まると主張した。また特性論は個人の行動を予測できる精度が9％程度と低いことから，測定法の妥当性に疑問を投げかけた。

自己の課題

③感情の心理学：欲求と感情

知恵：『ライ・トゥ・ミー』っていうアメリカのテレビドラマ知ってる？

哲：精神行動分析学の博士が，一瞬の表情やしぐさから嘘を見破って犯罪を解決する話だよね。主人公の博士は実在の心理学者**エクマン**（1934～）がモデルだよね。エクマンは，"**人種的，文化的，地域的なものをこえて普遍的な感情とそれを表す基本的な6つの表情がある**"と唱えたんだ。

知恵：あ，この番組を紹介するホームページには，人間が一瞬見せる7つの「微表情」がどんな感情を表しているか載ってるわ（インターネットを見ながら）。

哲：なるほど，エクマンが人類共通の基本的表情としたものがベースになっているね。

知恵：私もエクマンの理論を学んだら，哲君の嘘を見破ることができるかしら。

哲：僕は知恵ちゃんに嘘なんかをついたことないよ。

知恵：哲君，いま唇が一瞬，横にひきつったわ。恐怖の表情ね。私に何か嘘ついたでしょ。

哲：エ，エクマンの理論は日本人にはそのまま当てはまらないという研究もあるんだよ。

知恵：声が上ずってる。ますます怪しいわね。

哲：ごめんなさい。昨日知恵ちゃんのおやつ食べたの僕です。知恵ちゃん，眉が寄って下がってる。完全に怒ってますね。

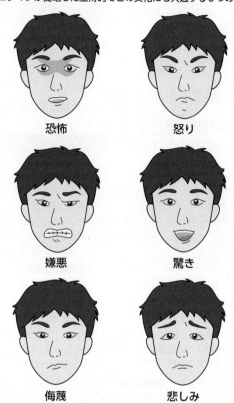

❶エクマンが提唱した生得的でどの文化にも共通する6つの感情

恐怖　　怒り

嫌悪　　驚き

侮蔑　　悲しみ

1 欲求

欲求とは何かを欲し，求める心の様子や動きのことで，人間に根源的なものである。人間の行動を引き起こすものを**欲求 (need)** または**動因 (drive)** という。

生理的欲求（一時的欲求）…「水が飲みたい」など渇きや飢え，また「眠たい」といった睡眠などの欲求。

社会的欲求（二次的欲求）…「友達と話したい」，「文化祭で歌を披露したい」など社会的関係性に関わる欲求。

● **動機づけ**

人の外部にあって人を行動に駆り立てるものを**誘因**という。例えば，成績が上がったらお小遣いを値上げしてもらえる，というのは外発的動機づけに当たる。

外発的動機づけ	外から誘因となる報酬を与えて動機づけを高める。
内発的動機づけ	自ら実現可能な誘因や目標を探求し，実現しようとする（こちらの方が良い結果が出るという研究がある）。

💡 お小遣いを上げてもらうために勉強するのと，興味があることを自発的に勉強するのとでは，どちらが学習効果が高いだろうか？

アメリカの心理学者**マズロー**（1908～70）は，欲求には階層があり，生存に必要な低次の欲求から，次第に高次の欲求に目覚めていくとした（**欲求階層説**，❷下図）。マズローは，下位の欲求（**欠乏欲求**）が満たされると，人間らしさの証といえる**自己実現の欲求**が生まれるとした。

❶A. H. マズロー

マズローの欲求階層説

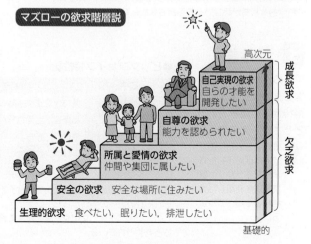

高次元

	成長欲求
自己実現の欲求 自らの才能を開発したい	
自尊の欲求 能力を認められたい	欠乏欲求
所属と愛情の欲求 仲間や集団に属したい	
安全の欲求 安全な場所に住みたい	
生理的欲求 食べたい，眠りたい，排泄したい	

基礎的

Side Story　ドイツの心理学者**レヴィン**は，同程度の欲求がぶつかりあう心理状態の**葛藤**を，①**接近－接近型**（どちらもしたい），②**回避－回避型**（どちらも避けたい），③**接近－回避型**（したいことと避けたいことが並存）の3つに分類した。

2 感情の種類

　感情とは，環境に適応していく進化の過程で備わった心のはたらきである。生物学者**ダーウィン**は，感情は人間が環境に対して生存確率を高めるためにうみだした反応であるとし，生得的な心のしくみであると説いた。アメリカの心理学者**エクマン**（1934～）は，ダーウィンの説を受けて，人間には文化を超えた6つの普遍的な感情（**基本的感情**：恐れ・怒り・悲しみ・幸福・嫌悪・驚き）が備わっているとした。一方，アメリカの心理学者**ラッセル**（1947-）は，さまざまな感情を，快－不快次元と活性－不活性次元の2次元座標上に位置づけた（右図）。

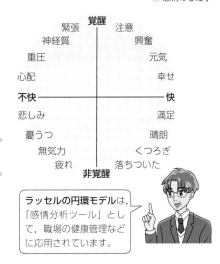

ラッセルの円環モデルは，「感情分析ツール」として，職場の健康管理などに応用されています。

3 感情のメカニズム

　感情とは，環境から受けた刺激に対して，うれしい，悲しいなどの〈主観的な気もち〉と，震え，発汗，心拍数の上昇など〈身体的変化〉を経験することをいう。両者の関係については3つの説がある。

①感情の末梢起源説（ジェームズ＝ランゲ説）
　刺激に対して顔や内臓，手など身体の末梢部での生理的反応が脳に伝わり感情（気もち）が発生するとする説。

②感情の中枢起源説（キャノン＝バード説）
　刺激に対して知覚によって脳の一部で感情（気もち）が発生し，また同時に視床下部を介して身体に生理的な反応が発生するとした説（生理的反応の知覚は遅れる）。

③感情の二要因説（シャクター，シンガー説）
　感情（気もち）の発生には，**生理的覚醒**という身体的要因と，**その原因の解釈**という認知的要因の2つが必要である。

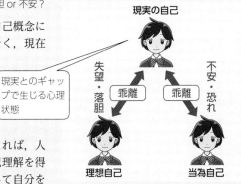

自己理解：感情に流されないために冷静に自分と向き合おう

①自己概念

 成績が下がることで生じる感情は落胆 or 不安？

　自分自身について知っていることを自己概念という。自己概念には現在の自己の情報から構成される現実の自己だけではなく，現在の自己を評価する規準としての自己イメージも含まれる。

　理想自己：自分がありたいと願うイメージ
　可能自己：自分にはできると予想されるイメージ
　当為自己：自分があらねばならないとするイメージ

現実とのギャップで生じる心理状態

②社会的比較理論

　アメリカの心理学者**フェスティンガー**（1915-89）によれば，人は他人と比較して自分の意見や能力を評価することで自己理解を得ようとするという。その際，自分よりも優れた人と比較して自分を鼓舞する（**自己向上動機**）上方比較と，自分よりも劣った人と比較して自尊感情を高めようとする（**自己高揚動機**）下方比較がある。

③自己制御

　目標達成のために自分の行動をコントロールすることを自己制御という。そのためには，自分の行為を観察して，自分が持つ目標や評価基準から自己を測定すること（**モニタリング**）や，目標達成のために行動を持続的に維持する**意志の力**が必要となる。

意志の力（ウィルパワー）には「やりたい力」と「やりたくない力」の葛藤が生じます。勉強を先延ばししてしまう人，どんな「やりたくない力」が働いているか考えてみましょう。

Side Story 顔の表情や手のしぐさなどから感情や思考を伝えることを**ノンバーバルコミュニケーション**という。それを犯罪捜査に応用してきた元FBI捜査官のジョー・ナヴァロは，人間観察の技法を各方面の人々にレクチャーしている。

15

④発達の心理学：認知・道徳性・社会性

　私たちが子どもから大人へと成長していく過程で，さまざまな心の能力が発達していきます。乳幼児にとって養育者との情緒的な絆である**愛着（アタッチメント）**は生涯にわたる心の発達の基礎となります。また乳児期には**心の理論**も備わり，人間関係を築いていく基盤となります。

　心の発達は次の3つの面からとらえることができます。ここではそれぞれの理論を確認していきましょう。

1）知識の獲得や操作に関わる認知機能の発達
2）行為の善悪を判断する道徳的な思考（道徳性）の発達
3）その人らしさである個性や人格の発達

1 認知の発達：ピアジェの理論

スイスの心理学者**ピアジェ**は，子どもの認知能力の発達を4つの段階に区分した。

区分	時期	特徴
感覚運動期	0～2歳ごろ	・なめる，触れるなど**感覚運動的な活動**によって認識を形成する。 ・**物体の永続性**が理解できるようになる（「いないいないバア」など記憶と予期の能力）。
前操作期	2～7歳ごろ	・ものごとを他のものに置き換える（見立てる）**象徴機能**が発達する（「ごっこ遊び」）。 ・**自己中心的**に思考する。
具体的操作期	7～12歳ごろ	・具体的な事柄を**論理的に考える**ことができるようになる（図1）。 ・**保存の概念**（図2）を獲得する。 ・思考の**脱中心化**がすすむ。
形式的操作期	12歳以降	・想像上の現実や抽象的な概念を操作できるようになる。

スイスの発達心理学者

ジャン゠ピアジェ
（1896～1980）

　早くから生物学に興味を持ち，10歳ごろに書いた白スズメの観察論文がヌーシャテル自然史博物館の館長から認められたというエピソードがある。主著『発生的認識論序説』。

2 脱中心化

　ピアジェは，人は成長の過程で，幼児期の特徴である自己中心的なものの見方しかできない状態から脱却していくとした（7歳ごろから）。次第にものごとを客観的に捉えられるようになり，他人の視点を認めるようになる。この過程を脱中心化と呼び，人が社会性を身につけるうえで重要であるとした。

図1

これはうちの飼い猫タマと同じ毛並みだけど，耳の形から子犬のポメラニアンだと思う。論理的思考

7歳の哲
具体的操作期

図2

え，容器の形が変わっただけで，水の量は同じだよ。保存の概念

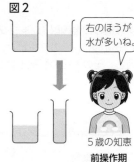

右のほうが水が多いね。

5歳の知恵
前操作期

3 心の理論

　自分と同じようにほかの人にも心（意図や記憶など）があり，**その人の行動はその人の心が原因であると推論する能力**のことを「心の理論」という。その能力を試す心理実験に「**マクシ課題**」（右図）がある。心の理論は4～7歳ごろに備わるとする研究が多い。

　💡 右の棚にチョコレートをしまったマクシ。マクシが出かけているすきに母さんがチョコレートを左の棚に移してしまいました。「帰ってきたマクシはどちらの棚に探しにいくでしょうか」。さてこの「問い」に3歳の哲君は何と答えるでしょうか？

4 道徳の発達　コールバーグの理論

　アメリカの心理学者**コールバーグ**は，ピアジェの理論を発展させて，道徳的認知構造が高度化することを道徳性な発達と考えた。そして「ハインツの道徳的ジレンマ」などの実証的研究を通して，3水準6段階の道徳性発達段階の理論を提唱した。コールバーグは，道徳を，対立する主張について普遍的な妥当性をもった解決を志向する〈正義の原理〉にかかわるものととらえたが，この考え方には批判もある（次頁のSide Story参照）。

Side Story　ピアジェは人格や認識の発達に一定の普遍的な構造が存在するという科学的な方法として**構造主義**を主張した。20世紀後半フランスで隆盛したソシュール言語学に起因する構造主義に対しては批判的な立場をとっている。

水準		発達の段階	特徴
慣習以前の水準	1	罪と服従の段階	親など権威ある人に服従し，**物理的な懲罰**（しかられる）や**報酬**（ほめられる）によって判断する。
	2	報酬と取引の段階	**自分の利益**（損得）から善悪を判断し，他者の利益も相互的な立場（ギブアンドテイク）から考慮する。
慣習的水準	3	同調的，「よい子」志向の段階	身近な他者をよろこばせるなど（非難されない），**他者から承認されること**をよい行いと判断する。
	4	法と秩序の段階	社会秩序を守ることや，**既存の規則を義務として果たすこと**が，正しい行いであると判断する。
慣習以後の水準	5	社会契約と個人の権利の段階	個人の権利に配慮しつつ，**社会全体によって合意された基準**にもとづいて行いの良し悪しを判断する。
	6	普遍的倫理原理の段階	人間の尊厳から既存の規範を反省し，みずから選択した倫理的原則に一致する**良心によって判断**する。

アメリカの心理学者

ローレンス = コールバーグ
(1927 ～ 1987)

ピアジェの認知発達理論の影響を受け，道徳性の発達理論を提唱した。後に弟子の**キャロル・ギリガン**から，道徳性には「正義」と「配慮と責任」の2種類があり，コールバーグには後者の視点が欠けていると批判され，論争を行った。

ハインツの道徳的ジレンマ

　ハインツの妻は重い病気で死にかけていた。彼女の命をとりとめる可能性をもつと医者が考えている薬があった。薬屋はその薬を製造するのに要した費用の十倍の値段で売っていた。ハインツはその値段の半分のお金しか集められなかった。彼は，薬屋に事情を話し，安くしてくれと頼んだが断られた。ハインツは，思いつめ，妻の生命のために薬を盗みに薬局に押し入った。

　ハインツは，そうすべきだったろうか？　理由は？

 下の🅐～🅓はどれも「盗むべき」という判断です。ではどの発達段階のものか，考えてみましょう。

🅐 盗んでもたいした罰にはならないし，妻が生きていればうれしいからね。
🅑 何があっても妻を助けることが夫の義務とされるからです。
🅒 盗まなければ自分の良心という規準に反してしまうからです。
🅓 盗まずに妻を死なせたら，家族や友人に顔向けできなくなります。

 どの段階でも「盗む・盗まない」両方の判断があり得ます。コールバーグの説く道徳性が判断の論理的形式だからです。そこで智恵さんのように具体的な人々との関係性に配慮する回答は低く評価されてしまいます。

盗むべきじゃないわ。ハインツが捕まれば妻は悲しんで病気が悪化するかもしれない。でも妻が死んだら多くの人が悲しむし，なんとかお金を工面できないかな？

11歳の知恵

5　心理 – 社会的発達理論：エリクソンの理論

　エリクソン（⊙p.7）は，フロイトの心理・性的な発達理論を基礎に，生涯にわたる人格の発達理論を提唱した。彼は**人生周期（ライフサイクル）**を8つの段階にわけ，各段階の心理・社会的危機を克服すると**人格的な強さや活力である徳（virtue）**が生じるとした。そして，各時期特有の徳を身につけることで，健全な人格が発達すると唱えた。青年期以後の発達については，次のようにまとめられる。

年齢	ライフサイクル	特徴	獲得される"徳"
20～30代前半	前成人期	就職，結婚，出産など**ライフイベント**を経験	**親密**な人間関係を育むことで**"愛"**
30代後半～50代	成人期	家庭や社会に与えられた役割を果たすことで貢献	経験を次の世代に伝えること（**世代性**）で**"世話"**
60代以後	老年期	社会から引退，心身の衰えが進み，みずからの死を意識	宇宙や人間といった大きな視点から人生の意味を見いだすこと（**統合性**）で**"英知"**

6　生涯発達心理学：バルテスの理論

　バルテス（1939-2006）は，全生涯を**獲得（成長）と喪失（衰退）とのダイナミズム**の観点からとらえ返し，**生涯発達心理学**を打ち立てた。老年期の発達理論である，**使える時間や体力を効率的に振り向けたり（資源の最適化），周囲の助けを借りたり（補償）すること**で幸福感が高められるとする**SOC理論**の知見は，高齢者への医療や介護に影響を与えている。

Side Story ハインツのジレンマのQの答えは，A-2，B-4，C-6，D-3。コールバーグの理論は，西洋的な価値に基づいており，**文化相対主義**の立場から批判される。また，普遍性が強調され，**慈愛，信仰心，思いやり（ケア）**といった視点が軽視されているとの批判もある。

⑤生きがいの心理学

Approach　心理学の知識を生かした心理カウンセラーってどんな仕事？

心理学には，心に問題を抱える人の回復を支援する実践的な学問として**臨床心理学**という分野があります。その知識を用いて**カウンセリング技法や心理療法**をおこなう仕事が**心理カウンセラー**です。心理カウンセラーとして民間団体が主催する資格である臨床心理士が有名です。また，2017 年には公認心理師という国家資格も誕生しています。臨床心理士になるには，指定大学院か専門職大学院を修了して公益財団法人 日本臨床心理士資格認定協会が実施する試験に合格する必要があります。現在臨床心理士は，医療・保健，福祉，教育，司法，産業・労働などさまざまな領域で活動しています。

臨床心理学者の亀口憲治教授は，ガイドブック(資料B)で次のように語っています。

私が臨床心理学に関心を持ち始めたのは，高校2年生の時でした。精神科医のフロイトが書いた無意識や日常生活での失策行為についての本を読み，大いに知的好奇心を掻き立てられたのです。…この分野（注：精神分析やカウンセリング）であれば，医師でなくても心理療法を実践できそうだと考え，進学を決意したのです。　…（中略）…　私自身の体験から，臨床心理士という職業は一生を賭けるに値

するものだと断言できます。現代の臨床心理学では，個人の悩みの軽減だけでなく，**複雑化する人間関係の改善や家族・地域社会が抱える問題**にも，有効に対処できる専門性が蓄積されてきているからです。

臨床心理学には，フロイトが創始した精神分析やマズロー（➡p.14）やロジャーズが開発した人間性心理学など複数の学派があります。**人間性心理学とは，来談者（クライエント）それぞれの体験や独自性を尊重し，クライエントに寄り添った支援を行うのが特徴です。**心理カウンセラーに興味のある人は，ガイドブック（資料A・B・Cなど）を開いてみるとよいでしょう。

スクールカウンセラーの真子紘子さんは，ガイドブック（資料C）の中で，次のように語っています。

思春期の生徒の相談内容は，「学校に行きたくない」「友達とうまくいかない」「親が自分のことをわかってくれない」など多岐にわたります。カウンセリングの中で解決策をすぐに見つけることは難しいですが，生徒の大変さに共感しながら，ていねいに話を聞くことで，気持ちの整理ができたり，解決の糸口が見えてきたりすることがあります。話すことで子供たち自身が自分の感情に気づいたり，新しい物の見方を発見したりすることもあります。

カウンセラーの活躍の場はどんどん広がっているのね。大変だけど，**使命感やりがい**をもてる仕事みたい。

ブックガイド　～心理カウンセラーに興味をもったあなたへ～
新川田譲　監修『心理カウンセラーをめざす人の本』成美堂出版（資料A）
亀口憲治　監修『臨床心理士・公認心理師まるごとガイド』ミネルヴァ書房（資料B）
植田健太，山蔦圭輔　編集『先輩に聞いてみよう！　臨床心理士の仕事図鑑』（中央経済社）（資料C）

心理カウンセラーマニュアル

クライエント中心療法を提唱し，カウンセリングの技法を確立した臨床心理学者

ロジャーズ　Carl Ransom Rogers
1902 ~ 87 アメリカ

よき生き方とは，自分自身になっていくこと。

主著　『ロジャーズが語る自己実現の道』
足跡　ロジャーズは，シカゴの厳格なプロテスタントの家庭に生まれた。大学卒業後牧師をめざしたが，特定の信条を信じ続けていくことに困難を感じ，牧師を断念，コロンビア大学の学生となりそこで心理学の博士号を取得した。ロジャーズが開発した心理療法の核は，**クライエントがあるがままの「自分自身になること」**の援助

をすることであり，そのためにセラピストは傾聴を通して，クライエントの内なる内臓感覚を引きだすことにある。ロジャーズはセラピストに求められる態度として**受容，共感，自己一致**をあげている。ロジャーズは共感を「**他者が私的に知覚する世界に入りこみそこで居心地よく感じること**」と定義している（『人間尊重の心理学』）。こうした治療を通してクライエントは，周囲の価値観に振り回されず内側の内臓感覚に基づいて判断し，**自分自身を生きる**ことができるようになる。それは「適応している」，「自己実現している」といった状態ではなく，**危険や恐怖を感じながらも，自由になっていく**ということである。

Side Story　治療や相談の過程で，クライエントはカウンセラーに過去に親に抱いていた感情や態度を示すことがある。これを転移という。転移は治療に利用され，転移を通して自分が抱える不安の意味を理解し，乗り越えることができる。

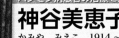

ハンセン病患者の治療を通して，「生きがい」について考え続けた精神科医　2回

神谷美恵子
かみや　みえこ　1914〜79　（岡山県）

「生きがいほど必要なものなどない」

主著　『生きがいについて』『こころの旅』
足跡　神谷は病を患ったのち，42歳で長年希望した
ハンセン病患者に岡山県の長島愛生園でたずさわるよう

になる。はじめは当時行われていなかったハンセン病患者に対しての精神医学研究が目的であったが，彼らの悲惨な状況を目の当たりにし，精神科医として治療を行った。長い間差別に苦しんだハンセン病患者と向き合うことで，「人が生きること」には，生きる目標，意味，理由といった様々な価値があるのではないかと問うた。
　『生きがいについて』は人間が生き生きと生きるために必要な生きがいをいろいろな角度から考察し，とらえようという試みである。

Think　生きがいはどうしたら見つかるのだろうか？

原典A　生きがいを感じる心

View　自分には生きている意味があり，必要があるという感じが生きがい感である。

　どういう人が一ばん生きがいを感じる人種であろうか。自己の生存目標をはっきりと自覚し，自分の生きている必要を確信し，その目標にむかって全力をそそいで歩いているひと，──いいかえれば**使命感に生きているひと**ではないだろうか。……
　しかし，つきつめていうと，人間はみな多かれ少なかれ漠然とした使命感に支えられて生きているのだといえる。それは自分が生きていることに対する責任感であり，人生においてほかならぬ自分が果たすべき役割があるのだという自覚である。……
　社会的にどんなに立派にやっているひとでも，自己に対してあわせる顔のないひと（「自分との約束」を果たさない人）は次第に自己と対面することを避けるようになる。……
　この自己に対するごまかしこそ生きがい感を何よりも損なうものである。

（『神谷美恵子著作集Ⅰ　生きがいについて』みすず書房）

解説
A 生きがいを感じている精神状態を「生きがい感」とよび，生きがいの源泉，または対象となるものを「生きがい」と神谷は呼んでいる。彼女は生きがいになるものとして

①**生存充実への欲求をみたすもの**
②**変化と成長の欲求をみたすもの**
③**未来性への欲求をみたすもの**
④**反響への欲求をみたすもの**（友情，名誉，他から必要とされること）
⑤**自由への欲求をみたすもの**
⑥**自己実現の欲求をみたすもの**
⑦**意味への欲求をみたすもの**（自分の存在意義を感じる）

といったものを挙げている。

ユダヤ人大量虐殺（ホロコースト）を生き抜いた，ロゴセラピーの創始者　4回

フランクル
Viktor.E.Frankl　1905〜97　オーストリア

写真：Prof. Dr. Franz Vesely

「それでも人生にイエスと言う」

主著　『夜と霧』『〈生きる意味〉を求めて』
足跡　ウィーンで生まれる。1924年ウィーン大学医学部に入学し**フロイト**（→p.167），**アドラー**（→p.168）から学び，精神科医となる。生きる意味を見失ったときに人は心を病んでしまうとして，患者に生きる意味を発

見させる**ロゴセラピー**という心理療法を確立する。
　ユダヤ人であったため第二次世界大戦時の2年半，ナチス・ドイツの強制収容所で強制労働を強いられ，そこで両親と妻子を失う。解放後，収容所での人々の姿を記録し，生きる意味について考察した『夜と霧』を執筆した。人生の中でいかなる苦しみと出会っても「それでも人生にイエスという」。彼は終生そう語り続けた。

🔶解放直後の強制収容所（ドイツ）

Think　生きる意味を見失いそうなとき，われわれは何を考えるべきか？

原典B　人生から問われる

View　生きる意味はつくりだすものではなく，見いだすものである。

　（「私はもはや人生から期待すべき何ものも持っていないのだ」という人に対する答えとして）ここで必要なのは**生命の意味についての問いの観点変更**なのである。すなわち人生から何をわれわれはまだ期待できるかが問題なのではなくて，**むしろ人生が何をわれわれから期待しているか**が問題なのである。……哲学的に誇張していえば，ここではコペルニクス的転回が問題なのであると云えよう。すなわちわれわれが人生の意味を問うのではなくて，われわれ自身が問われたものとして体験されるのである。人生はわれわれに毎日毎時間問いを提出し，われわれはその問いに，詮索や口先ではなくて，正しい行為によって応答しなければならないのである。人生というのは結局，人生の意味の問題に正しく答えること，人生が各人に課す使命を果たすこと，日々の務めを行うことに対する責任を担うことに他ならないのである。

（霜山徳爾 訳『夜と霧』みすず書房）

人生「期待してるぞ！」

「僕に期待されていること…」

解説
B フランクルは生きる意味の追求（「**意味への意志**」）が人間の本来的な意志であるという。それを満たすには，世界に答えを求めるのではなく，**自己を世界からみる**ことが求められる。生き方を転換することで，自分の仕事，活動を通して実現される「**創造価値**」，人を愛すること，自然や芸術と触れ合うことによって実現される「**体験価値**」，与えられた状況に対してどのような態度をとるかによって実現される「**態度価値**」が実現されていく。なすべき何かや誰かが待っているから，どんなときでも生きる意味があるとフランクルは言う。

自己の課題

Side Story　フランクルは『夜と霧』のなかで，「生き残ることができた人は未来を信じることができた人」と記す。その例として，強制収容所内でクリスマスには解放されるという嘘が流れた翌日，多くの人が亡くなったことが挙げられている。

1 人間とは何か

さまざまな思想家が，ほかの動物と区別される人間の特質（特有の性質）・本質（まさにそれであるところのもの）を一つ取り上げ，人間を定義した。

呼び方	定義した人物	定義
[①ホモ・サピエンス]	リンネ	人間の本質は，[②理性]（論理的に推論する能力）があることである。
[③ホモ・ファーベル]	ベルクソン	人間の本質は，[④道具]をつくり環境や自分自身を変えていくことにある。
[⑤ホモ・ルーデンス]	ホイジンガ	人間の本質は，必要から離れ[⑥遊び]を通して文化をうみだしたことにある。

2 青年期の特徴・自己形成

青年期は子どもからおとなへの過渡期であり，自立（他に依存することなく独り立ちする）・自律（自分で定めた規範に従い行動する）に向け，個性を伸ばし社会化をはかる時期である。

用語	唱えた人物	意味
[⑦第二の誕生]	[⑧ルソー]	青年期における**精神的な自己の誕生**（→『エミール』）。
[⑨心理的離乳]	ホリングワース	親の監督から離れ，一人の人間として**自立しようとする心の働き**。
[⑩マージナルマン]	[⑪レヴィン]	複数の社会集団や文化の境界線上に位置し，そのいずれにも属しきらない人々。
[⑫心理・社会的モラトリアム]	[⑬エリクソン]	おとなが負っている**責任や責務が猶予**されている期間（→役割実験）。
[⑭アイデンティティ]	[⑬エリクソン]	**自分が自分であるという確信**のこと（→アイデンティティの拡散）。
[⑮一般化された他者]	G.H. ミード	複数の他者の多様な期待をまとめあげ一般化したもの（→**客我 me と主我 I**）。

3 認知の心理学

認知とは，周囲の環境から情報を得て（知覚），その情報を蓄積（記憶），活用（学習・問題解決）する心の働きである。

認知		特徴
知覚		視覚，聴覚，嗅覚，触覚などから取り入れられた外部の情報は，理解しやすいように脳で加工されて認識される。
	[⑯知覚の恒常性]	大きさ，形，色，明るさなどの見かけが変化しても，同一の対象として知覚する心の働き。
	[⑰錯覚]	周囲の情報に影響されて知覚にずれが発生すること（ミュラー・リヤー錯視など）。
	[⑱ゲシュタルト]の原理	個々の要素をまとまり（ゲシュタルト）として知覚する心の働き。
記憶		過去の経験を保持し，後に再現して利用する心の働きで，**符号化**（記銘），**貯蔵**（保持），**検索**（想起）の3段階からなる。
	[⑲短期記憶]	**感覚記憶**の中で注意を向けられた情報が一時的に保管される（→**マジカルナンバー 7±2**）。
	[⑳リハーサル]	何度も繰り返し復唱したり（反復），意味づけ（精緻化）したりして記憶を定着させること。
	[㉑長期記憶]	半永久的な記憶で，**手続き記憶**と**宣言的記憶**（意味記憶とエピソード記憶）に分けられる。
学習	[㉒オペラント条件づけ]	報酬や罰を与えることによって行動の頻度を調整すること。
問題解決	推論	[㉓演繹的]推論（いくつかの前提から**論理的**に結論を導く）と[㉔帰納的]推論（いくつかの事例から**経験的**に結論を導く）
	[㉕アルゴリズム]	一連の**規則的な手続き**に沿って問題解決を行う。結論を導き出すまで時間がかかる。
	[㉖ヒューリスティック]	**思考手順を簡略化**して，素早い判断を行う。判断を誤るリスクがある。
	認知バイアス	思い込みなど思考の偏りのこと。**正常性バイアス，自己奉仕的バイアス**などがある。

4 人格の心理学

「その人らしさ」のことを，個性あるいはパーソナリティ（性格）という。遺伝的質質と環境的要因の両方の影響を受けて形成される。

	提唱者／理論	特徴
特性論	[㉗オルポート]	性格を個人固有の特性と人々に共通する特性に分け，人と比較できる共通特性を測定。
	[㉘アイゼンク]	パーソナリティは**向性**（外向 - 内向）と**神経症的傾向**で構成され，それぞれを**質問紙法**で測定。
	[㉙ビックファイブ]	個人の持つ特性を**5つの因子**に分け，**質問紙法**により量的に測定。
類型論	[㉚ユング]	性格を外向性 - 内向性という2つのタイプ（類型）に分類した。
	[㉛クレッチマー]	性格を体形と関連づけて3つに分類した。
	[㉜シュプランガー]	性格をその人が何に価値を求めるかによって6つに分類した。

RANK UP アイデンティティが確立された個人は，どのような人間になるかを具体的に書きなさい。（藤女子大　2013, ▶答えは裏表紙裏）

5 感情の心理学

感情は人間が環境に対して生存確率を高めるためにうみだした反応であり，生得的な心のしくみであるとされる。

	概念 / 提唱者 / 学説	特徴
意欲	欲求	生理的欲求と社会的欲求がある（→マズローの欲求階層説）。
	動機づけ	外発的動機づけ（賞罰）と内発的動機づけ（好奇心，向上心）がある。
基本的感情	[㉝エクマン]	文化を超えて人間に共通する6つの基本感情がある。
	[㉞ラッセル]	「快 – 不快」と「覚醒 – 非覚醒」の2つの軸を交差させた円形モデルを提唱。
感情の起源	[㉟末梢起源説]	ジェームズらが提唱。手足など末梢部での生理的反応が脳に伝わり感情が発生。「泣くから悲しい」
	[㊱中枢起源説]	キャノンらが提唱。脳の一部に感情が発生すると当時に，身体に生理的反応が発生。「悲しいから泣く」
	[㊲二要因説]	シャクターらが提唱。感情の発生には，生理的覚醒という身体的要因とその解釈という認知的要因の2つの要素がある。

6 発達の心理学

子どもからおとなへと成長する過程で心のさまざまな機能が発達（機能の分化と統合）する。

	概念 / 提唱者	特徴
乳幼児の発達	[㊳アタッチメント]	養育者との間の情緒的な絆（愛着）で，その後の心の発達の基礎をなす。
	[㊴心の理論]	ほかの人にも自分と同じように心があり，他者の行動の原因はその人の心にあると推論すること（→マクシ課題）。
認知の発達	[㊵ピアジェ]	子どもの認知能力の発達を4段階に分けた（→脱中心化）。
道徳の発達	[㊶コールバーグ]	3水準6段階の道徳性発達段階の理論を提唱した（→ハインツの道徳的ジレンマ）。
生涯発達の理論	[㊷エリクソン]	人生周期（ライフサイクル）を8段階にわけ，各段階に発達課題があるとした。
	[㊸バルテス]	全生涯を獲得（成長）と喪失（衰退）とのダイナミズムの観点からとらえ返した。

7 生きがいの心理学

心に問題を抱える人の回復を支援する実践的な学問に臨床心理学がある。

治療の手法	概念 / 提唱者	特徴
カウンセリング	[㊹ロジャーズ]	クライエント中心療法を提唱し，カウンセリングの技法を確立した。
精神医学	[㊺神谷美恵子]	人間が生き生きと生きるためには「生きがい」をもつことが大切であると説いた。
精神分析*	[㊻フランクル]	生きる意味の追求（意味への意志）が人間の本来的な意志であるとした。

＊精神分析は［㊼フロイト］が創始した神経症の治療方法。その研究から彼とその娘（アンナ）は，心には防衛機制と呼ばれる無意識的に心を守るしくみがあることを説いた。

1 CHALLENGE 大学入試問題にチャレンジしてみよう（答えは裏表紙裏）

1-1 下の図はカニッツァの三角形と呼ばれる図形である。この図形と関連する認知の働きとして最も適切なものを，①〜④から1つ選べ。

① ゲシュタルト　　　② 大きさの恒常性
③ オペラント条件づけ　④ 演繹的推論

1-2 記憶に関する心のはたらきで，次のア〜ウと関連する語句の組合せとして最も適切なものを，①〜④から1つ選べ。
ア　自転車の乗り方を身体的に覚えていること
イ　修学旅行で奈良公園に行って鹿に餌を与えた思い出
ウ　平安京に遷都した年号を，「鳴くよ，ウグイス平安京」と語呂合わせで覚えること

	ア	イ	ウ
①	エピソード記憶	手続き記憶	精緻化リハーサル
②	エピソード記憶	手続き記憶	反復リハーサル
③	手続き記憶	エピソード記憶	精緻化リハーサル
④	手続き記憶	エピソード記憶	反復リハーサル

RANK UP 自分の個性を伸ばすには自己理解を深める必要がある。そのためにはどのようなことに注意すればよいだろうか。100字以内で説明せよ。

心にだまされないために

💡 右下の写真中，2つのxがあるマスの色は同じか？

私たちは "思い込み" にとらわれて事態を正しく認識できなかったり，合理的な判断を下せなかったりすることがあります。そうした思考の偏りを認知バイアスといいます。認知バイアスは，重大な失敗を引き起こすことがあります。ここで紹介する認知バイアスを手掛かりに，自分の日々の行動を振り返ってみましょう。

正常性バイアス

異常事態が発生したときに，たいしたことはないと思うことで心を落ち着かせようとするあまり，**危険性を過小評価してしまう傾向**のこと。

過去に何度も津波を経験している東北各地で，どうして多くの悲劇が起きたか。「昔からここに津波が来たことはない」「防潮堤があるから大丈夫」。正常性バイアスと呼ばれる心理が影響したとみられている。　　（『読売新聞』2021.3.6）

非常ベル？　誤作動でしょ。学校で火事なんて起きないよ。

東日本大震災の被災者への調査によると，多くの人が「自分のいる場所は安全だ」と思い込んでいたそうです。

後知恵バイアス

出来事の結果を知ったときに，まるでそれをあらかじめ自分が予測していたかのように考えてしまう傾向のこと。

やっぱり！　哲君のやり方じゃ，うまくいかないと思っていたわ。

そんなことやる前に言っていなかったじゃないか！

対応バイアス

他人の態度に対して，環境的・状況的要因を過小評価し，**個人的・性格的要因を過大評価する傾向**のこと。

哲君，どうして私のおやつ食べちゃったのよ。ばか！

知恵さんは気性が荒いね！

知恵ちゃん，いつもはおっとりしているんだ。今回はぼくがおやつを勝手に食べて黙っていたから，怒るのは当然なんだ。

自己奉仕的バイアス

成功は自分の功績（内的要因）と結びつけ，**失敗は他人のせい（外的要因）にする傾向**のこと。

今日のコンサートの成功は私の歌声にお客さんが魅了されたからよね。

模試の成績が悪かったのは，先生の教え方が悪かったからだよ。

知恵さん，バンドの他のメンバーも熱演でしたよ。哲君，きみは模試の前にゲームして遊んでいたよね。

確証バイアス

自分の考え（仮説）に合致する情報ばかりに目がいき，**反する情報は無視したり捨て去ったりする傾向**のこと。

今年の冬は寒かったから，地球は寒冷化しているのよ。温暖化はデマだって，ネットで話題になっているわ。

知恵さんは自分の考えを補強する情報のみにアクセスしていますね。

プラシーボ効果とノシーボ効果：プラスの効果とマイナスの効果

プラシーボとは偽薬のこと。医学的には効果がない薬でも，信頼する人から処方されたから「効く」と思い込むことで実際に効力を発揮する心理的効果のこと。その逆に効果が見込める薬でも信頼できない人から処方されると，効き目がないと思い込み効力が現れない現象をノシーボ効果という。どちらも**自己暗示による効果**である。

この参考書を読めば100点とれますよ（実は根拠がない）。

真田先生を信じたら100点がとれたよ。

この練習をすれば筋力がアップするよ（効果は検証済み）。

スワンプマンは当てにならない。ちっとも効果ないわ。

 Side Story 上の錯視は，米国視覚科学のエーデルソン教授が発表したチェッカーシャドー錯視。上のxのマスが明るく見えるのは，脳が影の効果を無意識的に補正し，実際の色と明るさを認識しようとするから。脳にはバイアスを修正する働きがある。

精神分析を創始した**フロイト**（→p.167）は，欲求不満や葛藤から無意識的に心を守るしくみがあることを発見しました。自我の機能に注目し自我心理学を創始したフロイトの娘**アンナ・フロイト**（1895-1982）は，それらを**防衛機制**と呼び体系化しました。防衛機制は認知の歪みの一種ですが，心の健康を維持する働きがあります。しかし過度に依存すると，現実に即した対応ができなくなります。次の事例を参考に，自分に当てはまるものがあるかどうか，検討してみましょう。

告白したのにフラれちゃった……あなたならどうする？

1．次の恋に向けて先に進もうと気持ちを切り替える。→□

仕方ない 次の恋だ！

2．告白を受け入れるよう強引に言い寄る。→□

付き合ってくれるよな!?

3．告白したことや失恋したことそのものを忘れてしまう。→□

失恋？ 何のコト？

4．フラれたことは自分にとってプラスだったと言い訳する。→□

たいした女じゃないさ

あなただったら，1から12の選択肢のうち，どんな対応をとるだろうか。考えてみよう。

5．恋愛漫画や映画を見て，主人公に自分を重ね合わせる。→□

おれって悲劇の主人公

グスン

6．自分の欠点を相手の欠点のように転嫁して考える。→□

あいつはわがままなんだ!!

7．（まだ好きなのに）相手のことを憎らしく思うようになる。→□

あいつなんかキライだ

プン

8．ショックのあまり体調を崩して学校を休む。→□

もう恋なんてしない…

下の「適応と防衛機制」の図にある①から⑫の欲求不満への対応から，左の12個の選択肢に当てはまるものを選んで，□に書いてみよう（答えは同じ図の左下参照）。

9．フラれた相手に対して子どものようにダダをこねる。→□

ヤダヤダ付き合ってくんなきゃヤダー

10．ペットなどをかわいがり，悲しさをまぎらわす。→□

僕にはタマしかいない…

ニャー

11．彼女への恋心を歌ったバラード風の曲を発表する。→□

ポロン

12．フラれたことが辛すぎて，何も手につかない。→□

ノイローゼ

恋愛以外にも，様々な場面で考えられるよ。試合や大会のメンバーに選ばれないときや，勉強しても結果がでないとき，きみはどんな行動をとるかな？

自己の課題

適応と防衛機制

| 適応 | 成功 | | ①**合理的解決**…状況を理性的に受け止め次の目標に向かう |
| | 不成功（欲求不満） | | ②**近道反応**…欲求不満を攻撃的・衝動的に解消しようとする |

防衛機制

③**抑圧**…いやなことを，無自覚的に無意識の領域へ追いやる
④**合理化**…不成功でよかったという理由付けをする
⑤**同一化（同一視）**…自分よりも優れているものと自分を重ねる
⑥**投射**…自分の欠点などを相手に転嫁する
⑦**反動形成**…抑圧された欲求とは反対の態度や感情を示す
⑧**逃避**…適応できずに，その状況から逃れる（病気・空想への逃避）
⑨**退行**…発育の前段階に戻る（幼児返りなど）
⑩**代償**…満たされない欲求を似たものでまぎらわす
⑪**昇華**…満たされない欲求を社会的価値の高い目標の実現に変化させる

置き換え

⑫**失敗反応**…いつまでも欲求不満を解消できない状態

「告白したのにフラれちゃった……あなたならどうする？」の答え
1．合理的解決 2．近道反応 3．抑圧 4．合理化
5．同一化（同一視）6．投射 7．反動形成
8．逃避 9．退行 10．代償 11．昇華 12．失敗反応

解説▶ 私たちが**欲求**を満たすために，周囲の自然的，社会的環境に対して適切な行動をとることを**適応**という。そのためには，環境を受け入れたり，環境に対して積極的に働きかけたりするなど，自分の欲求や行動を上手にコントロールする必要がある。そこで，いつもうまく適応できるとは限らない。適応がうまくいかないと**欲求不満（フラストレーション）**の状態に陥り，不安や焦燥感などに悩まされることがある。

こうしたときに，**合理的解決**がはかられればよいが，強引に欲求をかなえようとしたり（**近道反応**），解消できない状態を引きずることで心身に不調をきたしたり（**失敗反応**）することがある。**こうした欲求不満や葛藤から自我は無意識的に心を守ろうとする。**その働きを**防衛機制**という。

ドイツの文豪・ゲーテの『若きウェルテルの悩み』は，ゲーテ自身の失恋体験に基づき執筆された小説です。人妻・シャルロッテへの愛に思い悩む主人公ウェルテルは，最後に，自ら命を絶ちます。ゲーテ自身が失恋に深く苦悩し，死を考えましたが，この小説に昇華したのです。

私は上手くいかないと，すぐ言い訳しちゃうの。これ合理化で自分をごまかしているのかな。

 Side Story　アニメ『シン・エヴァンゲリオン劇場版』の主題歌，宇多田ヒカルの「One Last Kiss」には「誰かを求めることは　即ち傷つくことだった」という歌詞がある。満たされない欲求の苦しみこそが，かけがえのないものが何かを気が付かせてくれる。

23

第1節 古代ギリシャの思想

➡ギリシャ最高峰
オリンポス山
(2,917m)
山頂にはオリンポスの12神が住むとされてきた。

ギリシャ思想の展開

①神話的世界観

最初の世界観は神話（ミュトス）の中に見出される。古代ギリシャでは、ゼウスを主神とするオリンポスの12神による世界の創造と支配という世界観のもとに人々は生活していた。これは、**ホメロス**の『イリアス』や『オデュッセイア』に生き生きと描かれている。神々は、天に水に地上に、いたるところに存在した。神々の意志なしには何事も起こらなかったのである。

②自然哲学 (➡p.25)

イオニア地方（トルコ西部海岸）はギリシャ植民地だったが、オリエントやエジプトとの交易も盛んで他地域からの文化的影響を受けていた。広い視野と時間的な余裕（スコレー）をもった人々は、神話的世界観に疑問を持ち始める。ミレトスに生まれた**タレス**はその最初の1人だった。タレスは万物の根源（**アルケー**）を探究し、その後の自然哲学の展開に道を開いた。

③ソフィスト (➡p.26・27)

前5世紀、ペルシア戦争に勝利をおさめたアテネは繁栄の時期を迎えた。民主政治が発展し、人々は**弁論術**（人を説得する技術）を身につけようとした。そこで、各地からそうした要請に応えようと集まった哲学者たちは、**ソフィスト**と呼ばれた。彼らは自然哲学者とは異なり、社会の中での人間のあり方を論じた。代表的なソフィストは、相対主義を唱えた**プロタゴラス**である。

ヘラ　ゼウス　アテナ　アポロン　ヘファイストス　アフロディーテ

アレス　ヘルメス　ポセイドン　ヘスティア　アルテミス　デメテル

④ポリスの哲学 (➡p.28〜36)

前5世紀末、アテネが衰退していく中で、市民としての生き方を徹底して考え抜いた人物が**ソクラテス**である。彼は、自分が正しさや勇気といった「徳」（アレテー）についてよくわかっていないという自覚（**無知の知**）から、多くの人々と対話を行った（**問答法**）。

師ソクラテスの考えを受け継いで発展させた**プラトン**は、永遠に変わらない真理を**イデア**と名づけ、人によって異なる思い込みや偏見から区別した。また彼は、哲学者が統治者となり（**哲人政治**）、その下で防衛者と生産者がそれぞれの務めに励むという理想の政治共同体を説いた。

師プラトンの理想主義と異なり、**アリストテレス**は、「真理や本質は現実世界の個物のうちにある」という**現実主義**をとった。彼が政治における人間の最終目的として設定したのはやはり、ポリスにおける幸福な生であった。

⑤ヘレニズムの思想 (➡p.37・38)

ギリシャ北方の国マケドニアのアレクサンドロス大王はペルシア遠征を行い、エジプトから中近東、インドに達する大帝国を樹立した。各地に広まったギリシャ文化は、次第に世界市民（コスモポリタン）的な性格となり、**ヘレニズム**が成立する。この時代、ポリスの崩壊など混乱した世界から逃避して、個人がどう生きるか、心の平静を得るためにいかに生きるかといった個人主義的な立場からの思想（**エピクロス派**（快楽主義）と**ストア派**（禁欲主義）など）が生まれた。

●古代ギリシャ思想　年表

西暦	できごと	おもな思想家
前1200	ミケーネ文明	
950頃	ポリスの形成	
750頃	**ホメロスの詩篇が成立**	
700	ヘシオドス『神統記』『労働と日々』	ヘラクレイトス 540?
594	アテネでソロンの改革	タレス 624?〜546?
509頃	アテネで民主政治始まる／ローマで共和政始まる	プロタゴラス 494?〜424?
492	ペルシア戦争（〜449）	ソクラテス 470?〜399
443	ペリクレス執政時代	
431	ペロポネソス戦争	アリストテレス 384〜322
390頃	プラトン『ソクラテスの弁明』『クリトン』	エピクロス 341?〜270?
385頃	**プラトンのアカデメイア開設**	ゼノン 335?〜263?
375頃	プラトン『国家』	プラトン 427〜347
334	アレクサンドロス大王の東征／**ヘレニズム文化おこる**／アリストテレス『ニコマコス倫理学』	キケロ 106〜43
146	ローマが地中海征服	
前27	ローマ帝国始まる	

●古代ギリシャのおもなポリスと思想家

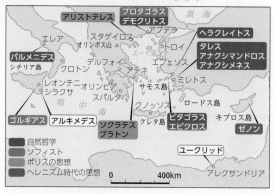

アリストテレス　プロタゴラス　デモクリトス　ヘラクレイトス　タレス　アナクシマンドロス　アナクシメネス　パルメニデス　ゴルギアス　アルキメデス　ソクラテス　プラトン　ピタゴラス　エピクロス　ゼノン　ユークリッド

エレア　スタゲイロス　オリンポス山　トロイ　エフェソス　デルフォイ　アテネ　ミレトス　レオンチニ　オリンピア　シラクサ　スパルタ　サモス島　クノッソス　クレタ島　ロードス島　キプロス島　シチリア島　クロトン　アブデラ　アレクサンドリア

■自然哲学
■ソフィスト
■ポリスの思想
■ヘレニズム時代の思想

0　400km

黒海　エーゲ海　地中海

Side Story　スクール（school）の語源は、ギリシャ語のスコレー（schole　閑暇）である。ラテン語ではスコラ（schola）。人間は、生命維持の労働から解放されている自由な時間があってこそ、学ぶことができるのである。

自然哲学〜神話から哲学へ〜

自然の根源や万物の生成を解き明かそうとした，黎明期の哲学者たち

自然哲学者	万物の根源
タレス（前624 ?〜前546 ?）	水
アナクシマンドロス（前610 ?〜前547 ?）	無限なるもの
アナクシメネス（前585 ?〜前528 ?）	空気
ピュタゴラス（前582 ?〜前497 ?）	数
ヘラクレイトス（前540 ?〜前480 ?）	火
パルメニデス（前515 ?〜前450 ?）	有るもの（存在）
エンペドクレス（前492 ?〜前432 ?）	土・水・火・空気（四元素）
デモクリトス（前460 ?〜前370 ?）	原子

概説　ギリシャにおける最初の哲学は**自然哲学**といわれる。この哲学は，紀元前6世紀ごろ，小アジアのイオニア地方のギリシャ植民市**ミレトス**で生まれた。この地域は古代の交易と文化交流の十字路であった。自然哲学者たちは，あらゆるものの根源（アルケー）を探究した――「最初の哲学者」タレスは「**水**」，アナクシマンドロスは「**無限なるもの**」，アナクシメネスは「**空気**」（以上「ミレトス派」），ヘラクレイトスは「**火**」，ピュタゴラスは「**数**」，エンペドクレスは「**土・水・火・空気**」（四元素），デモクリトスは「**原子**」というように。つまり，彼らは，世界の諸現象を神話からではなく**合理的**に考察したのであった。

哲学の創始者　　5回

タレス　Thalēs　前624 ?〜前546 ?

足跡　ミレトス出身で**哲学の祖**。またギリシャ七賢人の一人，日食を予言したと伝えられる。神話的世界観（ホメロス・ヘシオドス）に対して，世界の事象を原理的に捉える合理的な態度で，**万物の根源（アルケー）**を探究し，それを「**水**」と説いた。

原典　（アリストテレス『形而上学』）　タレスは，哲学の開祖で……水が万物の原理であるという。

（日下部吉信 編訳『初期ギリシア自然哲学者断片集』ちくま学芸文庫）

万物流転説　　7回

ヘラクレイトス　Hērakleitos　前540 ?〜前480 ?

足跡　小アジアのエフェソス出身。"暗い人"，"泣く哲学者"といわれる。万物の根源である「**火**」からすべてのものが生じたと説き，真の世界の姿は絶えず変化するものとして「**万物は流転する（パンタ・レイ）**」と唱えた。（⇒エレア派と対立）

原典　（プルタルコス『デルポイのEについて』）　万物は火の交換物であり，火は万物の交換物である。

（日下部吉信 編訳・同前）

アルケーは数　　3回

ピュタゴラス（ピタゴラス）　Pythagoras　前582 ?〜前497 ?

足跡　イオニアのサモス島生まれ。哲学的な宗教集団ピタゴラス派を組織し，魂の輪廻転生を信じ，肉体の牢獄から魂の解放を求めた。宇宙の本質を「**数**」と考え，魂の浄化のため数学や音楽を研究し，「**ピタゴラス（三平方）の定理**」を発見したといわれる。

原典　（アリストテレス『形而上学』）　ピュタゴラスは……天界全体を音階（調和）であり，数であると考えた。

（山本光雄 訳編『初期ギリシア哲学者断片集』岩波書店）

エレア派の祖　　1回

パルメニデス　Parmenidēs　前515 ?〜前450 ?

足跡　南イタリアのエレアに生まれ，詩の形式で哲学を説いた。理性（**ロゴス**）のみを真理の基準として，世界にはただ**有るもの（存在）**だけがあり，それは生まれることも滅びることもなく，不変不動であると説き，運動や生滅変化を否定した。

原典　（シンプリキオス『アリストテレス「自然学」注解』）　あるもの（のみ）があると語り，かつ考えることが必要である。なぜなら，あるはあるが，無はあらぬからである。

（同前）

一神論　　1回

クセノファネス　Xenophanēs　前570 ?〜前475 ?

©jozef sedmak/
Alamy Stock Photo

足跡　イオニア地方のコロフォン出身。神々は人間に似た姿をし，人間と同じような思考や行動をするという**擬人的神観**に反対して，神は唯一で一切のものであると唱えた。

原典　（クレメンス『雑録集』）　しかし，もし牛や馬やライオンが手をもっていたとするなら，あるいはその手で絵を描き，人間と同じような作品をつくりえたとするなら，馬は馬に似た，牛は牛に似た神々の姿を描き，彼らのそれぞれが有しているのと同じ姿の身体をつくり上げたことであろう。（日下部吉信 編訳・同前）

原子論

デモクリトス　Dēmokritos　前460 ?〜前370 ?

足跡　ギリシャ北東部のアブデラの生まれ。快活な性格から"笑う哲学者"といわれる。師レウキッポスの教えを発展させ，「**原子論**」を展開。「**原子（アトム）**」とは，同質で分割することができない不生不滅な物質で，この原子の運動（分離・結合）によって万物の生成変化を説明する**唯物論**を唱えた。

原典　（アリストテレス『生成消滅論』）　もろもろの形態（＝アトム）を立てて，…それらの分離と結合とによって生成と消滅とを，それらの配列と位置によって質的変化を説明する。（山本光雄 訳編・同前）

アナクシマンドロス（前610 ?〜前547 ?）　イオニアのミレトス生まれ。タレスの後継者。万物の根源（アルケー）は，水とか空気といったものに限定できない「**無限定なもの**」・「**無限なもの**」（ト・アペイロン）と考えた。

エンペドクレス（前492 ?〜前432 ?）　シチリア島のアクラガス生まれ。万物は，**土・水・火・空気**の四つの「**根**」（リゾーマタ）＝四元素からなり，愛によって結合し，憎しみによって分離するとして，世界の生滅変化を説明した。

Side Story　ヘラクレイトスはエフェソスの政治に関与していたが，友人の有能な政治家ヘルモドロスが民衆に追放されたことに激怒。「大多数は悪党であり，すぐれたものは少数」などの言葉を残し，以後政治から手を引いた。

巧みな弁論術で名をはせた，古代ギリシャの「知者」たち

ソフィストの思想

Words 34 ソフィスト
35 弁論術 36 相対主義
37 ピュシス 38 ノモス

ソフィスト	思　想
プロタゴラス （前 490 ？〜前 420 ？）	万物の尺度は人間である（＝相対主義）
ゴルギアス （前 485 ？〜前 375 ？）	人間の知るものはいっさい偽りである（＝懐疑主義）

概説　紀元前5世紀半ば，ペルシア戦争での勝利の後，アテネでは民主政治が発達，繁栄し，人々の政治参加が盛んになった。こうした状況下では，弁論によって他の人々を説得する技術（**弁論術**）や一般教養が大きな力を持ち，謝礼を取ってこれらを**徳**（**アレテー**）として教えたのが，**ソフィスト**たちである。この当時，哲学の関心は「万物の根源」といった絶対的な価値ではなく，「市民生活における有用性」といった相対的な価値の探究に移り，**プロタゴラスとゴルギアス**という著名な思想家を出した。

Approach ソフィストは哲学の"脇役"？〜真理の絶対・相対をめぐって

知恵：先生，少しお時間はありますか？　ソフィストのことが聞きたいんです。

真田：どんな質問ですか。

哲：ソフィストって，本当はどんな人たちなのかなって，さっきから二人で話していたんです。だって，彼らはいろいろに言われているでしょ。

知恵：「詭弁家」とか「弁論家」，それに「職業教師」。ソフィストのことをもっと教えてください。

真田：彼らの多くは，民主政治が発達していたアテネで，金持ちの少年たちから授業料をとって弁論術を教えていた。当時は弁論術が，政治家に必要な技術として求められていたからね。

哲：でも，ソフィストって，もともとはギリシャ語で「知者」を意味していたんですよね。

真田：彼らは，いろいろなポリス［都市国家］を渡り歩いて，さまざまな法律や制度，学問や慣習などの知を身につけた「知識人」でもあるのです。

知恵：それがどうして，評判の悪い「詭弁家」なんかになってしまったんですか？

真田：ソフィストのなかには高額な授業料を要求したり，白を黒と言いくるめるような「詭弁（こじつけ）」をもてあそぶ者たちもいたから，それで悪い評判が立ったのでしょう。でも，それだけじゃない。君たちは，「プラトン」は知っていますね。彼がソフィストのことを，「裕福な若者を獲物に金もうけをする者」とか「学問的知識は見せかけだけの偽物で，一種のいかさま師」と言っているからね。弟子のアリストテレスも同じような意見です。

知恵：じゃあ，ソフィストは"悪者"なんですか？

哲：でも，先生が授業で言っていたと思うけど，たとえば，**プロタゴラス**とか**ゴルギアス**なんて人たちはちゃんとした思想家なんじゃない？

真田：そうですね。プロタゴラスは「職業教師」と名乗ったから「最初のソフィスト」と呼ばれるけど，その思想はけっして「偽物」ではないですよ。プロタゴラスは，真理を感覚的，個人的なものと考えたから，真理というのは個人の感覚によって

エアコン強すぎるよ

え？　暑いくらいだよ

プロタゴラスは風の温度の感じ方を例に，相対主義を説いたんだ。

それぞれ違うものだ，って主張するのです。

知恵：えーと。たとえば，同じ水でも人によって，「生温い」と感じる人と「冷たい」と感じる人もいるように，ですか？

哲：じゃあ，プロタゴラスの「**万物の尺度は人間である**」という言葉の「人間」は，個人の感覚か！

真田：君たちの言うとおりですね。そう考えれば，「私」が正しいと思うことが真理の基準となるわけだから，誰もが認めるような普遍的な真理はない，ということになるよね。それに対して，ソクラテスやプラトンは，すべてに共通する絶対的真理や普遍的真理を探究することが「哲学」だという。

知恵：どっちが正しいんですか？

真田：難しい問題だけど，「あれか，これか」の問題ではないでしょうね。ただ，普遍的真理を求めると，必然的に根底的・究極的な原理にもとづく理論に向かうので，学問としては際立つと思う。

哲：だから，ギリシャ思想はソクラテスやプラトン，アリストテレスが中心なんですね。

知恵：そっちの立場からみれば，ソフィストたちはあくまで"脇役"に見えますね。

真田：その後のヨーロッパ思想への影響を考えれば，そうですね。ソクラテスやプラトンはいわば，ギリシャ哲学という「劇」の主役，ソフィストは主役を引き立てる脇役。それも「悪役」にされたのです。

知恵：でも，名脇役がいてこそ，主役は輝くのよね。

真田：しかも残念なことに，「悪い」イメージの烙印をおされたソフィストたちの著作は，収集・保存されることなくほとんど無くなってしまったのです。でも，ソフィストのような日常的・常識的な思考は，民主主義のあり方を見直す中で重要です。全体主義や絶対主義を批判する力を持っているからね。

　Side Story　ゴルギアスは，弁論術とともに技巧的な文章を書くことにおいても群を抜いており，その文体は「ゴルギアスの文体」と呼ばれている。

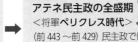

Outline　ソフィスト登場の時代背景は？

ペルシア戦争 (前492~前449)
アテネ中心のギリシャ軍がアケメネス朝ペルシア軍に勝利 ⇒ アテネ民主政の進展

→

アテネ民主政の全盛期
＜将軍ペリクレス時代＞
(前443~前429) 民主政では、政治家は人を説得する技術である**弁論術**が必要

→

ソフィスト (弁論術教師・思想家) の出現
・プロタゴラス ⇒ **相対主義**
・ゴルギアス ⇒ **懐疑主義**
ヒッピアス、プロディコスなど

1　相対主義の思想

相対主義を唱えた最大のソフィスト　　　　　　　5回

プロタゴラス
Protagoras　前490?~前420?　ギリシャ

> 万物の尺度は
> 人間である。

足跡　デモクリトスと同じくギリシャ北東部の町アブデラに生まれる。30歳ごろからソフィストとして約40年余りギリシャ全土を遍歴、アテネへは頻繁に訪れた。前444年ごろアテネが南イタリアに建設した植民市トゥリオイの新憲法起草を委嘱されたと伝えられる。また、偉大な政治家ペリクレスとも親交があり、弁論術を教えて評判を得るが、晩年アテネで無神論の罪で追放され、シチリア島への途中、船の難破で亡くなったともいわれる。著作はいずれも失われ、現在残っているのは断片だけである。

● **原典** 万物の尺度は人間である

　万物の尺度は人間である。有るものどもについては、有るということの、有らぬものについては、有らぬということの。

(山本光雄　訳編『初期ギリシア哲学者断片集』岩波書店)

*この部分は「何事かについて、…である,…。でない、という判断を下す尺度が人間である。」とも訳される。

解説▶「善悪 (よいか悪いか)」や「真偽 (正しいか間違っているか)」という場合、それは見る人により、判断や価値観が異なる相対的なものであるという主張である (**相対主義**)。後に、ソクラテスが追究した「普遍・絶対的な真理の存在」とは逆の考えである。

懐疑主義の弁論家　　　　　　　　　　　1回

ゴルギアス
Gorgias　前485?~前375?　ギリシャ

> 人間の知るものは
> いっさい偽りである。

足跡　シチリア島のレオンティノイに生まれる。ペロポネソス戦争中 (前427) シラクサに圧迫されていた故郷の町の外交使節の代表として、アテネへおもむき救援を得るのに成功した。その後、ギリシャを訪れて弁論術の教師となって永住し、弁論家としての名声を獲得した。ゴルギアスは100歳まで生きたともいわれる。

❿ ● **原典** 「ないもの (非存在) について」

　その (真理の) 一つの最初のものは、何ものも有らぬということであり、第二は、たとえ有るとしても、人間には把握されないということであり、第三は、たとえ把握されても、しかし隣人には決して伝えることも、理解させることも出来ないということである。

(同前)

解説▶この文は三つの命題で構成されている。最初は、「有」に対して「無」の主張であり、次は、いわゆる不可知論であり、最後の命題は、伝達不可能性を説いている。全体としては、**懐疑主義**の主張であり、ある種の**ニヒリズム** (虚無主義) のおもむきもある。

2　ピュシスとノモス

● 「ピュシス (自然) とノモス (人為)」という問題

　ソクラテス以前の自然学者たちの求めたのは、アルケー (根源的なもの)、すなわち**ピュシス** (自然本来のもの) であった。それは人間から離れて独立してあるもので、真の存在であった。この人間の介入を許さないピュシスに、**ノモス** (人為的なもの) という言葉を対比させ、ギリシャ哲学に「ピュシス (自然)」対「ノモス (人為)」という新しい問題を提起したのはソフィストたちであった。彼らによって、絶対視されがちだった法律や慣習などのノモス的なものの相対化が図られる一方、神や正義などピュシス的なものと考えられてきたものがノモス的なものとみなされるようになっていった。

　こうした「**ピュシス (自然, 本性, 万物の根源) VS ノモス (法, 制度, 慣習, 道徳, 宗教)**」の問題はポリスの法や正義の問題などをめぐって、ソフィストとソクラテス・プラトンとの対立をもたらした。

Focus　先生と弟子の裁判

　弁論術の祖といわれるコラックスは、授業料を払わない弟子のテイシアスを訴えて裁判をおこした。テイシアスはこう主張した。「自分が裁判に勝てばもちろん授業料を支払う必要はないし、敗れたとしてもその必要はない。なぜならば、裁判に負けたことが、コラックスが私に十分に弁論術を教えてくれなかった証拠だから」と。これに対して、コラックスは反論を展開した。「自分が裁判に勝てば、テイシアスは授業料を払うべきである。また、敗れたとしても払わなければならない。なぜなら、これこそテイシアスが私から弁論術を学んだ証拠なのだから。」

授業料払え！

ヤダ！

Side Story　ソフィストたちは、博識と弁論術を使って金をもうけ、青年を堕落させたと、批判をあびた。とくに強く彼らを批判したのはソクラテスであったが、彼もまたソフィストであると誤解され、青年を堕落させた罪で死刑の判決をうけた。

源流思想

"善く生きる"ことを追究した愛知者

17回

ソクラテス

Sōkratēs
前470?~前399
古代ギリシャ

Words 39 無知の知 40 汝自身を知れ 41 エイロネイア 42 問答法（助産術）43 アレテー 44 魂への配慮 45 徳は知 46 知徳合一 47 知行合一 48 福徳一致

魂ができるだけすぐれたものになるように気をつかうべきだ。

西暦	年齢	生　　涯　色文字は同時代のできごと
紀元前480?		サラミスの海戦でアテネがアケメネス朝ペルシャに勝利→アテネの全盛
470?	0	アテネに生まれる。自然哲学に興味をもつ
431	39	ペロポネソス戦争開始
429	41	デルフォイのアポロン神殿で神託を受ける
424	46	ペロポネソス戦争に重装歩兵として参加
419	51	クサンチッペと結婚
407	63	プラトンと出会う
404	66	ペロポネソス戦争終結。アテネが敗北し衰退
399	71	死刑判決を受け、刑死

言行録 著書は遺さず、プラトンの著書で言行が記されている。

足跡 ソクラテスは、石工の父、助産師の母の子として、アテネに生まれた。妻子がありながら家庭をかえりみず、毎日のように美少年たちと哲学的議論をして過ごした。妻クサンチッペは、生活力のない夫をいつも非難していて、そのため「悪妻」との評判が立った。彼は30歳代後半から40歳代後半にかけて3度出征したと伝えられる。かつてはアナクサゴラスの自然哲学に強い関心を抱いていたが、関心の対象を人間や人間の内面へと向け直した。ある日「ソクラテスより知恵のある者はいない」という神託に疑問を持ち、知者と評判の有名人たちと問答を始めた。その後「新奇な神霊を導入した」「若者を堕落させた」という告発を受け、裁判にかけられる。投票の結果、死刑判決が下る。彼は逃亡のチャンスを斥け、自らの選択で毒を飲んで死んだ。彼自身は著作を残さなかったので、その言行はプラトンやクセノフォンといった弟子の著作から知るほかない。

Approach ソクラテスはみずから死を選んだ！～なぜ脱獄しなかったのか？

哲：ソクラテスは無実の罪で訴えられて死刑になったのですよね。現代なら冤罪です。

知恵：脱獄する機会があったのに、逃げなかったのよね。脱獄して無実を訴えた方がよかったんじゃないかしら。

真田：確かに冤罪は現代では大きな社会問題です。当時も脱獄をすすめた人がいましたが、ソクラテスは拒否して自ら毒杯をあおりました。

知恵：私だったら脱獄して裁判の不正を訴えます。

哲：でも、脱獄っていうのはどうだろう。刑務所から囚人が脱獄したら、大きな騒ぎになるよね。

知恵：そっか、でも無実の罪を着せられたソクラテスはどんな気持ちで死に臨んだのかしら？

真田：それではソクラテスが死刑になった経緯を確認してみましょう。『ソクラテスの弁明』によれば、ソクラテスが訴えられた罪状は何でしたか？

哲：ソクラテスがポリスの神々を疎んじ、怪しげな神霊（ダイモン）を信仰していたことと、青年たちを堕落させたことで、どちらもいいがかりです。

真田：そうです。それに対してソクラテスは、訴訟人を批判し、さらに陪審員を務める市民に対しても「魂への配慮」を説き、徹底的に反論しました。

知恵：それが陪審員の反感を買ったのよね。

真田：陪審員は心証を優先させ、死刑の判決を下します。執行は1か月後となり、その間に、親友のクリトンが脱獄を手配し、牢獄のソクラテスに脱獄をすすめと『クリトン』に書かれています。

哲：クリトンの説得はどういうものだったのですか？

真田は黒板に青いチョークで次のように書いた。

> ①君が死刑になれば私は親友を失ってしまう。
> ②脱獄のことで私にかかる迷惑は心配するな。
> ③死刑に服することは倫理的にまちがいだ。
> （三嶋輝夫『汝自身を知れ』参照）

知恵：で、ソクラテスはどう反論したの？

真田はさらに黒板に書いた。

> ①情に流されるのではなく議論に従うべきだ。
> ②素人の意見より専門家の意見に従うべきだ。
> ③単に生きるより「よく生きること」が大切だ。
> ④どんな場合でも、不正は行わない。（同前）

真田：このようにクリトンに反論したソクラテスは、脱獄が正しいことなのかどうか、具体的に検討します。そこに、ソクラテスは、擬人化された「国法」を登場させて、さらに説得にかかるのです。

哲：「国法」が出てきて、何か言うんですか？

真田：そう。「国法」は、判決の権威や国家と国民の関係〔祖国は両親以上のもの〕などについて語り、逃亡することは「よく生きる」ことにはならないと、脱獄の非（正しくないこと）を説きます。

知恵：それで、クリトンは納得したの？

真田：「もう何もいうことないよ」と最後に彼は言ったからね。結論をいえば、ソクラテスが敢えて刑死を選んだ理由は、判決は不当だけど脱獄は国法を破ることで不正なのだから、ポリスの一員として判決に従うことが「正義」だということなのです。

Side Story ソクラテスは、詩人・政治家・演説家の3人の原告に、悪名高い「ソフィスト」として訴えられた。当代最高の喜劇詩人アリストファネスの『雲』にも、ゼウスを否定し、立派なソフィストを教育するソクラテスが登場する。

Outline　ソクラテスの思想：無知の知を出発点として，普遍的真理を探究

デルフォイの神託[*]
「ソクラテスより知恵のある者はいない」

*友人カイレフォンから伝え聞いた。

→ 知者と評判の者たちとの問答

→ 無知の知

→ 問答法

→ 善く生きるために「真の知」を探究

→ 徳（アレテー）の実現
・知徳合一　善や正を知れば，魂のすぐれたあり方である徳が実現する
・知行合一　真の知は人間の行為を正しく導く ⇒ 理論と実践の一致
・福徳一致　正しい知によって行動すれば真に幸福に生きることができる　❿

Think　ソクラテスは何を求めて，哲学（＝愛知）したのだろうか？

原典A　無知の知

View　ソクラテスが知者である理由は，無知の自覚にある。

　わたしは，彼（政治家）と別れて帰る途で，自分を相手にこう考えたのです。この人間より，わたしは知恵がある。なぜなら，この男も，わたしも，おそらく善美のことがらは何も知らないらしいけれど，この男は，知らないのに何か知っているように思っているが，わたしは，知らないから，そのとおりにまた，知らないと思っている。だから，つまり，このちょっとしたことで，わたしのほうが知恵があることになるらしい。つまり，わたしは，知らないことは知らないと思う，ただそれだけのことで，まさっているらしいのです。

（プラトン 著／田中美知太郎 訳「ソクラテスの弁明」『世界の名著6』中央公論社による）

❿ 原典B　知の探究方法

View　ソクラテスの哲学の方法は問答法である。

「友人にうそをつくことは不正か」
「不正だ」
「では，病気中の友人に薬を飲ませるためにうそをつくことも不正か」
「不正ではないと思う」
「それでは友人にうそをつくことは不正であり，不正でもないことになる。うそをつくことは不正か」
「私にはもはやわからない」

（クセノフォン 著／佐々木理 訳『ソクラーテスの思い出』岩波文庫）

ソクラテス　では，どうでしょう。大工のことを学んだ者は，大工になるのですね。そうではありませんか。
ゴルギアス　そうだ。
ソクラテス　ではまた，音楽のことを学んだ者は，音楽家になるのではありませんか。
ゴルギアス　そうなる。
ソクラテス　さらに，医学のことを学んだ者は，医者になるし，そして，その他のことも同じ理屈で，そうなるのですね。つまり，それぞれの道のことを学んだ者は，その知識が各人をつくりあげるような，そういう者になるのですね。
ゴルギアス　たしかに。
ソクラテス　それではまた，その理屈に従うと，正しいことを学んだ者は，正しい人になるのではありませんか。
ゴルギアス　それはどうしても，そうなるだろうね。
ソクラテス　ところで，正しい人は，正しいことを行うのでしょう？
ゴルギアス　そうだ。
ソクラテス　そうすると，必然的に，弁論の心得ある者は正しい人であるし，また，正しい人は正しいことを行なうのを望んでいる，ということになるのではありませんか。
ゴルギアス　そうなるようだね。……

（プラトン 著／加来彰俊 訳「ゴルギアス」『プラトン全集9』岩波書店）

ああ，わかんないや…
ソクラテス

解説

A 自分を知者と思っていないソクラテスは，デルフォイの神託の「謎」を解くために，政治家や詩人などと問答をしてみた。そして，自身が無知であることを自覚している点で他者より知者であることを知る（「無知の知」）。「無知の知」は，彼の哲学の出発点となり，人びとに自分の無知を気づかせ，真の知とは何かを探究させようとした。ソクラテスにとって，真の知とは，「善美のことがら」であり，「徳（アレテー）」であった。アレテーとは，ギリシャ語でそれぞれ固有のものの優秀性・卓越性を意味する。たとえば，馬のアレテーは速く走ること，カミソリのアレテーはよく切れること。

馬のアレテー
＝速く走ること

カミソリのアレテー
＝よく切れること

❶デルフォイのアポロン神殿　神殿の入口には「汝自身を知れ」という格言が刻まれている。その言葉はソクラテスに「無知の知」を気づかせた。

B 相手と会話をし，対話形式で議論をつきつめ，真理を求めていく方法を問答法（dialektike＝対話法）という。問答法は，他者と対話することによって，その相手に無知であることを自覚させ，真の知への道に進ませようとするソクラテスの哲学の方法である。ソクラテスは，問答法によって無知を自覚させ，最終的に真の知を生み出す手助けをすることから助産術と呼んだ。また，この方法は，ソクラテスが無知を装いながら，知者を自認する相手の矛盾をついて無知を暴露させるところから皮肉法（エイロネイア・アイロニー）ともいわれる。

Side Story　ソクラテスの「悪妻」話は有名で，結婚に迷う青年にこう助言したという。「君がよい女を妻にしたのなら，喜びなさい。幸せな家庭が築けるだろう。もしも悪い女と結婚したのなら，やはり喜びなさい。君は哲学者になれるだろう。」

源流思想

原典C 魂への配慮

View ソクラテスの知的活動は、ひとびとに魂への配慮を求めることである。

　つまり、わたしが歩きまわっておこなっていることはといえば、ただ、つぎのことだけなのです。諸君のうちの若い人にも、年寄りの人にも、だれにでも、**魂ができるだけすぐれたものになるよう、ずいぶん気をつかうべきであって、**それよりもさきに、もしくは同程度にでも、**身体や金銭のことを気にしてはならない**、と説くわけなのです。そしてそれは、いくら金銭をつんでも、そこから、すぐれた魂が生まれてくるわけではなく、**金銭その他のものが人間のために善いものとなるのは、公私いずれにおいても、すべては、魂のすぐれていることによるのだから**、というわけなのです。

(プラトン 著／田中美知太郎 訳「**ソクラテスの弁明**」同前)

原典D 善く生きること

View 善く生きるということは不動の原則である。

ソクラテス　もう一つ、こういうのは、ぼくたちにとって、依然として動かないか否かということを、よく見てくれたまえ。それはつまり、**大切にしなければならないのは、ただ生きるということではなくて、善く生きるということなのだ**というのだ。

クリトン　いや、その原則は動かないよ。

ソクラテス　ところで、その「善く」というのは、「美しく」とか「正しく」とかいうのと同じだというのは、どうかね？　動かないだろうか、それとも動くだろうか。

クリトン　動かないよ。

(プラトン 著／田中美知太郎 訳「**クリトン**」同前)

16 原典E 善く生きるために

View 不正は行ってはならない。

　それなら、どうするかね？　善い法律や風習をもっている国とか、人々のうちでもとくに律儀な人たちなどには、避けて近づかないことにするかね？　そしてそういうことをするとき、おまえには、人生がはたして生き甲斐のあるものとなるだろうか。

　それともどうかね？　おまえはその人たちに近づいて、恥ずかしげもなく問答を交わすつもりなのかね？　いったい何を論じてだ、ソクラテス？

　いや、それは言うまでもなく、ここで論じていたと同じこと、**人間にとって最大の価値をもつものは徳であり、なかでも正義であり、合法性であり、国法である**というようなことをかね？　そしてソクラテスという者の、その所業が、ぶざまなものに見えてくるだろうとは思わないかね？　とにかく、そう見えてくると、わたしたちは思わずにいられないのだ。

(同前)

Focus ニーチェのソクラテス批判

　哲学者ニーチェ (→p.156) はソクラテスを批判した。気になったことをとことん突き詰め、おかしいことをおかしいと暴露するソクラテスの合理主義が、悲劇に代表される古代ギリシャの芸術を堕落させたというのである。ギリシャ悲劇では大抵、主人公が非合理で悲惨な目に遭う。ニーチェは、本来非合理で悲惨なものである人生を生き抜く練習として古代ギリシャ人は悲劇を観ていたのだ……と論じる。だからニーチェは、ソクラテスの理詰めな生きざまに対して「そうはいっても人生はそう理詰めには行かないのに」と言いたかったのだろう。この説はニーチェの哲学者としてのデビュー作『悲劇の誕生』(1872 年) に書かれている。自分の哲学にとっての敵だと見れば、自分より約 2300 年前に亡くなった人物にも容赦しない。その徹底ぶりはさすがである。

→ニーチェ

解説欄：

C ソクラテスは、いつもアテネ市民と対話をして「魂がすぐれたものになるように気をつかうこと」(**魂への配慮**) をすすめていた。魂 (プシュケー) とは、身体と区別される精神、「真の自分」である。金銭、身体、評判、地位などは価値のないものではないが、それらのものが「善い」ものになるためには、「魂がすぐれて」いなければならないというのである。

　ソクラテスは、人々との対話を通して魂への配慮をうながし、真の知を求め、哲学したのだった。哲学 (philosophy) の語源はギリシャ語の「philosophia」である。この語は、「愛する (philein)」と「知 (sophia)」の合成語である。つまり、哲学とは「知を愛すること (愛知)」であり、ソクラテスは愛知者であった。

D 牢獄にとらえられているソクラテスに最後の説得にやってきた親友クリトンは、「生きようとすれば脱獄して生きられるのにそれをせず死を選ぶというのは正しくない」といった。しかし、ソクラテスにとって大切なのは「**ただ生きるのではなく善く生きること**」であった。

　ここで自分が不正を行い脱獄することは、生涯をかけて求めてきたよく生きることを目的とした自らの生を否定することになってしまうのである。さらに、国法が定めたことには従うことが正しいことであり、いかなる理由があろうともそれに背くことは不正なことだと説く。人間がポリスに属している以上ポリスに従うのが**正義**なのである (→p.28 Approach)。

E これは『クリトン』にある、もし脱獄したらどんな生き方をすることになるかを、擬人化した「国法」がソクラテスに問いかける、という寓話である (→p.28 Approach)。寓話は、現代の私たちにも「善く生きること」や「正義」の意味を投げかけている。

Side Story ソクラテスが 70 歳で毒杯を仰いだとき、彼を見送った家族は、妻クサンチッペと 3 人の子どもで、そのうち 2 人はまだ年少だったという。弟子のプラトンは、病気でその場にいなかったことになっている (『パイドン』)。

BC ■■■■■ ■■■ AD ◀19回▶

哲人政治を唱えた理想主義の祖

プラトン Platon

前427～前347 古代ギリシャ

正義

*プラトンは「肩幅が広い」という意味のあだ名。本名は
アリストクレス

> 美しいものはすべて美によって美しい。

Words 49 イデア 50 善のイデア 51 想起（アナム
ネーシス）52 エロース 53 知恵 54 勇気 55 節
制 56 正義 57 四元徳 58 哲人政治 59 理想国家

西暦	年齢	生　涯　　色文字は同時代のできごと	
紀元前			17歳で入門したアリス
431		ペロポネソス戦争開始	トテレスは，アカデメ
427	0	アテネの名門貴族として生まれる	イアに20年も留まり，
407	20	ソクラテスと出会い，弟子となる	勉学に励んだという。
404	23	ペロポネソス戦争終結	
399	28	ソクラテス刑死。イタリア，シチリア等を遍歴	
390頃		『ソクラテスの弁明』『クリトン』	
389	38	イタリア，シチリア等を遍歴	
387	40	アテネに戻り，学園アカデメイアを創設	
375頃		『国家』	
367	60	第2回シチリア旅行。アリストテレスがアカデメイアに入門	
361	66	第3回シチリア旅行	
347	80	死去	

主著 『ソクラテスの弁明』『クリトン』『饗宴』『パイ
ドン』『パイドロス』『国家』

足跡 プラトンは，アテネの名門貴族の家に生
まれた。父方はアテネ王，母方は大政治家ソロン
の家系に連なると伝えられる。彼は，名門出身と
して政治家をめざしていたが，ソクラテスの不当
な裁判と不条理な死を契機に，哲学者としての道
を歩むことになる。教育者としては，アテネ北西
の郊外に学園アカデメイアを設立し，学問研究と
ともに理想国の統治者の養成をめざした。

プラトンは，師ソクラテスの思想を継承・発展
させてイデア論を生み，さらに理想国家を構想し
て哲人政治論を唱えた。60歳を過ぎてから，理想
国家実現に奔走したが失敗した。

Approach　私たちは，とらわれた"囚人"なのだ！～『洞窟の比喩（どうくつのひゆ）』とは？

哲：先生，プラトンの「洞窟の比喩」，教科書の説
　明だけでは意味がよく理解できないのですが…。

真田：こんな絵を見たことはありますか？　洞窟の
　比喩のイメージを簡単に表現したものです。

善の
イデア

イデアの世界[永遠不変]

地上（外の世界）
はイデアの世界を，
太陽はイデアの中
のイデア，「善」
のイデアを表して
いる。

日常の感覚の世界[移り変わり流れ去る]

哲：イメージでは，だいたい，わかるんだけど…。

真田：プラトンは，私たちの認識というのは，まるで
　洞窟のなかの囚人（しゅうじん）の認識と同じだと言っている
　ようなのです。囚人たちは，子どもの時から，洞窟のな
　かで手足を縛られて，前の壁の方だけを見させら
　れ，後ろを振り向くことができない状態にあります。

哲：囚人たちって，ぼくたちのことですか？

真田：そうだね。それに，洞窟の上の方には火が燃
　えていて，その明かりが囚人たちを後ろから照ら
　している。そして，この火と囚人たちの間に低い
　壁があって，その壁の上を人形や，木や石でつく
　られた動物などが移動
　しているのです。

知恵：それって，まるで
　人形劇。それと影絵ね。

真田：そのとおり！　この囚人たちは後ろを振り向
　けないから，自分の正面にある洞窟の奥の壁に映
　し出された影しか見たことがないわけです。

哲：それじゃあ，その囚人たちは壁に映ったその影
　（現象）が本物（実在）だと信じちゃうよ。

真田：そう。囚人たちは，真実在（イデア）の影を
　見て，それが正しい認識だと思っている，とプラ
　トンは説いているのです。

知恵：それに対して，哲学者というのは，現象とか
　でなくてイデアを認識している人なんですね。

真田：プラトンはこう言います―あるとき，囚人の
　一人が洞窟の外，地上（イデアの世界）に出た，と。
　その者は，最初は眼がくらんで何も見えなかった
　が，しだいに，洞窟内の低い壁の上を移動するも
　のや，上の方にある真実の火が見えるようになる。

哲：洞窟から出たその囚人が，哲学者なんだ！

真田：その囚人，哲学者は，火が**太陽（善のイデア
　のたとえ）**であり，これこそが目に見える世界の
　すべての原因だと知るのです。そして，彼は，地
　下にいる囚人たち（真の存在を知らない者たち）の
　ため，洞窟に舞い戻って，「**君たちの見ているも
　のは真実ではない**」と説いて回り，かれらを洞窟
　の世界から地上の世界に連れ出そうとするのです。

知恵：なるほど。そういう比喩だったのね。

真田：でも，囚人たちは，哲学者（ソクラテス）の
　**言うことを信じようとはしないで，彼を捕まえて
　殺してしまうだろう**と言って，プラトンは尊敬す
　る師の悲劇に触れているようなのです。

（参考：ポール＝ストラザーン『90分でわかるプラトン』青山出版社）

源流思想

Side Story　イギリスの哲学者・数学者ホワイトヘッドは，「すべての西洋哲学は，プラトンの膨大な注釈にすぎない。」と言う。プラ
トンの哲学が，西洋哲学の主要な源流であり，どんな西洋哲学も，大なり小なりプラトンの影響下にあるという。

31

【 イデア界 】 善・美のイデア	永遠不変	憧れ（エロース）により想起される（⇒想起説 アナムネーシス）

二世界説

【 現象界 】
美しい花　善い行為

人間の魂　　四元徳　　　　　　　　　　　　理想国家

理性的部分 — 知恵		統治者（哲人）階級 — 知恵
気概的部分 — 勇気	正義の実現	防衛者（軍人）階級 — 勇気
欲望的部分 — 節制		生産者（庶民）階級 — 節制

正義の実現

Think プラトンは，「イデア」をどのように考えたのだろうか？

原典A イデアとは

View 美のイデアとは，永遠で完全な美である。

それ（美のイデア）は，まず，**永遠に存在するものであり，生成消滅も増大減少もしないもの**です。つぎに，ある面では美しく別の面では醜いというものでもなければ，ある時には美しく他の時には醜いとか，ある関係では美しく他の関係では醜いとか，さらには，ある人々にとっては美しく他の人々には醜いというように，あるところでは美しく他のところでは醜いといったようなものではないのです。……

むしろ，それ自身が，それ自身だけで，独自に，**唯一の形相をもつものとして，永遠にあるもの**なのです。それに反して，それ以外の美しいものは，すべて，…かの（イデアの）美を分かちもつと言えましょう。

（プラトン 著／鈴木照雄 訳「饗宴」『世界の名著6』中央公論社）

原典B 想起（アナムネーシス）

View イデアの世界は，魂の故郷である。

もし，ぼくたちがいつも話している美とか，善とか，すべてそのような真実在（イデア）が存在するならば，そして，われわれが，それらがまえから存在し，われわれのものであったことを発見し，感覚される事物をすべてこの真実在との関係において比較してみるならば，それらの真実在が存在すると同じように**必然的に，われわれの魂も，われわれが生まれるまえに存在していたことになる。**しかし，もしそれらの真実在が存在しないならば，いまの議論はまったくなりたたないことになるだろう。これがわれわれの現状ではないか。

（プラトン 著／池田美恵 訳「パイドン」『世界の名著6』中央公論社）

原典C エロースとは

View エロースは，魂の本性，真実と美への情熱である。

……知は最も美しいものの一つであり，しかも，エロースは美しいものへの恋なのです。だからエロースは，必然的に知を愛する者であり，知を愛する者であるゆえに，必然的に知ある者と無知なる者との中間にある者なのです。……

「美しいものを恋する人は，もちろん恋をしているわけですが，その恋い求めているものは何なのでしょうか」

「それ（美しいもの）が，自分のものになるということをです」……

「すると，以上を総括して言いますと，**恋とは，善きものが永遠に自分のものであることを目ざすもの**，というわけです。」

（鈴木照雄 訳「饗宴」同前）

解説

Aイデア（idea）は本来，姿・形など目に見えているものを意味する。プラトンは，イデアを現実のうつろいゆく世界（現象界）の個々の事物（個物）ではなく，理性によってのみ把握される**事物の本質**であり，永遠不変な完全な世界（イデア界）に存在する真実在であるとした。プラトンは，最高で究極的なイデアを**善のイデア**とし，それを学ぶことを哲学の目的としたのである。

イデアは英語のideal（理想的な）の語源ですよね。イデアはどうやって知ることができるのかな？

Bプラトンは，人間の魂は現象界に生まれ出る前にイデア界にあったと考えた。魂はそこであらゆるイデアと出会っていたが，現象界で肉体に閉じ込められると，一時的に忘れてしまう。一方，現象界の個物には，イデアが不完全ながら分け与えられている（**分有**）。プラトンはイデアを分有している個物を感覚でとらえることで，魂はあらかじめ知っていたイデアを思い起こすことができると説いた。これを**想起（アナムネーシス）**という。

美のイデア → 分有

Cプラトンは，魂はかつての故郷イデア界に**思慕の情**を抱くという。それゆえ人間は，美しいものや真実に限りない憧れをもつ。**エロース**[*]は完全なるもの（イデア）を愛し求める情熱であり，人間を無知から知へと向かわせる探究心である。

[*]ギリシャ神話の愛の神。ローマ神話ではクピド（英語はキューピッド）

Side Story イギリスの科学哲学者カール・ポパーは，プラトンの理想国家を全体主義的な「閉ざされた社会」と考えて，批判的合理主義の立場から痛烈に批判している。

Think プラトンはどのような国家を理想としたか？

原典D 魂の三分説

View 正しい生き方とは，理性が気概と欲望をうまく導くことである。

そこで，魂の似すがたを，翼を持った一組の馬と，その手綱をとる翼を持った駁者とが，一体になってはたらく力であるというふうに，思いうかべよう。──神々の場合は，その馬の駁者とは，それ自身の性質も，またその血すじからいっても，すべて善きものばかりであるが，神以外のものにおいては，善いものと悪いものとがまじり合っている。そして，われわれ人間の場合，まず第一に，駁者が手綱をとるのは二頭の馬であること，しかも次に，彼の一頭の馬のほうは，資質も血すじも，美しく善い馬であるけれども，もう一頭の馬のほうは，資質も血すじも，これとは反対の性格であること，これらの理由によって，われわれ人間にあっては，駁者の仕事はどうしても困難となり，厄介なものとならざるをえないのである。

気概 / 理性 / 欲望

（プラトン 著／藤沢令夫 訳『パイドロス』岩波文庫）

原典E 哲人政治

View 理想国を実現するには，哲学がなければならない。

哲学者が国々において王になるのでないかぎり，あるいは，今日王と呼ばれ，権力者と呼ばれている人たちが，真実に，かつじゅうぶんに哲学するのでないかぎり，つまり，政治的権力と哲学的精神が一体化されて，多くの人々の素質が，現在のようにこの二つのどちらかの方向に別々にすすむことを強制的に禁止されるのでないかぎり，……国々にとって不幸のやむことはないし，また，人類にとっても同様だと僕は思う。

（藤沢令夫 訳「国家」『世界の名著7』中央公論社）

原典F 理想国の構想

View 国家の統治者は，私有財産をもたない。

「よろしい。では，グラウコン，われわれは，つぎの点で同意したわけだ。つまり，国家がすぐれて善く治められるためには，妻も子も公有されるべきこと，いっさいの教育も，また戦時と平和時の別なくいっさいの仕事も，男女のあいだの差があってはならぬこと，さらに，愛知（哲学）においても，戦争に臨んでも，人々のうちで最もすぐれた者が王になること，という点でね。」…

「それにまた，われわれは，こういう点も認めあった。つまり支配者が置かれると，その支配者たちは……何人にも何ひとつ私有されるもののない，誰にも共有な住まいに住まわせる，という点も。……」

（同前）

解説

D プラトンは，人間の魂は，**理性**，**気概**，**欲望**の三つの部分に分けられるとした（魂の三分説）。プラトンの例えでは，「駁者」は理性，「善い血筋の馬」は気概，「悪い血筋の馬」は欲望を表している。つまり，理性が気概（意志）と欲望を導き，**善のイデア**に向かわせることで，**知恵・勇気・節制**の徳が実現され，それらの調和によって，市民としての正しい生き方（**正義**）ができるのである（**四元徳**）。プラトンは，国家を個人の魂と同じように考え，統治者階級・防衛者階級・生産者階級がそれぞれ知恵・勇気・節制の徳をもつとし，国家の各階級が本分を果たすとき，国家の正義が実現されるとした。

E プラトンは，理想とする国家では哲学者が支配者であるか，あるいは支配者が哲学を学ぶかのいずれかでなくてはならないと考えた。つまり，哲学的精神と政治的権力が一体になること，哲学によって善のイデアを認識したものが統治する「**哲人王**」の国家が，理想の国家形態であると説いた。プラトンは，個人の魂と国家との関係を類比（アナロジー）的に考えるので，この理想的な国家を実現するには，個人の魂のように，各階級の人々が知恵・勇気・節制の徳を発揮することが必要である。

F プラトンは，『**国家**』のなかで，理想国家のあり方について，構想した。理想国の支配者である統治者（哲学者）は，国家に全面的に尽くすため，私有財産も家庭も持つことが認められず，妻と子供は国家の管理下に置かれる。優秀な子供が生まれるよう，優秀な男女のペアが選別されるべきとされる。これは一見優生学（→p.282）のようだが，プラトンにとって優秀な人間の支配する国家は，人々が「善き生」に至るための手段にすぎない。

源流思想

1 プラトンの理想国家とは

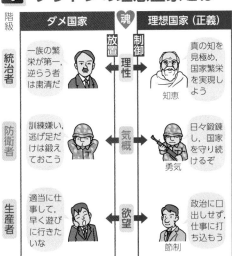

階級	ダメ国家	魂	理想国家（正義）
統治者	一族の繁栄が第一，逆らう者は粛清だ	放置⇔制御 理性	真の知を見極め，国家繁栄を実現しよう（知恵）
防衛者	訓練嫌い，逃げ足だけは鍛えておこう	気概	日々鍛錬し，国家を守り続けるぞ（勇気）
生産者	適当に仕事して，早く遊びに行きたいな	欲望	政治に口出しせず，仕事に打ち込もう（節制）

Focus 「行動する哲学者」プラトン

プラトンは，理想主義者（idealist）といわれるが，けっして夢想家だったわけではない。彼は，哲学者となってからも「政治家」をきっぱりあきらめたのではなかった。ことあるたびに「政治」が彼の心のなかに頭をもたげてくる。プラトンは，3度，シチリア島に旅行している。40歳の頃の最初の旅行では，彼の哲学の理解者で，同志となるディオンと邂逅する。帰国後，プラトンは，アカデメイアを創設し，『国家』第1巻を書き始める。60歳のときの2度目のシチリア訪問は，僭主ディオニシオス2世による「哲人政治」を期待して首都シラクサに赴くが，彼を懇請したディオンが追放されて失敗する。そして，その6年後，ディオニシオス2世の「哲学が驚くほど進歩している」との情報とディオンなどの友人を裏切れない気持ちから，3度目のシチリア訪問を決行するがまたしても失敗に終わった。僭主は凡庸だった。理想国は実現できなかったが，プラトンは，実に実践的な哲学者だったのである。

↑僭主ディオニシオス2世

Side Story ニーチェは，キリスト教を「世俗化されたプラトン主義」と言った。教父アウグスティヌスによってプラトンの思想がキリスト教神学の形成と民衆教化に寄与したことを意味している。ハイデガーもまた，それは「正しい」と言う。

33

現実的な経験を重んじた「万学の王」

21回

アリストテレス

Aristotelēs
前384〜前322
古代ギリシャ

Words 60 形相（エイドス） 61 質料（ヒュレー） 62 最高善 63 テオーリア（観想） 64 知性的徳 65 倫理的徳 66 習性（エートス）的徳 67 中庸 68 友愛（フィリア） 69 ポリス的動物 70 全体的正義 71 部分的正義 72 配分的正義 73 調整的正義

人間はポリス的動物である。
善き生はポリスの中でのみ実現される。

言行録 『形而上学』『ニコマコス倫理学』『政治学』『論理学』

足跡 アリストテレスは，マケドニアのギリシア植民市スタゲイラの医者の家に生まれた。17歳のとき，学園アカデメイアに入門し，師プラトンが亡くなるまで20年間をそこで学び，教えた。42歳のとき，マケドニア王フィリップ2世に招かれて，のちに大帝国を建設する王子アレクサンドロスの家庭教師となった。王の死後，アテネの北東郊外に学園リュケイオンを設立した。大王が死去すると，母の故郷カルキスに移り，翌年同地で亡くなった。

アリストテレスは，形而上学，倫理学，論理学，自然学，気象学，天体論，動物誌，詩学などあらゆる分野の学問を研究した（→「**万学の祖**」・「**万学の王**」）。その思想は，現実的な経験を重んじた学風から，プラトンの理想主義に対し**現実主義**といわれる。

西暦	年齢	生涯
紀元前		
384	0	マケドニア国王の侍医の息子として生まれる
367	17	プラトンのアカデメイアに入学→以後20年間を過ごす『形而上学』などを執筆
347	37	アカデメイアを去る。プラトン死去
342	42	マケドニア王に招かれ，王子アレクサンドロスの家庭教師となる
335	49	アテネに学園リュケイオン創立。『ニコマコス倫理学』完成
323	61	アレクサンドロス大王の死後，アテネを去る
322	62	死去

Approach 最も幸福な人間は，哲学者なのです！〜「テオーリア」とは？

哲：最近「倫理」の授業が面白くなってきました。

知恵：哲学が，世間によくある"人生のハウツー"みたいな薄っぺらいものではなく，ものごとの根拠（**形而上学**）や人生の意味（**倫理学**）を問う学問だからじゃない？

哲：なるほど，知恵さんは「哲女」だね。

真田：二人は，どの分野に興味を持ちましたか？

知恵：最初の授業で話題となった「白熱教室」（ハーバード大学マイケル・サンデル（→p.185）などの人気講義）とか「リセ*（フランスの高校）」とか「哲学カフェ」（→p.2）などです。

*大学進学希望の3年生は文系で週8時間，理系で週3時間哲学を勉強。大学入学資格試験では，文理を問わず哲学の論文試験が課される。

哲：僕は理系なので，自然哲学でふれた「アキレスと亀」（→p.40）や「原子論」（→p.40）に興味を持ちました。

真田：ところで，君たちにとって，幸福な人生とはなんでしょうか？

哲：え，いきなりの質問ですね。僕はダークマター（暗黒物質）の謎を解明して，宇宙の始まりを明らかにすることです。

知恵：私はミュージシャンとして成功して武道館のステージに立つことかな，へへ。

真田：なるほど，アリストテレスは『**ニコマコス倫理学**』の中で，「**あらゆる善のうちの最上のものは，幸福である**」と言っています。

哲：アリストテレスのいう幸福は何なのですか？

真田：彼は，**享楽的生活**（快楽）や**政治的生活**（名誉）といった世俗的な幸福も認めていましたが，究極

的な幸福は，他の目的のためではなく，人間に固有の**卓越した能力**（アレテー）それ自体を純粋に発揮することだ，と考えました。

知恵：私のミュージシャンとして成功するっていうのは，世間の評判を求めていることだから当てはまらないわね。人間のアレテーは**理性**のことですか？

真田：さすが知恵さん！究極的な幸福は，知恵（徳であるソフィアのことです）による**観想的生活**ということになります。

哲：具体的にどういうことですか？

真田：**観想**（テオーリア）とは，理性を純粋に働かせて，物事の本質や永遠不変の真理を認識する知的な活動で，そのこと自体を楽しむこと。だから最高の幸福は，真理を探究する真の哲学者あるいは哲学者としての生活のことなのです。アリストテレスは**現実主義**なので，ポリス市民としての実践的な活動とその徳についても詳しく考察しています。それは授業でお話ししますね。

哲：僕の宇宙の始まりの探求は，**純粋に知ることを求めている**から観想ですよね。それが最高の生活なんて，すごくやる気がわいてきたぞ。あるイミ，哲学ってヤバいですね。

知恵：そうなの，だから「倫理」の授業は大切なの！

Side Story アリストテレスの著作に『形而上学（Metaphysika）』がある。アリストテレスが，自然学（Physica）の後（meta）においた，根本の哲学という意味をあらわすが，日本語では形（現象）以上の学という意味で「形而上学」と訳された。

Outline　アリストテレスの思想：現実主義の立場からイデア論を批判し，徳や政治を考察した。

美のイデア（真実在）
↑批判
分有
事物（仮象）
プラトンの二元論

ヴィーナスの構想（形相）
個物（実在）
大理石という素材（質料）
（写真：アフロ）
感覚的な事物のみ実在，本質は形相として個物に内包

現実主義

知性的徳（教育）
・知恵…真理の認識
・思慮…中庸の判断
観想的生活（テオーリア）
最高善＝幸福

倫理的徳（習慣づけ）
・正義
・友愛
・勇気
・節制など
ポリスの結合原理
習慣づけの原理【　中庸　】
過多と不足の中間の選択

Think　アリストテレスは，プラトンのイデア論をどのように批判したか？

原典A　イデア論の批判
View　感覚的な個物以外の不滅な実体はない。

　……かれら［プラトン学派］は，「多くの上に立つ一つのもの」がエイドス［イデア］であると説いている点では，正しくない。その正しきをえなかった理由は，**実際にどのような事物が実体（すなわち個別的な感覚的実体とは別に存在する不滅な実体）**であるかを示すことが，かれらにはできなかったからである。それがためにかれらは，消滅的な事物はわれわれにも知られているので，この消滅的な事物とその種（形相）において同じ事物を［不滅な実体として］作り出した。たとえば，「人間自体」とか「馬自体」とかを，ただそれぞれの感覚的な事物の名に「自体」という語を付け加えることによって。

（出隆　訳『形而上学』『アリストテレス全集12』岩波書店）

原典B　形相と質料
View　事物は，四つの原因から成る。

　事物のアンティオン［原因］というのは，或る意味では，(1)事物がそれから生成しかつその生成した事物に内在しているところのそれ［すなわちその事物の内在的構成要素＝**質料因**］をいう。たとえば，銅像においては青銅が，銀杯においては銀がそれであり…。しかし他の意味では，(2)事物の形相ないし原型がその事物の原因といわれる，そしてこれはその事物のなにであるか［本質］を言い表す説明方式（**形相因**）…。さらにまた，(3)物事の転化または静止の第一の始まりがそれからであるところのそれ（始動因，出発点）を意味する（始動因）…。さらに，(4)物事の終り，すなわち物事がそれのためにであるそれ［目的］をも原因という（目的因）……。

（同前）

原典C　最高善とテオーリア
View　あらゆる善のうちで最上のものは幸福である。

A．――いかなる知識も選択も，ことごとく何らかの善を欲し求めている。だとすれば，われわれがもっている政治の希求する目標だとなすところの「善」，すなわち，われわれの達成しうるあらゆる善のうちの最上のものは何であるだろうか。名目的には，たいがいのひとびとの答えはおおよそ一致する…それは幸福（エウダイモニオン）にほかならない……。

B．最高の卓越性（アレテー）とは，しかるに，「われわれのうちにおける最善の部分」の卓越性ではなくてはならない。それゆえ，これが或いは理性（ヌース）とよばれるにせよ，或は何らかの名称でよばれるにせよ，いずれにしても…このものの，その固有の卓越性に即しての活動が，究極的な幸福でなくてはならない。それが観照（観想）という活動であることは既に述べられた。

C．われわれの考察すべき卓越性（アレテー）は，…明らかに人間的な卓越性である。われわれの求めていた善も人間的な善であり，われわれの求めていた幸福も人間的な幸福であったのだから―われわれが人間の卓越性として解するものは，しかるに，身体の卓越性ではなくして魂の卓越性なのであり，幸福もわれわれは，これをやはり魂の活動と解している。

（高田三郎　訳『ニコマコス倫理学』岩波書店）

解説

師プラトン

真の実在であるイデアは，感覚を超えた普遍的，永遠な存在で，個物の原型。

↑徹底的批判

弟子アリストテレス

感覚的・個別的事物（個物）が実体であり，感覚から離れた超越的な実体（イデア）は存在しない。

Bアリストテレスは，事物が生成して存在する原因として，(1)質料因(2)形相因(3)始動因(4)目的因の４つを挙げている。そのうち，目的因・始動因は形相因としてまとめられる。したがって，**すべての事物は，質料（材料）と形相（本質）によって成り立っている**ことになる。例えば，椅子は，「質料」（木材または金属などの素材）と，「形相」（本質的特徴一座れるための形）によって造られている。また，木材（たとえば，カシの木）は椅子の**可能態**（デュナミス　質料の可能的な在り方），個物としての椅子は**現実態**（エネルゲイア　形相を実現した存在）という。さらにアリストテレスは，自然の世界に存在するすべての事物は形相と質料によって成り立つが，形相は質料において実現されるべき目的だとし，個物はより上位の形相を目的とする**目的論的自然観**を唱えた。これは中世にスコラ哲学として展開されたが，近代になるとデカルトやガリレイの**機械論的自然観**により否定された。

木材（質料）　いす
可能態　いす（形相）　現実態

Cアリストテレスは，**最高善は幸福**であるという。幸福とは，アレテー（卓越性・徳）を実現することである。快楽を求める享楽的生活や名誉を求める政治的生活も善なるものであるが，最高善は，理性を働かせて真理を探究する**観想（テオーリア）的生活**であると説いた。（→p.34 Approach）

（→p.34 Approach）

Side Story　アリストテレスは，アテネ郊外のアポロン・リュケイオス神殿地域にある体操場に学校を創設した。そこで，彼は上級の学生たちと午前中散歩しながら哲学的な議論をしたことから，彼の学派はペリパトス（逍遥学派）とよばれた。

原典 D 中庸の徳

> **View** 徳は，超過と不足の中庸である。

　……行為についても，超過と不足と中間がある。徳は感情や行為にかかわり，これらにおいて，**超過と不足はあやまちとされるのに反して，中間は賞賛され正当とみなされるのである。**そして，賞賛されるとか正当とかみなされるということは，いずれも徳の特色である。したがって**徳は一種の中庸であり，中間**をめざしているものである。

（同前）

原典 E 人間はポリス的動物

> **View** 人間は，社会的存在である。

　……国家が（まったくの人為ではなくて）自然にもとづく存在の一つであることは明かである。また**人間がその自然の本性において国家をもつ（ポリス的）動物**であることも明らかである。

（田中美知太郎ほか 訳『政治学』『世界の名著8』中央公論社）

⑬ 原典 F 友愛と正義

> **View** 友愛とは相互的な愛である。

　しかるに友人（＝親愛なひと）にとっての善を彼のために願うのがわれわれの義務であるといわれているのである。だがこんなふうに善を願ってはいても，もし相手方からも同じことがなされていないならば，好意を寄せているといわれるだけである。けだし**相互応酬的行為が親愛（友愛）だから**である。

（高田三郎 訳『ニコマコス倫理学』岩波書店）

原典 G 正しい国制

> **View** 公共の福利のための政治を志向。

　ところで，国制（ポリーテイアー）という言葉と国務遂行機関・政府（ポリーテウマ）という言葉では同じものを意味しており，また政府というのは国家において最高の権限をもつものである。そして，最高の権限は一人か少数者か多数者かのいずれかの手にゆだねられなければならない。とすると一人または少数者または多数者が公共の福利のために統治を行なうならば，その場合にそのような国制は必然的に正しい国制であり，これに対して一人であれ少数者であれ大衆（多数者）であれ，とにかく私利私欲のために支配を行なう国制は邪道にそれた国制といわなければならない。

（田中美知太郎ほか 訳『政治学』同前）

●アリストテレスによる国制の類別

正しい国制	→	逸脱した国制	支配者数
王政	→	僭主制	1人
貴族制	→	寡頭制	少数
共和制	→	民主（衆愚）制	多数

アリストテレスは，正しい国制を実現するために教育が果たす役割を重視し，みずから学校を設立しました。

解説

D アリストテレスは『ニコマコス倫理学』で，徳について知恵・思慮などの**知性的徳**と，勇気・節制・正義などの**倫理的徳（習性的徳・性格的徳）**に分け，人の行動の判断基準として，超過と不足との中間という「**中庸**」の徳を唱えた（→p.35 Outline）。
庸は「なみ」「平凡」の意。「中庸」の意味は，単に中央というのではなく，最も適切な対応をするということである。

●中庸（メソテース）の位置

不足	中庸	過多
臆病（おくびょう）	勇気	無謀（むぼう）
鈍感（どんかん）	節制（せっせい）	放縦（ほうじゅう）
けち	節約	放漫（ほうまん）
卑屈（ひくつ）	矜持（きょうじ）	高慢（こうまん）
無知	羞恥（しゅうち）	内気（うちき）
やぼ	機知	道化（どうけ）

F 友愛（フィリア）とは，互いに幸福を願い，向上を心がける相互の友情のこと。アリストテレスは，正義だけではポリスの秩序は維持できないと考え，友愛があってこそ正義が実現されると説いた。

●正義の類別

全体的正義		ポリスの法を守る
部分的正義	配分的正義	能力や業績などに応じて配分するもの
	調整的正義	等しく平等に扱うべきもの（裁判・取引など）

G アリストテレスは，支配者の人数と国制の特徴（正当と逸脱）から6つの国制の形態に分けた。正しい国制は，支配者の人数にかかわらず，公共の福利を目的とした統治が行われる国制である。

⊕ Focus 理想主義と現実主義の源流

　右の絵の中央で向き合って議論しているのが**プラトン**（左）と**アリストテレス**（右）である。手元に注意してみると，プラトンは天上を指し，アリステレスは水平に地上を指している。
　プラトンは，彼が説く「イデア」が天界にあること（**理想主義**）を示し，アリストテレスは，求めるべきものはあくまでも人間の生きているこの地上にあること（**現実主義**）を暗示しているといわれる。また，絵全体として，プラトンの側（左側）には**ソクラテス**などの観念的な考えの哲学者，アリストテレス側（右側）には経験を重んじた哲学者が描かれている。プラトンが数学を好んだのに対し，アリストテレスはあらゆるものに興味をもち（「生物学の祖」），世界（現実）を整理しようとした哲学者でもあった。

（プラトン）イデアはここではない　別世界にあるのじゃ！

（アリストテレス）いいえ先生，物事の本質は地上の，この世界にあるのです。

アレクサンドロス大王
ソクラテス
ゾロアスター
エピクロス
イブン=ロシュド（アヴェロエス）
ピタゴラス
ディオゲネス
ヘラクレイトス

↑ラッファエッロ画「アテネの学堂」

Side Story アリストテレスは死の前年，アレクサンドロス大王急死のショックに加え，瀆神（とくしん）の罪で告訴され，訴訟を避けるため母の故郷に帰った。その時の言葉は「アテナイ市民にふたたび哲学を冒瀆する機会を与えたくない」であった。

コスモポリタニズム

ヘレニズムの思想

Words 74 世界市民主義（コスモポリタニズム）　75 アタラクシア

概説　(1)**ヘレニズムの時代**　ヘレニズム（Hellenism 「ヘレネス」〔ギリシャ人の自称〕からの造語で「ギリシャ風」の意）は、西洋思想の二大源流の一つとして、ヘブライズム（ユダヤ・キリスト教的思想）と対比されるギリシャ思想をさす言葉（M.アーノルドの説）。ヘレニズム時代は、アレクサンドロス3世（大王）の東方遠征（前334年）からプトレマイオス朝エジプトの滅亡（前30年）までの約300年間をさす。この後、古代ローマ帝国の時代となる。

↑ミロのヴィーナス（前2世紀）
写真：アフロ

(2)**ヘレニズム文化の特色**　①ギリシャ文化とオリエント文化の融合した独自な文化。②**世界市民主義（コスモポリタニズム）**…ポリス社会の崩壊により生まれた、民族や国家をこえて世界を一つの共同体とみなす思想。③個人主義…個人の幸福や利益を追求する思想。

(3)**ヘレニズム・ローマの思想**　①**エピクロス派（快楽主義）**…快楽を得ることが善であるという立場。エピクロスが提唱、後継者にルクレティウス（ローマ　唯物論）。

21 ②**ストア派（禁欲主義）**…欲望や感情を抑制することが幸福な状態と考える立場。ゼノンが提唱。ローマ時代のセネカ、エピクテトス、マルクス＝アウレリウスらがいる。③**新プラトン主義**…プラトン哲学と他の思想が折衷して成立した、神秘的色彩の濃いギリシア哲学の学派。プロティノスが提唱。

(4)**古代懐疑論**　確かでないものは何でも徹底して疑う立場。ピュロンが提唱。後世の西洋哲学に影響を与えた。

思想家	学派
エピクロス	エピクロス派（快楽主義）
ゼノン、キケロ、セネカ、エピクテトス、マルクス＝アウレリウス	ストア派（禁欲主義）
プロティノス	新プラトン主義（神秘主義）

エピクロス派（快楽主義）の祖

エピクロス
Epikūros　前341〜前270　古代ギリシャ

幸福であるために隠れて生きよ。

足跡　サモス島に生まれる。両親がこの島に入植したアテネ人であまり恵まれない環境であった。青年時代、アカデメイア派の哲学を学び、同時に、デモクリトスらの自然哲学の影響も受けた。各地を巡った後、アテネに住んだ。プラトン学派、ペリパトス派、原子論派を思想的に遍歴した彼は、30歳ごろレスボス島のミュティレネに移り、体操場で自身の哲学を説いたが受け容れられなかった。その後、アテネに戻り、郊外に「エピクロスの園」と呼ばれる庭園学校を開き、弟子たちと共に哲学の研究と共同生活を送った。快楽を生きる目的とする生活態度を**快楽主義**というが、これを初めて説いたのが、エピクロスだった。

10回

Think　エピクロスは、「快楽」をどのように考えたのだろうか？

11 **原典 A アタラクシア**

View 真の快楽は、永続的な精神的快楽である。

……われわれは、快とは祝福ある生の始め（動機）であり、終り（目的）である、と言うのである。というのは、われわれは、快を、第一の生まれながらの善と認めるのであり、快を出発点として、われわれは、すべての選択と忌避を始め、また、この感情（快）を基準としてすべての善を判断することによって、快へと立ち帰るからである。…

それゆえ、**快が目的である**、とわれわれが言うとき、われわれの意味する快は、…道楽者の快でもなければ、性的な享楽のうちに存する快でもなく、じつに、**肉体において苦しみのないことと霊魂において乱されない（平静である）こと**とにほかならない。（出隆ほか 訳「メノイケウス宛の手紙」『エピクロス─教説と手紙─』岩波書店）

1 隠れて生きよ

エピクロスは、人間の幸福や善はポリスの中では実現できないと考えた。政治社会の中では人々の様々な欲望から争いが起こり、人はそこで心穏やかに暮らすことはできないからである。彼は「隠れて生きよ」と説いたが、それは東洋的な隠者の生活ではなく、友人たちとの質素な共同生活であった。「自分は、水と一切れの何もつけないパンさえあれば満足だ」「チーズを小瓶に一つ送ってほしい、その気になったら御馳走にあずかれるように」と述べたという。これが快楽主義者エピクロスの実像であった。

解説

Aエピクロスは、**快楽は生の目的であり、最高善**と説いて、世間の非難を浴びることになった。しかし、一般に快楽主義として理解されているものとは違い、彼の説いた快楽主義とは、快楽の無差別な追求ではなかった。

彼は快楽に限界を設けて、それ以上は快楽の種類がさまざまに分かれるだけのことだとした。この快楽の限界は苦痛が取り除かれた状態であり、飢えや渇きが消えた状態だとした。飢えや渇きをしのぐには一切れのパンと一杯の水があればいい。それが快楽ならば、それ以上あえて何も求めることが無くなり、他人と自分を比べたり、心を悩ませることもなくなる。このような生き方こそが**永続的な精神的快楽**、すなわち、「**アタラクシア（平静な心境）**」への道だとしたのである。

エピクロスと「死」　デモクリトスから影響を受けたエピクロス。彼は唯物論者として「死」をこう論じた。「死は、もろもろの悪いもののうちで最も恐ろしいものとされているが……何ものでもない。……なぜなら、生きているもののところには、死は現に存しないのであり、他方、死んだものはもはや存しないからである。」（同前）

Side Story　ピュロンの古代懐疑論は、モンテーニュの「クセジュ」、デカルトの方法的懐疑、ヒュームの懐疑論などに影響を与えた。また、フッサールの用語「エポケー」（判断中止）もまた、ピュロン主義哲学の用語からの借用である。

源流思想

ストア派（禁欲主義）の祖

ゼノン
Zēnōn　前331？～前263？　古代ギリシャ

> 人生の目的は，自然に従って生きることである。

足跡 商人の子としてキプロス島に生まれる。父の仕事を手伝い貿易に出た際に船が難破し，アテネにたどりつく。本屋でクセノフォンの書いた『ソクラテスの思い出』を読んで感動し，哲学を学ぶようになった。40歳の

ころ，アテネ郊外に学校を開く。その場所の彩色柱廊（ストア・ポイキレ）で学を講じたことから，彼らはストア派と呼ばれるようになった。ストア派は，個人の内面に意識を向け，「自然に従って生きよ」と説いた。自然とは，人間の本性である理性であり，それは宇宙を支配する「世界理性」と同じものである。人間は，理性と意志で，欲望・感情（パトス）を抑制し，禁欲により得られる平静な境地（アパティア）に達することができるとし，ここから**世界市民**という考え方が生まれる。このストア派の思想は，快楽主義と対比されて，禁欲主義と呼ばれる。

Think 「自然に従う」とはどういうことか？

原典B 「自然に従って生きよ」　　**View** 感情は自然に反する魂の働きである。

　感情とは，衝動の過大になったもの，あるいは，理性に即した適度をはみ出ているものである。あるいは，理性を逸脱し，それに従おうとしない衝動である。それゆえに，**感情は，理性に対して服従しないという形での，自然に反する魂の働き**ということになる。　（山本光雄・戸塚七郎 訳編『後期ギリシア哲学者資料集』岩波書店）

原典C 自然法　　**View** 永遠に変わることのない世界の理性。

　真実の法とは，じつに，自然と一致し，遍くすべてに妥当する，不変にして永遠の理（ことわり）である。…われわれは，この法の説明者とか解釈者を他に求める必要もない。また，ローマとアテナイとで，また現在と未来とで，それぞれ違った法があることにはならない，いやむしろ，**どんな国家をも，またいかなる時代においてであっても，永遠に不変なる一つの法が包み込んでいる**ことであろう。　（同前）

解説

B 人間の自然，すなわち人間の本来のあり方は，理性に従って生きることである。人間の本性＝理性を妨げるものが，感覚によってひきおこされる衝動や感情である。そこで，情念（パトス）を否定すること，すなわち**アパテイア**（apatheia）＊が人が求めるべき境地であると，ストア派は考えた。

C 人間（理性的存在者）はミクロコスモス（小宇宙）という，世界理性（世界を統治する原理）によって秩序づけられているコスモスの一部であり，世界理性と本質を同じくする。よって，理性の法に従うことが善，正義，幸福であり，すべての人間に共通の法が自然法である。この考え方は，万民法といわれたローマ法の基礎となる。

---

2 古代ローマ期の哲学者たち

＊「pathos　パトス（情念）」と語源が同じ「patheia」に否定のaが付いたもの。外的な刺激や欲望などを抑えて得られる心まどわされない平静な境地をいう。

写真：Jean-Pol GRANDMONT

共和政ローマの雄弁家　6回

キケロ
Cicero　前106～前43　古代ローマ

足跡 ローマの雄弁家，政治家，哲学者。騎士出身で，コンスル（統領）に就任，のち暗殺される。ギリシャ哲学をラテン語に翻訳し，広めた。

原典 奴隷制度は人間の権利の否定であり，人間の価値の否定である。　（『アントニウス排撃論』）

ラテン文学の大家　3回

セネカ
Seneca　前4？～後65　古代ローマ

足跡 ローマ哲学者。スペインの騎士出身。幼少のネロ帝の教育係。コンスルとなるも失脚，自害。実践哲学を追究したが，その学説は折衷主義。

原典 われわれが苦しむのは環境が悪いのではなく，われわれ自身が悪いのである。　（大西英文 訳『平静について』岩波文庫）

人類の平等を説いた哲学者　2回

エピクテトス
Epiktētos　55？～135？　ギリシャ

足跡 ギリシャ人の哲学者。ローマの解放奴隷で，ギリシャのニコポリスに哲学学校を創設し，ストア派哲学を教授した。

原典 世にはわれわれの力の及ぶものと，及ばぬものとがある。力の及ぶものは，……われわれの意志の所産の一切である。力の及ばないものは……われわれの所為でない一切のものである。　（ヒルティ 著／草間平作 訳『提要』『幸福論』岩波文庫所収）

哲人皇帝　3回

マルクス＝アウレリウス
Marcus Aurelius　121～180　古代ローマ

足跡 古代ローマ皇帝で，哲学者（「哲人皇帝」）。五賢帝の一人。忙中のわずかに得た時間で，自己の内に沈潜して思索した。主著『自省録』。

原典 それを発揮せよ，なぜならそれはみな君次第なのだから，たとえば誠実，謹厳，忍苦，享楽ではないこと，運命にたいして呟かぬこと，寡欲，親切，自由，単純，真面目，高邁な精神。　（神谷美恵子 訳『自省録』岩波文庫）

新プラトン主義の哲学者　2回

プロティノス
Plōtinos　205？～270？　エジプト

足跡 エジプト出身の古代ギリシャの哲学者。**新プラトン主義**の祖。世界は神的な一者（ト・ヘン）から流出し帰還するという流出説を提唱。

原典 では，いったい，一者とは何だろうか。それは，万有を産み出す力であって，この力がなければ万有もないし，知性も第一の普遍的な生命とはなりえないのである。……われわれが住むこの世界にも，その先に，遡源可能な単一なものがあるのである。　（田中美知太郎ほか 訳『エネアデス』『世界の名著 続2』中央公論社）

Side Story ゼノンの禁欲主義はさかのぼると，ソクラテスの弟子アンティステネスに行きつく。彼はソクラテスが無欲で困窮にも屈しない精神の持ち主であったことに感動し，それにならい無一文で生活をしながら，精神をきたえようとした。

ギリシャの思想

1 自然哲学

タレスに始まる自然哲学は，あらゆるものの根源（アルケー）を探究した。

自然哲学者	アルケー（万物の根源）	人物・思想
タレス	[①水]	「哲学の祖」。[⑤ミレトス]学派の創始者。
アナクシマンドロス	無限なるもの	万物の根源は，限りないもの（ト・アペイロン）と説明。
アナクシメネス	空気	空気の濃度の変化から世界を一元的に説明。
ピュタゴラス	[②数]	世界は不死なる霊魂と数的秩序の調和のうちにあると主張。
ヘラクレイトス	[③火]	「万物は[⑥流転]する」（パンタ・レイ）と主張。
パルメニデス	有るもの	生滅変化を否定。弟子ゼノンの逆説「[⑦アキレスと亀]」。
エンペドクレス	土・水・火・空気	[⑧愛と憎しみ]の作用によって生滅変化を説明。
デモクリトス	[④原子（アトム）]	原子の運動によって万物の生滅変化を説明。唯物論の主張。

2 ソフィストとソクラテス

相対主義を説くソフィストに対して，ソクラテスは真理の普遍性を主張した。

	ソフィスト（sophistēs）	ソクラテス（Sōkratēs）
思想の背景	[⑨ペルシア]戦争勝利→アテネの繁栄	[⑮ペロポネソス]戦争敗北→アテネの衰退
真理の捉え方	プロタゴラス：「万物の尺度は[⑩人間]である」 ⇒[⑪相対]主義 ゴルギアス：[⑫懐疑]主義	「[⑯無知の知]」（自ら無知を自覚すること）により真の知（徳）の探究に向かう ⇒真理の[⑰普遍]性
思考の方法	相手を説得し，納得させる技術＝[⑬弁論]術 ⇒ソフィスト＝「[⑭詭弁]家」	対話を通して無知を自覚させ真の知への道を進ませようとする　⇒[⑱問答]法（助産術）

3 プラトンとアリストテレス

	プラトン （前427～前347）	アリストテレス （前384～前322）
思想の特徴	[⑲理想]主義	[㉓現実]主義
事物の本質	[⑳イデア]論…現実の世界は[⑳イデア]の影にすぎない（二世界説）。	[㉔形相]（エイドス）と[㉕質料]（ヒュレー）が結びついて，個物が成り立つ。
思想・著書	[㉑哲人]政治論。 『[㉒ソクラテス]の弁明』，『国家』	[㉖中庸]の徳。『形而上学』，『[㉗ニコマコス]倫理学』

4 ヘレニズム期の思想

	エピクロス派	ストア派
開祖	エピクロス	ゼノン
思想の特徴	[㉘快楽]主義	[㉚禁欲]主義
理想の境地	[㉙アタラクシア] （心の平静）	[㉛アパテイア] （無感動）

源流思想

2 CHALLENGE 大学入試問題にチャレンジしてみよう（答えは裏表紙裏）

②-1 ソクラテスの思想内容として最も適当なものを，①～④のうちから一つ選べ。
（2002 センター本試　改）

① 人間はポリス的動物という本性に従って社会生活を営む存在であり，正義と友愛の徳もポリスを離れては実現しない。
② 自然と調和して生きることを理想とし，自然を貫く法則性と一致するように意志を働かせれば魂の調和を得ることができる。
③ 富や権力などの外面的なものや社会規範などを軽蔑し，自然に与えられたものだけに満足して生きる生活が理想である。
④ 人々との対話や問答を通して自己の魂のあり方を吟味していくことが，「よく生きること」の根本なのである。

②-2 プラトンのイデアの考え方に合致するものとして最も適当なものを，①～④のうちから一つ選べ。
（2010 センター本試）

① イデアは個物に内在する真の本質であり，感覚ではなく，知性だけがそれを捉えることができる。
② イデアは生成消滅しない真の存在であり，感覚ではなく，知性だけがそれを捉えることができる。
③ イデアは個物に内在する真の本質であり，感覚は知性の指導のもとにそれを捉えることができる。
④ イデアは生成消滅しない真の存在であり，感覚は知性の指導のもとにそれを捉えることができる。

プラトンの「イデア想起説」を説明せよ。（埼玉大　2015，▶答えは裏表紙裏）

FEATURE ④-I
原子論と現代の科学

古代ギリシャの原子論

古代ギリシャの原子論を完成させたのは、ギリシャのレウキッポスとその弟子**デモクリトス**だ。それ以上分割することのできない究極の物質、原子（アトム）によって、古代ギリシャにおける自然哲学的世界観は完成されたのである。一連の流れを、表にまとめてみよう。

●**デモクリトスの原子論が生まれるまで**

タレス（前 624 ？〜前 546 ？）
↓ 初めて万物の根源（アルケー）を探究し、それを「水」と提唱。

パルメニデス（前 515 ？〜前 450 ？）
↓ 世界は均質で不変、真にあるものは「一なる存在」であると主張。

「アキレスと亀」のパラドックス（逆説）

エレア派の**ゼノン**は、師**パルメニデス**の学説を弁護するため、神話に登場するアキレスを用いて「アキレスと亀」などの逆説を唱えた。一亀がアキレスの前にいる状態で同時に出発すると、俊足のアキレスは鈍い亀に決して追いつくことはできない。なぜなら、アキレスはまず亀がそこから出発した地点（A）へ達しなければならないが、亀はさらに先の地点（B）に進む。次にアキレスがB地点に至ると亀はC地点に達する……アキレスと亀との距離は無限にゼロに近づくが追いつくことはできない。この説は背理法によるものであり、数学的には無限分割の問題を提起した。

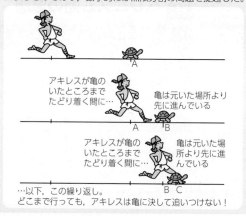

アキレスが亀のいたところまでたどり着く間に… 亀は元いた場所より先に進んでいる

アキレスが亀のいたところまでたどり着く間に… 亀は元いた場所より先に進んでいる

…以下、この繰り返し。
どこまで行っても、アキレスは亀に決して追いつけない！

エンペドクレス（前 492 ？〜前 432 ？）
↓ 万物は土・水・火・空気の4元素から成り（多元論）、「愛憎」によって世界の生滅変化があると提唱。

デモクリトス（前 460 ？〜前 370 ？）

デモクリトスの考える原子は、パルメニデスの「存在」と同じく**一様で不変の実質**をもつが、エンペドクレスやアナクサゴラスの説にみられるような動力因（「ヌース」や「愛憎」）をもたず、大きさと形状が異なる無数の原子が無限の空虚を動いて結合・分離することで世界のさまざまな変化が生じると、唯物論的に解釈された。つまり、個々の物体の違いは、原子およびその配列の違いのみによると説かれたのである。

だが、その後、デモクリトスの原子論は近代になるまで発展をみることはなかった。

素粒子論への発展

時をへて、19世紀初め、イギリスのドルトンの原子説やイタリアのアボガドロの分子説などによって、現代原子概念の基礎がつくられた。

19世紀末には、イギリスのトムソンが電子を、20世紀初頭には、イギリスのラザフォードが原子核を発見し、それ以上分割できない**最小粒子という概念は、原子ではなく、原子を構成する電子と原子核である**ことが明らかになった。さらに、原子核を構成する陽子と中性子、湯川秀樹の発見した中間子などの素粒子へと進み、現在では、**素粒子を構成する最小単位としてクォークとレプトンの存在が確認されている。**

すべての物質は原子のかたまりだが、現在、存在が確認されている原子（この成分を元素という）は118個ある。原子1個の直径は10^{-10}mだが、真の素粒子といわれるクォークは大きく見積もっても10^{-19}mと言われている。

このように、デモクリトスの原子論の提唱から約2,500年を経た現在、原子から素粒子の探究へと現代科学は大きく進歩しているのだ。

●**現代における物質の最小単位**

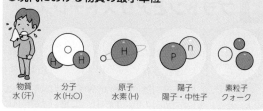

物質 水（汗） ／ 分子 水（H₂O） ／ 原子 水素（H） ／ 陽子 陽子・中性子 ／ 素粒子 クォーク

●**大きさの比較**

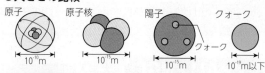

原子 ／ 原子核 ／ 陽子 ／ クォーク
10^{-10}m ／ 10^{-15}m ／ 10^{-15}m ／ 10^{-19}m以下

⊕ **FOCUS** ハイデガーとアーレントの見た現代物理学

世界の成り立ちについて、より精緻な理論を積み上げている物理学。それを、哲学者はどう見ていたのだろうか。ハイデガーは、物理学者ハイゼンベルクやプランクの著作を引用しながら、現代物理学は現実を測定可能な世界に還元していると結論づける（「科学と省察」、関口浩訳『技術への問い』平凡社）。アーレントもまた、現代の科学は測定可能な世界を人工的に作り出し、リアリティを見失っていると論じている（志水速雄訳『人間の条件』筑摩書房）。

古代哲学に詳しい二人には、現代の科学がどうも肌に合わないようだ。

アーレント

ハイデガー

Side Story アキレスの母テティスは、わが子の肉体を不死身にしようと、まだ赤子のアキレスを冥府の川に浸した。しかし母親がつかんでいたかかとは漬からず、この部分が彼の致命的な弱点となった。これが「アキレス腱」の名称の由来である。

FEATURE ④-Ⅱ
ギリシャ哲学を実践してみよう！

哲学は役に立たない？　はたしてそうでしょうか。次の思考実験にチャレンジし，君が出木君の担任ならどのように指導するかを，古代ギリシャの思想家の考え方を手掛かりに180字程度でまとめてみよう。

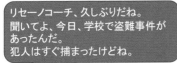

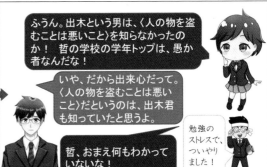
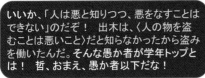

源流思想

思想家はこう考える

ソクラテスの「知行合一」（→p.29）

出木君，君は盗んだときに「ばれなければ人の物を盗んでもよい」と考えて行動したんじゃないか。それは「人のものを盗むことは悪いことだ」という知識を正しく理解していなかったから，誤った行動をしてしまったということだよ。君は無知の自覚をもち，行動する前に，行動を導く知識をもっと吟味すべきだったんだ。しっかり反省し，明日までに反省文を書くように。

アリストテレスの「倫理的徳」（→p.35）

出木君，君はもちろん「人のものを盗むことは悪いことだ」ということを知っていたよね。でもしっかりと心に習慣として刻みつけていなかったから，誘惑に負けて盗んでしまったんだ。勉強がいくらできても，人格を磨かなければ，仲間や後輩から友愛を抱かれず，社会の中で孤立する。ホームルーム活動や部活動を通して，尊敬できる仲間や先輩の態度を見習うことを，日々こころがけてほしい。

プラトンの「魂の三分説」（→p.33）

出木君，君は今，テストの結果ばかり気にして，気概や欲望の働きを上手くコントロールできなくなっているんじゃないか。「人のものを盗むことは悪いこと」，これを「正義」として実行するには，心の中で理性によって気概と欲望を調和させる必要がある。そもそも君は勉強する意味を見失っていないか。究極の真理にあこがれ，追い求めることが勉強だということを思い出してほしい。

ストア派の「自然に従って生きよ」（→p.38）

出木君，勉強して理性を磨けば人生を豊かにすることができる。でも仲間を顧みず，自分の欲望に振り回されていては，それは実現できないよ。知識を理解するだけじゃなくて，怒りや欲情といった情念を制御するのも理性の力なんだ。君は，ホームルームや生徒会の活動でも力を発揮できるはずだ。今回のことを反省し，本校生徒の一員として学校をよくするために何ができるか考えてきてほしい。

Side Story　上の思考実験は，本書の教師用ウェブサービスに収録されている『授業用思考実験スライド』の中の1点です。哲のそっくりさん「スワンプマン」や，知恵の姿を借りた「リセイノコーチ」など多彩なキャラクターが登場します。

41

第2節 キリスト教

➡ヴェロッキオ『キリストの洗礼』 福音書によれば，イエスが洗礼を受けると天がイエスに向かって開き，神の霊が鳩のようにイエスにくだってきた。そしてイエスが神の愛する子であるという声が聞こえたという。 （ウフィツィ美術館蔵）

キリスト教の成立

●ユダヤ教・キリスト教関連年表

前1300年ごろ	モーセ，エジプトを脱出(出エジプト)
前1000年ごろ	イスラエル王国の建設
前586年	バビロン捕囚(〜前538)
前537年	イスラエル民族，エルサレムに帰還
	ユダヤ教の確立時期 *(前6世紀頃)*
前4年？	イエスの誕生
紀元30年ごろ	イエス没
	原始キリスト教の成立(1世紀頃)
32ごろ	パウロの回心，布教活動の開始
60年ごろ？	ペテロ没
64年ごろ	ローマ皇帝ネロによるキリスト教大迫害
同年？	パウロ没
313年	ローマ帝国がキリスト教を公認 (ミラノ勅令)
392年	ローマ帝国の国教となる
430年	アウグスティヌス没
1274年	トマス＝アクィナス没

イエス (➡p.45) は，紀元前4年ころ，ナザレでユダヤ人の子として生まれた。30歳ころ，洗礼者ヨハネから洗礼をうけ，弟子とともに伝道を開始した。当時，ユダヤ教 (➡p.43) は排他的な選民思想や形式的な律法主義に陥っていた。イエスはこれを批判し，正しい信仰のあり方を求めようとした。彼は，律法の精神を重視してさまざまなたとえ話を用いて説教をする一方，差別を受けた人々を癒して祝福を与えた。イエスの教えは，特に不遇の下層の人々に受け入れられるものであった。

イエスの死後，その復活を信じる者たちによって形成されたのが原始キリスト教である。十二使徒の筆頭ペテロや，パウロ (➡p.49) によってその教えは広く伝えられていく。イエスによる人類の贖罪などはパウロの考え方であり，彼がキリスト教の根幹をつくったと言

●イエス時代のパレスチナ

える。最初は過酷な迫害を受けたローマ帝国においても，313年に公認を受け，392年には国教となり，世界宗教への道を歩むようになった。

キリスト教の発展

　キリスト教が発展するにつれ，正統な教義が必要とされるようになった。その確立に努めた人々を教父と呼ぶが，その最大の教父が5世紀のアウグスティヌス (➡p.50) であり，彼によって三位一体説 (①父 [神] と②子 [イエス] と③聖霊は一つ) が確立された。彼はキリスト教の教義にプラトン (➡p.31) の哲学を導入し，世俗における教会の絶対化を図った。また中世に

なると，イスラーム世界を経由してアリストテレス (➡p.34) の哲学がヨーロッパに流入し，信仰と哲学の折り合いが問題となった。13世紀ごろ，スコラ哲学者であったトマス＝アクィナス (➡p.51) は，キリスト教の教義とアリストテレスの哲学を結びつけ，信仰と理性の調和をはかった。こうして，キリスト教信仰のあり方が確立していったのである。

旧約聖書 旧約聖書は39巻，ユダヤ教の聖典とされる。「約」とは神との契約の意味。

分 類		内 容
律法 (モーセ五書)	『創世記』『出エジプト』 など	天地創造，アダムとイブ，バベルの塔，ノアの方舟，モーセの生涯など
歴史書 (12巻)	『ヨシュア記』 など	ダビデ王，ソロモン王，バビロン捕囚など
詩歌書 (5巻)	『ヨブ記』『詩篇』 など	神への賛美，知恵の言葉，教訓など
預言書 (17巻)	『イザヤ書』『エレミア書』 など	不信の民への警告，国家再興の希望，メシア来臨と世界の未来

新約聖書 新約聖書は27巻。「新約」とはイエスを介した神と人間の新しい契約。福音書とも呼ばれる。四福音書はマルコ，マタイ，ルカ，ヨハネの順に編纂。

分 類		内 容
四福音書 (4巻)	マタイ・マルコ ルカ・ヨハネ	キリストの生涯。誕生，説教，奇跡，苦難と死，復活，昇天など
歴史書 (1巻)	『使徒行伝』	初代教会の誕生，キリストに選ばれた使徒たちの活動
詩歌書 (5巻)	『ローマ人への手紙』 など	パウロが個人や教会にあてた手紙
公司書簡 (7巻)	『ヤコブの手紙』 など	書簡集
預言者 (1巻)	『ヨハネの黙示録』	ヨハネの預言書

Side Story 福音 (Evangelion エウアンゲリオン) は，ギリシャ語に由来し「良い (eu エウ-，"good") 知らせ (-angelion アンゲリオン，"message")」を意味する。福音書は，神からの喜ばしい知らせをもたらしたイエスの言行についての記録。

唯一神との契約を重んじるキリスト教の母胎

ユダヤ教の成立

紀元前2000年～1500年ころ

Words 76 ユダヤ教　77 ヤハウェ（ヤーウェ）　78 選民思想　79 律法　80『旧約聖書』　81 モーセの十戒　82 裁きの神　83 バビロン捕囚　84 預言者　85 メシア（救世主）

年代	できごと
紀元前2000年ころ	ヘブライ人の族長**アブラハム**は，神から「約束の地」カナンの地（パレスチナ）を与えるという啓示を受け，一族でカナンへ移住
？	ヨセフの導きでエジプトに移住。しかし，奴隷として生活する
前1300年ころ	**モーセ**による**出エジプト**。イスラエル民族とともにカナンをめざす
前1000年ころ	ベニヤミン族出身のサウルの後，ダヴィデ王の時代に，エルサレムを王都とするイスラエル王国が確立された。続く第3代の王ソロモンのころ黄金時代を迎えたが，ソロモンの死後王国は南北に分裂した（ユダ・イスラエル王国）
前586年	新バビロニアによるイスラエル人のバビロンへの強制移住（バビロン捕囚）。ユダ王国滅亡
前537年	イスラエル民族，エルサレムに帰還

概説　ユダヤ（イスラエル）民族は，元々メソポタミアの遊牧民であった。紀元前2000～1500年ころから徐々に西に移動し，地中海沿岸のカナンの地（パレスチナ）に住むようになった。その一部はさらに西進し，エジプトに進出。彼らは，厳しい自然や他民族の圧迫の中で，唯一神への信仰を育んでいった。

紀元前1300年ころ，イスラエル民族を率いて，エジプトを脱出したのがモーセである。カナンの地への苦難の道中，シナイ山でモーセは神から「契約」の証である「十戒」を授かった。

イスラエル民族の移動

その後も，イスラエル人には幾多の困難がふりかかった。前6世紀の新バビロニアによる**バビロン捕囚**など，民族の危機も生じたが，信仰による団結でこれらを克服していく中で，民族宗教としての**ユダヤ教**が確立していったのである。

Approach　善人が苦しまなければならないのはなぜ？──「ヨブ記」とユダヤ教の信仰

哲：ああ，もうダメだ。

真田：哲君，一体どうしたんですか？

哲：昨日下校中に犬のフンを踏んで転んでしまったんです。しかも突然雨が降ってきて，途中で買った漫画も水浸しになってしまいました。真面目に生活している僕が，なぜこんな目にあわなければいけないのでしょうか…。

真田：それは災難でしたね。大きい怪我でなくて良かったです。「**善人なのにもかかわらず，どうして苦しまなければいけないのか**」というのは，『旧約聖書』の『ヨブ記』のテーマにつながりますね。

哲：そうなんですか？『旧約聖書』では，「天地創造」や「アダムとイブ」の話しか知りませんでした。

真田：では簡単にあらすじを紹介します。ヨブは神を信じて悪を遠ざけ，息子や娘，多くの家畜と豊かに暮らしていました。そんな時，天上では，サタン（悪魔）がヤハウェ（神）にこう言いました。

「ヨブはたくさんの財産や円満な家庭を持ち，健康で幸福そのものです。ヨブからすべての所有物を奪えば，きっとヨブは神を呪うでしょう。」

悪魔は神の許可を得て，ヨブに試練を与えます。家は大風で倒れ，子供たちや家畜は皆死んでしまいます。

哲：そんな…。ヨブは神を呪ったんでしょうか？

真田：いえ，この時ヨブは，こう言ったのです。

「私は裸で母の胎を出た。また裸でかしこに帰ろう。主が与え，主が取られたのだ。主のみ名はほむべきかな。」

神が与えたものなのだから，取られる時も神の名を賛美するのが人間，ということです。この後サタンはヨブを皮膚病にして健康も奪いますが，ヨブが神を呪うことはありませんでした。

哲：こんな目にあっているのに，信仰を失わなかったのですね。僕だったら，「自分は何もしていないのに，なぜ？」と思いますね。

真田：ヨブもその疑問は持っていました。ですがヨブは，神との直接対話を通じて「私たち人間は，神の行いについて何も知らない。それなのに，知ったかぶりをして自分の善行をああだこうだいうのは間違っている。」ということに気づくのです。そして，神に懺悔します。

哲：苦難があっても神を無条件に信じることが，「信仰」というものなんですね。

真田：ユダヤ教の神は，「**裁きの神**」としての性格を持っています。ユダヤ教では様々な災難や苦難も神の試練として受け止めることで，より信仰が強化されていったといわれています。『ヨブ記』は，苦難があってもそれを神からのものとして受けるというユダヤ教の信仰の在り方をあらわしたエピソードといえると思います。宗教的な意義はもちろんですが，『ヨブ記』は一つの知恵文学として，災害や病など避けられない悲しみに出会う私たちに，様々な示唆を与えてくれていますね。

源流思想

Side Story　✡は，「ダビデの星」といわれる。ダビデはイスラエル王国の第2代王。彼が戦闘の際に使っていた楯のマークが✡であった。6つの星の突起は，天地創造の6日間を表すとする説もある。

12 21 23 原典 **A 十戒**　View モーセが預かった，神との契約。

わたしは主，あなたの神，あなたをエジプトの国，奴隷の家から導き出した神である。

　　あなたには，わたしをおいてほかに神があってはならない。

　　あなたはいかなる像も造ってはならない。……

　　あなたの神，主の名をみだりに唱えてはならない。……

　　安息日を心に留め，これを聖別せよ。……

　　あなたの父母を敬え。……

　　殺してはならない。……

　　姦淫してはならない。

　　盗んではならない。

　　隣人に関して偽証してはならない。

　　隣人の家を欲してはならない。……（「出エジプト記」『聖書 新共同訳』日本聖書協会）

●映画『十戒』（1956年）より，二枚の石板を授かる場面

A モーセがシナイ山でヤハウェから授かった律法。この律法を守ることが，神との契約となる（**律法主義**）。契約を守ることでユダヤ教徒は救済される。十戒は，**宗教的戒め**と**道徳的戒め**に大別される。宗教的戒めでは，ヤハウェ以外の神をあがめてはならないこと，偶像崇拝の禁止などを定めており，ユダヤ教の神は「～してはならない」と禁じることの多い神である。これを破ったとき，厳しい罰が与えられる。また，自分たちが「神から選ばれた民族である」という**選民思想**がユダヤ教の特徴であるため，ユダヤ教は「民族宗教」であるとされる。

18 **1 預言者と救世主（メシア）信仰**

　預言者とは，神によって選ばれた，「神の言葉を預かった者」のことを指す。ヘブライ語では，ナービー（nabi）。『旧約聖書』において預言者の活動が活発となったのはイスラエル国家が分裂，滅亡の危機にあった紀元前8～7世紀ごろである。彼らは国家の衰退を，律法の不徹底と民衆の堕落であると警告した。代表的な預言者は，**モーセ，イザヤ，エレミア**，エゼキエルである。

　救世主信仰も，国家の衰退とともに拡大した。ヘブライ語で「メシア」は「油を注がれた者」という意味で，王位に就く儀式を受けた者を指す。ギリシャ語では「キリスト」という。ユダヤ教では「民族を再興する救世主」としてのメシアが待望されたが，当初はイエスをメシアと認めない宗教者が多かった。イエスの死後に成立したキリスト教では，民族を超えた「全人類の救世主」とされた。

●ユダヤ教の戒律について

トーラー	十戒を柱とする律法。
タルムード	「学習」の意。律法の解釈や注の集大成。
安息日	毎週金曜日の日没から土曜日の日没まで。この間労働は一切してはいけない。食事の用意も前日にしておく。消灯・点灯もダメ。
食物の禁忌	エビ・カニ・豚は食べてはいけない。その他調理方法にも細かな定めがある。
ラビ	トーラーやタルムードを人々に教える人。教師。

旧約聖書のエピソード

天地創造 ～神は7日間で世界を造った　1日目に天と地を創造した。神は，「光あれ」と言われた。2日目には空，3日目には陸と海，植物を造られた。4日目には太陽と星を造り，昼と夜をつかさどらせた。5日目には，海と空の生き物を種類ごとに造った。6日目には，動物（家畜と這うもの，地の獣）を造った。そして，神に似せて人間を造った。アダム（男）は土から造られ，イヴ（女）はアダムの肋骨から造られた。神はその作業を全て終えられ，7日目に休まれた。

アダムとイヴ　アダムとイヴの二人はエデンの園で暮らしていた。ある日，エデンの園を歩いていたイヴは，蛇にそそのかされて「禁断の木の実」（知恵の木の実）を食べてしまう。イヴはアダムにも食べさせた。すると，2人は自分たちが裸であることに気づき，恥ずかしさで体をイチジクの葉で隠した。神は約束を守らなかった罪により，2人を楽園から追放し，蛇を地を這う動物とした。女には産みの苦しみが与えられ，男は苦労して地を耕さなければ食料を得ることができなくなった。

ノアの方舟　ノアはアダムから数えて10代目の子孫であった。その頃地上には悪が満ち，神は人間を造ったことを後悔した。そして，ただ一人従順なノアの一族だけを除き，地上の全てのものを洪水で滅ぼすことに決めた。ノアに「家族とあらゆる動物を雌雄二頭連れて方舟に避難する」よう指示し，その7日後に洪水が始まった。ノアとともに避難したもの以外はすべて滅んだ。

バベルの塔　ノアの子孫は栄え，共通の言語を話していた。彼らは，一致団結して天に届く高い塔を造り，そこに彼らの名をつくろうとした。それを知った神は，人々の言語をばらばらにし，意思疎通がはかれないようにした。建設は放棄され，人々は世界中に散って別の言語を話すようになった。

アブラハムとイサク　アブラハムは75歳の時，神から告げられてカナンの地を目指した。そして100歳の時に神から息子イサクを授かった。イサクが15歳の時，神はイサクを神への生贄として差し出すよう要求した。アブラハムは，命令通りに山頂へ行き祭壇を築いて薪を並べ，イサクを殺そうとした。するとその瞬間，天使が舞い降り，「その子を殺してはならない」と告げた。神はアブラハムを祝福し彼の堅い信仰をほめたたえた。神の最大の試練を乗り越えたアブラハムは「信仰の父」と呼ばれる。

Side Story　モーセとはヘブライ語で「引き出す」という意味。エジプトの王の命令で，赤子のモーセはナイル川に投げこまれるはずだったが，たまたまエジプトの王女が水の中からその子を引き上げたので，王女は彼にモーセと名付けたのである。

分け隔てのない神の愛を説いたキリスト教の始祖

イエス

Jesus
紀元前4？～紀元30？
古代イスラエル

❤ 愛

Words 86『新約聖書』 87 神の国 88 神への愛 89 隣人愛 90 黄金律 91 絶対愛（アガペー） 92 キリスト教

自分を愛するように
汝の隣人を愛せ。

西暦	年齢	生涯
前4？	0	パレスチナのナザレで生誕* 父は大工のヨセフ，母はマリア
後28？	32	バプテスマのヨハネから洗礼を受ける 弟子とともに伝道をはじめる
30？	34	エルサレムにて処刑される

足跡 前4年頃にパレスチナに生まれた。福音書によれば，父ヨセフの婚約者であった母マリアが聖霊によって身ごもり生んだとされる（処女懐胎）。30歳ごろ，バプテスマのヨハネから洗礼を受け，弟子たちとともに宣教を開始。貧しい人，病人，虐げられた人々のもとへ赴き，病の治癒など数々の奇蹟を行ったとされる。ユダヤ教の形式的律法主義を批判し，神の愛（アガペー）や隣人愛を説き，人々が愛し合う中に神の愛が実現されるという「神の国」の到来を説いた。

イエスを神の子と認めない人々によって，イエスは神への冒瀆者として裁かれ，十字架にかけられ刑死した。その後，弟子たちの間にイエスが刑死の3日後に復活したとの信仰が広まり，原始キリスト教が成立した。

*大天使ガブリエルがマリアへ受胎告知をし，処女懐胎したとされる。また，『新約聖書』によれば，イエスはベツレヘムの馬小屋で誕生したとされている。

Approach　イエスは無力だった？　遠藤周作の『イエスの生涯』にみるイエス像

イエスは，群衆の求める奇蹟を行えなかった。湖畔の村々で彼は人々に見捨てられた熱病患者のそばにつきそい，その汗をぬぐわれ，子を失った母親の手を，一夜じっと握っておられたが，奇蹟などはできなかった。そのためにやがて群衆は彼を**「無力な男」**と呼び，湖畔から去ることを要求した。だがイエスがこれら不幸な人々にみつけた最大の不幸は，彼らを愛する者がいないことだった。彼らの不幸の中核には愛してもらえぬみじめな孤独感と絶望が何時もどす黒く巣くっていた。**必要なのは，「愛」であって病気を治す「奇蹟」ではなかった。**人間は永遠の同伴者を必要としていることをイエスは知っておられた。自分の悲しみや苦しみをわかち合い，共に泪をながしてくれる母のような同伴者を必要としている。神が父のようにきびしい存在ではなく，母のように苦しみをわかちあう方だと信じておられたイエスは，その神の愛を証するためにガリラヤの湖畔で不幸なる人々に会うたびに，それらの人間が神の国では次のようになることを願われたのだ。

無力な男！

❶遠藤周作（1923～1996）作家。11歳でカトリックの洗礼を受ける。

　　幸いなるかな　心貧しき人
　天国は彼らのものなればなり
　　幸いなるかな　泣く人
　彼等は慰めらるべければなり

だが人々の永遠の同伴者であるには，どうすればよいのか。それがおそらくこの放浪の旅の間，疲れ果てた弟子たちと足を曳きずるイエスの問いの一つだったにちがいない。

そして彼は「愛の神」が自分に応えられる声を少しずつ，この時から聞かれたのかもしれぬ。

（遠藤周作『イエスの生涯』新潮文庫）

ヘブライズム（ユダヤ・キリスト教）は人間の「無力さ」に焦点を当てています。『イエスの生涯』では，奇蹟を行う存在と考えられているイエスを「無力」であり，「何もできなかった」等身大の存在として描き出しています。

遠藤周作によれば，民衆は当初イエスのことを洗礼者ヨハネの後継者，すなわち現実の政治を変革する「政治的リーダー」（「救世主」）として考えていたのだといいます。そんな群衆の期待の中，イエスは**「敵を愛せ」「右の頬を打たれれば，左の頬を差し出せ」**という愛の教えを民衆に説きました。民衆はそんなイエスに幻滅したと書かれており，どこまでも「無力」な存在としてイエスが描き出されています。『イエスの生涯』において奇蹟を行わなかったイエスは，福音書どおりに**「復活」**をします。弱い存在であった弟子たちも，イエスの死を契機として伝道者として目覚めていきます。この「無力なるイエス」という描写には，どのような意味が込められているのでしょうか。

遠藤は同書において次のように述べています。**「キリスト者になるということはこの地上で『無力であること』に自分を賭けることから始まるのである」**と。何もできず，「無力」であることの中に，キリスト教の秘義が隠されているというのです。「無力」なイエス像を提示し，無力なまま十字架にかけられたイエス，その死と「復活」の描写には，「奇蹟」を行う超人的な側面よりも，「愛」の教えを説く側面を強調したかったのかもしれません。

イエスの生涯
遠藤周作
新潮文庫

源流思想

Side Story「マタイ」「ルカ」の福音書によれば，ヨセフの婚約者であったマリアは結婚前に聖霊により身ごもったという。イエスの誕生日は聖書には記されていないが，キリスト教では12月25日にキリスト降臨祭（クリスマス）を祝う。

45

Outline｜イエスの思想：「神の愛」を人々に伝える

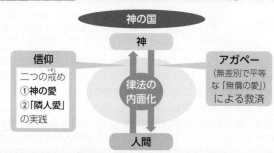

信仰
二つの戒め
①神の愛
②「隣人愛」
の実践

神の国
神
律法の内面化
人間

アガペー
（無差別で平等な「無償の愛」）による救済

イエスの中心的な思想は「神の愛」（アガペー）である。悪人であっても善人であっても神の愛は平等に人間に与えられる。人間は，神の愛を信じ，神が人間を愛するように隣人を愛すること（隣人愛の実践）によって救われる。

形式的な律法を遵守するのみではなく，「律法の精神」つまり律法を内面化することが大事である。イエスの説く「神の国」は，人々の間の精神的なできごととして成立する。

Think｜イエスが教える「愛」とはどのようなものか？

原典 A 山上の垂訓

View｜イエスの行った最初の説教。

そこで，イエスは口を開き，教えられた。

「心の貧しい人々は，幸いである，天の国はその人たちのものである。

悲しむ人々は，幸いである，その人たちは慰められる。

柔和な人々は，幸いである，その人たちは地を受け継ぐ。

義に飢え渇く人々は，幸いである，その人たちは満たされる。

憐れみ深い人々は，幸いである，その人たちは憐れみを受ける。

心の清い人々は，幸いである，その人たちは神を見る。

平和を実現する人々は，幸いである，その人たちは神の子と呼ばれる。

義のために迫害される人々は，幸いである，天の国はその人たちのものである。

わたしのためにののしられ，迫害され，身に覚えのないことであらゆる悪口を浴びせられるとき，あなたがたは幸いである。……天には大きな報いがある。あなたがたより前の預言者たちも，同じように迫害されたのである。」

（「マタイによる福音書」5. 1 ～ 12『聖書 新共同訳』日本聖書協会）

原典 B 二つの戒め

View｜神の愛と隣人愛が，律法のなかで最大の掟である。

（パリサイ派）「すべてのいましめの中で，どれが第一のものですか」。

イエスは答えられた，「第一のいましめはこれである，『イスラエルよ，聞け。主なるわたしたちの神は，ただひとりの主である。心をつくし，精神をつくし，思いをつくし，力をつくして，主なるあなたの神を愛せよ』。第二はこれである，『自分を愛するようにあなたの隣人を愛せよ』。これより大事ないましめは，ほかにない」。

（「マルコによる福音書」12. 28 ～ 32同前）

1 神の愛（無償の愛：アガペー）

イエスの中心的な思想は神の愛（アガペー）である。イエスは，ユダヤ教社会で差別されていた人々（**律法に反した罪人，穢れとされた病人，異邦人，徴税人，娼婦，障がい者など**）を慰め，傷を癒し，罪を赦した。アガペーとは，見返りを求めない恵みとしての与える愛，つまり「**無償の愛**」を意味する。善人だけでなく悪人であっても，**神の愛は無差別・無条件にすべての人類に平等に降り注ぐ**ということを意味している。ユダヤ教では「裁きの神」であったが，イエスは神をすべての人を平等に愛する「愛の神」であると説いている。

16 2 隣人愛

「自分を愛するように，あなたの隣人を愛せよ」という，イエスの説いた愛。神の愛に生かされた人間は，その愛に応えるために，おのれの敵を含めてすべての人を平等に愛し，救いの手を差し伸べるべきである。

この隣人愛の教えは，『新約聖書』の福音書に記された，「**ひとにしてもらいたいと思うことは，何でも，あなたがたもひとにしなさい**」という言葉にも表される。これは，イエスの黄金律（The golden rules）と呼ばれる重要な教えである。

解説

A 山の上で行ったとされるイエスの最初の説教。「心の貧しい人々…」とは，ユダヤ教の厳しい律法主義のなかで苦しんで，虐げられている人々を指す。彼らが幸いなのは，みずからのうちに救いの可能性をまったく認め得ず，神のみにより頼まざるを得ないことに気づいている謙虚な人々だからである。「神の国」での精神的次元での幸福を得ることを示している。

心の貧しい者は，幸いだ。天国はその人たちのものである。

B イエスは律法の中でも「**神への愛**」と「**隣人への愛**」が最も大事であり，この2つの戒めこそが律法に込められた神の意志であると説いた。

⬅山上の垂訓教会（イスラエル）　イエスが山上の垂訓を行ったとされる場所に建てられた。

Side Story｜「新約」とは，イエスを通じた「神と人間との間の新しい契約」のこと。神の喜ばしい言葉を伝えた書であるため，「福音書」とも呼ばれる。キリスト教では，「旧約」「新約」とも聖典とされる。

Think　イエスが説いた「神の国」とは？

原典 C　律法の内面化

View　イエスは形式的律法主義を批判し，律法の精神を説いた。

「あなたがたも聞いているとおり，昔の人は『殺すな。人を殺した者は裁きを受ける』と命じられている。しかし，わたしは言っておく。兄弟に腹を立てる者はだれでも裁きを受ける。兄弟に『ばか』と言う者は，最高法院に引き渡され，『愚か者』と言う者は，火の地獄に投げ込まれる。……」

「あなたがたも聞いているとおり，『姦淫するな』と命じられている。しかし，わたしは言っておく。**みだらな思いで他人の妻を見る者はだれでも，既に心の中でその女を犯したのである。**もし，右の目があなたをつまずかせるなら，えぐり出して捨ててしまいなさい。体の一部がなくなっても，全身が地獄に投げ込まれない方がましである。……」　（『マタイによる福音書』5．21 ～ 29 同前）

原典 D　敵を愛せ

View　隣人愛には，自分を憎む敵も含まれる。

「あなたがたも聞いているとおり，『隣人を愛し，敵を憎め』と命じられている。しかし，わたしは言っておく。**敵を愛し，自分を迫害する者のために祈りなさい。**あなたがたの天の父の子となるためである。父は悪人にも善人にも太陽を昇らせ，正しい者にも正しくない者にも雨を降らせてくださるからである。自分を愛してくれる人を愛したところで，あなたがたにどんな報いがあろうか。徴税人でも，同じことをしているではないか。自分の兄弟にだけ挨拶したところで，どんな優れたことをしたことになろうか。異邦人でさえ，同じことをしているではないか。だから，あなたがたの天の父が完全であられるように，あなたがたも完全な者となりなさい。」　（『マタイによる福音書』5．43 ～ 48 同前）

解説▶「敵を愛せ」といったイエスは，『新約聖書』において様々な言葉を残している。こうしたイエスの言葉には，「隣人愛」の精神がある。「右の頬を打つなら…」という教えは，新約聖書のなかでも極めて有名な一説であり，キリスト教の寛容の精神や高い倫理性をよく表現している。イエスは，「たとえ自分を傷つけてくる人間であったとしても，やり返すのではなく，赦しなさい」と説いた。「他人を傷つける人間は，自らのしていることの重大さを理解していない」のである。

原典 E　神の国

View　だれが神の国に入るのか。

イエスは弟子たちを見回して言われた。「財産のある者が神の国に入るのは，なんと難しいことか。」弟子たちはこの言葉を聞いて驚いた。イエスは更に言葉を続けられた。「子たちよ，神の国に入るのは，なんと難しいことか。**金持ちが神の国に入るよりも，らくだが針の穴を通る方がまだ易しい。**」弟子たちはますます驚いて，「それでは，だれが救われるのだろうか」と互いに言った。イエスは彼らを見つめて言われた。「人間にできることではないが，神にはできる。神は何でもできるからだ。」　（『マルコによる福音書』10．23 ～ 27 同前）

ファリサイ派の人々が，神の国はいつ来るのかと尋ねたので，イエスは答えて言われた。「神の国は，見える形では来ない。『ここにある』『あそこにある』と言えるものでもない。実に，**神の国はあなたがたの間にあるのだ。**」　（『ルカによる福音書』17．20 ～ 21 同前）

解説

C「人を殺すな」という律法は，人を殺さなければ守っていることになるとユダヤ教徒はいう。しかし，イエスは実際に殺すことはなくても，仮にある人に対して腹を立てれば，その人に対して悪意を持っている証拠であり，それは愛に欠けるおこないであるから，人を殺したことと同じであると説いた。イエスは，律法を壊すために来たのではなく，「**律法を完成**」させるために来たのだと説き，ユダヤ教の形式的律法主義を批判した。

パリサイ派（ファリサイ派）
ユダヤ教の一派で，厳格な律法主義をとった人々。

D「敵を愛し，迫害するもののために祈りなさい」とは『新約聖書』に記されたイエスの言葉であり，隣人愛について説いた言葉である。自分を愛する者を愛することは当たり前のことであって，自分のことを憎んでいる者（敵）をこそ愛することが，隣人愛においては重要である，と説いた。

こちら側も
どうぞ。

E 生活が苦しい者は律法を守るだけでも大変であるのに，逆に，「財産のある者が神の国に入ることは難しい」とイエスが言ったことに対し，弟子たちは不思議に思い，驚いた。財産がある者は地位や名誉をもつ者も多い。彼らがすべてを捨てて，神の無償の愛（アガペー）を信じようとするには，あまりに失うものが多すぎる。よって，財産のある者ほど，「神の国に入ることは難しい」としたのである。

源流思想

Focus　ことわざにみる聖書の影響

私たちが日ごろ何気なく使うことわざのなかには，実は聖書由来のものがある。
・**豚に真珠**…「神聖なものを犬に与えてはならず，また真珠を豚になげてはならない。それを足で踏みにじり，むきあってあなたにかみついてくるだろう」　（『マタイによる福音書』）
・**目からうろこが落ちる**…サウロ（パウロ）が旅の途中に天の光にうたれ，目が見えなくなっていた。その後，神の使いによってサウロの眼からうろこのようなものが落ち，目が見えるようになったというエピソードによる。
・**七転び八起き**…「正しいものは七たび倒れても，また起き上がる。」　（『箴言』）

Side Story　福音書には，「イエスの手や衣服に触れると病気が治った」，「パン5つと魚2匹で集まった群衆5,000人を満腹にした」，「湖の上を歩いた」などの記述がある。福音書によれば，イエスはこうした数々の奇蹟を起こしたとされる。

原典 F 放蕩息子のたとえ

View 『新約聖書』においてイエスはさまざまなたとえ話で教えを説く。

「ある人に息子が二人いた。弟の方が父親に，『お父さん，わたしが頂くことになっている財産の分け前をください』と言った。それで，父親は財産を二人に分けてやった。何日もたたないうちに，下の息子は全部を金に換えて，遠い国に旅立ち，そこで放蕩の限りを尽くして，財産を無駄使いしてしまった。何もかも使い果たしたとき，その地方にひどい飢饉が起こって，彼は食べるにも困り始めた。それで，その地方に住むある人のところに身を寄せたところ，その人は彼を畑にやって豚の世話をさせた。彼は豚の食べるいなご豆を食べてでも腹を満たしたかったが，食べ物をくれる人はだれもいなかった。そこで，彼は我に返って言った。『父のところでは，あんなに大勢の雇い人に，有り余るほどパンがあるのに，わたしはここで飢え死にしそうだ。ここをたち，父のところに行って言おう。「お父さん，わたしは天に対しても，またお父さんに対しても罪を犯しました。もう息子と呼ばれる資格はありません。雇い人の一人にしてください」と。』そして，彼はそこをたち，父親のもとに行った。ところが，まだ遠く離れていたのに，父親は息子を見つけて，憐れに思い，走り寄って首を抱き，接吻した。息子は言った。『お父さん，わたしは天に対しても，またお父さんに対しても罪を犯しました。もう息子と呼ばれる資格はありません。』しかし，父親は僕たちに言った。『急いでいちばん良い服を持って来て，この子に着せ，手に指輪をはめてやり，足に履物を履かせなさい。それから，肥えた子牛を連れて来て屠りなさい。食べて祝おう。**この息子は，死んでいたのに生き返り，いなくなっていたのに見つかったからだ。**』」

（『ルカによる福音書』15. 11 ～ 24 同前）

原典 G よきサマリア人

View 隣人愛とは「隣人を愛する」ことではなく，「愛によって隣人となること」である。

「ある人がエルサレムからエリコへ下って行く途中，追いはぎに襲われた。追いはぎはその人の服をはぎ取り，殴りつけ，半殺しにしたまま立ち去った。ある祭司がたまたまその道を下って来たが，その人を見ると，道の向こう側を通って行った。同じように，レビ人もその場所にやって来たが，その人を見ると，道の向こう側を通って行った。ところが，旅をしていたあるサマリア人は，そばに来ると，その人を見て憐れに思い，近寄って傷に油とぶどう酒を注ぎ，包帯をして，自分のろばに乗せ，宿屋に連れて行って介抱した。そして，翌日になると，デナリオン銀貨2枚を取り出し，宿屋の主人に渡して言った。『この人を介抱してください。費用がもっとかかったら，帰りがけに払います。』

さて，あなたはこの3人の中で，だれが追いはぎに襲われた人の隣人になったと思うか。」律法の専門家は言った。「その人を助けた人です。」そこで，イエスは言われた。「行って，あなたも同じようにしなさい。」

（『ルカによる福音書』10.30 ～ 37 同前）

Focus ペテロ（ペトロ）

ペテロ（ペトロ）[? ～ 64] は，ガリラヤ湖の漁夫であったが，やがて，イエスの一番弟子となる。イエスが十字架の磔刑に処される際，予言どおりイエスを3度「知らない」と言って，裏切った。しかし，その後悔もあり，イエスの復活（十字架刑後の3日目）においては，最初の証人となった。現在は，春に復活祭（イースター）として祝われる。ペテロは，十二使徒の一人として，ローマ帝国内で，キリスト教の布教に努めた。ペテロは「岩」という意味であり，まさに，キリスト教の土台を築いた人物である。後に，カトリック教会から，初代ローマ教皇とされた。

←ペテロ

解説

F『新約聖書』（「ルカによる福音書」）のなかのエピソード。放蕩息子は，父に財産を分け与えられるが，外で遊び，使い果たしてしまい，豚の餌を食べて生きていくしかないほどの状況になった。息子は貧しい姿で父のもとに戻る。しかし，父は，息子を許し，温かく迎え入れた。一方，父のもとで暮らしていた兄はその事実を知り，「真面目に暮らしていた自分のためには1匹の山羊も犠牲にはしてくれなかったのに」と怒る。

このエピソードにはキリスト教の**寛容の精神**が表されている。父が放蕩息子を無条件で愛するのと同じように，**神は，罪を犯した人間をも赦し愛するのである。**

●放蕩息子の帰還（レンブラント筆，1666 ～ 68 年）

Gこのたとえ話は，イエスが重んじる「隣人を自分のように愛せ」というユダヤの律法について，律法学者の「誰が隣人なのか」という問いに答えたものである。イエスはこの律法が命ずることを，「隣人である者を愛すること」ではなく，「愛によって人々の隣人となること」なのだと説き，考え方の転換を図った。隣人とは，すでにある区分（ユダヤ人／異邦人といった二分法）を示すものではなく，痛みにさいなまれ救いを求めている者に寄り添うことで生まれる関係ということである。ここに登場するサマリア人はユダヤ人にとって，正統な信仰から外れた人々で嫌悪すべき迫害の対象であった。イエスは，そのような扱いを受けていたサマリア人の示した**自己犠牲をいとわない無償の実践こそ隣人愛である**と説いた。

＊レビ人は神殿の門番など宮仕えを受け持つイスラエル十二部族の一つ。

Side Story 洗礼を受けたのち，イエスは荒れ野に40日間留まり悪魔の誘惑を受けた。空腹のイエスに対し，「神の子なら，この石をパンに変えてみなさい」と言われ，イエスは「人はパンだけで生きるものではない」と誘惑を退けた。

BC ◀ 1 2 3 4 5 6 7 8 9 10 11 12 13 14 15 16 17 18 19 20 21 AD

キリスト教を世界宗教へと導いた伝道者　　　　　　　　　　　19回

パウロ
Paulos
紀元前後?　ローマ帝国

信仰

Words	93 回心
	94 原罪　95 贖罪

> 人が義とされるのは，律法の行いによるのでなく信仰による。

西暦	生　涯
?	古代ローマの属州キリキアの州都タルソスに生まれる
33ころ?	ダマスコへ行く途上で回心を経験する
65ころ?	ネロ帝の迫害を受け殉教

パウロによる伝道
65ころ? ペテロ，パウロ殉教(伝承)
黒海
ローマ
イタリア
マケドニア トラキア
ギリシャ
フリギア
カッパドキア
アンティオキア
パウロ難破
サラミス
シドン
シリア
地中海
イェルサレム
アレクサンドリア
パウロ逮捕
0　　　　500km
―― 第一次伝道旅行
―― 第二次伝道旅行
―― 第三次伝道旅行
―― 第四次伝道旅行

（『日本大百科全書（ニッポニカ）』小学館による）

主著　『コリント人への手紙』『ローマ人への手紙』
足跡　パウロは，キリスト教をユダヤの枠を越えて**世界宗教**へと進展させた人物である。「異邦人への使徒」とも呼ばれる。彼はユダヤ人で，しかも最も戒律の厳しい**パリサイ派**の出で，初めのうちは激しくキリスト教徒を迫害した。「家々に押し入って，男や女を引きずり出し，次々に獄に渡して，教会を荒らし回った」と記されているほどである。

ところがある時，突然天の光に打ち倒され，「サウロ，サウロ，なぜ私を迫害するのか」というイエスの声を聞く。このできごとを契機として劇的な**回心**をとげた（サウロはパウロのヘブライ名）。この後パウロは，イエスの死を人間の罪を贖うための**贖罪**であり，人は信仰によってのみ救われると考え，熱心な伝道を開始した。それは，小アジア・ギリシャ・ローマ世界をめぐる大旅行でもあった。パウロは，ローマ市民権を持つユダヤ人であったため，遠方への伝道活動が可能であったといわれている。こうして，キリスト教は世界宗教への礎を築いていったのである。

●パウロの回心
➡「パウロの改宗」（パルミジャニーノ筆）　パウロが道を急ぐ中，突然天からの光が彼を打ち，イエスの声が聞こえる。聖書の記述に忠実な表現。

Outline　パウロの思想：キリスト教を世界宗教に発展させる

熱心なユダヤ教徒　　　　　　　　　　異邦人への伝道

回心　➡　贖罪の思想　➡　律法の限界　➡　信仰義認説

光に打たれイエスの声を聞く　｜　イエスの死は人間の罪の贖い　｜　律法を守ることは，律法を破る罪から逃れられない　｜　人が義である（正しい）とされるのは信仰による

Think　キリストの死はどのような意味を持つ？

原典A　人類への罪の贖い
View　イエスの十字架上の死とは？

ところが今や，律法とは関係なく，しかも律法と預言者によって立証されて，神の義が示されました。すなわち，イエス・キリストを信じることにより，信じる者すべてに与えられる神の義です。そこには何の差別もありません。人は皆，罪を犯して神の栄光を受けられなくなっていますが，ただキリスト・イエスによる贖いの業を通して，神の恵みにより無償で義とされるのです。
（「ローマ人への手紙」3.21～26『聖書 新共同訳』日本聖書協会）

原典B　信仰によって救われる
View　人は何によって救われるのか？

……わたしたちは，人が義とされるのは律法の行いによるのではなく，信仰によると考えるからです。それとも，神はユダヤ人だけの神でしょうか。異邦人の神でもないのですか。そうです。異邦人の神でもあります。実に，神は唯一だからです。この神は，割礼のある者を信仰によって義と認めてくださるとともに，割礼のない者をも，信仰によって義と認めてくださるのです。それでは，私たちは信仰によって律法を無効にすることになるのでしょうか。絶対にそんなことはありません。かえって，律法を確立することになるのです。
（同前 3.28～31）

解説

A パウロは，イエスの十字架上の死を，人間の根源的な罪（原罪）を代わりに贖ったものであると解釈した。神がひとり子であるイエスを人間の罪を贖うためにつかわしたということは，神の愛の証であり，これを信じることで人間は救われると説いた。

原罪（英 original sin）　神の意志に反したアダムとイブの罪（旧約聖書『創世記』にある「善悪の知識の実」を神の命に背いて食したこと）のため，その子孫であるすべての人間に負わされた，人間が生まれつきもっている罪のこと。

贖罪　罪を贖うこと。神に対しての贖罪は，犯した罪を帳消しにしてもらうために犠牲を供えることとなる。キリスト教では，原罪をもつすべての人間の罪を，イエスの十字架上の死がつぐなったことを意味する。

源流思想

Side Story　パウロは，ヤコブ，ヨハネ，ペテロといったイエスの弟子たちと会談し，割礼することなしに，異邦人に伝道することの承認を得た。

キリスト教の教義にプラトン哲学を導入した，最大の教父

10回

アウグスティヌス

Augustinus
354 ～ 430
北アフリカ

Words	94 原罪 95 贖罪 96
	贖罪思想 97 三位一体説 98 教
	父 99 恩寵 100 三元徳

> おお，永遠の真理，真理なる愛，愛なる永遠よ！あなたは私の神，あなたを求めて日夜あえぐ。

主著 『告白』『神の国』『三位一体論』

足跡 キリスト教徒の母モニカと異教徒の父との間に生まれた。遊学したカルタゴで都会の誘惑に負け享楽的な生活を送り，自分自身の欲望と信仰の問題とに苦悩する中，キケロの哲学書に触れストア派の哲学を学び，マニ教に傾倒。次第にキリスト教への理解を深め，**新プラトン主義**（→p.38）にも影響を受けた。32歳のとき，「とれ，読め」という子どもの声を聞き，手に取った「主イエス・キリストを身にまとえ，肉欲を満たすことに心を向けてはならない」という聖書の一節を読んだことで，キリスト教への決定的な回心が生じた。その後は，正統教義の確立，教会の確立に努めた。人間は**原罪**を背負った存在であり，罪深い人間が救われるのは神の**恩寵**（特別な恵み）による。教会の権威と神の絶対性は，彼によって基礎づけられた。

西暦	年齢	生涯
354	0	北アフリカのタガステ（現在のアルジェリア）に生まれる
370	16	カルタゴに遊学
371	17	ある女性と同棲
372	18	息子が生まれる
373	19	哲学に目覚める→マニ教徒となる
383	29	マニ教に失望する
386	32	ミラノでキリスト教に回心
388	34	タガステに帰郷
400	46	『告白』の完成
426	72	『神の国』の完成
430	76	死去

ユダヤ教・ゾロアスター教・キリスト教・グノーシス主義などの影響を受けた宗教。禁欲的，現世否定的な傾向が極めて強い。

ローマがゴート族によって陥落したことをきっかけに，異教徒によるキリスト教への非難が噴出。この危機に際し，アウグスティヌスは『神の国』を著してキリスト教を擁護した。

Think 人間の「罪」とは何だろうか？

解説

12 原典 A すべての人間は罪を負う

View アダムの犯した罪がすべての人間に背負わされている。

神よ，聞きたまえ。人間の罪はわざわいなるかな。人間がこういうと，あなたはあわれんでくださる。人間をお造りになったのはあなたですが，**その内にひそむ罪をつくったのは，あなたではないからです。**だれが私に幼年時代の罪を思い出させてくれるでしょうか。まことに，御前において，**罪の汚れにそまっていない者は一人もありません。**地上に一日しか生きない赤子でさえも，例外ではありません。

（山田晶 訳『告白』中公文庫）

A 人間の罪は最初の人アダムがみずからの意志によって引き起こした行動に由来する。これを原罪ととらえたアウグスティヌスは，アダムの子孫たるすべての人間は生まれながらに罪を負っており，悪から逃れられないとした。
B 原罪を負う人間を救うのは，**神の恩寵**のみである。**教会**を人間と神との媒介の場と位置づけ，その権威を絶対的なものとした。また，人類の歴史を，神の愛に基づく「**神の国**」と，自己愛に基づく「**地上の国**」との闘争ととらえ，利己心におぼれた国家は，戦争と略奪を繰り返すが，最後には，平和に満ちた神の国が勝利すると説いた。

13 16 原典 B 神の恩恵（恩寵）

View 原罪からの救済はただ神の恩寵によってのみ可能となる。

人間の自然本性はたしかに最初は罪も汚れもなく創られたのである。しかしこの人間の自然本性は，各人がアダムからこの本性をひき継いで生まれるため，いまや医者を必要としている。というのはそれが健全ではないからである。……「……しかるにあわれみに富む神は，わたしたちを愛したもうたその多くの愛ゆえに，罪過により死んでいたわたしたちをキリストとともに生かしたもうた。**キリストの恩恵によってわたしたちは救われているのである**」。

（金子晴勇 訳「自然と恩恵」『アウグスティヌス』講談社）

救済 　神
祈り 　　仲介 神の国
地上の国　権威の絶対化

---

1 三位一体論

アウグスティヌスは，父なる神と子たるキリスト，聖霊がすべて唯一の神の姿だとする，**三位一体論**を主張し，キリスト教会の正統教義とされていった。

父 ≠ 子
＝ 神 ＝
≠ ＝ ≠
聖霊

14 2 恩寵と自由意志

アウグスティヌスは，人間の自由意志は原罪によって悪へと傾いてしまうため，自ら善をなすことはできないが，神の恩寵を授かることで善をなすことができるようになると唱えた。この主張は，「人間は自分自身の意志で善をなすことができる」とするペラギウス派との間に論争を巻き起こした。

Focus 悪の心と向き合う

アウグスティヌスは『告白』のなかで，16歳の時に犯した「盗み」を告白しています。仲間たちとともに真夜中に忍び込んで畑の近くの木になっている梨を盗み，それをすべて豚に投げつけました。その行いについて，「**盗みにおいて愉快だったのは，盗む「もの」ではなくて，盗む「こと」でした。**」と自分の心と行いを顧み，神に向かって「**神よ，これが私の心です**」と自らの心にひそむ「悪」を告白し，懺悔するのです。

Side Story アウグスティヌスの母モニカは，異教徒の男性と結婚し浮気や暴力に悩まされた。放蕩のすえ身分の低い女性と同棲して子をもうけた息子にも思い悩んだ。夫や息子の回心を祈り続けたモニカは，守護聖人として崇拝されている。

理性と信仰との調和をめざしたスコラ哲学の完成者　　　6回

トマス＝アクィナス

Thomas Aquinas
1225?～74
イタリア

Words 101 スコラ哲学　102 信仰と理性の調和

理性

> 万物は，それぞれに固有な完全性を欲求することにおいて，まさに神そのものを欲求しているのである。

主著　『神学大全』（未完）

足跡　5歳でベネディクト会の修道院に預けられ，ナポリ大学で学んだが，後にドミニコ会への入会を決意する。反対する両親に軟禁状態にされるも，彼の決意は揺るがず，後にパリ大学教授に就任。主著『神学大全』によって，**スコラ哲学の完成者**と称される。1273年の聖ニコラウスの日の朝，ミサの最中に神秘的体験をし，これを境に著述活動を放棄。その際「今度私が見たものに比べると，これまで書いてきたものは，わら屑のように見える」と述べたという。12～13世紀は十字軍遠征などによりイスラーム世界との交流が活発となり，イスラーム世界を経由してアリストテレス哲学の文献が流入した時代でもあった（12世紀ルネサンス）。トマス＝アクィナスは，**キリスト教神学にアリストテレスの哲学を導入し，信仰と理性を「信仰優位」の下で調和させ，両者の矛盾解決を図った。**

西暦	年齢	生涯
1225?	0	貴族の末子として，南イタリアに生まれる
1230	5	ベネディクト会のモンテ・カッシーノ修道院に預けられる
1239	14	ナポリ大学で学ぶ
1243	18	清貧を実践するドミニコ会の存在を知り，両親の反対を押し切って入会する
1256	32	パリ大学神学部教授に就任
1265	41	『神学大全』の執筆を開始
1273	48	著述活動を放棄
1274	49	死去

＊スコラ哲学　スコラ（scola）とは，ラテン語で「学校」のこと。9～15世紀にかけてヨーロッパ中世の学校で成立した学問の総称。ギリシャ哲学によるキリスト教神学の理論化，体系化が図られた。

Think　信仰と理性との矛盾を，いかに解消したか？

12 原典 A 信仰と理性の調和

View　神への信仰と，理性的な認識とは矛盾しない。

　恩恵（恩寵）は自然を廃することなく，却ってこれを完成するものであるから，あたかも意志の自然的傾向性が愛徳に奉仕するように，**自然理性は信仰に従わなければならないのである。**それゆえ使徒も『コリント後書』第10章［5節］において，「すべての理性をとりこにして，キリストに服従させる」といっている。

（山田晶 訳『神学大全』『世界の名著 続5』中央公論社）

原典 B 神の存在証明

View　トマスは，アリストテレスの理論を用いて，神の存在を証明しようとした。

　じっさい第二次的な諸動者は第一の動者によって動かされるかぎりにおいてのみ動かすのである。たとえば，杖がものを動かすのは，ただ杖が手によって動かされるかぎりにおいてである。それゆえ，**何者によっても動かされることのない何か第一の動者にまで到ることは必然である。これをすべての人々は神と解する。**（同前）

解説

A キリスト教の信仰（恩寵の光）にもとづく「神学的真理」と，理性（自然の光）にもとづく「哲学的真理」は矛盾するものではなく，むしろ神の恩寵によって，自然は完成する。トマスは，信仰を理性よりも優位に置いた。スコラ哲学では，**「哲学は神学の婢」**と言われる。また，トマスはアリストテレスにならい，無生物から神に至るピラミッド状の**階層的世界観**を示した。これにより，ローマ教皇権の至上を支える，理論的な柱となった。

B トマスは第一原因としての神の存在を，自然という結果から導き出した。これは，アリストテレスの存在論を継承したものである。

Focus 普遍は存在するか？

　中世のスコラ哲学では，「動物」や「人間」といった「普遍」が実在するかどうか論争が起こった。「イヌ」という普遍が実在するのか，それとも「イヌ」というのはただの観念（名前）にすぎず，現実にいる「ポチ」などが存在しているのみなのか。普遍は存在すると考える立場を**「実在論」**，普遍は存在せず具体的な個物があるにすぎない（概念は言葉にすぎない）と考える立場を**「唯名論」**という。実在論はアンセルムス，唯名論はオッカムなどによって主張された。トマス＝アクィナスによって両者の調停が図られた。

普遍的存在？　イヌ？

個別的存在　ポチ　タロウ　ハチ　ポンタ

●階層的世界観

	アリストテレス		トマス＝アクィナス	
人間	観想の理性 実践理性 分析・計算能力	（信仰）神学	神 天使	教皇 聖職者
動物	表象・欲求能力 聴覚・嗅覚・視覚 味覚 触覚	哲学、（理性）自然科学	人間 動物 植物	皇帝 国王 領主
植物	栄養摂取能力		無生物	農民

解説▶ トマスは，アリストテレスの階層的世界観を応用し，神を頂点とする世界観を示し，教皇や聖職者の地位を絶対的なものとする理論的な根拠となった。

経験論的思考からスコラ哲学を批判し，近代哲学の先駆けに

オッカム

William of Ockham
1285頃～1347　イギリス

足跡　イングランドのオッカム村で生まれ，オックスフォード大学で学ぶ（「オッカム」は姓ではなく，出身地を示す）。普遍論争では，現実の個物だけが存在するものであり，概念・観念は言葉であらわされたものにすぎないという「唯名論」の立場をとる。オッカムは，経験論的思考に基づき，「神の存在」などの経験を越えた対象を哲学から排除することで，哲学を神学から解放。スコラ哲学の解体をうながし，近代哲学の先駆となった。余計な仮説をそぎ落とす，このような節約的思考のことを**「オッカムの剃刀」**という。

Side Story　ドミニコ会への入会に反対する両親から軟禁状態にされたトマス少年。その際親族は，美少女を使って彼を誘惑させるなどの方法に出たが，トマス＝アクィナスはこの誘惑をも退け，みずからの信仰を守ったという。

源流思想

宗教と社会 －宗教社会学と現代のキリスト教－

キリスト教は単なる宗教にとどまらず，幅広い文化を形成した。その影響はヨーロッパだけではなく，私たちの日常生活にも及んでいる。ここでは奥深いキリスト教世界を追ってみよう。

現代のエルサレム（イェルサレム）旧市街地　～3つの宗教の聖地

岩のドーム
神殿の丘（ムスリムが管理）
嘆きの壁
ムスリム地区
ユダヤ教徒地区
アルメニア人地区（アルメニア正教）
ヴィア＝ドロローサ（悲しみの道）※イエスが十字架を担いで歩いたとされる
聖墳墓教会
キリスト教徒地区
岩のドーム
嘆きの壁

エルサレムは紀元前1,000年頃に建国された古代イスラエル王国の都である。約1km四方の城壁で囲まれた旧市街は，東西南北に宗派ごとに四分割されている。北東はムスリム地区，北西はキリスト教徒地区，南西はアルメニア人地区，南東はユダヤ教徒地区となっている。旧市街には，「嘆きの壁」（ユダヤ教），「岩のドーム」（イスラーム），「聖墳墓教会」（キリスト教）といった各宗教の聖地が存在し，聖地をめぐる抗争は現代に至るまで続いている。

ユダの福音書とグノーシス主義

●『ユダの福音書』の修復

2006年4月6日，米国の科学教育団体（ナショナル・ジオグラフィック協会）が1970年代にエジプトで発見されたパピルス紙の束に関する修復鑑定作業および解析の結果について，初期キリスト教の幻の外典とされていた『ユダの福音書』のコプト語（古代エジプト語に由来する言語）写本の断片であると判明した，とワシントン本部で発表した。聖書では，一般的にユダは裏切り者とされているが，『ユダの福音書』では，イエスを裏切ったとされるユダの行動（イエスを銀貨で売る）は，イエス自身の言いつけに従ったことで，ユダがイエスのもっとも忠実な弟子であると描写されている。このなかでイエスはユダに，「お前は，真の私を包むこの肉体を犠牲とし，すべての弟子たちを超える存在になるだろう」と語っている。物質である肉体を取り除くことによって，内なる真の自己，神の本質を解放する，ということだ。このような考え方は，実はキリスト教の異端派である「グノーシス主義」の影響を強く受けている。

現代のユダヤ教と文化

●「ユダヤ人」とは？

歴史的に見ても各地に散らばっていた「ユダヤ人」を定義するには諸説あるが，ユダヤの帰還法では，「**ユダヤ人の母親から生まれた者，またはユダヤ教徒（改宗した者も含む）**」と定義されている。

●現代ユダヤ教徒の聖典

写真：アフロ

・「旧約聖書」
・**タルムード**（律法（トーラー）とは別に，「口伝律法」を収めたもの。タルムードを文書群としたものを「ミシュナ」という。6部構成63編からなる。）旧約聖書に加え，現代のユダヤ教の聖典は，この「タルムード」が中心となっている。

●ユダヤ教徒の生活

①律法によって食べられないもの　豚，らくだ，野うさぎ，たぬき，鱗のない魚類（ウナギ，タコ，イカなど），血液の付いた動物の肉などは食べられない。草食獣では，蹄が割れていて反芻するものは食べてもよい（牛，羊，山羊など）。

②「割礼」の風習　律法に定められた割礼の儀式を行う。割礼とは，生後8日後に男児の性器の皮を切り取ることである。

③「安息日」を守る　律法に定められた安息日を守り，その日は労働をしない。ユダヤ教では，金曜の夜から，土曜の夕方（日没）までが安息日となり，一切の労働を禁じられる。宗派によっては，料理などの家事労働や，エレベーターのボタンを押す行為，車に乗る行為なども労働とみなされ禁じられている。

Side Story　キリスト教徒には**告解**という習慣がある。告解とは，自らの罪を司祭に告白し，神の許しを得ようとするものである。フランスの哲学者**フーコー**は，告解の強制がヨーロッパ人の精神に大きな変革をもたらしたと述べている。

社会学から見たイエス・キリスト

橋爪 「マトリョーシカという人形があるでしょう。ロシアでお土産に売っている。」

大澤 「入れ子になっているやつですね。」

橋爪 「そう。いちばん外側のものを開けると，一回り小さいのが内側に入っていて，またもう一回り小さいのがその中に入っていて，……と，いくつも入れ子になっている。**イエス・キリストは，いちばん外側の，完成した形**なんです。それを，順番にさかのぼっていくと，一回り小さな形が出てきて，だんだん小粒になり，いちばん最後に出てくるのが，**歴史的なイエス**だと思います。」

橋爪 「ところが，メシア（キリスト）だと思っていたイエスが，あっさり処刑されて，死んでしまった。天変地異も起こらず，神殿も崩れなかった。イエスに期待して従ってきた民衆はもちろん，十二人の弟子たちも失望して，ちりぢりになってしまった。イエスがメシアだと信じられていただけで，死後復活すると想定されていなかったからです。イエスの復活，これは，イエスをただのメシア（キリスト）から，もう一回り大きくする，新たな要素です。」

（橋爪大三郎・大澤真幸『ふしぎなキリスト教』講談社）

●イエスを構成する契機
① 「処女懐胎」（最も古い福音書である マルコ福音書は，誕生には触れず青 年期からはじまる。） 処女懐胎
② 「預言者」（神の言葉を預かる者） 預言者
③ 「救世主」（ギリシア語でキリスト， ヘブライ語でメシア） 救世主
④ 「神の子」（メシアより神に近い段階， パウロによる解釈） 神の子

（前掲，橋爪氏のまとめによる）

日本人とキリスト教の年中行事

　キリスト教の文化や年中行事のなかには，私たち日本人になじみ深いものが多くある。例えば，日本人は 2 月には**バレンタイン・デー**にチョコレートを贈る習慣がある。12 月には**クリスマス**を祝い，サンタクロースからプレゼントをもらってケーキを食べる習慣となっている。これらは両方とも元々はキリスト教の行事であったものが，日本式にさまざまに変化して根付いたものである。最近では，春にキリストの復活を祝う**復活祭（イースター）**も日本で行われることがある。さらに，結婚式を教会式で行うことも一般的になっており，私たちの日常生活とキリスト教文化は，もはや切り離せないものとなっている。

●ヨーロッパの年中行事と聖人　★は復活祭を基準に年ごとに日付が変わる。

1 月 1 日	聖母マリアの日
2 月 14 日	聖バレンタインの日…聖ヴァレンティヌスの殉教の日
2 月 22 日〜	聖ペテロの日…ペテロが教皇に就任した日。春の始まりを祝う農業儀礼
	★謝肉祭（ファスナット）…復活祭に伴う断食の習慣と，民間の春の祭りが合体したもの
	マリア受胎告知
3 月 25 日〜	★復活祭（イースター）…キリストの復活を祝う春の行事で 4 月頃行われる。キリスト教年中行事の中心
6 月 24 日	聖ヨハネの日…夏至の日，夏祭りが行われる
7 月 15 日	聖ヤコブの日…ヤコブは巡礼・農業の守護聖人。この日を境に麦の刈入れが行われる
11 月 1 日	万聖節（諸聖人の日）…すべての聖者に祈りをささげる日。前夜のハロウィンはキリスト教の行事ではない
12 月 25 日	降臨祭（クリスマス）…キリストの降臨を記念する祭日。イエスの誕生日と考えられているわけではなく，イエスの誕生日には諸説ある

解説▶元々ヨーロッパにはゲルマンやローマを起源とする，季節や農耕などに関係するさまざまな行事が存在していた。これらの行事はキリスト教の拡大とともにキリスト教行事に組み込まれ，民間信仰とともに定着していった。また，キリスト教では，「殉教した人（または功績のあった人）の命日」を記念することが行われており（聖名祝日），日々が何かしらの聖人の記念日となっている。

プロテスタントでは，ルターが 95 か条の論題を貼り出した 10 月 31 日を「宗教改革記念日」としています。

■バレンタイン・デーの起源

　3 世紀のイタリアで殉教した聖ヴァレンティヌスの記念日。恋人たちが贈り物をする習慣は，この日から鳥がつがいを始めるという民間伝承や，古代ローマの豊饒記念祭が由来とされているが，正確な起源は不明。なお，チョコレートを贈る習慣は日本だけのもの。

■クリスマス，サンタクロースの起源

　Christ（キリスト）の mass（ミサ）に由来し，正確な起源は不明だが，ゲルマンやケルトの古い暦の冬至に当たるという説もある。サンタクロースは幼い子供を守護し，貧者に贈り物を与えるとして崇拝された「聖ニコラウス」という聖人に由来する。

■ハロウィンの起源

　ハロウィンは，11 月 1 日万聖節の前夜のことで，元々はキリスト教の祭りではなく，アイルランドの先住民族ケルト人の祭りであった。ケルトの年の終わりが 10 月 31 日であり，この日は死者の霊が家族を訪れ，精霊や魔女が出ると信じられていた。仮面や魔よけの火は，これらから身を守るためであった。ケルトの民間信仰が，キリスト教文化と融合したのがハロウィンである。

源流思想

Side Story　教会でパンを食べ，葡萄酒を飲むのは，「**最後の晩餐**」においてイエスが，「このパンはあなたがたのために割かれる私の身体，この葡萄酒はあなたがたのために流す私の血である」と言ったことに由来する。

53

第3節 イスラーム

⬇イスラーム信徒の礼拝（メッカ・カーバ神殿）

■ イスラームとは

イスラームは，ユダヤ教・キリスト教と同様にセム族*の一神教であり，**唯一神（アッラー）**を崇拝する。「イスラーム」とは，元々は「帰依する」という意味で，信徒は「**ムスリム**」（信仰する者）と呼ばれる。これは，「まことに神の御許の教えはイスラームである」というクルアーンの言葉に基づくとされる。
*ノア（➡p.44）の息子セムの子孫とされる。

■ イスラーム成立の時代背景

イスラームのはじまりは7世紀のアラビア半島であり，当時は中継貿易による商業が栄えていた。6世紀後半の中東・地中海世界では，ササン朝ペルシャと東ローマ帝国の対立激化によりメソポタミア経由の交易路が遮断されていたため，アラビア半島を経由する交易路が活発化し，メッカは中継都市として繁栄していた。

また，社会的にはアラブ人の諸部族が割拠しており，住民のほとんどが遊牧生活を営んでいた。多神教，偶像崇拝が信奉され，部族制とともに人々の倫理観を形成していた。

神から啓示を受けたムハンマドは，貧富の差の拡大したアラビア半島で神の前の平等を説き，偶像崇拝や多神教を非難し，イスラームを創始した。**クルアーンはムハンマドを通して神が語った言葉が記された聖典**であり，信徒の日常・信仰生活を規定している。

イスラームはムハンマドの死後も，さまざまな宗派に分かれながら広がり，現在は中近東を中心にアフリカ，ロシア南部から東はインドネシアまで及ぶ世界宗教である。

（参考：小杉泰『イスラームとは何か』講談社現代新書）

■ 日本とイスラーム

ムハンマドがイスラームを創始したころ，日本では聖徳太子が活躍していた。平安時代の日本にとって世界第一の都市とされていた長安のはるか西方では，バグダードが栄華を誇っていた。文物や技術としてイスラームの文化は伝えられても，断片的な情報に過ぎず，江戸時代の鎖国も影響し，真の交流が始まるのは明治時代である。

日本人が初めて公式にイスラーム諸国に触れたのは，1873（明治6）年のイスタンブール視察であるとされ，ムハンマドについての伝記が日本で紹介されたのは，1876（明治9）年であった。

● メッカとメディナ

地中海
エルサレム
ムハンマド
メッカ征服
630年
メディナ
紅海
メッカ
ヒジュラ（聖遷）
622年

メッカで布教を始めたが，迫害を受けたムハンマドは，少数の信徒を連れて622年にメディナへ移動する。（聖遷）
8年後，1万人の軍勢でメッカを奪取，無血開城した。

⬆ラマダーン月の日没後に食事をとるムスリム（トルコ）

■ イスラーム特有の考え・戒律

「コーラン（クルアーン）か剣か」 征服した民族に強制的に改宗を迫った言葉とされるが，実際は一定の税金を払うことで，信仰の自由も保障されていた。イスラーム信徒への敵意に基づく，キリスト教徒の発明した言葉である。実体は「改宗か貢納か」だった。

豚肉・飲酒は禁止 食物のタブーとして豚肉は禁止。その他の肉も正しい方法で処理されたものでなければならない。飲酒は原則的に禁止。

30日間の断食 信徒は，イスラーム暦第9月（ラマダーン月）に30日間の断食を行う。日の出から日没までの間は一切の飲食はできないが，日没後は飲食できる。金持ちも貧者も平等に同じ苦しさを分かち合うことで共同体の結束を強めることが目的。

一夫多妻制 イスラーム法に基づき，男性は4人の妻をもつことができる。その場合夫は妻を保護・扶養する義務があり，すべての妻を平等に扱わなければならない。

Side Story 明治時代，遭難したトルコ軍艦を日本が救助し，トルコから感謝の特使が派遣された際，「日本人は生まれながらに，十分にムスリムの資格がある」との言葉に，大隈重信は「それなら今更教えを説くまでもないでしょう」と言ったという。

ムハンマド

イスラームの開祖，最後の預言者　19回

Muhammad
570 ？～ 632　アラビア

> 神はこの上なく偉大なるもの
> アッラーのほかに神はなし

Words 103 イスラーム　104 アッラー　105『クルアーン』（『コーラン』）　106 ヒジュラ（聖遷）　107 ウンマ　108 ムスリム　109 スンナ　110 シャリーア　111 六信　112 五行　113 ジハード

西暦	年齢	生　涯
570?	0	アラビア半島のメッカでクライシュ族のハーシム家に生まれる。幼くして両親を失う
595	25	裕福な未亡人であるハディージャと結婚する
610	40	ヒラー山の洞窟で，天使ジブリール（ガブリエル）を通じてアッラーより最初の啓示をうける
614	44	メッカで布教を始める
622	52	メッカからメディナに移住（聖遷＝ヒジュラ）　イスラーム暦元年となる
630	60	メッカを征服，アラビア半島の統一
632	62	死去→以後，正統カリフ（ムハンマドの後継者）による統治　イスラーム帝国の拡大が進む

足跡　ムハンマドは 570 年，現在のサウジアラビアのメッカに名門の子として生まれた。6 歳にして孤児となり，祖父・伯父に育てられた。商業に従事しながら各地を巡り，25 歳のときに裕福な未亡人ハディージャとの幸福な結婚生活を始める。40 歳のころメッカ郊外のヒラー山の洞窟で神（**アッラー**）の啓示を受け，預言者としての使命に目覚める。

彼は布教を始めるが，多神教が浸透していたために一神教は受け入れられず，迫害を受ける。そのため，わずかな同志と共にメディナに移り，信者による共同体（**ウンマ**）を形成した。そして 8 年後，1 万人の大軍を率いて**メッカ**を征服し，多神教の中心地**カーバ神殿**の偶像を破壊した。こうしたとき，占領された地の住民は，捕虜・奴隷の身におちるが，ムハンマドは全市民を解放し，責を問わなかった。メッカ占領を契機にイスラームは異教徒を改宗させながら急速に広まっていった。当時は，部族間の争いや貧富の差が問題となっていたが，ムハンマドは，唯一神の前では信者は完全に平等であると説き，孤児や貧者，未亡人などを救う社会を実現しようとした。

Approach　「読め」！～ムハンマドへの啓示はどのように下ったのか？

40 歳になった頃，ムハンマドはしばしばマッカ（メッカ）郊外の山にある洞窟へ赴いて，瞑想していたという。彼は当時の多神教を信じず，マッカの倫理的退廃を嫌っていたようであるが，と言って何を信じたらよいのかもわからなかった。郊外の洞窟での瞑想は，その惑いによるものであろうか。……

洞窟には名前がついていた。ヒラーの洞窟，と言う。ある日，ムハンマドがここに籠っていると，不意の訪問者があった。後で大天使ジブリール（ガブリエル）とわかるが，その瞬間のムハンマドには何ものかわからない。瞑想しているといっても，彼には，神と交信したいとか，天使を見たいという望みがあったわけではない。預言者になる気など，全くなかったであろう。

不意の訪問者は，突然，明確なアラビア語で，「読め！」と叫んだ。驚いたムハンマドは，とっさに「私は読む者ではありません」と答えたという。**彼は読み書きできないのである。**

↑瞑想するムハンマドのもとに現れた大天使ジブリール（ガブリエル）

🖉『クルアーン（コーラン）』とは，「読まれる（読誦される）もの」という意味であり，それは「読め（誦め）！」というクルアーンの一節に由来する。預言者であるムハンマドに対する神の啓示を直接記録したものであり，この啓示は約 20 年の年月をかけて少しずつ断片的に下ったものである。

そのことは，当時のアラビア半島では珍しくない。しかし，訪問者はこの問いに満足せず，彼の首を死ぬほど絞め上げた。そして彼を放すと，再び同じ言葉を繰り返した。ムハンマドが再び，「私は読む者ではありません」と答えると，また首が絞められ，同じことが結局，三度繰り返された。とうとう彼が観念すると，相手は読むべき内容を言った。

> 読め！「創造なされた汝の主の御名によってかれは，凝血から人間を創られた」
> 読め！「汝の主はもっとも尊貴なお方，かれは，筆によってお教えになったお方，人間に未知なることをお教えになった。」
>
> （クルアーン「凝血章」第 1 ～ 5 節）

かれが復唱すると，訪問者は立ち去ったが，洞窟を出たムハンマドに「ムハンマドよ，汝はアッラーの使徒なり。われはジブリールなり」と声が落ちてきた。彼が見上げると，巨大な姿の訪問者が天空一杯翼を広げていたともいう。

……事件に仰天したムハンマドは家に飛びかえり，恐怖に震えて，布を頭から被っていた。……ムハンマド自身自分が幻覚を見た，あるいは精神に異常をきたしたと思ったかもしれない。この状態のムハンマドを励ましたのは，妻のハディージャであった。……こうして預言者としての「召命」が行われたのであるが，ハディージャは，その現実を受け入れるようムハンマドを元気づけ，最初の**ムスリム（信徒）**となった。（小杉泰『イスラームとは何か』講談社現代新書）

源流思想

Side Story　ムハンマドは当時の有力者と同じく奴隷を所有したが，奴隷の扱いはかなり寛容なものであったとされる。奴隷に対しても自分が食べるものを食べさせ，自分が着るものを着せ，無理な仕事をさせず大切に扱うべきだと説かれている。

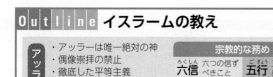 **Outline イスラームの教え**

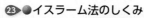 ●イスラーム法のしくみ

アッラーの啓示

・アッラーは唯一絶対の神
・偶像崇拝の禁止
・徹底した平等主義

→ **宗教的な務め**

六信 六つの信ずべきこと
神（アッラー）
天使
聖典
預言者
来世
天命

五行 五つの信徒義務
信仰告白
礼拝
喜捨
断食
巡礼

聖典 **クルアーン**

ムハンマド
＊ムハンマドの肖像さえも伝えられていない。

 ハディース（言行録）

クルアーン …神の言葉　スンナ …ムハンマドの言行

↓

シャリーア イスラーム法（信徒の日常生活も規定）

ムハンマドが「このようなときに、こうした（しなかった）、こう言った（言わなかった）」という言葉や行動が、模範的慣行として継承されてきたもの

イスラーム法学者によって法解釈が行われる（法解釈の権限をもつのは法学者のみ）

Think イスラームの信仰の特徴は？

⑭ 原典A イスラームの教えとは？

View クルアーンの冒頭には何が書かれているか？

1 慈悲ぶかく慈愛あつき神の御名において。
2 神に讃えあれ、万有の主、
3 慈悲ぶかく慈愛あつきお方、
4 審判の日の主宰者に。
5 あなたをこそわれわれは崇めまつる、あなたにこそ助けを求めまつる。
6 われわれを正しい道に導きたまえ、あなたがみ恵みをお下しになった人々の道に、
7 お怒りにふれた者やさまよう者のではなくて。　　（1章　開巻の章）

⑮⑯⑲㉓ 原典B クルアーン（コーラン）

View クルアーンこそが最も正しい教え。

9 まことにこのコーランは、もっとも正しい道に導き、諸善を行なう信者たちには大きな報酬が与えられるという知らせを伝えるもの。
10 また、来世を信じない者どもには痛烈な懲罰を備えておいたという知らせを。
11 人間は幸福を祈ると同じ祈り方で不幸を祈る。ほんとうに人間はあわて者である。　　（17章　夜の旅の章）

原典C 唯一神

View 神は唯一である。

1 言え、「これぞ神にして唯一者、
2 神にして永遠なる者。
3 生まず、生まれず、
4 一人として並ぶ者はない」（112章　真髄の章）

⑮⑲ 原典D 最後の審判

View キリスト教と同様に、最後の審判が下る。

1 大地がはげしく震動し、
2 大地がその荷物をはじきだし、
3 どうしたことか、と人が言うとき、
4 その日、大地はすべての消息を語るであろう、
5 汝の主が啓示したもうたことを。
6 その日、人々は三々五々と現われ、自分の行状を示される。
7 塵一粒ほどでも善を行なった者は、それを見る。
8 塵一粒ほどでも悪を行なった者は、それを見る。　　（99章　地震の章）

（A〜D藤本勝次ほか　訳／「コーラン」『世界の名著 15』中央公論社）

↑岩のドーム近くで礼拝を行うムスリム

解説

A クルアーンの開巻、第1ページ目には、イスラームの基本的立場を明らかにした開巻の章がおかれている。

↑クルアーン

B クルアーンは、預言者ムハンマドに啓示された神の言葉を正確に採録したもので、114章からなる。ムハンマドに伝えるためにアラビア語を使用したとされ、**他の言語に訳したものはクルアーンとは見なされない。**

C イスラームとは「神への絶対的服従・帰依」を意味する言葉であり、「帰依する者」をムスリムと呼ぶ。アッラーは「Al ilah（アル イラーフ）」が変化したもので、英語では「the God」の意である。ムスリムにとって唯一絶対の神である。

D キリスト教と同様、イスラームにも「この世の終わり」がある（終末思想）。ある日突然天変地異が起こり、人間は墓からあばき出され、死の前と同じ姿で復活して神の審判を受ける。

信仰厚かった者は天国へ、無信仰者は地獄へと送られる。最後の審判はいつやってくるかわからないが、必ず来る。そのとき地獄に落ちないよう、アッラーへの絶対的な服従と、信仰に基づく正しい行いが説かれるのである。

啓典の民 イスラームは、先立つ宗教であるユダヤ教（→p.43）とキリスト教（→p.45）と同根の宗教であり、それらの宗教の信者は「啓典の民」と考えられている。そのため、イスラームの支配領域においても、ユダヤ教・キリスト教徒は、税を払えばその信仰を守ることを許された。天地創造・預言者・天使・終末・審判などの思想の面で共通するところも多いが、イエスの本質（神の子であり、三位一体の一位格を持つ）など、教義として相容れない面がある。したがってイスラームでは、クルアーン以外の啓典は歪曲された、不完全なものとみなされている。

 Side Story ムハンマドは猫好きであった。ある日外出しようとすると、着ようと思っていた服の袖の上で猫が眠っていた。彼は猫を起こすことを忍びなく思い、服の袖を切り落とし片袖のない服で外出したという。

11 19 原典 E 信徒の行うべきこと

View クルアーンは信者の日常生活を規定する。

22　神とともに他の神を設けてはならない。さもないと，責められ見捨てられて住まなければならない。

23　主は，おまえたちが神以外の者を崇めてはならない，と命じたもうた。もし両親の片方，または両方とも，おまえのもとで老齢に達したならば，やさしくしてやれ。……

26　近親者に当然与えるべきものは与えよ。貧者と旅人にも。しかし，濫費（らんぴ）してはならない。

27　濫費する者はサタンの同胞（どうほう）である。……

31　貧困を恐れておまえたちの子どもを殺してはならない。われらが，彼らも，おまえたちも，養ってやる。……

32　姦淫（かんいん）に近づいてはならない。それは恥ずべきことである。……

33　正当な理由がないかぎり，人を殺してはならない。それは神が禁じたもうたこと。不当に殺された者は，その相続人に，われらは権利＊を認めておいた。しかし，殺害を濫用してはならない。……　　＊報復の権利

34　孤児（こじ）が成年に達するまでは，いっそうよいことのためでないかぎり，その子の財産にふれてはならない。契約を果たせ。契約はかならず問いただされる。

35　おまえたちが量（はか）るときは枡目（ますめ）を十分に量れ。また，正しい秤（はかり）で計れ。……
（17章　夜の旅の章）　　　　　　　　　　　（「コーラン」同前）

E イスラームの特徴として，信仰と日常生活が強く結びついているということが挙げられる。クルアーンには日常生活に関する実践原理が記されており，信者はそれを守ることで，アッラーへの絶対帰依を示すのである。

またイスラームでは，クルアーンとムハンマドの言行である**スンナ**をまとめた**ハディース**からなる**シャリーア**（イスラーム法）によって，宗教的規範のほか，婚姻や離婚，親子，財産相続，奴隷，契約など法的規範が示されている。社会生活上の他人との結びつきなどの個人的なものから，国家間の関係にまで及ぶものである。

そして，イスラームの拡大・**ウンマ**（共同体）防衛のため，ムスリムには**ジハード**が義務だとされる。「聖戦」と訳され，対外的な側面でとらえられることが多いが，本来は「**神の道のために，財産と生命とを捧げて奮闘努力する**」ことであり，個人の心の内における諸悪との闘いが重視されている。

15 16 20 1 六信（六つの信仰箇条）

神	唯一絶対の神アッラーを信じること。偶像の崇拝は禁止（像，絵画などすべて）。
天使	神と人間の中間的存在。ムハンマドに神の啓示を与えたのは，最高の天使ジブリール（ガブリエル）。
聖典	クルアーンが並ぶものなき聖典。そのほかに「モーセ五書」，ダビデの「詩篇（しへん）」，イエスの「福音書（ふくいんしょ）」。
預言者＊	神の啓示を伝える者。アダム（アーダム），ノア（ヌーフ），アブラハム（イブラーヒーム），モーセ（ムーサー），イエス（イーサー），ムハンマドが六大預言者。ムハンマドは**最後の預言者**とされる。
来世	神の審判により，信仰をもち正しい行いをした者は天国へ，不義をなした者は地獄へ送られる。
予定（天命）	世界のできごとは，すべて神の支配を受けるよう運命づけられている。

＊預言者の名前の（　）はイスラームでの呼び方

18 20 23 2 五行（五つの信徒義務）

信仰告白（シャハーダ）	「アッラーのほかに神なし，ムハンマドはその使徒なり」と唱えること。
礼拝（サラート）	人間が神の前に己を低くし，神の偉大（いだい）さと，栄光をたたえる宗教実践。1日5回メッカのカーバ神殿の方角に向かって行う。
喜捨（ザカート）	宗教税・救貧税，所有する財産に応じて課税率が定められている。集められた喜捨は貧者・孤児・旅人に与えられる。
断食（サウム）	イスラーム暦第9月（ラマダーン月）に，日の出から日没までの間，飲食を断つ。病人や旅人などは，延期が許される。
巡礼（ハッジ）	一生に一度のメッカへの大巡礼。イスラーム暦第12月（ズール・ヒッジャ月）に行う。クルアーンに「この神殿（メッカのカーバ神殿）への巡礼は，そこに旅する余裕のある限り，人々にとって神への義務である」とある。

3 イスラームの礼拝のしかた

「神は偉大なり（アッラーフ・アクバル）」と唱えながら行う

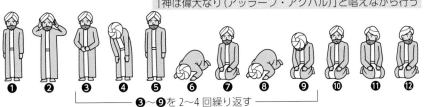

❶　❷　❸　❹　❺　❻　❼　❽　❾　❿　⓫　⓬

├─ ❸〜❾を2〜4回繰り返す ─┤

解説▶ 信徒は1日5回（夜明け，正午過ぎ，午後，日没，夜）の礼拝を行う。礼拝の前には水（水がないときは砂や土）で手・顔を洗い，濡れた手で頭をこすり，足を洗う。家庭や職場など生活の場でも行うが，休息日である金曜日には，少なくとも1回のモスクでの礼拝が奨励される。

Focus　美しい，アラベスク模様

イスラーム教では「偶像崇拝」を厳格に禁止したため，植物やアラビア文字などをモチーフにした幾何学的（きかがく）模様である，アラベスク模様が発達した。「アラベスク」とは「アラビア風の」という意味。宗教建築などで用いられる。文字の装飾としては，『クルアーン』の内容が引用されることが多い。

➡グラナダにあるアルハンブラ宮殿のアラベスク模様（アラビア文字とモザイクタイル）。文字の意味は「アッラーのみが勝利者」。（スペイン）

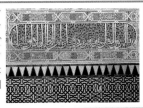

 Side Story いつ何時ムハンマドの口から神の言葉が語られるかわからなかったので，彼の周りにいる人々は常に，木の葉などを持ち，それに神の言葉を書き記したという。

源流思想

FEATURE ⑥
現代のイスラーム社会

世界に広がるイスラーム人口

　世界のイスラーム人口は，今や約 19.3 億人にも及び，世界人口（約 78.6 億人）の 24.5% は**ムスリム**（イスラーム教徒）である。ここで知っておかなければならないのは，ムスリムはいわゆる「砂漠の民」ではなく，中東に住んでいるのは約 25% で，約 55% はアジアの人口だということである。現代においては，イスラームはコーランを中心とした，多様な民族と多様な文化が織りなすグローバルな宗教世界なのである。

●世界のイスラーム人口比率（2013）

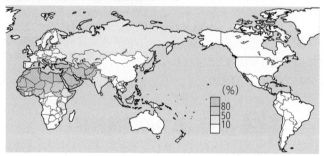

(%)
80
50
10

（店田廣文『イスラーム教徒人口の推計 2013 年』早稲田大学多民族・多世代社会研究所などによる）

■地域別イスラーム人口の割合（2021 年）

ヨーロッパ 0.55(2.8)
南北アメリカ・オセアニア 0.09(0.5)
5.8 (29.9)
世界のイスラーム人口 19.3 億人
アフリカ
12.9 億人 (66.8%)
アジア

■イスラーム人口上位国（2021 年）

順位	国	人口（万人）
1	インドネシア	21,875
2	パキスタン	20,455
3	インド	20,227
4	バングラデシュ	15,284
5	ナイジェリア	9,795

世界最大のイスラーム人口を誇る

　日本のイスラーム人口についての正確な統計はないが，推定約 13 万人。EU 諸国にも約 2,000 万人のムスリムが暮らしており，東欧・ロシアを加えると 5,000 万人を超える。

（『THE WORLD ALMANAC2021』などによる）

EU諸国で増え続けるイスラーム

　現在，EU 諸国ではイスラーム系の移民が増加しており，その数は 2,000 万人といわれる。フランスでは 613 万人，ドイツでは 403 万人，イギリスでは 295 万人，スウェーデンでは 46 万人の移民が定住する。1960 年代頃から不足した労働力としてイスラーム系移民を受け入れ，その人々が定住し若い世代が生まれたことで，文化の違いなど多くの問題に直面している。「The future of the global muslim population.2011」の推定では，フランス人の出生率 1.8% に対し，イスラーム移民の出生率は 3.1% であり，フランスでは 2030 年には人口の 10.3% が，2048 年にはフランス人口の約半数がムスリムになると試算されている。

◀モスクが足りず路上で礼拝するパリのムスリム。

▶多くの難民を受け入れるドイツ。ケルンでは，巨大モスクの建設反対の運動がある。右の写真はそのシンボルマーク。

ムスリム女性の服装

●ヴェールは何のために？

　ムスリムの女性といえば，全身を布で覆いヴェールをかぶった姿を思い浮かべるだろう。頭髪を覆うヴェールにもいくつか種類があり，色・巻き方なども国や民族によってさまざまだ。そもそも女性がヴェールをかぶるのは，厳しい気候から身を守る以外にも，クルアーンによって夫や親族，身内以外の者には肌をあらわにしてはいけないと定められているからである。これは女性がその魅力によってむやみに男性の気を引かないよう戒めたものである。イスラームは，人間は欲望を抱きやすく，弱い存在であると考えるため，ヴェールで覆うことによって女性の尊厳を守ろうと考えるのだ。

■進化するイスラーム女性のファッション

　戒律の厳しさやその国での女性の社会進出度によって，肌の露出の程度はさまざまだが，近年では進んでヒジャーブを纏い，ムスリムの服装をファッションとして楽しむ若いムスリム女性も増加している。ムスリム女性のヴェールは，非イスラーム圏では「抑圧された女性」の象徴のようにも思われがちだが，**ヒジャーブを纏うことで自らのアイデンティティを示し，抑圧どころか自由や自己主張の手段としても用いられるようになってきている**のだ。

　現代のムスリム女性のなかにはファッション雑誌やファッションショーなどで，おしゃれを楽しむ人も増えている。

▶日本の「カワイイ文化」や，ロリータファッションとイスラームが融合した「ムスリムロリータ」も話題になっている。

写真：The Hijabi Lolita

Side Story　イスラームでは，数字はすべて神がつくったため，よい数字・悪い数字という優劣はない。しかし，「1」は唯一神とつながるため価値があるとされる。また，アッラーは 99 の属性を持つことから，「99」もよい数字とされる。

●ムスリムの女性の衣装

ブルカ	ニカブ	ヒジャーブ（ヘジャブ）	チャドル
・全身を覆うヴェール。頭と体を覆い，目元は網状になっている。 ・伝統的にアフガニスタンのパシュトゥン人が着用。旧支配勢力タリバンが着用を強制。	・口や鼻を含めて全身を覆うヴェール。目の部分がわずかに開いている。 ・ワッハーブ派の影響で都市部を中心に普及。	・ヘッドスカーフ。髪・耳・首を覆うが，顔は見える。 ・エジプトのムスリム同胞団を筆頭にイスラーム世界で広く使用。	・髪と全身を覆うマント，前が開いている。 ・イランやアフガニスタンで着用される伝統衣装。着用は強制されていない。

イスラームと芸術

　イスラームでは偶像崇拝を禁じているが，一方で，神の言葉そのものであるクルアーンの文字を美しくデザインしたアラビア文字の「**カリグラフィー**」や，植物や幾何学模様がデザインされた「**アラベスク模様**」が発達した。これらは，写本やモスクなどの装飾はもちろん，美術作品や書道作品などにも発展した。

↑アラビア書道の作品
➡イランのマスジェデ・
ナスィーロル・モスク

ムスリムの食事と戒律

●イスラーム教徒の食事

・左手は不浄とされるため，食べ物や食器は必ず右手で持つ。
・クルアーンで禁じられているものは食べてはいけない。豚を食べること，飲酒は禁じられている。
・ラマダーン月には断食（サウム）を行う。苦しい月ではあるが，日没後には食事が許されるため，お祭り的な雰囲気となる。金持ちも貧者も日中には断食しなくてはいけないため，ムスリムであれば平等に同じ苦しさのなかにいることになる。これが共同体の結束につながっているとの指摘もある。

イスラーム金融では，クルアーンに従い，利子を取ることが禁止されています（「神は商売を許し，利子を取るのを禁じたもうた」2章275節）。㉑

イスラームの世界展開と学者たち

　いまや，イスラームとその文化は，われわれのすぐ身近にあるものとなった。では，文化の発展はどのような経緯で進み，その担い手にはどのような人物がいたのだろうか。
　632年のムハンマドの死後，イスラーム世界はいくつもの王朝に分裂しながら，拡大・発展を続けていった。この過程を通し，**イスラーム文化は，ギリシャ・ローマ文化やオリエント文明・インド文明などを継承・発展・融合しながら発展を遂げていった**。法学や神学，歴史学などは，クルアーンや伝承（ハディース）に基づくイスラーム固有の学問として発展した一方，哲学や医学，地理学，数学，幾何学，天文学などは，ギリシャやインドの学問を取り入れながら，外来の学問として研究が進められた。

イブン＝シーナー（980～1037）　アリストテレス哲学の体系を完成させたイスラーム哲学者，医学者。著作の多くはラテン語訳され，トマス・アクィナスをはじめ中世ヨーロッパの哲学・医学に大きな影響を与えた。存在は定義できないが，自我はア・プリオリ（➡p.128）に把握され，他方で事物の本質との関係において，存在は本質そのものの中から生起したものではない（本質にとって偶成的）と分析し，必然的存在（第一原因）である神を頂点とした流出論的な世界観を構築する。晩年に彼が展開しようとした神秘主義哲学に関する著作は，散逸してしまい断片的にしか確認できない。

イブン＝ルシュド（1126～1198）　アリストテレス注釈者，イスラーム哲学者，法学者，医学者。イスラーム世界に伝わるアリストテレス思想は新プラトン主義の影響を受けていると指摘し，イブン・シーナーの解釈は歪曲だとして批判した。アリストテレスに準じて，質料，形相論を基に哲学を築いた。人間の完成の模範はアリストテレスであると考え，徹底したアリストテレス主義者であろうと努めたが，彼自身も新プラトン主義の影響を受けていた。人間の知的活動の価値を肯定しようとし，イスラームの信仰とギリシャ哲学との調和をめざした。

Side Story　飲酒が禁止されているイスラーム圏でも，国によってはワインやビールなどが製造されている。これは，ムスリムではなく外国人向けに提供されるもので，外国人の多いイスラームの国では酒を提供するホテル・バーもある。

第4節 仏教

写真提供：坂東遼太郎氏

➡聖地ブッダガヤで修行をする少年僧
上座部仏教（➡p.67）の国の中には，子どものうちに出家することを奨励する国もある。一言で「仏教」と言っても，世界には様々な形態の仏教が存在している。

●仏教が生まれた背景とその展開

西暦	できごと（色文字は主要なもの）
前 2300	インダス文明が栄える
1500?	アーリア人がインダス川流域に侵入
1000?	アーリア人がガンジス川流域に移住
	…このころ『ヴェーダ』が作られはじめる
800	**バラモン教が成立**
	…**ヴァルナ制**（のちのカースト制）の形成
600	バラモン教に**ウパニシャッド哲学**がおこる
	…このころ商工業者が力を持つ。また，王権も伸長
	→バラモンの権威失墜
500?	自由思想家（沙門）たちの登場
	┌ ・**ゴータマ＝シッダッタが仏教をおこす**
	│ ・ヴァルダマーナ（マハーヴィーラ）がジャイナ教をおこすなど「六師外道」の活躍
400	パーリ（聖典＝仏陀のことば）の編纂が進む
	…仏陀の教えを研究・整理
300	
	マウリア王朝のアショーカ王が仏教を保護
200	仏教教団の根本分裂（**部派仏教へ**）
	…大きくは上座部と大衆部に収れん
100	
	このころバラモン教に土着信仰が融合し，**ヒンドゥー教**に変化
後 1	**上座部仏教**（南伝仏教）と**大乗仏教**（北伝仏教）が広がる
	このころ，大量の大乗仏典が創作される
200	大乗仏教の竜樹が「空」の思想を確立
300	無着（無著）・世親が唯識の思想を確立
400	インドにグプタ朝が成立→ヒンドゥー教が隆盛し，仏教は衰退
500	
	日本へ仏教が伝わる
600	大乗仏教から**チベット仏教（ラマ派）**が派生

注：西暦はおよその年代

●仏教の伝播

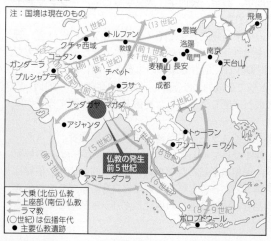

注：国境は現在のもの

飛鳥
トルファン（13世紀）
クチャ西域（1世紀）
コータン
ガンダーラ
プルシャプラ
敦煌
チベット
ラサ
雲崗
洛陽
竜門
麦積山 長安
成都
南京
天台山
ブッダガヤ マガダ
アジャンタ
トゥーラン
アンコール＝ワット
アヌラーダプラ

仏教の発生 前5世紀

ボロブドゥール（8～9世紀）

← 大乗（北伝）仏教
← 上座部（南伝）仏教
← ラマ教
（○世紀）は伝播年代
● 主要仏教遺跡

バラモン教

　バラモン教とは，『ヴェーダ』（＝知識の意）を聖典とし，祭式儀礼を通じて自然神を崇拝する古代インドの多神教である。紀元前1500年ごろ，インドに侵入したアーリア人は，先住民族を征服して定住し，農耕社会を形成していく過程で，先住民族の死生観の影響も受けながら独自の民族宗教を作り上げていった。この祭りごとを司ったのが，**バラモン**（祭司）と呼ばれる人々である。彼らは紀元前800年ごろに，自分たちを頂点とし，被征服先住民を**シュードラ**（隷属民）とし，その間に**クシャトリア**（王侯・武人）と**ヴァイシャ**（庶民）をおく階級制度**ヴァルナ制**（後に**カースト制**と呼ばれる）を確立した。

ヴァルナ制
アーリア人
バラモン（祭司）
クシャトリア（王侯・武人）
ヴァイシャ（庶民）
シュードラ（隷属民）
先住民

> インドにはヴァルナ以外に**ジャーティ**という共通の職業を単位とする世襲の集団があり，この二つが組み合わさってカースト制度ができあがった。

自由思想家の登場

　ガンジス川中流域では，豊かな米の生産に支えられて商工業が盛んになり，巨大な都市が次々と出現した。こうした強大な地域では，価値をもつのは富と権力，個人の才覚であり，規制だらけのヴェーダの宗教は社会の発展を妨げる不自由な規制となった。このような風潮の中，自由と自律を重んじる都市型の新しい宗教がつぎつぎと登場する。そうした新しい宗教を担う者たちは**沙門**（サマナ＝務め励む人の意）と呼ばれた。沙門たちは，**自由思想家**などとも呼ばれ，非・反バラモン主義の立場に立って，商工業者や新興国家の権力者たちの支持を得た。仏教をおこした**ゴータマ＝シッダッタ**（➡p.63）やジャイナ教をおこしたヴァルダマーナ（マハーヴィーラ）も，こうした沙門の一人だった。仏教が誕生したころ，ヴァルダマーナを筆頭に6人の沙門が大きな教団を指導していたが，彼らを特に「**六師外道**」と呼ぶことがある。

ヒンドゥー教

　バラモン教を母体として，さまざまな民間信仰が混合して発展した自然宗教である。**ブラフマン，ヴィシュヌ，シヴァ**の神々を「**三神一体**」として崇拝し，人間の魂の輪廻とそこからの解脱を説く。今日でもインド社会に大きな位置を占めており，現在，**インドの人口の約80％**がヒンドゥー教徒である。

Side Story ヒンドゥー教が起源の神々が，日本に伝わった例もある。帝釈天や七福神の大黒天，弁財天，毘沙門天など「天」が名前に付く仏教の守護神，また聞きなじみのある閻魔なども，もともとはヒンドゥー教の神である。

聖典『ヴェーダ』で輪廻を説くバラモン教とその奥義ウパニシャッド哲学

仏教以前のインド思想

●古代インドの動き

西暦	できごと
紀元前2300?	インダス川流域にインダス文明が栄える
1500?	アーリア人，パンジャーブ地方に進入
1000?	アーリア人，インダス川流域に進入。**ヴァルナ制**，**ヴェーダ文献**，**バラモン教**の形成
500?	**仏教・ジャイナ教**の形成
327	アレクサンドロス大王，インダス川流域に侵攻
317?	マウリア朝成立
268?	アショーカ王即位。第3回仏典結集
180?	マウリア朝滅亡

●ヴェーダの種類

ヴェーダ	サンヒター（本集）	リグ＝ヴェーダ（神々の賛歌，最古の歌集）
		サーマ＝ヴェーダ（古典音楽の基本，詠歌集）
		ヤジュル＝ヴェーダ（祭式で唱えられる祭詞）
		アタルヴァ＝ヴェーダ（儀式での呪術，最古の医学書）
	ブラーフマナ（祭儀書），ウパニシャッド（奥義書）など	
	副本	アーユル＝ヴェーダ（医学・生命）
		ガンダルヴァ＝ヴェーダ（音楽・音階）など

概説 古代のインドでは，聖典『**ヴェーダ**』を中心とした**バラモン教**が信仰され，**輪廻**や現在のカースト制のもととなった階層制度「**ヴァルナ制**」などを特徴とした。一方，権勢を誇るバラモン教への批判から，紀元前500年ころに仏教やジャイナ教が生まれる。仏教はのちにアショーカ王の庇護を受け，アジアを中心に広まることとなる。

Approach また生まれ変われるって，素敵なこと？

「今度生まれ変わったら○○したい」なんていうフレーズ，良く聞きますね。皆さんは生まれ変わり（輪廻）があったとしたら，それを「救い」としてとらえますか？

死んでも，また生まれ変われるならありがたいと考える人も多いと思います。しかし，古代インドの人たちはそのようには考えませんでした。輪廻を救いのように考える人びとは，「再生」ということに主に目を向けています。ところが，古代インドの人は，「再死」に注目したのです。人生は苦しいことばかり，そしてその苦しみのはてに死が待っている。死ぬのなんてたった一度だってまっぴらごめん。それなのに輪廻するとなれば，無数回，死の苦しみを味わわなければならない。そんなの堪えられない，何とかして輪廻と永遠におさらばしたい，つまり，解脱したいという気持ちになるわけです。

古代インドの人たちはどうやってこの輪廻思想を生み出したのか？ また，古代ギリシャにも輪廻思想がありましたが，それとどう異なっていたのか？そのあたりを探ってみましょう。

紀元前十数世紀からインドを支配してきたアーリア人たちは，はじめのうちは，死ねばみなそろってヤマ（閻魔）が統治する楽園におもむくと考えていました。しかし，そのうち，生前，ちゃんとした行いをしなかった人までもが死ねば楽園などと，そんな虫のよい話はないだろうと考えるようになりました。そこで，生前の行いのよかった人は楽園へ，よくなかった人は地下深くの地獄へおもむくとされるようになりました。……この考えを，「**因果応報**」思想といいます。「**自業自得**」の思想，といってもよいでしょう。これは，**人類史上まれにみる，まことに純粋な自己責任倫理思**

想です。……

さて，アーリア人が侵入する以前からインドにいたいくつもの先住農耕民族は，死んだらなにかに生まれ変わり，また死んではなにかに生まれ変わる，つまり，生き物は，再生と再死をえんえんと繰り返すのだという死生観をもっていました。これを**輪廻思想**といいます。紀元前八世紀ごろというのは，なにかと新思想が登場する画期的な時代なのですが，この時代に，**アーリア人は，（先住民族の）輪廻思想をみずからのものとし，その論理的骨組みに，因果応報思想をすえました**。以来，輪廻思想は，哲学的な考察にもたえられる高度な思想として，インド全土で大流行するようになったのです。これは，**古代ギリシャの輪廻思想が，論理性を与えられることなく，いつのまにか消えてなくなったのとは対照的です**。

（宮元啓一『わかる仏教史』春秋社による）

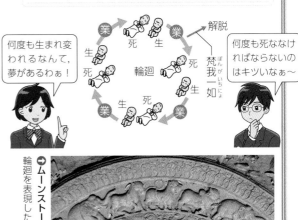

何度も生まれ変われるなんて，夢があるわぁ！

何度も死ななければならないのはキツいなぁ～

業 死 生 解脱 生 死 業 梵我一如 死 輪廻 生 生 死 死 生 業 業

➡ムーンストーン（スリランカ）
輪廻を表現した彫刻

源流思想

Side Story バラモン教の聖典としてのヴェーダとは別に，『アーユル＝ヴェーダ』という医学書も編纂されている。心身と行動・環境のバランスを重視する内容で近年再評価されており，西洋医学・漢方医学とならび，三大医学に数えられる。

61

原典A 輪廻（りんね）

View 生まれては死に，死んでは生まれることの繰り返し。

……村落において，祭祀・徳行とは布施であるとみなす人々は，（火葬に付せられると）煙におもむき，煙から夜に，夜から……祖霊の世界に，祖霊の世界から虚空に，虚空から月におもむく。……そこ（月）に（祭祀・徳行の）果報があるあいだとどまったのち，彼らは来たときと同じ道を再び虚空へともどり，虚空から風におもむく。彼らは風となり，そして煙となる。煙となったのち霧となる。霧となったのち雲となり，雲となったのち雨となって降る。彼らは米，麦，草，木，胡麻，豆としてこの世に生まれる。ここからは，まことに，脱却するのがむずかしい。なぜならば，だれかが食物（として彼ら）を食べ，精子を射出するときに，それ（精子）となることがようやくにしてあるからである。

さて，この世においてその素行の好ましい人々は，好ましい母胎に，すなわち，婆羅門の母胎か，王族の母胎か，庶民の母胎にはいると期待される。しかし，この世においてその素行の汚らわしい人々は，汚らわしい母胎に，すなわち，犬の母胎か，豚の母胎か，賤民（せんみん）の母胎に入ると予測されるのである。

（服部正明 訳「ウパニシャッド」『世界の名著 1』中央公論社）

23 原典B 梵我一如（ぼんがいちにょ）

View 自己自身と根本真理が一体となった境地。

このアートマンは，まさに，ブラフマンであります。それは認識から成り，思考力から成り，気息から成り，目から成り，耳から成り，……それは人の行為に従い，行動に従って，それに応じたものとなります。**善行をなせば善くなり，悪行をなせば悪くなります。**……しかし，欲望をもたない人は（どうなるかといえば），－欲望のない，欲望を離れた，欲望がすでに満たされた，アートマン（だけ）を希求する人の諸機能は，（彼の死に際して）上方へ出て行きません。彼はブラフマンそのものであり，ブラフマンに帰入するのです。　（同前）

A この世においてとめどなく生死を繰り返す「輪廻」は，古代インドの人々にとって忌むべきものであったが，そこから解脱するのは容易でない。そこで人々は，次は少しでもよいものに生まれ変わり，解脱に近づきたいと考えるようになる。ウパニシャッドは，この世での行いによって生まれ変わる先が決まるという，**因果応報**の教えを説いている。この教えはこの世での善行をすすめる面もあるが，下層民の差別を助長する面も無視できない。

B ウパニシャッドの思想では，宇宙とは私たちのまわりに広がる世界の万物すべてであり，そこには根本原理・根本真理である**ブラフマン（梵）**が存在する。また，個である私も宇宙を構成する一部であるため，私の中にも根本原理・根本真理は存在しており，それが個の本質であるところの**アートマン（我）**である。厳しい修行によって自己のアートマンを自覚し見出すことができれば，ブラフマンとアートマンは一体化する（**梵我一如**）のである。

❶リグ＝ヴェーダ

17 23 1 バラモン教

多神教のアーリア人社会で神々の祭りを司ったのが，バラモン階級（祭司階級）である。彼らは，祭式を次第に複雑高度なものにし，バラモンを頂点とする階級制度は確立した。これは職業世襲を軸とする階級制度で，ヴァルナ制（のちのカースト制）という。また，複雑高度となった神々に対する祭式や神々への賛歌は，『ヴェーダ』として集大成された。『ヴェーダ』とは「知識」の意味で，宗教的知識をまとめた教典である。この聖典『ヴェーダ』を護持し，バラモンによって祭式が司られる宗教をバラモン教という。なお，ヒンドゥー教は，このバラモン教にさまざまな民間信仰が取り入れられて，9世紀初めに現在の形に成立した。**階級制度もバラモン教から引き継いでいる。**

17 22 2 ウパニシャッド

『ウパニシャッド』は，バラモン教の聖典『ヴェーダ』を解説し，その思想を体系化した文献群のこと。その思想の特色は輪廻と梵我一如にある。人の魂は死後も，また生まれ変わって限りなく持続する（輪廻）。現世（げんせ）での幸不幸は前世（ぜんせ）での行い**業（カルマ）**が反映されたもので，現世での行いは来世（らいせ）へと反映されていくとする（因果応報）。こうした永続的な輪廻は苦しく虚しいものと考えられた。輪廻の苦から逃れ永遠の安らぎを得る（解脱）ためには，宇宙の根源の原理であるブラフマン（梵）と，自己の本質である**アートマン（我）**とが一体となった梵我一如の境地に達しなければならないとした。この真理体得には，厳しい修行や禁欲の生活を必要とした。

◉ **Focus** バラモン教の系譜をもつ，現代インドの宗教

ヒンドゥー教 バラモン教がインド各地の土着信仰を吸収して形成された宗教。信徒数は約9億人で，キリスト教・イスラームに次いで多い。多神教だが，ブラフマン・ヴィシュヌ・シヴァ3大神として特に重要視する。シヴァの乗り物とされる牛が神聖視され，牛肉食はタブー。

21 23 ジャイナ教 紀元前5世紀にヴァルダマーナが開いた。**不殺生（アヒンサー）**など厳しい戒律があり，徹底した苦行を求められる。現在の信徒数は450万人ほど。

シク教 16世紀にグル・ナーナクが開いた。ヒンドゥー教と同じく輪廻の教えをもつが，唯一神を信仰し，カーストを否定するなど，イスラームの影響も強く受けている。現在の信徒数は約3,000万人。

➊ジャイナ教の尼僧（そう） ジャイナ教徒はつねにほうきを持ち歩いている。不殺生の教えを守るため，自分が腰を下ろすところをほうきで掃い，小さい虫をおしつぶすことを避けるためである。

Side Story 祭司階級であるバラモンの名は，根本原理を示すブラフマンが転訛（てんか）してできた言葉と考えられている。現代のインドでは，人口の半数以上がバラモン出身を自称している。

BC　　　　　　　　　　　　　　　　　　　　　　　　　　AD

快楽も苦行も退け，ただ独り「悟り」への道を示した，仏教の開祖　20回
ゴータマ＝シッダッタ（仏陀）*1
Gotama Siddhattha (Buddha)　前463 ？～前383 ？　インド

Words	124ダルマ	125仏陀	126四
苦八苦	127四法印	128縁起	129無
明	130初転法輪	131四諦	132中道
133三毒	134八正道	135慈悲	

> すべてのものは移ろいゆく。
> 怠ることなく精進しなさい。

＊1 最古の経典の言語であるパーリ語読みの表記。サンスクリット語では「ガウタマ＝シッダールタ」となる。

経典　仏陀や弟子たちの言行の伝承は，紀元前2～1世紀頃にパーリ語経典（原始仏典）に収録されたと考えられている。

足跡　人は，生苦，老苦，病苦，死苦（四苦）から逃れることはできないのだろうか。深く人生の無常を感じた釈迦は，29歳のとき，妻子や地位などすべてを捨て，解脱（欲望によっておこる苦悩を脱して永遠の安らぎ（涅槃）を得ること）を求めて出家した。バラモン修行者に教えを請い，また，断食など厳しい修行にひたすら励んで，6年が過ぎた。釈迦は，苦行は悟りに至る道ではないことを痛感した。そこで，苦行をやめ，ある村（後のブッダガヤ）の菩提樹の下で坐禅瞑想に入った。そして，7日目の朝，静かな心に満たされ，真理（ダルマ，法）を悟って仏陀（覚者）となった（成道）。その後，仏陀は鹿野苑（サールナート）で5人の修行者を前に，初めて中道と四諦について説いた（初転法輪）。以後，仏陀は弟子とともに北インド各地を，教えを説いて歩いた。そしてついに80歳のとき，クシナガラで病に倒れ，多くの弟子や信者に囲まれて入滅した。

西暦	年齢	生涯
紀元前463？*2	0	インド北部のルンビニーで，シャカ族の王子として誕生。本名はゴータマ＝シッダッタ。シャカ族出身のため釈尊または釈迦牟尼とも呼ばれる
	16	ヤショーダラ姫と結婚
	29	一子ラーフラをもうけていたが，人生の無常を感じること止みがたく，解脱の道を求めて出家する
	35	苦行をやめ，ブッダガヤの菩提樹の下で坐禅瞑想して仏陀（悟りを開いた覚者）となる
		サールナートの鹿野苑で説法を始める（初転法輪）
	36	スダッタ長者が，修行場として祇園精舎を寄進
	40	シャカ族がコーサラ国に滅ぼされる
383？	80	クシナガラの沙羅双樹の下で入滅（死去）

＊2 生没年には前624～前544，前566～前486など諸説がある。

Approach　仏陀はどのような生涯を送ったのだろう？

🔼〈誕生〉ルンビニー園　現ネパール領のルンビニー園で誕生。5月の満月の日だったとされるが，日本では4月8日に灌仏会（花祭り）という仏陀の生誕を祝う祭りを行う。

➡〈出家〉釈迦苦行像　シャカ族の王子として何不自由ない生活をしていたが，生老病死という，人が避けることのできない苦しみに向き合い，それを解決するために29歳の時に妻子や地位を捨てて出家した。出家後，無を追求する瞑想法を学び，また6年もの間苦行を続けたが，悟りを開くことはできなかった。

写真提供：坂東僚太郎氏

🔽〈成道〉ブッダガヤの聖菩提樹　苦行を止め，瞑想により「正念」を実践することでついに悟りを開き，仏陀（＝阿羅漢）となった。悟りを開いたのは，ブッダガヤの菩提樹の下であった。日本では12月8日に成道会という祭りを行って仏陀の成道を祝っている。

王子シッダッタが外出のため王門を出るとき，東西南北にある門に老人・病人・死人，そして修行者がいた。これらを見て，シッダッタは出家を決意したんだって（四門出遊）。

カピラ城（青年時代を過ごす）　中国　インド　ネパール　ガンジス川　祇園精舎（布教の拠点）　ルンビニー（生誕の地）　サールナート（初転法輪の地）　ブッダガヤ（悟りに達する）　クシナガラ（入滅）

🔼〈初転法輪〉初転法輪の地・鹿野苑　サールナートの鹿野苑で，5人のかつての修行仲間を相手に初めての説法を行う。この5人も悟りを開いて阿羅漢になり，ここに仏教教団（サンガ）が生まれる。

🔼〈入滅〉大足石刻涅槃仏（中国）　45年間の説法の後，クシナガラの沙羅双樹の下で入滅した。80歳であった。

平家物語に「沙羅双樹の花の色，盛者必衰の理をあらはす」とあるように，沙羅は仏陀の教えを象徴する仏花なんだよ。

源流思想

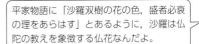
Side Story　仏陀は自分の入滅に際し，出家した弟子たちに対して，自分の葬儀に関わるな，そのような暇があったら修行せよ，という言葉を残している。原始仏教では，本来僧は葬儀に関わることはなかったのである。

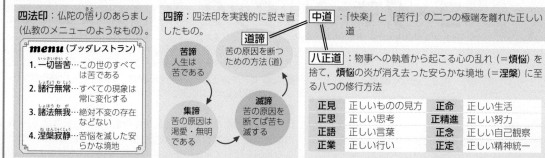

四法印：仏陀の悟りのあらまし（仏教のメニューのようなもの）。

menu（ブッダレストラン）
1. **一切皆苦**…この世のすべては苦である
2. **諸行無常**…すべての現象は常に変化する
3. **諸法無我**…絶対不変の存在などない
4. **涅槃寂静**…苦悩を滅した安らかな境地

四諦：四法印を実践的に説き直したものである。

道諦

苦諦　人生は苦である

道諦　苦の原因を断つための方法（道）

集諦　苦の原因は渇愛・無明である

滅諦　苦の原因を断てば苦も滅する

中道：「快楽」と「苦行」の二つの極端を離れた正しい道

八正道：物事への執着から起こる心の乱れ（＝煩悩）を捨て，煩悩の炎が消え去った安らかな境地（＝涅槃）に至る八つの修行方法 ⑱

正見	正しいものの見方	正命	正しい生活
正思	正しい思考	正精進	正しい努力
正語	正しい言葉	正念	正しい自己観察
正業	正しい行い	正定	正しい精神統一

Think　「縁り起こる」という観点からこの世界の苦について考えてみよう

⑪⑬ **原典A　縁起**

View　十二縁起（十二因縁）の観察。

その時，目覚めたお方，幸あるお方は，菩提樹の下にあって，最初の目覚めを体験された。そして菩提樹の下で結跏趺坐したまま，七日の間，解脱の楽を味わいながら坐したもうて……**縁起を順逆に考察された。**〔すなわち〕「**無明**（根本的な生存欲・無知）に縁って**行**（心の作用）が生じ，**行**に縁って**識**（判断作用）が生じ，識に縁って**名色**（名称と形態）が生じ，名色に縁って**六処**（六つの感官）が生じ，六処に縁って**触**（感官と対象との接触）が生じ，触に縁って**受**（心の感受作用）が生じ，受に縁って**愛**（強い欲望）が生じ，愛に縁って**取**（執着）が生じ，取に縁って**有**（生存）が生じ，有に縁って**生**（誕生）が生じ，生に縁って**老と死と愁いと悲しみと苦と憂慮と悩み**とが生じる。このようにして，すべての苦の集まりが起こってくるのである。

また，無明が余すところなく滅すれば行が滅し，行が滅すれば識が滅し（中略）生が滅すれば老と死と愁いと悲しみと苦と憂慮と悩みとが滅する。このようにして，すべての苦の集まりは滅し尽くすのである」と。

（パーリ律蔵『マハーヴァッガ』，宮元啓一『仏教かく始まりき－パーリ仏典『大品』を読む』春秋社より，一部改変）

解説

A悟りを開いた後も，仏陀はその場に座り続け，悟りの内容を整理した。最初に考察したのが「縁起」であった。我々が「縁起が良い（悪い）」などと使う場合とは違い，「これがあるときかれが成立し，これが生ずればかれが生じ，これがないときかれが成立せず，これが滅すればかれが滅する」といった，科学的な視点を根拠とした因果関係確定法である。「縁起」とは仏教における基本的な存在のとらえ方で，物事は何かの原因が集まって一瞬一瞬に仮に現れていると解する考え方である。仏陀はこれによって，老・死など，生きていれば必然的についてまわるあらゆる苦の原因となる長大な鎖を観察し，その始まりには，ほとんど自覚することのできない根本的な生存欲である「無明」（これはほぼ抑制不可能なので「渇愛」とも呼ばれる）があることを見てとった。そして，これを滅すれば，苦から解放されるとした。

1　四苦八苦

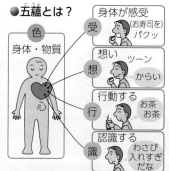

八苦

四苦…生理的な苦
① 生　② 老
③ 病　④ 死

心理的な苦
⑤ 怨憎会苦
⑥ 愛別離苦
⑦ 求不得苦

↓ まとめると

⑧ 五蘊盛苦

●五蘊とは？

色　身体・物質

受（お寿司を）パクッ　身体が感受

想　ツーン からい　想い

行　お茶 お茶　行動する

識　わさび入れすぎだな　認識する

心

---

⑬⑪ # 3　十二縁起

順観… 苦が発生するプロセス			逆観… 苦が取り除かれるプロセス
	無明	根本的な生存欲・無知	
	行	心の作用	
	識	判断作用	
	名色	名称と形態	
	六処	六つの感覚	
	触	感官と対象の接触	
	受	心の感受作用	
	愛	強い欲望	
	取	執着	
	有	生存	
	生	誕生	
	老死	人生の苦悩	

解説▶仏陀が最初に考察した「無明」から「老死」にいたるまでの縁起の鎖は長大なものであったため，それを簡潔に十二に集約したものが十二縁起である。しかし，これでも複雑でわかりにくかったため，仏陀は後にはより簡潔な「四諦」で説明することが多くなった。

---

⑳ # 2　四法印・四諦・八正道

① 一切皆苦	人生は苦悩に満ちている
② 諸行無常	すべては因縁により変化する
③ 諸法無我	絶対不変な存在などない
④ 涅槃寂静	苦悩から脱した安らかな境地

解説▶四法印は，もともとは「止観」（瞑想）修行によって涅槃の境地に到達するまでの過程・段階を表現したものであり，ゴータマが悟った4つの普遍的真理である。

●四諦

苦諦	人生は苦である
集諦	苦の原因は渇愛（無明）である
滅諦	渇愛を捨て去るところに涅槃がある
道諦	涅槃に至る正しい道

●八正道

正見	正しい見解（真理を見極める）	正命	正しい生活（道徳に反しない）
正思	正しい思惟（貪・瞋・痴の三毒を捨てる）	正精進	正しい努力（悪をなさず，善をなす）
正語	正しい言葉（嘘をつかない，悪口等を口にしない）	正念	正しい自己観察（常に自分を取り巻く状況に気づいている状態）
正業	正しい行い（殺生や盗み等をしない）	正定	正しい精神統一（正しい集中力を身に着ける）

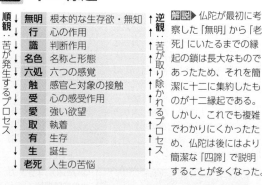

Side Story　仏陀の遺骨である仏舎利をまつった塔を「ストゥーパ」と呼ぶ。五重塔はこれの日本版であるが，まつってある仏舎利は水晶等の石で作った模造品である。墓地で墓石の後に立っている卒塔婆は「ストゥーパ」の音訳である。

Think　仏陀が初めて説法で説いた最も大切な教えは？

原典 **B** 初転法輪

View 中道・八正道・四諦を説く。

(1)中道

時に，幸あるお方は，五比丘*に告げられた。

「比丘たちよ，出家たる者は，二つの極端に親しみ近づいてはならない。二つとは何か。〔第一の極端は，〕欲望の対象の中にあって欲望と快楽とにはまり込むことであり，これは劣っており，卑しく，凡俗の者たちのものであり，聖賢のものではなく，不利益と結びついている。〔第二の極端は，〕みずから疲弊にはまり込むことであり，これは苦であり，聖賢のものではなく，不利益と結びついている。如来は，この両極端を捨て，**中道**を覚知した。それは〔真理を見る〕眼をもたらし，智慧をもたらし，平安と証智と目覚めと涅槃とに資するものである。

(2)八正道

比丘たちよ，……その中道とは何か。これこそが八支よりなる聖なる道（**八正道**，八聖道）である。それは次のようなものである。すなわち，正見と正思（正思惟）と正語と正業と正命と正精進と正念と正定とである。

(3)四諦

比丘たちよ，苦聖諦（**苦諦**）とは次のごとくである。誕生は苦であり，老いは苦であり，病は苦であり，死は苦であり，怨憎するものと会うのは苦であり，愛するものと別離するのは苦であり，求めて得られないのは苦であり，まとめて言えば，五取蘊（五蘊，五陰とも書く）は総じて苦である。

比丘たちよ，苦集聖諦（**集諦**）とは次のごとくである。再生（後有）をもたらし，喜びと貪りとともにあり，随所に歓喜する渇愛である。それはたとえば，欲望の渇愛，生存の渇愛，虚無の渇愛といったものである。

比丘たちよ，苦滅聖諦（**滅諦**）とは次のごとくである。この渇愛を余すところなく離滅し，放擲し，解脱し，愛着のないことである。

比丘たちよ，苦滅道聖諦（**道諦**）とは次のごとくである。これこそが八支よりなる聖なる道である。それはたとえば，正見……正定とである。

(同前，一部改変)

*比丘＝男性の出家修行者のこと。女性の場合は比丘尼と呼ぶ。

B 自ら悟りを開いた仏陀は，ベナレス郊外の鹿野苑（サールナート）で，かつて修行仲間だった5人の比丘（この5人はシッダッタが苦行を捨てたことを軽蔑してシッダッタと離れていた）を前にして初めての説法を行った。これを**初転法輪**という。「初めて法（教え）の輪を転回させた」という意味である。その内容は，苦行にこだわりを持っていた5人の比丘にその無意味さを説く**中道**から始まり，仏教の根本思想である**八正道**「**四諦**」について説かれている。

それまで，「苦行を捨てたシッダッタが悟りを開けるわけがない」と，仏陀を非難していた5人だったが，説法を聞き，教えの内容の実践を重ねた結果，次々と悟りを開いて阿羅漢（原始仏教では「仏陀」と同義）となり，仏陀の弟子となった。こうして，この6人によって，仏教の最初の教団（サンガ＝僧伽）が成立した。

©手塚プロダクション

↑手塚治虫『ブッダ』

原典 **C** 諸行無常

View すべてのものは常に変化し，不滅の実体などない。

時に，幸あるお方は，五比丘（男性の出家修行者）に告げられた。

「比丘たちよ，どう思うか。色かたち（＝身体）は常住（＝変化しない）であろうか，無常（＝変化する）であろうか」と。「尊いお方よ，無常です」と……

「感受作用，識別作用，記憶や意志などの作用，判断作用といった心の働きは常住であろうか，無常であろうか」と。「尊いお方よ，無常です」と。「**無常のものは苦であろうか，楽であろうか**」と。「尊いお方よ，苦です」と。「**無常であり，苦であり，変壊を決まりとするものを見て，これは私のものである，私はこれである，これは私の自己であると考えるのは適当であろうか**」と。「尊いお方よ，そうではありません」と。

「それゆえ比丘たちよ，**過去・未来・現在のすべての五蘊（身体と心の働き）は私のものではない，私はこれではない，それは私の自己ではないと，このようにあるがままに（如実に）正しい智慧をもって知見すべきである。**

比丘たちよ，このように見るならば，彼はまた，色かたちを厭い，また感受作用，識別作用，記憶力などの作用，また判断作用を厭う。厭うたならば欲を離れる。欲を離れたならば解脱する。解脱したならば，私は解脱したという知識が生じ，生は尽きた，清浄な行にすでに住した，なすべきことはなし終えた，さらなるこのような〔輪廻的な生存〕状態はない，と正しく知ることになる」と。

(同前)

C 同じ場面で「**諸法無我**」も説かれている。「**諸行無常**」と「**諸法無我**」は常にセットで説かれ，四法印の中核を成している。当時のインドでは，我々には生死を超えて常住不変な自己の本体（アートマン＝我）があるという考え方が一般的だった。しかし，仏陀は「自己」を，心身を構成する五つの集合的要素（**五蘊**）に分け，その五蘊は常に変化し続けるもの（諸行無常）で，そのどれもが我（アートマン）ではない（諸法無我）とする説を展開した。

結局自分の身体も心の働きも常に変化し続け，そのどこにも我は存在しない。それなのに我々はそれが自己だと見なし，思い通りに操ろうとし，執着する。それが根本的な無知＝無明＝渇愛なのである。無明を滅ぼすということは，正しい智慧をもって「諸行無常」「諸法無我」を悟ることに他ならない。

Side Story　釈迦は6年もの間，断食などの苦行を行ったが，悟りは開けなかった。苦行の放棄を決意したとき，偶然，村の女性から乳粥の施しを受け，その後，間もなく悟りを開く。2,500年の時を経て女性の名は今に伝わる。その名は「スジャータ」。

18 19 原典 D 慈悲

View 生きし生けるものすべてに対する思いやり。

一切の生きし生けるものは，幸福であれ，安穏であれ，安楽であれ。

いかなる生物生類であっても，怯えているものでも強剛なものでも，悉く，長いものでも，大きなものでも，中くらいのものでも，短いものでも，微細なものでも，粗大なものでも，目に見えるものでも，見えないものでも，遠くに住むものでも，近くに住むものでも，すでに生まれたものでも，これから生まれようと欲するものでも，一切の生きし生けるものは，幸せであれ。

何ぴとも他人を欺いてはならない。たといどこにあっても他人を軽んじてはならない。悩まそうとして怒りの思いをいだいて，互いに他人に苦痛を与えることを望んではならない。

あたかも，母が己が独り子を命を賭けて護るように，そのように一切の生きし生けるものどもに対しても，無量の（慈しみの）こころを起こすべし。

また全世界に対して無量の慈しみの意を起こすべし。

立ちつつも，歩みつつも，坐しつつも，臥しつつも，眠らないでいる限りは，この慈しみの心づかいをしっかりたもて。

（中村元 訳『ブッダのことば－スッタニパータ』岩波文庫）

■解説

D慈悲とは，他者に楽しみを与え（慈＝いつくしみ），他者の苦悩を取り除く（悲＝あわれみ）ことである。すべての存在を縁起ととらえると，人と人は慈悲によって互いに支えあわなければならない。人間以外の生き物とて同様である。慈悲の心は，苦悩する生きし生けるものすべて（一切衆生）に差別なく向けられなければならないとする。

❶修行を積む僧侶たち（インド）

4 慈悲と涅槃

慈悲の実践

一切衆生が友となる

「我」が消滅

「我」

みんな友だち

涅槃
（一切の苦から解放された安らかな境地）

我によって
生じていた苦が
消滅する

解説▶ 慈悲の実践は，涅槃に至る上で欠くことのできない重要な役割を担う。煩悩を慈悲に転化して一切衆生への慈しみを実践することは，すなわち自他との境界が取り払われること（無我）を意味し，言い換えれば，自分と自分をとりまく一切のもの（一切衆生）が友となるということである。そうして至る，一切衆生が友となって平和に生きる境地こそが，ゴータマの説く涅槃寂静である。

涅槃という言葉は「死」を意味することもあるが，これはゴータマの弟子たちが，師の入滅（死）を輪廻転生の苦からの完全な解脱であると解釈したことによる。しかしながら，生前のゴータマが最も重視していたことは「慈悲の実践」という積極的な行動であったという点は，押さえておきたい。

🎡 *Focus* 仏教は智慧の宗教

舎衛城というところに，ゴータミーという婦人が住んでいました。彼女には一粒だねの男の子がおり，その子の成長をただ一つの生きがいとして毎日を暮らしていました。運命は皮肉なもので，その子はかわいい盛りに，たった一夜の病気で死んでしまいました。ゴータミーの歎きは言うまでもありません。（同情した近所の人にすすめられて，彼女は）ブッダをたずねました。

> 「どうか，この子を生きかえらしてください。わたしはどんなこともします」
> 「婦人よ。その子を生き返らせたいと思うなら，町に行ってだれも死人を出したことのない家から，ケシの実をもらい，それを飲ませなさい」

とブッダは答えたのでした。喜んだゴータミーは，さっそく町に出て，一軒一軒，死人を出したことのない家をたずねあるきました。何十軒探しても，何百軒探しても，そんな家は見つかりませんでした。……時がたち，しだいに心落ち着いてきたゴータミーは，死は誰にも避けられないことを，悟ってきました。

この物語のなかに注目すべき点が三つあると思うのです。

第一はブッダが少しも奇跡を行っていないことです。宗教には奇跡が必ずともないます。

第二は，ブッダがカウンセリングの方法をとっていることです。ブッダは直ちに「人間の死はまぬがれ得ないこと」を告げていません。彼女自身が自分でそのことを自覚していくようにしむけているのです。

第三に，彼女の悩みを超越者とか絶対者への信仰によって解決しようとしていません。ブッダは人生の哲理をとくことによって解決しようとしていることに注目したいのです。信仰による救済でなく，智慧による救済の道をとっているのです。

（御厨良一『哲学が好きになる本』エール出版社）

だれも死人を出したことのない家から，ケシの実をもらいなさい。

Side Story コミック『聖☆おにいさん』は仏陀とイエスを主人公にしたギャグマンガだが，仏陀の伝記を知っている者のみがわかるギャグがあちこちにちりばめられており，仏伝を学んでから読むと一層楽しめるマンガである。

原始仏教の分裂と大乗仏教の成立

仏教思想の展開

Words 136 上座部仏教 137 部派仏教 138 大乗仏教 139 阿羅漢 140 菩薩 141 六波羅蜜

20 ●仏教の展開（宮元啓一氏の説による）

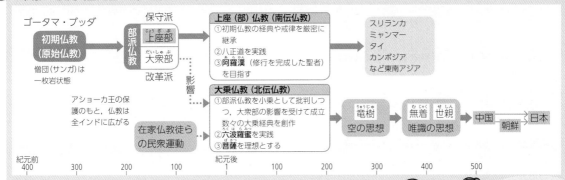

Approach 仏の教えが何種類もあるのは，なぜ？

時代が変われば解釈も変えるべきでしょう

保守派 ブッダの教えを守らないのか？ 改革派

知恵：資料集の「仏教は智慧の宗教」（→p.66）を読んで仏教に親近感が湧き，最近ブッダの遺言を読みました。「自らを拠り所とし，法を拠り所とし，他のものを拠り所としてはならない」とありましたが，日本の仏教って，如来とか菩薩とか「拠り所」がたくさんありますよね？日本に伝わった「大乗仏教」は，ブッダの教えとは異なると思うのですが？

真田：よい所に気がつきましたね。僧団はある時に分裂をし，その後変質したんです。大乗仏教はたしかに**原始仏教**と呼ばれる初期の仏教とはかなり変わりましたね。

知恵：僧団分裂ですか？何があったんですか？

真田：ブッダ入滅から100年ぐらい経つと，僧団の内部に，ブッダが定めた戒律をめぐって意見の対立が生じたんです。争点は，それまで在家信者にのみ任されていた，お布施の金銀の管理を，出家僧が自ら行ってよいかというものでした。蓄財は布教活動をする上で重要でしたが，厳格派の長老たちは，僧が金銀を扱うことは認めませんでした。金融業まがいのことをする僧も始めていて，僧団の戒律の緩みを危惧したんですね。でも，この決定に不満を抱いた改革派たちは，分派を作りました。僧団は，厳格な長老たちの**上座部**と，改革を求める**大衆部**に分裂したのです（**根本分裂**）。この後，それぞれの部は**枝末分裂**を繰り返し，最終的に20部ほどに細分されました。

哲：**部派仏教**の時代ですね。それで，大乗仏教はどうやって生まれたのですか？

真田：大乗仏教の起源については諸説ありますが，紀元前2世紀後半ごろに，ヒンドゥー教の救済主義的な民衆宗教にあこがれた在家仏教徒たちによって，自然発生的に運動が起こり，そこから生まれたとするのが有力な説です。

哲：インドと言えばバラモン教でしたが，ヒンドゥー教はいつの間に出てきたのですか？

真田：バラモン教は，一時は仏教に圧迫されて衰退しましたが，批判の的だった生け贄をやめ，民間信仰も取り入れて教えもわかりやすくし，神々を拝むことで簡単に救いが得られる内容に変えたのです。それがヒンドゥー教です。そうしたら，仏教の厳しい修行になじめなかった人たちにもヒンドゥー教が急速に浸透していったんです。

哲：それに危機感を抱いた大衆部系の人たちが，ヒンドゥー教を参考に仏教を民衆になじみやすいように変えたわけですね？

真田：そうです。その民衆運動が仏塔崇拝と連結し，やがて大衆部系の出家僧たちの智慧を借りて，大乗仏教運動へと発展していったのです。

知恵：それでは，大乗仏教はブッダの教えとかけ離れてしまうのでは？

真田：たしかに，江戸時代の町人学者の富永仲基（→p.237）も，大乗仏教経典を批判的に分析し，「大乗仏教は仏説にあらず」と説くなどしました。しかし，大乗仏教の教えの根幹には，ブッダが説いた慈悲の精神があることは忘れてはいけません。『般若経』，『法華経』などの大乗仏教の経典は，ブッダに仮託して後の人々が創作したものですが，大乗仏教は間違いなくブッダの精神に基づく信仰だと言ってよいでしょう。

知恵：なるほど。辛い人を見れば自分も悲しい。笑顔の人を見れば自分も楽しい。宮沢賢治の「**世界がぜんたい幸福にならないうちは個人の幸福はあり得ない**」という言葉にも，この精神は受け継がれていますよね。

源流思想

Side Story 大乗経典の『維摩経』では，仏弟子の中で智慧第一とうたわれたシャーリプトラ（舎利弗・舎利子）が，維摩居士という在家信者よりも仏教の智慧で劣っていて彼にやり込められるという，釈迦が聞いたら卒倒するようなストーリーが展開される。

原典A 般若心経（般若波羅蜜多心経）（玄奘三蔵法師漢訳）

観自在菩薩　行深般若波羅蜜多時　照見五蘊皆空　度一切苦厄

舎利子　色不異空　空不異色　色即是空　空即是色　受想行識亦復如是

舎利子　是諸法空相　不生不滅　不垢不浄　不増不減

是故空中　無色無受想行識　無眼耳鼻舌身意　無色声香味触法

無眼界乃至無意識界

無無明亦　無無明尽　乃至無老死　亦無老死尽　無苦・集・滅・道

無智亦無得　以無所得故　菩提薩埵　依般若波羅蜜多故　心無罣礙　無罣礙故

無有恐怖　遠離一切顛倒夢想　究竟涅槃　三世諸仏　依般若波羅蜜多故

得阿耨多羅三藐三菩提　故知般若波羅蜜多　是大神呪　是大明呪　是無上呪

是無等等呪　能除一切苦　真実不虚　故説　般若波羅蜜多呪　即説呪日

羯諦羯諦　波羅羯諦　波羅僧羯諦　菩提薩婆訶　般若心経

【訳】　観音菩薩が深遠な知恵を完成するための実践をされている時，人間の心身を構成している五つの要素がいずれも本質的なものではないと見極めて，すべての苦しみを取り除かれたのである。そして舎利子に向かい，次のように述べた。

舎利子よ，形あるものは実体がないことと同じことであり，実体がないからこそ一時的な形あるものとして存在するものである。したがって，形あるものはそのままで実体なきものであり，実体がないことがそのまま形あるものとなっているのだ。残りの，心の四つの働きの場合も，まったく同じことなのである。

舎利子よ，この世の中のあらゆる存在や現象には，実体がない，という性質があるから，もともと，生じたということもなく，滅したということもなく，よごれたものでもなく，浄らかなものでもなく，増えることもなく，減ることもないのである。

したがって，実体がないということの中には，形あるものはなく，感覚も想念も意志も知識もないし，眼・耳・鼻・舌・身体・心といった感覚器官もないし，形・音・香・味・触覚・心の対象，といったそれぞれの器官に対する対象もないし，それらを受けとめる，眼識から意識までのあらゆる分野もないのである。（以下略　※般若心経はこのあとあらゆるものに実体がないことが繰り返し述べられ，最後は，「羯諦羯諦　波羅羯諦　波羅僧羯諦　菩提薩婆訶」という呪文で締められる。）
（花山勝友訳　『般若心経に学ぶ』NHK出版）

解説

A 『般若心経』は長大な大乗経典である『大般若波羅蜜多経』と『摩訶般若波羅蜜経』からの抜粋に陀羅尼（仏教の呪文）を加えた，約300字の短い経典である。般若経群の心髄としての「空」の重要性を説き，悟りの成就を讃える体裁をとりながら，末尾に付加した陀羅尼によって呪術的な側面も持ち合わせている。般若経典に登場した「空」の思想はナーガールジュナ（竜樹）によって深められていく。

六波羅蜜　大乗仏教で菩薩が行うべき六つの修行法のこと。それまでの仏教の「八正道」に代わるものであるが，「布施」という項目は大乗仏教の特徴を表している。
①**布施**波羅蜜（与え施す）
②**持戒**波羅蜜（戒律を守る）
③**忍辱**波羅蜜（耐え忍ぶ）
④**精進**波羅蜜（修行の努力）
⑤**禅定**波羅蜜（精神の統一）
⑥**般若**（智慧）波羅蜜（真理を悟る）

ボーカロイド・初音ミクがJ－POP風の伴奏にのせて般若心経を読誦する投稿動画『般若心経ポップ』が評判となり，般若心経が意外なところでブームとなっている。

空の思想を発展させた「八宗の祖師」
ナーガールジュナ（竜樹）
りゅうじゅ　150？～250？　インド

主著　『中論』

足跡　バラモン階級に生まれ，若いころからバラモン教の聖典『ヴェーダ』をはじめインド諸思想を学び，その博学は有名であった。諸学を修めた後に大乗仏教思想を学んだ彼は，それまでも「般若経」などで強調されてきた「空」の思想を理論的に確立した。また，日本に及ぼした影響も大きく，南都六宗・天台・真言の「八宗の祖師」と仰がれている。

空の思想　「空」とは「もろもろの事象は相互依存において成立している」ということで，ゴータマ・ブッダが説いた「縁起」をより難しく言い換えたものと言ってよく，「無」ということとは違う。何ものも真に実在するものではない。**あらゆる事物は，見せかけだけの現象にすぎず，その真相についていえば空虚であり実体はない（＝無自性）**。例えば「私は見る」と言う時，その「見るもの（＝主体）」とは一体どこにあるのか。眼球か，網膜か，それとも視神経なのか，脳なのか。「見るもの」という実体はないのである。あらゆる事物は他のあらゆる事物に条件付けられて起こるのである。ナーガールジュナに始まる学派は，後に中観派と呼ばれ，空の思想は大乗仏教の根幹となり，後の仏教思想に深い影響を与えた。

唯識思想を大成した仏教家
興福寺蔵
ヴァスバンドゥ（世親）　[1回]
せしん　320？～400？　パキスタン

主著　『唯識三十頌』『倶舎論』

足跡　ガンダーラ（現パキスタン・ペシャワール）に生まれる。兄はアサンガ（無著または無着）。最初は部派仏教（説一切有部）の学者として名を馳せたが，兄アサンガの説得により大乗仏教に転じた。アサンガから継承した唯識の思想を大成した。

唯識の思想　唯識とは，世界は唯だ識が現したのみであり，**一切の事物は私たちの意識を離れては存在しない**という説である。催眠術にかかった人にレモンを与え，「これは甘い桃です」という暗示をかけると，レモンを「甘い」と言ってぺろっと食べてしまう。のどが渇いた人が闇夜で泉を探り当てて飲むと最高に美味しい水だったため，翌朝見に行くと，それは実は水たまりにたまった泥水で，中にはドクロさえ転がっていた，などという話もある。私たちは意識が作り出した世界を実在していると信じているのである。アサンガ，ヴァスバンドゥらの唯識派は瑜伽行派とも呼ばれる。瑜伽とは「ヨーガ」のことで，ヨーガによる瞑想によって無意識層にまで達してそれを観察し，現代の精神分析学で「深層意識」と言っているものを**『阿頼耶識』**と名付け，その緻密な分析を行っている。現代の精神分析学顔負けの学問を1700年近く前に行っていたのは驚きである。

Side Story　バーチャル・アイドル〈初音ミク〉に実体はない。〈初音ミク〉は〈ファン〉によって存在が与えられ，〈ファン〉もまた〈初音ミク〉によって喜びが与えられる。両者は相互に依存して成立する関係にある。

1 一神教の比較

ユダヤ教，キリスト教，イスラームはお互い争いが絶えないが，実は同じ神を信じている。共通点と相違点，争いの元になっている考え方の違いをまとめよう。

	ユダヤ教	キリスト教	イスラーム
神	ヤハウェ（「在る」の意） （ヤーウェ，エホバとも）	ヤハウェ＝イエス＝聖霊 （三位一体の神）	アッラー（アラビア語で「神」の意） ※実はヤハウェと同一
開祖	民族宗教のため存在せず	イエス ※教義はパウロが確立	[⑨ムハンマド]（マホメット）
主な聖典	聖書（[①旧約]聖書）	[⑥新約]聖書 旧約聖書	[⑩クルアーン]（コーラン） 新約聖書の中の福音書 旧約聖書の中のモーセ五書・詩編
聖地	エルサレム	エルサレム	[⑪メッカ]，メディナ，エルサレム
預言者	旧約聖書の預言者	旧約聖書の預言者	旧約聖書の預言者＋イエス＋ムハンマド ※ムハンマドが最後で最高の預言者
イエスの評価	偽預言者	[⑦救世主] （＝メシア，キリスト）	単なる預言者の一人
特色	・ヤハウェは唯一絶対の人格神 ・神の命令である[②律法]を守らなければならない（律法主義） ・律法を守らない者には厳しい罰を下す，[③裁き]の神 ・イスラエル民族は神によって選ばれた民族であり（＝[④選民]思想），今は民族的不幸の中にあっても，終末には[⑤メシア]が現れて救ってくれるというメシア思想	・神は愛の神であり，神の愛は無差別・平等で，無償の愛（＝[⑧アガペー]）である。 ・律法は形式的に守るのではなく，内面の心が問題（律法の内面化） ・「神への愛」と「隣人愛」を説いた。（二つの戒め）	・「イスラーム」とは「アッラーに絶対服従する」という意味，服従する者が「ムスリム」 ・一切の偶像崇拝を禁じ，アッラー以外には一切神性を認めない。 ・クルアーンとムハンマドの言行録を根拠としてつくられたイスラーム法（＝[⑫シャリーア]）が生活のすべてを支配 ・[⑬六信・五行]が義務

2 仏教の特徴

一神教との違いを明確にし，仏教の特色やその思想をおさえよう。

開祖	[⑭仏陀]（ゴータマ＝シッダッタ）
神	一神教のような創造神の存在を認めない。仏典の中に神々は登場するが，神々も輪廻する衆生の一つ。
聖典	仏陀の言葉を記録した「パーリ（聖典の意）」。初期仏典に『スッタニパータ（諸経要集）』『ダンマパダ（法句経）』などがある。後世になって膨大な「大乗経典」が創作される。
死生観	[⑮輪廻]という円環的な死生観が前提で，一神教のような永遠の楽園や天国，永遠の地獄のような観念はない。
特色	・「愛」は仏教では「愛着」をさすために美徳ではない。キリスト教の「愛」に当たる概念は仏教では[⑯慈悲]であり，生きとし生けるものすべてが対象となる。 ・「自分の外にあるものを拠り所にしてはならない」という仏陀の言葉にあるように，神のようなものにすがらず，苦諦，集諦，滅諦，道諦という四つの真理[⑰四諦]を悟り，八つの正しい修行の道[⑱八正道]を実践することによって涅槃に至る。

3 CHALLENGE 大学入試問題にチャレンジしてみよう（答えは裏表紙裏）

③-1 次のノートは，生徒が「倫理」の教科書を参考にしながら，ユダヤ教，キリスト教，イスラーム教を特徴づける事項について整理したものの一部である。ノートの三つの宗教を共通に特徴づける事項の ☐ X ☐ に入る語句として適当なものを，下の①〜⑧からすべて選べ。

（2018 共通テスト試行調査）

三つの宗教を共通に特徴づける事項
・全知全能の神
・ ☐ X ☐

① 祈り	② 四書五経	③ 預言者	④ 多神教
⑤ 神からの啓示	⑥ 出家	⑦ 徳治主義	⑧ 一神教

仏陀の説いた四苦とは何か。またその中の五蘊盛苦を説明せよ。（センター本試 2016 改，▶答えは裏表紙裏）

FEATURE ⑦
君は仏教を知っているか？

> 現代の仏教は，実にさまざまな要素が入り乱れ，とらえどころがない宗教に見える。しかし，その根本は至ってシンプルなのである。身近なところから，仏教の知識を深めていこう。

お経って，お葬式で唱える呪文なの？

皆さんは「お経（仏教経典）」を，死んだ人に対して唱えるものと思っているかもしれません。しかし，とある仏教国では，お坊さんは葬儀場にではなく，病院に行き，病人にお経を説いて聞かせます。もし日本で病院にお坊さんがやってきたら「縁起でもない！」と追い返されるでしょうね。でも，実はお経というものは生きている人間こそが読んで役に立つことが書いてあるのです。とある経典の一節を紹介しましょう。

ある時，一人のクレーマーが仏陀に悪口雑言を浴びせかけた。仏陀は，彼に対して「汝の家にも客が来訪する事があるであろうか」「もちろん，あるよ」「では，そのような時には，汝の家でも客に食事をふるまうようなことがあるだろうか」「もちろん」「そういう時に，もし客がその御馳走を食べなかったら，それは一体どうなるであろうか」「それは仕方がない。また私の物になるより他はない」「今，汝は私に向かって悪口雑言を浴びせかけてきた。しかし，私はそれを受けない。すると，それは，もう一度汝のものとなるより他はない。もし私が，汝の悪口に対して悪口を返したならば，それはちょうど，客が汝の御馳走をいただいて，主客が相対して飲食するのに似ている。しかし，私は汝の御馳走を頂戴しない。共に食べない。すると，汝の御馳走は，いや，汝の悪口雑言は，もう一度汝自身に返るより他はないではないか」そして相手の顔にいささか反省の色が見えたところで，仏陀は「偈」（詩のような形の教訓）を説いて言った。

> 怒る者に怒り返すは更に悪しき事と知らねばならぬ
> 怒れる者に怒り返さずして人は二つの勝利を得るのである
> 他人の怒れるを知りて正念に己を鎮むる者は
> 善く己に勝つとともにまた他人に勝つのである
> （『サンユッタニカーヤ（相応部経典）』より改変）

いかがでしょう？　死者に説いて聞かせる内容ではないですよね。皆さんも「お経」に対するイメージが変わったのではないでしょうか。大乗仏教が発生してから創作された経典にはSFのような話や深遠な哲学が書かれているものもありますが，仏陀没後間もなく編纂された初期仏教経典には人生訓や悩める人への回答，中には健康法を説いたものもあります。皆さんも「お経」についての先入観を捨てて，現代語訳された仏典を読んでみてはいかがでしょうか。

大乗仏教が生み出したキャラクターたち

大乗仏教が起こると，その担い手たちは数々の大乗経典を創作するとともに，ヒンドゥー教の影響も受け，数々のキャラクターを生み出し，崇拝するようになりました（➡p.67）。

「菩薩」という概念も変わりました。ブッダの在世中は，「菩薩」とは修行中のブッダのことを指す言葉でしたが，大乗仏教では出家在家を問わず六波羅蜜（➡p.68）に基づき修行する者を菩薩と呼ぶようになります。観音菩薩や地蔵菩薩などが有名ですが，中には十一面観音や千手観音など，特異なキャラクターもあります。菩薩が悟りを開くと如来に進化するところなど，モンスターを強化し進化させるゲームを彷彿とさせます。「菩薩」とは，如来になると輪廻しなくなるため，あえて自分の悟りを後回しにして何度でも生まれ変わり，すべての人々の救済を願う慈悲心をもって利他行に励む修行者であり，大乗仏教の理想とされ，人々から尊崇を集めたのです。

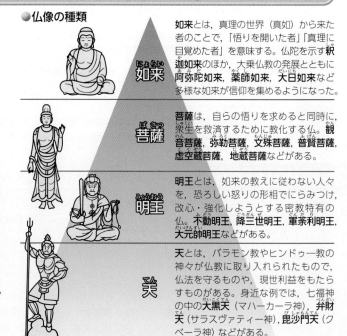

●仏像の種類

如来
如来とは，真理の世界（真如）から来た者のことで，「悟りを開いた者」「真理に目覚めた者」を意味する。仏陀を示す釈迦如来のほか，大乗仏教の発展とともに阿弥陀如来，薬師如来，大日如来など多様な如来が信仰を集めるようになった。

菩薩
菩薩は，自らの悟りを求めると同時に，衆生を救済するために教化する仏。観音菩薩，弥勒菩薩，文殊菩薩，普賢菩薩，虚空蔵菩薩，地蔵菩薩などがある。

明王
明王とは，如来の教えに従わない人々を，恐ろしい怒りの形相でにらみつけ，改心・強化しようとする密教特有の仏。不動明王，降三世明王，軍荼利明王，大元帥明王などがある。

天
天とは，バラモン教やヒンドゥー教の神々が仏教に取り入れられたもので，仏法を守るものや，現世利益をもたらすものがある。身近な例では，七福神の中の大黒天（マハーカーラ神），弁財天（サラスヴァティー神），毘沙門天（クベーラ神）などがある。

Side Story 仏教発祥の地インドでは，イスラーム勢力の弾圧によって仏教が一時期滅亡。しかし，日系インド人の僧侶・佐々井秀嶺氏（1935〜）を中心に仏教復興運動が進められ，現在では数十万人の仏教徒が暮らしている。

仏具の秘密

　日本の仏教では、仏像・経典に並び、さまざまな仏具に彩られて儀式が営まれる。しかし、仏具の意味や由来は、あまり知られていない。仏陀が生きた古代インドに由緒があるものもあれば、仏教が日本に伝わってくる過程で加わったものも数多くある。ここでは、よく目にする仏具の由来を紹介しよう。

数珠　念仏するとき音をたてたり、珠を爪繰って念仏した回数を数えるために使用するもの。バラモン教で使われた道具が起源と考えられる。

木魚　読経のリズムを整えるために打ち鳴らすもの。魚が 24 時間目を閉じないことにかけて、眠気覚ましとしての役割もあるという。

お香（線香）　お香は、古代インドの時代から香りを楽しむものとして普及していたほか、『アーユル・ヴェーダ』には医療目的での使用方法も記載されている。日本仏教では、香りによって使用者や周囲の環境を清浄にし、精神を集中させる目的で使われるようになった。

外国の仏教事情

インド仏教の現状　仏教発祥の地インドでは、仏教は 5 世紀頃のヒンドゥー教の隆盛に圧迫されて衰退し、13 世紀初頭にはインドからほぼ消滅した。そのインドの地に仏教を再生させたのはアンベードカル（1891 〜 1956）である。彼は不可触賤民出身であるが、学問で身を立て、経済学博士号と弁護士の資格も得た。そして、1947 年のインド独立とともに初代法務大臣に就任し、憲法起草委員会委員長に任命された。その彼が、1956 年、数十万の民衆とともにヒンドゥー教を棄てて、仏教に改宗した。ここから始まった仏教復興運動は、当初から不可触賤民解放運動と連動し、その後も仏教に改宗する者が増え、インドにおいて仏教は一定の勢力を成すに至った。

上座部仏教の現状　上座部仏教が主流の国はスリランカ、タイ、ミャンマー、カンボジア。これらの国では僧侶は国民から大変尊敬されており、男子は一生のうち一度は出家することが推奨されている（還俗も比較的自由）。食事などはブッダ以来の伝統を守り、托鉢により得ている。国民の生活水準が向上したことにより、タイなどでは托鉢に供される食事が高カロリーになり、それを食す僧たちの中に生活習慣病が増加するという問題も起きている。

チベット仏教の現状　滅亡寸前の後期インド仏教を受け継ぎ、一時期は政教一致の仏教王国の繁栄を誇ったチベット仏教だが、第二次世界大戦後、中国の侵攻・弾圧を受け、往時の隆盛は今では見る影もない。観音菩薩の生まれ変わりと信じられ、チベットにおける政治・宗教上の指導者であったダライ・ラマ 14 世は、インドへの亡命を余儀なくされた（13 万のチベット人も亡命）。

大企業がこぞって導入する「マインドフルネス」とは？

　仏陀は、悟りを開く途上で、さまざまな苦行とともに瞑想を実践した。この瞑想、大きく二つの種類に分けられることを皆さんはご存じだろうか？

　仏陀が最初に実践したのが**サマタ瞑想**と呼ばれるもので、精神を統一して心を無にするような、日本の禅宗で行われている思考停止の瞑想である。日本仏教で瞑想（坐禅）といえば、ほぼこれを指す。八正道のうちの正定（正しい精神統一）の実践といえる修行である。しかしこの方法では、瞑想中は苦しみから解放されていても瞑想を終えて日常に戻れば再び苦に悩まされるため、完全な悟りに達することができなかった。

　そこで、**ヴィパッサナー瞑想**と呼ばれる方法が登場する。思考停止するサマタ瞑想とは違い、常に念をこらして頭を働かせ続ける瞑想である。観察により自分の心身の中に「無常」を見いだし、実践を通して心の底から「諸行無常」を理解するというもの。「息を長く吸ったら、息を長く吸ったと観察する。息を短く吸ったら、息を短く吸ったと観察する。心に貪りや怒りが起こったら、貪りや怒りが起こったと観察する。」というように、正念（正しい自己観察）を実践する瞑想だ。

　もともと日本に伝わってきた大乗仏教には「止観」という修行があり、「止（samādhi）」がサマタ瞑想を、「観（sati）」がヴィパッサナー瞑想を指していた。

　しかし、大乗仏教では「止」に重点を置いてきたため、「観」はあまり顧みられることがなかった。一方、スリランカや東南アジアに伝わっている上座部仏教ではむしろ「観」が重視され、ヴィパッサナー瞑想が主流となっている。

　さまざまなストレスに悩まされる現代、心がかき乱される自己を落ち着いて観察することで、心の乱れを解消することができるヴィパッサナー瞑想が、日本や欧米からも広く注目を集めている。

　最近「**マインドフルネス**」と呼ばれる瞑想が注目され、大企業などもこぞって始業前に導入することで、社員の仕事のパフォーマンスを上げているという。この「**マインドフルネス**」はヴィパッサナー瞑想から宗教色を取り除き、簡略化したものである。

サマタ瞑想
………………………………

ヴィパッサナー瞑想
今、自分はどういう状態なのかな？……

源流思想

Side Story　仏陀が火葬に付されたことは広く知られているが、都市化で埋葬地の確保が難しくなる中、火葬は世界的に広まっている。ただし、イスラームなど遺体を残さなければならない宗教もあり、国際化が進む中での課題となっている。

71

第5節 中国の思想

➡昔の風習を再現し，登校前に孔子の教えを学ぶ子どもたち（2012年，中国・南京）

天の思想

黄河文明に端を発する中国文明，考古学的に確認されている最古の王朝は殷である。殷代，雨，風，干ばつなど自然現象を支配する天空の至上神である「帝」が信仰された。「帝」は都の建設など人事をも支配し，殷の王は「帝」の子孫としてその意志を，卜占を通して予見し，人民を支配した。

前1027年，殷の紂王を滅ぼし周王朝を開いた武王は，王権の正当性を「**天命**」に求めた。『**詩経**』に「周は旧邦なりと雖も，その命維新なり」とある（維新という語の典拠）。周王朝は，徳を失った紂王は天命を失い，かわって周の文王・武王に授けられた，と唱えたのである。

➡卜占に使用した甲骨

「**天**」とは殷代の「帝」を受け継いだ至上神である。周代に編纂された歴史書『**書経**』や詩集『**詩経**』は「天」の思想に基づいている。物理的な天空であるとともに人格神たる「天」は，自然から人間社会まであらゆる存在の秩序・法則をつかさどり，人間に「倫理的規範」と「果たすべき使命」（天命）を与えるものとされた。

周代，「天」は神話的な存在から**孔子**や**孟子**ら**儒家**によって哲学的，道徳的な思索の対象となっていく。一方**老子**や**荘子**は，天から人格性を排除し，「**自然**」（自然性，自然物）という考え方に置き換えた。老子は「天」に先立つ万物の根源を「**道（タオ）**」と名付けている。儒家のなかには**荀子**のように，天と人間の本性を区別し，天は自然現象にすぎないとする者もいた。

漢代に入り，中央集権的な国家体制の統治理念として儒学が採用され，儒学者の**董仲舒**（？～前104？）❷❷ ❷❶は「**天人相関**」を唱えた。君主が悪政をおこなえば，「天」はそれをとがめて自然災害をもたらすという考え方（**災異説**）である。君主は自然現象に注意を払い，「天」の意志にかなった政治をおこなうべきだとされた。それは『書経』や『詩経』の「天」の観念に回帰するものであったが，天体観測をうながすこととなり，「天」を自然現象として探究する天文学の発展をもたらすことにもなった。

宋代に入り儒

➡天を祀る儀式がおこなわれた天壇（明代，北京市）

学が復興すると，**朱子**は『**中庸**』にある「天の命ずるをこれを性と謂う」を受け，人間の本性を天の「理」とし，精神修養と学問探究によって極める対象とした。朱子学は事物としての「天」への探究も推し進め，本草学という博物学的な学問を生み出していった。

気の思想

春秋戦国時代，万物の説明原理として「**気**」が登場する。「気」は万物の原質である。「気」は不可視の微物質で，万物を構成し，また生命や活力を与えるエネルギーでもある。精神作用も気の働きによるとされる。「気」の思想はそれぞれ独自に陰陽説と五行説へと展開され，諸子百家の**陰陽家**の鄒衍によって，のちに**陰陽五行説**とよばれる考え方を生み出した。

陰陽説 万物の生成変化を，気の二相（陰陽）の集合離散によって説明するもの。
陰 静的・鎮静的 女，暗，夜間
陽 動的・昂進的 男，明，日中

五行説 世界の生成変化を五つの原理・元素（五行）の循環としてとらえるもの。

Water 水 ／ Wood 木 ／ Fire 火 ／ Metal 金 ／ Earth 土

➡ 相生
→ 相克

陰陽家 **相克説**［火→水→土→木→金］
漢　代 **相生説**［木→火→土→金→水］

●中国の思想　年表

西暦	人物・できごと （色文字は同時代のできごと）			中国
前800				周
600	孔子	諸子百家 老子 墨子	仏陀	春秋
400	孟子	荘子		戦国
200	荀子			
後 1	董仲舒の努力で儒教の国教化		イエス	前漢
100	中国に仏教が伝わる			後漢
200			魏呉蜀	晋
400				五胡十六国
600	日本に仏教・儒教が伝わる		ムハンマド	南北朝 隋
800				唐
1000	周敦頤による儒教の哲学化			北宋
1200	朱子			南宋 元
		ルネサンスが始まる		
1400	王陽明			明
1600		宗教改革が始まる 日本朱子学が起こる		
		日本陽明学が起こる		清
1800		日本で国学が起こる		

Side Story 中国で三教と言えば，儒教，仏教，道教である。道教は不老長生を求める現世利益的な自然宗教で，呪術的な神仙思想を中心に，老荘思想や陰陽五行説などを取り入れて5世紀ごろに成立。漢方医学や気功術などを生み出していった。

春秋・戦国時代の諸侯に理想の統治を説いた，数々の思想家たち

諸子百家　しょしひゃっか　中国

Words 142 諸子百家　143 法治主義　144 儒家

●春秋・戦国時代の中国と諸子百家の学派

○春秋時代の諸侯（春秋時代：前770～前403年）
□戦国の七雄（戦国時代：前403～前221年）

概説　諸子百家の諸子とは思想家である多くの学者先生を意味し，百家の百とは具体的な数字ではなく，多くの学派を意味する。このように多くの思想家が現れたのは，中国の歴史の上で**春秋・戦国時代**（紀元前770～紀元前221年）だとされる。

それ以前の**周王朝**の時代までは，天下統治の実績がある歴史上の先王の言説が模範として尊ばれていたが，春秋時代中期に鉄器の普及がはじまると，中国の社会はかつてない大変動を迎えた。農地が増大し，都市が増加し，それにともなう戦乱も繰り返され，**封建秩序は崩壊**していった。そこで，何らの政治権力も持つことなく，天下統治の実績もない者であっても，諸侯に統治の方法や理想とされる生き方を説き，受け入れられていく者たちが現れた。戦国時代に入ると，思想家たちが形成した集団はお互い激しい論争を繰り返し，**百家争鳴**と呼ばれる時代を迎えたのである。

孔子（前551?～前479?）　儒家

儒家の祖。戦乱の世にあって，道徳による社会秩序の回復を求めた。**仁と礼の徳**を備えた君子による**徳治主義**を唱えた。

仁　人と人を結ぶ親愛の心。『論語』では忠恕，孝悌，信，忠などの言葉で説明される。

礼　仁の心が，礼儀作法，社会規範，慣習，社会制度などに現れたもの。

孟子（前372?～前289?）

孔子の思想を発展させ，仁と義の徳を重視した。人には生まれながらに四端の心（四徳のもととなる）が備わっているという性善説を説いた。為政者が，徳による政治を行わない場合は，天の命が革まって，為政者の姓名が変わるという易姓革命説を唱えた。

荀子（前298?～前235?）

孟子の性善説に対し性悪説を説いた。本性が悪である人間は，礼に基づく教育・学問による修養により，やっと善に向かうことができるとした。世の中の秩序回復には，人々を礼（礼儀・社会規範等）により矯正する政治（礼治主義）が必要だとした。

四書五経　五経……漢代から重視された儒教の経典。『易経』，『詩経』，『書経』，『礼記』，『春秋』。前漢時代，董仲舒の進言で儒教が国教化され，五経の文献的研究を行う五経博士が置かれた。四書……儒教の経典。『論語』，『孟子』，『大学』，『中庸』は，宋代から儒教的教養の中心となった。

法家　韓非子（前290?～前233?）李斯（?～前210）

儒家の仁義・徳治主義を批判し，**法治主義**（法令，賞罰の重視）により，**秦の中国統一**を助ける。韓非子・李斯ともに非業の死を遂げる。

陰陽家　鄒衍

様々なものを，陰と陽に振り分ける陰陽説と，万物の5つの構成要素である五行（土，木，金，火，水）の相互関係でとらえる五行説を組み合わせて，自然現象，人事，歴史などの社会現象を説明する。占いと結びつき，日本の陰陽道もこの流れをくむ。（➡p.72）

老子　生没年不詳（前5世紀ごろ）　道家

春秋時代末期の思想家で，道家の祖。荘子の思想と合わせて**老荘思想**と呼ばれる。老子は，万物の根源である**道**（タオ）に従い，**無為自然**に生きることを主張し，理想的社会を**小国寡民**とした。

道　万物のあり方そのもの。

無為自然　作為なしにあるがままに生きること。

荘子　生没年不詳（前4世紀ごろ）

老子の思想を継承発展させた道家の大成者。**万物斉同**を旨とし，絶対無差別の自然の道に従い，虚心となって生きる**真人**を理想とした。

万物斉同　自然のままの無為の世界では，すべてのものは同じ価値で存在し，差別はないとする。

墨子（前470?～前390?）　墨家

墨子は墨家の祖であり，戦国時代に墨家は儒家と並んで有力な学派であった。墨子は，戦争は兼愛の欠如によって起こる最悪の状態であるとして徹底的な**非戦論（非攻）**を唱えた。

兼愛　無差別の人類愛。孔子の説く仁は親子・君臣間の特定の愛として否定した。

名家　恵施・公孫竜

論理を特に取りあげた学派。**名**（言葉や概念）と**実**（事実）との一致や不一致を主な問題とした。「白馬は馬にあらず」という論題が有名。

農家　許行

農家生産労働を重んじ国民皆農の〈君民並耕〉を説き，農業保護の物価統制策を主張した。君臣の別を説く孟子から厳しく批判された。

兵家　孫子・呉子

戦術・戦略論を説いた。王や将（リーダー）の心構えを説くので，現代の日本でもこれを援用した実用書などが多い。戦争に対しては慎重な姿勢も併せ持つ。

縦横家　蘇秦・張儀

外交上の駆け引きについて説いた。蘇秦は東方の六国が南北（縦）に連合して秦に対抗する**合従説**を主張し，張儀は六国がそれぞれ東西（横）に秦と同盟を結ぶ**連衡説**を主張した。

源流思想

仁と礼の徳を重視した儒家の祖

孔子

こうし（Confucius）
前551？〜前479？　中国

> 徳は孤ならず，必ず鄰あり。
> （徳を体得した者は孤独ではなく必ず隣人がいる）

主著　『論語』（弟子の編纂）

足跡　孔子が生まれた春秋時代の魯は，周辺の大国に翻弄される小国であったが，この国の開祖は周王朝を開いた武王の弟，周公旦（紀元前11世紀？）であることから，周の礼制の伝統がとりわけ強く残っていた。孔子は貴族の家系に生まれたが，早くに父親が亡くなり，13歳で苦学の道を選んだ。現在の『詩経』『書経』にあたる古典を学んだほか，周の礼制に深く感銘を受け，その基礎をつくった周公旦を終生理想の聖人と仰いだ。20代は下級官吏として魯に仕えたが，貴族間の対立から主君の昭公が斉に追放され，孔子も主君を追って斉に亡命。その後孔子は魯に戻り，多くの弟子をとってその育成に尽力した。51歳で再び魯に仕えて大司寇（司法長官）に昇り，**徳治主義**に基づく理想の政治をめざしたが，権勢をふるう貴族たちの反発を受け，再び亡命。この後十数年間諸国を遊説し，礼にもとづく改革を主張して回ったが，彼の説を採用する国はなく，67歳で魯に帰った。晩年は，古典の編纂と弟子の教育に専念する道に入った。孔子と弟子たちの言行は後に『**論語**』に収録され，現代に伝わっている。

西暦	年齢	生涯
紀元前 551?	0	魯の曲阜の郊外の陬邑に生まれる。姓は孔，名は丘，字*は仲尼
550	1	武将であった父が死去。貧しい中で育つ
538	13	学問に志す
		20代前半に，魯の下級官吏となる
517	34	魯が乱れて斉に亡命。弟子が増える
500	51	魯の大司寇（司法長官）となる
497	54	弟子を連れて諸国を遍歴する。途中，暗殺や餓死の危機に陥るが，何とか生還。**徳治主義**にもとづく政治を説いて回ったが，用いられない
484	67	魯に帰り，古典の整理と弟子の教育に尽力する
479?	72	死去。弟子たちは3年間喪に服す

*男子が成人後に実名のほかにつける名で，実名（諱）が知られることを不吉として避ける古代中国の習慣から発生した。

Approach　あなたはどの弟子に魅かれる？〜孔子の多彩な弟子たち

　孔子の弟子は，3千人から4千人などと，諸説があり，特に優秀な高弟に限っても，一説には77人にのぼるといいます。中でも**顔回**（顔淵とも称される），**子路**（季路ともいう），**子貢**の3人は特記すべき存在であり，彼らとの生き生きとした問答は，『論語』で数多く紹介されています。孔子最愛の弟子は30歳年少の顔回でした。『論語』において，孔子はしばしば顔回に言及していますが絶賛ばかりで，「**講義をしているとき，退屈そうにしない者は顔回だけだ。**」と言っています。他の弟子たちには退屈な表情をし，時には寝たりした者もいたのかもしれません。顔回は英才でしたが，一見愚者にも見え，おっとりとしたタイプでした。孔子の弟子の中でも別格の存在だったようです。顔回は41歳で病死したとされます。孔子は当時の礼を超えて，大声をあげて泣き，「**天が我を滅ぼした**」と言って，激しい悲嘆にくれました。

　二人目の**子路**は，孔子より9歳年下。もともと遊俠（やくざ）で，常に命がけで孔子をガードしました。孔子は純情な熱血漢の子路にも愛情を注ぎましたが，子路の暴走を常に心配しブレーキをかけてもいました。子路は，後に孔子の推薦により衛という国に仕えましたが，内乱時，王を助けようと渦中に飛び込み，「**全身醢**（切った獣肉に調味料を合わせる中国料理）**の如くに切り刻まれて**」（中島敦『弟子』）亡くなりました。孔子は，さめざめと涙を流し，子路の屍が塩漬けにされた（刑罰の一つ）ことを聞くと，以後，塩漬けは一切食べなかったとされています。

　三人目の**子貢**は顔回と同世代で，同様に英才として知られています。孔子は子貢にこう問いかけます。「**おまえと顔回とどちらが優れているかね？**」子貢は「私は顔回には及びもつかない。顔回は一を聞いて十を知ります。私は一を聞いて，二を知るだけです。」と，さりげなく自分の有能さもアピール。弟子の中で一番目先がきき，物資を買い占めて財を成すなど金儲けが巧みで，大商人の伝記を収録した『史記』貨殖列伝にも名を連ねます。孔子の長い放浪生活の財源の一つは子貢と考えられます。顔回，子路，子貢以外にも，理解が遅いが純朴な樊遅もいい味を出しています。孔子は，弟子たちの自発性を重んじ，彼ら自身の知への欲求が高まるのを待つ，大いなる教師でした。「**知りたい気持ちが盛り上がってこなければ，教えない。**」（述而篇）

先生！

質問です先生

うれしいなぁ！

天が我を滅ぼした

　孔子の後継者として，曾子も重要人物である。曾子は孔子の孫の子思の師であり，孔子の死から約100年後に生まれた孟子は，子思の門下で学んだ。後に，朱子（朱熹）は，儒教創始期の代表人物として，**孔子・曾子・子思・孟子**の4人を重視し，曾子の作とされる『大学』と子思の作とされる『中庸』を，『論語』『孟子』とともに四書として，儒学における最も基本かつ重要な書と定めたのである。

Side Story　武将の体格を受け継いだ孔子は，9尺6寸（約2.2メートル）もある大男であった。魯国の孔子廟には孔子の衣服や冠が前漢の時代まで保存されていたとされるが，かなり大きなサイズのものであったらしい。

Outline　孔子の思想：仁と礼を重視し，聖人・君子による徳治主義をめざす。

仁（愛情）
- **忠**…まごころ
- **恕**…他人への思いやり
- **孝悌**…親・兄弟への親愛

仁　二人の人間が対等に親しんでいるようす。

礼（実践）
風俗習慣，礼儀作法（仁が目に見えるかたちで外に現れたもの）

礼　高杯に形よくお供え物を盛ったさま。

→ 身に備える →

聖人・君子
聖人とは**徳**を備えた理想的人格者で，特に，努力してかたよりのない**中庸**の徳を備えた者のことを**君子**という。孔子は魯の開祖である周公旦を理想の聖人君子と崇めた。

実現 →

徳治主義
道（人が守り行われるべき道徳）が行われ，平和に治める政治をめざす考え方。聖人・君子によって実現される。

対立 →

法治主義
厳しい法と刑罰によって人民を統治する考え方。法家が主張した（→p.81）。

修得 →

学問
・知と無知との明確化
・学習と思索の調和

孔子の教えは，日本にも古くから大きな影響を与えてきました。

Think　孔子が求めた徳はどのようなもの？

原典A　仁と忠恕

View　仁とは，まごころと思いやりである。

子貢問うて曰わく，一言にして以て終身これを行なうべき者ありや。子の曰わく，其れ恕か。己れの欲せざる所，人に施すこと勿れ。（衛霊公 24）

【訳】子貢がおたずねしていった，「ひとことだけで一生行なっていけるということがありましょうか。」先生はいわれた，「まあ恕（思いやり）だね。自分の望まないことは人にしむけないことだ。」

樊遅，仁を問う。子の曰わく，人を愛す。知を問う。子の曰わく，人を知る。樊遅未だ達せず。（顔淵 22）

【訳】樊遅が仁のことをおたずねすると，先生は「人を愛することだ。」といわれた。智のことをおたずねすると，「人を知ることだ。」といわれた。樊遅はまだよく分からなかった。

子の曰わく，参よ，吾が道は一以てこれを貫く。曾子の曰わく，唯。子出ず。門人問うて曰わく，何の謂いぞや。曾子の曰わく，夫子の道は忠恕のみ。（里仁 15）

【訳】先生がいわれた，「参（曾子のこと）よ，わが道は一つのことで貫かれている。」曾子は「はい。」といった。先生が出てゆかれると，門人がたずねた，「どういう意味でしょうか。」曾子はいった，「先生の道は忠恕のまごころだけです。」

子の曰わく，巧言令色，鮮なし仁。（学而 3）

【訳】先生がいわれた，「ことば上手の顔よしでは，ほとんど無いものだよ，仁の徳は。」

（金谷治 訳注『論語』岩波文庫）

解説

A「仁」は『論語』の 100 か所以上で説かれている。孔子は弟子の能力や性格に応じて仁を説明しており，様々な解釈がされている。仁は**「克己」「忠恕」「信」「誠」**など様々な語で表されている。樊遅（物事の理解が遅いとされた弟子）には，「愛」と一言で説明している。これは最も簡明な仁の説明と言える。「己の欲せざる所，人に施すことなかれ」は，キリスト教の黄金律「何ごとでも人々からしてほしいと望むことは，人々にもそのとおりにせよ。」（『新約聖書』）と理念は似ているが，対比的な表現である。

仁とは何でしょう　人を愛することだ
樊遅　孔子

⑯ 1　仁と礼

仁は孔子思想の中心をなす概念である。仁を説明する言葉として，『論語』には**「愛」**，**「忠」**（自分の心に誠実であること），**「恕」**（他人に対する思いやり），**「信」**（他人に嘘をつかない），**「孝」「悌」**（親・兄弟に対する親愛の情）が見られる。「孝」「悌」という言葉に表れているように，**孔子は家族内の身近な愛，特に身分や年齢の下の者から上の者に対する敬愛を基本とし，それを徐々に外へ及ぼすことでやがては社会や国家に安定がもたらされると考えた。**この点が，孔子の思想が墨子により差別的な「別愛」と批判されたり，後世，中国王朝の身分秩序を守る統一原理となる要因である。

礼は内面的な仁が客観的な礼に表れたものとされ，祖先をまつる宗教的儀礼，伝統的な社会規範，礼儀作法，さらには法や制度も含む広い概念である。仁の修得のためには礼の実践が必要であるが，あくまでも仁が，より根本的な徳であり，いかに礼を尽くすとも仁が伴わなければよくないとした（「巧言令色，鮮なし仁」）。また，学問は知識を得るためのものではなく，仁や礼を学び人格を完成させるものとされた。仁や礼の徳は，人の生き方だけでなく，政治にも必要と考えられた（**徳治主義**）。

⊕ Focus　四十にして惑わず

「子日く，吾十有五にして学に志す。三十にして立つ。四十にして惑わず。五十にして天命を知る。六十にして耳順う。七十にして心の欲する所に従いて，矩を踰えず。」

（『論語』為政 4）

これは孔子が自らの人生をふりかえって語った一節であるが，その文中の語句は，次のように人の年齢を示す熟語として用いられる。

志学…15 歳　而立…30 歳
不惑…40 歳　知名…50 歳
耳順…60 歳　従心…70 歳

「不惑の齢を越すと間もなく死のうとして，わずかに助かった余は，これからいつまで生きられるか固より分らない。」

（夏目漱石『思い出す事など』）

Side Story　子貢によれば，孔子は特定の先生に師事したわけではなく，孔子は古代の聖人の言葉や歴史を記した文献を読み，いわゆる自学自習で学んだという。また，「3 人いればその中に必ず自分の師がいる」と，誰にでも学ぶ姿勢で臨んだ。

源流思想

解説

孝悌

View 家族愛が仁の基本。

有子が曰わく，その人と為りや，孝弟*にして上を犯すことを好む者は鮮なし。上を犯すことを好まずして乱を作すことを好む者は未だこれ有らざるなり。君子は本を務む。本立ちて道生ず。孝弟はそれ其れ仁の本たるか。（学而2）

【訳】 有子がいった，「その人がらが孝行悌順でありながら，目上にさからうことを好むようなものは，ほとんど無い。目上にさからうことを好まないのに，乱れを起こすことを好むようなものは，めったに無い。君子は根本のことに努力する，根本が定まってはじめて〔進むべき〕道もはっきりする。孝と悌ということこそ，仁徳の根本であろう。*孝悌に同じ。（同前）

B 孝は子が親や祖先を大切にして敬うこと，悌は弟らしさという意味で，兄など年長者を敬い従うことである。この身近な家族関係についての道徳を，家族以外の様々な人間関係に広げていくことが仁の実践であると考えた。孔子の仁は，無差別平等な愛ではなく，親や兄などへの敬愛を基本とするので，**墨家から差別的な愛（別愛）であると厳しく批判されている。**

克己復礼

View 礼の本質は克己。

顔淵，仁を問う。子の曰わく，己れを克めて礼に復るを仁と為す。一日これを克めて礼に復れば，天下仁に帰す。……顔淵の曰わく，請う，その目を問わん。子の曰わく，礼に非ざれば視ること勿れ。礼に非ざれば聴くこと勿れ。礼に非ざれば言うこと勿れ。礼に非ざれば動くこと勿れ。（顔淵1）

【訳】 顔淵が仁のことをおたずねした。先生はいわれた。「〔内に〕わが身つつしんで〔外は〕礼〔の規範〕にたちもどるのが仁ということだ。一日でも身をつつしんで礼にたちもどれば，世界じゅうが仁になつくようになる。……」……顔淵が「どうかその要点をお聞かせ下さい。」といったので，先生はいわれた，「礼にはずれたことは見ず，礼にはずれたことは聞かず，礼にはずれたことは言わず，礼にはずれたことはしないことだ。」 （同前）

C『論語』における，仁の説明の一つ。自分のわがままな感情や欲望を抑え（克己），礼に従うことで，仁が達成される。礼は，単に社会的儀礼に形だけ従うものではなく克己であるという，礼の本質を説明している文である。

徳治主義と修己治人

View 道徳が統治の基本である。

子の曰わく，これを道びくに政を以てし，これを斉うるに刑を以てすれば，民免れて恥ずることなし。これを道びくに徳を以てし，これを斉うるに礼を以てすれば，恥ありて且つ格し。（為政3）

【訳】 先生がいわれた，「〔法制禁令などの小手先きの〕政で導びき，刑罰で制御していくなら，人民は法網をすりぬけて恥ずかしいとも思わないが，道徳で導びき，礼で統制していくなら，道徳的な羞恥心を持ってそのうえに正しくなる。」

子の曰わく，政を為すに徳を以てすれば，譬えば北辰の其の所に居て，衆星のこれに共するがごとし。（為政1）

【訳】 先生がいわれた，「政治をするのに道徳によっていけば，ちょうど北極星が自分の場所にいて，多くの星がその方に向かってあいさつしているようになるものだ。（人心がすっかり為政者に帰服する。）」

子路，君子を問う。子曰わく，己を脩めて以て敬す。曰わく，斯くの如きのみか。曰わく，己れを脩めて以て人を安んず。曰わく，斯くの如きのみか。曰わく，己れを脩めて以て百姓を安んず。……（憲問44）

【訳】 子路が君子のことをおたずねした。先生はいわれた，「自分を修養してつつしみ深くすることだ。」「そんなことだけでしょうか。」「自分を修養して人を安らかにすることだ。」「そんなことだけでしょうか。」「自分を修養して万民を安らかにすることだ。……」 （同前）

D 徳治主義は，儒学の伝統的な政治思想である。自己の人格を完成させ，民を感化して国家を治める修己治人が為政者のとるべき道であるとした。

💡 **3** にあるようにその他の中国古代政治思想と比較してみよう。

法治主義

このはし渡るべからず

はしがダメなら真ん中を渡ろう

徳治主義

老朽化で危険なので渡らないでください

別の橋に迂回しよう

2 徳治主義と修己治人

孔子の生きた春秋時代は，諸侯国を支配する周王室の力が低下し，各地に内戦が続発していた。この現実を憂えた孔子は，道徳的人格者（聖人・君子）の徳によって天下を治める**徳治主義**を理想とし，その実現のためには，まず為政者みずからが君子たることをめざして自己を修め（**修己**），それにもとづいて人を治めること（**治人**）が必要であるとした。孔子にとっての学問は，先人に学び思索を深めることであり，自己完成と社会再建（**修己治人**，⊃p.82）への方法であって，その重要性を強調している。

3 中国古代政治思想の比較

思想	人物	人間観	政治哲学
徳治主義	孔子 孟子	性善説	支配者が徳を以て支配すれば民は感化されうまく治まる
礼治主義	荀子	性悪説	人間の本性は悪なので，礼による矯正により善を為させる
法治主義	韓非子 商鞅	性悪説	人は礼では治まりきらないほど悪であるので，法律，刑罰により悪を為させないように仕向ける

孟子も法治主義は「覇道」と非難し，徳治主義は「王道」として擁護しています。

Side Story 2008年の北京オリンピック開会式では，約2千人の演奏者が缶を打ちながら「有朋自遠方来不亦楽乎」と唱和し，会場天井部分のパネルにもこの文字が，英語訳 Welcome my friends（友よ，ようこそ）と表示された。

Think　孔子はどのような生き方を理想としたか？

原典 E　君子とは

View 君子になることが目標。

子の日わく，君子は義に喩り，小人は利に喩る。(里仁 16)

子の日わく，君子は和して同ぜず，小人は同じて和せず。(子路 23)

子の日わく，中庸の徳たるや，其れ至れるかな。民鮮なきこと久し。(雍也 29)

【訳】　先生がいわれた，「君子は正義に明るく，小人は利益に明るい」。

先生がいわれた，「君子は人と調和するが，雷同はしない。小人は雷同するが調和はしない。」

先生がいわれた，「中庸の道徳としての価値は，いかにも最上だね。だが，人民のあいだにとぼしくなってから久しいことだ。」
(同前)

原典 F　学問重視

View 学問は人格を完成させる。

子の日わく，学びて時に之を習う。亦た説ばしからずや。朋あり遠方より来たる。亦た楽しからずや。人知らずして慍みず。亦た君子ならずや。(学而 1)

【訳】　先生がいわれた，「学んでは適当な時期におさらいする，いかにも心嬉しいことだね。〔そのたびに理解が深まって向上していくのだから。〕だれか友だちが遠い所からもたずねて来る，いかにも楽しいことだね。〔同じ道について語りあえるから。〕人が分かってくれなくとも気にかけない，いかにも君子だね。〔凡人にはできないことだから。〕」

子の日わく，学んで思わざれば則ち罔し。思うて学ばざれば則ち殆うし。(為政 15)

【訳】　先生がいわれた，「学んでも考えなければ，〔ものごとは〕はっきりしない。考えても学ばなければ，〔独断におちいって〕危険である。」
(同前)

原典 G　合理的な考え方

View 合理的・現実的な思考を大切にする。

子，怪・力・乱・神を語らず。(述而 20)　＊怪力・乱神と分ける読み方・解釈もある

【訳】　先生は怪 (怪異：幽霊や妖怪)，力 (超人的な力)，乱 (混乱，無秩序)，神 (鬼神：死者の霊魂と神) について語られなかった。

季路，鬼神に事えんことを問う。子日く，未だ人に事うる能わず，いずくんぞ能く鬼に事えん。日く，敢えて死を問う。日く，未だ生を知らず，いずくんぞ死を知らん。(先進 12)

【訳】　季路 (子路) が鬼神 (死者の霊魂や神) へのつかえかたを質問した。先生は言われた。「生きている人間につかえることもできないのに，どうして鬼 (死者の霊魂) につかえることができようか。」子路がさらに果敢にも死について質問した。先生は言われた。「生きている間のこともわからないのに，どうして，死んだ後のことがわかるか。」

樊遅，知を問う。子日く，民の義を務め，鬼神を敬してこれを遠ざく。知と謂う可し。(雍也 22)　＊「敬遠」の語源とされる。

【訳】　樊遅が知について質問した。先生は言われた。「人としての道理を得るようにつとめ，鬼神には敬意を表すが距離を置く，これが知だ。」。

＊原点Gは，金谷治『論語』(岩波文庫)，宮崎市定『論語』(岩波現代文庫)，井波律子『論語入門』(岩波新書)から引用した。

⓫ 原典 H　道

View 道とは人として生きるべき道。

子の日わく，朝に道を聞きては，夕べに死すとも可なり。(里仁 8)

【訳】　先生がいわれた，「朝に〔正しい真実の〕道が聞けたら，その晩死んでもよろしいね。」
(金谷治 訳『論語』岩波文庫)

解説

E 君子とは，孔子の目指した理想的人格で，『論語』で多数言及されている。学び続け，広く調和のとれたかたよりのない教養を持ち，常に道徳的な修養に努める人物を指す。徳を完全に完成させた聖人 (古代の聖王のような) には，凡人は努力してもなれないとされ，孔子の弟子たちの目標は君子となることであった。小人はつまらない人間という意味で，君子と対比される。中庸とは，絶えず変化に適応して，常に過不足なく，偏りすぎない適切な姿勢を取り続けることである。

F『論語』が学而篇から始まるように，孔子は学問を重んじた。学問は，先人に学び思索を深めることであり，それは喜びであると同時に，人格の完成への方法であるとする。この学問観は日本にも浸透しており，高校・大学などの教育目標として，よく「学問による人格の完成 (陶冶)」がかかげられる。孔子は書物や他人から学ぶことと，自分で考え復習することの2つを強調し，これは現代の私たちの学習方法にも通じている。

G 孔子の言葉に，予言者のような常識を超えた真理について語ったものは見あたらない。超越的な神について語らず，死や死後の世界について，弟子に聞かれても深く言及しなかった。非合理的な神秘主義に対し厳然として距離を置いていたのである。孔子の関心はもっぱら現実の人生の課題にあり，仁や礼，学問や友情のもたらす日常的で平凡なことがらに生きがいを見出した。

仁・礼・学問・友情 ⇔ 幽霊・妖怪・鬼神　わからないし…。

H もともとは人が通る道路という意味であるが，儒家では仁，礼といった人間同士の道徳的な規範である人倫の道とされた。これに対して道家は，無為自然の道，万物を生みだす自然の道であるとした。

⓯ **Focus**　孔子の言葉

◎過ちて改めざる，是れを過ちと謂う。(衛霊公 30)

◎知らざるを知らずと為せ，是れ知るなり。(為政 17)

◎過ぎたるは猶お及ばざるがごとし。(先進 16)

◎徳は孤ならず。必らず鄰あり。(里仁 25)

◎君子は憂えず，懼れず。(顔淵 4)

◎義を見て為ざるは，勇なきなり。(為政 24)

◎故きを温めて新しきを知る。(為政 11)

◎父母の年は知らざるべからず。(里仁 21)

◎これを知る者はこれを好む者に如かず。これを好む者はこれを楽しむ者に如かず。(雍也 20)

(金谷治 訳『論語』岩波文庫)

温故知新　勉強は楽しいことなんだなぁ

砂糖を入れすぎちゃった　過ぎたるは猶お及ばざるがごとし

Side Story　紀元前 213 年，始皇帝が行った焚書坑儒により，数百人の儒者が生き埋めにされ，多くの書物が失われた。このとき，焚書をまぬかれるため孔子の旧宅の壁に塗り込められたとされる『書経』が，のちに発見されたという逸話がある。

孔子の思想を発展・継承した「亜聖」　18回

孟子
もうし（Mencius）
前372？～前289？　中国

天下の英才を得て之を教育す。

Words 155性善説 156惻隠 157羞悪 158辞譲 159是非 160仁・義・礼・智 161四端 162四徳 163浩然の気 164大丈夫 165五倫 166董仲舒 167仁義 168王道政治 169易姓革命

西暦	年齢	生　涯
紀元前 372？	0	鄒国にて誕生
353	20	魯に行き，子思の門人に学ぶ
322	50	梁（魏）の恵王に王道政治の重要性を説く（「五十歩百歩」のたとえ）
318	54	斉の宣王に仕える
312	60	宣王と対立，斉を退去し諸国を遊説
		晩年は鄒国に帰国し，教育・著述活動に専念。『孟子』を編纂
289？	83	このころ死去

主著 『孟子』

足跡　孟子は，孔子の没後約百年して，魯国の南の鄒国に生まれた。元は魯の豪族の分家といわれるが，親の身分はまったくわかっていない。生没年・人生の前半期は不明である。幼少の頃，母の厳しいしつけを受けた伝説が残り20歳の頃，孔子の孫，子思の門人について学んだといわれる。「仁・義」の徳を重視し，人間は本来の性質が善であり，生まれながらに仁・義・礼・智の四徳を実現するための萌芽である四端が備わっているとする性善説の立場に立った。50代に梁，斉などの諸国をめぐり，自らの政治思想を説いて，時に重用されたこともあるが，長くは用いられず，それぞれの国を去った。晩年は故国鄒で，子弟の教育に専念し，『孟子』7篇をつくった。孟子は孔子の思想を継承・発展させ，孔子の思想とともに孔孟思想とよばれる。

Approach 王の顔色が変わった！～孟子は王に何を言ったのか？

　孟子が，各国の王に会い，みずからの正しいと信じる政治を説いたことをまとめたものが，『孟子』ですが，そこでは，時にどきりとするような対話も繰り広げられます。

　鄒を支配する鄒公は，孟子に「隣国と戦ったとき，隊長が33人も戦死したのに，民衆は皆逃げ，そのために負けた。このままにしておけば目上の者を戦死から助けないことになる。どうしたらよいか。」と相談します。孟子は，「凶作の年で餓死者が多く出ている。あなたの蔵には穀物がいっぱいあるのに，役人たちは（それを配ろうともせず）民をひどい目にあわせている。民は仕返しをすることができた。おとがめになってはいけません。あなたが仁政を行えば，民は隊長のために命を投げ出すようになりましょう」。孟子は王に向かって，民が戦わずして逃げるのは，王の政治のせいだと直言したのです。

　今度は斉の宣王が大臣の責任について質問したとき，孟子は，「王室出身の大臣は，主君に大きな過失があればいさめる。何度くりかえしても聞き入れないときは主君を廃して別の君を立てる」といいます。宣王の顔色はさっと変わりました。王にとって不吉な言葉です。いずれの場合も，孟子の答えは冷ややかで厳しい。他の場面でも，「民が（もっとも）貴くて，君は軽い」という爆弾発言もあります。孟子の徹底した，支配者への厳しい態度は，後世の日本でも大きな問題となります。

　江戸時代，四書の一つとされた『孟子』は，武士階級にとり必読の書として大いに普及しましたが，一方で同時代の文献には，孟子について極端に否定的な記述もみられます。一例として，本居宣長は『玉勝間』で，「……孟子が大悪をさとるべし。……この書，人の臣たらん者の見るべき書に当たらず。……おそるべし，おそるべし」と書いています。孟子は，王は仁義にもとづき民の幸福を実現する王道政治を行うべきであり，王道に反する場合は天が命を革めるので，他の王（姓）に易える（易姓革命），としました。王の座が，時には，臣下や民の力ですげ替えられる——過激ともいえるこの政治思想が，江戸時代，臣下の絶対的な忠誠が求められた倫理観の下では，恐れられたり危険視されたりしたことは，想像に難くありません。

易姓革命
おそるべし
おそるべし
孟子

本居宣長

孟子の母親は教育ママ？

孟母三遷　孟子の最初の家は墓に近く，幼い孟子は葬式ごっこをして遊んだ。母は，子を住まわせる所ではないとし，市場の近くに遷り住んだ。孟子は商人のずるい売り方をまねして遊んだ。母は，学校の近くに遷り住んだ。孟子は祭礼用の品を並べて遊び，手を胸で組んで挨拶するなど礼儀正しくふるまった。母は，ここここそが子を住まわせるべき所だと言った。

孟母断機　孟子は学問の道に入ったが，ある日，家に帰った。母は孟子に，学問はどのくらい進んだのかとたずねた。孟子が，もとのままですと答えると，母は織りかけの布を小刀で断ち切った。孟子が恐れてそのわけを尋ねると，母は言った。「あなたが学問を途中で投げ出すのは，私がこの布を断ち切って自分の務めを放棄するのと同じことだ」と。（劉向『列女伝』）

🔻孟母断機

Side Story　孟子は遊説の際，車十数台，従者数百人の豪勢な旅をして，弟子でさえ「格別な仕事もしないでこれは贅沢すぎませんか」と言った。また，民を大事にするという思想も，あくまで統治者が取るべき政治姿勢にとどまった。

Outline　孟子の思想：王道政治を実現するために必要なことは？

性善説	四端の心		四徳	浩然の気（不動の心）	大丈夫	王道政治

性善説
人間の本性
＝
善におもむこう
とする存在。

四端の心
惻隠の心（あわれみ）
羞悪の心（不善を恥じる）
辞譲の心（他人を尊重する）
是非の心（善悪を見わける）

それぞれの心を養い育てる

四徳
仁
義
礼
智

浩然の気（不動の心）　そなえた人　**大丈夫**

実践

王道政治
仁義にもとづき，人民の幸福が実現される政治。

易姓革命　為政者が王道に反する場合，天は為政者の系統を変えるとする思想。

Think　孟子は為政者に何を求めたか？

原典 A　四端の心

View　人間は，四つの善い心をもって生まれてくる。

人皆，人に忍びざるの心あり。先王，人に忍びざるの心ありて，斯ち人に忍びざるの政あり。人に忍びざるの心を以て，人に忍びざるの政を行なわば，天下を治むること，之を掌上に運らすべし。

人皆，人に忍びざるの心ありと謂う所以の者は，今，人乍に孺子の将に井に入らんとするを見れば，皆怵惕・惻隠の心あり。交わりを孺子の父母に内れんとする所以にも非ず，誉れを郷党・朋友に要むる所以にも非ず，その声を悪みて然るにも非ざるなり。……惻隠の心は仁の端なり。羞悪の心は義の端なり。辞譲の心は，礼の端なり。是非の心は智の端なり。人の是の四端あるは，猶そ の四体あるがごときなり。（公孫丑章句上）

【訳】　人間はだれでも，他人の悲しみを見すごすことのできない同情心をもっている。昔のりっぱな王様は，他人の悲しみに同情する心をもつばかりでなく，他人の悲しみに同情する政治をもたれた。他人の悲しみに同情する心で，他人の悲しみに同情する政治を実行することができたならば，天下を治めるのは，まるで手のひらの上でころがすように，自在にできるであろう。人間はだれでも，他人の悲しみに同情する心をもっているというわけは，子供が井戸に落ちかけているのを見かけたら，人はだれでも驚きあわて，いたたまれない感情になる。子供の父母に懇意になろうという底意があるわけではない。地方団体や仲間で，人命救助の名誉と評判を得たいからではない。これを見すごしたら，無情な人間だという悪名をたてられはしないかと思うからでもない。……このいたたまれない感情は，仁の端緒である。羞恥の感情は，義の端緒である。謙遜の感情は，礼の端緒である。是非の感情は，智の端緒である。人がこういう四つの端緒をそなえていることは，人間が四肢をそなえているようなものである。

（貝塚茂樹　訳『孟子』『世界の名著3』中央公論社）

原典 B　理想の人物，大丈夫

View　不動の志をもった人。

天下の広居に居り，天下の正位に立ち，天下の大道を行ない，志を得れば民とこれに由り，志を得ざれば独りその道を行ない，富貴も淫す能わず，貧賤も易うる能わず，威武も挫く能わざる，此れをこれ大丈夫という。

【訳】　（仁という）天下の広い住居に居り，（礼という）天下の正しい位置に立ち，（義という）天下の大道を行なうもので，志を得て世に用いられれば，天下の人民とともにこの正しい道を行い，志を得ないで民間におるときには自分一人でこの道を行い，いかなる富貴（財産や地位）で誘惑してもその心をとろかし乱すことはできず，いかなる貧賤で責め苦しめてもその操（節操）を変えさすことはできず，いかなる威光（権威）や武力で圧迫してもその志をまげさすことはできぬ。こういう人こそ，まことの大丈夫というのである。

（小林勝人訳注『孟子』岩波文庫）

原典 C　王道政治

View　利益ではなく仁義こそ最優先。

孟子，梁の恵王に見ゆ。王曰わく，叟，千里を遠しとせずして来たる。亦将に以て吾が国を利することあらんとするか。孟子対えて曰わく，王何ぞ必ずしも利を曰わん。亦仁義あるのみ。（梁恵王章句上）

【訳】　孟先生が，梁の恵王に拝謁された。恵王はいわれた。「老先生，あなたは千里の道を遠しとせずにおいでくださった。さだめしわが国に利益をもたらされることと存ずる。」孟先生が，かしこまってこたえられた。「王様，どうして利益のことなぞ仰せになるのですか。王様はただ仁義のことだけお気にかけられたらよろしいと，私は存じます。」

（同前）

Side Story　『孟子』には教育に触れた文が多い。一説によれば「教育」「英才」「育英」は『孟子』から出た言葉とされる。また，君子は，子の信頼を損なわないために，自分の子は教えないとした。

解説

A 徳の芽である四端の心を養い育てることにより，四徳が実現するとし，人間の本性は善であるとした。では，本性が善である人が，なぜ悪事を行なってしまうのか。孟子はそれを，環境が原因だとした。「恒産なければ因りて恒心なし」（一定の収入がなければ，変わらぬ道徳心をもつことができない）。

● **五倫**

父子の**親**（親愛）
君臣の**義**（礼儀）
夫婦の**別**（区別）
長幼の**序**（順序）
朋友の**信**（信義）

解説▶ 孟子は，人間関係を支える徳目として**五倫**を説いた。前漢時代の儒者董仲舒が説いた**五常**（四徳に信を加えたもの）とともに儒教道徳の根本とされた。

B 四徳を重んじて実践する生き方をすると，いかなる局面でも動揺しない，毅然とした，しかも広大でのびのびとした心を持つことができる。この心を**浩然の気**と呼んだ。そして浩然の気を養う人を**大丈夫**と呼んで，孟子は理想の人間と考えた。

C 孟子は，君主が先王の道を規範とし仁義を弁えれば理想の政治が実現されるとし（**王道**），覇道と区別した。王道から外れれば天は命を革め施政者の姓名を易える（**易姓革命**）とし，平和的交替（禅譲）を理想としつつ，武力による交替（放伐）もやむを得ないとした。

漫画『鬼滅の刃』と儒家思想

本作の魅力の一つが兄弟愛と家族愛の描写だ。これらは孔子が仁の始まりとした**炭次郎から禰豆子への兄弟愛**は人々へ広がり，その命を奪う鬼への羞悪の心は「その横暴を，俺は絶対許さない」（第81話）と噴出する。しかし，彼は鬼を斬ったあと鬼の身の上を思い泣く。**鬼への惻隠の心**にあふれているのだ。

源流思想

人為を重視し学習の必要性を説いた思想家

16回

荀子

じゅんし（Xun Kuang）
前298？～前235？　中国

Words 170性悪説
171礼治主義

学を以て已むべからず。

西暦	年齢	生涯
紀元前		
298?	0	趙で誕生
248	50	斉で遊説し，官職に就く
238	60	韓非子・李斯が門人となる
235?	67	楚で官職を辞め，死去

主著　『荀子』

足跡　戦国時代末期に趙に生まれた。前半生はよくわかっていない。50歳で初めて斉に遊説し，三たび祭酒（学政の長官で，教育長のような役職）に就いたが，斉を去る。その後，趙や秦で論争を張るが受け入れられず，最後は楚で，蘭陵（山東省）の地方長官に任じられる。その地で読書と著作に励み，弟子を教育した。荀子の思想は，儒家の中では正統には属さないため，儒家の中に継承した者は乏しい。弟子には韓非子や李斯（秦の宰相）がおり，彼らは法家を形成し，戦国末期の政治に関与し中国史に大きな影響を与える。

Outline　荀子の思想：本性が悪である人間を人為的に導き，善の国家を実現する

性悪説
人間の本性
＝
自分の利益を求める存在

対立 → 孟子の性善説

どちらも学習・教育が必要という共通点もある

礼
＝
社会の規範を教えて，身につけさせる。
（**人為的な教育が必要**）

発展 → 善の国家の実現
（善＝秩序ある平和の世の中）

発展 → 法家思想（礼より強制力のある**法**で人を支配）

対立 → 道家思想（人為より**自然**が大事）

Think　荀子はなぜ性悪説の立場に立ったのだろうか？

13 原典A　性悪説

View　人間は生まれつき悪であり，人間の善い性質は後天的な矯正によって引き出される。

　人の性は悪にして其の善なる者は偽*なり。今，人の性は生まれながらにして利を好むあり。是に順う，故に争奪生じて辞譲亡ぶ。生まれながらにして疾悪あり。是に順う，故に残賊生じて忠信亡ぶ。生まれながらにして耳目の欲の声色を好むあり。是に順う，故に淫乱生じて礼義文理亡ぶ。……故に必将ず師法の化と礼義の道あり，然る後に辞譲に出で，文理に合いて治に帰す。此を用て之を観る。然らば則ち人の性の悪なるは明らかなり。其の善なる者は偽なり。（性悪篇）

*ここでは「人為」のこと。「うそいつわり」という意味ではない。

【訳】人間の本性すなわち生まれつきの性質は悪であって，その善というのは偽すなわち後天的な作為の矯正によるものである。さて考えてみるに，人間の本性には生まれつき利益を追求する傾向がある。この傾向のままに行動すると，他人と争い奪いあうようになって，お互いに譲りあうことがなくなるのである。また，人には生まれつき嫉んだり憎んだりする傾向がある。この傾向のままに行動すると，傷害ざたを起こすようになって，お互いにまことを尽くして信頼しあうことがなくなるのである。また，人には生まれつき耳や目が，美しい声や美しい色彩を聞いたり見たりしたがる傾向がある。この傾向のままに行動すると，節度を越して放縦になり，礼儀の形式や道理をないがしろにするようになるのである。……だから，必ず先生の教える規範の感化や礼儀に導かれて，はじめてお互いに譲りあうようになり，礼儀の形式や道理にかなうようになり，世の中が平和に治まるのである。

　以上のことから考えてみると，人の生まれつきの性質は悪いものであることは明瞭である。したがって人の善い性質というのは，後天的な矯正によるものなのである。

（沢田多喜男・小野四平 訳「荀子」『世界の名著10』中央公論社）

原典B　人為の重視

View　学習と教育の必要性を説く。

　君子曰わく，学は以て已むべからず。青はこれを藍より取りて藍より青く，冰は水これを為りて而も水より寒たし。……君子は博く学びて日に己れを参省すれば，則ち智は明らかにして行過ちなきなり。（勧学篇）

【訳】「学問を中途でやめてはならない」と君子はいっている。青色は藍草から取るが，藍草よりも青い。氷は水からできるが，水よりも冷たい。……君子もひろく学んで日ごとに反省すれば，知識は確かになり行動に過ちがなくなるのである。（学問は，すればするほどすぐれた者になる。）　＊「出藍の誉れ」は，今，弟子が師よりすぐれることを意味する。（同前）

解説

A 荀子は，孔子の説いた徳のうち「礼」を重視した。また，孟子の性善説に異を唱え，**性悪説**を主張した。戦国時代の戦乱と困窮の中で，人々は私利私欲に従って勝手な行いに走った。こうした人々を目のあたりにした荀子は，人間の本性は悪であると考えた。この悪を正すためには偽（**人為**，**努力**）によらなければならない。すなわち，人間の行動規範である礼を教育しなければならないと説いた。また，世の中をよくするためには礼を重んじた政治が行われなければならないと説き（**礼治主義**），礼を作り維持するのは，現世の王であるべきとした。礼や学問の重視といった点で，荀子は儒家の一員であるが，荀子の礼治主義は，弟子の**韓非子**や**李斯**（→p.81）に継承され，**法治主義**へと転化していく。

B 荀子が自然に対する「偽」＝人為を重んじ，人は生まれたままの性に人為的教育を加えなければ善にはなれず，外面的に教育によって教え込むべきものと考えた。結果として，孟子と同様，学問による修養を重んじた。「出藍の誉れ」は学問の重要性を説く有名な言葉であるが，また，自然のままの藍より，これを人工的に染料とした（人間の工夫による）青の方がより青い，人為は自然を超える，という意味もある。

→藍の葉

Side Story　荀子が人為を重視した背景には，当時流行していた道家思想の自然重視への対抗の立場と，戦国末期の技術・産業の進歩，特に手工業の発達がある。自然が加工され有用なものになっていく姿は，人為重視の新しい自然観を生み出した。

❷墨家と法家

理想の社会を支えるのは博愛か，それとも法の厳守か

墨家と法家

Words 172墨家 173兼愛 174兼愛交利説 175非攻 176法家

学派	主な思想家	主張
墨家（ぼっか）	墨子（ぼくし）	兼愛（けんあい）（博愛主義）
法家（ほうか）	韓非子（かんぴし）　李斯（りし）	法治主義

概説 諸子百家のうち，**墨家**と**法家**は対照的である。墨家は**兼愛**（博愛主義）を主張し，儒家の徳治主義は「一部への愛」だとして批判した。戦国時代には儒家に並ぶ最大勢力にまで拡大したが，秦によって滅ぼされたらしい。法家は，民衆を厳しい刑罰で治める**法治主義**を主張し，秦の宰相（さいしょう）となった李斯によって，秦の統治に採用された。

戦国の世にあって博愛主義・平和主義を唱えた思想家

15回

墨子 ぼくし (Mozi)　前470？〜前390？　中国

兼愛が世を救う。

主著 『墨子』

足跡 戦国時代，墨家は儒家と勢力を二分していた有力な学派であった。だが，墨子の生涯について伝える伝承はほとんどない。墨子は侵略戦争を否定したが，厳しい規律のもとで兵法兵器などの専門家集団を作った。墨家の集団は各地からの要請により防衛を引き受けることもあり，実際に宋の城に対する楚の侵略を何度も退けた記録もある。「墨守」が固い守りを意味するのも，この守城能力の高さに由来する。秦成立後，墨家集団の足取りは途絶える。

原典 差別のない愛と戦いのない平和な世界

若し天下をして兼ねて相愛（あいあい）し，人を愛すること其（そ）の身を愛するが若（ごと）くならしめば，猶不孝（なおふこう）の者あらんか。……人の室を視ることその室の若（ひろ）くんば誰（たれ）か竊（ぬす）まん。人の身を視ることその身の若くんば誰か賊（そこな）わん。故に盗賊あることなし。……人の国を視ることその国の若くんば誰か攻（せ）めん。故に大夫（たいふ）の，家（か）を相乱（あいみだ）し，諸侯（しょこう）の，国を相攻（どうぼう）むる者あることなし。

【訳】もしも世界中の人々が広く愛し合い，わが身を愛するのとおなじように他人を愛するようにさせたならば，それでもなお無礼者がでるであろうか。……他人の家をわが家とおなじようにみなすのだから誰が盗みを働こう。他人の体をわが体と同じようにみなすのだから，誰が傷害を加えよう。だから泥棒や傷害事件もなくなるのである。……他国をわが国とおなじようにみなすのだから，誰が相手を攻めよう。だから大夫（上級家老）たちが互いの相手の家を乱し，諸侯たちが相手の国を攻めるという事態もなくなるのである。

（金谷治 訳「**墨子**」『世界の名著10』中央公論社）

解説 墨子は儒家の仁は家族愛，身分に基づいた愛で差別的な愛（**別愛**）であると批判した。人々がわが身を愛するのと同じように他人を愛する**兼愛**の心を持てば互いの利益にもなり（**交利**），かつ平等な愛が実現する。「一人を殺せば死罪が適用されるのに大量殺人を犯す侵略戦争をなぜ不義と言わないのか」と，兼愛・交利の立場から，侵略戦争を否定する**非攻**を唱えた。また，墨家は形式的な儀式を捨て，実用性を尊んだ。儒家に対抗して，**節用**（質素倹約）・**節葬**（節度ある葬儀）をよしとした。儒家の盛大な儀式や厚葬（手厚い葬儀）が民に大きな負担を強いることを知っていたのである。

法の厳守こそ統治の要と考えた，法家の祖

8回

韓非子 かんぴし (Han Feizi)　前290？〜前233？　中国

人主（君主）にもまた逆鱗あり。

主著 『韓非子』

足跡 戦国時代末期に，韓に生まれる。生まれながらの重度の吃音（きつおん）で，「それなら文章で雄弁に語ろう」と思い立ち，努力して名文家になった。李斯とともに荀子に師事し，儒家の徳治主義を無力有害とした。秦の政（後の始皇帝）は，韓を攻めて韓非子を手に入れたとされる。しかし，既に秦に仕えていた李斯の陰謀で自殺させられる。

⑬ ● 原典 官（おか）を侵すの害—法治主義による支配

昔，韓（かん）の昭侯（しょうこう）が，酒に酔ってうたた寝をしたことがあった。冠係（かんむりがかり）の役人は，主君が寒かろうと思い，うたた寝をしている昭侯の体に衣服をかけた。昭侯は目をさますとこのことを喜んで，侍臣（じしん）にたずねた。「誰がこの着物をかけたのじゃ」。侍臣は，「冠係の役人でございます」と答えた。昭侯は，そこで衣装係の役人と冠係の役人をともに処罰した。衣装係の役人を処罰したのは，自分の任務を怠（おこた）ったからである。冠係の役人を処罰したのは，彼が自分の職分をこえた行為をしたからである。昭侯とても寒いのは嫌（きら）いである。しかし，他人の役職を侵害することから生じる弊害のほうが，寒いということよりもはるかに重大だと考えたから，冠係の役人を処罰したのである。（金谷治・町田三郎 訳「**韓非子**」同前）

解説 法を厳密に守ることで支配の徹底を図る**法家**思想の特徴がわかる。荀子に学んだ韓非子は，人間の本性は悪であるから，礼でも治めきれないとした。そして，君主が定めた，刑罰を伴う法によってこそ人は治められるとした。君主は一切の権力を手中に収め，法により厳格に統治すべきであるとした。法家思想は秦に採用され，強力な中央集権国家を実現させたが，厳格な刑罰は，かえって秦の滅亡を早める結果ともなった。

✦ FOCUS 小説『墨攻』—墨家の実態とは？

小説『墨攻（ぼっこう）』（酒見賢一著）は，墨家が兼愛・非攻を掲げながら，実態は戦争の巧みなプロ集団であったという史実に基づいている。墨家の一員であった主人公革離（かくり）は，たった一人で小国に乗り込み，司令官として城域内の人々を指揮し，大国からの攻撃を見事に防いでいく。彼は質素倹約に努め，ぼろぼろの衣服で低い身分の者と共に働き，死に際しては，簡単な，葬儀とも言えないような始末を願うなど，墨家の思想を体現している。

Side Story 墨子は清代に再評価が始まり，現代中国では偉大な科学技術の源流（「科聖（けんしょう）」）として顕彰され，国により墨子紀念館（シャントン）（山東省）が創設されている。

源流思想

理気二元論に基づき儒学を体系化（朱子学）　13回

朱子（朱熹）

しゅし（しゅき）

1130～1200　中国

> もし理を窮めなければ，道理がわからない。理を窮めて敬をたもたなければ，うまく行かない。

主著 『四書*集注』『近思録』

足跡 幼い頃，「宇宙に果てはあるか」と親に問い，驚かせた。若い頃，心の問題に対する明快な答えをもっていた禅に惹かれたこともあったが，心の迷いを克服し人格を高める学問として新たな探究が始まっていた道学を李延平に学んでからは，出世間の仏教を離れ，日常の生活に基礎をおく新たな儒学の体系化を目指していった。飢饉に備えて食糧を備蓄する倉庫である社倉を創立し農民の救済に当たったのも，自らの教えを実践するものであった。晩年は政争に巻き込まれ，その教えが「偽学」の烙印を押され弾圧を受けたが，死後，朱子の教えは復権し，元明代に国家教学となった。

*四書とは『論語』『孟子』『大学』『中庸』のこと（『大学』と『中庸』はともに『礼記』の一部を抜き出したものである）

西暦	年齢	生涯　色文字は同時代のできごと
1130	0	現在の福建省に士大夫（役人）の家庭に生まれる。
40	10	父が秦檜の和議に反対し政界を追われ，3年後に死去。
42	12	南宋と金に和議（紹興の和議）成立
48	18	科挙に合格する。21歳で任地を得，70歳まで官吏を務めた。
52	22	禅や道教の修煉にのめりこむ。
53	23	道学の師李延平に出会い，以後10年間その指導を受ける。
71	41	赴任地に社倉を創立し，農民の生活の安定をはかる。
92	62	源頼朝征夷大将軍となる。
94	64	皇帝の侍講となるが，政争に巻き込まれ45日で罷免される。
1200	70	「偽学の禁」で弾圧を受けるなか，死去

Think 万物は何から成り立っている？

原典A 理気二元論

18 19 22

View 万物は存在の根拠・価値たる「理」とエネルギーをもつ微細な物質たる「気」から成り立っている。

　天地の間（のあらゆるもの）には，理と気があります。**理は形而上の道であり，物を生じる根本です。気は形而下の器であり，物を生じる素材です。**そこで人や物が生じる際には，**必ず（天より）理をうけて，はじめて本性がそなわり，必ず（天より）気をうけて，はじめて形体がそなわります。**

(荒木見悟 訳「朱子文集・語類抄」『世界の名著 19』中公バックス)

原典B 性即理

12

View 人の本来の心（性）には道徳たる四徳（理）がそなわっているが，情たる私欲（気）が邪魔をして，善をなすことができない。

　天地の間には，一つの道理しかなく，性は理なのである。**人に善があり不善があるわけは，（天より）気質を受けるのに，それぞれ清濁があるからにほかならない。**

　人の性はみな善である。……**人が学問をおさめるのは，気質を変化させんがためである。**

(同前)

1 居敬窮理―人間の本性（理）を実現するには？

　朱子は学ぶことを通して，誰もが聖人に至ることができるとする。聖人とは理想とされる人格の完成者であり，孔子（→p.74）が「心の欲するところに従いて矩を踰えず」と説いた，心と規範が調和した者のことである。混濁した気質を変化させ，聖人に至る修養方法が「**居敬窮理**」である。「敬」は本来「うやまい」の気持ちをあらわす言葉だが，うやまうべき相手の前に出ると，おのずと緊張し身が引き締まる思いをしたことはないだろうか。「**居敬**」とは日常のあらゆる場面でそのような緊張感と集中力を保つことであり，学びの姿勢（外見）を整えることを意味する。「**窮理**」とは，物事の理に窮極までせまることであるが，物事には事物とともに，親子関係や君臣関係，「経書」（四書五経）も含まれる。朱子は『大学』にある「**格物致知**」を「物に格り（至り）て，知を致す」と解釈し，物事を徹底的に知り尽くすことで，「孝」や「忠」といった心に備わる「理」を，情に惑わされず本性のままに振る舞うことができるようになるとした（性即理）。**朱子にとって居敬窮理とは，おのれを律し，「経書」を専一に読みこなすことであった。**

解説

A 万物はすべて**理**と**気**から成っているとする考え。理とは万物の原理であり存在の根拠である。人や物が天から授かった性（本性・本質）が理である（**性即理**）。気とは，発育する力をもった形のない物質である。理と気は一定の秩序に従って結合し，人間・動植物・物体を形成している。

B 性即理とは性善説の理気二元論による説明である。人の心にも理と気がそなわっている。理とは四徳（→p.78）だが，それを本性のままに振る舞えるのは聖人のみで，現実の人間は気である私欲の影響を受けて，**本然の性**が**気質の性**へと変質し，善を素直に行うことができなくなっている。

朱子は，道徳を身に修めた君子が為政者となるべきという孔子の理想を，**修己治人**ということばで示しました。その実践方法として，居敬窮理や格物致知などの教えを重視したんだよ。

Focus 江戸時代の朱子学

林羅山

山崎闇斎

貝原益軒

　朱子が没したのは日本の鎌倉時代初期にあたる。当時すでに彼の著書は日本に伝来していたが，本格的に受け入れられたのは，林羅山が徳川家康の側近となってからである。以後，朱子学は江戸時代を通して武士の精神形成と民衆の教化に大きな役割を果たした。

Side Story 朱子のもとには多くの門人が集まった。朱子の指導は厳しく，おしゃべりや居眠りをする生徒には，年長者であろうと容赦なく人前で叱った。朱子は門人との問答や論議を繰り返すことで，みずからの思想を鍛えていった。

BC ━━━━━━━━━━━━━━━━━━━━━━━━━━━━━━ ■ ■ ━━━━ AD

良知の実践を重視した儒学を確立（陽明学）

王陽明
おうようめい
1472～1528　中国

Words 187 心即理　47 知行合一
188 致良知　189 格物致知

人は天地の心にあたり，天地万物は
もともと自己と一体のものであります。

西暦	年齢	生　涯（中国・明代）
1472	0	浙江省紹興府の名家である王家の長男に生まれる。
92	20	庭の竹を相手に格物を実践（→1）したが，病をおこし挫折。
99	28	三度目の受験で科挙に合格する。
1506	34	宦官劉瑾の専横を諌めたが，逆に恨まれ僻地に左遷される。
08	36	赴任地龍場の生活に耐えるなか，大悟を得る（龍場の大悟）。
10	38	宦官劉瑾が処刑され，要職に復帰する。
19	47	「寧王の乱」の鎮圧に成功。
28	56	思恩・田州の反乱を平定するも，帰路船中で病没。

主著　『伝習録』（語録や弟子や知人にあてた手紙や文章をまとめたもの）

足跡　名は守仁，字は伯安，陽明は号である。王家は名家で，浙江省紹興府に生まれた。幼少のころから肺病に苦しむ一方で，詩文，兵法，養生術，神仙，仏教，老荘思想など多方面に関心を寄せた。28歳で科挙に合格して官吏となったが，35歳のときに辺境に左遷され，厳しい生活を強いられた。その逆境の中37歳で自己の哲学を得るに至った（龍場の大悟）。のちに，文官でありながら反乱軍討伐に活躍し，また弟子たちとの講学によって思索を深めていった。最期は反乱討伐の帰途の船中にて肺病で死去した。

Think　今世界を感じている心が本性なのではないか？

原典 A 心即理（しんそくり）

View 心が事物に対峙して動くはたらきそのもの（親への孝行・主君への忠誠）が理である。心を離れて理はない。

心は虚であるとともに霊妙，かげりもなく透明で，あらゆる理がそこに具わり，一切の事為がここから出来する。心のほかに理があるのでなく，心のほかに事為があるのでもない。

（溝口雄三 訳『伝習録中巻』『世界の名著 19』中公バックス）

原典 B 知行合一（ちこうごういつ）

View 「知は行の始，行は知の成である」。知は行を含み，行は知を含んでおり，知と行は表裏一体の関係にある。

そもそも知っているという以上，それは必ず行ないにあらわれるものだ。知っていながら行わないというのは，要するに知らないということだ。

……孝悌についてあれこれ談ずることを覚えたからといって，それで孝悌を知っているなどといえたものじゃない。

（同前）

原典 C 致良知（ちりょうち）

View 個々の具体的な場面でおのずから生じる善なる心の本性は良知であり，その完全な発揮が致良知である。

知は心の本体である。だから，心はおのずから知るはたらきをもつ。父を見ればおのずと孝を知り，兄を見ればおのずと悌を知り，子供が井戸に落ちるのを見ればおのずと惻隠を知る。このおのずからなる知こそが良知で，外に求める要のないものだ。

（溝口雄三 訳『伝習録上巻』同前）

1 格物致知（かくぶつちち）—陽明学の説く格物致知とは？

若い頃，朱子学の説く格物致知を実践すべく，庭前の竹の理に格（至）ろうと昼夜をわかたず思惟を尽くしたが，七日目に病気になったという。のちに左遷先の龍場で「聖人の道は，吾が性に自足せり。さきに理を事物に求めしは，誤りなり」との悟りを得る。それは客観的な事物の理を先に窮めることを説く朱子学に対し，あるがままの心のはたらきこそ理（**心即理**）であり，知と行は一体である（**知行合一**）という思想である。さらに心の本体を孟子の説いた良知とし，格物致知とは知（良知）を発揮（**致良知**）することで物のあり方（人間関係や社会秩序）を格（正）していくことであるとの見解に至った。万人に等しく良知が具わるとした陽明は，日常を懸命に生きる人々をみな聖人とみなした（**満街聖人**）。

満街聖人じゃ！

解説

A 王陽明も朱子と同じく性は理であるとするが，〈心は情を性（理）に即して統制するものである〉という朱子の考えに対して，〈心は性（理）をそなえ情が動いている場〉であり「心は性（理）そのものである」ととらえる。

B 「痛みを知るとは，その体験があってはじめて知るといえる」とし，知（知識）と行（実行）の一致をとく。朱子学が知を窮めることを優先し，行いが後回しになることを批判したものである。「伝習録下巻」では，心の中で少しでも思ったことを行われたものとして倫理的に吟味するために知行合一を説いたと説明している。

C 良知は『孟子』に由来する語であるが，陽明は行為の実践主体としての善なる心ととらえる。それは万人に具わるものであり，良知を発揮すること（**致良知**）によって世界に理（善）が実現されるとする。各自の力量を，実践を通して押し広げることが大切であるとした。

源流思想

Focus 江戸時代の陽明学

中江藤樹
なかえとうじゅ

大塩平八郎
おおしおへいはちろう

佐久間象山
さくましょうざん

中江藤樹が日本陽明学の祖とされる。徳川幕府に取り入れられた朱子学に対し，陽明学は権力と結びつかず，武士，民衆の倫理として広がった。幕末の大塩平八郎，佐久間象山，吉田松陰らも陽明学の流れをくむ。

Side Story　十代のころ，塾を抜け出しては戦争ごっこなどの遊びに耽っていたが，ある時，人相見から「将来聖賢になる人物だ」と評されたことをきっかけに勉強に身を入れるようになったという。

道家の祖で，無為自然の道を説く

老子

ろうし (Laozi)
生没年不詳（前5世紀ごろ）　中国

学を絶てば憂い無し。

➡函谷関
ここで役人の求めに応じて『老子道徳経』をまとめたとされる。

主著 『老子』（『老子道徳経』）

足跡 生没年は不明であるが，春秋時代の終わり頃，紀元前4世紀頃の人と推察される。道家の祖とされる。司馬遷の『史記』によると，老子は楚に生まれ，周で図書館の役人をしていたが，周の衰えを嘆き，周を去り西に向かう途中で，関所で役人の求めに応じて，『老子』（『老子道徳経』）五千言を著したとされる。『老子』は短い文の集まりで，人名・地名などの固有名詞がみあたらない作品であり，その成立背景についてもよくわからず，以前は魏晋南北朝時代（紀元184～589年）以降とする説もあった。しかし1970年代以降，前漢時代や戦国時代の墓から『老子』の断片が帛書や竹簡*で次々と発見され，戦国時代にはすでに『老子』が何らかの形で存在していたとする説が有力となっている。

＊帛書は絹の布に描かれた文字資料，竹簡は竹の札に書かれた文字資料のこと。いずれも，紙が発明される以前に用いられた。

Approach 孔子と老子が論争⁉ ～勝ったのはどっち？

老子に関する最古の伝承は，**司馬遷の『史記』に**ありますが，『史記』の記述も老子と目される者が複数登場するなどの混乱があり，司馬遷の時代には既に実態が分からなくなっていたようです。

『史記』には，孔子が老子を訪ねた話が，載っています。孔子は魯国からはるばる周国におもむいて，すでに高名となっていた老子に，礼について質問しました。老子いわく，「礼を制定したご当人はとっくに世を去って骨まで腐ってしまった。その言葉だけ残っているが，一体何の足しになるのかね。たしか繁盛している大商人は商品を奥にしまい込んで店前はひっそりとしている。本当の君子は立派な徳を持つが容貌は愚者のようだ。君のおごった態度と野心，わざとらしい態度と好奇心，みだらな気持ち，どれも何の得にもならないのだよ。あなたに告げたいのはこのことだけだ。」老子は，いにしえの聖人を慕い礼儀を尊重する孔子を，冷たくつきはなしたのです。孔子は早々と引き上げ，弟子たちに「今日は老子に会ってきた。いつか竜のように風雲にのって天に舞い上がるのだろうが，自分にはさっぱり捕捉（とらえること）できない人物だ。」と老子の計り知れない偉大さに感嘆したのだといいます。その後老子は，**無為自然**の道を修得しましたが，その学問を決してひけらかすことなく，自分の才能を隠し，無名であることをよしとしたといいます。勝負は老子の勝ち，といったところでしょうか。老子のひどい態度に反感を抱く人や，孔子の穏やかさに感心する人もいるかもしれません。この話は老子の思想の本質をついた話であり，司馬遷が老荘思想を高く評価していたことをうかがわせます。

しかし，老子が孔子よりも先に有名であったということ，まして同時代に生きていたことはないとさ

れ，この話は明らかに史実ではないとされます。その理由のひとつは，『老子』の内容です。

同じ戦乱の世に生まれながら，孔子と老子はその戦乱の原因についての見方が逆でした。孔子はその原因を，仁義の道徳が失われたことにあるとしその道徳の回復が乱世を救う道だとしました。これに対し老子は，そのような人為的な仁義忠孝こそ，乱世をもたらした元凶だとし，大いなる自然の道に帰ることこそが，平和をもたらす道であるとしたのです。

大道廃れて，仁義有り。智慧出でて，大偽有り。六親和せずして，孝慈有り。国家昏乱して，貞臣有り。（第18章）

【訳】大いなる「道」が衰えたとき，仁愛と道義（の説）がおこった。（人の）さかしらと知識がたちあらわれたとき，大いなる偽が始まった。六つの近親が不和となったときに，孝行な息子が話題となり，祖国が乱れ暗黒となってから，忠義な臣下ということが聞かれるようになった。

（金谷治 訳『老子』講談社学術文庫）

『老子』は全体的に対立者を意識しながらものを言っています。仁義，孝慈，孝行，貞臣，これらはすべて儒家がよしとしたものです。老子が『老子』で想定していた対立者は儒家だといえます。儒家道徳が広く伝わり，世間的に有力になっていた時期にこそ『老子』の書が現れたはずなのです。それは孔子の死後，相当の年月を経てからのことでなければならないでしょう。

Side Story 中国河南省の老子の生誕を祝う記念公園に，高さ28メートルの巨大な立像があったが，金箔で覆われ，その派手さは老子思想に合わないのではないかという批判が寄せられていた。この他，複数の地が生誕地と名乗りを挙げている。

84

Outline　老子の思想：道（タオ）に従って生きるとは

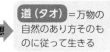

無為自然　作為的なことを排し，天地自然に身をまかせる

柔弱謙下　誰とも争わない

小国寡民　小さい国の方が良い

儒家　仁義や道徳が失われたから世が乱れたのだ。　→批判→　**老子**　世が乱れたからこそ仁義や道徳の説が起こったのだ　→理想→　**道（タオ）**＝万物の自然のあり方そのものに従って生きる

Think　老子はどのような社会を理想としたか？

⑪ 原典 A　道（タオ）とは

View　道家思想における道とは

① 物有り混成し，天地に先んじて生ず。寂たり莫たり，独立して改まらず，周行して殆まらず。以て天下の母と為すべし。吾れ其の名を知らず，これに字して道と曰ふ。（第 25 章）

② 上善は水の若し。水は善く万物を利して而も争わず，衆人の悪む所に処る。故に道にちかし。（第 8 章）

【訳】① 何ものか一つにまとまったものがあって，天と地よりも以前に生まれている。静まりかえって音もなく，おぼろげでいるので形もなく，何ものにも頼らずに独立して不変であり，どこまでも広くめぐって止まることがない。それはこの世界のすべてを生み出す母だと言えよう。わたしはそのほんとうの名を知らないから，仮に呼び名（字）をつけて「道」とよぶ。

② 最高の真の善とは水のはたらきのようなものである。水は万物の生長を立派に助けてしかも競い争うことがなく，多くの人がさげすむ低い場所にとどまっている。そこで「道」のはたらきに近いのだ。

（金谷治 訳『老子』講談社学術文庫）

原典 B　無こそ大事

View　無があって初めて有用となる。

埴を埏ちて以て器を為る。其の無に当たって，器の用有り。……故に有の以て利を為すは，無の以て用を為せばなり。（第 11 章）

【訳】粘土をこね固めて，それで器ものはできている。しかし，器の中心の何も無いくぼみがあってこそ，器ものとしての効用がはたせることになる。……だから何かが有ることによって利益がもたらされるのは，なにも無いことがその根底でその効用をとげているからのことなのだ。

（同前）

⑫ 原典 C　無為自然

View　無為の偉大さ。

学を為せば日々に益し，道を為せば日々に損ず。これを損じて又た損じ，以て無為に至る。無為にして為さざるは無し。天下を取るは，常に無事を以てす。（第 48 章）

【訳】学問を修めていると，その知識は一日一日と増えてくるが，「道」を修めていると，一日一日その知識は減ってゆく。減らしたうえにまた減らし，どんどん減らしていって，ついにはことさらなしわざ（人為）のない「無為」の立場にゆきつくと，そのしわざのない「無為」のままでいて，それですべてのことをりっぱになしとげるようになる。世界を制覇するのは，必ず格別なしごとをしないで，あるがままに任せていくことによってである。（同前）

㉓ 原典 D　小国寡民

View　老子の考えたユートピア。

小国寡民……民をして死を重んじて而して遠く徙らざらしめば，舟輿有りと雖も，これに乗る所無く，甲兵有りと雖も，これを陳ぬる所無し。人をして復縄を結んで而してこれを用いしめ，其の食を甘しとし，其の服を美とし，其の居に安んじ，其の俗を楽しましむ。隣国相望み，鶏犬の声相聞こえて，民は老死に至るまで，相往来せず。（第 80 章）

【訳】国は小さく住民は少ない……人民に命を大事にさせ，遠くへ移住することがないようにさせるならば，舟や車があったところでそれに乗るまでもなく，よろいや武器があったところでそれらを並べて見せる機会もない。もう一度，人々が結んだ縄を契約に用いる太古の世と同じくし，かれらの（まずい）食物をうまいと思わせ，（そまつな）着物を立派だと思わせ，（せまい）住まいに落ち着かせ，素朴な習慣の生活を楽しく過ごすようにさせる。そうなれば，隣の国はすぐ見えるところにあって，鶏や犬の鳴く声が聞こえるほどであっても，人民は老いて死ぬまで他国の人とたがいに行き来することもないであろう。（森三樹三郎『世界の名著 4　老子・荘子』中央公論社）

解説

A 儒家の説く**道**は，人間世界の約束事で，人として生きる道で，仁や礼等と具体的に示されていた。老子の「道（タオ）」は宇宙万物を合わせて貫く唯一絶対の道であり，自然の在り方そのものともいえる。おぼろげで分かりにくく，名づけようもないため仮に「道」とよんだり，「無」「大」とも呼ばれる。また，水を「道」に近いものとして例えている。

B 器の一番大事な部分は，底でも縁でもない。何もないくぼみ，空虚な部分である。家も，何もない空間があってこそ家としての有用性が生じる。車輪も多くの棒が放射状に集まる車輪の中心が，何もない穴だから，車輪としての有用性が生じる。何もないという事は何の役にも立たないように見えて実はそうではない。かえって形あるものにその役割を与え，その存在に価値を与えている。

無は何もないくぼみ

C 人間もまた道に従って生きなければならない。人為的な力を排除して，ありのままにまかせること（**無為自然**），柔和で，弱々しく，へりくだり，人と争わない姿勢（**柔弱謙下**）を，道に従った理想的な態度と説いている。

D 老子の理想社会を描いた文章として有名である。**小さな国で人口が少なく他国と往来がない**自給自足の国であれば，人々は悠々と豊かな心で穏やかな生活を続けることができる。これは当時の**中国の農村社会そのまま**だともいえる。**文明の進歩への鋭い批判**も書かれている。また，戦国の世は富国強兵のため，民の増加と領土の拡大を諸侯は求めたので，戦国の世の流れへの痛烈な反論ともいえる。表現に，「民に何々させる」という使役の形の表現が用いられるので，老子が支配者の立場に立って，政治の心得を書いている。老子も他の諸子百家同様，人々の統治への高い関心を持っていることをうかがわせる。

源流思想

Side Story　魏晋南北朝時代には，さまざまな老子伝説が生まれた。西方へ去った老子が仏教を開いたという説，母の胎内に 72 年間いて，その後左脇腹から生まれたという説など。この説では，老子は生まれたときすでに白髪であったという。

道家の大成者で，老子の思想を継承・発展　　　14回

荘子

そうし（Zhuang Zhou）
生没年不詳（前4世紀ごろ）　中国

Words 196万物斉同　197心斎　198坐忘　199逍遥遊　200真人　201道教

唯，道は虚に集まる。
虚なるものは心斎なり。

西暦	年齢	生涯
紀元前		
370?	0	宋に誕生。のちに漆園の役人となる
335?		楚の威王から宰相として招かれるが辞退
333?		魏の恵王に面会
300?		死去

主著　『荘子』（書名は「そうじ」と読む）

足跡　姓は荘，名は周。『史記』によれば戦国時代，紀元前350年頃の人で，孟子とほぼ同時代に生きた。宋の属国で漆園の役人をしていたが，無我の境地で生きることを求めて隠遁者として貧しい暮らしに入った。奇想天外な寓話（たとえ話）を含む「十万余言」を残した。人為を排し（無為），世俗的価値観にとらわれない生き方を説くとともに，自らも実践したとされる。楚の威王より宰相への申し出があったが断った，という記録が『史記』にある。老子と違い，政治への言及は『荘子』には薄い。『荘子』は道家の思想の内容とその優位を，儒・墨・名の諸学派を批判する中で説き，中国古代思想史を知る上でも貴重な文献である。

Approach 奇想天外な寓話！～そこに秘められた荘子の思想とは？

◎**逍遥遊**　『荘子』の冒頭を飾る，奇想天外な寓話。北の果ての海に鯤という，何千里あるのか見当もつかないほどの，とてつもない大きな魚がいる。この巨大な鯤が転身の時を迎えると，姿を変えて鳥となる。その名は鵬という。その背の広さは何千里あるのか見当もつかない。何千里だとすると，この魚や鳥は日本列島より大きいかもしれない。その翼の大きいこと，まるで青空一面をおおう雲のようで，9万里も高く，舞い上がる（これはもう宇宙空間）。無限の高さの上空をかける巨大な鵬から地上を見下ろせば，地上の小さな差別や違いはすべて消え去り，（私たちが空を青一色に見るように）ただ青一色に見えるだけである。鵬は，逍遥遊の境地で悠々と空を飛ぶ。「逍遥遊」とは元々は，あてどもなく，さまよい遊ぶという意味。『荘子』では世俗にとらわれず自由に生きる境地のこと。（逍遥遊篇）

◎**渾沌**　渾沌（中央の帝）の手厚いもてなしに感激した二人の客（こちらも帝）が，お礼にと，渾沌に人間と同じ7つの穴を一日にひとつずつあけてあげた。人には皆，7つの穴があり，息をしたり，見たり聞いたり食べたりができる。渾沌にそれらがないのはかわいそうだ，というのである。しかし，7日目に第7の孔を堀った途端に渾沌は死んでしまった。渾沌とはどういう存在なのか，どんな見た目なのか，見当がつかない，不思議な話である。荘子は，**渾沌（カオス）こそ世界の真の姿であり，そこに人間がことさらに作為を加え，価値観で判断することに人間の不幸や世界の混乱が起きる**とした。現在では，渾沌（混沌）という言葉は，入り混じって区別がつかず，無秩序でまとまっていないさまをさす。（応帝王篇）

渾沌

◎**朝三暮四**　猿をかわいがり，自分の食べ物も減らして猿に与え，貧乏になってしまった猿使いがいた。猿に栃の実を与えるのに，朝3つ，夕4つではどうかと言ったところ，猿たちは怒った。朝4つ，夕3つでどうだと言うと猿たちは喜んだ。**わずかな違いにこだわり，本質を見失う愚かさをあらわ**す。朝三暮四は，言葉巧みにだますという意味にも使われる。（斉物論篇）

朝　夕

朝　夕

◎**沈魚落雁**　美女を見た魚は恐れを感じて水中深く潜り，鳥（雁）は驚いて飛び上がったうえ隊列をみだして落ち，鹿は駆け足で逃げ去る。人間にとって絶世の美女でも，魚や鳥には通用しない。美の基準は人間独自の勝手な判断にすぎない。**仁義や是非の価値判断も同様に人間独自の価値判断に過ぎない。**転じて「沈魚落雁」は絶世の美女のことを表す。（斉物論篇）

道家思想と中国の歴史　道家思想は魏晋南北朝時代，貴族に流行し，中には政争から遠ざかり，山中や**竹林**などで俗世間と無関係な哲学的な議論をする**清談**が流行した。一方で道家思想は，次第に神仙思想や民間信仰に融合して**道教**となり，民衆の生活に深く浸透し，中国の思想に大きな影響を及ぼしていった。道教は，中国古来の不老長寿を求める神仙思想を基盤として生まれた土着的，伝統的な宗教である。老子や荘子が作り出したわけではなく，思想的にもすべてが共通するわけではないが，老荘思想が援用され（考え方に取り入れられ），道教では**老子は神格化**され崇拝・信仰の対象となっている。さらに，中国に伝来した**仏教**は，当初は道家思想の語句（「無」，「道」など）を利用してその思想を表すなど，道家思想をベースにして布教が行われた。もし道家思想がなかったら，外来思想である仏教がここまで中国に受容されることはなかったともされる。

Side Story　荘子は仕官の誘いを断わる際，牛や亀の例えを引く。大切に育てられ，着飾られて生贄となる牛や，占いに使うため甲羅だけは高級な布に包まれ大事にされる亀よりも，生きてどろの中で遊ぶ亀のように，自由気ままな生き方を求めた。

Outline　荘子の思想：「真人」とはどんな生き方か？

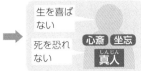

万物斉同

うまいもの食べたい
きれいな人と付き合いたい
高い地位がほしい

うまい・まずい，きれい・醜い，貴い・賤しいの判断は，人間だけが勝手にしていること。万物は道の観点から見れば等価なのだ

生を喜ばない
死を恐れない
→ **心斎** **坐忘**
真人

逍遥遊

何事にも動じることなく，虚心のままさまよい歩く絶対的自由の境地

Think　荘子の壮大な寓話は何を物語る？

⑪ **原典A　真人とは**　View　死をも恐れない自由な心。

　古の真人は，生を説ぶことを知らず，死を悪むことを知らず。其の出ずるも訴ばず，其の入るも拒まず。脩然として往き，脩然として来る已矣。其の始まる所を忘れず，其の終わる所を求めず。受けて之を喜び，忘れて之を復す。（大宗師篇）

【訳】上古の真人は，生を喜ぶことを知らないし，死を憎むことも知らない。この世に生まれ出ることを喜ぶのでもなく，死の世界に入ることを拒むこともない。ただ悠然として行き，悠然として来るだけである。生のはじめである無の世界を忘れることはないが，そうかといって生の終わりである無の世界だけを求めることもない。与えられた生は喜んで受けるが，これを返す時も未練を残すことがない。（森三樹三郎 訳『荘子』『世界の名著4』中央公論社）

⑯ **原典B　逍遥遊の境地**　View　荘子の理想とする境地。

　巧者は労して，知者は憂う。無能者は求むる所無く，飽食して遨遊し，汎にして繋がざる舟のごとく，虚にして遨遊する者なり。（列禦寇篇）

【訳】物事に巧みな者は心身を労し知恵のある者は心に憂えるものである。これに反して世俗のことに能力を持たない者は，何物も求めることがなくただ飽食して心ゆくまで遊び（「遨」も遊ぶという意味），綱から解き放たれて波間に漂う（「汎」は漂うという意味）小舟のように虚心のままにさまよい遊ぶのである。　（同前）

⑲ **原典C　胡蝶の夢**　View　夢と現，どちらが本当の世界なのだろうか。

　昔者荘周夢に胡蝶と為る。栩栩然として胡蝶なり。自ら喩しみて志に適えるかな。周たるを知らざるなり。俄然として覚むれば，則ち遽々然として周なり。知らず，周の夢に胡蝶と為れるか，胡蝶の夢に周と為れるかを。周と胡蝶とは，則ち必ず分有り。此れを之物化と謂う。（斉物論篇）

【訳】いつか荘周（私）は夢の中で胡蝶になっていた。その時私は喜々として蝶そのものであった。ただ楽しいばかりで，心ゆくままに飛びまわっていた。そして自分が荘周であることに気づかなかった。ところが突然目がさめてみると，まぎれもなく荘周そのものであった。はたして私が蝶になった夢をみていたのか，それとも今の私は蝶が見ている夢なのかいずれが本当か私にはわからない。しかし，そんなことはどちらでもよいことで，胡蝶であっても荘子であっても，形の上では大きな違いがあるが，共に己であることに変わりはない。万物は絶えざる変化を遂げるが，その実，本質においては，何ら変わりはないのだ。（同前）

⑭㉓ **1　万物斉同**

　すべてのものは存在として同じ価値をもつ（**万物斉同**）として，そこへ人為による差別・区別をもちこむことがいかに無意味であるかを説く。生と死，美と醜，善と悪，優と劣，貴と賤などの差別・区別は人のみが勝手に行うもので，もともとはどちらかだけがよいとか正しいというものではない。人間だけが，その片方である「生」「美」「善」「優」等をよしと価値判断しほしがる。これにより人間は，あるがままの自然な生き方ができず，苦しみに満ちた生を生きることになるというのだ。

⑲ **2　真人（至人）**

　万物斉同の境地を会得した人のこと。何ものにもとらわれず，絶対無差別の，あるがままの自由自在な境地で生きる，この生き方を，荘子は理想とした。万物斉同の境地に達するためには，区別・差別をなす人為を捨て，すなわち「無為」になれば，ありのままの真実（「自然」）の姿が見えてくる。そうなればあらゆる人為的価値判断から自由となり，絶対的自由の境地に入ることができるとした。

　真人になるための，**心斎坐忘**という修養法は，心をむなしくして一切のけがれを去り（心斎），いながらにして，自己の体や感覚・思考を含め，すべてを忘れ（坐忘），天地自然と一体になり，のびやかな精神の自由を手に入れることである。

解説

A 固定された価値観を否定する荘子は，生と死についても季節が巡り昼夜が交替するようなものと考えた。妻の死に際しても悲しんだ姿を見せず，友人の**恵施**（名家の思想家，荘子の論敵でもある）が弔意で訪ねると，太鼓をたたいて歌っていたという。荘子は，妻はもともと生のないところから生まれ，また生のないところに帰っただけで，天地に帰って安らかに眠ろうとしているので，泣くのをやめたという。荘子は，死への不安も超え何物にも縛られない，**絶対的自由の境地**を目指した。

B 物事をうまく行うとか，知恵を持つなど，一定の目的を追求する**人為から解放**されて，無心のままに身をゆだねる生き方を理想の境地とした。『荘子』にはたびたび仕官を断る話が出てくるが，高い地位への仕官は，荘子の理想とした境地からはほど遠いものであった。『荘子』には役に立たないために切られずに長生きできる木や，不器用であるがゆえにかえって人々から愛される者が出てくる。真の幸せとは何か，本当に豊かな人生を全うするとはどういうことなのかを考えさせられる。

C **万物斉同**によれば，差別や区別は人為によるものであり，このような二項対立的な，どちらかが真実であるという見方からの自由を説いている。また，これによれば，夢と現もどちらかが本当で，もう片方が本当ではないとは言えないということである。

源流思想

Side Story 『荘子』では，孔子やその弟子顔回，恵施，老子など実在の人物をたびたび登場させ問答をさせる。『荘子』の中で孔子と老子の問答は少なくとも6回は見られるが，もちろん架空の問答である。

87

1 諸子百家

前8世紀，封建制を基盤とする周の秩序が乱れ，諸侯が天下を争う春秋・戦国時代が訪れた。諸子百家と呼ばれる思想家たちは諸国を遊説し，新たな社会秩序の要となる理想や価値を説いてまわった。

学派	思想家	思想の特徴
儒家	孔子（前551?〜前479?)	儒家の祖。主著『論語』（弟子の編纂）。戦乱の世にあって，道徳による社会秩序の回復を求めた。人を愛する心である[1仁]（まごころと思いやりの[2忠恕]，親・兄弟への情愛の[3孝悌]）と，礼儀作法・社会規範である[4礼]を重視し，これらの徳を備えた君子による[5徳治主義]の政治を唱えた。
	孟子（前372?〜前289?)	人間には生まれながらに仁・義・礼・智の四徳を実現するための芽である[6四端]の心が備わっているとし，[7性善説]を説いた。また，為政者は天命によってその地位に就くが，王道に反する場合は，天は為政者の姓名（王統）をかえるのだとした。これを[8易姓革命]という。
	荀子（前298?〜前235?)	人間の本性は利己的で嫉妬深いとする[9性悪説]を説き，人を善に向かわせるためには，[10礼]に基づく教育が必要であるとした。[10礼]によって人の内面を矯正することで，世の中の秩序が保たれるとする[11礼治主義]を唱えた。弟子に，法による秩序回復を求めた[12韓非子]（法家）がいる。
道家	老子　生没年不詳（前5世紀ごろ）	道家の祖。主著『老子道徳経』。万物の根源であり，人知を超えた無としての自然のあり方が[13道]であるとした。人間もそれに従って生きなければならないとし，人為的な力を排除してありのままに任せる[14無為自然]を説き，国は自給自足の小規模な共同体である[15小国寡民]が望ましいとした。
	荘子　生没年不詳（前4世紀ごろ）	この世のすべてのものは存在として同じ価値を持つとする[16万物斉同]を説き，何ものにもとらわれずあるがままの自由な境地（[17逍遥遊]）で生きる人である[18真人]を理想とした。
墨家	墨子（前470?〜前390?)	無差別・平等の人間愛である[19兼愛]を説き，戦争はそれを失ったことによって起こる最悪の状態であるとし[20非攻]を唱えた。儒家の説く仁を親子・君臣間の特定した愛として否定した。

2 朱子と王陽明

前2世紀，董仲舒の献策で儒教が国教化された。やがて科挙制度と結びついた儒教の教えは形骸化していく。11世紀の宋代，周敦頤によって哲学化がはかられ，新たな儒教（宋学）が誕生する。

朱子 (宋代の儒者　1130〜1200)　主著『四書集注』		ポイント	王陽明 (明代の儒者　1472〜1528)　主著『伝習録』	
[21性即理]	事物の本性を理とし，万物は理と物質的な素材である気から構成されている（[22理気二元論]）。人間の心も本性は理であるが，気（人欲）の影響を受け歪められている。	人間観	[26心即理]	事物に理がある（心外有理説）とする朱子学を批判し，情や欲を含む人間の自然な状態の心がそのまま理である。
[23居敬窮理]	私欲を捨てて自己を律し[24居敬]，一つひとつの事物の理を窮めること[25窮理]によってすべての物事の理に達することができるとした。	実践論	[27知行合一]	人間が生まれながらにもっている善悪を判断する能力（[28良知]）を発揮し（[29致良知]），これを実践することで善が実現されるとする。
物に格（至）りて，知を致す		格物致知	物を格（正）して，知を致す	

4 CHALLENGE　大学入試問題にチャレンジしてみよう (答えは裏表紙裏)

4-1　『荘子』の寓話「渾沌」（➡p.86）について，生徒Y・生徒Zの会話文を読み，文中の（1）〜（4）で，適する語句を選べ。

(2018　共通テスト試行調査　改)

生徒Y：なんかとても不思議な話だね。

生徒Z：古典の授業でも前に習ったんだけど，改めてどうして渾沌（混沌）は死んでしまったのか考えてみたんだ。まず，二人の客の名前だけど，南海の帝，儵は「すばやい」，北海の帝，忽は「たちまち」という意味で，時間の流れを表しているんだ。これらは（1　a人間の有限性　b自然の無限性）のたとえなんだ。中央の帝，渾沌は「カオス」だから（2　a未分化な自然　b秩序付けられた自然）のたとえだよ。

生徒Y：儵と忽は渾沌の徳に報いようとしたんだよね。でもそれが裏目に出たんでしょ。

生徒Z：そうなんだ。儵と忽の行為は，確かに渾沌の徳に報いようとした仁の実践とみることができるでしょ。でもそれが原因で渾沌は死んでしまったんだよ。

生徒Y：私にも分かってきたよ。この寓話は（3　a儒家の道家批判　b道家の儒家批判　c墨家の儒家批判）ということと関係があるみたいだね。では，渾沌を死なせないようにするにはどうしたらよかったかな。

生徒Z：それは（4　a有用な人為　b無用な人為）を加えないことじゃないかな。

RANK UP　孟子の「惻隠」と本居宣長の「もののあはれ」の類似点と相違点を述べよ。（筑波大　2014，▶答えは裏表紙裏）

老荘思想にハマる現代

その影響はヨーロッパでも

老荘思想はアジア地域だけでなく，ヨーロッパの思想・文学にも大きな影響を与えたとされている。

なかでも『荘子』では，想像力をかきたてる寓話が多く語られ，それは単に面白いだけでなく，「万物斉同」など一定の哲学や論理がその根底に流れている。ヨーロッパの文学者たちが，その面白さと深遠さを見逃すはずがなく，荘子の影響を受け，そこに出ている寓話や思想に触発された創作を展開してきた。

ミヒャエル・エンデ（1929〜1995）の『はてしない物語』を知っているだろうか。のろまで頭もよくない，いじめられっ子の留年生バスチアンは，ある日，いじめっ子に追いかけられて思わず入った古本屋で，ある本に惹かれ，黙って持ってきてしまう。本を学校の物置部屋で読んだバスチアンが，本の世界に入り込み，人間の夢や希望によって支えられている空想の国・ファンタージェンの危機を，物語の呼びかけに答えながら救っていく。この壮大なファンタジーは世界中の子供たちを魅了し，映画化もされ世界中でヒットした。

『はてしない物語』は，夢（空想世界）と現実とが錯綜しながら進行するが，ドイツ語の原本でも，日本の翻訳書でも，現実の部分は赤い文字，夢の部分は青い文字で印刷されている。青と赤がところどころで混在し，現実とファンタージェンの二つの世界が物語を織りなしている。青（夢）と赤（現実）の境をさまようバスチアンは，『荘子』の斉物論篇の「胡蝶の夢」（◉p.87）を連想させる。

夢から現実へ，そして現実から夢へ，荘周もバスチアンも行ったり来たりしている。荘子の斉物論によれば，生と死は斉しく，夢と現も斉しくなる。人は普通，目覚めている時の認識が正しく，夢の中の出来事は，しょせん偽りにすぎないと考える。しかし荘子は，夢の中の蝶と現実の荘周では，どちらが本当なのか分からないという。

夢の世界があるから現実が豊かに

ヨーロッパの中国への関心は意外に高く，18〜19世紀にシノワズリー（中国趣味）が流行し，思想では，『大学』『論語』が，ルイ14世によってフランス語に訳させられ，パリで刊行されていた。しかし，老荘思想ほどの衝撃をヨーロッパには与えなかった。儒学にみられるような社会性・道徳性は，すでにギリシャ神話やキリスト教思想にもみられたため，それほどの新鮮味がなかったのだろう。それに比べて老荘思想は，人間やその価値観についての根本的な懐疑，宇宙に対する思索，世俗の価値観を揺るがすような哲学だった。こうした哲学は東洋的神秘と相まって，ヨーロッパの学術界に驚きをもって迎えられた。

老荘思想は20世紀にドイツで盛んに研究され，フランクフルト大学内の研究所で『老子』『荘子』などの翻訳・研究が始められた。ドイツ人であるエンデは『荘子』の影響のもとに『はてしない物語』を書いた。エンデは自著の中で，自らの人生に大きな影響を与えた25の著述の筆頭に『荘子』をあげている。エンデは，荘子の斉物論を発展させ，夢の世界があるからこそ，現実の豊かな世界ができると考えたのだ。

（参考：湯浅邦弘『入門 老荘思想』ちくま新書）

⊛ FOCUS 現代芸術と老荘思想

フランシス・コッポラは2007年にエリアーデの原作を映画化した「胡蝶の夢」（Youth Without Youth）を発表。人生をやり直す機会が与えられた老齢の言語学者が，不思議な魂の旅を繰り広げる物語である。また，ビートルズの「Strawberry Fields Forever」の冒頭の部分 "Nothing is real and nothing to get hung about"（何もリアルなものではなく何者にもとらわれない）や，「Let it be（聖母マリアがくれた知恵の言葉—あるがまま，そのままで）」には，老子思想の影響を見て取れる。

⬇『老子』を読む，ジョン・レノンとオノ・ヨーコ

空飛ぶ竜ファルコンと主人公バスチアン

⬆『はてしない物語』が原作の映画『ネバーエンディング・ストーリー』（西ドイツ・アメリカ，1984年）

© Estate of Gerry Deiter copyright Joan Athey. ／ PPS通信社

Side Story 松尾芭蕉は荘子に傾倒して，別号（別の名）に「栩栩斎」を使っていたといわれるが，この名は「胡蝶の夢（斉物論篇）」よりとられたとされる。

ゴーギャン（1848～1903）

↑「我々はどこから来たのか　我々は何者か　我々はどこへ行くのか」（1897～98）

ゴーギャンの問い

　ゴッホとの共同生活が破綻し，西洋文明に絶望したゴーギャンは，南太平洋のタヒチに楽園を求めた。しかし，タヒチも楽園ではないと気付き死を決意，遺書の代わりにこの大作を描いた（自殺は未遂に終わった）。ゴーギャンがこの絵の題に込めた問いは，人類の存在への根源的問いとなっている。

ルネサンス期の芸術

　最後の審判　中世まで，「最後の審判」のモチーフは，神を頂点に聖職者，貴族，平民といった位階制秩序に基づいて描かれてきた。しかしミケランジェロ（→p.96）の「最後の審判」では，初代教皇とされるペテロも市井の人々と混じり，キリストの審判を裸でかたずをのんで待ち受けている。左下で復活した死者はキリストの審判を経て，天国に昇天する者は上方へと向かい，地獄に墜ちていく者は右に回り込んで落下し，地獄の渡し船で運ばれるという物語に沿って描かれている。

↑初期ルネサンスのフラ・アンジェリカ「最後の審判」（1432～35?）

ミケランジェロ（1475～1564）

↑「最後の審判」（1541）ヴァチカン宮殿システィーナ礼拝堂

↑古代の三美神（イタリアのポンペイ出土，1世紀）

↑中世の三美神（写本のさし絵，14世紀）

→「春（プリマヴェーラ）」（1477～78?）

ボッティチェッリ（1444～1510）⑰

　三美神　三美神の描かれ方の変遷にはルネサンスの精神を見ることができる。ボッティチェッリの「春」では，官能と貞節の女神が互いににらみ合い，美の女神が官能の女神の左手を高々と掲げていることや，クピドが貞節の女神を射ようとしていることから，中世的な価値観である貞節の敗北を示しているともいわれる。また左端のヘルメス神は，ルネサンス期に流行した新プラトン主義の理想であるイデアの世界を，杖で示しているという解釈もある。

Side Story　ゴーギャンは35歳で会社を辞めて画家を目指し，40歳の時にゴッホの招きに応じてアルルで共同生活を始めた。しかし，個性の強い二人はぶつかり合い，ゴッホが耳たぶを切り落とす事件を機に共同生活は幕を閉じた。

20世紀の芸術

パブロ＝ピカソ（1881～1973）⑰

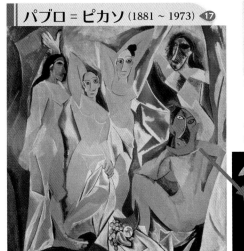

↑「アヴィニョンの娘たち」（1907）
© 2016-Succession Pablo Picasso-SPDA（JAPAN）

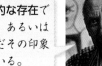

芸術家にはそれだけでなく**政治的な存在で**もあり，世の中の悲しみ，情熱，あるいは歓びにもつねに関心を抱き，ただその印象にそって自らをかたちづくっている。

ピカソが1907年に発表した「アヴィニョンの娘たち」は，バルセロナのアヴィニョ通りにあった売春宿の娼婦をモデルにしていた。西洋の裸婦画という伝統を踏襲しつつも，人物の造形はイベリア彫刻やアフリカ彫刻から強い影響を受けて描かれている。

　この絵でピカソは，ルネサンス以来の西洋の美意識を破壊し，野生的，呪術的，挑発的な力で感覚に訴える新たな芸術表現を目指した。ピカソはみずからこの絵を，西洋の硬直した美意識という悪魔を振り払う「悪魔払い」と位置づけた。

「ゲルニカ」（1937）

© 2016-Succession Pablo Picasso-SPDA（JAPAN）

「牡牛」や「灯火を捧げる女」など，「ゲルニカ」に描かれている対象には，さまざまな解釈がされてきた。ピカソ自身も制作中に描き方を変化させており，牡牛が暴力の象徴ともスペインそのものとも解釈されるように，多義的な意味を読み取ることができる。また「死児を抱く女」は〈イエスを抱くマリア〉，「アネモネ花を握る倒れた兵士」は〈死と復活〉といったキリスト教絵画のイメージを取り込んでいるともいわれ，作品に普遍性を与えている。

　1937年，フランコ将軍の依頼でドイツ軍がスペインの都市ゲルニカを空襲。その報に接したピカソは，急きょパリ万博に出品する壁画として「ゲルニカ」を制作した。

　2003年2月，当時の米国国務長官コリン・パウエルは，大量殺戮兵器保持を理由にイラク攻撃の必要性を訴える記者会見を国連安全保障理事会会議場前で行ったが，その場に展示されていたピカソ本人が描いた「ゲルニカ」のタペストリーには，青いカーテンが掛けられたという。

ポストモダン建築

朝日新聞社提供

◎M2ビル（東京都世田谷区）　隈研吾による脱構築主義的作品。

西洋の形而上学は言葉という道具を使って，ひとつの秩序ある構築物を築きあげてきたと，デリダは考える。その構築物はあくまでも言葉による構築物＝建築にすぎない。にもかかわらず，それを実際の世界そのものとして提示するところに，西洋の形而上学の根本的な誤謬があるとデリダは主張するのです。

（隈研吾『新・建築入門』）

　国立競技場を設計した建築家隈研吾（1954～）によれば，建築は20世紀後半，**デリダ**（◎p.174）の**脱構築（デコンストラクション）**の哲学によって深い傷を負ったという。脱構築は，建築批判ともなるからである。建築は「物質という道具を使って，ひとつの秩序ある建築物を築きあげる行為」であり，「環境とは根本的に異質なものである」が，その差異が認識されることなく地球上に増殖していった。その結果，環境破壊が引き起こされたと見立てることができるからであるという。そこでモダニズムを批判したさまざまな建築様式があらわれることになった。

人生と芸術　Ⅱ 哲学者の芸術論

カントの『判断力批判』

　普段私たちは，「美しさ」の価値判断は個人の趣味の問題で各人によって異なる，と考えていないだろうか。にもかかわらず，咲き誇るバラの花を前にして，思わず友達に「きれいだね」と声をかけてしまうことがある。カント（→p.127）は『判断力批判』で，「このバラは美しい」という美学的（趣味）

近代美学の祖：「美」の判断根拠を探る

> 美しいものは
> 倫理的に善いものの象徴である

　判断は，**構想力**（イマジネーション）の自由な戯れが**悟性**と結びつくことで生じる主観的なものだが，構想力も悟性も人間一般の能力（**共同感覚**）であるから，「このバラは美しい」という判断（判定）の普遍妥当性を他者に要求することができる，と唱えている。

ヘーゲルの『美学講義』

フェルメール（1632？～75？）

同じポーズ

↑「天文学者」（1668？）

↑クレシウス（推定）「ヴェッレトリのアテーナー」古代ギリシア

ドイツ観念論の完成者：「美」と精神

> 芸術は最高の存在を
> 感覚的に表現するものである

　芸術を宗教，哲学とともに精神活動の最高位に位置づけたヘーゲル（→p.131）は，芸術の本質を**絶対精神**の表現と見なした。古代ギリシャの芸術（古典的芸術）には理念と形態の完全な合一が実現されており，そこが美の頂点であった。その後のキリスト教ヨーロッパ芸術（ロマン的芸術）は，キリスト教の「絶対者」が感性的直観を超えたものであるため，理念と形態の統一に分裂が生じ，芸術は世俗化した（オランダ絵画）。近代に至り，芸術は内容（理念）から解放され芸術家の個性的な表現へと変わったが，ヘーゲルにとって，それは芸術の歴史的使命の終焉を意味した。

フーコーの『言葉と物』

ベラスケス（1599～1660）

↑「侍女たち（ラス・メニーナス）」（1656）

構造主義の旗手：古典主義時代のエピステーメーとは
（→p.173）

　この絵を支えているのは外部の点X（下図）だが，そこにいる三者（A，B，C）はすべて絵の中に表象されている（a，b，c）。表象された三者の視線の先には「至上の君主」国王夫婦がいるはずだが，絵の中には描かれていないため，三者の視線は鏡に映るにすぎない国王夫婦（a）へと回帰する。かくして絵画を成立させるモデル，画家，鑑賞者の視線を絵の中に取り込むことで，これら**外部の主体（人間）が不在でも絵画（表象秩序）は自律的に成立**することになる。

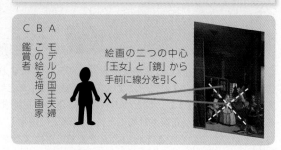

C B A
鑑賞者
この絵を描く画家
モデルの国王夫婦
X

絵画の二つの中心「王女」と「鏡」から手前に線分を引く

Side Story 1632年，オランダに2人の天才が生まれた。画家フェルメールと哲学者スピノザである。2人に交流があったという記録はないが，永遠をめぐる思索の共通点から「天文学者」のモデルはスピノザではないか，という説がある。

ハイデガーの芸術論

ゴッホ（1853～90）

> 芸術は，真理を作品の―内へと―
> 据えることとして，詩作である

この道具［ゴッホの描いた農婦の靴］を貫いているのは，泣き言を言わずにパンの確保を案ずることであり，……死があたりに差し迫るときの戦慄である。この道具は**大地〔Erde〕**に帰属し，農婦の**世界〔welt〕**の内で守られる。……われわれは道具のこの本質的な存在を信頼性と名づける。……信頼性の力によって農婦はこの道具によって大地の寡黙な呼びかけの内に放ち入れられており，この道具の信頼性の力によって彼女は自分の世界を確信するのである。

（ハイデガー 著／関口浩 訳『芸術作品の根源』平凡社）

↑「古靴」（1886） 提供：アフロ

　ハイデガー（→p.160）は芸術の本質を，芸術家や鑑賞者の主観性から離れて，「もの」である芸術作品の内に見出だす。芸術作品の根源は，ゴッホの絵が，道具存在の靴の本質が信頼性であることを明らかにしたように，「**存在するものの存在を開示する**」ことにある。

　またハイデガーは，「**作品において活動しているのは真理の生起である**」という。真理（アレーテイア）は「**不伏蔵性**」（隠されていないこと）であり，その意味で芸術作品は存在の真理を表明している。

メルロ－ポンティのセザンヌ論

ポール・セザンヌ（1839～1906）⑰

> セザンヌは対立する観念が生まれる原初的な経験に立ち戻っている

→メルロ－ポンティ

　林檎の輪郭を，続けて一気に描けば，この輪郭がひとつの物になるが，この場合，輪郭とは，観念上の限界であって，林檎の各面は，この限界をめざして，画面の奥の方へ遠ざかるのである。いかなる輪郭も示さなければ，対象からその自同性を奪い去ることになるだろう。ただひとつの輪郭だけを示せば，奥行きを，つまり，われわれに，物を，われわれの前にひろげられたものとしてではなく，貯蔵庫にあふれたものとして，汲み尽くしえぬ実在として示してくれるような次元を，犠牲にすることになるだろう。（メルロ－ポンティ 著／木田元 編訳「セザンヌの疑惑」『間接的言語と沈黙の声』みすず書房）

↑「リンゴとオレンジ」（1895～1900）

　現象学者メルロ－ポンティによれば，セザンヌは「構成された人間性の手前で，物の根元にまで入りこむ」視覚を行使しているという。私たちは普段，幾何学的な遠近法や光学的なカメラのように物をとらえてはい

ない。移動するまなざしから立ち昇る多様なイメージを，脳内で合成して把握している。セザンヌの絵画は，**科学や観念によって構成される以前の感覚的世界，あるいは生きた世界を捉えている。**

●科学的に構成された絵画とは

　ルネサンス期に確立した線遠近法は，画面中の一点（消失点）に向かって画面全体が収束する線を引き，その上にユークリッド幾何学によって定められた規則に従って対象を描くことで，三次元を表現する技法である。右の絵はレオナルド＝ダ＝ヴィンチ（→p.96）の「最後の晩餐」（1495～98）に補助線を加えたもので，画面中央のイエスの顔に消失点が置かれている。

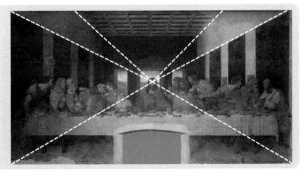

Side Story　ゴッホの「古靴」は，彼が本格的に画家を目指そうとパリにやってきた際に描いたもの。両方とも左足用に見えることから，彼の理解者であり支援者でもあった弟テオと自分自身を表現しているのでは，という説がある。

⤷グーテンベルクの印刷機 印刷機が知識の伝達，思想の形成に果たした役割は大きい。宗教改革の当時，おびただしいパンフレットが印刷された。

第1節 人間の尊厳

時代背景

西ヨーロッパでは，中世末期になると都市が発達し，そこから，人間性の自由や解放，個性の尊重などを求める動きが起こった。**ルネサンス**および**宗教改革**の運動である。また，16〜17世紀のフランスでは，人間について内省的に深い洞察を加えた**モラリスト**が登場した。

ルネサンスと宗教改革の展開

●ルネサンス （⤷p.95〜97）

ルネサンス（Renaissance　フランス語で「再生」の意味）は，キリスト教の神中心の世界観に対して，古代ギリシャ・ローマの文芸の復興を通して，自由な人間性を肯定して人間形成をはかろうとする運動である。このルネサンスの精神を，**人文主義（ヒューマニズム）**という。ルネサンスは14世紀，イタリアのフィレンツェを中心に始まり，北方に広がった。主な思想家・芸術家としては，イタリアの**ピコ＝デッラ＝ミランドラ**，**レオナルド＝ダ＝ヴィンチ**，**マキャベッリ**，オランダの**エラスムス**，イギリスの**トマス＝モア**がいる。

●宗教改革 （⤷p.98〜101）

ルネサンスによって生みだされた自由な精神は，ローマ＝カトリック教への批判をもたらし，新たな信仰のあり方を求めた。16世紀初め，ドイツの**マルティン＝ルター**は「95か条の論題」を発表して，宗教改革の狼煙を上げた。その後，フランスの**カルヴァン**は，スイスのジュネーブで宗教改革を行なった。ルターやカルヴァンのキリスト教は，**プロテスタント**（新教）とよばれる。

●モラリスト （⤷p.102〜104）

フランスの**モンテーニュ**や**パスカル**は，人間のありのままの心情や日常生活の人間の生き方（モラル）を追究した。

●ルネサンスと宗教改革の展開　年表

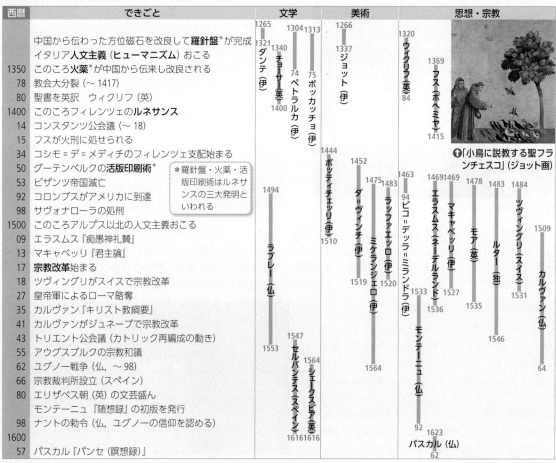

西暦	できごと	文学	美術	思想・宗教
	中国から伝わった方位磁石を改良して**羅針盤***が完成			
	イタリア**人文主義（ヒューマニズム）**おこる			
1350	このころ**火薬***が中国から伝来し改良される			
78	教会大分裂（〜1417）			
80	聖書を英訳　ウィクリフ（英）			
1400	このころフィレンツェの**ルネサンス**			
14	コンスタンツ公会議（〜18）			
15	フスが火刑に処せられる			
34	コシモ＝デ＝メディチのフィレンツェ支配始まる			
50	グーテンベルクの**活版印刷術***			
53	ビザンツ帝国滅亡			
92	コロンブスがアメリカに到達			
98	サヴォナローラの処刑			
1500	このころアルプス以北の人文主義おこる			
09	エラスムス『痴愚神礼賛』			
13	マキャベッリ『君主論』			
17	**宗教改革**始まる			
18	ツヴィングリがスイスで宗教改革			
27	皇帝軍によるローマ略奪			
35	カルヴァン『キリスト教綱要』			
41	カルヴァンがジュネーブで宗教改革			
43	トリエント公会議（カトリック再編成の動き）			
55	アウグスブルクの宗教和議			
62	ユグノー戦争（仏，〜98）			
66	宗教裁判所設立（スペイン）			
80	エリザベス朝（英）の文芸盛ん			
	モンテーニュ『随想録』の初版を発行			
98	ナントの勅令（仏，ユグノーの信仰を認める）			
1600				
57	パスカル『パンセ（瞑想録）』			

＊羅針盤・火薬・活版印刷術はルネサンスの三大発明といわれる

文学欄：ダンテ（伊）1265-1321／チョーサー（英）1340-1400／ペトラルカ（伊）1304-74／ボッカッチョ（伊）1313-75／ラブレー（仏）1494-1553／セルバンテス（スペイン）1547-1616／シェークスピア（英）1564-1616

美術欄：ジョット（伊）1266-1337／ボッティチェッリ（伊）1444-1510／ダ＝ヴィンチ（伊）1452-1519／ミケランジェロ（伊）1475-1564／ラッファエッロ（伊）1483-1520／ピコ＝デッラ＝ミランドラ（伊）1463-94

思想・宗教欄：ウィクリフ（英）1320-84／フス（ボヘミア）1369-1415／エラスムス（ネーデルラント）1469-1536／マキャベッリ（伊）1469-1527／モア（英）1478-1535／ルター（独）1483-1546／ツヴィングリ（スイス）1484-1531／カルヴァン（仏）1509-64／モンテーニュ（仏）1533-92／パスカル（仏）1623-62

➊「小鳥に説教する聖フランチェスコ」（ジョット画）

Side Story スイスのツヴィングリも，ルターと同じく万人司祭説を唱えて宗教改革を進めたが，神の恩寵に加えて人間の協働を重視するなど，ルターと対立する主張もあった。彼の派閥はのちにカルヴァン派と合流して，スイス改革派教会を形成した。

カトリック教会中心の人間観を転換し，ギリシャ・ローマ文化の復興による人間性の回復を目指した

ルネサンスの思想家たち

Words　202 ルネサンス
203 ヒューマニズム　204
人文主義　205 自由意志

概説　美術史において古典文化の「**復興**」「**再生**」を意味するルネサンスは，14 ～ 16 世紀にヨーロッパでおこった古典文化の復興運動，文化全般における革新運動を指す。哲学・文学面では，ギリシャ・ローマ時代の古典研究から人間研究（ヒューマニズム，人文主義）へと発展。芸術面では，自然や人間そのものをテーマとして，絵画，彫刻等優れた作品が残された。

ルネサンスの哲学の基本精神は，人間性の再生であった。中世においては，「アダムによる人間の堕落」「不完全な人間」が強調され，現世は悲惨な世界としてとらえられ，信仰によって現世を超越し神と一体になることが求められた。ルネサンス期の哲学者たちは，キリスト教の束縛から人間を放ち，神によるのではなく，自ら存在する人間を求めたのであった。

●ルネサンスの学問・芸術

	イタリア（14 ～ 16 世紀）		アルプス以北の諸国（15 ～ 16 世紀）
思想・科学	ピコ＝デッラ＝ミランドラ　『人間の尊厳について』 マキャベリ（近代政治学の祖）　『君主論』 カンパネラ　『太陽の都』 ジョルダーノ＝ブルーノ　地動説・汎神論 ガリレオ＝ガリレイ（地動説の実証）　『天文対話』	イギリス	チョーサー　『カンタベリー物語』 トマス＝モア　『ユートピア』 シェークスピア　『ハムレット』『ヴェニスの商人』 フランシス＝ベーコン　『新機関（ノヴム・オルガヌム）』
文学	ダンテ（ルネサンスの先駆者）　『**神曲**』『新生』 ペトラルカ（桂冠詩人）　『叙情詩集』 ボッカッチョ　『**デカメロン（十日物語）**』	フランス	ラブレー　『ガルガンチュアとパンタグリュエルの物語』 モンテーニュ　『随想録（エセー）』
美術	ボッティチェッリ　「春」「ヴィーナスの誕生」 レオナルド＝ダ＝ヴィンチ　「モナ＝リザ」「最後の晩餐」 ミケランジェロ　「ダヴィデ像」「最後の審判」 ラッファエロ　「大公の聖母」「アテネの学堂」	その他	エラスムス（オランダ）　『痴愚神礼賛』 コペルニクス（ポーランド　地動説）『天体の回転について』 グーテンベルク（ドイツ　活版印刷術） セルバンテス（スペイン）　『ドン＝キホーテ』

ルネサンスの先駆者にして，イタリア最大の詩人　　2回

ダンテ
Dante Alighieri
1265 ～ 1321　イタリア

> 自然は神の作り上げた芸術である。

主著　『神曲』『新生』『俗語論』
足跡　トスカーナ地方のフィレンツェで，金融業を営む教皇派の小貴族の家に生まれる。ボローニャ大学に進学し，哲学・法律学・修辞学・天文学などを研究する。その後教皇派としてフィレンツェ市政に関与するが，

1301 年，政変によって追放され，放浪生活を送る。この放浪生活の中で，長編叙事詩『神曲』の執筆を開始。詩人ヴェルギリウスや幼いころに出会ったあこがれの女性ベアトリーチェに導かれ，作者自身が地獄・煉獄・天国の三界を巡り歩く幻想譚をとおして，人間の罪と苦悩，信仰による魂の救済，神の愛を壮大なスケールで描いた。『神曲』は，従来の教会を中心とした中世的文化を離れ，**人文主義**と呼ばれる新たな文化創出のきっかけとなったことから，ダンテはルネサンスの先駆者と称される。

西洋近現代思想

16　●**原典 理性を過信してはならない**
三位一体の神が司る無限の道を人間の理性で行き尽せると期待するのは狂気の沙汰だ。人間には分限がある，「何か」という以上は問わぬことだ。

（平川祐弘 訳『神曲 地獄編』河出文庫）

解説▶『神曲』は，1307 ～ 21 年にかけて執筆され，地獄編・煉獄編・天国編と順次刊行された。ラテン語ではなく，トスカーナ方言で書かれたことで読者層が広がり，『神曲』の文体が現代イタリア語の基礎となっている。

○『神曲』地獄篇の一場面（ドレ画）
聖職売買（聖職を賄賂などで売り買いすること）の罪を犯した亡者が苦しむさまを，ダンテ（右）とウェルギリウス（古代ローマの詩人，左）が見て歩いている。

23　●**ペトラルカ**
○ペトラルカ（1304 ～ 74）　イタリアの詩人・人文学者。父は，ダンテと同じく政変でフィレンツェを追放された人物である。ボローニャ大学で法学を修めるが，彼の関心は文学や詩作に移る。古典研究を通じてラテン語文法の整備に貢献すると同時に，恋人ラウラを主題とした詩集『カンツォニエーレ』などを発表。その業績がローマ元老院から認められ，1341 年に桂冠詩人の称号を受ける。

●**ボッカッチョ**　○ボッカッチョ（1313 ～ 75）　イタリアの作家・人文学者。フィ16レンツェで成長し，ダンテの著作を学ぶ。代表作『デカメロン』（十日物語，1348 ～ 53）は，3 人の紳士と 7 人の貴婦人が，1 話ずつ 10 日間にわたって物語る形式をとっており，イスラーム圏の『千夜一夜物語』の影響がみられる。近代リアリズム小説の先駆けといわれ，チョーサーの『カンタベリ物語』（1387 ～ 1400）やマルグリット・ド・ナヴァルの『エプタメロン』（七日物語，1542 ～ 49）に影響を与えた。

Side Story　ブルクハルトは，「近代は二つの R で始まる」と言った。それは，Renaissance（ルネサンス）と Reformation（宗教改革）である。それぞれ，古典文化の「再生」，原始キリスト教の「再形成」との意味がある。

レオナルド = ダ = ヴィンチ

Leonardo da Vinci
1452 ～ 1519　イタリア

提供：アフロ

> 経験こそ立派な先生だ。

作品　『モナ＝リザ』『最後の晩餐』
足跡　イタリアのフィレンツェ郊外に生まれ，少年時代から絵画にその才能を示した。ダ＝ヴィンチの芸術活動の中心は絵画であったが，彼にとって絵画は科学であり，自然や人間の本質を表現するために，**遠近法や解剖**学，数学，光学，動植物，天文気象などの研究も並行して行った。経験に基づく知識や実験の重要性を説き，近代科学の精神の先駆者でもあった。また，当時のイタリアは周辺諸国からの脅威にさらされており，兵器研究も行った。あらゆる学問に通じており，ルネサンス期の理想的人間像である**「万能人」**＊（人間らしさを完全に開花した人間）の典型的人物とされた。芸術家としても，同時代に活躍したミケランジェロ・ラッファエッロとともに，ルネサンスの三大巨匠と並び称される。

＊万能人…様々な分野で個性や才能を発揮した人物。

原典　遠近法

遠近法は「絵画」の手綱であり舵である。……

（杉浦明平 訳『レオナルド＝ダ＝ヴィンチの手記　上』岩波文庫）

解説 「遠近法」は，ルネサンス期に確立した絵画の新しい手法で，近くにあるものを大きく描き，遠くにあるものを小さく描くことによって，空間の遠近を示す手法である。これは，自分という視点から世界を秩序付けようとする自己中心的な意識の現れであった。

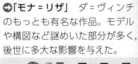
➡「**受胎告知**」「最後の晩餐」（➡p.93）と同じく遠近法で描かれており，遠近法の消失点が中央の山に収束する。

➡「**モナ＝リザ**」 ダ＝ヴィンチのもっとも有名な作品。モデルや構図など謎めいた部分が多く，後世に多大な影響を与えた。

●ミケランジェロ

➡ミケランジェロ（1475 ～ 1564）　イタリアで活躍した画家・彫刻家・建築家・詩人。ダ＝ヴィンチに並び，万能性を発揮。絵画では「天地創造」「**最後の審判**」（➡p.90），彫刻では「**ダヴィデ像**」「サン・ピエトロのピエタ」などが有名。

➡**アダムの創造**（1508～12）
神がアダムに向かって手を差し伸べ，生命を吹き込んでいる場面。

㉓●ラッファエッロ

➡ラッファエッロ（1483 ～ 1520）
イタリアで活躍した画家・建築家。ローマ教皇の寵愛を受けるも，37歳で夭折した。著名な絵画に「**アテネの学堂**」「大公の聖母」がある。

➡「**大公の聖母**」（1504 年）漆黒を背景として，聖母子像を効果的に浮かび上がらせている。37 年の短い生涯において，ラッファエッロは数十点の聖母子像を描いているが，いずれも母と子の深い愛情を表現した作品となっている。

ピコ = デッラ = ミランドラ

Pico della Mirandola
1463 ～ 94　イタリア

> 人間は自由意志によって自己の本性を決定する。

主著　『人間の尊厳について』
足跡　北イタリアのミランドラの領主の子として生まれた。イタリアやフランスの大学に遊学し，特にプラトンとアリストテレスの哲学の統一を思索の課題としていたが，さらにイスラームの聖典『クルアーン』，ユダヤ神秘主義（カバラ）を知るにいたって，さまざまな哲学，神学が根本においては共通の真理をもつと確信し，諸学の統一を企てた。1486 年，それまでの研究を 900 の命題にまとめて，イタリア全土の学校に配布し，公開の討論会を計画したが，この命題はローマ教皇によって異端とされた。最後は教会から許されたが，31 歳という短い生涯を閉じた。

原典　人間の尊厳とは？

（大出哲・伊藤博明 訳『人間の尊厳について』国文社）

アダムよ，われわれは，おまえに定まった席も，固有な相貌も，特有な贈り物も与えなかったが，それは，いかなる席，いかなる相貌，いかなる贈り物をおまえが望んだとしても，おまえの望み通りにおまえの考えに従って，おまえがそれを手に入れ所有するためである。他のものどもの限定された本性は，われわれが予め定めたもろもろの法の範囲内に制限されている。おまえは，いかなる束縛によっても制限されず，私がおまえをその手中に委ねたおまえの自由意志（arbitrium）に従っておまえの本性を決定すべきである。

解説 人間の本性は固定的ではなく，さまざまな可能性をもつ。ピコは，人間の不定性を「カメレオン」と称した。中世においては，人間は不完全な悲惨な存在とされたが，ピコは，人間は**自由意志**によって，神的な存在にも，獣にもなれると主張し，人間の卓越性を強調した。ピコは，神の権威から解放された自由な生き方に「人間の尊厳」があると説く。ここに「近代人」の誕生をみることができる。

Side Story 最近の研究で，「アダムの創造」に描かれた神の像に，脳や目の神経系などの解剖図が隠し絵として描かれていることがわかった。ダ＝ヴィンチやミケランジェロは，人体を描くために高度な解剖学の知識をもっていたとされる。

16世紀最大のヒューマニスト

エラスムス
Desiderius Erasmus
1466～1536　オランダ

〔8回〕

主著 『痴愚神礼賛（ちぐしんらいさん）』『自由意志論』

足跡 オランダのロッテルダムに生まれる。ヨーロッパ各地を遍歴し，古代ギリシャ・ローマの文献や聖書の原典を研究し，古典学者としての名声を得た。エラスムスは当初，ルターの宗教改革を支持したが，人間が善行をなす自由意志を認め（自由意志論），神の絶対性から人間の自由意志を否定したルター（奴隷意志論）と対立することになった（→自由意志論争）。トマス＝モアと親交が厚く，『痴愚神礼賛』（1511年）はモアの家に滞在中に書かれたという。「宗教改革という毒蛇は，エラスムスが卵を生んで，ルターが孵（かえ）した」とカトリック教会から非難されたが，エラスムスは改革勢力にも与（くみ）せず，独自の立場を貫き，寛容さをもつことを強調した。

11 ●● **原典** 血みどろの争いに奔走する教会を批判する

キリスト教会は，血潮によって建てられ，血潮によって固められ，血潮によって盛大になったというわけで，まるでキリストには，自分のものをキリストらしいやり方で守る術がないとでも言うように，ご連中はいまだに血を流させ続けています。**戦争は実に凶悪なものですから，野獣どもにこそふさわしい，人間にはふさわしくないものです。**

(池田薫 訳『痴愚神礼賛』白水社)

解説 『痴愚神礼賛』は，モリア（愚痴の女神）を語り手として，人間社会がいかに愚かさに満ちているかを示した作品である。エラスムスが批判するのは，自分の愚かさを自覚できない人々であり，特にキリストの「汝の敵を愛せよ」と説いた博愛精神を忘れたキリスト教会の在り方であった。

社会主義思想の先駆者

トマス＝モア
Thomas More
1478?～1535　イギリス

〔7回〕

主著 『ユートピア』

足跡 イギリスのロンドンに生まれる。オックスフォード大学で神学を学んだが，法曹の父の希望で弁護士となった。のち，下院議員となり，国王ヘンリ8世の信任を得て大法官の地位に就くが，国王の離婚問題に対して，カトリックの立場から一貫して反対し，反逆罪に問われ処刑された。

➡ユートピアのさし絵

14 ●● **原典** 羊が人間を食い殺す

羊は非常におとなしく，また非常に小食だということになっておりますが，今や〔聞くところによると〕大食で乱暴になり始め，**人間さえも食らい，畑，住居，都会を荒廃，破壊するほどです。**この王国で特に良質の，したがって高価な羊毛ができる地方ではどこでも，貴族，ジェントルマン，…修道院長さえもが…公共の害になることをしています。つまり耕作地を一坪も残さずすべてを牧草地として囲い込み，住家をとりこわし，町を破壊し，羊小屋にする教会だけしか残しません。……

(沢田昭夫 訳「ユートピア」『世界の名著17』中央公論社)

解説 モアは，『ユートピア』（1516年）を執筆して，当時のイギリス社会のエンクロージャー（囲い込み 牧羊地拡大のため小作人を追い出し土地を囲い込む）や拝金主義をきびしく批判し，**私有財産制度のない共同社会を描いた。**「ユートピア」とは，モアの造った語で，元来は「どこにもない場所」の意味，転じて「理想郷（理想社会）」を表す言葉となった。

近代政治学の創始者

マキャベッリ
Niccolò di Bernardo Machiavelli
1469～1527　イタリア

〔7回〕

主著 『君主論』『ローマ史論』

足跡 フィレンツェの貴族の家に生まれる。1498年，フィレンツェ共和国の書記官となり，以後14年間政務を担当した。イタリアは都市国家に分裂しており，諸都市間の抗争やフランス，ドイツの圧力があり，フィレンツェの独立のために外交的折衝に精力を注いだ。1512年，メディチ家の復興とともに共和国政府は崩壊し，職を退くとともに一時投獄されたが，釈放後は，思索と著作に専念した。

⬅君主論の表紙

15
19 ●● **原典** 君主の資質とは？

あなた方は，したがって，闘うには2種類があることを，知らねばならない。一つは法律に拠り，いま一つは力に拠るものである。第一は人間に固有のものであり，第二は野獣のものである。だが，第一のものでは非常にしばしば足りないために，第二のものにも訴えなければならない。そこで**君主たる者には，野獣と人間とを巧みに使い分けることが，必要になる。**

(河島英昭 訳『君主論』岩波文庫)

解説 『君主論』は，新しい君主の強力な指導力により，混迷するイタリアの統一を図ろうとする情熱にあふれた書であった。「**政治権力の在り方を道徳や宗教から切り離して考え，政治には固有の領域があること**」を示した点で，マキャベッリは"近代政治学の祖"といわれる。また，君主は，野獣に学び，狐のような「狡知（こうち）」とライオンのような「力」をもつべきという考えから，後世，目的のためなら手段を選ばないという権謀術数主義（けんぼうじゅっすう）（**マキャベリズム**）という言葉が生まれた。

Side Story マキャベッリは，日本語では「マキャヴェリ」「マキャベリ」「マキァヴェリ」「マキャヴェッリ」などと表記されることもある。また，マキャベリズム的人物のことを「マキャベリスト」ともいう。

西洋近現代思想

BC 8 7 6 5 4 3 2 1 1 2 3 4 5 6 7 8 9 10 11 12 13 14 15 16 17 18 19 20 21 AD

ルター
Martin Luther
1483 ～ 1546　ドイツ

人間は信仰によってのみ
義とされる。

Words 206 95 カ条の論題　207 宗教改革　208 信仰義認説　209 聖書中心主義　210 万人司祭説　211 職業召命観（ルター）

西暦	年齢	生　涯
1483	0	鉱夫の子としてドイツのアイスレーベンで誕生
1501	18	エアフルト大学に入学し法律学を学ぶ
05	22	大学を中退しアウグスティヌス派の修道院に入る
12	29	ヴィッテンベルク大学の神学教授に就任
17	34	『95 カ条の論題』を提示　贖宥状は，救済へのプロセスを経ずに，教会への献金で罪を赦すものであり，罪の意識を希薄化するものとして批判した。
20	37	『キリスト者の自由』発表
21	38	教皇より，正式に破門される
		カール5世がルターをウォルムス国会へ召喚，ルターは自説の撤回を拒否し，帝国追放となる
22	39	『新約聖書』のドイツ語訳を完成させる
24	41	ドイツ農民戦争勃発（〜 25）
25	42	修道尼のカタリナ゠フォン゠ボラと結婚。カトリック側は妻帯を非難する
46	63	アイスレーベンで死去。ヴィッテンベルク城教会に埋葬される

主著 『キリスト者の自由』『現世の主権について』

足跡　ルターは，**宗教改革**の中心になった人物で，プロテスタントの源流を作った人物。彼は，22歳の時に落雷にあって死の恐怖を体験し，修道士になる誓いを立てた。以来，敬虔なカトリック教徒として聖書研究や修業に励んだ。しかし，どんなに修業を続けても，神の前で自分が確実に義であるとはいえないことを苦悩し，パウロの書簡を熱心に読んだ。ある時ルターは，「人間は善行でなく信仰によってのみ義とされる」（**信仰義認説**）という理解に到達し，聖書をより深く研究した。

　当時ドイツ国内では，資金調達のため贖宥状（教会が発行する証書，信者の犯した罪に対する罰が免除される。免罪符とも言う）が乱売されていた。ルターは贖宥状の販売は，神への信仰心が薄らぐ要因になるといって，ローマ゠カトリック教会を批判した。『**95 カ条の論題**』はラテン語で書かれていたことから，ルターは神学的な問題提起としてこれを発表したが，このことが宗教改革の発端となった。1521年に破門されると，選帝侯フリードリヒによって保護され，そこで聖書のドイツ語訳を行った。これは，グーテンベルクの活版印刷術の広まりとともにベストセラーとなった。暴徒化した農民戦争には反対の立場をとったが，晩年も教会の改革運動に努めた。

Approach　ルターの宗教改革はなぜ急速に広まっていったのか？

　宗教改革を行った人は誰か？　と聞かれれば，**ルターやカルヴァン**の名を挙げる人が多いでしょう。

　しかし，ルター以前の14 〜 15世紀にはイギリスで聖書中心主義を唱えて教会批判を行ったウィクリフや，ボヘミア（チェコ）で贖宥状や教皇権を批判する運動をし，民衆の支持を得たフスなどがいます。フスはルターと同様教皇に破門され，異端として火刑に処されています。他にも宗教改革につながる運動を起こした者はいましたが，ルターほどのひろがりは見せなかったのです。どうして，ルターの宗教改革は社会運動として広がっていったのでしょうか？

　まず，15世紀半ばに発明されたグーテンベルクの活版印刷術の影響が大きいでしょう。これによって，翻訳された聖書も人々に広く読まれるようになりました。識字率の高くなかった民衆に対しては，絵入りのパンフレットやルターの肖像画が大量に印刷されました。たとえば，右の絵は「神の水車」というパンフレット。棒を持っているのは脱穀をしている農民，水車の上にいる神，その下に

↪神の水車

いるのは小麦を入れているイエス，粉になった小麦を袋に入れているのがエラスムスです。そして，エラスムスの後ろにいるのがルターだと言われています。小麦からパン（聖書）がつくられる過程を描いたもので，ルターの宗教改革の正当性を，神やイエスの絵によって裏付けているものだと思われます。

↑ルターの風刺画

　一方で，左の絵は何に見えますか。これは悪魔がルターの頭をバグパイプにして吹き鳴らしているものです。改革側（ルター側）が宗教改革を宣伝する一方で，カトリック側もルターの風刺画や，運動を批判するチラシを印刷し，それに対抗したのです。改革側もカトリック側もお互い自らの正当性を主張するために，活版印刷術を駆使でき，民衆にも運動が広がっていきました。

　また，宗教改革がルネサンスの精神を受け継いでいたことも，宗教改革が広がったひとつの要因だといえるでしょう。ルネサンスの精神である「人間性の解放」は，社会運動として直接権威を批判するには至りませんでしたが，エラスムスのように教会批判（『痴愚神礼賛』）も生まれてはいたのです。それは，「**エラスムスが生んだ卵をルターが孵した**」という言葉にも表されています。

Side Story　『95 カ条の論題』を発表したルターは教皇によって破門される。ルターは破門状を燃やしてまで自説の撤回を拒絶し，「私の良心が神の言葉にとらえられている限り，わたしは何事も撤回できません」と述べた。

Outline ルターの思想：ルターが重視した信仰のあり方は？

贖宥状への批判

信仰義認説
聖書中心主義
万人司祭主義

行いではなく、「信仰のみ」によって救われる。信仰も、神の恩寵によって与えられているとする「奴隷意志論」を唱えた。

神と人間の関係

ルター派　カトリック
神　　　　神
聖書　　　聖職者（法王、司祭），
イエス　　教会

ルターの宗教改革によって，人間は聖職者を介さずとも，聖書・イエスを介して直接神を信仰することができるようになった。これにより，**信仰が個人に内面化されるようになった。**

Think 人は何によって義とされるのか？

原典A　95 カ条の論題

View ルターによる教会批判の内容。

第1条　われらの主なるイエス・キリストは言われる。悔い改めよ，天国は近づいた！（マタイ福音書4章17節）彼は，信者の全生涯が悔い改めであるべきことを望んだのである。

第36条　真に悔い改めているならば，キリスト教信者は，完全に罰と罪から救われており，それは**贖宥状なしに彼に与えられる。**

（松田智雄 訳「95カ条の論題」『世界の名著18』中央公論社）

95カ条の論題を教会の壁に貼り出すルター

原典B　信仰のみ（信仰義認説）

View 我々は信仰によってのみ罪から救われる。

……神は，あなたがあなた自身から，言い換えればあなたの滅びのうちから，のがれ出ることのできるように，そのいつくしみたもう御子イエス・キリストをあなたの前にたて，その活ける慰めにみちた言によってあなたにかく言わしめたもうのである。曰く，**あなたは確乎たる信仰をもってキリストに己れをゆだね，敢然と彼を信頼すべきである。そうすればこの信仰の故にあなたのすべての罪が赦され，すべての滅びが打ちたかれ，かくてあなたは正しくあり真実となり平和に且つ義とせられ，すべての誡めは充たされ，あなたはあらゆることから自由にされるであろう。**それは聖パウロがローマ人への手紙第1章に「義とされたキリスト者はただその信仰によって生きる」（1章17），また第10章に「キリストは，彼を信じる者に対し，あらゆる誡めの終りまた充実である」と言っているとおりである。

（石原謙 訳「キリスト者の自由について」『新訳　キリスト者の自由・聖書への序言』岩波文庫）

原典C　万人司祭主義

View キリスト者はすべて平等である。

すべてのキリスト者は真に教会的身分に属するのであって，おたがいの間には職務上の区別以外に何の差別もないのです。……なぜなら洗礼，福音，そして信仰，これらのみが人々を教会人ないしキリスト者たらしめるからであります。……われわれはみな洗礼によって聖別され，司祭とされている。

（成瀬治 訳「キリスト教界の改善について」『世界の名著18』中央公論社）

解説

A 大学の神学教授であったルターは，学問的な問題提起としてカトリック教会の贖宥状の販売を批判した。贖宥状自体は，罪の一部をゆるすものとして以前からあった。しかしルターの時代には，サン＝ピエトロ大聖堂の建設資金集めを名目に，すべての罪を帳消しにする（全贖宥）贖宥状が，ドイツを中心に大々的に販売された。強い王権の確立が遅れていた当時のドイツは，教会の資金集めに利用され（ローマの牝牛），教皇から有利な地位を授かりたいドイツ各地の諸侯の献金が，贖宥状という形で表面化したのである。ルターは，罪の悔い改めは，贖宥状の購入ではなく，真に悔い改め，神を信じることによると主張する。

B ルターは，「手を洗えば洗うほど汚くなる」といって自己の罪深さと信仰の問題に苦悩した。罪深い人間は，「行為」（善行）によって罪から救われるのではなく，神への「信仰」のみによって救われるのだと考えた。罪のゆるしを神の愛ととらえることで，「信仰によって人は義とされること」（**信仰義認説**）を説いた。義とは，「神の意志に沿う」という宗教的正しさを意味する。また，信仰の中心は聖書であること（**聖書中心主義**）を主張した。

C アウグスティヌスによって，地上の国における神の国との仲介の場として教会権威が絶対化されて以来，人々は教会を介して神を信仰していた。ルターは，教会によるのではなく，聖書をみずから読み，自分自身によって神を信仰すべきと主張した。聖書の解釈を個人にゆだねたことで，信仰が個人の内面の問題とされるようになった。

◉ *Focus*　人間に自由意志はあるか？―ルター（奴隷意志論）vs エラスムス（自由意志論）

　思想や教会批判など考え方に共通点も多いエラスムスとルター。しかし，教会の分裂や改革の内容など後年には意見が分かれることも多かった。特に，「**人間に自由意志があるか**」という問題については，両者の間で論争が起きている。エラスムス（●p.97）は人文主義者の立場から人間に自由意志があることを認めている。「もし意志が自由でなかったら，罪が帰せられることはなかったであろう（エラスムス『自由意志論』）。それに対し，ルターは，『奴隷意志論』にて，原罪を負った罪深き人間は，（自由意志による）行為によって救われるのではなく，神のみによって救われるのだ，といい，自由意志を否定した。また，ルターの奴隷意志論は，鎌倉新仏教の親鸞の考え（絶対他力）と類似すると指摘されることもある。

自由？　奴隷？

Side Story　ルターは「神はわがやぐら」という曲の作曲も行っている。音楽は神への思いを高め，悪魔による誘惑や悪い考えを断ち切るとして，民衆の信仰の糧となるようなドイツの讃美歌を多数作曲した。

ジュネーヴの宗教改革者

カルヴァン

Jean Calvin
1509 ～ 64　フランス

Words 212 予定説　213
職業召命観（カルヴァン）
214 カルヴィニズム

> 職業は神に与えられた天職，
> それへの精励は神の栄光のため。

西暦	年齢	生涯
1509	0	北フランスのノワイヨンに法律家の子として出生
23	14	パリに遊学し，パリ大学で学ぶ
28	19	オルレアンへ行き，法律を学ぶ
31	22	パリの王立教授団で，ギリシア語・ヘブライ語を学ぶ
33	24	ニコラ＝コップの演説事件により，パリを脱出，その後フランス各地を逃げ回る
34	25	カトリック教会と決別する
35	26	フランスを逃れてバーゼルに到着
36	27	『キリスト教綱要』を出版。ジュネーヴに滞在し，宗教改革に参画する
38	29	カルヴァンの改革に対する反発によりジュネーヴを追放
41	32	ジュネーヴに呼び戻され，『教会規則』を定め，聖書に基づく神権政治を行う
55	46	反対派を抑え，ジュネーヴの宗教改革を完成
59	50	ジュネーヴに大学を創設
64	55	ジュネーヴで死去

主著　『キリスト教綱要』

足跡　ルター誕生の26年後，フランスのノワイヨンで生まれた。若いころから学業に秀で，法学の道に進み，人文主義的教養を身につける。また，ルターの宗教改革思想にも関心を抱いた。友人のニコラ＝コップがパリ大学の総長に就任する際，彼は福音主義（ルター宗教改革の支持）の立場から演説を行い，異端者として告発された。その演説の草稿を作成した者がカルヴァンとみなされ，身の危険を感じたカルヴァンはフランス各地を逃げ回ることとなる。プロテスタントへの弾圧を逃れ，スイスのバーゼルへ亡命し，『キリスト教綱要』を出版した。ジュネーヴに招かれたカルヴァンは，その地の宗教改革事業に着手する。反発にあいながらも，そこで30年ほど聖書に基づく**神政政治（神権政治）**を行った。それは市民の日常生活にも規則や戒律を求める厳格な政治であった。カルヴァンは，救済はすべて神によって定められているとする**予定説**を唱え，職業は神からの使命であるとする**職業召命観**を説いた。カルヴァンの神学は，プロテスタントの諸派に大きな影響を与えた。

Approach あなたに「天職」はあるでしょうか？

知恵：先生，カルヴァンの**予定説**ってどんな考えなんですか？

真田：じゃあ，ひとつ質問をします。人が天国行きか地獄行きかに分かれるとしたら，君たちはどっちに行くと思う？天国？それとも地獄？

知恵：私は……天国にいけるかなぁとは思うけど。やましいことはしてないし。

哲：うーん，僕も天国にいきたいなぁ。

真田：善良な人間なら天国にいけると思うの？

知恵：もちろん，善いことをした人間は救われるべきだと思います。

真田：残念！カルヴァンの予定説では，「**神に救済されるかどうかは予め定まっている**」んです。だからどんなに善い行いをしようが，救われるか，断罪されるかは，もう決まっているんですよ。

哲：えー！じゃあ，神が救済しない予定になっている人は何をしても無駄ってことですか？

真田：そういうことになります。でも，まさか自分が地獄行きだとは誰も思わないでしょう？　確証はないが，自分は神に救われると思うはず。

知恵：救われていると思いたいけれど，本当に救われているかはわからないですね。

真田：そう，だから人はどうするべきか。カルヴァンは，神から与えられた職業に精励することが，神の栄光のためになると考えたんです。つまり，現代風にいえば「**天職**」ってやつですね。

知恵：天職かぁ。私は弁護士になりたいです。人の役に立ちたいし，法律に興味があります。

哲：立派だなぁ！僕は自分のやりたいことさえ，よくわかっていないし，天職なんてみつかるのかな？お金持ちにはなりたいけど……

真田：天職と確信がもてなくても，将来みんな仕事をしてお金を稼ぐよね。カルヴァン以前のヨーロッパでは「利潤の追求」は汚いこと，不道徳なことと考えられていたんです。でも，カルヴァンの職業召命観では，利潤の追求やお金を貯めることが神の意志にかなうこととしたんだよ。

知恵：そっか，それまで汚いこととされていた商業を肯定したから，カルヴァン派は広く受け入れられていったんですね。

真田：そうかもしれません。マックス＝ウェーバーは，そうしたプロテスタントたちの世俗における禁欲的精神が，現代にいたる資本主義に影響を与えていると言っています。賛否ある主張だけれども，面白い分析ですよね。

哲：そうか，カルヴァンの思想なんて自分には遠いものだと思っていたけど，今の僕たちとつながる部分があるんですね。とりあえず僕はお金持ちになれるように，勉強も頑張ります。

Side Story　カルヴァンの神権政治では，長老や牧師からなる「長老会」が最高決定機関として機能し，迷信や異端の書物を取り締まり，酔っ払いや娼婦等を告発した。演劇や奢侈も禁止したという。

Outline カルヴァンの思想：カルヴィニズムとは

人間は堕落している（原罪）

神の絶対性

→ **予定説**

救われるか，断罪されるかは，人の行いによってではなく，神によって予め決定されている。

→ **職業召命観**

職業は神に与えられたもの

神

カルヴィニズム

与えられた職業に励むことが神の意志にかなう

Think 神の予定とはどのようなものか？

原典A 予定説

View 救済されるかどうかはもう決まっている。

予定とは，神が，人類の各個人がかくなることを望まれることを，御自分のうちに決定された，神の定めである。……この聖書の明白な教理に……適合するように，永遠不滅の決定によって，神は，**救いにいれることを欲するものと滅びに定めようとする者とを，一挙に決定された**のである。

（竹森満佐一 訳『キリスト教綱要抄』新教出版社）

13 原典B 職業召命観

View カルヴァンにとって，職業とは神に与えられたもの。

われわれはただ，主からの召命が万事において正しく行為する原理であり基礎であることを知れば，十分である。そして，このことに心を向けないものは，おのれの義務をつくすにあたって正しい道をとることが決してない。……あなたがこの目標に向かうとき，あなたの生活は最も正しく整えられるのである。なぜなら，己れの限界を踏みこえることは，許すべからざることであるのを知っているため，何ぴとも己れの無思慮によって自分の召命に耐える以上のことを試みるように駆り立てられはしないからである。……憂慮や，労苦や，わずらわしさや，その他の重荷の中にあって，神がこれらすべてのことにおいて導き手でありたもうと知るとき，これは少なからぬ慰めとなるのである。……**どんなにいやがられる・いやしい仕事であっても（あなたがそこであなたの「召命」に従いさえすれば）神の前で輝き，最も尊いものとならぬものはないのである。**

（同前）

1 世俗内的禁欲—マックス＝ウェーバー

ドイツの社会学者マックス＝ウェーバーは，資本主義経済が近代西欧を支配する最大の力であるとした。ウェーバーによれば，プロテスタントの禁欲的な精神が，現代の資本主義を形成する合理性や営利活動への専念という「資本主義の精神」につながったと主張した。これはマルクスとは別の視点から現代社会を解明しようとしたものである。また，**世俗内的禁欲とは，世俗に身を置きながらも与えられた職業に禁欲的に励むことがキリスト者の証であるという考え**である。労働の成果としての利潤は神意にかなうものとして肯定される。こうしたウェーバーの考えは，宗教の教義が合理化の推進力となり，資本主義の形成を促したという画期的なもので，その後の社会科学（特に社会学）に大きな影響を与えた。

MAX WEBER
DIE PROTESTANTISCHE ETHIK UND DER GEIST DES KAPITALISMUS

◯←『プロテスタンティズムの倫理と資本主義の精神』初版本

解説

A カルヴァンによれば，「人間が救済されるか，断罪されるかはあらかじめ神によって決定されている」。これを**予定説**という。カルヴァンの予定説は，救いの予定と滅びの予定を定めるとする二重予定説である。人間の全的堕落（アダムが神に背いたため，人間は全的に堕落している）と，神の絶対性をもとに，予定説が説かれている。

B **召命**とは，英語では Calling といい，「神に呼び出される」という意味を持つ。ドイツ語では Beruf。世俗的職業は，召命として聖なるものとされ，聖職者だけではなく，全ての信者に召命があると考えられた。中世までの伝統的なヨーロッパでは，利潤の追求や蓄財は不道徳なものであると考えられていた。カルヴァンは，もともとルターが提唱していた職業召命観を拡大し，神の意志にならった正しいものとした。そのため，職業に励み利潤を得ることを推奨したのである。

旧約聖書には，労働は神がアダムに与えた罰だと記されています。

Focus カルヴァン派が与えた影響

ルター派が，ローマ教会へ対抗するため世俗権力と結びつき，その後の国家形成に影響を与えたのに対し，カルヴァン派は，地域の枠を超え，スコットランド教会，オランダ教会，イギリスの諸分離教派，アメリカ合衆国の大部分の宗派と多様な地域で受け入れられ，世界各地域に広がっていった。カルヴァンが改革に着手したジュネーブでは，信仰を生活上においても規定していく神権政治が行われた。人々は，飲酒・ダンス・トランプ・姦淫などを禁止され，**禁欲的な生活を強いられた**。また，政治の中心となったのは，カルヴァンが創設した教会制度であり，一般信者のなかから選出された長老が教会運営を行うという自治的な組織を持っていた。これは，一種の代議制であるが，後にピューリタンが移住したアメリカ合衆国において民主主義として発展していく。新大陸に渡ったピューリタンたちは，聖書の教えに基づいた社会を形成しようとした。例えば，1919年には合衆国憲法修正第18条で，いわゆる「**禁酒法**」が制定された（1933年に廃止）。憲法に禁酒の条文が加えられたのは世界でも例がないことであり，カルヴァン派の禁欲的な精神はさまざまな影響を残している。

Side Story 1642～49年のイギリス市民革命を「ピューリタン革命」と呼ぶのは，革命軍の中心がピューリタン（清教徒＝カルヴァン派のプロテスタント）であったため。指導者のクロムウェルは，革命後も厳格な政策を進めた。

西洋近現代思想

宗教的寛容を説いたモラリスト ◀9回▶

モンテーニュ

Michel de Montaigne
1533 ～ 92　フランス

Words 215 ク・セ・ジュ

Que sais-je?
（われ何をか知る?）

西暦	年齢	生　涯　色文字は同時代のできごと
1533	0	フランスのボルドー近郊のモンテーニュで出生
46	13	ボルドー大学で哲学，古典を学ぶ
57	24	ボルドー高等法院予審部の評定官となる
62	29	カトリック教徒とユグノーの宗教戦争が始まる
70	37	評定官の職を辞し，モンテーニュの館に引退
72	39	『エセー』の執筆を始める
		サン゠バルテルミの虐殺〔旧教徒による新教徒の虐殺〕
80	47	『エセー』を出版
81	48	ボルドー市長に選ばれる
85	52	宗教戦争の混乱からボルドー市を守る
92	59	死去
98		ナントの勅令〔信仰の自由を認める〕。宗教戦争終結

主著　『エセー（随想録）』

足跡　モンテーニュは，ボルドーの新興貴族を父とし，幼時から英才教育を受けラテン語を修得する。6歳になると，ギュイエンヌ学院に入学し，古典を学んだ。大学卒業後，ボルドー高等法院に任官するが，父の死により判事の職を辞し，生家に戻り，隠棲した。後に「モンテーニュの塔」とよばれる円筒形の建物に住んで古典を読み，『**エセー（随想録）**』を執筆する。その後，ボルドー市長に選出されるが，折しも，宗教戦争（ユグノー戦争）中であった。彼自らの基本的立場はカトリックであったが，**寛容**の精神を説き，カトリック（旧教）とユグノー（新教）の融和につとめた。市長を退職後は，隠棲して『エセー』の加筆修正に励んだ。ちなみに，『エセー（Essais）』のタイトルは，essayer（エセイエ）（フランス語で試みる，吟味する）という動詞に由来する。英語では essay（エッセイ）（随筆，随想）。

Outline　モンテーニュの思想

【懐疑的命題】
われ何をか知る?
　↓　実 践
寛容・柔軟な精神をもて！

→ 【モラリスト】
人間の判断力の吟味 → 真理を求める

→ 【理想的人間像】
誠実で有徳な人間こそ理想的な人間である

➡モンテーニュの塔　3階が彼の読書室で，天井の梁にはギリシャ語とラテン語の句が50余り記されている。

Think　モンテーニュは，人間をどのように考察したのだろうか？

原典A　私は自分を吟味する

View 自己を考察することがモンテーニュの出発点である。

　神世の人は常に自分の正面を見る。わたしは眼を内部にかえし，そこにすえて，じっとはなさない。みんなは自分の前を見る。わたしは自分の内部を見る。わたしはわたしだけが相手なのだ。**わたしは絶えずわたしを考察し，わたしを検査し，わたしを吟味する。**

（関根秀雄 訳『随想録』第2巻17章　白水社）

原典B　柔軟な精神をもて

View 最も奥ゆかしい精神は最も柔軟な精神である。

　あまりつよい自分の気分や気質に執着してはいけない。我々の器量の第一はいろいろな習慣に順応できるということである。**唯一の生き方にいやおうなしに拘束されているのは，「在る」のであって「生きる」のではない。最も奥ゆかしい霊魂とは最も柔軟で変通自在な霊魂である。**…わたしが親密に交際したいと思う人々は，世間が「**誠実で有能な人**」と呼ぶ人々である。

（同前・第3巻3章）

解説

A モンテーニュは『**エセー**』で自己を赤裸々に語る。彼にとって自己を語るということは，人間について抽象的な議論をするのではなく，モンテーニュという生身を通して，人間について具体的に考察する方法であった。批判精神をもち，自己を冷静に見つめることによって，人間が陥りやすい独断やおごりを排除して，謙虚に生きようとする姿勢を確立した。
B 謙虚にものごとを考えるためには，何事にもとらわれない自由な精神が必要になる。この柔軟な精神の持ち主が**オネットム**（honnete homme 誠実な人，紳士の意味）で，モンテーニュの理想とする人間像であった。

⓫⓱ 1 Que sais-je ?

　人間が真理の探究を深めるときの態度。モンテーニュは，自分を含めて人間の判断力を試していく中で，真理を実証していくことの困難さを説く。特定の考えにこだわるかぎり，我々は盲目となり真理からますます遠ざかっていく。そのため，もう一度自由な立場で物事を見ようと，古代ギリシアの懐疑主義者ピュロンの標語 ε π ε χ ω（エペコー ＝私は判断を中止する）を思索の原点とし，Que sais-je?（**われ何をか知る？**）と表明した。

Focus 『エセー』と『徒然草』

　鎌倉末期の随筆家吉田兼好（1283? ～ 1352?）（➡p.234）は「日本のモンテーニュ」に擬される。モンテーニュは館に隠通し，兼好は出家して，自由な精神で人間省察を行った。記述のスタイルも「随筆」（フランス語「Essais」）であった。両者の共通点は，隠遁・出家の立場から，自分自身や世俗の人々を取り上げ，現実的な経験をもとに考察していることである。兼好は『徒然草』のなかで，モンテーニュと同様に自己省察の重要性を説いている。両者とも生きた時代や社会は異なるが，近代的自我の萌芽をみることができるだろう。

まぎるる方なく，ただひとりあるのみこそよけれ。

吉田兼好

Side Story 西田幾多郎はモンテーニュについて「甘いも酸いも分かった人で，私は彼になら何ごとも打ち明けることができ，彼から同情や教訓とを得ることができる。人間を知ろうとしたら先ずモンテーニュを読むべき」との評を残している。

BC　🔟17🔟　AD

〈12回〉

実存主義の先駆者
パスカル
Blaise Pascal
1623 ～ 62　フランス

理性　信仰

Words　216考える葦
217中間者　218幾何学的精神　219繊細の精神

> 人間は
> 考える葦である。

主著　『パンセ（瞑想録）』『プロヴァンシアル』

足跡　徴税官の父は，パスカルが8歳のとき，租税副院長の職と家屋敷を弟に売却して，息子の教育のためにパリに転住した。パスカルは幼少時から天才的能力を発揮し，12歳でユークリッド幾何学の定理32までを独力で考え，16歳のとき『円錐曲線試論』を書いて，世間を驚かせた。19歳になると，徴税官の父の仕事を助けるため，計算器を考案し，39歳のときには，パスカルの企画した「乗合馬車」がパリで初めて走った。しかし，その半年後，パスカルは死出の旅に出る。「敬虔な慈悲深い」母の死は，早熟なパスカルの性格形成に影響したとされる。23歳のとき，パスカルは，ジャンセニスム〔カトリックから異端的とされたキリスト教で人間の原罪と神の恩寵の絶対性を強調〕に触れ，一回目の回心をし，31歳では，恩寵の「火」を経験した（「決定的回心」）。死後，『キリスト教弁証論』の草稿断片集（『パンセ』）が刊行された。

西暦	年齢	生涯
1623	0	南フランスのクレルモンに生まれる
26	3	母を失う。父親により英才教育を受ける
39	16	『円錐曲線試論』を発表
42	19	手動式の計算機を発明する
46	23	ジャンセニスムの信仰に接する（回心）
47	24	療養中，デカルトの訪問を受ける
54	31	フェルマーと確率論について文通
		決定的回心により，信仰生活に入る
56	33	『プロヴァンシアル』刊行。イエズス会と論争
57	34	キリスト教弁証論の草稿（『パンセ』）を書き始める
62	39	パリで死去
65		『パンセ』刊行

新約聖書を読んでいたとき，いきなり，神の言葉が聞こえたという。パスカルは喜びの涙にあふれ，そのときのメモを終生肌身離さなかった。

Approach　パスカルの進路相談：豊かさが悲惨をもたらす？

⇒パスカリーヌ

　卒業後の進路を考えている高校生の中で，自分にピッタリの企業・学校がある！　と胸を張って言える人はどのくらいいるでしょう？　選択肢を比較すればするほど判断がぐらついたり，選んだ後に別の選択肢が気になったりすることはないでしょうか。私たちは誰もが，自分の将来に不安や悩みを抱えているのです。

　人間を深く省察したパスカルは，「**職業は偶然によってえらばれる**」，「**人間は（中略）生まれつき，あらゆる職業に向いている**」（断章97,138）と述べています。宗教改革を行ったルターやカルヴァンが職業は神からの召命・天職（⇒p.100）と考えたのとは異なり，パスカルは，職業は偶然身につけた習慣によって決定されるとしたのです。今いる場所で自分を鍛え上げていけば，進路はおのずと絞られるということでしょう。パスカルの言葉は，時代を超えて私たちの心に響き，背中を押されているような気もします。

　パスカルが生きた17世紀のヨーロッパは，絶対王政のもと内政が安定し人々は飢餓から解放され，また植民地貿易によって商業経済が発展しました。パスカルも裕福な家庭に生まれ，お金に困ることなく，好きな研究や執筆に没頭できました。パスカルが19歳の時に発明した計算機パスカリーヌは，現代のコンピューターのルーツと言われています。

　21世紀の私たちも，多くの人は衣食住が満たされ，さらにパソコンやスマホなどを使って，友人との会話や商品の購入を気軽に楽しめる生活を送っています。パスカルと私たちには，前世紀にはなかった「豊かさ」を手にしたという共通点があるのです。ところが，この「豊かさ」が，様々なことに思い悩む**人間**の悲惨をもたらすとパスカルは見抜きました。

　生き延びることが最優先であった時代が終わり，人々は自らの人生のあり方を決める自由を手に入れました。でも，自分の人生を考え，生き方を選択することには，絶えず不安がつきまといます。私たちが日々，人生や進路に思い悩むように。パスカルはこうした人間の苦悩を悲惨ととらえました。

　しかしパスカルは，悩むことは悲惨ではあるが，偉大なことでもある，と言っています。それを表したのが「**人間は考える葦である**」という言葉です（Ａ）。悩むことは自分と真剣に向き合うことにほかなりません。パスカルはそこに**人間の尊厳**を見出しました。「豊かさ」の中で自分を見失わず，また「悩み」に押しつぶされることのない**強靭でしなやか精神（1）**を，私たちはパスカルから学ぶことができるのです。

⇒「樫の木と葦」

　イソップ寓話。葦の弱さに対して，樫の木は，自分がいかに強いか自慢げに語っていた。ちょうどそのとき，大風が吹いた。自分の弱さを知っている葦は身を低くして耐え忍んだが，傲慢な樫の木は対抗し真っ直ぐ立っていたので，根こそぎ倒されてしまった。

西洋近現代思想

Side Story　花のパンジー（pansy 三色すみれ）の名前は，フランス語「パンセ Pensées　思考・瞑想」に由来する。つぼみが下を向く様子が，ひとが頭を垂れてものを思う姿に似ているからであるといわれる。

人間は考える葦	人間は中間者	生の三つの秩序
「考えること」 ↓ 人間の偉大さ，尊厳性	• 悲惨と偉大の中間 　＊娯楽や仕事は自己の悲惨をまぎらわすための「気晴らし」 • 無限と虚無の中間 • 天使と獣の中間	愛の秩序 精神の秩序 身体の秩序

Think パスカルは，人間をどのような存在と捉えたのだろうか？

原典A 人間は考える葦である

View 人間の尊厳は「考えること」のうちにある。

　人間は一茎の葦にすぎない。自然のうちでもっとも弱いものである。だが，それは考える葦である。かれをおしつぶすには，全宇宙が武装するにはおよばない。ひと吹きの蒸気，ひとしずくの水が，かれを殺すのに十分である。しかし，宇宙がかれをおしつぶしても，人間はかれを殺すものよりもいっそう高貴であろう。なぜなら，かれは自分の死ぬことと，宇宙がかれを超えていることを知っているが，宇宙はそれらのことを何も知らないからである。
　そうだとすれば，**われわれのあらゆる尊厳は，思考のうちにある。**

（由木康 訳『パンセ』§347 白水社）

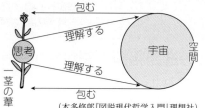

（本多修郎『図説現代哲学入門』理想社）

原典B 人間の生の三つの秩序

View 真実の生は神の「愛の秩序」に生きることである。

　この世の偉大のあらゆる光輝は，精神の探究にたずさわる人々には光彩をうしなう。精神的な人々の偉大さは，王や富者や将軍やすべて肉において偉大な人々には見えない。**神から来るものでなければ無に等しい知恵の偉大は，肉的な人々にも精神的な人々にも見えない。**これらは類を異にする三つの秩序である。

（同前 § 793）

1 「幾何学的精神」と「繊細の精神」

　パスカルは，人間の考える働きを，「幾何学的精神」と「繊細の精神」の二つに区分して説明している。
　幾何学的精神は，理性に基づき，少数の原理・原則から演繹的に論証していく思考能力であり，数学や自然科学における合理的な認識能力である。しかし，こうした認識能力では，宇宙や人間の存在理由については知ることはできない。これに対して**繊細の精神は，人間を深く理解したり，存在の根拠（神）を感じたりする直観的で柔軟な思考能力で，**宗教や倫理にかかわる認識能力である。
　パスカルは，正しく「考える」ためには，必ず両方の精神がなければならないと説いた。

幾何学的精神	繊細の精神
$2 \times 3 = 6$ $2H_2 + O_2 \rightarrow 2H_2O$	満天の星を見上げると，自分がちっぽけな存在だと痛切に感じる。

解説

A パスカルは，人間を観察したり，自分の内面を探究したりする中で，弱さと偉大さという人間の二面性を見いだし，二つの極を不安定に揺れ動く**中間者**とした。広大無限な宇宙に対して，人間は全く弱い存在であり，また，原罪を負い，自分ではどうすることもできない悲惨な状態におかれている。しかし，人間は自分の悲惨さを自覚できるがゆえに，いっそう強く自分について考えようとする。宇宙は何も考えることはできない。だから，「考えること」に人間の偉大さ，尊厳があるとパスカルは確信した。

B パスカルは，人間の生には三つの秩序があるとした。物欲にとらわれ，権力などを求める人間は「身体の秩序」に生き，学問的探求に励む人間は「精神の秩序」に生きている。しかし，人間にとって真実の生は，「愛の秩序」に生きることである。愛とは，キリスト教の神の愛であり，人間は神と通じること（信仰）によって，「愛の秩序」に導かれるという。ここに，人間の本来的なあり方を見出した。

Focus パスカルの賭け「神に賭けよ！」

　娯楽や恋愛などの「気晴らし」は孤独で悲惨な人生から目をそらさせてくれるが，それでは「生まれながらに死刑囚」である人間は絶望的な状況から救われない，とパスカルはいう。そこで，彼は確率論を用いて，「神に賭けよ！」と強く勧める。「神は存在するか，しないか。どちらに賭ける？」―神が存在する方に賭けた場合，勝てば無限の至福（天国）を得ることになる。賭けに負けたとしても，失うものは何もない。逆に，神は存在しない方に賭けた場合，たとえ賭けに勝っても，その利得は現世の幸福だけで，死後は悲惨（地獄）になる。すなわち，賭けとは一つのことを選び，それに運命をゆだねることである。神が存在する確率が無限に小さいとしても，期待値は無限なのである，とパスカルはいう。

Side Story パスカルは終生独身で恋愛経験もないとされるが，『恋愛の情念について』という著書があり，「恋愛の話をしていると，いつのまにか恋愛をするようになる。……恋愛は人間にとってもっとも自然な感情である」と述べている。

第2節　科学革命と合理的な精神

➡『ノヴム・オルガヌム』（ベーコン）の表紙
諸学問の近代化の途をひらいた一冊。船は学問を表しており，険しい大海原を力強く進んでいく様子が描かれている。その下には，ラテン語で「多くのものが通り抜けていき，知識は増されるであろう」と記されている。

近代科学と哲学

ルネサンスや宗教改革（➡p.95～101）を通して人間性が見直され，主体的に考え行動する人間像が確立してきた。教会や神学に基づくのではなく，人間自らの思考力により，現実の世界についての認識を深めようとする傾向が強まった。自然についての探究も，観察・実験を通して，自然界にある法則を見いだそうとする**科学的精神**として成長してきた（**コペルニクス，ケプラー，ガリレイ，ニュートン**など（➡p.106・107））。また，**自然を支配**することによって，**人間生活を向上**させようとするのが**科学技術**であった。このような近代科学の発達は，思想にも大きな影響を与え，合理的思考・方法の探究がなされた。特に，17世紀になると，**フランシス＝ベーコン**（➡p.108）は『ノヴム・オルガヌム（新機関）』，**デカルト**（➡p.111）は『**方法序説**』を著した。真理は，神や教会といった権威によって与えられるのではなく，人間の**理性**（知性）によって知られるものとなり，哲学者たちは人間の認識能力について探究を行った。認識の源泉を経験に求めるのが**経験論**で，ベーコン以降，**ホッブズ**（➡p.118），**ロック，バークリー，ヒューム**（➡p.110）らによってイギリスで展開された（**イギリス経験論**）。一方，認識の源泉を理性と考えるのが**合理論**で，**デカルト，スピノザ，ライプニッツ**（➡p.111～114）によりヨーロッパ大陸を中心に研究された（**大陸合理論**）。

●おもな思想家・自然科学者

注：国境は現在のもの
バークリー／スピノザ／アイルランド／イギリス／コペルニクス／ベーコン／ロック／ヒューム／ニュートン／ポーランド／ライプニッツ／ケプラー／オランダ／ドイツ／フランス／デカルト／イタリア／ガリレイ

■は経験論の思想家
■は合理論の思想家
■は自然科学者

●イギリス経験論と大陸合理論の比較

	イギリス経験論	大陸合理論
思想家	**ベーコン，ヒューム，バークリー，ホッブズ，ロック**	**デカルト，スピノザ，ライプニッツ**
背景	二度の市民革命により政治的・経済的自由を獲得した**市民階級**が成長	新教と旧教の**宗教的対立**の深刻化，市民社会の形成や経済発展の遅れ
内容	生活の**有用性**（utility）をもつことが善とされ，有用性の根拠として**経験**を重視	現実の絶対王政と国家間の戦争の状況に対して理想を求める傾向を強め，**理性**に基づいた**体系的な思想**を探究

● 17・18世紀のヨーロッパの思想・技術　年表

西暦	著作・発明・発見（色文字は同時代のできごと）	思想家	科学者
1543	コペルニクス『**天体の回転について**』		コペルニクス（ポーランド）1473
83	ガリレイ「振り子の等時性」発見	ベーコン（英）1561	
90	ヤンセン「顕微鏡」発明		
1605	ベーコン『**学問の進歩**』		
09	ケプラー「惑星の運動法則」の発見		ケプラー（独）1571
	ガリレイ「天体望遠鏡」発明		ガリレイ（伊）1564
20	ベーコン『**ノヴム・オルガヌム**』	デカルト（仏）1596	
24	ベーコン『ニュー・アトランティス』	1626	
28	ハーヴェイ「血液循環説」提唱	ホッブズ（英）1588	
37	デカルト『**方法序説**』		
39	パスカル『円錐曲線試論』	パスカル（仏）1623	
42	パスカル「計算機」発明		ガリレイ 1630
	ピューリタン革命（～49）	スピノザ（蘭）1632	
51	ホッブズ『**リヴァイアサン**』		ニュートン（英）1642
55	ホッブズ『物体論』		1643
57	パスカル『パンセ』	1650	
62	ボイル「ボイルの法則」発見	パスカル 62	
75	スピノザ『**エティカ**』	ロック（英）1632	
	ニュートン「微積分法」発見	1677	
86	ライプニッツ『**形而上学叙説**』		
87	ニュートン『**自然哲学の数学的諸原理**』	ライプニッツ（独）1646	
88	イギリス名誉革命		
	ホイヘンス「光の波動説」提唱		
90	ロック『**人間悟性論**』		
	ロック『統治論』	1704	
1709	ダービー「コークス製鉄法」提唱		
10	バークリー『人知原理論』		
14	ファーレンハイト「水銀寒暖計」発明		
	ライプニッツ『単子論』		ニュートン 1727
39	ヒューム『人性論』	ライプニッツ 1716	
69	ワット「蒸気機関」発明		
76	アメリカ独立宣言	カント（独）1724	
81	カント『**純粋理性批判**』		
88	カント『**実践理性批判**』		
89	フランス革命開始		
90	カント『判断力批判』	1804	

西洋近現代思想

Side Story　18・19世紀のヨーロッパにおける，科学技術によって自然を支配するという思想は現代にも通じる。しかし，ネットやスマホなど，発達した科学技術に逆に人間が支配されてしまわぬよう，注意することも忘れてはいけない。

宗教的権威に縛られず，自然をあるがままに考察する

近代科学の誕生

Words 220 近代科学
221 機械論的自然観

学者	主な功績
コペルニクス	「地動説」の提唱
ケプラー	「ケプラーの三法則」の発見
ガリレイ	「地動説」の実証
ニュートン	「万有引力の法則」の発見

概説 ギリシャの天文学を集大成したプトレマイオスは，地球を中心とした体系（**天動説**）で惑星の運動を説明した。この地球を中心とした宇宙論はキリスト教神学と結びつき，絶対的な権威をもった。しかし，コペルニクスは，プトレマイオスの体系があまりにも複雑であることに疑問を持ち，発想を変えて太陽を中心とする体系（**地動説**）を考え，観測データを解釈し直した。その結果，地動説の方が天動説より惑星の運動を単純に美しく説明できるとした。すなわち，天動説から地動説への宇宙観の転換である。

地動説の仮説は，ガリレイやケプラーの観測や数学的な体系によって実証されていくことになる。さらに，ニュートンにより，地上の物体の運動と地球を含めた諸惑星の運動が同じ原理で説明されることになった。この考えにより，天上界と地上の世界が異なるというキリスト教の世界観は権威を失っていき，新たな**近代科学**が誕生することになった。こうした 17 世紀に歴史上生じた科学の変革を「**科学革命**」という。

現在私たちが当然のこととして受け止めている事柄も，長い年月の中で積み重ねられてきた研究の成果なんだね。

地動説を唱えた天文学者　　　　　　　　　　3回

コペルニクス　Nicolaus Copernicus
1473 ～ 1543　ポーランド

あらゆるものの真中に太陽が座している。

主著 『天体の回転について』(1530)
足跡 コペルニクスは，1473 年，ポーランドのトルンに生まれた。クラクフ大学で哲学・天文学を学び，カトリックの僧侶となる。その後，イタリアに留学して各地の大学で法学・医学・天文学を研究した。地動説を展

開した『天体の回転について』は，カトリック教会からの弾圧を恐れて，彼の死の直前にドイツで出版されたが，その書が届けられた数時間後に息をひきとったといわれている。

彼の唱えた地動説は，宗教的権威に縛られ絶対的であった天動説に異を唱えるものだが，実はこの地動説自体も「すべての中心に太陽があり，太陽は神的なものである」というプラトン主義の思想に支えられたものであった。つまり，彼の唱えた地動説は，まだ物理学や力学に完全に支えられた学説というわけではなかったのである。

● 原典 太陽中心説（地動説）

地球が動くということに矛盾するものは何もない……。地球がすべての回転の中心でないことは，惑星の見かけの不等の運動および地球からの距離の変化によって証明されている。

……もし太陽を不動として運動を太陽から地球へ移しても，明け方見えたり夕方見えたりする獣帯諸宮（動物の名がついている 12 の星座）および恒星の出没は全く同じようになるであろう。

（矢島祐利 訳『天体の回転について』岩波文庫）

→ プトレマイオスの天球図

解説 コペルニクスは，プトレマイオスの天動説に対して，古代ギリシアの文献を研究する中でアリスタルコスが唱えた太陽中心説を見いだした。彼はその発想をもって観測データを解釈し直し，太陽の周りを惑星が公転し，地球もその惑星の一つであるとして地動説を唱えた。

◆コペルニクスの天球図

惑星の運動法則を唱えた天文学者　　　　　　3回

ケプラー　Johannes Kepler
1571 ～ 1630　ドイツ

惑星は太陽のまわりを楕円軌道を描いて運動する。

主著 『新天文学』(1609)
足跡 南ドイツのヴュルテンブルク侯国のヴァイルに

生まれる。家は貧しかったが学才を認められ，給費生としてチュービンゲン大学に入学し，哲学・神学を学んだが，コペルニクスの地動説を信奉したため，新教の神学者の反対によって卒業後は聖職者の職に就けなかった。その後，ギムナジウム（中・高等学校）の教師や天文学者ティコ＝ブラーエの助手，皇帝ルドルフ 2 世付の数学者などを歴任した。

1 ケプラーの惑星の運動法則

ケプラーは，長期かつ精密に天球上の惑星の動きを観測し，**惑星の運動に関する法則**（「ケプラーの三法則」）を発見した。この発見は，コペルニクスの地動説を発展させ，ニュートンの万有引力の法則の発見にも多大な影響を与えた。

ケプラーの三法則

第一法則 惑星は太陽を 1 つの焦点とする楕円軌道を描く。
第二法則 惑星と太陽とを結ぶ線分が単位時間に描く面積は一定である。
第三法則 惑星の太陽からの平均距離の 3 乗と公転周期の 2 乗の比は一定である。

Side Story ルターは，コペルニクスの唱えた地動説に対し，馬車を走らせながら大地のほうが走っているのだと信じるような「馬鹿者」であるとののしったといわれる。ここには，聖書の宇宙観を絶対視する宗教改革者の限界が見て取れるだろう。

自作の望遠鏡で地動説を実証した天文学者

ガリレイ　Galileo Galilei
1564～1642　イタリア

> それでも地球は動いている。

主著　『天文対話』(1632)『新科学対話』(1638)
足跡　ガリレイはイタリアのピサに生まれた。17歳でピサ大学医学神学教養部に入学したが，数学や物理学に関心が移り中退した。この間，振り子の等時性を発見したといわれる。25歳で，ピサ大学の数学講師，28歳でパドヴァ大学教授となる。ガリレイは，コペルニクスの地動

↑木星とガリレオ衛星（合成）　ガリレイは4つの衛星が木星のまわりを回っていることを確認したが，これはすべての惑星が地球のまわりを回っているという天動説に反するものであった。

説を信奉し，自作の望遠鏡を用いて天体を観測し，月には無数の凹凸があることや，木星の4つの衛星（「ガリレオ衛星」），金星の満ち欠け，太陽黒点などを発見し，地動説を側面から証明した。また，落体の法則（物体が自由落下する時間は質量に依存しない。また物体の落下時の距離は落下時間の2乗に比例するという法則）を証明するため，ピサの斜塔の上から大小2つの球を落とす実験をしたと伝えられる。

当時禁じられていた地動説を正しいとしたガリレイは，カトリック教会による宗教裁判にかけられる。その際，自説を撤回せざるを得なかった彼は，「それでも地球は動いている」とつぶやいたと伝えられる。

↑ガリレイの宗教裁判の様子

●　原典　宇宙という書物は数学の言葉で書かれている

　哲学は，眼のまえにたえず開かれているこの最も巨大な書（すなわち，宇宙）のなかに，書かれているのです。しかし，まずその言語を理解し，そこに書かれている文字を解読することを学ばないかぎり，理解できません。その書は数学の言語で書かれており，その文字は三角形，円，その他の幾何学図形であって，これらの手段がなければ，人間の力では，その言葉を理解できないのです。それなしには，暗い迷宮を虚しくさまようだけなのです。(山田慶児ほか　訳『偽金鑑識官』『世界の名著21』中央公論社)

解説▶ ガリレイは，数学や物理学を用いて自然や宇宙の運動を解明しようとした。原典の「宇宙という書物は数学の言葉で書かれている」という文言は，自然というものを法則によって運動する機械のように捉える，デカルトやニュートンの**機械論的自然観**に連なる思想と考えることができるだろう。

万有引力の法則を唱えた古典力学の創始者

ニュートン　Isaac Newton
1643～1727　イギリス

> 地上における物体の運動と天上界の物体の運動の原理は同じである。

主著　『自然哲学の数学的諸原理（プリンキピア）』(1687)
足跡　ニュートンは，1642年，イギリスのウルスソープに生まれたが，独立自営農民の父は3か月前に亡くなっ

ていた。同年，ガリレイが死去し，ピューリタン革命が勃発した。19歳のとき，ケンブリッジ大学トリニティ・カレッジに給費生として入学する。大学卒業後，ペスト流行のため，一時ウルスソープに帰る（1665年～1666年）。この間，万有引力の法則，微積分学，光の分析の「三大発見」をなしとげたといわれる。

> ニュートンは，リンゴが樹から落ちるのを見て，万有引力の法則を発見したといわれている。

1 万有引力の法則

　ニュートンは，惑星が太陽のまわりを回り続けるのは，両者の間に引力がはたらくためであると考え，ケプラーの法則から「物体が引き合う力の大きさは，2つの物体の質量の積に比例し，距離の2乗に反比例する」という法則を導き出した。この力はすべての物の間に働いているという考えが，**万有引力の法則**である。万有引力の発見によって，ニュートンは古典力学を確立した。

⚙ Focus　ブルーノの宇宙観「宇宙は無限である」

　ブルーノは，イタリアのナポリに近いノラに生まれ，ドミニコ派修道士となる。28歳のとき，キリストの神性を否定する異端のアリウス派を支持した疑いで告発され，修道院から逃亡した。その後，ヨーロッパの諸都市を遍歴するが，1592年にベネチアで捕えられて，1600年にローマで異端判決が下され，死刑が決定した。死刑が宣告される際，ブルーノは審問官に向かって**「真理におびえているのはお前たちだ！」**という言葉を発した。しかし，燃え盛る火刑台では無言のまま死に赴いたといわれる。
　ブルーノは，コペルニクスの地動説を擁護し，従来の宇宙は有限であるという考えに対して，神の展開としての**宇宙は無限**であり，宇宙には無限の世界があると説いた。こうして，ブルーノの宇宙観はキリスト教の異端となった。　ブルーノの処刑をもって，ルネサンスの時代は終わったともいわれる。

↑ジョルダーノ＝ブルーノ
（1548～1600）

 Side Story　「神は永遠にして無限，全能にして全知であります。」これは『プリンキピア』末尾にあるニュートンの言葉である。この言葉から，ニュートンの合理主義はけっして神秘主義を全否定するものではなかったことが読み取れよう。

西洋近現代思想

学問の大革新を目指した経験論哲学の祖

ベーコン

Francis Bacon
1561〜1626　イギリス

Words 222経験論 223知は力 224イドラ 225帰納法

知は力なり。

scientia est potentia.

西暦	年齢	生　涯　色文字は同時代のできごと
1561	0	ニコラス゠ベーコンの子として，ロンドンで出生
73	12	ケンブリッジ大学に入学
75	14	旧態依然のスコラ哲学に失望し，大学を退学
76	15	グレイズ・イン法学院に入学。駐仏大使の随員として渡仏
82	21	弁護士の資格を取得
84	23	下院議員となる
88	27	イギリス海軍がスペインの無敵艦隊を撃破
97	36	『随筆集』を出版
1603	42	エリザベス1世死去。ジェームズ1世即位
05	44	『学問の進歩』を出版
18	57	大法官となる
20	59	『ノヴム・オルガヌム（新機関）』を出版
21	60	汚職のかどで議会から有罪の判決を受け，政界を引退
26	65	肺炎で死去
27		死後『ニュー・アトランティス』が刊行される

主著　『ノヴム・オルガヌム（新機関）』『学問の進歩』『ニュー・アトランティス』

足跡　ベーコンは，エリザベス1世の国璽尚書〔国の印章を保管する大臣〕をつとめた有力な政治家の子として生まれた。母親は敬虔な新教徒で，教養豊かな女性であった。12歳のとき，兄とともにケンブリッジ大学トリニティ・カレッジに入学し2年間学んだが退学し，法曹養成・認定のグレイズ・イン法学院に入り下級弁護士の資格を取得して，23歳で代議士となった。18歳のとき父が急死したが，兄妹が多く遺産が少なかったため，借金で苦しんだ。57歳で司法の頂点である大法官に就任したベーコンは，3年後，賄賂を受けとった罪に問われて職を追われ，数日間ロンドン塔に幽閉された。その後は，隠居して研究と著述の余生を送った。科学者としての一面も持つベーコンらしく，鶏肉の冷凍保存に雪が有効だという説を検証する際に風邪をひいて肺炎となり，死去した。哲学者としてのベーコンは，アリストテレスに代わる新しい学問の樹立をめざし，研究の方法として帰納法を唱え，観察や実験の重要性を説いて「**イギリス経験論の祖**」となった。

Approach　ニュー・アトランティス〜ベーコンが描いたユートピアとは？

ユートピアという言葉は，『ユートピア』（1516年刊）を著したイギリスの人文主義者**トマス゠モア**（➡p.97）の造語といわれています。それは，ギリシア語の「ou（無）」と「topos（所）」を合成したもので「どこにもない場所」，転じて理想的な世界を意味します。ベーコンの未完の遺稿『ニュー・アトランティス』も，ユートピアを描いています。しかし，ベーコンとモアの描くユートピアは，理想のかたちが大きく異なります。

❶『ニュー・アトランティス』初版本の挿絵

モアの描いたユートピアは，自由と規律をかねそなえた共和国で，**財産を共有する平等な共産主義的社会**なのです。モアはユートピアを語ることによって，囲い込み運動によって不平等が広がる現実のイギリス社会を厳しく批判しました。

これに対し，「経験論の祖」ベーコンの描いたユートピア（ニュー・アトランティス）は，**科学的な理想社会**なのです。アトランティスとは，古くはプラトンの『ティマイオス』『クリティアス』に記述された高度な文明をもつ伝説上の島で，大西洋上にあったといわれています。ベーコンは，アトランティスをアメリカ大陸と見なしました。ベーコンの物語は，ペルーから中国，日本に向かった船が，太平洋の孤島へたどり着いたところから始まります。この島こそがニュー・アトランティスで，そこには理想的な学問研究機関ソロモン学院があり，多くの科学者が組織的に研究と技術の開発を行っているというのです。ソロモン学院の長老は学院の目的について，次のように語ります。「ソロモン学院の目的は，事物の諸原因と隠れた運動に関する知識を求め，人間が支配する領域を拡大して，あらゆることを可能な限り実現させることである」

ソロモン学院は国立の巨大な研究機関のようなもので，鉱物や生物，気象や天文現象，農産物，食料，薬草，健康などを研究する施設などがあります。そこにいる研究者たちは，それぞれ多様な任務に就いています。他国に出向いて様々な実験を収集するもの，様々な研究から人間生活に役立つものを選び出す者，実験や一般的な命題を引き出す者，さらに研修生や助手もいます。

ベーコンが描いたニュー・アトランティスというユートピアは，科学の王国でした。しかし，彼は決して科学万能を説いたわけではありません。ソロモン学院の長老はこのように言います。「科学を神聖かつ善なることに用いられるよう，毎日，神に祈りを捧げている」と。つまり，ベーコンは，**科学技術をどう用いるか**という問題についても真摯に考えていた思想家だったのです。

Side Story　政治家としては野心家と評されるベーコンだが，彼の『随筆集』は，野心家のイメージとはかけ離れた美しい文章であり，大劇作家シェークスピアはベーコンのペンネームであったという説もあるほどだ。

Outline　ベーコンの根本思想：イドラを取り除き、「知を力とする」学問へ

経験論哲学	4つのイドラ（偏見）を排除	→	自然を研究し、徹底的な観察・実験	帰納法	知は力なり
人間の知識は理性ではなく、感覚的な経験から生まれる。 ベーコンの立場	①種族のイドラ ②洞窟のイドラ ③市場のイドラ ④劇場のイドラ				科学技術により自然を支配し、より豊かな人間生活を実現する。

Think　ベーコンは自然に対する学問と技術をどのように考えたのだろうか？

原典A　新しい論理学

View　私の論理学が目指すのは、原理そのものの発見である。

　わたくしの論理学が目指す目的は、論証の発見ではなくて技術の発見であり、原理に一致するものの発見ではなくて原理そのものの発見であり、蓋然的な論拠の発見ではなくて作業のための指示と指標の発見である。

　……ふつうの論理学においては、論敵が討論によってうちまかされるのに反して、この論理学においては自然が作業によってうちまかされしばられるからである。

（服部英次郎 訳「**ノヴム・オルガヌム**」『世界の大思想6 ベーコン』河出書房新社）

原典B　知は力なり

View　自然は服従することによってでなければ征服されない。

　人間の知識と力とは合一する。原因が知られなければ、結果は生ぜられないからである。というのは、**自然は服従することによってでなければ、征服されないのであって**、自然の考察において原因と認められるものが、作業においては規則の役目をするからである。　（同前）

原典C　真の経験論

View　どこまでも実験であるかぎりの経験こそ最良の論証である。

　経験こそ、他のものよりもずっとすぐれた論証である。ただし、それがどこまでも実験であるかぎりである。というのも、経験は、それが似ていると考えられる他の事例にまでもあてはめられるとき、それが正しく順序を追うて行われないなら、欺くからである。　（同前）

解説

A ベーコンは、学生時代に学んだアリストテレスの論理学やスコラ哲学など、既存の学問が人間の現実生活に有用でないことを批判して、真理の探究を人間に役立てるための、新しい方法の哲学を求めた。彼は、自分の仕事を「学問を革新すること」と位置づけ、『大革新』という著作を構想した。

B 学問研究の目的は自然についての正しい知識を得ることであり、この知識を活用して自然を操作し、支配することを意図した。ベーコンにとって、科学的認識と技術の論理は表裏一体であり、このことを「知識は力と合一する」（知は力である）と述べた。

C ベーコンは「これまで学問にたずさわってきた人びとは経験派か、独断派かであった。経験派は、アリのように、ただ集めて使うだけ」と、独断派のみならず、「少数の実験という狭くて暗いものをもととしている」従来の経験派をも批判している。

経験派／帰納法　ただ集める／集めて変形し消化する

1　4つのイドラ～真理探究を妨げるもの

①種族のイドラ

感覚や感情によって生じる、人間という種族に共通する錯覚や偏見・誤り。

赤色の丸はどちらも同じ大きさ

②洞窟のイドラ

個人的な好み、境遇、性格、教育など、自分の狭い世界（洞窟）にとらわれることから生じる偏見。

井の中の蛙 大海を知らず

③市場のイドラ

社会生活（市場＝人々が交流する場）における不適切な言葉の使用（うわさ・聞き違いなど）から生じる偏見・誤解。

手に入らなくなる…！

④劇場のイドラ

権威や伝統的学問（劇場の芝居に例えられている）をうのみにしてしまうことから生じる偏見・誤り。

○×□△、□○○…

○○大学　○○教授

ほ～、なるほど～

解説 ベーコンは、人間の精神を取り囲んでいる**イドラ**を4種類挙げている。イドラ（ラテン語で idola）は、偶像・幻影の意味。英語のアイドル（idol）はこれに由来する。ベーコンは、人間の判断が誤りに陥る傾向が強いことを指摘し、その原因となる先入観や偏見、独断をイドラと呼んだ。人間の精神を占有するイドラを排除し、事物を経験に即してありのままに観察・判断することが真理の第一歩であると説く。

Side Story アリストテレスの論理学関係の著作を総称して「オルガヌム」（ラテン語で「道具」の意味）というが、ベーコンはそれに対抗する形で、自身の著書を『ノヴム・オルガヌム』と称した（ノヴムはラテン語で「新しい」という意味）。

2 帰納法～ベーコンの学問の方法

帰納法 個々の経験的事実から，それらに共通する一般的法則を求める。

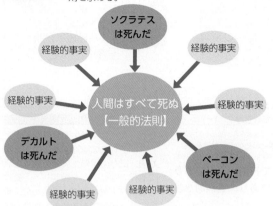

ソクラテスは死んだ【経験的事実】

経験的事実

経験的事実

人間はすべて死ぬ【一般的法則】

経験的事実

経験的事実

デカルトは死んだ

ベーコンは死んだ

経験的事実

経験的事実

解説▶ ベーコンによれば，真の学問の方法とは，個々の経験（事実）から一般的・普遍的な法則を導き出す**帰納法**である。経験から離れ，前提となる理論ですべてを解釈しようとする態度や，ただ事実を羅列するだけの単純な経験論を否定して，**観察・実験**などを通して個々の事実に共通する本質的な性質・因果関係を見出そうとした。

Focus ベーコンの出世のライバルはコーク

↑エドワード・コーク

　ベーコンの出世の最大のライバルは，権利請願を起草し，法の支配の原理を確立させた，あの有名なエドワード・コークである。法務長官の地位をめぐって，二人は激しく争った。エリザベス1世は，年齢や経験からコークがふさわしいと考えていたが，顧問となっていた女王の寵臣エセックス伯がベーコンを強力に推したため，選任に時間がかかり，法務長官は2年間空席のままになったという。しかし，エリザベス1世死去のあと，スコットランド王からイギリス王位についたジェームズ1世の時代に，ベーコンは大いに出世する。他方コークは，ジェームズ1世の専制政治に対抗して，法の支配の原理を確立する。

　ちなみに，私生活においては，ベーコンが結婚を望んだ若い未亡人が，なんと再婚相手にコークを選んだそうだ。

3 イギリス経験論の系譜～ベーコンの後継者たち

生得観念を否定したイギリスの哲学者・政治思想家

ロック
John Locke (→p.120)
1632 ～ 1704　**イギリス**

 権利　認知

主著 『人間悟性（知性）論』『統治二論』
足跡 ロックの認識論は「人間の知識の源泉と確実性」を探究するもので，カント（→p.127）の「批判哲学」の原型になったといってもよい。彼は，人間の心は生まれたときは「白紙」（ラテン語で**タブラ-ラサ**。何も書かれていない書板の意）であり，経験から観念が書き込まれるとして**生得観念を否定**した。

19 ▶原典　人間の心は白紙（タブラ-ラサ）

　心は，言ってみれば文字をまったく欠いた白紙で，**観**念は少しもないと想定しよう。どのようにして観念を備えるようになるのか。…これに対して，私は一語で**経験**からと答える。この経験に私たちのいっさいの知識は根底を持ち，この経験からいっさいの知識は究極的に由来する。　（大槻晴彦 訳「人間知性論」『世界の名著27』中央公論社）

主観的観念論を唱えたアイルランド出身の哲学者・聖職者

バークリー
George Berkeley
1685 ～ 1753　**アイルランド**

 認知

主著 『人知原理論』
足跡 ロックの経験論を継承したバークリーは，知覚の経験を重んじ，人間の心から独立に実在する外的な物質世界の存在性を否定した。「**存在するとは知覚されることである**」と主張して，事物は知覚される限りにおいて存在するという**主観的観念論**を唱えた。この考えを**独我**論ともいう。

16 ▶原典　存在するとは知覚されること

　匂いがあった，すなわち嗅がれたのである。音があった。すなわち，聴かれたのである。色彩や形状があった，換言すれば，視覚や触覚によって知覚されたのである。…そうした**事物の存在するとは知覚されることである**。
（大槻晴彦 訳『人知原理論』岩波文庫）

懐疑論を徹底させたスコットランド出身の哲学者

ヒューム
David Hume
1711 ～ 76　**イギリス**

 認知

主著 『人性論（人間本性論）』
足跡 ヒュームは，経験論を徹底させて**懐疑論**に行きついた。カントは，この懐疑論によって「独断論のまどろみ」から目覚めさせられ，それが批判哲学を形成する契機となった。ヒュームは，バークリーの哲学を推し進め，**因果法則や実体の観念の客観性を否定**し，自我は「知覚の束」に過ぎないと主張した。

16 ▶原典　因果律は心の習慣

　すなわち，原因と結果に関するすべての推論は習慣にのみ起因すること，また，信念はわれわれの本性の知的部分の働きというよりもむしろ情的部分の働きであること，これの真理を読者に気づかせることにほかならない。
（土岐邦夫 訳「人性論」『世界の名著27』中央公論社）

Side Story ベーコンの友人にハーヴェイという解剖学者がいた。彼はベーコンの才智と文章を大いに評価していたものの，「あの人は哲学を大法官らしく書いている」と言って，大哲学者であるということだけは認めなかったという。

近代的自我を発見した合理論哲学の祖

デカルト
Rene Descartes　1596～1650　フランス

理性

Words　226明晰判明な原理　227方法的懐疑　228良識　229哲学の第一原理　230演繹法　231生得観念　232合理論　233私（自我）　234物心二元論　235心身二元論

われ思う、ゆえにわれあり。
(Cogito, ergo, sum.*)
コギト　エルゴ　スム

* 「われ思う、ゆえにわれあり」のラテン語表現

主著　『方法序説』『省察』『哲学原理』『情念論』

足跡　デカルトは、フランス中部のラ・エーの高等法院貴族の家に生まれた。イエズス会のラフレーシュ学院で学んだ後、ポワティエ大学で学問を修めた。大学卒業後は、「世間という大きな書物」で学ぶため旅に出たのち、オランダの新教軍に入隊する。翌年、三十年戦争下のドイツに赴き旧教軍に入り、その休暇中ノイブルグの宿で霊感に満たされ、「驚くべき学問の基礎」を発見したという。

軍籍を離れたデカルトは、ヨーロッパ各地を遍歴したのち、オランダに隠棲し哲学研究に没頭した。この間、旺盛な向学心・優れた語学の才能・豊かな学識をもつ二人の高貴な女性と思想的交流をもった。一人は、デカルトに『情念論』を執筆するきっかけを与えたボヘミア王女エリザベト。もう一人は、スウェーデン女王クリスティーナ。このクリスティーナに、自らのもとに来るよう何度か招待されたデカルトは、北方のストックホルムに赴き、翌年風邪をこじらせ死去した。「さあ、今度は出かけねばならぬ」が臨終の言葉といわれる。

西暦	年齢	生　涯　色文字は同時代のできごと
1596	0	フランスのトゥレーヌ州ラ・エーで出生
1606	10	名門ラフレーシュ学院に入学。病弱だが成績優秀
14	18	ポワティエ大学に入学。法学と医学を学ぶ
18	22	オランダの新教軍に入隊。三十年戦争（～48）開始
19	23	ドイツの旧教軍に入隊。ドナウ河畔のノイブルグで近代哲学の原理を発見
33	37	ガリレイが地動説による宗教裁判で有罪『宇宙論』の公表を断念
37	41	『方法序説』を出版
41	45	『省察』を出版
42	46	無神論者として批判される
44	48	『哲学原理』を出版
49	53	スウェーデン女王に招かれる。『情念論』出版
50	54	女王のための講義をはじめる（早朝5時より）肺炎により死去

Approach　デカルトのめざした哲学とは？～学問の樹と仮の道徳～

デカルトは、当時のヨーロッパにおいて支配的であった**スコラ哲学**（中世キリスト教世界に成立した学問）は信頼できないと考え、絶対確実な基礎にもとづく**新しい学問**を創り上げる「**学問改革**」を志しました。では、デカルトにとっての新しい学問とはどのようなものでしょうか。彼は、新しい学問の体系を次のように構想しました。

～　学問の樹　～

哲学全体は一本の樹のようなものであって、その根は形而上学であり、その幹は自然学であり、この幹からでている枝は他のもろもろの学問であり、これらは三つの主要な学問、すなわち医学と機械学と道徳とに帰着します。ここにいう道徳は、最も高い最も完全な道徳であって、ほかの諸学の全き知識を前提し、知恵の最後の段階であります。

（井上庄七・森啓　訳「哲学の原理」『世界の名著22』中央公論社）

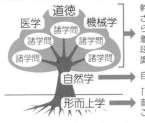

幹（自然学）から枝分かれしたさまざまな学問があり、それらは医学・機械学・道徳に帰着。特に道徳は「知恵の最後の段階」であり、諸学問全ての知識を土台とする。

自然学 → 自然科学や数学、物理学など

形而上学 → 「コギト、エルゴ、スム」という普遍的な根本原理を確立することや神の存在証明など

デカルトの新しい学問は、ソクラテス以来の伝統を受け継ぎ、完全な道徳によって「**よく生きる**」ことを実現するために構想されたものだったのです。

しかし、智恵の最後の段階に位置づけられている

道徳は、根や幹となる学問が完成して初めて完全なものとなります。そこで、デカルトは各学問が未完成な段階では、できる限り幸福に生きられるように暫定的な「仮の道徳」を定めて、それに従って生きることを説きました。それは、次の**四つの格率**（デカルトが守ろうと決めた行動の指針）から成り立っています。

～　仮の道徳　～

①最も良識ある人々が実際に広く承認している、いちばん穏健な意見に従って自分を導いていくこと
②自分の行動において、できるだけ確固として果断であること
③運命よりむしろ自分に打ち克つため、世界の秩序よりも自分の欲望を変えるように、常に努めること
④生涯をかけて自分の理性を培い、自ら課した方法に従って、でき得る限り真理の認識に前進すること

デカルトは「仮の道徳」にもとづき、さらに探究の方法として、明証性の規則、分析の規則、総合の規則、枚挙の規則の4つ規則を挙げ、生涯、学問の樹の完成を目指しました。

仮の道徳から、真理の発見に邁進するデカルトの強い意志が感じられるね。

僕は、自分の決断を信じて果敢に行動するところに、精神の気高さを感じるよ。

西洋近現代思想

Side Story　デカルトの生まれたフランス中部のラ・エーは、デカルトにちなみ、現在では「デカルト」という町名になっている。また、パリの人類博物館には「進化した人類の代表」として、デカルトの頭蓋骨が展示されている。

111

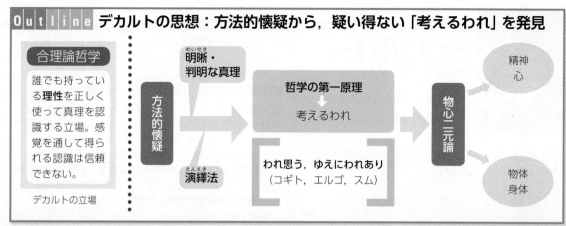

合理論哲学

誰でも持っている**理性**を正しく使って真理を認識する立場。感覚を通して得られる認識は信頼できない。

デカルトの立場

明晰・判明な真理

方法的懐疑

演繹法

哲学の第一原理
↓
考えるわれ

われ思う，ゆえにわれあり
（コギト，エルゴ，スム）

物心二元論

精神
心

物体
身体

Think 疑うという行為の主体である「私」は，疑えないのではないか？

原典A 理性の平等宣言

View すべての人間は理性をもっており，理性を正しく使用すれば真理を得ることができる。

良識はこの世で最も公平に配分されているものである。……よく判断し，真なるものを偽なるものから分かつところの能力，これが本来良識または理性と名づけられるものだが，これはすべての人において生まれつき相等しいこと。したがって，われわれの意見がまちまちであるのは，われわれのうちのある者が他の者よりもより多く理性をもつから起こるのではなく，ただわれわれが自分の考えをいろいろちがった途によって導き，また考えていることが同一のことでない，ということから起こるのであること。というのは，よい**精神**をもつというだけでは十分ではないのであって，たいせつなことは精神をよく用いることだからである。

（野田又夫 訳「**方法序説**」『世界の名著 22』中央公論社）

原典B 哲学の第一原理

View 「われ思う，ゆえにわれあり」が哲学の第一原理である。

私は気がついた。私がこのように，すべては偽である，と考えている間も，そう考えている私は，必然的に何ものかでなければならぬ，と。そして「**私は考える，ゆえに私はある**」というこの真理は，懐疑論者のどのような法外な想定によってもゆり動かしえぬほど，堅固な確実なものであることを，私は認めたから，私はこの真理を，私が求めていた**哲学の第一原理**として，もはや安心して受け入れることができると，判断した。

（同前）

原典C 物心二元論（心身二元論）

View 私の精神は，物体（身体）が存在しなくとも在りうる。

私は一つの実体であって，その本質あるいは本性はただ，考えるということ以外の何ものでもなく，存在するためになんらの場所をも要せず，いかなる物質的なものにも依存しない，ということ。したがって，この「私」というもの，すなわち，私をして私たらしめるところの「**精神**」は，物体から全然分かたれているものであり，さらにはまた，精神は物体よりも認識しやすいものであり，たとえ物体が存在せぬとしても，精神は，それがあるところのものであることをやめないであろう，ということ。

（同前）

原典D 高邁の精神

View 高邁な人々は，自分の情念を完全に支配している。

真の「**高邁**」（けだかさ）とは，…みずから最善と判断するすべてを企て実現しようとする意志を，どんな場合にも捨てまいとするところの，いいかえれば，**完全に徳に従おうとするところの，確固不変の決意を自己自身のうちに感ずる**ことである。

高邁な人々は…他の人々に善いことをし，そのために自分自身の利害を軽視する，ということを最も偉大であると考えるから，彼らはだれに対しても，申し分なく礼儀正しく愛想よく，親切である。そのうえ，**彼らは自分の情念を完全に支配している**。

（野田又夫 訳「**情念論**」『世界の名著 22』中央公論社）

解説

A 理性を正しく使用する規則として，デカルトは以下の4つをあげる。

① **明証の規則**…明らかではっきりしていて（**明晰**），他のものと内容が明確に区別される（**判明**）ものを真理とする。

② **分析の規則**…問題をできるだけ細分化する

③ **総合の規則**…思考を単純なものから複雑なものへと秩序だって導く。

④ **枚挙の規則**…落ちがないようにすべてを確認する

B デカルトは，私たちが考えていることの内容が間違っていようとも，今そう考えているわたしの存在を否定することはできないと確信した。これが方法的懐疑の結論であった。「**考えるわたし**」とは，自己意識（自分を意識する主体）のことで，人間の存在の根拠となるものである。それゆえ，「**われ思う，ゆえにわれあり**」はデカルトの学問の根本原理となったのである。

C 存在するために他のいかなるものをも必要としない存在を**実体**と呼ぶ。デカルトは，実体にはまず，神（無限実体）があり，そして精神と物体（有限実体）があると考えた。精神（心・意識）の本質は思惟＝考えることであり，物体（身体）の本質は延長＝広がりとして，相互に独立し依存しないものとした。この考えを，**物心二元論**または**心身二元論**という。

D 「高邁」とは，気品が高く優れていること。デカルトは，自由意志をつねに善く用いようとする，理性的・倫理的な自由な精神を「**高邁の精神**」と呼んでいる。**高邁な人々は，自分の情念を完全に支配している**ので，欲望，執着，羨望，憎悪，恐怖，怒りなどの情念に動かされることはない。**最も高邁な人々は，最も控えめで最も謙遜である**，とデカルトはいう。

Side Story デカルトが唱えた学問の方法は，演繹法である。「演繹」という言葉は，宋時代に朱子学を大成した朱熹（朱子，→p.82）の「中庸章句序」の「更互演繹，作為二此書一」に由来し，その意味は，意義を推し拡げて説明することである。

1 方法的懐疑

方法的懐疑とは，真理を獲得するための方法としてあらゆることを徹底的に疑ってみること。デカルトは自分の思索の出発点を定めるために，自分の学んだ学問や自分の経験を徹底して疑い，確実なものを見つけようとした。ほんのわずかの疑わしいものをすべて，絶対的に偽なるものとして投げすてたとき，疑いえぬ何ものかが残るのか，と考え，デカルトは次のように疑いを進めていく。

①感覚は誤る（→錯覚の例：「幽霊の正体見たり枯れ尾花」）

②推論も誤る（→2＋3＝5という単純な数学的真理も「神」や「悪意ある霊」が欺くかもしれないと想定する）

当然の式だけど，神や霊にだまされているかも…

③覚醒時（現実）と睡眠時（夢）の思考は識別できない

嬉しいけど，夢かもしれないぞ…

最後に，あらゆるものを徹底的に疑っても残るものがある。すなわち，「疑っている」という意識である。

3 動物機械論と機械論的自然観

デカルトは，動物は精神をまったくもたず，自然が動物たちのうちで諸器官の配置に従って働いている―まるで時計が歯車とゼンマイで正確に時刻を数え，正確に時間をはかることができるように―と考えた。これを**動物機械論**という。デカルトにとっては，人間の身体と動物は同じ物体であり，それらは因果関係に支配された自然的現象であり，数学的・物理学的に解明できるものである。このように，自然現象はすべて物体の運動によっておこるという考え方は**機械論的自然観**といわれる。

4 デカルトと現代哲学

新しい自然観の構築や近代的自我の発見によって，デカルトは，近代の科学や哲学の発展に多大な貢献をした。

他方，デカルト哲学には，はじめから難問があった。物心二元論に関わる**心身問題**である。文通相手のボヘミア王女エリザベトから「全く別のものであるはずの心と身体がどのように作用しあうのか」と問われ，デカルトは心身合一の次元のあることを認めた。

心身問題は，現代哲学においても主要なテーマの一つで，**ベルクソン**（→p.165）や**メルロ-ポンティ**（→p.166）らによって追究されている。

物心二元論・心身二元論

心（意識・思考）…体がなくとも存在し得る。本質は考えること。

独立

体（物体）…力学・物理学的に説明可能な物体。本質は空間への広がり（延長）

2 演繹法

演繹法……理性によって正しいと判断された確実な原理を出発点に，論証を積み重ねることを通じて，すべての知識を論理的・必然的に導き出す方法。

三段論法

大前提　すべての人間は死ぬ

小前提　ソクラテスは人間である

結論　ゆえに，ソクラテスは死ぬ

解説▶ デカルトは，学問の方法というものは，幾何学の公理のように明晰判明な原理から論理的な思考を進めることによって，確実な知識が得られるものでなければならないと考えた。デカルトのこの学問の方法は，一般的原理（公理・定理など）から特殊命題（個々の具体的事実）を導き出す**演繹法**といわれる。

演繹法の代表的なものは，**三段論法**である。三段論法は，大前提，小前提，結論，という三つの命題からなる論理的な推論である。

帰納法（ベーコンの学問の方法，（→p.110））と比較してみよう。

Focus デカルトとパスカル 〜奇跡の出会い

学問の天才二人が，たった一度だけ交わる奇跡的な出会いがあった。一人は「近代哲学の祖」デカルト，もう一人は「天才科学者」パスカル（→p.103）である。デカルト51歳，パスカル24歳。面会を求めたのは年上のデカルトからであったという。彼らはどんな会話を交わしたのだろうか？

デカルトは，パスカルの考案した計算機や真空実験などを話題にし，空気の質量に関する実験を勧め，当時病気療養中だったパスカルに朝寝坊の効能を説いたという。他方，パスカルはデカルトの提唱した原理の確実さを認めておらず，デカルトの行った実験について意見を述べ，真空の存在を認めないデカルトと議論したという。

他にも，デカルトは，天才ともてはやされたパスカルの『円錐曲線試論』（16歳時の論文）に対して冷ややかな評価をくだし，パスカルは『パンセ』において，「デカルト　無用にして不確実（役立たずのあやふや）」と書いた。

奇跡の出会いを果たした天才二人だが，仲良しになることはできなかった。

もう少し○○の実験やってみたら？　あと，朝寝坊は体にいいんだよ

あなたの実験は○○がおかしい

朝寝坊は関係ないだろ…

パスカル

デカルト

 Side Story　数学者としてのデカルトは，既知の定数を「a,b,c」，未知数を「x,y,z」と表す記号代数学を完成した。また，幾何学の問題を代数的計算によって解く「解析幾何学」も創始した。

汎神論を唱えた孤高の哲学者　　　　　　　　　　　　　　　　　7回

スピノザ

Baruch de Spinoza
1632 ～ 77　オランダ

Words 236汎神論 237神即自然

> 存在するものはすべて神のうちにある。

主著 『エティカ』『知性改善論』『神学・政治論』

足跡 「神に酔える哲学者」スピノザは，オランダに生まれたが，ポルトガルから亡命してきたユダヤ人の子孫である。法律学校に入学後，タルムード（ユダヤ教の宗教的典範）の研究と同時に神秘主義思想にも接し，聖書の研究に没頭した。スピノザの思想的性格には，伝統的なユダヤ人の律法的倫理規範が根底にあるといわれる。主著『エティカ』の正式名称は「幾何学的秩序によって証明された倫理学」である。スピノザは，レンズ磨きで生計を立て，屋根裏部屋で生活していたといわれるが，人との交流もあり，決して貧乏でも孤独でもなかった。

西暦	年齢	生　　涯
1632	0	オランダのアムステルダムのユダヤ人街に生まれる
45	13	ユダヤ人学校を卒業し，法律学院に入学
56	24	無神論者として告発され，ユダヤ教会から破門される
61	29	『知性改善論』を執筆
70	38	『神学・政治論』を匿名で出版
75	43	『エティカ』を完成させるが，出版は断念
76	44	ライプニッツの訪問をうける
77		肺結核のため死去

Think　スピノザは神をどのような存在と考えたのか？

11 原典A 神即自然～汎神論

View すべての存在は神のうちにある。

第1部定理15　存在するものはすべて神のうちにある。そして，いかなるものも神なしには存在しえないし，また考えられることもできない。

証明　神のほかにいかなる実体も存在しえないし，また考えることもできない（定理14による）。

第5部定理30　われわれの精神は，自分自身や身体を永遠の相のもとで認識するかぎり，神を必然的に認識し，また自分が神のうちにあり，神によって考えられることを知る。

（工藤喜作・斎藤博 訳「エティカ」『世界の名著 25』中央公論社）

解説

Ａスピノザは，デカルトの実体二元論に対して，実体は神のみであるという**実体一元論**を主張し，すべて存在するものは神のうちにあり，神なしには何も存在しないという「**神即自然**」の**汎神論**（神と存在全体を同じものとみる考え）を唱えた。また，人間精神が，「永遠の相の下に」事物を認識する限り神を必然的に認識するといい，精神は永遠であるかぎり，直観知によって「**神への知的愛**」が必然的に生じてくる，と説いた。

あらゆる分野に活躍した「万能の天才」　　　　　　　　　　　4回

ライプニッツ

Gottfried Wilhelm Leibniz
1646 ～ 1716　ドイツ

Words 238モナド 239予定調和

> モナドは，自然界における真のアトムである。

主著 『モナドロジー』『形而上学叙説』

足跡 ライプニッツは，才能に恵まれ，数学，物理学，形而上学，倫理学，宗教学，法学，歴史学などあらゆる分野において業績を収めた。ニュートン（➡p.107）との微積分をめぐる優先権論争は有名である。しかし，碩学ライプニッツは，哲学者としての大著をものにできなかった。晩年の著書『モナドロジー』は，小編にすぎない。政治生活においては，ロシアのピョートル大帝の私的顧問官や神聖ローマ皇帝カール6世の枢密顧問官に任命されたが，最後は不遇と失意のうちに永眠した。

西暦	年齢	生　　涯 色文字は同時代のできごと
1646	0	ドイツのライプツィヒに大学教授の子として誕生
61	15	ライプツィヒ大学に入学し，哲学と法学を学ぶ
77	31	ハノーヴァー公の宮廷顧問官に就任。スピノザ死去
86	40	『形而上学叙説』を執筆
1714	68	『モナドロジー（単子論）』を執筆するが公刊せず
15	69	ニュートンとの微分法優先権論争がおこる
16	70	悪化した痛風に苦しみながら死去

Think　ライプニッツの説く「モナド」とは何だろうか？

19 原典B 宇宙はモナドで成り立つ

View すべての存在は最小実体であるモナドによって成り立つ。

1　モナドとは，複合体をつくっている，単一な実体のことである。単一とは，部分がないという意味である。

3　…分割することもできない。モナドは，自然における真のアトムである。一言でいえば，森羅万象の要素である。

78　魂には魂自身の法則がある，体にも体自身の法則がある。それでいて両者が一致するのは，あらゆる実体のあいだに存在する予定調和のためである。

（清水富雄・竹田篤司 訳「モナドロジー」『世界の名著 25』中央公論社）

解説

Ｂライプニッツは，デカルトとスピノザの実体概念を発展させ，神以外のすべての存在は**モナド（単子）**という不可分な最小の実体によって構成されていると考えた。モナドは，非物質的で精神的な，外部との交渉をもたない独立した実体である（モナドには窓がない）が，無数のモナドは神の**予定調和**によって秩序正しく保たれていると主張した。モナドはギリシア語モナス（monas：単一）に由来。

Side Story　微分法優先権論争とは，ほぼ同時代人であるニュートンとライプニッツ，どちらが先に微分法を発見したかという歴史上でも有名な論争である。しかし，今日の微積分の考え方に近いのは，ライプニッツの方であるといわれている。

人間の尊厳・合理的精神

1 ルネサンスの思想

封建的な身分制度や神中心の世界観からの解放（人間性の再生・人間の尊厳の確立）を求めてヒューマニズム（人文主義）を唱え，近代社会へと続く合理的精神を生み出した。

思想家	主著・作品など	特色
レオナルド＝ダ＝ヴィンチ （1452 ～ 1519）	『最後の晩餐』 『モナ・リザ』など	絵画・彫刻・自然科学など多方面で活躍。[①万能人]の典型的な人物とされる。
ピコ＝デッラ＝ミランドラ （1463 ～ 94）	『人間の尊厳についての演説』	人間は[②自由意志]によって自己の本性を決定すると主張した。
エラスムス （1466 ～ 1536）	『痴愚神礼讃』	16 世紀最大の人文学者。[③キリスト（カトリック）]教会やその聖職者たちの腐敗を批判し，宗教改革に影響を与えた。
マキャベッリ （1469 ～ 1527）	『[④君主論]』	君主は狐のようなずるさとライオンのような力を持つべきと主張，政治権力のあり方を道徳や宗教から離して考えた。

2 宗教改革

人物 主著	ルター （1483 ～ 1546） 『[⑤キリスト者の自由]』	カルヴァン （1509 ～ 64） 『[⑪キリスト教綱要]』
言葉	● [⑥ 95 カ条の論題]（1517 年）で贖宥状（免罪符）の販売を批判。 ● [⑦信仰義認]説…原罪を負う人間を救うのは[⑧信仰]のみ。 ● [⑨聖書中心]主義…信仰のよりどころは聖書のみ。 ● 万人[⑩司祭]主義	● [⑫予定]説…人間の救済は神が予め決定している。 ● 職業は神からの[⑬召命]（天職）である（ルターの考えをさらに徹底）

3 近代科学の思想

人物	言葉
コペルニクス （1473 ～ 1543，ポーランド）	あらゆるものの真中に[⑭太陽]が坐している。
ガリレオ＝ガリレイ （1564 ～ 1642，伊）	宇宙は[⑮数学]の言語で書かれた書物である。
ケプラー （1571 ～ 1630，独）	惑星は太陽のまわりを楕円軌道を描いて運動する。
ニュートン （1643 ～ 1727，英）	[⑯地上]の物体の運動と天上の物体の運動は同じである。

4 ベーコンとデカルト

近代自然科学における学問の方法論は，観察と実験が導き出す経験的事実を重視するベーコンと，すべてを疑ってなお疑い得ないものを真理とするデカルトの思想を背景に発展した。

思想家 主著	ベーコン（1561 ～ 1626，英） 『ノヴム・オルガヌム』『ニュー・アトランティス』	デカルト（1596 ～ 1650，仏） 『方法序説』『省察』
言葉	[⑰知]は力なり	[㉑われ思う]，ゆえにわれあり
論理方法	[⑱帰納]法：個々の経験的事実から共通する一般的法則を導く	[㉒演繹]法：一般的原理から論理的に個別の事柄を導く
探求方法	四つの[⑲イドラ]を排除	[㉓方法的]懐疑
世界観	科学により[⑳自然]を操作・支配	世界は物体と精神から構成される（[㉔物心二元]論）

5 イギリス経験論と大陸合理論

市民革命を背景に，イギリスでは現実の生活や政治に対する有用性を根拠に経験が重視され，大陸では政治的・宗教的対立を調停する理性が求められた。

イギリス経験論 認識の源泉は**経験**である

ベーコン 偏見（[㉕イドラ]）を排除せよ。[㉖観察]や実験から事実をよく見よ。 ➡ ロック（1632 ～ 1704） 人間の心は白紙。（[㉗タブラ-ラサ]）。経験によって書き込まれる。 ➡ ヒューム（1711 ～ 76） 精神も物体も実在せず，[㉘知覚]の束にすぎない。

大陸合理論 認識の源泉は**理性**である

デカルト 人間は誰もが[㉙理性]を持っている。これを正しく用いると真理に至る。 ➡ スピノザ（1632 ～ 77，蘭） 神が唯一の[㉚実体]。すべて存在するものは神の内にある。（一元論） ➡ ライプニッツ（1646 ～ 1716，独） 実在するものは無限の[㉛モナド]（単子）である。（[㉜多元]論）

経験論と合理論の統合
カント
（1724 ～ 1804，独）
認識は[㉝経験]によって与えられた材料が，考える力（感性・[㉞悟性]）によってまとめられて成立する。

西洋近現代思想

⑤ CHALLENGE 大学入試問題にチャレンジしてみよう（答えは裏表紙裏）

⑤-1 次の①～④はベーコンが「イドラ」と呼んで批判したさまざまな先入見についての記述である。その説明として最も適当なものを，下の①～④のうちから一つ選べ。
（2013 センター本試 改）

① 種族のイドラは，人間相互の交わりや社会生活から生じる。
② 劇場のイドラは，伝統や権威を鵜呑みにすることから生じる。
③ 洞窟のイドラは，人間に共通する自然的な制約から生じる。
④ 市場のイドラは，各人が各様にもっている経験や知識から生じる。

RANK UP デカルトの説いた自然観と，その現代的課題を説明せよ。（一橋大 2005 改，▶答えは裏表紙裏）

「心」をめぐる冒険

モリヌーク問題

モリヌーク問題とは、「立方体と球体を触覚で識別できる生まれつき目の見えない人が、目が見えるようになったとき、視覚のみで両者を識別することができるか」という問題である（モリヌークは17世紀にロック（→p.120）に対してこの問題を提起した人物）。ロックは経験論の立場から「識別できない」と答えた（『人間知性論　第二版』1694）。以後、経験論と合理論の間でこの問題をめぐって論争がおこった。合理論の立場に立つライプニッツ（→p.114）は、『人間知性新論』で幾何学は理性によって先天的に「識別できる」と主張している。

バークリー（→p.110）は、視覚観念と触覚観念は異質なものだと唱え、「できない」と論じたよ。

心身問題

心理学で学んだ「感情」や「推論」など人間の意識の主体を、実体としての〈心〉ととらえたのがデカルト（→p.111）である。実体とは他のものに依存せずに「それ自身で存続するもの」のことである。デカルトは実体には心（精神）と物体（身体）があるとする、心身二元論を説いたが、それは「心身問題」と呼ばれる哲学上の難問を生みだした。

精神は脳の中心にある小さな腺（＊松果腺：図の→）のうちにそのおもな座をもち、そこから身体のすべての他の部分に、…作用をおよぼす、と考えよう。
デカルト『情念論』中公バックス

心＝脳なのか？

現代では、「心の働き」は脳や神経といった「物質の働き」に還元できるとする立場－自然主義（あるいは唯物論）－が有力である。例えば、「痛み」は身体に加えられた刺激に対応して生じる脳のC線維の興奮と説明される（機能における心脳同一説）。

この立場では、人間の脳細胞と同じ機能を備えたロボットには心があるということになる。ロボットの心から自然主義の問題点を考えてみよう。先の哲君の日記にある「心の働き」は、二つに分けることができる。

| 思考 | 意図，意志，記憶，信念 |
| 意識経験 | 生理的欲求，知覚，感覚，気分，感情 |

「思考」は客観的な論理構造に還元できるが、「意識経験」はクオリアをもつ。クオリアとは、「赤々」や「きりきり」といった意識が感じる主観的な質感である。

手塚治虫の有名なマンガ『鉄腕アトム』。主人公アトムは、恐怖を感じないためにクオリアが与えられていない。しかし、アトムの表情には喜怒哀楽が現れている。そもそも、私たちは他人の主観的な意識を知ることができるのだろうか。哲君が経験した「赤々」や「きりきり」は、私たちがその言葉から理解している感覚と同じといえるのだろうか。これを他我問題という。

そこで、私たちと同じ物理的反応（光が目に入り顔をしかめる）をしても、アトムのようにクオリアを経験していない存在（「哲学的ゾンビ」）を想定することはできないだろうか。自然主義では意識経験をもたない存在にも心を認める可能性がある。それは私たちの心の理解とは異なるのではないだろうか。

⚫ 『鉄腕アトム』「アルプスの決闘の巻」 ©手塚プロダクション

新実存主義：マルクス・ガブリエルの「心の哲学」

新進気鋭のドイツの哲学者マルクス・ガブリエルは、宇宙は、自然科学によって探究される一個の対象領域（「意味の場」"FOS" field of sense）ではあるが、宇宙の領域にはいろいろなFOSが存在するのであり、すべてを包含する「世界」（FOS）はないという。そのことを「世界は存在しない」と呼び話題となった。「心」は、FOSの系列全体にまたがって存在しており、ひとつの「世界」（FOS）に属するものではないという。ガブリエルは、心の哲学において唯物論や自然主義を批判し、みずからの心の哲学を新実存主義と呼ぶ。新実存主義は、雑然とした「心的語彙」を、「行為を説明する文脈で用いられる説明構造」である「精神」として捉え返すものであり、ドイツ観念論（→p.126）や実存主義（→p.153）など西洋哲学の伝統を踏まえている。心には、文化や歴史といった意味の場があり、そこから自然科学に還元しきれない精神の自由が生まれてくるという。

人間はいかなる状況においても今いる位置を超え出て、ものごとの連関という、より大きな地図のなかに自分を絶えず置きなおす。

Side Story　哲学者の大森荘蔵（1921〜1997）は、木や石のような物質に霊魂を見出すアニミズムのように、〈心〉は他者が「吹き込む」もの、他者が「創る」ものだとして、アンドロイドの〈心〉を認めるべきだと説いている。

第3節 社会契約の思想

●絶対王政時代のフランスの身分制度を風刺した絵画
第三身分の平民（市民・農民）が，第一身分の貴族，第二身分の聖職者を背負っている。

時代背景 — 絶対王政と王権神授説

ルネサンスや宗教改革を経て，ローマ教皇の地位が低下すると，大航海時代のなか海外との貿易で莫大な富を築いた国王は，官僚制と常備軍を設置するなど国内での統治力を強め，その地位を不動のものにした。国王に権力が集まる政治体制を**絶対王政**という。

また，**王権神授説**とは，国王の統治権が神から授けられた神聖不可侵なものであるから，人民は絶対的に服従しなければいけないとする考えである。ゆえに，国王は議会や教会から何ら制約を受ける必要がない。これは絶対王政を正当化する理論的根拠となった。この時代の王権神授説を唱えた学者にイギリスのフィルマーや，フランスのボシュエがいる。

市民革命と社会契約説

他国に先駆けイギリスにおいては，二度の市民革命により，市民社会が大きく進展した。中産階級を中心に，人間がもともともっている自由・平等といった権利（**自然権**）が主張され，時代や場所を超えても普遍的に認められるものとして理論化された。そして，個人がこの権利をお互いに保障するために，契約を結んで国家・社会を形成するという社会契約説が説かれた。これらの政治思想は18世紀のアメリカ独立革命，フランス革命の理論的支柱となった。

18世紀「啓蒙の世紀」

18世紀はヨーロッパの歴史上「啓蒙の世紀」と呼ばれるが，これは絶対王政・旧制度の弊害が頂点に達していたフランスで勃興した**啓蒙思想**に由来する。「啓蒙」とは，西欧系の言語では，[英語] enlightenment [ドイツ語] Aufklärung [フランス語] lumières と表され，いずれも「光をあてる」という意味である。日本語では蒙昧（無知）を啓くという意味で，迷信や偏見，非合理を排除し，人間精神に光を与え，学問，宗教，文化，政治，経済などあらゆる人間の活動を理性によって導こうとするものであり，新しい社会をつくる原動力となった。

❶フランス人権宣言の扉絵

自然法

自然法（natural law）とは，時間や空間を超え，人間の本性にもとづき，普遍的に妥当する永遠の法のことである。対義語に，人為的に国家が制定した法である実定法があるが，自然法は実定法を超えるものである。

自然法は古くは古代ギリシャの哲学にその萌芽があるが，中世ではキリスト教の教義と結びついて神の掟となる。近代に入り，グロティウスが自然法を神から離し，人間がもつ普遍的な自然的本性によって論理的に引き出すことができる法則としたことで，すべての人間が生まれながら生命や自由などといった自然権を有するという**近代自然法**が確立した。

● 17～18世紀のヨーロッパ社会　年表

西暦	できごと	思想家
1588	スペイン無敵艦隊敗北	グロティウス（蘭） 1583～1645
98	ナントの勅令（仏）	
1618	三十年戦争（～48）	
25	グロティウス『戦争と平和の法』	
28	権利の請願（英）	ホッブズ（英） 1588～1679
42	ピューリタン（清教徒）革命（英，～49）	
49	共和制に移行（英，～60）	
51	ホッブズ『リヴァイアサン』	
52	イギリス・オランダ戦争（～54）	ボシュエ（仏） 1627～1704
60	王政復古（英，～85）	
61	ルイ14世の親政（仏，～1715）	
88	名誉革命（英）	ロック（英） 1632～1704
89	権利の章典（英）	
90	ロック『統治論』，『人間悟性論』	モンテスキュー（仏） 1689～1755
1701	スペイン継承戦争（～13）	
34	ヴォルテール『哲学書簡』	ヴォルテール（仏） 1694～1778
40	オーストリア継承戦争（～48）	
48	モンテスキュー『法の精神』	ルソー（仏） 1712～1778
51	『百科全書』刊行（～72）	ディドロ（仏） 1713～1784
56	英仏，七年戦争（～63）	ダランベール（仏） 1717～1783
60	このころイギリス産業革命始まる	
62	ルソー『社会契約論』	
75	アメリカ独立戦争始まる（～83）	
76	アメリカ独立宣言 アダム゠スミス『諸国民の富』	
81	カント『純粋理性批判』	
89	フランス革命・人権宣言 ベンサム『道徳および立法の諸原理序説』	
94	フィヒテ『全知識学の基礎』	

英＝イギリス
仏＝フランス
蘭＝オランダ

Side Story　フランス人権宣言の扉絵では，右側の法を象徴する女神の杖の先には，理性をあらわす目が光となって左手が指す文言を照らしている。左側は絶対王政下における抑圧をあらわす鎖を断ち切った，自由を象徴する女神である。

社会契約説をはじめて唱えた哲学者・政治思想家

ホッブズ

Thomas Hobbes
1588 ～ 1679　イギリス

Words 240王権神授説　241自然法　242自然権　243自然状態　244万人の万人に対する闘争

> 支配者のない人々の悲惨に比べれば，君主政治の不便は取るに足らないものだ。

西暦	年齢	生涯 　　　　　　色文字は同時代のできごと
1588	0	国教会の牧師の子として出生
1603	15	オックスフォード大学入学，スコラ哲学・論理学を学ぶ
10	22	第1回大陸旅行（フランス・ドイツ・イタリア）
20	32	ベーコンの秘書となり助手を務める
29	41	第2回大陸旅行。パリで幾何学の研究
34	46	第3回大陸旅行（～37年）
40	52	国王と議会の対立激化の中で，王党派の思想家とみなされ，フランスへ亡命（～51年）
42	54	ピューリタン（清教徒）革命勃発（～49年）
51	63	『リヴァイアサン』を出版。キリスト教界・フランスの王党派から危険思想家と攻撃されイギリスに帰国
79	91	中風のため死去

主著　『リヴァイアサン』『市民論』『ビヒモス』

足跡　ホッブズの生きた17世紀ヨーロッパは，絶対主義国家間の戦争や国内においても内乱の絶えない激動期であった。ホッブズが，「母は，わたしと恐怖という双生児を生んだ」とのちに述懐しているように，1588年，スペインの無敵艦隊侵攻の噂におびえて母親は彼を早産したという。イギリスにおいては，ピューリタン革命からクロムウェルの共和政，王政復古へという激動期で，ホッブズは，政治権力の混乱，宗教対立による血なまぐさい恐怖の状況を目のあたりにしたのである。こうした時代背景のもと，悲惨な**自然状態**を脱するための**社会契約**という考え方が確立していく。

Approach　リヴァイアサンの口絵は何を意味するのか？

　社会契約説とは，なぜ国家（社会）が誕生したのかを，個人の契約から説明する考え方です。ホッブズ以前は，国家は家族やポリス，教会や職業集団といった団体・集団をもとに国家の成立が考えられていました。この中で教会に注目すると，ホッブズの生きた時代は**宗教改革**（→p.98）の勢いから社会が変動した時代です。このような時代の中でホッブズは当時の既存の思考の枠から離れ，人間個人に焦点を当てながら社会秩序がどのように成立するかを考えました。そして，その哲学の集大成ともいうべきものが『リヴァイアサン』です。

　『リヴァイアサン』は全部で4部47章からなる大著です。第1部は「人間について」。機械論的自然観（→p.113）に立ちながら感覚や情念について論じられています。ここで有名な「**自然状態**」の人間についても論じられています。第2部は「コモンウェルスについて」。コモンウェルスとは公益を目的として組織された政治的コミュニティーのこと。個人間の契約によって誕生した国家「リヴァイアサン」の特徴について論じています。有名な部分はこの第1部と第2部ですが，第3部，第4部も注目すべき内容が書かれています。第3部は「キリスト教的コモンウェルスについて」，第4部は「暗黒の王国」。これらはキリスト教世界に生きていない人々には理解しにくい部分ですが，ここではホッブズの国家と宗教に関する考え方が表されています。ホッブズの生きた時代，カトリックは強力な権威を有していました。スコラ哲学の大成者トマス＝アクィナスは，ローマ教皇を皇帝や国王の上位に位置づけ，教会の世俗支配を正当化する理論（→p.51）を唱えました。

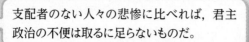

「この地上でこれに並ぶいかなる権力もない」

リヴァイアサン【怪獣→支配者・国家】

司教杖【宗教的権威の象徴】

市民

剣【世俗的権威の象徴】

都市と田園【リヴァイアサンによって守られる平和な国土】

❶リヴァイアサンの口絵　ホッブズが考えた人工国家の概念を端的に表現している。

　しかしホッブズは，宗教の国家への介入は主権者以外の権威を容認するものと考え，これに反対の立場をとります。ホッブズにとって宗教は国家に従属すべきものであり，宗教的な内容であってもそこに責任を持つのは国家だと考えました。ホッブズは国家の宗教からの解放を目指していたのだと言えます。

　だからこそホッブズは国家の基本単位を，教会といった団体や集団ではなく，個人に置きました。そして，人間が国家を成立させる目的を「自己保存」（生命の安全）と考え，自然状態の人間が生命の安全を確実にする唯一の道として，契約により国家を作り，そこに各々の自然権を譲渡すること。こうしてできた国家の決定には何人も従う，といった主権の絶対性を説いたのです。『リヴァイアサン』の口絵には右手に剣，左手に司教杖を持った無数の人間からなる「リヴァイアサン」が聖俗両面から都市を守っている姿が描かれています。

Side Story 享年91歳と当時とすれば相当の長生きだったホッブズは，晩年は毎日散歩をして過ごした。散歩のときは，紙を貼り付けた板を必ず持参し，思いついたアイディアをメモして家に帰るまで忘れないようにした。

Outline ホッブズの思想：各人が主権者に自然権を譲渡することで国家ができる

でも平和に暮らしたい
個人
闘争
個人 個人
自然状態の人間
各人の自己保存の欲望の衝突。
「万人の万人に対する闘争」状態

自然権を放棄して国を作ろう
個人
契約
個人 個人
社会契約
強大な権力をもつ主権者
（統治者）をつくろう

自然法に
基づく支配

各人の自然権を
全面譲渡・委譲

主権者（国家）

Think ホッブズはなぜ社会契約が必要と考えたのだろうか？

原典A 万人の万人に対する闘争

View 自然状態の人間は戦争状態となる。

《自然》は人間を心身の諸能力において平等につくった。……この能力の平等から，目的達成にさいしての希望の平等が生じる。それゆえ，もしもふたりの者が同一の物を欲求し，それが同時に享受できないものであれば，彼らは敵となり，その目的〔主として自己保存であるがときには快楽のみ〕にいたる途上において，たがいに相手をほろぼすか，屈服させようと努める。

……以上によって明らかなことは，**自分たちすべてを畏怖させるような共通の権力がないあいだは，人間は戦争と呼ばれる状態，各人の各人に対する戦争状態にある。**

（永井道雄・宗片邦義 訳「**リヴァイアサン**」『世界の名著23』中央公論社）

原典B 国家の誕生

View 戦争状態を回避する唯一の道は，国家に自然権を譲渡することである。

人々が外敵の侵入から，あるいは相互の権利侵害から身を守り，そしてみずからの労働と大地から得る収穫によって，自分自身を養い，快適な生活を送ってゆくことを可能にするのは，この公的な権力である。この権力を確立する唯一の道は，**すべての人の意志を多数決によって一つの意志に結集できるよう，一個人あるいは合議体に，かれらの持つあらゆる力と強さとを譲り渡してしまうことである。**……そして，自分たち個々の意志を彼の意志に従わせ，自分たちの数多くの判断を彼の一つの判断に委ねる。

……かくてかの偉大なる《大怪物》（**リヴァイアサン**）が誕生する。否，むしろ「永遠不滅の神」のもとにあって，平和と防衛とを人間に保障する地上の神が生まれるのだと〔畏敬の念をもって〕いうべきだろう。 （同前）

1 旧約聖書のリヴァイアサン

「口からは火炎が噴き出し，火の粉が飛び散る。煮えたぎる鍋の勢いで，鼻からは煙が吹き出る。喉は燃える炭火，口からは炎が吹き出る。首には猛威が宿り，顔には威嚇がみなぎっている。筋肉は幾重にも重なり合い，しっかり彼を包んでびくともしない。」（旧約聖書『ヨブ記』新共同訳）。ホッブズが旧約聖書から引用したリヴァイアサン（レビアタン）は，全能の神にたてつくおごり高ぶった人間を畏怖させるために造られた怪獣であった。ホッブズは神を主権者，人間を個人に見立て，この構図を自身の社会契約説に流用した。ここから読み取れる彼の人間観は，全能の神を前にしてはなすすべを知らない無力であわれな存在である。それだからこそ，ホッブズは人々の思い上がりを諌め，社会の構成員一人ひとりが一律に約束を守ることの大切さを繰り返し説いたのである。

解説

A ホッブズの有名な「**万人の万人に対する闘争**」という表現は『**市民論**』にある。政治権力が存在しない**自然状態**では，自己保存の欲望がぶつかり合い，**戦争状態**となる。人々は常に他人から危害を加えられることに警戒し，生活の糧を得る活動すらままならない。このようにホッブズは，自然状態を，貧しく悲惨でみじめな状態とみなした。

自然状態
万人の万人に対する闘争

B ホッブズは，自然状態を抜け出すためには，「自己保存のために自分の力を自由に行使する権利」である**自然権**を第三者に**譲渡**する以外に方法はないとした。それは**理性**が発見した**自然法**にしたがい，人々が相互に共通の権力たる**主権者**に服従することに同意する契約を結ぶことである。ホッブズは主権者がひとりの場合は**君主政**，構成員全員の場合は**民主政**，一部の人間の場合は**貴族政**とした。主権者は自然法に基づいて治安維持・国防・立法・司法・貨幣鋳造などの権利を行使し，構成員の自己保存を保障する。その一方，構成員は主権者への**絶対的な服従**が求められた。

右端縦書き：西洋近現代思想

⑫

Focus ホッブズの哲学

ホッブズというと社会契約説が知られているが，彼の哲学はそれだけではない。機械論的な自然観に立ち，物体，人間の認識，感情から国家まで，物体とその運動によって説明しようとするきわめて唯物論的な哲学である。主著は『哲学原理』で，「物体論」，「人間論」，「市民論」の三部から構成される。人間の感情を，外的な物体が引き起こす肉体の目に見えない運動とし，快の獲得を達成させるものを善とする，利己的な人間観を示した。そして，第一の善が**自己保存**である。自然状態では，それぞれが自己の快を追求し闘争状態になり，命の保全を確保できないので，理性に基づいて，安全を確保しようとする。このような人間観を国家論に応用したのが彼の政治哲学であった。

人間はみな
利己的なのです

Side Story ホッブズは一時期ベーコンの助手をしており，ベーコンの論文を少なくとも3つはラテン語に翻訳した。ベーコンにとってホッブズは信頼できる優秀な助手であったが，ホッブズは「ベーコンに負うところはない」と語ったらしい。

政治論，経済学，哲学など多方面で活躍した思想家 ◀15回▶

ロック John Locke

1632 ～ 1704　イギリス

 権利　 認知

Words 245 所有権　246 抵抗権　247 革命権

人はすべて生来自由・平等であり独立している。

主著　『統治二論』『人間知性（悟性）論』

足跡　ロックの思想は多岐にわたる。政治面では，ホッブズの影響を受けた社会契約説を展開し，近代民主主義の土台となる概念をうちだした。経済面では，人間が自然に手をくわえたものについてはそのものに**所有権**を認めるという労働価値説の源流をつくり，アダム＝スミスらへの道筋をつけた。哲学面では「人間の知識の源泉と確実性」を探求する認識論を展開，カントの「批判哲学」の原型になったともいえる。宗教面では，信教の自由をうちだし国家による強要を否定した。教育面では貧民の子どもへの教育の必要性を説いた。こうした考えの根底には，人間を有限で弱い存在とみなす人間観があり，そのような人間を愛する，いわば「人間主義者」の思想があった。

西暦	年齢	生涯　色文字は同時代のできごと
1632	0	イングランド南西部のリントンで，清教徒の家に生まれる。父親は法律家
49	17	チャールズ1世処刑
52	20	オックスフォード大学に入学。哲学・自然科学・医学を学ぶ
60	28	オックスフォード大学のギリシャ語講師となる
		王政復古，チャールズ2世即位
67	35	アシュリ卿（ホイッグ党の指導者，後のシャフツベリー伯）の秘書・侍医となる
83	51	反王反乱の陰謀に関与した嫌疑がかかり，オランダに亡命
88	56	名誉革命（～ 89）
89	57	『統治二論』『人間知性（悟性）論』を出版（→p.110）
1704	72	死去

Ａpproach　銃の所持は国民の権利？

（倫理の授業中に……）

知恵：先生，アメリカって学校でも銃の乱射事件が起きますよね。生徒が銃を持っていたら怖くないですか？

哲：トランプ前大統領は「教師に銃を持たせればよい」みたいなことを主張したんだよね。

真田：よく知っていますね。トランプ前大統領の2018年に高校で銃乱射事件が起きた時の話ですね。その時は皆さんと同じ高校生が，SNSで"# enough is enough（もうたくさんだ）"とハッシュタグを付け抗議活動を展開したことが話題になりました。

知恵：でもこんなに事件が起きているのに，どうしてアメリカは銃を規制しないのですか？

哲：確か，大統領を含め多くの政治家が，NRA（全米ライフル協会）という団体から政治献金を受け取っているから銃規制に消極的なんだって聞いたことある。

真田：確かにNRAの影響力は無視できないでしょう。しかし，そもそもアメリカでは憲法で武器を保有する権利が認められています。この背景には，アメリカの建国の歴史と深く関わっています。アメリカはイギリスから独立したことは勉強しましたよね。

知恵：イギリスが植民地だったアメリカに課税強化を行おうとしたことが発端だったかしら……。

真田：世界史の授業ではないので細かい歴史的事実は別にして，当時アメリカで生活していたイギリス人の子孫たちは，イギリスからの圧政を「本国だから仕方なし」と受け止めたでしょうか？

哲：僕なら嫌ですね。そもそも，イギリスが嫌で離れたのに，何で支配されるのかと思います。

→銃規制強化を訴えるアメリカの高校生（2018年3月，ワシントンD.C.）

真田：いま哲君が感じていたことを，当時の人たちも感じていました。だから，1776年にイギリス本国からの独立を宣言しました。それが「**アメリカ独立宣言**」です。太字の部分に注目してみましょう。

アメリカ独立宣言

……われわれは，自明の真理として，すべての人は平等に造られ，造物主によって，一定の奪いがたい天賦の権利を付与され，そのなかに生命，自由および幸福の追求の含まれることを信ずる。また，これらの権利を確保するために人類のあいだに政府が組織されたこと，そしてその正当な権力は被治者の同意に由来するものであることを信ずる。**そしていかなる政治の形体といえども，もしこれらの目的を毀損するものとなった場合には，人民はそれを改廃し，かれらの安全と幸福とをもたらすべしとみとめられる主義を基礎とし，また権限の機構をもつ，新たな政府を組織する権利を有することを信ずる。**……

知恵：えーっと，抵抗するために武器が必要だから，銃の所持が認められているということですか？

真田：おおむねそのようなところでしょう。そして，この**抵抗権**の考え方の根拠となったのがイギリスの**ロック**の思想なのです。

Side Story　ロックは，厳格なピューリタンの家庭に生まれたためか，一生涯「神を取り去ることはすべてを解体することである」と考えていた。ロックの根幹には敬虔なクリスチャンの姿がある。

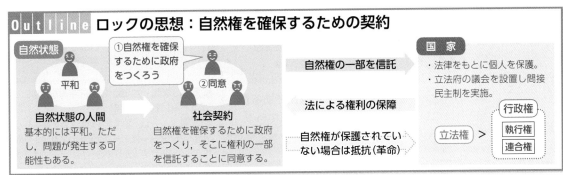

Outline ロックの思想：自然権を確保するための契約

自然状態

①自然権を確保するために政府をつくろう

②同意

平和

自然状態の人間
基本的には平和。ただし，問題が発生する可能性もある。

社会契約
自然権を確保するために政府をつくり，そこに権利の一部を信託することに同意する。

自然権の一部を信託

法による権利の保障

自然権が保護されていない場合は抵抗（革命）

国　家
・法律をもとに個人を保護。
・立法府の議会を設置し間接民主制を実施。

行政権

立法権　＞

執行権

連合権

Think なぜロックは社会契約を結ぶ必要があると考えたのか？

12 原典 A 所有するためには

View 自然が供給するものに，労働を加えることで，所有物となる。

　たとえ，大地と，すべての下級の被造物が万人の共通のものであるとしても，人は誰でも，自分の身体に対する固有権（プロパティ）をもつ。これについては，本人以外の誰もいかなる権利をもたない。……従って，**自然が供給し，……彼はそれに自分の労働を混合し，それに彼自身のものである何ものかを加えた**のであって，そのことにより，それを彼自身の所有物とするのである。(加藤節 訳『完訳 **統治二論**』岩波文庫)

23 原典 B 抵抗権（革命権）とは

View 国家が不当な場合国民は新たな国家をつくることができる。

　人々が社会に入る理由は，彼らの固有権（プロパティ）を保全することにある。そして，彼らが立法部を選出し，彼らに権威を与える目的は，その社会の全成員の固有権（プロパティ）に対する監視役あるいは防壁として，社会の各部分，各成員の権限を制限し，その統治権を適度に抑えるための法をつくり，規制を定めることにある。…従って，**立法部が，社会のこの基本的な規則に違反し，野心や恐怖や愚かさや堕落によって人民の生命，自由，資産に対する絶対的な権力を自ら握ろうとしたり，あるいは誰か他人の手に置こうとしたりする場合にはいつでも，立法部はこの信託違反によって，人民が全く異なった目的のために立法部の手に置いた権力を喪失し，人民にその権力が復帰することになろう。人民は，彼らの根源的な自由を回復する権利をもち，**（自分が適当と思うような）新たな立法部を設置することによって，彼らが社会のうちに身を置く目的である自分自身の安全と保護とに備える権利をもつからである。(同前)

解説

A 英語の〈property〉の形容詞形である〈proper〉は，「～に固有の」「～に独特の」のほか「自分の～」という意味がある。つまり，「所有」とは，自然界に存在している「物」に「労働」という自分の「固有性」を加えることで，「自分のもの」にすることとも考えることができる。

例えば森でどんぐりやリンゴを採取した場合には，共有物に人間の労働が加わった場合に，労働者がそれを所有することができるとした。

ロックは「労働」が「所有 property」の理由となる「労働→所有」論をいう概念を最初に展開した人物である。

B 抵抗権（革命権）とは国家が国民の生命・自由・財産を侵害する場合には国民は国家に抵抗し新たな政治組織を形成することができるというものである。

革命権は，明治日本の民権活動家植木枝盛の「東洋大日本国国憲按」に取り入れられています。

---

1 自然状態から政治社会の成立

　ロックは自然状態を「**自由の状態ではあっても，放縦の状態ではない**」と規定する。自然状態にあっても，人間は神の作品として理性たる**自然法**（自己及び人類全体を保存せよ）に拘束されているからである。しかし理性から逸脱した者らによって自然法が侵される事態が発生する。その場合，「**すべての人間は自然法の侵犯者（他者の生命・財産を奪う者）を処罰する権利**」（**処罰権**）をもつとされるが，人々は自然法を「不規則で無定見に行使」するので，不都合な事態を生じさせてしまう。

　そこで人々は，**所有権（生命・自由・財産）を確実に保護**し，快適で安全な生活を確保するために，自らの意志で自然法の執行権（処罰権）を全面的に放棄し，共通の権力である国家に信託するのである。信託された国家は，人民の所有権を保護するために必要な規則（**実定法**）を定め（**立法権力**），また執行（**執行権力**）するのである。

18 2 権力分立論

　ロックは国家権力を「**立法権**」と「**行政権**」の二つに分け，さらに行政権を，国内行政を行う「**執行権**」と外交を行う「**連合権**」（外交権）に分けた。立法権は議会がもち，君主は立法に基づき行政権を行使する。そしてこの二つの権力間では立法権の優越を認め，行政権を補佐的・従属的な権力とみなした。

Focus ロックの宗教観 11

　ロックは『寛容に関する書簡』のなかで国家と信仰との関係性について述べている。そこでは，そもそも「魂への配慮」は他人に委ねられないこと，信仰は内的確信のうちにあり，外的な力（国家）によって強制することができないこと，仮に国家により人心をかえることができたとしても，それが人々の「魂の救済」には役に立たないものであること，を理由に国家が扱うべき問題ではない問題とした。これは，**国家が信教の自由を保障**した内容として知られている。

パカッ！

よっこらせ

宗教

国　家

西洋近現代思想

フランスの啓蒙思想家

ルソー

Jean-Jacques Rousseau
1712～78　フランス

平等

Words 248 一般意志
249 全体意志

> 人間は，生まれながらにして自由であるが，しかしいたるところで鉄鎖につながれている。

主著『学問・芸術論』『人間不平等起原論』『エミール』『社会契約論』

足跡 ルソーは，独学で多彩な才能を発揮した。論壇へのデビューは，ディジョンのアカデミーの懸賞論文当選がきっかけであった。テーマは「学問と芸術の進歩は，習俗を腐敗させたのか，それともよくしたのか」。雑誌でこれを見つけたとき，「別の世界を見，別の人間になった」とのちに回想している。このとき，「本来善良な人間が文明，社会制度によって邪悪になる」というルソーの直観があった。完成した論文『学問・芸術論』では，ルネサンス以降の学問・芸術の再興は，人間が本来持ち合わせていた美徳，道徳を腐敗させたと説く。ルソーは，啓蒙思想家として位置づけられるが，理性主義を批判するという点では特異な立場に立つ。構造主義で知られるレヴィ－ストロースはルソーを「人類学の父」と称賛した。

西暦	年齢	生涯
1712	0	スイスのジュネーヴで誕生。母親は死亡
22	10	父親が失踪
28	16	ジュネーヴを去る，以後各地を放浪する
33	21	ヴァラン夫人の恋人となる
42	30	パリへ移り住み，音楽家を志す
50	38	ディジョンのアカデミーの懸賞論文に『学問芸術論』が当選
55	43	『人間不平等起原論』出版
61	49	恋愛小説『新エロイーズ』を出版，ヨーロッパでベストセラーとなる
62	50	『社会契約論』『エミール』出版。『エミール』がカトリックの教義に反するとされ，フランス政府から弾圧を受け国外逃亡
64	52	『告白』の執筆にとりかかる
67	55	フランスに戻る
74	62	自伝『孤独な散歩者の夢想』を執筆
78	66	死去

Approach 「自然に帰れ」が意味するものとは？

「自然に帰れ」という言葉は，ルソー本人が直接使ったものではありませんが，ルソーの思想を端的にあらわした言葉として知られています。この言葉の意味はどこにあるのでしょうか。

ルソーが考える自然状態の人間とは，自然のなかで誰とも交わらず，一人自由に気の向くままに生活する存在です。一本の柏の木の下で腹を満たし，小川を見つけると喉の渇きを潤し，食事を提供してくれた同じ木の下で眠る存在です。一方で，わずかな物音を聞いてもおびえるような臆病な存在です。

ルソーはこのような人間を「自然人（L' homme de la nature）」としました。この言葉は，単に原始人や未開人を示すのではなく，人為的なものや社会的なものを取りのぞいたところに残る人間の本来的な姿，人間の本質を意味し，ホッブズのように，人間は善に関する観念をもたないから悪であると考えることは見当違いとします。

こうした自然状態の人間が有しているのは，安寧と自己保存の感情（自己愛）と，同じ種族である人間が苦しむことに対する憐れみの感情のみです。自然人には善人も悪人も存在しません。そもそも，自己保存を考えるならば，お互いに関わらないことが最も害が少ないはずです。

しかし，人間が自然状態から社会化するにしたがって，言語を習得し，知性が発展するようになると，土地所有権といった私有財産を主張するようになります。この結果，平和な自然状態は終わり，社会的・人為的な不平等が発生したとしました。この不平等は，富める者をさらに強欲に野心家にし，貧しい者は強奪や反抗的な態度をとります。ホッブズのいう「戦争状態」に陥るのは，この段階です。

この危険な状態を回避するためにはどうするか，人々は，仲裁のためのルールや仲裁者をつくるため，富者の側から考えられた法律や政治制度を認め，無政府状態から抜けだそうとします。この結果，富者の不当な権利が固定化されていきました。そしてこの不平等が，最終的には，ごく一部の権力者と富者がいる一方で，大半の群集が暗闇と悲惨さのなかにいる状態，主人と奴隷という関係を作り出したのです。

ルソーが生きた時代は，ブルボン朝の絶対王政の時代です。富者が政治や経済的利益を独占し，弱者を支配した時代です。ルソーはこの現実世界をおおいに嘆きます。「自然に帰れ」とは，単に森の中で生活しなさいというものではありません。**もう一度，人間本来の姿に戻ろう**というものです。

しかし，時計の針を逆回しすることはできません。当時の世の中で，再び人間らしさを取り戻すためにはどうしたらよいか。ルソーは，『エミール』にあるように，「消極教育」（⊖p.5）で，人間の善性を身につけること，そして，人間らしさを取り戻した人間が，新たな社会契約を結ぶという答えを導きだしました。

自然に帰れ

ルソー

Side Story 著作に理想的な言葉が並ぶルソーだが，青年期に使用人として働いていた家の娘のリボンを盗み，それをもらったものだと弁明したり，自分の子ども5人すべてを孤児院に預けるなど，本人はとても人格者とはいえなかった。

Outline　ルソーの思想：一般意志に基づく統治とは

自然状態の人間
他と交わらず単独で生活。
拘束されないから自由・平等
憐れみの情を有する。

文明化

社会
社会の誕生
これにより**不平等**が発生。
全員が納得する**一般意志**を
形成するための議論を実施。
＝**直接民主制**

社会契約

国家の誕生

国家の誕生
全人民が納得する**一般**
意志に基づく統治。
政府は一般意志を実現
するための実務代行者。
政府が一般意志に外れ
ると**人民の抵抗は可**。

Think　ルソーの考える新たな社会契約とは？

14 原典A　不平等の起原は？

Ｖｉｅｗ　私有財産の主張から政治が始まり，それが人間を悲惨さと恐怖に落とし入れた。

　ある土地に囲いをして「これはおれのものだ」と言うことを思いつき，人々がそれを信ずるほど単純なのを見いだした最初の人間が，政治社会の真の創立者であった。杭を引き抜き，あるいは溝を埋めながら，「こんな詐欺師の言うことを聞くのは用心したまえ。産物が万人のものであり，土地がだれのものでもないということを忘れるならば，君たちは破滅なのだ！」と同胞たちに向かって叫んだ人があったとしたら，その人はいかに多くの犯罪と戦争と殺人と，まいかに多くの悲惨と恐怖とを，人類から取り除いてやれたことだろう。

（本田喜代治　訳『人間不平等起原論』岩波文庫）

15 原典B　社会契約の本質

Ｖｉｅｗ　全員が例外なく自らの権利を譲り渡せば，全員が全員の主権者となれる。

　この社会契約のあらゆる条項は，……ただ一つの条項に帰着する。すなわち，**各構成員は，自己をそのあらゆる権利とともに共同体全体に譲り渡す**ということである。……

　……各人はすべての人に自己を譲り渡すから，特定の誰にも自己を譲り渡さないことになる。また，自分に対する権利を構成員に譲る場合，同じ権利を受け取らないことはないので，各人は喪失したすべてのものと同じ価値を得，さらに自分のもつものを保存するために，いっそう多くの力を獲得する。

（井上幸治　訳「社会契約論」『世界の名著30』中央公論社）

11 原典C　一般意志の本質

Ｖｉｅｗ　主権とは一般意志の行使である。よって主権は譲渡できない。

　したがって私はここに述べたい，主権は一般意志の行使にほかならないから，譲り渡すことはできないし，主権者は集合的存在にほかならないから，集合的存在によってしか代表されることはできない，と。権力ならいかにも譲り渡すことができるが，意志についてはできない。

　事実，もしも特殊意志がある点について一般意志と一致することが不可能ではないとしても，すくなくともこの一致が永続的・恒久的であることは不可能である。なぜならば，特殊意志はその性質から不公平を，一般意志は平等を志向するからである。

（同前）

解説

A ルソーの考えるこの世界の不平等は，王権神授説のように神によって与えられた運命ではなく，人の手によってつくられた結果である点に特徴がある。そもそも，一人の人間が何ら代償なしに自らの権利を手放すとは考え難い。富や権力を有する支配者側が自らに好都合な契約によるとした。

自由・平等
自己愛・
あわれみ

私有
財産制

不平等
ねたみ

自然状態

自然に
帰れ

文明社会
18世紀フランス
アンシャン＝レジーム

B 文明社会による不平等を取り除くために，人々が自己と自己のあらゆる権利を，**一般意志**のもとにはたらく共同体（＝国家・政府）に譲り渡す社会契約を結ぶ必要があるとした。

C 一般意志とは，公共の利益を目指し，全人民が納得できる意志のことである。これは，私的な利益を優先する個人の意志である特殊意志や，その総和である全体意志とは異なる。多数決の結果は，多くの人が望む意志の総体（**全体意志**）ではあるが，その内容が常に正しいとは限らない。ルソーは，主権は代表されえないものと主張し，イギリスの代議政治を厳しく批判し，一般意志を形成するために直接民主制を唱えた。

西洋近現代思想

🎯 Focus　ルソーは独裁者の祖？

　欧米ではルソーは独裁政治の祖として捉えられることが多い。ルソーは利己的な意志である特殊意志と，その総和である全体意志を批判したが，これは地域の利害を代表する代議員（＝**特殊意志**）と議会（＝**全体意志**）の批判でもあった。イギリスの代議制を批判したルソーは，個人の意志を超えて公共の利益をめざす**一般意志**に絶対的に服従することを理想とした。人民の一般意志によって形成された国家に従う，という形式は，現在のアジアやアフリカの独裁国家の形式と同じであり，ルソーを独裁政治の祖とするのは，その面で理由があるといえる。

統治者が市民に「汝は国家のために死なねばならぬ」と言うときには，市民は死ななければならない。（『社会契約論』）

Ｓｉｄｅ　Ｓｔｏｒｙ　家庭教師の青年（平民出身）サン＝プルーと，貴族の令嬢ジュリーの悲恋を描いた『新エロイーズ』は，2人の書簡を中心に構成されており，人間の感情が細やかに描写されている。

「啓蒙の世紀」を主導した急進的な思想群

フランス啓蒙思想

Words 250 百科全書

思想家	主著
モンテスキュー (1689 ～ 1755)	『法の精神』
ヴォルテール (1694 ～ 1778)	『哲学書簡』
ディドロ (1713 ～ 84)	『哲学断想』
ダランベール (1717 ～ 83)	『百科全書序論』

概説 18 世紀はヨーロッパの歴史上「啓蒙の世紀」と呼ばれる。啓蒙は，日本語では蒙昧（無知）を啓くという意味で，ヨーロッパ系の言語では，「光をあてる」という意味である。啓蒙思想は，迷信や偏見，非合理的なことを排除し，人間精神に光を与え，学問，宗教，文化，政治，経済などあらゆる人間の活動を理性によって導こうとするものであり，新しい社会をつくる原動力となった。特にフランスでは，封建的な旧制度や宗教的な非寛容さへの批判となり，フランス革命に大きな影響を与えた。また，ディドロ，ダランベールを中心に 200 人を超える思想家，学者，技術者などが執筆者として参加し，『百科全書』が編纂された。

三権分立を提唱した法学者・啓蒙思想家　6回

モンテスキュー
Ch.L.de S.Montesquieu　1689 ～ 1755　フランス

> 権力を持つ者はすべて，それを濫用する傾向があることは永遠の体験である。

主著 『法の精神』『ペルシア人の手紙』

足跡 1689 年，フランスのボルドー郊外に貴族の子として出生。ボルドー大学で法律学を学び弁護士となり，その後，ボルドー高等法院の長官となった。20 代前半パリに学び，啓蒙主義の先駆的な思想に触れ，合理的な考え方や批判的精神を身につけていった。1721 年，匿名で出版された『ペルシア人の手紙』では，フランスに滞在したペルシア人と故国の友人との書簡という形で，当時のフランスの絶対王政や寛容性のないカトリック，フランス社会を痛烈に批判した。

1726 年には高等法院長官の職を売り，法律研究のためヨーロッパ各地に遊学した。特にイギリスの政治体制（立憲君主制）を高く評価し，フランスにおいて政治的自由を保障するためには，国王の絶対的権力を抑制すべきだと主張した。その具体的理論である「**三権分立論**」を『法の精神』（1748 年）で展開した。「三権分立論」はその後の政治思想に大きな影響を与え，特にアメリカ合衆国憲法など現実の政治制度の中に広く採用された。

● **原典** 政治的自由を保障

　人が権力を濫用しえないためには，事物の配列によって，権力が権力を阻止するのでなければならぬ。(井上堯裕 訳『**法の精神**』第 11 編第 4 章『世界の名著 28』中央公論社)

　同一の人間，または貴族か人民のうちの主だった者の**同一団体**がこれら三つの権力，すなわち法律を定める権力，公共の決定を実行する権力，罪や私人間の係争を裁く権力を行使するならば，すべては失われるであろう。

(同前・第 11 編第 6 章)

解説▶ モンテスキューは，国家の使命は，政治的自由の実現であると考え，その政治体制が専制政治へ腐敗しないよう，権力の濫用を防止する仕組みを考えた。また，国家の統治権を立法権・執行権（行政権）・司法権の三つに分散させ，相互抑制により権力の乱用を防止しようとした。また，これらを同一の勢力がもてば専制政治になると危険性をも指摘している。

フランスの代表的啓蒙思想家　1回

ヴォルテール
Voltaire 1694 ～ 1778　フランス

> 恥知らずを粉砕せよ。

主著 『哲学書簡』（別名『イギリス便り』）『哲学辞典』

足跡 1694 年，パリに商人の子として生まれた。文学に関心が高く，戯曲や叙事詩などを発表し評判を得た。しかし，時の権勢者を批判して，パリを追放されたり，バスティーユ牢獄に投獄されたこともあった。1726 年イギリスに亡命し，帰国後イギリスでの見聞をもとに『哲学書簡』を著した。この著作では，イギリスの議会制度やロックの経験論哲学を紹介しながら，フランスの政治・思想・宗教・科学・風俗などを批判し，絶対王政に反対する立場を強めた。そのため，禁書処分を受け，逮捕状が出された。また，1764 年に刊行された『哲学辞典』も同様にフランス社会を批判した著作で，カトリック教会を，「恥知らず（イエズス会の僧侶に向けられた言葉）を粉砕せよ」と大胆に批判している。

　彼にとっての啓蒙思想とは，カントのように人間の自己完成を目指すものではなく，人間の自由や正義，尊厳をそこなうものに向けられた闘争であった。

● **原典** 狂信（魂の黒死病）を克服

　法悦にひたり，幻影をいだき，夢を現実と思いこみ，自己の空想を予告と信じる人は熱狂者である。自己の狂気を殺戮によって押しすすめる人は狂信者である。……ひとたび狂信に脳を冒されるやほとんど不治の病となる。……この流行病の治療薬としては，おもむろにひろがり，ついには人間の習俗をやわらげ，悪の接近を防ぐ哲学的精神以外にはない。(高橋安光 訳『**哲学辞典**』法政大学出版局)

解説▶ ヴォルテールの『哲学辞典』は各項目について，合理主義の立場から迷信や偏見を批判したきわめて思想的な著作。特に，宗教的狂信を「魂の黒死病」として糾弾しており，それから解放されるには誠実に真理を探究しようとする「哲学的精神」が必要であると説いた。

Side Story 『百科全書』とは通称であり，正式名を『人文家のグループの手になる，科学と芸術と技術についての合理的な事典，すなわち百科全書』という。

百科全書の監修者

ディドロ
Denis Diderot
1713〜84　フランス

> 神に触れさせよ

主著　『哲学断想』『盲人書簡』
足跡　1713年，シャンパーニュ地方のラングルに出生。イエズス会経営のコレージュ（フランスの前期中等

教育機関）に学び，さらにパリのコレージュに進学，古典文学，修辞学を学ぶ。パリ大学から哲学・古典の教授資格を得たが，定職に就かず，放浪生活に身を落としていた。翻訳を中心に文筆活動をしたが，キリスト神学や専制政治への批判を強め，その著作が焚書にあったほか，投獄されるなどの経験をした。戯曲，小説，随筆に加え，自然科学などについても著作を著している。ディドロ自身も述懐しているように，その生涯の多くを『百科全書』の編集に費やした。

●原典　神を信じさせたければ，神に触れさせよ

　ところで，と盲目の哲人が申しました。もうこりごりですよ。およそその美観とやらは，私のために造られたものだなんて，とんでもない！　生涯を暗闇のなかで過すのが私の運命ですし，あなたが引き合いにお出しになる不可思議な出来事も私には一向に合点が行かないし，あなたや，あなたと同じように眼の見える人たちにしか証拠とはなりません。**私に神を信ずることをお求めでしたら，それに触れさせるようになさらねばなりません。**

（吉村道夫・加藤美雄　訳『**盲人書簡**』岩波文庫）

> この時代の東欧で登場した啓蒙専制君主に思想的影響を与えたのが，啓蒙思想家です。特にヴォルテールはプロイセン国王フリードリヒ2世に招かれたり，ロシアのエカチェリーナ2世と文通していたことで知られています。

解説▶ フランス啓蒙思想家の認識論には，イギリスのロックやヒュームの経験論が大きく影響している。ディドロは，当初は理神論（神を世界の創造者として認めるが，創造された世界はそれ自身の法則によって動くという考え）の立場にあった。その後，自然の驚異を神の存在の根拠とすることについて，それを経験できない人にとっては意味がないとし，**無神論・唯物論**の立場に傾斜していった。『盲人書簡』刊行後，当局に投獄され，以後は不謹慎な作品は書かないと誓約書を書かされている。

近代実証主義の祖

ダランベール
Jean Le Rond D'Alembert　1717〜83　フランス

> 私たちの感覚の存在ほど議論の余地なく確実なものはない。

主著　『百科全書序論』『哲学の原理』
足跡　パリで私生児として生まれ，教会に捨てられた。その後，実父がわかり，実父の家の援助や遺産により，十分な教育を受けることができた。コレージュ（前期中

等教育機関）で，古典語，哲学，物理学などを学んだが，彼をとらえたのは数学であった。卒業後，法律学校で学んで，弁護士の資格を取り，医学も勉強するが，最終的に数学者として研究の道に入る。「ダランベールの原理」と呼ばれる力学上の発見をし，その名はヨーロッパに知られた。その後，ジョフラン夫人のサロンに出入りするようになり，多くの啓蒙思想家と知り合うようになった。ディドロと共に，『百科全書』の編集に携わり，「序論」や数学，科学など多数の項目を執筆した。

●原典　人間知識の起源は？

　無限に多様な人間知識の諸分野を，一つの統一した体系の中に包みこむこと……。

　……この探求への第一歩としてわれわれがしなければならないことは……，われわれの知識の系譜と親子関係を検討することであり，われわれの知識を生み出したはずの原因と，われわれの知識を区別する特徴を検討すること，つまり，**われわれの観念の起源と発生にまで遡ることである。**この点の検討から諸々の学問と技術を百科全書的に列挙するための便宜が得られるであろう点は別にしても，こうした検討を人間の知識の合理的考究を試みる辞典の巻頭からはずすことはできないであろう。

（佐々木康之　訳「**百科全書　序論**」『世界の名著29』中央公論社）

解説▶ ダランベールは『百科全書』の「序論」を著し，『百科全書』の目的や意義について述べた。そこでは，人間がどのようにして知識を得るのかといったことや，ベーコン流の学問論など，詳細な分析が記載されている。また，あらゆる知識は，直接的知識と反省的知識に分けることができるとした。これは観念の起源を感覚と反省に求めたロックの考えに従っている。この序論はダランベールの『知識論』ともいえるものであり，ヴォルテールはこれを，デカルトの『方法序説』より優れていると絶賛した。

西洋近現代思想

⊕ Focus　『百科全書』とは？

　『百科全書』は，ディドロ，ダランベールらによって1751〜72年まで20年以上の歳月をかけて刊行された百科事典である。あらゆる項目を丹念な取材に基づいて構成し，精緻な挿絵もふんだんに掲載しており，全20巻で累計1万6,000ページと当時としては類のない分量であったが，新興ブルジョア層を中心にベストセラーとなった。最先端の学問的知識を集めた『百科全書』の登場は，当時の人々に染みついていた中世的な世界観を衝撃的に打ち崩し，やがてフランス革命にも多大な影響を与えることとなった。

➡百科全書

 Side Story　ダランベールは生涯のほとんどをパリで過ごしたが，国外にも彼の名声は知られており，プロイセンやロシアのアカデミーの総裁候補として名があがっていたが，ダランベールは全てそれらを固辞した。

⇒カントの墓碑銘 18世紀，封建的な制度が残るドイツでは，啓蒙思想は政治的な自由より内面的な思索に向かっていった。カントは自由の本質を意志の自律に求めた。

第4節 ドイツ観念論

ドイツ観念論の誕生

　近代哲学は，経験から確実な知識を導こうとする**経験論**と理性による認識によってのみ真理は得られるとする**合理論**の2つの思想潮流が対立的に展開していった。**カント**（⇒p.127）は両者の立場を批判的に検討することで，その統合を試みる**批判哲学**を構築した。また**フランス啓蒙思想**の影響のもと，人格の道徳的な完成と社会の恒久平和を目指す**理想主義**を打ち立てた。カント哲学は，ニュートン力学にもとづく機械論的な自然世界とプロテスタント信仰による自律的で自由な人間のあり方を，それぞれ**理論理性**と**実践理性**によって説明する試みであった。

　自然世界の認識（客観）と自由な人間存在（主観）を別の領域（**二世界論**）とするカントの批判哲学は，**フィヒテ，シェリング，ヘーゲル**（⇒p.131）らによって批判的に受け継がれ，主観と客観あるいは精神と物質の統合をめざす**ドイツ観念論**と呼ばれる哲学潮流が生まれた。ヘーゲルに至って，世界と歴史を統合的に貫く**弁証法**の論理が唱えられ，ドイツ観念論は絶頂を迎えた。

フランス革命と自由

　ドイツ観念論の思想家に絶大な影響を与えたのが**フランス革命**であった。彼らは隣国フランスで生じた「**自由**」を理念とする革命に崇敬の念を抱いた。**自律**の意志を「自由」としたカントの思想を発展させ，「自由」を**世界の原理**として打ち立てることが彼らの哲学的な課題となった。さらに，自由を**理想**とする革命が，恐怖政治さらにはナポレオンの独裁へと陥っていく中で，**矛盾**をはらみながら展開する歴史的**現実**とは何か，また「いま」「ここ」にある自分の生は社会や歴史の中でどのような意義をもつのかが問われることとなった。ドイツ観念論は歴史の命運と自己の生を哲学のテーマに据えたことで，マルクス主義と実存主義を準備することとなった。

⬇「1808年5月3日」（ゴヤ）
スペインではナポレオン軍に抵抗した市民が虐殺された。

⬆バスティーユ襲撃（1789）
パリの民衆は絶対王政の象徴バスティーユ牢獄を襲撃した。

●ドイツ観念論年表

西暦	できごと　色文字は同時代のできごと	思想家
1701	プロイセン王国成立	疾風怒濤時代…18世紀後半ゲーテらを中心に展開された文学革新運動。理性に対して感情の優位をとなえた。
40	プロイセン王国，フリードリヒ2世が即位	
	オーストリア継承戦争（〜84）	
55	リスボン大地震	
56	七年戦争（〜63）	
74	ゲーテ『若きウェルテルの悩み』	
81	カント『純粋理性批判』	
88	カント『実践理性批判』	
89	フランス革命	
90	カント『判断力批判』	
1804	ナポレオンが皇帝となる	
06	ナポレオン，イエナ占領	
08	フィヒテ『ドイツ国民に告ぐ』	
10	ベルリン大学設立（初代総長フィヒテ）	
14	ナポレオン，エルバ島配流	
21	ヘーゲル『法の哲学』	
29	ヘーゲル，ベルリン大学総長に就任	
48	二月革命（仏），三月革命（独）	
55	パリ万国博覧会	

思想家（年代軸）：カント 1724／1804，フィヒテ 1762／1814，ヘーゲル 1770／1831，ヘルダーリン 1770／1843，シェリング 1775／1854，1767頃，85頃

●ドイツ観念論の思想家たち

ケーニヒスベルク（現ロシア：カリーニングラード）
シェリング／ヘーゲル／フィヒテ／ドイツ／カント
注：国境は現在のもの

啓蒙思想　　フランス革命
経験論／合理論 → カント批判哲学 → フィヒテ，シェリング，ヘーゲルなどドイツ観念論

●ベルリン大学の設立

⬆1810年創設当時のベルリン大学

　ベルリン大学は，1810年に言語学者にして政治家のK.W.フンボルトがプロイセンの教育改革の一環として設立した。フンボルトは大学の理念として普遍的な人間の形成をかかげ，哲学を学問の中心に位置づけた。初代学長はフィヒテ，三代目はヘーゲルであった。卒業生に**マルクス，ビスマルク，アインシュタイン**らがいる。

⬆現在のベルリン大学（フンボルト大学ベルリン）

Side Story ドイツ観念論という呼び名は，ヘーゲルらの思想を時代遅れの思想として批判する蔑称として広まった。もし，彼らの思想が本来の趣旨に沿い「自由の哲学」と呼ばれていたら，私たちの受ける印象も変わっていたかもしれない。

経験論と合理論を統合したドイツ観念論の祖　21回

カント
Immanuel Kant
1724 ～ 1804
ドイツ

義務

Words 251批判哲学（批判主義）　252コペルニクス的転回　253ドイツ観念論　254自由　255理論理性　256実践理性　257道徳法則　258自律　259動機主義　260格率　261定言命法　262人格主義　263善意志　264永遠平和　265目的の国

> 私の心を満たすものが二つある。それは，わが上なる星の輝く大空と，わが内なる道徳法則とである。

主著　『純粋理性批判』『実践理性批判』『判断力批判』『永遠平和のために』

足跡　カントの両親が信仰していた敬虔派は内面的な「良心」を尊び，動機を重んじる彼の実践哲学に少なからず影響を与えたといわれる。家庭が貧しかったため，大学時代は友人の勉強の面倒を見てお金を稼いでいた。卒業後長らく家庭教師や大学の私講師を勤めたが，四十代半ばにようやく母校から哲学教授の席を与えられた。カントは時間に厳格なことで有名で，朝は5時に起床，午前中は講義，午後の決まった時間に散歩に出かけた。ケーニヒスベルクの人々はカントの散歩を見て時計を合わせたという。一度だけ散歩の時間に遅れたことがある。それはルソーの『エミール』を読みふけっていた時であった。ヒュームとルソーの思想の影響を受けたカントの批判哲学は，ドイツ観念論へと発展していった。

西暦	年齢	生　涯　色文字は同時代のできごと
1724	0	東プロイセンの首都ケーニヒスベルクに出生。
40	16	ケーニヒスベルク大学に入学
55	31	ケーニヒスベルク大学の私講師となる
75	51	アメリカ独立戦争勃発（～ 83）
81	57	『純粋理性批判』を出版
86	62	ケーニヒスベルク大学総長に就任
88	64	『実践理性批判』を出版
89	65	フランス革命勃発
90	66	『判断力批判』を出版
96	72	大学での講義を終え，著述に専念
1804	79	老衰により死去。最期の言葉は「Es ist gut!（これでよい）」であった。

Approach　「走れメロス」，メロスの走った行為は道徳的か？

「メロスは激怒した。」という書き出しで有名な太宰治の小説『走れメロス』。みなさんも一度は読んだことがあるでしょう？

妹の結婚式に備えシラクスの町へ買い物に出かけたメロス，そこで暴君ディオニスの所業を知り，王を誅しようとします。しかし，逆にとらえられ，処刑されることとなるのですが，妹の結婚式のために友人セリヌンティウスを人質に3日間の猶予を申し出ます。この申し出に人間不信に陥っていた王は，残虐な気持ちでメロスの申し出を承諾します。

結婚式の翌朝，メロスは飛び起きました。今日中にシラクスに戻ると約束した日だったからです。途中濁流を突破し，山賊と戦いながら，メロスは走り続けました。しかし精も根も尽き果てて，ついに動けなくなってしまいました。一切をあきらめかけたその時，湧水の音を聴き，水を口に含みました。

> ほうと長い溜息が出て，夢から覚めたような気がした。歩ける。行こう。肉体の疲労恢復と共に，わずかながら希望が生れた。義務遂行の希望である。わが身を殺して，名誉を守る希望である。……私は，信頼に報いなければならぬ。いまはただその一事だ。走れ！メロス。

ついに処刑所にたどり着いたメロスは，セリヌンティウスと抱き合って喜びます。王も二人の信頼関係に心を溶かされ，メロスを許し，自分も仲間に入れてほしいと申し出るのでした。

友情に応えたメロスの行為に心を打たれた人も多いでしょう。このメロスの"走った行為"，はたして道徳的といえるでしょうか？　カントの立場から考えてみましょう。カントの場合，行為の動機が問題となります。メロスは2つの動機（希望）を述べていました。義務遂行のためと名誉を守るためですね。「いかなる約束も守るべし」，これが義務遂行の動機です。カントはこのような行動規範を**定言命法**と呼び，道徳性を担保するものだとしました。そこでメロスの行為は道徳的といいたいところですが，名誉を守るためとも言っています。名誉を守ることは個人的な信条（**格率**）であり，メロスの場合は，「**名誉を守りたいならば，約束を守るべし**」ということになります。カントは，このような私的な動機をもつ行動規範を**仮言命法**と呼び，結果として道徳的に見えても適法性を持つだけで，道徳的ではないとしました。

現実の人間の行為の動機には，メロスのように定言命法と仮言命法が入り混じっているのではないでしょうか。もし人質がセリヌンティウスではなく，見知らぬ町の人だったら，メロスは最後まで走ったでしょうか？　あるいは凶悪な罪を犯した死刑囚だったらどうでしょう。利己的な動機を道徳性から排除したカントの思想，みなさんはどう思いますか。

定言命法：無条件の命令「～べし」
仮言命法：ある条件を達成するために成立する命令「～ならば，～すべし」

> カントは，ある行為が利他的な結果をもたらしたとしても，動機が個人の利益や欲望に基づいていた場合，その行為に道徳性を認めませんでした。カントは道徳をきわめて厳格に考えていました。

西洋近現代思想

Side Story　健康に気を配り，長生きしたカントは食事にこだわりがあった。1日一回昼食のみで，時間をかけてゆっくり食べた。焼いた肉が好物だったが，その食べ方は変わっており，噛んで肉の汁だけを吸い，残りは皿に戻していた。

127

Outline　カントの思想：人間は何を知りうるか？

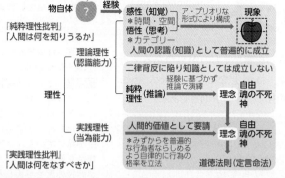

カントは，**理性**（事物の認識と行為の格率を思考・判断する能力）を**吟味・検討**（この能力もまた理性）することで，理性の真正な能力を解明した（**批判哲学**）。カントは，理性が自己の能力で自己自身を吟味・検討することを**超越論的**と称した。その結果，人間の認識能力（**理論理性**）は，**経験**に基づく事象（**現象**）に対してのみ，普遍的な知識を語る資格があるとした。

カントは**ルソーの自由論**から影響を受け，自由とは理性が自らに与えた**普遍的な行為の規則**＝**道徳法則**に遵う**自律**であるとした。道徳法則は恣意的な意図を超えた絶対的な命令（**定言命法**）とされる。そして，道徳法則を尊重する**善意志**を最高善とし，行為の主体である**人格**に人間の尊厳を見出す**人格主義**を唱えた。

Think　人間の理性が知ることのできるものとは何か？

原典 A　物自体

> **View**　人間が認識できるものは，感性の形式がとらえた素材を悟性が判断したもので，物そのものではない。

　空間のうちで直観されたものはどれも物自体ではないし，事物そのものに固有の形式などでもないのである。また，対象そのものはわたしたちにはまったく知られていないものであり，わたしたちが外的な対象と呼んでいるものは，人間の感性が思い描いた心像にすぎないものであり，この感性の形式が空間なのである。人間の感性が思い描く像に真の意味で対応するのは物自体であるが，これは空間という形式によってはまったく認識されず，認識されえないものである。物自体は経験においてはまったく問われないのである。

（中山元 訳『純粋理性批判』光文社古典新訳文庫）

原典 B　理性の限界

> **View**　従来の形而上学が扱ってきた神，自由，魂の不死は，理性によって知ることはできない。

　理性の思索がその超越論的な使用において究極の目的とするものは，最終的には，**意志の自由，霊魂の不死，神の現実存在**という三つの対象に絞られる。……これら三つの主要命題は，私たちの知識にとって全く不要なものではあるが，わたしたちの理性はこれを採用することを強く勧めるのである。だからこれらの命題の重要性は，**実践的なものだけにかかわるもの**なのだろう。

（同前）

解説

A ヒュームの懐疑論（⇒p.110）を学ぶことで「独断のまどろみ」から覚めたカントは，「すべての認識は経験とともにはじまる」と宣言した。しかし，人間の認識は対象そのもの（**物自体**）を単純に写し取っているわけではない。カントは，経験に先立つ（**ア・プリオリ**）人間固有の形式があり，その形式に沿って認識は形作られると考えた。カントは，人間が認識しているものは物自体ではないが，人間固有の形式によって成立した**現象**である限り，その認識は普遍妥当性をもつと唱えた。

B 人間は自由な存在か，あるいは必然的な存在なのか。カントは，純粋理性の推論によってどちらも証明可能（矛盾した命題が同時に成立＝**二律背反**）であることを示し，経験にもとづかない理念は事実認識（知識）の対象にはならないとした。カントは，自由は事実（である）ではなく人間の道徳的実践＝当為（すべし）のために，理性が要請するものとした。

---

⑫ 1　コペルニクス的転回

　客観と主観の関係は，科学法則を根拠づける近代哲学（合理論と経験論）の課題であったが，合理論は独断論に，経験論は懐疑論に陥っていた。カントは通俗的な「**認識が対象に従う**」（上）という考え方を否定し，「**対象が認識に従う**」（下）と見方を180度逆転させた**コペルニクス的転回**を唱えることで，合理論と経験論を統合した新たな認識論を打ち立てた。

2　理論理性（認識能力）の働き

　カントは人間にとって普遍的な認識を可能とする能力を**理論理性**と呼び，その働きを「感性」，「悟性」に区別して説明した。感性のもつ時間と空間という形式を与えられた対象を，悟性が量・質・関係・様相というア・プリオリな概念であるカテゴリーによって思考することで現象として認識が成立する。

> カントは人間が経験する世界である**現象界**に対して，物自体の世界を**英知界**と呼びました。これをカントの**二世界論**と言います。カントは，人間もまた人間そのものとして英知界にあり，そこにおいて人間は因果律を超えて自律的（自由）に存在すると考えたのです。

 1755年にリスボンを大地震が襲った。多くの学者が地震の原因を「天罰」や「聖書が告知する災厄」に求めたが，若きカントは地下で起こる自然現象と主張した。地震を自然科学的に考察したカントは「近代地震学の祖」と言われる。

Think 何ものにも依存しない理性的な人間の自由とは何か？

23 原典**C** 自由と自律

View 意志が外部の感情や欲望に基づく行為（他律）に対して，意志がみずからの行為の法則を確立する自律が自由である。

　自然の必然性は，作用原因によって働く他律であった。すべての結果は，何か別のものが作用原因を規定してそれを原因性として成立させるという法則にしたがってのみ可能だったからである。だとすると意志の自由とは自律であること，すなわちみずからに法則を与えるという意志の特性であるとしか考えられないではないか。しかし「意志はすべての行為において，みずから一つの法則となる」という命題が表現しているのは，「みずからを普遍的な法則とみなすことのできる行動原理だけにしたがって行為せよ」という原理にほかならない。しかしこれこそ定言命法の表現方式であって，道徳性の原理そのものである。だから自由な意志と，道徳的な法則にしたがう意志とは同じものである。

（中山元　訳『道徳形而上学の基礎づけ』光文社古典新訳文庫）

原典**D** 目的の国

View 意志の自律の主体である人間が，お互いを目的として尊重し合う社会が「目的の国」である。

　というのもすべての理性的な存在者がしたがう法則は，**誰もが自分自身と他者を決してたんなる手段としてだけではなく，むしろ同時に目的そのものとしてあつかうべきである**という法則だからである。そのときには，理性的な存在者は共同の客観的な法則によって体系的に結びつけられ，そこに国が生まれるのである。この客観的な法則が目指すのは，理性的な存在者がたがいに目的であり，手段であるものとして関係するようになることであるから，この国は目的の国と呼ぶことができよう。

（同前）

寂しいとき友達にメールをしたらすぐに返事がこなくて，イライラしたことがある。その時僕は，友達を自分の寂しさを埋め合わせる手段としてのみ扱っており，友達の**人格**（目的そのもの）がそなえる**尊厳**を認めていなかったんだと思う。

14 20 **3** 道徳法則

View 幸福の原理は主観的な行為の規則（格率）になりえても道徳法則にはなりえない。

　快や欲望によって生じる現実の幸福は個人によって異なるので，道徳法則たり得ない。そこで，快や欲望を取り除いた形式のみが道徳法則の原理となる。道徳法則は**実践理性**によって自己立法され，誰にでもあてはまる**無条件な命令**「〜せよ」という形で表現される（**定言命法**）。カントが示した道徳法則（定言命法）は個々の行為を規律する形式であり，次の2つが代表である。

> **第1法式**　あなたの**意志の格率**が，常に同時に普遍的立法の原理となるように行為せよ。
> **第2法式**　自分の場合であれ，他人の場合であれ，人格の内なる人間性を，常に同時に目的として扱い，けっしてたんに手段としてのみ扱うことのないよう行為せよ。

4 善意志

View 道徳的行為とは道徳法則にしたがうことを義務とする意志にもとづくものである（義務説）。

　カントは「無制限に善であるとみなせるもの，それはこの世界においても，この世界の外においても，ただ善い意志だけである」とする。知性，機知，判断力，決断力なども〈善い〉ものとされるが，実際は意志の用い方によって悪となりうるのである（たとえば人をだますことに使用される）。そこで**道徳法則にしたがうことを義務とする**善い意志のみが無制限に〈善い〉とされる。

解説

C 好きなものをお腹いっぱい食べることは自由と思われるが，カントにしてみれば理性の外部にある欲望に依存した他律的行為であり自由とみなさない（食欲の奴隷といえる）。自然の因果律（おなかが減ったから食べる）から脱し，人間の純粋な能力である理性が打ち立てた法則（**道徳法則**）にみずからしたがう自律行為が人間の自由である。たとえば，目の前に飢えた者がいれば，自らの空腹をおしてでも食べ物を分け与えることを理性が命じ実行するならば，それが人間の自由を実現するということであり，それが道徳的な行為である。

D カントは，人間の価値尺度として「価格」と「尊厳」をあげる。「価格」は相対的で外的な価値とされ，「仕事における熟練と勤勉」の市場価値はその一つである。人々は「価格」をお互いに交換することで，自分の欲望（個人の目的）をかなえることができる。それに対して「尊厳」は，「約束を守る誠実さや，本能ではなく原則に基づいている善意」などの他と比較することができない**絶対的な内的な価値**であるとする。カントは，道徳性をそなえた人間を**人格**（目的そのもの）ととらえ，人々が相互に尊厳をそなえるもの（目的そのもの）として体系的に結びついた状態を「**目的の国**」と呼んだ。

Focus カント先生に質問したら宿題を出された！

知恵：カント先生は，結果を考慮せずに厳格に義務に基づく行為のみに「道徳性」があるとする**行為の義務説**を唱えていますよね。では殺し屋に追われて逃げている人をかくまって，その殺し屋に「お前の家にいるだろう？」と質問されたら，先生は何と答えるのですか？

カント：善意志にもとづいて，いかなる場合も嘘をついてはならないから「正直に答える」というのが私の考えだよ。

知恵：殺し屋にかくまっていることを伝えたら，逃げていた人は見つかって殺されてしまうのではないですか。

カント：結果を重視して，嘘をついてもよい場合があるとしたら，私たちの言明に信憑性はなくなり，社会から信用や信頼が失われることになる。そのような社会なら先の殺し屋も私の言葉を信ずることなく，勝手に家に踏み込んでくるにちがいない。私の言明に真実があると信用されているからこそ，殺し屋は私に質問したのだよ。それに私は「正直に答える」と言ったが，「かくまっていることを伝える」とは言っていないよ。嘘をつかずに，かつ，かくまっている人の危険を回避する説明はないだろうか？　知恵さん考えてみよう。

Side Story カントは生涯独身だったが，女性が嫌いだったわけではない。壮年期に二度ほど恋愛をしている。また昼食には多くの友人・知人を招き，社交的で，孤独な人ではなかった。

西洋近現代思想

原典 E 考える勇気

View 怠惰で臆病な人間は自分で考える勇気をもたないが，啓蒙によって人間はこの未成年状態をぬけださなければならない。

啓蒙とは何か。それは人間が，みずから招いた未成年の状態から抜けでることだ。未成年の状態とは，他人の指示を仰がなければ自分の理性を使うことができないということである。……こうして啓蒙の標語とでもいうものがあるとすれば，それは「知る勇気をもて」だ。すなわち「自分の理性を使う勇気をもて」ということだ。

（中山元 訳「啓蒙とは何か」『永久平和のために／啓蒙とは何か』光文社古典新訳文庫）

原典 F 永久平和

View 国家は道徳的人格であり，平和は実践理性が命じる義務である。

ともに暮らす人間たちのうちで永久平和は自然状態（スタトゥス・ナチューラーリス）ではない。自然状態はむしろ戦争状態なのである。つねに敵対行為が発生しているというわけではないとしても，敵対行為の脅威がつねに存在する状態である。だから平和状態は新たに創出すべきものである。

（中山元 訳「永久平和のために」同前）

➡国連本部前にある銃のモニュメント

5 カントの平和論

View カントの国家連合構想は現代の国際連合に受け継がれている

カントは『永遠平和のために』の中で，すべての戦争を永遠に終結させるために「国際法は，自由な国家の連合に基礎をおくべきこと」とし，国家間の平和連合を提唱した。平和連合は，国家の自由を維持し保証するもので，いかなる点においても国家を強制するものではないと考えた。このカントの提言をうけて，20世紀米国のウィルソン大統領は国際連盟の創設を提唱した。また他の永遠平和のための条件（確定条項）として，「どの国の市民的な体制も，共和的なものであること」と「世界市民法は，普遍的な歓待の条件に制限されるべきこと」を挙げている。歓待の条件とは，すべての人に外国を訪問できる権利が認められているということである。この「訪問の権利」は，地球の表面を共同に所有する権利であって，互いに友好的な関係を構築するために認められるべき権利であるとする。ここには当時のヨーロッパ諸国の植民地政策に対する批判が込められている。カントは文明世界の横暴に目を向け，異なる文化をもつ国々との共生を目指した。

自我が根本原理 [1回]

フィヒテ Johann Gottlieb Fichte 1762～1814 ドイツ

> 私の体系は最初の自由の体系です。その第一原理は人間を自立した存在として立てることです。

主著 『全知識学の基礎』

足跡 ドレスデン近郊の小村ランメナウに生まれた。家は貧しく，幼い頃は学校に通えなかったが，貴族に学費を支援してもらいイエナ大学とライプツィヒ大学で学んだ。カント哲学に傾倒し，29歳の時，ケーニヒスベルクのカントを訪ねた。その時に執筆した著作がカントの助力で出版されると大評判となり，フィヒテの名前は一躍有名となった。フィヒテはフランス革命を称賛し，みずからの哲学を自由の体系と称したが，ドイツがナポレオンに占領されると，講演『ドイツ国民に告ぐ』を行い，ドイツ国民に愛国心を訴え，道徳的向上を促した。

フィヒテは世界の根源にあるものを絶対的自我とした。自我は自我の働き（事行）によって成立し，また自然世界も自我でないもの（非我）としてやはり自我の働きによって認識される。いっさいを含む無限の自我の道徳的な実践によって真実の生が実現されると主張した。

同一哲学を展開

シェリング Friedrich Wilhelm Joseph von Schelling 1775～1854 ドイツ

> 実在的で生き生きとした自由の概念は，自由とは善と悪との能力である，ということなのである。

主著 『人間的自由の本質』

足跡 シュトゥットガルト近郊のレオンベルクで牧師の家に生まれた。早熟の天才で，11歳の時に教師からもはや何も教えるものはないと言わせしめた。15歳でテュービンゲン大学神学校に進学し，同校で5歳年上のヘーゲルやヘルダーリンらと親交を深めた。大学で哲学に関心を持ち，フィヒテから大きな影響を受けて20歳で『哲学の原理としての自我について』を出版した。23歳の若さでイエナ大学に招かれるが，やがてフィヒテの思想を離れ，独自の「同一哲学」へと向かっていった。

「同一哲学」とは「自我」と「自然」とを「絶対的理性」という原理で統一的に説明するものである。「絶対的理性」は根源的な一者であり「主観」と「客観」の差異を生みだすが，その絶対的同一性によって「主観」＝「客観」の同一性が担保されるとした。

Side Story 死の床にあったカントは，ぶどう酒を何度もおかわりし，最後の言葉は「エス・イスト・グート」（これでよい）であった。「もうおかわりはいらない」という意味だと思われるが，自分の人生に対する思いを述べたのかもしれない。

壮大な哲学体系を構築したドイツ観念論の大成者

ヘーゲル

Georg Wilhelm Friedrich Hegel
1770 ～ 1831　ドイツ

16回

Words 266精神　267自覚　268自己外化
269絶対精神　270理性の狡知　271弁証法
272人倫　273相互承認

> ミネルヴァのふくろうは，たそがれが
> やってくるとはじめて飛びはじめる。

主著　『精神現象学』『論理学』『法の哲学』

足跡　ドイツ南部の都市シュトゥットガルトに税務官の子として生まれた。1788年テュービンゲン大学神学部に入学，詩人となるヘルダーリン（◯p.161），シェリングらと出会い，交友を深めた。翌年フランス革命がおこると，彼らは革命の理念に熱狂し，近郊の野原に自由の木を植えてその周りを踊ったというエピソードが残っている。フランス革命はヘーゲルの思想に生涯にわたって影響を与えることとなる。大学卒業後は，各地で家庭教師を務めるかたわら，カント哲学を研究。1801年に友人シェリングのいるイエナ大学で私講師となり，職業哲学者の道を歩み始める。1818年に近代化に向け内政改革を進めていたプロイセンからベルリン大学の教授に招かれた。ベルリン大学には多くの弟子が集まり，ヘーゲル哲学はドイツで大きな影響力を持つにいたる。1829年ベルリン大学総長に就任する。1831年コレラのため急逝。

西暦	年齢	生涯　　　色文字は同時代のできごと
1770	0	ドイツのシュトゥットガルトに出生
88	18	テュービンゲン大学神学部に入学
89	19	フランス革命勃発。熱烈に革命を支持する
93	23	家庭教師をしながらキリスト教，哲学を研究
1801	31	イエナ大学の私講師となる
06	36	ナポレオン，イエナを占領。ナポレオンを目撃
07	37	『精神現象学』出版。バンベルクで新聞の編集に従事
08	38	ニュルンベルク・ギムナジウムの校長兼哲学教授に就任
12	42	『論理学』第1巻刊行
16	46	ハイデルベルク大学教授に就任
18	48	ベルリン大学教授に就任（フィヒテの後任）
21	51	『法の哲学』公刊
29	59	ベルリン大学総長に就任
30	60	パリで7月革命勃発
31	61	コレラにかかり急死

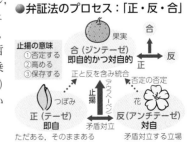

> ヘーゲルの弁証法は，マルクスの史的唯物論，キルケゴールの実存の三段階など後世の思想に大きな影響を与えました。

Approach　歴史と人生の関係は？

吹き出しの「ミネルヴァのふくろう」とは哲学のことです。ふくろうが夕暮れに飛び立つように，哲学は一つの時代が終わりを迎えた時にようやく，その時代が担った役割をとらえることができるという意味です。ヘーゲルと同じ年に生まれた作曲家にベートーヴェンがいます。二人に交流はありませんでしたが，同じ歴史を生きた二人の共通点から歴史と人生の関係を考えてみましょう。

まず，二人ともカント哲学の影響を受けたことが挙げられます。ベートーヴェンは，交響曲第9番を作曲していた頃のノートに「**われらがうちの道徳律とわれらが上の星の輝やける天空！　カント!!!**」と，カントの哲学（◯p.127）に共感していたことを書き記しています。一方ヘーゲルは，カント哲学を乗り越えることを目標としていました。

次に，二人がともにフランス革命（◯p.126）から大きな影響を受けたことも重要です。ヘーゲルはナポレオンをイエナで目撃した時，「**私は，皇帝，この世界精神が馬を進めるのを見た**」と友人に書き送っており，『歴史哲学講義』で歴史的英雄とたたえています。ベートーヴェンも「英雄」と呼ばれる交響曲第3番をナポレオンに捧げたとされています。ただし，皇帝になったことで撤回したともいわれていますが。

さらにドイツの哲学者アドルノ（◯p.169）は，「**ベートーヴェンの音楽はヘーゲル哲学そのものである**」と指摘しています。ベートーヴェンの作曲技法がヘーゲルの唱える**弁証法**と類似しているというのです。

ヘーゲルの弁証法とは，ある立場（**正**）に対して，それと矛盾対立する事態（**反**）が生じたとき，両者（**正・反**）がともに保持されつつより高い次元（**合**）に発展（**止揚**）していく，一連の運動（あるいはその思考形式）です（下図参照）。

ベートーヴェンの交響曲第9番は，第4楽章の冒頭で第1楽章から第3楽章までのモチーフが否定され，歓喜の歌のテーマが現れるという構成をとっています。ベートーヴェンは，西洋音楽と彼自身の様式に基づいて緻密に作り上げた前3楽章（**正ー反**）を次々に否定していくことで，音楽と人類世界の新たな次元（**合**）を示した，といえるのです。

ヘーゲルもベートーヴェンも青年期に，民衆が自由を求めたフランス革命（**正**）を体験し，その行き着いた先が恐怖政治や帝政であったこと（**反**）に苦悩します（◯p.134）。二人はヘーゲルの言葉で言えば「**時代精神**」を共有していたのです。二人は時代精神と格闘し，ベートーヴェンは音楽で，ヘーゲルは哲学で，その乗り越え（**合**）を目指していったのです。

●弁証法のプロセス：「正・反・合」

止揚の意味
①否定する
②高める
③保存する

合（ジンテーゼ）
即自的かつ対自的

果実

正と反を含み統合

アウフヘーベン

花

否定の否定

つぼみ

正（テーゼ）
即自

反（アンチテーゼ）
対自

ただある，そのままある　　矛盾対立する立場

Side Story　ヘーゲルがニュルンベルクでギムナジウムの校長をしていた時，同地の市会議員の娘マリーと結婚した。ヘーゲル41歳，マリー20歳。マリーとの夫婦生活は深い愛につつまれ，二人の子どもにも恵まれた家庭は幸福そのものであった。

ヘーゲルは，真の実在は**精神**であり，その本質を「自由」と考えた。精神が様々な経験を積み，対立や統一を繰り返しながら（**弁証法**），自由を実現していく過程が人類の歴史である。つまり，自然や人間，歴史は精神の現れ（現象）であり，その意味で，現実に存在するものはすべて存在する必然性，意味があると説く。また，この過程は精神が自己の本質に目覚めていく過程であり，自己自身に立ち返る運動でもあった。

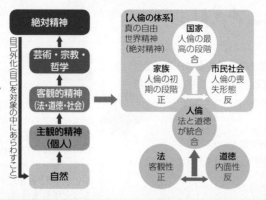

ヘーゲルは**法・権利**の客観性と**道徳**の内面性を統一（止揚）し，真に自由を実現する場を**人倫**とした。人倫は**家族**，**市民社会**，**国家**へと弁証法的に発展する。最高形態である国家において，愛に基づいている家族のあり方と，個人主義的な市民としてのあり方が統一され，ひとはその中ではじめて家族における安らぎと市民社会における経済人としての活動が保障されることになるとした。

Think 人間の意識はどのように発展するのだろうか？

原典A 意識の経験の学

View 人間だけがもつ自己意識は，みずからを超えでる弁証法の運動によって絶対知まで昇りつめることができる。

　自然そのままの意識は，知の可能性をもっているだけで，実際に知を備えているわけではない。が，当初その意識は自分が知を備えていると思いこんでいるから，真の知への道程は知の否定という意味合いをもち，意識の可能性を実現する道行きが，かえって，自己喪失のように感じられる。……だが，**意識は自分の本当のすがたを自覚しているから，限定つきの存在をみずから超えていく。そして，限定つきの存在も意識に属するものだから，意識は自分自身を超えていくといえる。**……意識が自分の本当のすがたにまで行きつくと，意識は自分にたいして他なるものとしてしか存在しないような異物につきまとわれることがなくなり，おもてにあらわれたものと本質とが一致し，意識の表現がまさしく本来の精神の学問と一致するようになる。**このようにしてついに意識がみずからの自分の本質をとらえるに至ったとき，絶対知の本当のすがたが見えてくるのである。**

（長谷川宏 訳『精神現象学』作品社）

解説

A ヘーゲルは，対象（物自体）と知（概念）を対立的にとらえるカントに対して，人間の意識がみずからの本来的なあり方を実現することで絶対知（対象と概念の一致）にいたるとした。『精神現象学』は，人間の意識が悪戦苦闘しながら経験（自然，他者，社会，神など）を通して真の知へとたどりつく，その過程が叙述されている。意識は人類の精神でもあり，精神の歴史的展開ともされる。ヘーゲルはあらゆることは意識内で生じており，対象そのもの（即自存在，真）も意識に対する対象のあり方（対他存在，知）も，ともに意識内で生じる関係であるとする。このように意識を意識することができる（「自分を知るという知の形態」）自己意識は人間だけがもつことができる。自己意識は理性へと弁証法的に発展し，自己の本質を知るに至るのである。

1 精神

　ヘーゲルは，人間と自然を含むすべての根底にあって，みずから運動することで自己を発現する究極の実在を精神（Geist）ととらえた。精神は理性と同じように扱われる。

　精神あるいは理性は弁証法の理法にしたがってみずからの本質である自由を自己展開する運動体であり，現実世界に存在するもの（自然から人間社会にいたるすべて）は，理性が自己展開の過程でみずからを現わした形態であるとした。そこで理性と現実の関係は次のように宣言された。

> 理性的なものは現実的であり，
> 現実的なものは理性的である。
> （長谷川宏 訳「法哲学要綱」『法哲学講義』作品社）

2 主人と奴隷の弁証法

　自分が自分だという確信が自己意識の本質である。そこで自己意識同士が出会うと，みずからの自由と自立性（主体性）を相手に承認させるために，**生死を賭けた闘争**が生じる。しかし相手が死んでしまえば承認は得られない。生命もまた自己にとって本質的なものであることが明らかになる。

　承認の闘争の結果，自己意識は，**純粋な自己意識に生きようとする主人と生命を守ろうとする奴隷に二分**される。主人は奴隷に対して絶対的に自由で自立的な存在として君臨し，奴隷は主人に隷従した非自立的な存在となる。**奴隷は自己意識の本質を失った存在**だが，主人との関係において反対のものへと転化する。

　奴隷は服従することで「死の恐怖」を感じるが，それは自己存在の全体に対する不安であり，この**不安によって奴隷は自己の自立性（かけがえのなさ）を自覚**することとなる。また物の消費において主人は絶対的な支配権（自由）を持っているように見えるが，実は奴隷の労働に依存している。**労働は物（自然）を支配する本質的な能力だが，これを自覚できるのは奴隷の側である。このように奴隷は主人に隷従する経験を通して，自己の「自由」の本質的可能性を自覚する**にいたるのである。

Side Story　ヘーゲルの学生時代のあだ名は「老人」というものだった。後年の講義するヘーゲル像はいかめしいが，青年ヘーゲルの風貌は爽やかで凛々しさがある。あだ名の理由は，服装が見栄えせず，口べたで鈍重であったからだという。

19 原典B　歴史哲学

View 世界史とは自由の意識の進歩である。世界精神は歴史の中で英雄を操り，世界に自由を実現させる。

世界史とは自由の意識が前進していく過程であり，わたしたちはその過程の必然性を認識しなければなりません。……自由とは，自分みずからを目的としてそれを実現するものであり，精神の唯一の目的なのです。……一般理念の実現は，特殊な利害にとらわれた情熱ぬきには考えられない。……［歴史の］対立抗争の場に踏みいって危険をおかすのは，一般理念ではない。一般理念は，無償の傍観者として背後にひかえているのです。

(長谷川宏 訳『歴史哲学講義』岩波文庫)

原典C　法の哲学

View 法（正義）の本体は自由である。真の自由は，抽象的な法・権利から道徳を経て，社会制度である「人倫」において実現する。

序論　法（正義）の概念（＊ドイツ語 Recht レヒト は，正義・法・権利を意味する）

§4　法（正義）の土台をなすのは精神的なものであり，具体的にその立脚点および出発点となるのは自由な意志である。自由こそが法（正義）の本体であり本領であって，**法（正義）の体系とは，実現された自由の王国**であり，精神みずからが第二の自然としてうみだした精神の世界である。

第一部　抽象的な正義（法）

§44　**人格**はあらゆる物のうち自分の意志を投入し，もって当の物を自分のものとする権利をもつ。

第二部　道徳

§137　客観的な指示や義務，といった真の内容から区別される良心は，意志の活動の形式面をなすにすぎず，そうした意志はいかなる独自の内容も備っていない。

第三部　共同体の倫理（＊ Sittlichkeit ジットリヒカイト：人倫とも訳される）

§142　共同体の倫理とは，**自由の理念が生きた善としてすがたをあらわした**ものである。そこでは，善が自己意識に知られ意志されるとともに，自己意識の行動を通じて現実性をも獲得している。

(長谷川宏 訳「法哲学要綱」『法哲学講義』作品社)

18 20 3　人倫の体系

人倫は**家族，市民社会，国家**へと弁証法的に発展する。

家族は愛という感情を基礎として成り立つ人倫であるが，そこで独立した人格と自由な精神を自覚した人びとは市民社会を形成する。

市民社会は，「欲求の体系」と呼ばれる労働を介して多様な欲求を充たす商業社会（A．スミス（➡p.135）らが唱える**市場メカニズム**）である。そこは諸個人が私益を追求（特殊）するためだけに社会の諸制度（普遍）に外面的にしたがう「**人倫の喪失態**」（特殊と普遍の分裂）でもある。結果として富の不平等が拡大し労働の形骸化が生じる。一方，人びとは市民社会の中で，社会全体の相互依存体系を自覚することになる。

国家は，家族と市民社会が統合的に発展（止揚）した人倫であり，権利と義務とが合一し，具体的な自由が実現される場である。具体的な自由とは，個人の人格と特殊な利益が承認されるとともに，**共同の利益（普遍）を最終目的として活動する**ことである。

具体的な自由が実現

人倫の最高形態　**国家**　合

家族 ⟷ **市民社会**
　正　　　　　反

人倫
自由の場

法・権利（客観的）⟷ 道徳（主観的）

BC ヘーゲルは世界史の中で自己を展開する精神を**世界精神**と呼んだ。世界精神（理性）は，カエサルやナポレオンなど歴史的英雄の情熱を突き動かして，自由を実現する手段としたと考えた。また世界精神は無傷のままで，歴史的英雄が没落していくさまを**理性の狡知**と呼んだ。

ヘーゲルは世界史を三区分し，一人の自由（東洋的専制国家）から少数の自由（ギリシア・ローマ世界），すべての人間の自由（近代社会）へと進んでいくと説いている。

抽象的な法の段階

自己意識はみずからを思考することでかけがえのない人格となる。人格は物を所有し，また他者と契約をかわすことができる。ここに財産権（所有の自由）が生じる。しかしこの法・権利は形式的で抽象的なものにすぎない。ゆえに個人の権利と権利が対立したときには暴力や報復としての復讐が生じる。そこで法・権利を回復するために一般意志が形成され，法（正義）は主観的意志（道徳）の段階へと進んでいく。

道徳の段階

カントは個人の欲求や感情を排除し純粋に義務に従うことを善としたが，個人の特殊な欲求（しあわせ）を追求することは個人の権利であり，個人的な関心のないところに行為の理想を求めるのはまちがいである。また主観的意志による良心は悪へと転化する（独善化する）可能性をもつ。義務という抽象的な善には具体的な内容が，主観的意志による良心には客観性が要求されることになる。

人倫の段階（➡3）

Focus　死刑は認められるか？

哲：裁判員裁判で死刑が確定した死刑囚の刑が執行されたとニュースになっていたけど，死刑制度は必要なのかな。カントは，人格の尊厳を説いていたのだから死刑に反対だったのですよね，先生。

真田：いや，カントは**同害報復の法理**によって「**もし彼が人を殺害したのであれば，彼は死なねばならない**」と死刑を容認していたんだ。しかも当時死刑に反対した法学者ベッカリーアを気取った人道主義と批判している。

哲：え，意外だな！　国家を人倫の最高形態としているヘーゲルも容認派ですか？

真田：確かに容認している。でも裁判による報復は不正義だとしている。「**犯罪者が法律の存在を自覚し，それが自分のためにあり，自分を保護してくれるもの**」と確認されることが法律の復元（正義）だとしているんだ。現代では世界の 2/3 の国が実質的に死刑を廃止しているけど，日本の世論調査（2015 年）では 8 割近くが死刑を容認と答えている。主観的な意志ではなく客観的な正義において死刑の意義を問う必要がありそうだね。

Side Story ヘーゲルは『法の哲学』で立憲君主制を主張したことから，当時保守化を強めたプロイセンの御用哲学者という評価がある一方で，米国の政治学者ロールズ（➡p.181）は「漸進的改革に共鳴するリベラリスト」と異なる評価を与えている。

保守主義とトクヴィル

伝統的な価値や偏見を否定し, 理性による自己と社会の改革を目指した啓蒙思想のもと, フランスでは自由と平等を求めた人々によって古い体制（アンシャン＝レジーム）を破壊し, 新たに民主社会の建設を目指す革命が発生した（1789年）。しかし, 革命は過激化し, 恐怖政治に陥ってしまう。ここではフランス革命に民主社会の課題を見いだした思想家たちを紹介しよう。

フランス革命と恐怖政治

バスティーユ監獄襲撃（◯p.126）に端を発する民衆の暴動はフランス全土に広まり, 国民議会は法の支配と人権の保障を謳う「**人権宣言**」（◯p.117）を採択した。一度は立憲君主制を定めた憲法が制定されたが, 君主制を否定し民主化を急ぐ**ロベスピエール**らによって革命は過激化, ルイ16世は処刑され, その後, 反革命とみなされた人々が人民の敵として次々と断頭台に送られる**恐怖政治**に陥った。やがてロベスピエールの独裁は打ち倒されるが, 革命政権は安定性を欠き, ナポレオンの皇帝即位によって革命は終焉を迎える。

◯ロベスピエール

フランス革命への反動—保守主義の誕生

◯バーク

フランス革命が伝統を否定し, 社会体制をゼロから刷新しようとしたことに対して, その危険を指摘したのが, イギリスの政治家エドマンド・バーク（1729～97）である。

アイルランド出身で, イギリス下院議員として活躍したバークは, 時の君主ジョージ3世が側近政治を行うことに抵抗し, またアメリカの独立も植民地の側に立ち容認するなど, 自由を擁護する立場にあった。しかしフランス革命に対しては批判的な論陣を張った（『フランス革

命の省察』）。歴史の連続性を否定するフランス革命は, 歴史の中で培われてきた諸価値やその中で育まれた人間性＝人格を侮蔑するものであると感じたからである。バークは, 自由や人間の諸権利が, 歴史の中で持続的に発展していくものだと主張する。また, 理性では見通しきれない事柄があり, それらは歴史が培った知恵ともいえる「先入見」をもって対処することが望ましいという。ここに, **伝統的な文化や制度を世代間で継承していくことで, 漸進的に民主主義を育む**という保守主義の思想が誕生した。

◯ルイ16世の処刑

民主主義にひそむ危険—トクヴィル

個人の自由と人民主権の実現を目指したフランス革命が, なぜ恐怖政治に陥ってしまったのか。革命後のフランスで, 民主主義（デモクラシー）と個人の自由を対抗的にとらえる自由主義の思想家たちが現れた。その一人が, フランスの名門貴族出身のトクヴィル（1805～59）である。

トクヴィルは, ジャクソン大統領時代のアメリカを訪れ, そこにデモクラシーの現代的なあり方を発見する（『アメリカのデモクラシー』）。それは, デモクラシーが単なる政体ではなく, **諸条件が平等となる社会**であり, また貴族制（アリストクラシー）からデモクラシーへの移行は神の摂理, 歴史の必然であるという確信であった。しかし, トクヴィルはアメリカのデモクラシーを理想としたわけではなく, そこに潜む危険性をもまた見いだした。**それは「多数者の圧制」,「民**

主的専制」, そして物質的欲望への専心である。平等がいきわたると人々はわずかな差異にも不安をおぼえるようになる。その結果, 同調圧力が強まり, 人々は自分で考えているつもりだが「多数者」に身を委ね, 少数者の自由の抑圧へと向かう。トクヴィルはこうした危険を回避する手だてもまたアメリカ社会に見いだしている。それは市民がタウンシップと呼ばれる地域の自治活動に参加し, 公共の精神を学ぶことであるという。

◯トクヴィル

トクヴィルと交友のあったJ.S.ミル（◯p.138）も, 個人の個性を抑圧するものとして民主主義における「多数者の専制」を指摘している。

保守主義は, 昔の伝統をかたくなに守ろうとする立場だと思っていましたが, バークの説明を聞いて印象が変わりました。変革への対応ということですが, 日本で議論になっている憲法改正について, バークならどう考えるか気になりました。

バークに「時効」という考え方があります。長期間にわたり人々に支持された制度や文化は歴史的な正統性を獲得するというものですが, これは日本国憲法にも当てはまると思います。日本国憲法は自由と権利, 平和を守るために70年以上にわたり機能してきており, 歴史的な正統性を持つといえるでしょう。バークなら, それをどのように継承・発展させていくのかを問題にすると思います。

 Side Story トクヴィルは16歳の時に, 途方もない懐疑に襲われ,「もっとも暗い憂鬱」を経験したという。信仰に関わるものといわれるが, 信じていた世界観が突然崩れ落ちる感覚は, 変化の激しい時代を生きる私たちにも共通のものといえる。

第5節 イギリス功利主義

➡グラスゴー大学の門扉（スコットランド） アダム＝スミスが学んだ大学の門扉には、重要人物となった卒業生の名前がデザインされている。

功利主義とその時代背景

イギリスでは、18世紀後半から産業革命期に入ると生産力が飛躍的に増大し、資本主義体制が確立した。政治・経済的な自由をさらに拡大し、より豊かな生活を求める中産階級の立場を代弁したのが功利主義

で、個人の利益の追求と社会的な利益の調和を目指した。功利主義とは、最大多数の人々に最大幸福をもたらすことを理想とする考え方である。したがって行為の善悪の基準は、その行為が快楽や幸福をもたらすかどうかにある。功利主義の背景には、自由主義経済を説いたアダム＝スミスがいる。

BC ━━━━━━━━━━━━━━━━━━━━━━━━━━━━ ▌18▐ ━━━━━━ AD

道徳哲学者・古典経済学の祖 ⟨8回⟩

アダム＝スミス Adam Smith 1723～90 イギリス

> 良心とは公平無私な観察者である

主著 『道徳感情論』『諸国民の富（国富論）』
足跡 1723年、スコットランドに生まれる。14歳でグラスゴー大学に入学。道徳哲学を学び、スコットランド派の倫理学の影響を受けた。続いてオックスフォード大学に学ぶが、失望して退学。28歳でグラスゴー大

学の教授となる。講義の中心は道徳哲学で、1759年その内容を『道徳感情論』として公刊。その名声はヨーロッパに響いた。1763年に教授職を辞し、公爵の旅行に家庭教師として同行しフランス、スイスに渡る（～66年）。旅行中、ヴォルテールやディドロ、ダランベールなどフランス啓蒙思想家（➡p.124）と交際した。帰国後の1776年『諸国民の富（国富論）』を出版。1778年にエディンバラの関税委員の職につく。1787年グラスゴー大学の総長に選出されたのち、1790年に67歳で死去。

Think 人が行動するとき、理性と感情のどちらを重視するだろうか？

原典A 人間の道徳的感情

View 人間を利己的なものと捉えても、人間の本性には道徳的感情（憐憫、同感）が存在している。

いかに利己的であるかのように見えようと、人間本性のなかには、他人の運命に感心をもち、他人の幸福をかけがえのないものとするいくつかの推進力が含まれている。人間がそれから受け取るものは、それを眺めることによって得られる喜びのほかに何もない。哀れみや同情がこの種のもので、他人の苦悩を目の当たりにし、事態をくっきりと認識したときに感じる情動に他ならない。

（高哲男 訳『道徳感情論』講談社学術文庫）

原典B 見えざる手

View 利己心に基づく行動であっても、「見えざる手」に導かれ、結果的には公益が増進する。

彼はふつう、社会一般の利益を増進しようなどと意図しているわけではないし、また自分が社会の利益をどれだけ増進しているのかも知らない。外国産業よりも国内の産業活動を維持するのは、ただ自分自身の安全を思ってのことである。そして生産物が最大の価値をもつように産業を運営するのは、自分自身の利得のためなのである。

だがこうすることによって、彼は他の多くの場合と同じく、この場合にも、**見えざる手**に導かれて、自らは意図してもいなかった一目的を促進することになる。自分の利益を追求することによって、社会の利益を増進しようと真に意図する場合よりも、もっと有効に、社会の利益を増進することもしばしばあるのである。

（玉野井芳郎ほか 訳『国富論』『世界の名著31』中央公論社）

解説

A 道徳的感情とは、他人の悲しみを自分の悲しみとして感じることができるように、立場を変えて共感できる心（sympathy：同情、憐憫の情）のことである。人間にとって行為の善悪の基準は、その行為の動機や結果が、利害関係のない第三者（スミスは「公平な観察者」と表現）の共感が得られるかどうかにある。人間は、他人の共感を得、非難されたくないと考える。よって、利己的な衝動が強くても、社会的に認められる範囲内で行為しようとする自制心が働く、とした。

B スミスの思想の背景には共感の感情があり、公平な観察者から承認されることを期待して行動する人間の姿がある。これは経済活動の場合でも同様で、それを「**フェア・プレイ**」の精神に基づく活動とした。そのうえで、肉屋やパン屋が利己心のもとに利益を求め商売をしたとしても、おのずと**「見えざる手」によって導かれて社会秩序は維持され、結果的に社会全体の利益（公益）が増進する**と考えた。

西洋近現代思想

イギリスの精神科医・思想家

マンデヴィル

Bernard de Mandeville 1670～1733 イギリス

足跡 オランダに生まれ、イギリスで活躍した。彼は、人間の本性を理性よりも情念にあると考えた。人間の行為の背景には自愛心があり、これを強調するこ

とで伝統的な道徳観念の虚偽性を示した。こうした人間観に基づいて、社会関係の本質を個人の利益追求を動機とする相互的協力に見出し、著書『蜂の寓話』では、一般には悪徳とされる個人の利己的な欲求充足や利益追求でも、結果的に社会全体の利益につながることを指摘した。自愛心ではなく共感を重視するスミスは、この考えを否定している。

Side Story スミスは亡くなる直前、友人に頼み草稿段階のメモを焼失させたとされ、上記以外に著作が残っていない。しかし、1895年、グラスゴー大学での法学講義について学生がとったノートが発見され、その思想を窺い知ることができる。

功利主義の創始者

ベンサム

Jeremy Bentham
1748 ～ 1832
イギリス

快

社会の幸福とは
最大多数の最大幸福である

西暦	年齢	生涯 　色文字は同時代のできごと
1748	0	ロンドンの法律家の子として出生
51	3	父親からラテン語を習う
60	12	オックスフォード大学に入学
63	15	大学を卒業，さらに法律学を学ぶ
72	24	弁護士資格を得るが，実務的な仕事より法律の原理の研究（法哲学）に没頭する
76	28	『政府論断片』を匿名で出版，アメリカ独立宣言
89	41	『道徳および立法の諸原理序説』を出版 フランス革命勃発
1802	54	『立法論』を出版
08	60	J.S. ミルの父（ジェームズ＝ミル）と交際始まる
32	84	ロンドンで死去

主著 『道徳および立法の諸原理序説』
足跡 功利主義者であるベンサムは，すべての行為の基準を快楽と苦痛で考え，快楽を得るうえで不必要な規制は排除すべきと考えていた。したがって，当時禁止されていた同性愛についても肯定的な意見を示したほか，動物も快楽・苦痛を判断することができることから，動物愛護に関する意見も述べている。また，ベンサムはあらゆる学問や技術は人間の幸福に向けられるべきと考え，現実の生活についても改善案を示していた。そのなかで，ベンサムが特にこだわったのが刑務所の改革である。当時の刑務所は，罪人を苦しめることが目的の，非人道的なものであった。囚人たちの不要な苦しみを取り除き，囚人の労働・監督が最小限の費用でできるような刑務所としてパノプティコンを設計し，この実現に向け尽力したが，実現されなかった。

Approach 命の選択？

真田：君たちはこれを知っていますか？
哲：何かのタッグですか。
真田：これは，災害等の現場で傷病者の判定に使われる，トリアージ・タッグといいます。これで傷病者のなかから緊急度・優先度の高い人を選定していきます。
哲・知恵：初めて見ました。
真田：そうですよね。災害は，同時に極めて多数の傷病者を発生させます。平時なら医療者は「一人の患者に最良の医療行為を施す」ことを目的に行動しますが，災害時には「大勢の負傷者に対し，最良の結果を出す」ことに変化します。つまり，助かる見込みのある緊急性の高い傷病者を見つけ出し，優先的に治療を施すことで，助かる人数を一人でも増やそうというわけです。
知恵：大事なことですよね。物理的に治療できる人は限られているし…。
哲：でも，反対に，助かる見込みのない人には治療を施さないということですよね。倫理的にどうなのだろう？
真田：確かに，平時にそのようなことがあれば問題

でしょう。しかし，使用されるのは災害や大規模な事故などの緊急時です。哲君はこうしたときでも，問題だと思いますか？
哲：必要性は認めるけど…。でも…，何か引っかかるところがあります。
真田：命の選択をしているのですから，その気持ちは当然だと思います。
　カントに代表されるように，これまで倫理的な考えとは行為者の内面，すなわち動機に関することが中心でした。しかし場面によっては，行為の結果についても考えなくてはならないことも事実です。こうした考え方を功利主義といい，18 世紀のイギリスで登場しました。功利主義の第一人者であるベンサムは，行為の結果から得られる幸福を社会全体で最大化するにはどうしたらよいか考えていました。功利主義は，道徳的な考え方とは異なる視点を提供してくれます。例えばベンサムの考えに基づいたなら，新型コロナウイルスのワクチン接種を誰から行った方が良いといえるでしょうか？考えてみても面白いかもしれませんね。

Focus パノプティコンとは？

　パノプティコンとは，ベンサムが理想的な刑務所として設計した一望監視システムのことである。監視塔を中央に，それを囲むように独房が設置されている。監視塔からは各囚人のようすが見えるが，囚人から監視塔に人がいることは見えない。これにより**監視者がいてもいなくても，囚人は常に見られていることを意識する**ため，自動的に更正していくというものである。20 世紀フランスの哲学者M．フーコー（◆p.173）は，潜在的に監視されていると思わせるこの仕組みが，近代社会における権力の本質だとした。

↑囚人から見た監視塔のようす

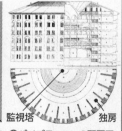
監視塔　　独房
↑パノプティコンの配置図

Side Story　ベンサムは，医学の進歩に役立つようにと，自分の体が解剖されるよう遺言した。そのミイラは現在もロンドン大学に，椅子に座り，服を着た姿で保存されている。

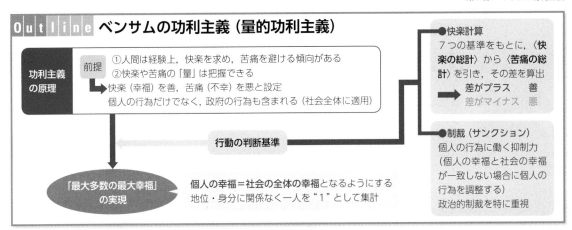

Outline　ベンサムの功利主義（量的功利主義）

功利主義の原理

前提
　①人間は経験上，快楽を求め，苦痛を避ける傾向がある
　②快楽や苦痛の「量」は把握できる
　快楽（幸福）を善，苦痛（不幸）を悪と設定
　個人の行為だけでなく，政府の行為も含まれる（社会全体に適用）

行動の判断基準

「最大多数の最大幸福」の実現
　個人の幸福＝社会の全体の幸福となるようにする
　地位・身分に関係なく一人を"1"として集計

● 快楽計算
　7 つの基準をもとに，〈快楽の総計〉から〈苦痛の総計〉を引き，その差を算出
　　差がプラス　　善
　➡　差がマイナス　悪

● 制裁（サンクション）
　個人の行為に働く抑制力（個人の幸福と社会の幸福が一致しない場合に個人の行為を調整する）
　政治的制裁を特に重視

Think　個人の幸福追求と，社会全体の幸福増進との関係はどのようなものか？

12　原典A　功利性の原理

View　功利性の原理とは，ある行為が人々の幸福を増やすかどうか，という唯一の判断基準である。

　功利性の原理とは，その利益が問題になっている人々の幸福を，増大させるように見えるか，それとも減少させるように見えるかの傾向によって，……すべての行為を是認し，または否認する原理を意味する。……

　功利性とは，ある対象の性質であって，それによってその対象が，その利益が考慮される当事者に，利益，便宜，快楽，善，または幸福……を生み出し，または，……危害，苦痛，害悪または不幸が起こることを防止する傾向をもつものを意味する。ここでいう幸福とは，当事者が社会全体である場合には，社会の幸福のことであり，特定の個人である場合には，その個人の幸福のことである。

原典B　最大多数の最大幸福

View　功利主義の目標は「最大多数の最大幸福」である。

　社会の利益ということばが意味をもつのは，次のような場合である。社会とは，いわばその成員を構成すると考えられる個々の人々から形成される，擬制的な団体である。それでは，社会の利益とはなんであろうか。それは社会を構成している個々の成員の利益の総計にほかならない。

（A・B とも山下重一 訳「道徳および立法の諸原理序説」『世界の名著 38』中央公論社）

解説

A 功利（utility）は「役立つもの」の意味。利益，便宜，快楽，幸福などを生み出し，危害，苦痛，害悪，不幸などを防止する性質をいう。例えば，数学の授業が苦痛で 1 時間サボったとする。その時間は，ほっとする（快楽）かもしれないが，それを繰り返せば成績不振をまねき，単位がもらえないことになる（苦痛）。サボるという行為は結果として苦痛が増加して得策ではない。快楽と苦痛を差し引きして，快楽の量が大きくなるような行為を選択することが，ベンサムのいう功利性の原理である。

B 特定の個人ではなく，最大多数の最大幸福を目指すことが，道徳的に善であり，個人や政府の行為の原理となる。政治においては，議会制民主主義こそが具体的に実現する方法として功利性をもつと考えた。

1　快楽計算

　ベンサムは，ある行為にともなう快楽・苦痛の量を把握・計算するために，7 つの基準を示した。まず，個人の快楽・苦痛を計る基本的なものが①〜④で，そこから二次的・派生的に生まれる快楽・苦痛を図る基準が⑤⑥である。また，ある行為が社会に影響することもある。その場合には影響を受けることが予想される全ての人で①〜⑥を計算すると⑦が算出される。

　厳密な快楽計算が可能とはベンサムも考えていなかったようだが，客観的な基準をもとに快楽・苦痛を量としてとらえることで道徳を科学的に説明することを考えたのである。

23　2　四つの制裁

　制裁（sanction）とは，行為に対して拘束的に働く強制力をいう。各人が自分の幸福の増加のみを目指して行為すれば，利害が対立して社会的には混乱してしまう。制裁には物理的，道徳的，政治的，宗教的の 4 種類がある。

　このうちベンサムは政治的制裁を特に重視し，社会全体の幸福を生み出すような法律の制定や政治改革を主張した。

● 快楽計算の 7 つの基準

①強さ	快・苦が得られる大きさ
②持続性	快・苦が続く時間
③確実性	快・苦が得られる確率
④遠近性	快・苦が得られるまでの時間
⑤多産性	快・苦がべつの快・苦を生み出す程度
⑥純粋性	快楽に苦痛（あるいはその逆）が混ざっている程度・割合
⑦範囲	影響が及ぶすべての人で①〜⑥を計算

● 4 つの制裁

【物理的制裁】事故を起こして受ける身体的苦痛や経済的損失

【政治的制裁】罪を犯して受ける刑罰

【道徳的制裁】嘘をついて社会的に非難される

【宗教的制裁】神罰ないし神罰を受けることへの不安・苦痛

西洋近現代思想

Side Story　「最大多数の最大幸福」という言葉は，哲学者 F. ハチソンや J. プリーストリーによっても唱えられていた。この言葉をみたとき，ベンサムは恍惚感に包まれながら，「発見した」と叫んだと記している。

イギリスの哲学者，経済学者

J. S. ミル
John Stuart Mill
1806～73　イギリス

快

◀11回▶

Words 279質的功利主義　280内的制裁　281良心　282他者危害の原則

> 満足した愚か者であるより，不満足なソクラテスであるほうがよい

主著 『経済学原理』『自由論』『功利主義論』

足跡 ミルの『自由論』（"On Liberty"）は，現代において自由を考える上でも，示唆に富んでいる。ミルは功利主義を継承し，自由が幸福を実現するための条件と考えた。ミルは，政治的自由（少数者の圧制からの自由）と，実現後の民主的な社会における自由の問題を論じた。民主主義社会が，逆に多数者（世論）の圧制として，個人の尊厳や自由を抑圧する危険性を指摘し，社会の干渉に対する個人の自由（社会的自由）と他者に対する自由の侵害の防止（危害原理）を強調した。フランスの思想家トクヴィル（1805～59）の『アメリカの民主主義』に大きな影響を受けて『自由論』を著した。なお，本書は日本で明六社の中村正直（●p.247）により『自由之理』として翻訳され，当時のベストセラーとなった。

西暦	年齢	生涯　色文字は同時代のできごと
1806	0	哲学者・経済学者であるジェームズ＝ミルの子としてロンドンに出生
09	3	父による厳しい英才教育がはじまる
23	17	東インド会社に入社
26	20	精神的な危機に陥る
30	24	実業家の妻ハリオットと恋愛関係になる
48	42	フランス二月革命・ドイツ三月革命
51	45	ハリオットと結婚
58	52	ハリオット死去，東インド会社廃止
59	53	『自由論』出版
61	55	『功利主義論』を雑誌に発表
65	59	下院議員に当選。イギリスの植民地政策批判，婦人参政権を主張
67	61	セント・アンドリューズ大学総長となる
73	67	ハリオットの眠るアヴィニヨンを旅行，死去

（26 20の欄から）父親やベンサムの合理主義・功利主義に疑問をもつ

Approach　哲の悩みと「快楽」の差？

哲：先生，ちょっといいですか。さっきのベンサム（●p.136）の授業のことで，モヤモヤ感が晴れないのですが…。

真田：確かに授業中ずっと表情が暗かったので，気になっていました。どうしましたか？

哲：先生が授業で話していた，トリアージに関することです。僕はずっとトリアージをする側として考えていました。もし自分の家族が助からないと判断しなくてはならなかったら――，頭ではわかっていてもちゃんと判断することができるのかと考えたら，これってとても酷なことなのじゃないかと思って…。プロならば，ちゃんと判断できるのかもしれないけど…。

真田：そのとおりですね。これについては誰もが苦しむところだと思います。たとえ話としては適切ではなかったかもしれないですね。ごめんなさい。

哲：先生の授業はよく考えさせられるので，自分でも「こんなこと思っていたのか」と気づかされることが多いです。でも，僕みたいな考え方をする人は少なからずいるだろうから，功利主義って間違っているのではないですか？

真田：正しい・間違いというのは一概にはいえませんが，**快楽・苦痛を量だけで決めることに異を唱える功利主義者もいます。その人は快楽・苦痛には質的な差がある**といいます。

哲：質って？

真田：まさに，哲君が感じたことですよ。不特定多数の人が助かったとしても，大事な「一人」が助からなかったのでは，感情は大きくことなります。

人間なら当然ですよ。

では，…例えば「楽しい食事」って聞かれたらどれを選びますか？

①高級ステーキ店でバイトして，切れ端を「まかない」として一人で食べる。

②好きな子とのデートに行き，ファミレスで食事をする。

③親戚が集まって，家で歓談しながら食べる。

① 　② 　③

哲：①は確かにおいしいのだろうけど，なんか違いますね。僕ならそういうお店の料理は自分の稼いだお金で食べたいな。

真田：確かにそうですね。でも，この人が将来三ツ星シェフを目指す人だとしたらどうでしょう？またファミレスの食事でも，好きな子となら掛け替えのない時間ですね。たとえ家でも，親戚大勢で会食するのも楽しいですよね。食事もいつもよりは豪華にはなるでしょうしね。そうすると，仮にベンサムがいうように快楽が計算でき，数値化できたとしても，そもそも比べられるものなのでしょうか。

哲：あっ，たしかに。

真田：同じイギリスの功利主義者でも，J.S. ミルはこうした「快楽の質的な差」に注目し，ベンサムを批判しました。これが次回の授業の内容です。次の時間に哲君を指名するので，考えておいてくださいね。

Side Story　ミルは3歳のころから父親に英才教育を受け，その反動で青年期には鬱状態になってしまった。しかし，テイラー夫人（ハリオット）と知り合い，彼女の豊かな感性に触れて人間性を回復していく。

Outline　ミルの思想：質的功利主義

質的功利主義
快楽には質的な差がある

↓

質の高い「**精神的快楽**」を重視

肉体的快楽 ＜ 精神的快楽

功利（幸福）が人間の活動の目的＝道徳基準

↓

功利主義的道徳の極致：**イエスの黄金律（隣人愛）**
実践………**内的制裁**（良心に従う）

→ 社会全体の幸福 ←
社会（政府）の対応
他者危害の原則

自己の良心に従い，利他的に行動することが質の高い（精神的）快楽であり，それが社会全体の幸福につながると考えた。

Think　ミルの主張には，ベンサムとどのような相違があるのだろうか？

原典 A　質的功利主義

View　快楽には質的な差がある。

　……快楽の質の差とは何を意味するか。量が多いということでなく，快楽そのものとしてほかの快楽より価値が大きいとされるのは何によるのか。こうたずねられたら，こたえは一つしかない。二つの快楽のうち，両方を経験した人が全部またはほぼ全部，道徳的義務感と関係なく決然と選ぶほうが，より望ましい快楽である。……

　満足した豚であるより，不満足な人間であるほうがよく，満足した馬鹿であるより不満足なソクラテスであるほうがよい。そして，その馬鹿なり豚なりがこれとちがった意見をもっているとしても，それは彼らがこの問題について自分たちの側しか知らないからにすぎない。……

原典 B　功利主義の倫理

View　イエスの黄金律のなかに功利主義の理想がある。

　ナザレのイエスの黄金律の中に，われわれは功利主義倫理の完全な精神を読みとる。**おのれの欲するところを人にほどこし，おのれのごとく隣人を愛せよ**というのは，功利主義道徳の理想的極致である。この理想に近づく手段として功利はこう命ずるであろう。

原典 C　行為の内的強制力とは

View　功利主義の基準は良心が発する感情である。

　義務の内的強制力は，義務の基準がなんであろうと，ただ一つのもの——心中の感情である。つまり，義務に反しときに感じる強弱さまざまな苦痛である。そして，道徳的性質を正しく開発した人なら，事がらが重大になると苦痛が高まり，義務に反する行為をやめさせてしまう。……**功利主義の基準の強制力は……人類の良心から発する感情である。**

（A～Cとも伊原吉之助 訳「**功利主義論**」『世界の名著 38』中央公論社）

解説

A ミルによると，人間には「**尊厳の感覚**」があり，下劣な存在に身を落としたくないという気持ちがある。この尊厳の感覚（**高尚な快楽を受容できる能力**）が強い人ほど，肉体的な快楽よりも，精神的な快楽を選択する。そこから，各人の尊厳の感覚を養うことにより，より豊かな品位のある社会を実現できると考えた。

「満足した豚」は「感覚的快楽」を，「不満足なソクラテス」は「精神的快楽」を表している。

B ミルの考える功利主義は，自己の幸福のみを追求する利己的なものではなく，**人類全体の幸福を実現しようとするもの**である。そのためには，他人の幸福を考え自ら進んで行動できることが大切であるとミルは説く。イエスの説く「隣人愛」こそが，功利主義倫理の極致とした。

C 人間は，同胞と一体化したいという自然的感情をもつがゆえに，他人の幸・不幸に心を動かされる。良心とはこの自然的な感情に基づくものである。われわれに，利己心を抑え，他人や社会全体の幸福のための行為をなすことを求めている。

1　他者危害の原則と愚行権

　人間は自らの行動を決定することができ，その行動がたとえ愚かなものや他人を不快にさせるものであっても，他者あるいは公権力から干渉されるべきものではない。唯一，干渉される場合は他者に危害を与える場合にのみ限るとした。一般的に「**他者危害の原則**」と呼ばれるものである。

　さらにミルの他者危害の原理から導き出される考え方として，「**愚行権**」がある。その代表的な例として喫煙がある。煙草は，受動喫煙の問題があるものの，周囲に配慮すれば，自分の健康に害を与えるものであるが，個人の嗜好として認められる。こうした問題は，個人の問題であり，国家（社会）が規制すべき問題ではないとした。

Focus　女性の社会進出を擁護したミル

　ミルが生きた当時のイギリス社会では，女性は家庭に縛られ，男性に従属するものとして，自由や財産の権利などが認められていなかった。ミルは，人類の半分を占める女性の解放こそが，社会全体の利益につながると考えた。そして，その著書『女性の服従』において，女性への差別が不合理であり，男性による女性支配だと批判し，女性の優れた資質を認め，男性同様自由であると主張した。こうした考えをもったミルは晩年，イギリス下院議員となり，「最大多数の最大幸福」を実現しようと，特に女性の選挙権の実現を目指して積極的に行動したが，次の選挙では落選した。

🔴**女性参政権を求めるイギリスの女性たち**　しかしながら，普通選挙権の獲得は 1928 年にようやく実現した。

西洋近現代思想

第6節　19 世紀の科学とプラグマティズム

➡イギリスの測量船「ビーグル号」　ダーウィンはこの船に乗り込み，ガラパゴス諸島などを探険した。

時代背景

　18世紀後半イギリスに始まった**産業革命**は，西ヨーロッパで**資本主義**を急速に発達させ，19世紀には資本主義と近代市民社会は確立期を迎えた。

　このような社会の発展，科学の発達は人々に物質的な豊かさをもたらした。科学の発展による「陽」の部分として，実証主義と進化論の思想が登場した。また，新大陸アメリカではプラグマティズムという現実肯定の思想が展開されていった。

実証主義と進化論

　実証主義（positivism）とは，観察などの誰もが経験できる事実のみを知識の対象とする考え方である。この考えは，科学的な自然研究を社会に応用するなかで生まれた。よって，神などの知識の背後にあるものや，経験を超えた存在については扱わない。実証主義は**コント**（➡p.141）によって完成したといえる。

　進化論（evolution theory）とは，現在生きている生物の種が，長い時間をかけて変化してきたという考え方のことである。反対の概念として，人間を含めた生物は神の被造物であるというキリスト教の「**創造論**」がある。進化論については，とくに**ダーウィン**（➡p.141）のものが有名である。「人間は猿から進化した」という考えは，教会を含め敬虔なキリスト教徒から激しく非難された。たしかに，知識がないなかである日突然，自分の祖先が猿だといわれたら一瞬ためらうだろう。

❶ダーウィンに対する風刺画

プラグマティズムとアメリカ

　プラグマティズム（pragmatism）は，19世紀〜20世紀のアメリカで生まれた思想・哲学である。それは，イギリスの**経験論**や**功利主義**の思想を受け継ぎ，さらに19世紀にヨーロッパに登場した進化論や実証主義の思想の影響を受けながら，経験に基づいた**合理主義**を重んじ，同時に実効性を尊重するものである。

　母国イギリスでの迫害から逃れたピューリタン（清教徒）たちは新大陸アメリカに渡り，この精神に基づく国家を作ろうと試みる。しかし，彼らが西部開拓を進める中で**フロンティア・スピリット**（開拓者精神）が形成されていったほか，産業の機械化により，ピューリタンの生活信条を厳格に守ることの困難さに直面す

る。いわば「ピュリタニズムの世俗化」という課題を克服する過程で登場した思想・哲学と捉えることもできる。このプラグマティズムという言葉を最初に用いたのは**パース**（➡p.142）であり，それを広めたのは**ジェームズ**（➡p.142）である。二人はハーバード大学で「形而上学クラブ」という私的哲学サークルのメンバーだった。そこでジェームズがパースの影響を受け，プラグマティズムを拡大解釈して普及していくが，両者のプラグマティズムには大きな差があった。それを統合させ，さらに発展させたのが**デューイ**（➡p.143）である。

●プラグマティズムの系譜

イギリス経験論	進化論思想
・ベーコン（経験主義）	・ダーウィン
・ベンサム（功利主義）	・スペンサー
・ミル	

実証主義
・コント

フロンティア・スピリット
アメリカ資本主義の発展

→ プラグマティズム

●プラグマティズム　年表

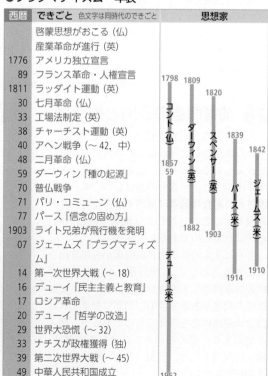

西暦	できごと 色字は同時代のできごと	思想家
	啓蒙思想がおこる（仏）	
	産業革命が進行（英）	
1776	アメリカ独立宣言	
89	フランス革命・人権宣言	コント（仏）1798
1811	ラッダイト運動（英）	ダーウィン（英）1809
30	七月革命（仏）	スペンサー（英）1820
33	工場法制定（英）	
38	チャーチスト運動（英）	
40	アヘン戦争（〜42，中）	パース（米）1839
48	二月革命（仏）	ジェームズ（米）1842
59	ダーウィン『種の起源』	1857・59
70	普仏戦争	
71	パリ・コミューン（仏）	
77	パース『信念の固め方』	1882
1903	ライト兄弟が飛行機を発明	1903
07	ジェームズ『プラグマティズム』	
14	第一次世界大戦（〜18）	1910・1914
16	デューイ『民主主義と教育』	デューイ（米）
17	ロシア革命	
20	デューイ『哲学の改造』	
29	世界大恐慌（〜32）	
33	ナチスが政権獲得（独）	
39	第二次世界大戦（〜45）	
49	中華人民共和国成立	1952

Side Story　プラグマティズムという言葉は，カントの著作『純粋理性批判』に登場する「pragmatisch」というドイツ語に由来する。その語源となったのは，ギリシャ語で行為・実行・実験・活動などを表す「プラグマ」という言葉である。

近代社会における自然科学・社会科学の発展

実証主義と進化論

Words 283 実証主義　284 社会学（社会科学）　285 進化論　286 社会進化論

「進化論」と倫理って、私は何となく結びつかないのだけど、どんな関係があるのかしら？

概説　19世紀に入ると、産業革命による工業の発展を背景に、近代自然科学はめざましい進歩をとげ、これに伴って新しい理論・思想も登場する。「進化」という考えは、生物界のみならず、社会を考察する際のアプローチにも大きな影響を与えることとなった。「社会学」という言葉を初めて用いたコントは、フランス革命後の危機的社会を克服するために実証主義的立場から社会を分析し、社会学の創始者としてコントと並び称されるスペンサーは、生物進化論を社会に適用して、社会は単純なものから複雑なものへと進化する「社会進化論」を主張した。

実証主義者，社会学の創始者

コント　Auguste Comte
1798 ～ 1857　フランス

主著　『実証哲学講義』，『実証精神論』

足跡　コントが生きた時代は、フランス革命（1789年）によって旧体制が崩壊し、それに代わる新しい社会組織が十分に建設されていない時代であった。コントにとってそれは混乱と無秩序が支配する危機の時代であった。フランス革命の理念ともいえる、理性的な人間による社会を築くためには、人間の知識についても、感覚的なものではなく、誰しもが観察・把握できるものに基づく実証的段階に入る必要がある。彼は、この危機的な社会を実証主義的な科学によって再建しようと試み、人間の知識の「三段階の法則」をあらわした。

　三段階の法則とは、コントの考える社会発展段階説である。人間の知識は、ルネサンスまでの神学的段階、フ

ランス革命までの形而上学的段階を経て、最高の段階である実証的段階に、順次発展・進歩して現在に至っており、それに対応する形で、社会も軍事社会、法律社会、産業社会と発展してきたとした。

　そしてコントは、感覚的であり、確かめられない知識は無意味であるとし、実証できるもの（経験できる事実に基づく知識）のみを確実な学問的知識とした。こうした考えを実証主義という。産業革命を達成させた、科学への信頼を土壌にして発展した考え方である。

● 科学のヒエラルキー

人類の進歩

社会学
生物学　実証
化学　実証
物理学　実証
天文学　実証
数学　実証

具体的
特殊
困難

論理的に単純
普遍的に適用

　また、科学的知識を尊重するコントは、人間の知識が数学、天文学、物理学、化学、生物学の順番で発達したと考え、その最終段階で成立するのが社会学であるとした。次の時代を「予見するために見る」のが科学の使命であり、そのために、現実の社会を観察・分析し、社会の存在条件を解明する社会静学と、軍事社会、法律社会、産業社会といったような社会の発展の条件を解明する社会動学の双方を、社会学の基礎と位置づけた。

● コントの思想—三段階の法則

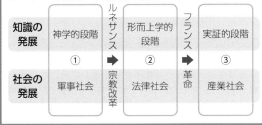

知識の発展	神学的段階	ルネサンス	形而上学的段階	フランス革命	実証的段階
	①		②		③
社会の発展	軍事社会	宗教改革	法律社会	フランス革命	産業社会

博物学者，進化論者　2回

ダーウィン
Charles Robert Darwin　1809 ～ 82　イギリス

主著　『種の起源』

足跡　南米のガラパゴス諸島やオーストラリアなどを探検し、動植物を観察するなかで、ダーウィンは、生物の種の進化について環境の変化に適した者だけが生存することができ（適者生存）、子孫にその遺伝子を伝えられ、生き残る（自然淘汰）という考えの糸口をつかんだ。生物学上の進化論*はすでに古くからあったが、彼はこれを経験と実証の裏付けから体系化し、科学的な理論として1858年学会に発表、翌年『種の起源』として刊行した。しかしながら「人間はサルから進化した」という考えは、敬虔なキリスト教徒のみならず、思想界にも衝撃を与え、反発を招くこととなった。しかし、生物学的進化論を基礎とする哲学や社会理論も生まれることになった。＊フランスの生物学者ラマルク（1744 ～ 1829）がいる。

イギリス社会学の創始者　5回

スペンサー
Herbert Spencer　1820 ～ 1903　イギリス

主著　『総合哲学体系』，『進歩について』

足跡　スペンサーは社会を一つの有機体としてとらえた（社会有機体説）。生物の各器官の分化とその相互作用がその生物を動かすように、社会においては、社会的分業が動物の各器官にあたり、分化に対する統合機能を政府や宗教に求めた。

　そして社会も生物と同様に、単純なものから複雑なものへ進化すると考え、軍事型社会から産業型社会へ進化するとした（社会進化論）。産業型社会では自由競争下の「適者生存」を通して、個性と社会の安定が調和すると考えた。このような考えが受け入れられるのは自由主義的国家である。したがって、社会主義（◯p.145）はこの自然の法則に反するものであると主張した。

西洋近現代思想

Side Story　ダーウィンは『種の起源』への激しい反響に「この理論が受け入れられるのには種の進化と同じだけの時間がかかりそうだ」と述べたという。実際に、アメリカでは公立学校で進化論を教えることを禁止する法律*があった。　＊1968年に違憲判決

141

アメリカの社会と精神を土壌に生まれた，20世紀初頭のアメリカで主流となった思想

プラグマティズムの思想家たち

Words 287 実用主義 288 道具主義 289 創造的知性

思想家	パース	ジェームズ	デューイ
キーワード	観念・行為（プラグマ）	真理・有用性／実用主義	知性・道具／道具主義
中心となる主張	概念（言葉）の意味は，行為（具体的な経験）によって確証される	真理とは，有用性から判断される個別的・相対的なもの（普遍性・絶対性の否定）	知性とは，人間の行動（問題解決）に役立つ「道具」＝創造的知性である

プラグマティズムの創始者

パース　Charles Sanders Peirce
1839 ～ 1914　アメリカ

> すべての観念の源泉は
> 行動である

主著　『概念を明晰にする方法』

足跡　1839 年，ハーバード大学教授の子としてマサチューセッツ州に生まれる。ハーバード大学で数学・物理学を学び，アメリカ沿岸測量局で 30 年以上，断続的に測量の仕事を続けるかたわら，論理学者・哲学者として論文を執筆した。1870 年代初めから，ジェームズらハーバード出身の友人とともに哲学研究のサークル「形而上学クラブ」をつくり，プラグマティズムの基礎となる思想を発表した。その後，ジョンズ・ホプキンス大学において論理学の講師を務めたが，本人の性格と私生活の問題などが理由で解雇される。これが噂となり，その後大学で哲学の教授職を得ることはできなかった。1914 年，74 歳で死去。「**すべての観念の源泉は行動である**」として，自らの立場を**プラグマティズム**と名づけた。

Think　思考によって「概念」は明確になるだろうか？

原典 A　プラグマティズムの格率

View　対象の意味を明確にとらえるためには，行動に関係する効果をよく観察せよ。

　ある対象の概念を明晰にとらえようとするならば，その対象が，どんな効果を，しかも行動に関係があるかもしれないと考えられるような効果をおよぼすと考えられるか，ということをよく考察してみよ。そうすれば，こうした効果についての概念は，その対象についての概念と一致する。

（上山春平，山下正男　訳「**概念を明晰にする方法**」『世界の名著 48』中央公論社）

概念　　テスト（行動）　　効果
硬い　　引っかく　　無傷

解説

A パースは，ある概念の意味を明確にするためには，これまでの哲学のように観念的に扱うのではなく，実際の行為（経験）の結果によることが必要だと考えた。たとえば，「硬い」という概念は，「多くのものに引っかかれても傷つかないこと」というように，概念の意味を，それがもたらす効果によってとらえようとした。

プラグマティズムの確立者

ジェームズ
William James　1842 ～ 1910　アメリカ

> 「それは真理であるから有用である」ともいえるし，また，「それは有用であるから真理である」ともいえる

主著　『心理学原理』『プラグマティズム』『哲学の根本問題』，『宗教経験の諸相』

足跡　1842 年に神学者の長男としてニューヨークに生まれる。裕福な家庭であり，父親の方針のもと 10 代の前半をヨーロッパの都市を転々として過ごしながら様々な文化に触れた。このため，大学入学まで学校教育をほとんど受けていない。帰国後は画家を志すが才能がないことを自覚して断念。ハーバード大学で化学，生理学，解剖学，医学を学び，学位を取得した。その後，ハーバード大学で生理学・解剖学を教えながら，ドイツの実験主義心理学をアメリカに取り入れアメリカ心理学の祖となる。スペンサーの社会進化論に触れるなかで哲学の道へ進む。1880 年にハーバード大学で哲学の助教授に，1885 年に教授になる。1910 年 68 歳のとき心臓病で死去。

Think　「真理」とされるための条件とは何か？

原典 B　有用性が真理である

View　ある観念が個人の経験のなかで有用だとされるなら真理である。

　……「それは真理であるから有用である」ともいえるし，また，「それは有用であるから真理である」ともいえる。これら二つの言い方は正確に同じことを，すなわち，これこそ充足され真理化されうる観念だ，ということを意味している。真とは，いかなる観念にせよ真理化の過程を惹き起こすような観念の名であり，有用とは，その観念が経験のうちで真理化の作用を完成したことを表す名なのである。

（桝田啓三郎　訳『**プラグマティズム**』岩波文庫）

解説

B ジェームズはパースのプラグマティズムを人生観・宗教観などの真理の問題に拡大して適用し，ある観念の真理性は，観念にもとづいて行動して得られる「有益な結果」にあるとした。それは，たとえ神といった存在であっても，それが人間に安心感や充実感をもたらす有用な存在であるなら，その限りにおいて真理として構わないというものである。

Side Story　パースは，まとまった著作を残せなかったため，死後，一部が論文集としてまとめられた。書きためた遺稿はハーバード大学が購入し，その分量は 1 巻 500 頁の書物に換算して約 100 冊分といわれているが，公表されていない。

プラグマティズムの大成者

デューイ John Dewey
1859～1952 アメリカ

> 知性とは人間の行為に役立つ道具である

主著　『哲学の改造』『学校と社会』『民主主義と教育』

足跡　1859年，アメリカバーモント州の食料品店の三男として生まれる。家庭は裕福とはいえず，少年時代は新聞配達や農場の手伝いなどをしていた。15歳のときバーモント大学に入学し，ダーウィンの進化論

（●p.141）やコントの実証主義（●p.141）の影響を受けた。大学卒業後は小学校や高校で教師を務めたのち，1882年ジョンズ・ホプキンス大学大学院に再入学し，博士号を取得した。ミシガン，シカゴ，コロンビアの各大学で教授を歴任。また，シカゴ大学在籍時には実験学校を設立し，問題解決学習を実践した。

当初，デューイはヘーゲル哲学（●p.131）の影響下にあった。しかし，ジェームズの影響を受けて経験論的自然主義に移行し，最終的にはパースのプラグマティズムに近い立場となった。1952年に死去。

Outline　デューイの思想：道具主義と創造的知性

プラグマティズム		**道具主義**		**デューイのめざしたもの**
賛同継承		●人間の知性や観念は，実際の生活のなかで，矛盾や障害を克服するために有用であることに価値がある	知性もまた，問題を解決するための「道具」	個人と社会の調和　理想とする民主主義社会
進化論	影響	●人間は道具を使うことで他の生物より環境に適応してきた	問題と状況を把握し，仮説をたて，実行・解決に導くすばらしい知性	常に検証され，改善される創造的知性を育成

創造的知性（実験的知性）

実現

Think　デューイが重視した「知性」とはどのようなものだろう？

解説

⑬ **原典** C　## 道具としての知性

View　理性概念，理論，思想の価値はそれを使用した結果にあらわれる。

　概念，理論，思想体系は，道具である。すべての道具の場合と同じように，その価値は，それ自身のうちにあるのでなく，その使用の結果に現れる作業能力のうちにある。

⑭ **原典** D　## 柔軟な知性とは

View　理性とは，固定されたものではなく，常に使われるなかで修正されていく。

　……理性とは，実験的知性であり，科学を手本として考えられ，社会生活の技術を作るのに使われるものである……。理性は，慣習として結晶した無知や偶然に基づく過去の絆から人間を解放する。それは，より良い未来を描き，人間がそれを実現するのを助ける。そして，その活動は，つねに経験によってテストされる。作成されるプランにしても，再構成の行動の手引として人間が立てる原理にしても，それはドグマではない。それらは，実践のうちで作られる仮説であって，私たちの現在の経験に必要な手引を与え得るか否かによって，拒否され，修正され，拡張されるものである。

（**C**・**D**ともに清水幾太郎・禮子 訳『哲学の改造』岩波文庫）

C デューイは，人間が考える概念や理論，思想体系といったものは，生活過程の矛盾や障害を克服するための「道具」にほかならないとした。したがって，実際の生活から切り離された永遠不変のものではなく，実際の生活のなかで使われて初めて有用であるとした。これを「道具主義」という。

D デューイは，ヨーロッパの伝統的な合理主義哲学で使用されていた「理性」と区別し，人間が問題を解決するための道具となる理性を「実験的知性（創造的知性）」と表現した。また，知性は道具なのだから，固定されるものではなく柔軟なものであると主張した。常識と科学，経験と未来とを結びつける柔軟な知性が進歩を生むと考えた。

西洋近現代思想

Focus　約100年前に来日していたデューイ ― 教育と民主主義への情熱

　デューイは思想家であると同時に，進歩的な民主主義者であり，教育学者としても精力的に活動した人物である。彼にとって教育の目標は，創造的な知性を育成し，個人や社会を発達・進歩させることであり，それらによって民主主義を時代が求める形に適応させることにあった。そして民主主義とは，単なる政治形態ではなく，各人が相互に世の中のことに関心をもち，個々の創造と経験を互いに尊重させることであった。研究だけではなく，実際の政治運動，社会運動にもかかわって世界を駆けめぐった彼は，1919年に来日し，当時の東京帝国大学で8回にわたる講

演を行った。著書『哲学の改造』はこの講演をもとに書かれた。日本では戦後，軍国主義教育を反省し，デューイの教育理論に基づいた問題解決学習，経験主義教育（なすことによって学ぶ[Learn by doing]）が行われるようになった。

●デューイ来日50周年を記念して玉川大学で行われた記念講演に招かれたデューイ夫人と玉川学園創立者の小原國芳夫妻（1969年デューイの肖像画の下で）

Side Story　80歳のデューイは，上流階級の避暑地ノバ＝スコシアで，自宅の庭で飼っていたにわとりの卵売りのアルバイトをして人々を驚かせた。貧しい家庭に生まれ苦学した少年時代がなつかしかったのである。

FEATURE ⑫
大衆社会の光と影

20世紀初頭，大量生産と大量伝達（マス・コミュニケーション）の発達を背景に欧米で大衆社会が成立する。選挙権の拡大とともに，大衆社会はファシズムや全体主義の温床ともなった。現代の欧米で力を強めるポピュリズムは，大衆迎合主義とも訳されるように大衆を扇動する政治手法である。ここでは大衆社会について確認しよう。

↑1920年代のニューヨーク

大衆社会の成立

「大きな塊」を意味する「大衆（mass）」は，現代では依るべき共同体を失い，いかなる社会集団にも帰属意識をもたない大勢の人々のことをさす。大衆社会は，そうした特質をもつ大衆が政治，経済，文化に大きな影響力をもつようになった社会である。

20世紀初頭の大衆を論じたものとして，**リップマン**（→p.187）の『世論』や**オルテガ**の『大衆の反逆』がある。オルテガが説く「平均的な人たち」という大衆の姿は，**ハイデガー**が『存在と時間』（1927）で論じた「**ダス・マン（ひと）**」（→p.161）に通じるものがある。

> 現代の特徴は，凡俗な魂が，みずからが凡俗であると認めながらも，その凡俗であることの権利を大胆に主張し，それを相手かまわず，押しつけることにある。

→**オルテガ＝イ＝ガセット**（1883～1955）
大衆社会論の嚆矢となった主著『大衆の反逆』で知られる，スペインの哲学者。

オルテガ：大衆は「満足しきったお坊ちゃん」

スペインの哲学者オルテガ（1883-1955）は，自ら創刊した雑誌『西欧批評』に連載していた論考を『大衆の反逆』（1930）として出版した。大衆とは「平均的な人たち」のことで，「みんなと同じ」であることに苦しまず，むしろ満足している人たちであるという。大衆は，自らに義務や要求を課す高貴な精神をもつ人々（オルテガは「貴族」と呼ぶ）を押しのけ，「物理的圧力をもって自分たちの望みや好みをごり押し」する人々であり，そうした大衆が公権力を握る現代の政治を**超デモクラシー**と呼んで批判した。

> 大衆は他人に耳を傾けず自分の同類しかいないかのように行動するため，自らの意見を暴力によって強引に実現する。**ファシズムは，大衆の典型的な運動**である。

大衆とファシズム：自由からの逃走

大衆は第二次世界大戦期にファシズムの支持基盤となったことから，政治的な危険性が指摘されるようになった。フランクフルト学派，特に『自由からの逃走』（1941）を著した**フロム**は，第一次世界大戦後に不安にさいなまれたドイツの中産階級（大衆）は，サディズム・マゾヒズム的な社会的性格（権威主義的性格）に陥り，指導者への服従欲求と社会的弱者を支配する欲求をともに満たすことのできるナチズムを支持するようになったと分析した。

戦後の大衆：孤独な群衆

第二次世界大戦後，産業社会の人間類型として大衆を分析した研究に米国の社会学者**リースマン**（1909～2002）の『孤独な群衆』（1950）がある。

リースマンは，第3次産業の比重が増し，新中間層（ホワイトカラー）が増加した高度産業社会では，他者の期待と好みに敏感となることで同調性が保証されるような社会的性格が広まったと主張した。流動的な社会では同時代人が生き方の指標となる。ゆえに人々は絶えず周囲の動向にレーダーを向けて他者と同調する傾向を強める。他者からの承認が自己存在の根拠となり，自分だけが置き去りにされることに不安を感じる。リースマンは，こうした同調に対してどれだけ選択の自由を確保できるかを現代人の課題とみなした。

●リースマンの社会的性格類型

性格類型	特　徴
伝統指向型	伝統的な儀礼や慣習に従う。伝統社会の特徴。
内部指向型	子ども時代に内面化した規範（**ジャイロスコープ**）に従う。近代社会の特徴。
他人指向型	同時代の人々の期待を**レーダー**で絶えず察知し従う。大衆社会の特徴。

ポピュリズムの台頭

もとは政治エリートを批判し，大衆の利益を政治に反映させる立場を指した。現代では，争点の単純化，共通の敵の設定などにより大衆の感情や情動に訴えることで，大衆の支持を獲得しようとする政治手法を意味するようになった（大衆迎合主義）。少数者の抑圧が問題となっている。

Side Story 「大衆などというものはいない。人々を大衆として見る見方があるだけだ」。英国の批評家レイモンド・ウィリアムが，自分以外を大衆とみなして軽蔑する人々の態度を批判した言葉だが，まさにその態度が大衆の特徴といえるだろう。

第7節 社会主義の思想

➲演説するレーニン

時代背景

18世紀後半に始まった産業革命は、西ヨーロッパに急速に資本主義を発達させた。資本家は、生産手段（機械や施設など）を私有して富を独占し、やがて政治的にも自分たちの自由を拡大しようとした。七月革命、二月革命などはその現れであり、19世紀には資本主義と近代市民社会は確立期を迎えた。

社会主義思想の誕生

資本主義の発展により、労働者は農村から都市に集中するようになった。彼らは、低賃金と長時間労働を強要されながら、一方で厚生施設や社会保障もなく、資本家の利潤追求の犠牲となり、悲惨な生活を送っていた。この結果、経済的に豊かになり政治的影響力を強める資本家と、苦しむ労働者という階級対立が生み出された。これらの問題を社会全体の変革により克服し、平等な社会を作ろうとしたのが、社会主義の思想である。

社会主義思想の展開

マルクスと**エンゲルス**は、19世紀の資本主義の発展と労働運動の高揚を背景に、社会主義の思想を体系化した。彼らの思想は、**ドイツ理想主義**、**イギリス古典派経済学**、フランス**空想的社会主義**の三つを源流としている。その後、社会主義の思想はさまざまな展開をみせ、**レーニン**と**毛沢東**はロシアと中国で**社会主義革命**を実現した。一方、ドイツのベルンシュタインやイギリスのフェビアン協会は、**階級闘争や武力革命を否定**し、**西欧型社会主義**の主流となった。

社会主義のその後

しかし、世界最初の社会主義国として誕生したソビエト社会主義共和国連邦（ソ連）は、経済の停滞、言論の抑圧、官僚主義的な政治等の矛盾を解決できず1991年に解体した。中国は1993年から市場経済を導入させた結果、2010年にはGDPが世界2位になるなど著しい経済成長を遂げた。また、ベトナムもドイモイにより市場が開放されたことで経済が発展した。これらの国は、市場経済の導入を図り、成果を収めている。

● 19〜20世紀の世界の動きと社会主義　年表

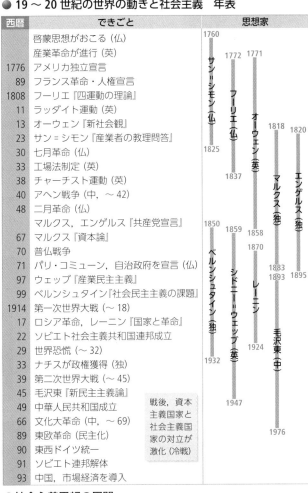

西暦	できごと	思想家
	啓蒙思想がおこる（仏）	1760
	産業革命が進行（英）	サン＝シモン（仏）1772／フーリエ（仏）1771
1776	アメリカ独立宣言	
89	フランス革命・人権宣言	
1808	フーリエ『四運動の理論』	オーウェン（英）1818／エンゲルス（独）1820
11	ラッダイト運動（英）	
13	オーウェン『新社会観』	
23	サン＝シモン『産業者の教理問答』	マルクス（独）
30	七月革命（仏）　1825	
33	工場法制定（英）	
38	チャーチスト運動（英）　1837	
40	アヘン戦争（中、〜42）	
48	二月革命（仏）	
	マルクス、エンゲルス『共産党宣言』	
67	マルクス『資本論』　1850	ベルンシュタイン（独）1859／シドニー＝ウェッブ（英）1858
70	普仏戦争	レーニン 1870
71	パリ・コミューン、自治政府を宣言（仏）	
97	ウェッブ『産業民主主義』　1883／1893	毛沢東（中）1895
99	ベルンシュタイン『社会民主主義の課題』	
1914	第一次世界大戦（〜18）	
17	ロシア革命、レーニン『国家と革命』	
22	ソビエト社会主義共和国連邦成立	
29	世界恐慌（〜32）	レーニン 1924
33	ナチスが政権獲得（独）	
39	第二次世界大戦（〜45）　1932	
45	毛沢東『新民主主義論』	
49	中華人民共和国成立	
66	文化大革命（中、〜69）	1947
89	東欧革命（民主化）	
90	東西ドイツ統一	毛沢東 1976
91	ソビエト連邦解体	
93	中国、市場経済を導入	

戦後、資本主義国家と社会主義国家の対立が激化（冷戦）

●社会主義思想の展開

ドイツ理想主義
ヘーゲル　弁証法、疎外論
フォイエルバッハ　唯物論
→ 弁証法的唯物論

イギリス古典派経済学
アダム＝スミス
リカード　労働価値説
→ 剰余価値説

空想的社会主義
オーウェン、サン＝シモン
シャルル＝フーリエ
→ 科学的社会主義

マルクス
エンゲルス

社会主義の発展
レーニン　帝国主義論
毛沢東　新民主主義論
ベルンシュタイン　社会民主主義
ウェッブ夫妻　フェビアン協会　民主社会主義

社会思想家，実業家　4回

エンゲルス　Friedrich Engels　1820〜95　ドイツ

主著　『空想より科学へ』
足跡　ドイツ・ライン州の裕福な工場主の家で生まれた。マルクスと共同で、科学的社会主義を創始したことで知られるとともに、マルクスのよき理解者、支援者であった。マルクス主義の普及に多大な貢献をした。

西洋近現代思想

Side Story　中国やベトナムの現状について、日本共産党は、これらの国は「社会主義に到達した国ぐに」ではなく、「社会主義の経済的土台である発達した経済そのものを建設することに迫られている」段階（社会主義をめざす国ぐに）と位置づけている。

近代的な社会主義思想のはじまり ― 労働者にとって理想的な平等社会を構想

初期（空想的）社会主義

Words 290 社会主義 291 空想的社会主義

↑炭坑の狭い坑道で働く少年たち

概説 19世紀初め，産業革命の急速な進展により発生した諸問題を背景に提唱された。**資本主義社会における階級対立，労働者の劣悪な労働環境，貧困や失業といった問題を，社会体制そのものの変革により克服しようとする考え**である。初期社会主義者として知られる**オーウェン，サン＝シモン，フーリエ**らは，協同組合や労働組合運動の推進，共同社会の創設を試みた。しかし，**マルクス**（●p.147），**エンゲルスは三人の思想を，批判を込めて空想的社会主義と呼んだ。**彼らは資本主義社会の矛盾を指摘・批判しているが，分析が社会科学的ではなかったこと，資本家と労働者の階級対立を把握しないまま，フランス革命時の思想家のように，理性にもとづく永遠の正義の王国を実現しようとした点が空想的であるとした。

労働環境の改善に取り組んだ実業家，社会改革家 ◀8回

オーウェン
Robert Owen 1771～1858 イギリス

主著 『社会に関する新見解』

足跡 10歳の頃からロンドンの商店で徒弟として商売を学びはじめ，21歳のとき綿業の中心地であるマンチェスターで紡績工場の経営に参加する。工場管理者としての才能をあらわしたオーウェンは，1799年にスコットランドのグラスゴーにあるニュー・ラナーク工場の経営者の娘カロラインと結婚し，工場の共同経営者となる。そこで，低所得労働者層の実態を目の当たりにし，**資本家と労働者が共同で経営する理想的な工場をつくろうと考え，労働環境の改善に尽力**した。

オーウェンは人間の性格形成における社会環境の重要性を説き，社会環境の改善による性格改良の可能性を考えた。そこでニュー・ラナークをモデルにし，貧民労働者の性格を改良させ，それを政府関係者らにみせることで，社会変革を目指した。こうした性格形成を考察するなかで，教育を重視するようになり，教育実践にもとづくニュー・ラナークの統治を目指す。工場敷地内に学校を付設させ，昼は幼稚園と小学校，夜は成人教育夜間学校を開校し，そこで**必要な教育を行うことで，労働力の質の向上を図ろう**とした。

また，彼の社会改革の成果のひとつに，1819年に成立した**工場法の改正**がある。これにより**9歳以下の児童の労働は禁止，16歳以下の少年の労働時間は12時間に制限**された。

1825年，オーウェンは私財を投じ，アメリカ・インディアナ州に広大な土地を購入。「ニューハーモニー村」をつくり，社会主義の実験を行ったが，この試みは失敗に終わった。

←ニュー・ラナーク工場
イギリス・スコットランドグラスゴー近郊
（世界遺産：2001年登録）

貴族出身の社会主義思想家 ◀4回

サン＝シモン
Saint-Simon 1760～1825 フランス

主著 『産業者の教理問答』

足跡 貴族の家に生まれるが，16歳でアメリカ独立戦争に参加し，産業や商業の諸問題に関心を持つようになる。サン＝シモンの思想の中心にあったのは「**社会は産業に基礎をおくものであり，産業はあらゆる富の源泉**」とする考えであり，**社会は産業者が指導すべき**だと主張した。彼のいう産業者とは，この時代「国民の25分の24以上」を占める農業者，製造業者および商業者などであり，資本家と労働者の区別もなかった。当時のフランスの人口が約2,800万人，つまり2,688万人以上が産業者になる。彼らは社会のなかで最も有用な労働を行っているにもかかわらず，その地位は最も低かった。サン＝シモンは，この産業者階級に社会の支配，公共財産の指揮を委ねることを説いたが，生前には認められなかった。

エンゲルスはサン＝シモンの思想について「**後代の社会主義者たちのほとんどすべての思想が萌芽として含まれている**」とその先見の明を評価した。実際にそれらはサン＝シモン主義と称せられるほどに，社会主義思想に影響を与えた。弟子に社会学の祖とされるA.コント（●p.141）がいる。

商人出身の社会主義思想家 ◀4回

フーリエ
Charles Fourier 1772～1837 フランス

主著 『四運動の理論』『産業協同社会的新世界』

足跡 フーリエは，文明社会において農業が分散細分化され生産力が低下していること，農産物が投機的売買などにより暴利をとられる現状といった，文明社会の諸問題を指摘してこれを批判した。特に，道徳的価値が転倒した状態から，正しい秩序に基づく世界をつくるため，フーリエは**ファランジュという協同社会を建設**しようとした。ファランジュとは，土地や生産手段を共有し，人々はファランステールと呼ばれる共同宿舎に住んで，農業を中心に生産と消費を共同で行う，理想社会である。そして，農業を通じて人間の感情（情念）を解放していくことを理想とした。フーリエの思想はフランスの社会主義運動，協同組合運動には大きな影響を与えた。

◆ファランステール ここに1,600人ほどが住み，農業を中心にしながら，共同生活を営む。

Side Story 21歳のとき，フーリエは父親の死去によって多額の遺産を相続し，植民地商品の取引を行おうとしたが，フランス革命にともなう混乱で全財産を失ってしまう。このため，暴力や革命を生涯憎んでいた。

科学的社会主義，マルクス主義の創始者

マルクス

Karl Heinrich Marx　1818 ~ 83　ドイツ

万国のプロレタリア，団結せよ！

Words	
292 科学的社会主義　293 マルクス主義　294 類的存在　295 労働の疎外　296 階級闘争　297 唯物史観（史的唯物論）　298 マルクス - レーニン主義　299 新民主主義論	

14回

西暦	年齢	生涯	
1818	0	ドイツのトリールに生まれる	
35	17	ギムナジウムを卒業し，ボン大学に入学。翌年，ベルリン大学に転学	このころにエンゲルス*と出会う
42	24	『ライン新聞』の編集主任となる	
43	25	イェニーと結婚し，パリに移住	
44	26	『経済学・哲学草稿』を執筆	
48	30	『共産党宣言』を発表	以後，貧困のなかで研究活動を続ける
49	31	パリを追われてロンドンに亡命	
59	41	『経済学批判』を出版	
67	49	『資本論』第 1 巻を出版	
81	63	妻イェニー病死	
83	65	死去	

主著　『経済学・哲学草稿』『共産党宣言』（エンゲルス*との共著）『経済学批判』『資本論』

足跡　法律家の息子として生まれたマルクスは，大学では法律学を学ぶはずだったが，実際は芸術論や哲学を学ぶことを愛した。卒業後，大学で哲学を教えることを望むが職を得られず，『ライン新聞』の編集責任者として執筆するようになる。しかし，新聞を執筆するにあたり，自らに政治学・経済学・哲学等に関する知識が十分にないことから，『ライン新聞』の編集責任者を降りた後，経済学について学び直す。そして，アダム＝スミスやリカードの古典派経済学を学んだほか，ヘーゲル，フォイエルバッハの哲学を学ぶなかで独自の哲学を築きあげた。マルクスは存命中，十分に評価されることはなかったが，その思想は死後レーニン等に引き継がれ，20 世紀の中ごろには世界の約 1／3 の国がマルクスの思想に基づくものとなり，20 世紀に最も影響を与えた哲学者といえる。

＊**エンゲルス**（1820 ～ 95）ドイツの経済学者。社会主義者。マルクスとともに科学的社会主義を唱える（p.145）。

Approach　17 歳の決心～マルクスが考えていたこととは？

　マルクスは 12 歳から 17 歳までの 5 年間，故郷トリールのギムナジウム（高等中学）に通いました。このギムナジウムの卒業試験で，彼は『職業選択に際しての一青年の考察』という論文を書いています。そこには，マルクスの人生哲学をよみとることができます。それは一体どういうことでしょうか。

「人間の本性というものは，彼が自分と同時代の人々の完成のため，その人々の幸福のために働くときのみ，自己の完成を達成しうるようにできているのである。自分のためにだけ働くとき，そのひとは，なるほど著名な学者であり，偉大な賢者であり，優秀な詩人ではありえようが，けっして完成された，真に偉大な人間ではありえない。……」

（『マルクス・エンゲルス全集 40』大月書店）

●ボン大学時代のマルクス（18 歳）

　彼の父親は富裕な弁護士で，その父の期待から，大学では法律学を学ぶために進学します。しかし，青年マルクスの知的好奇心は哲学や芸術に向かいました。熱心な学生とはいえず，青春時代を謳歌したマルクスは，父の期待とは別に大学卒業後，ライン新聞の編集主任となります。このとき，プロレタリア（労働者）が苦しむ現状をみて，彼らの権利を擁護するための文章を執筆し掲載しますが，検閲に反政府的，社会主義的内容と判断され，ライン新聞は発行禁止になってしまいます。

　マルクスの青春時代は，まさに資本主義の発展期でした。利潤の追求を最大の目的とする資本主義が浸透するにつれ，自分の利益のためだけに働くという利己主義がいろいろな弊害を生み出した時代といえます。

　また，社会の仕組みもこれまでの封建的身分社会が崩壊し，新興ブルジョアジーが台頭していきます。社会全体の福祉というものを考慮しない資本主義の発展に，かつての強い問題意識が蘇ってきました。ライン新聞の編集主任の仕事を辞めたマルクスは，貧民救済のために再び学問に向き合うなかで，独自の理論を構築するようになりました。

　マルクスが「真に偉大」なのは，この青年期の論文に書いた初心を，その後の人生において実践したことにあるともいえます。マルクスの言葉に，「哲学者たちは世界をさまざまに解釈したにすぎない。しかし大切なことはそれを変えることである」というものがあります。ライン新聞での経験のもと，貧しい労働者のため，そして自己を完成した人間になるため奔走した結果，その思想は多くの人に影響を与え，ひいては，20 世紀に最も影響を与えた哲学者と評させるに至りました。

●**マルクスの自筆原稿**
多くの人々に影響を与えたマルクスだが，悪筆で有名であり，『資本論』をまとめたエンゲルスも解読に悩まされたという。

西洋近現代思想

Side Story　大学時代のマルクスは，ボンとベルリンで下宿生活をしていた。法律家の父親からのかなりの仕送りで悠々自適の生活を送っていたため，父親は低俗な遊びに耽らないよう戒めている。

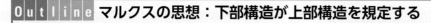

マルクスの人間観	共同体において，他者との関係性のなかで連帯して生きる「類的存在」であり，**労働が人間の本質**と考えた。

本来の労働＝人間の本質

今日は大根が安いよ ⓒ

Ⓐ 労働　Ⓑ 労働

自然物に働きかけてモノを生産することで社会的連帯を確保する

資本主義社会（私有財産制）での生産関係

生産手段の所有
ものを生産するために必要な労働対象（原料など）と労働手段（道具・工場など）

資本家

労働生産物の収奪

富と権力の集中

労働力の商品化 ↑ ↓賃金

労働の疎外
①労働からの疎外
②労働生産物からの疎外
③人間からの疎外
④類的存在からの疎外
労働者

孤立

類的存在

社会的なつながり
人間の本質

人間社会のあり方

上部構造
哲学・道徳・芸術・宗教・法律・政治制度

↑規定

生産関係〔労働者 ↔ 資本家〕
矛盾・対立↕　　矛盾・対立
生産力の増大
下部構造（土台）

下部構造において矛盾が発生
「生産力の増大」 ⟷ 「生産関係の固定化」

↓

プロレタリア革命

唯物史観（史的唯物論） 人類の歴史は，生産力と生産手段の間に起こる矛盾の発生と解消によって発展していく。

Think マルクスは，人間と社会の関係をどのようにとらえただろうか？

解説

原典Ⓐ 上部構造と下部構造

View 人間の存在を規定するのは，社会の土台である生産関係（経済）である。

　生産諸関係の総体は，社会の経済的構造を形成する。これが実在的土台であり，その上に一つの法律的および政治的上部構造が立ち，そしてこの土台に一定の社会的諸意識形態が対応する。物質的生活の生産様式が，社会的，政治的および精神的生活過程一般を制約する。人間の意識が彼らの存在を規定するのではなく，逆に彼らの社会的存在が彼らの意識を規定するのである。

（杉木俊朗 訳『**経済学批判** 序言』大月書店）

Ⓐそれまでは人間の意識や観念，すなわち政治的理念や文化の内容などが，社会や歴史が発展するための土台であると考えられていた。しかし，マルクスはこれを全く逆転し，物質的な**生産様式と生産関係（経済的要因）が土台となり，政治や文化に影響を与える**とした。

原典Ⓑ 剰余価値

View 剰余価値とは，一体どのようなものだろうか？

　労働過程の第二の期間，労働者が必要労働の限界を超えて労苦する期間は，……何らの価値も形成しない。この期間は，無からの創造という魅力をいっぱいにたたえて資本家に微笑みかける剰余価値を，形成するのだ。労働日のこの部分を，私は剰余労働時間と名づけ，この時間に支出された労働を，剰余労働と名づける。

（鈴木鴻一郎 訳「**資本論**」『世界の名著 43』中央公論社）

Ⓑ資本家は労働者から賃金で「労働力」を買い入れ，買った値段以上に労働力を使用し，利益を出そうとする。本来5時間分の商品代で，10時間働かせれば，その差額の労働賃金を資本家が搾取しているといえる。この労働が生み出す本来の労働以上の価値を**剰余価値**という。

⓲原典Ⓒ 労働の疎外

View 自分のためではない労働は，苦しみであり，忌み嫌われる。

　第一に，労働が労働者にとって外的であること，すなわち，労働が労働者の本質に属していないこと，そのため彼は自分の労働において肯定されないでかえって否定され，幸福と感じずにかえって不幸と感じ，自由な肉体的および精神的エネルギーがまったく発展させられずに，かえって彼の肉体は消耗し，彼の精神は頽廃化する，ということにある。……労働していないとき，彼は家にいるように安らぎ，労働しているとき，彼はそうした安らぎをもたない。だから彼の労働は，自発的なものではなくて強いられたものであり，強制労働である。そのため労働は，ある欲求の満足ではなく，労働以外のところで諸欲求を満足させるための手段であるに過ぎない。労働の疎遠性は，物質上またはその他の強制がなにも存在しなくなるやいなや，労働がペストのように忌みきらわれるということに，はっきりあらわれてくる。

（城塚登・田中吉六 訳『**経済学・哲学草稿**』岩波文庫）

Ⓒマルクスは人間の本質を労働とした。そして，労働の価値とは，ものを生み出す活動の中で創造の喜びを感じることである。しかし，資本主義社会では労働とその成果としての喜びが乖離してしまった。これを**労働の疎外**という。なぜなら，①労働力は商品として資本家に売られているため生きがいが感じられないばかりか（**労働からの疎外**），②生産したものは資本家のものになる（**労働生産物からの疎外**）。このとき労働者は機械の歯車のように働き，③他者とのつながりを失っている（**類的存在からの疎外**）。これは④人間本来のあり方から離れている（**人間からの疎外**）。

1 唯物史観（史的唯物論）

世界は常に内部に矛盾を含んでおり，その矛盾が原動力となって世界は運動・発展する。この運動法則をヘーゲル（→p.131）は弁証法と表現した。そして，これを歴史に当てはめたものが唯物史観である。

資本主義社会では，**生産手段**（機械や原材料など）を所有する資本家とそれを使用する労働者との関係（**生産関係**）が固定化する。この結果，資本家はどんどん富み，労働者は貧しいままである。この矛盾を解決するためには，労働者階級が団結し，階級闘争によって自分たちの政権を樹立しなければならないとした。すなわち，社会主義革命が歴史の正しい方向であると考えたのである。

> マルクスは『共産党宣言』でこう言っています。
> 「歴史はつねに階級闘争の歴史である」

Focus マルクスとヘーゲルの人間観

ヘーゲルは，「労働」を「自己の本質（精神）が自己の外に対象として外化し，それが自己に戻ることによって，より高次の自己へ発展する」という精神の自覚的運動と考えた。

マルクスは，人間の本質を「つくること，生産すること」，つまり「労働」に求めた。労働を社会的活動と捉え，「労働の成果に自己の可能性が外化し，その成果を自分のものにすることによって，新しい自己が実現していく」と考えた。

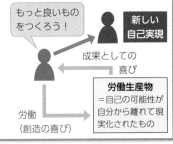

もっと良いものをつくろう！

新しい自己実現

成果としての喜び

労働生産物＝自己の可能性が自分から離れて現実化されたもの

労働（創造の喜び）

ロシア革命の指導者

レーニン　Vladimir Il'ich Lenin　1870～1924　ロシア

> 共産主義の最終目標は地上から一切の権力機関を消滅させること

主著 『資本主義の最高の段階としての帝国主義』『国家と革命』

足跡 ボルガ河のほとりシルビンスクに生まれる。17歳のときに，敬愛する兄がロシア皇帝暗殺計画を理由に処刑されたことから，早くから革命運動に加わった。レーニンは，マルクスの思想を，帝国主義という資本主義の新たな段階に対応する，社会主義革命の理論と実践として発展させた。これを**マルクス-レーニン主義**という。

2 帝国主義論

資本主義が進むと，生産と銀行が結びつき産業を支配・独占し，金融資本が成立する。そうすると，金融資本は市場・原材料の調達先や新たな資本投下先を求め，国家に対し後進地域への進出を要望するようになる。このように国外に進出する国が帝国主義国であり，輸出先が植民地である。

こうして成立した先進帝国主義国の間では，植民地をめぐり，世界の分割が行われるようになる。また一方で，新興の帝国主義国からは旧来の帝国主義国に対し，植民地の再分割を求めるようになる。

レーニンは，この植民地再分割をめぐる利害関係の衝突から，帝国主義戦争が必ず起こるとした。

帝国主義は，資本主義の最高に発達した段階であると同時に，その矛盾も極限に達する。レーニンはここに社会主義革命の条件が存在するとして，労働者と農民との同盟による暴力革命を訴えた。また，資本主義から共産主義への移行期には**プロレタリアート（労働者階級）の独裁**が必要であり，これによって階級や搾取は解消され，共産主義社会が実現するとした。

中国革命の指導者

毛沢東　もう たくとう　1893～1976　中国

> 農業の社会化なしに，欠けたところのない強固な社会主義はない

主著 『実践論』『矛盾論』『新民主主義論』
足跡 湖南省の農家に生まれる。郷里の師範学校に学

び，在学中から革命運動に関心を抱く。半封建・半植民地の遅れた農業国である中国では，いきなり社会主義革命を始めることはできないと考えた毛沢東は，中国独自の農村革命を推し進める。農村に革命根拠地を設け，労農紅軍（共産党軍）を組織し，革命の中心的役割を農民に果たさせようとした。

まず，反帝国主義・反封建主義の新民主主義革命を達成し，引き続き社会主義革命に進めることを考えた。

3 新民主主義論

マルクスは，共産主義社会は高度に成長した資本主義社会のあとに成立すると考えたが，当時の中国は，資本主義が不十分な発展途上の農業国であった。そこで，毛沢東は当時の中国の現状から**二段階革命論**を説いた。

革命の第一段階として，「民主主義革命」を行い，中国共産党主導による民主主義を目指すべきとした*。そして，生産力がついた段階で革命の第二段階として「社会主義革命」を実施するというものである。これを**新民主主義論**という。

*のちにこの考えは放棄された。

Side Story エンゲルスは経済的な援助や研究の手伝いをするなど，マルクスの生涯にわたる友人であった。全三巻からなる『資本論』もマルクスが手がけたのは第1巻のみで，第2・3巻は死後，彼によって遺稿が整理され，出版された。

西洋近現代思想

議会政治を通じて，漸進的な社会変革を目指した穏やかな社会主義

社会民主主義

Words 300 社会民主主義 301 フェビアン協会 302 フェビアン社会主義 303 修正主義（修正マルクス主義）

社会民主主義	思 想
フェビアン社会主義	フェビアン協会が唱えた。生産手段の公有化，社会保障制度の充実，労働環境の改善を重視
修正（マルクス）主義	マルクス主義の原則に修正・改変を唱える立場。革命的な内容を排除し議会政治を重視

概説 マルクスは，資本主義が抱える矛盾に対して，プロレタリアート（労働者）による革命が起こり，社会主義へ移行すると考えた。しかし，当時，資本主義大国であったイギリスでは，労働者の社会的地位の向上，生活状態の改善，参政権の取得など，マルクスの考えとは別の形で資本主義の矛盾が克服されていった。このため，武力革命による社会主義化ではなく，議会政治の枠組みのなかで社会主義の理念の実現を目指す動きが登場した。これを**社会民主主義（修正主義）**という。

フェビアン協会の理論的中心 [1回]
ウェッブ夫妻
Sidney Webb 1859 ～ 1947 イギリス
Beatrice Webb 1858 ～ 1943 イギリス

◆シドニー（右）とベアトリス（左）

主著 『労働組合運動の歴史』（共著）

足跡 ともにイギリスの社会主義の思想家。夫シドニーはロンドン大学卒業後，高級官僚，大学教授を歴任したのち，代議士として活躍。第一次世界大戦後，労働党内閣のときに商務大臣，植民地大臣として二度入閣した。

妻ベアトリスは実業家の娘として裕福な家庭環境に生まれたが，スペンサー（◆p.141）の思想に共鳴し，労働者の貧困問題に関心を持つようになった。二人は1892年に結婚。『労働組合運動の歴史』，『産業民主制論』などの共著を残しながら，漸進的な社会主義の実現を目指し，フェビアン協会の中心的な指導者として活動した。

⊕ **Focus** フェビアン協会

1884年，ロンドンに設立された。その名称の由来となった，猛進せず持久戦略を駆使してカルタゴ軍を破った古代ローマの将軍ファビウスのように，**革命によらず一歩一歩改革を積み重ね，最終的に社会主義を実現することを目指した団体**である。彼らの考えは**フェビアン社会主義**と呼ばれる。代表的な指導者にウェッブ夫妻や，1925年にノーベル文学賞を受賞したバーナード＝ショウ（作家）らがおり，SF作家として活躍していたH・G・ウェルズなど，多くの知識人も参加していた。

1900年代に入るとイギリス労働党の結成や，その政策に深く関与し，20世紀を通じて影響力を持ち続けた。首相を経験したマクドナルド（在任：1924年，1929 ～ 35年），アトリー（同1945 ～ 51年），ブレア（同1997 ～ 2007）らも協会のメンバーであった。

▶バーナード＝ショウ

ドイツ社会民主党を指導した修正主義の理論家 [2回]
ベルンシュタイン
Eduard Bernstein 1850 ～ 1932 ドイツ

> 民主主義とは，手段であると同時に目的でもある。それは，社会主義をかちとるための手段である。

主著 『社会主義の諸前提と社会民主主義の任務』

足跡 1850年1月，ベルリンの鉄道技術者の15人兄弟の7番目として生まれる。16歳のときギムナジウムを中退し，ベルリンの銀行に見習いとして就職しながら，独学で知識を高める。1871年，社会民主党に加わる。1878年に社会主義者鎮圧法が成立すると，スイス・チューリッヒへ亡命。そこで，社会民主党の機関紙を書き続けた。その後1888年にスイスから国外追放されロンドンに亡命。そこで，エンゲルスと親交をもつほか，フェビアン社会主義の影響を受ける。

革命による社会変革を否定し，積極的に議会に参加するほか，労働組合による労働運動を行い，社会主義への自然的移行を唱えた。この見解をもとに，社会民主党内で修正主義論争が起こった。1901年，社会主義者鎮圧法の廃止により，ドイツに帰国。第一次世界大戦後，彼の影響力は増大し，ゲルリッツ綱領の起草に関わる。1932年ベルリンで死去。

Think 修正主義とはどのようなものだろうか？

原典 A 社会民主主義

View 西洋民主主義の枠組みにおいて，資本主義から社会主義へ社会の秩序を移行せよ。

とどのつまり，ブルジョアジーの克服とかブルジョア社会の廃絶とかいう場合，それが何を指しているかは，今日では誰もが承知している。……

社会民主党は，この社会を解消してその成員をことごとくプロレタリア化しようとするのではない。むしろ，社会民主党は，労働者をプロレタリアの社会的地位から市民のそれへと引き上げ，そうすることによって**市民層あるいは市民的存在を一般化**するため，わきめもふらず活動しているのである。**社会民主党は，市民社会にかえてプロレタリア社会を据えようとしているのではなく，資本主義社会秩序にかえて社会主義社会秩序を据えようとするのである。**

（佐瀬昌盛 訳『社会主義の諸前提と社会民主主義の任務』ダイヤモンド社）

解説

A ベルンシュタインはマルクスの唯物史観を原則として受け入れながらも，弁証法の部分を取り除いた。マルクスのように「対立物の闘争」をあらゆる社会の発展の根源とするのは行きすぎであると考え，関連する諸力の協調もまた重要であるとする「有機的発展史観」を展開した。これにより，資本主義から漸次移行しながら社会主義に社会が発展するという考えが登場した。現在では，世界の多くの共産党や社会主義政党が議会主義に則った方針を綱領に取り入れているが，この考えが端緒となっている。

Side Story ベルンシュタインの家庭はお世辞にも裕福とはいえるものではなかったが，「この大家族は父が手にした唯一の財産であった」と沈痛なようすで回想している。

1 社会契約の思想

イギリスでは市民革命を経て近代社会が進展するなかで，個人がお互いの権利を保障するために，契約を結んで国家・社会を形成するという社会契約説が説かれた。

思想家 主著	ホッブズ (1588 ～ 1679, 英) 『リヴァイアサン』	ロック (1632 ～ 1704, 英) 『統治二論』	ルソー (1712 ～ 78, 仏) 『社会契約論』
人間観	[①利己的] な存在	[②理性的] な存在	[③自己愛]・憐みの情をもつ
自然状態	戦争状態 「[④万人の万人]」に対する闘争」	平和な状態 人間は [⑤自然権 (生命・自由・財産)] をもち，[⑥自然法] に従う	平和と平等が保たれているが，文明化によって [⑦利己心] が生まれ，不平等な社会へと移行する
社会契約の 目的・内容	平和の実現 国家に全面 [⑧譲渡]	自然権を確実に保障 政府に [⑨信託]	自由と平等の回復 [⑩一般意志] にゆだねる
抵抗権	なし	ある	ある
特　徴	国家主権　絶対王政を擁護	人民主権　[⑪間接]民主制 [⑫アメリカ独立革命]に影響	人民主権　[⑬直接]民主制 [⑭フランス革命]に影響

フランス啓蒙思想：18 世紀フランスで，イギリスの思想を背景に [⑮不合理な因習や伝統的な観念を非難] する啓蒙思想が唱えられた。

モンテスキュー	主著『法の精神』でロックの権力分立論を発展させ，[⑯三権分立]による相互の抑制と均衡を説いた。
ヴォルテール	主著『哲学書簡』で[⑰イギリス]の経験主義の哲学や社会の制度を紹介し，フランスの政治や文化を批判した。

2 ドイツ観念論

封建的な体制が強く残るドイツでは，現実の社会の改革より，人間の理性，精神，観念を原理として科学や世界を理解しようとするドイツ観念論が展開された。

思想家	思想の特徴
 カント (1724 ～ 1804, 独) 主著『純粋理性批判』 『実践理性批判』	哲学 (思考) の原理：理性による理性の自己吟味 ([⑱批判哲学]) ①私は何を知りうるか？→認識の問題：[⑲理論理性]⇒人間に認識されるのは，あるがままの「[⑳物自体]」ではなく，感性と悟性がそなえる主観的な形式に従って構成された「[㉑現象]」(現象界) である。[㉒純粋理性]が思考する自由や神は認識の対象ではなく，道徳の世界 (英知界) で要請される [㉓理念] である。 ②私は何をすべきか？→道徳の問題：[㉔実践理性]⇒無条件な命令である [㉕定言命法] のみが道徳的なものである (条件つきの命令は [㉖仮言命法])。これは，ほかの目的のために行うものではなく，純粋に善き行いをしようとする [㉗善意志] に基づいている。道徳法則に自らを従わせることが [㉘自律] であり，それこそが人間の [㉙自由] の根拠である。自由な人間のあり方が [㉚人格] であり，人格を [㉛手段] としてだけでなく [㉜目的] として尊重する社会 ([㉝目的の国]) が理想である。
 ヘーゲル (1770 ～ 1831, 独) 主著『精神現象学』 『法の哲学』	哲学 (思考) の原理：対立・矛盾を契機に動的に高次なものへと展開する論理 ([㉞弁証法]) ⇒ある状態 ([㉟正]=テーゼ) から，自分を否定するもの ([㊱反]=アンチテーゼ) に向かい，より高次なもの (否定の否定・[㊲合]=ジンテーゼ) に展開する運動。対立矛盾が統一されることを[㊳止揚] (アウフヘーベン) という。 ①世界の根源的な実在→[㊴絶対精神]⇒本質である [㊵自由] を実現すべく弁証法的に自己展開する。 ②人間の自由が実現される場→[㊶人倫]⇒[㊷法]の客観性と[㊸道徳]の内面性が統一されたものが人倫である。それは，[㊹家族]に始まり，[㊺欲望]の体系である[㊻市民社会]へと展開するが，人倫の[㊼喪失態]に陥り，最終的に[㊽国家]へと止揚されることで真の自由が実現する。

⑥ CHALLENGE　大学入試問題にチャレンジしてみよう (答えは裏表紙裏)

⑥-1 次のa～dをロックによる『統治二論』における説明の順序に従って並べ替えたとき，3番目にくるものとして最も適当なものを，下の①～④のうちから一つ選べ。

(2018 共通テスト試行調査 改)

a 人々は各自の所有権を安定させるために，契約を交わして政府をつくる。
b 人が自らの労働によって自然物に手を加えたものは自分のものとなる。
c 人は誰でも自分の身体を自分の意志に従って用いる権利をもつ。
d 人は自らの所有権を侵害するような政府に対しては抵抗権をもつ。

① a 　　② b 　　③ c 　　④ d

RANK UP ルソーはホッブズの社会契約説における自然状態をどのように批判したか説明せよ。(▶答えは裏表紙裏)

19 ～ 20 世紀の西洋思想

1 イギリス功利主義

産業革命により資本主義体制が確立したイギリスでは、アダム＝スミスの思想を背景に、個人の利益の追求と社会的な利益の調和を理想とする功利主義が登場した。

思想家	思想の特徴
アダム＝スミス (1723 ～ 90, 英)	人間には自らを律する道徳的感情が存在することを説き、経済活動においても同様に「[①見えざる手]」によって社会秩序が維持され、結果として**社会全体の利益**が増進することを主張。主著『[②国富論(諸国民の富)]』
ベンサム (1748 ～ 1832, 英)	**個人の幸福の総計＝社会全体の幸福**となるよう「[③最大多数の最大幸福]」の実現を提唱。人間の行動は「快楽」と「苦痛」を基準に選択されるため、それぞれの量を計算し([④快楽計算])、**快楽の量が大きいことが「幸福」**であると考えた([⑤量的]功利主義)。また人間は利己的な存在で、行為に対する[⑥制裁]が必要であるとした。
J.S.ミル (1806 ～ 73, 英)	ベンサムの思想を継承しつつも、人間には**質的な価値の差をもつ「肉体的(感覚的)快楽」、「精神的快楽」**があるとし、計算できない「精神的快楽」を重視した([⑦質的]功利主義)。また自己の[⑧良心]にしたがって他者のために献身すること(**隣人愛**)を理想とし、[⑧]による[⑨内的制裁]がはたらくことを説いた。

2 実証主義とプラグマティズム

産業革命がもたらした科学の発達は、ヨーロッパやアメリカにおける新たな思想に大きな影響を与えることとなった。

分野	思想家	思想の特徴
実証主義	コント (1798 ～ 1857, 仏)	科学への信頼を基礎に、**実証できるもの(経験できる事実に基づく知識)**のみを尊重し、人間の知識の[⑩三段階の法則]を提唱。また、知識の発達の最終段階で成立するのが[⑪社会学]であると位置づけた。
進化論	ダーウィン (1809 ～ 82, 英)	生物の種の進化について[⑫適者生存](環境変化に適応したものだけが生存)、[⑬自然淘汰](子孫に遺伝子を伝え、生き残る)などの理論を経験と実証の裏づけから体系化し、著書『[⑭種の起源]』で発表。
	スペンサー (1820 ～ 1903, 英)	進化論の考えを適用して社会を一つの有機体としてとらえ(**社会有機体説**)、社会は生物と同様に、単純なものから複雑なものへ、**軍事型社会から産業型社会へ進化する**と主張した([⑮社会進化論])。

プラグマティズム：イギリス経験論を継承し、進化論・実証主義の影響のもとアメリカで形成された「**行為」・合理性を重視**する思想。

パース (1839 ～ 1914, 米)：「すべての観念の源泉は行動である」として**プラグマティズムを提唱**。主著『概念を明晰にする方法』

ジェームズ (1842 ～ 1910, 米)：プラグマティズムを真理の問題に適用。真理は[⑯有用性]で判断されるものとし、絶対的真理を否定。

デューイ (1859 ～ 1952, 米)：真理とは、**社会生活の進歩に役立つ実用的なものでなければならない**と主張([⑰道具]主義)。知性もまた[⑰]であるとし、問題を解決に導く知性を[⑱創造的知性(実験的知性)]と呼んだ。主著『哲学の改造』『民主主義と教育』

3 社会主義

19世紀に入り、富を独占する資本家と労働者層との間の格差により深刻な社会問題が生じると、**社会全体を変革して平等な社会の実現を目指す社会主義思想が展開された**。

主義・思想家	思想の特徴
初期(空想的)社会主義	**オーウェン** (1771 ～ 1858, 英)、**サン＝シモン** (1760 ～ 1825, 仏)、**フーリエ** (1772 ～ 1837, 仏) らによる。協同組合や労働組合運動の推進、共同社会の創設などを試みたが、社会科学的分析・階級闘争の把握がなく批判された。
マルクス主義 マルクス (1818 ～ 83, 独) エンゲルス (1820 ～ 95, 独) レーニン (1870 ～ 1924, 露) 毛沢東 (1893 ～ 1976, 中国)	マルクスは、人間は、共同体において他者との関係性の中で生きる[⑲類的存在]であり、その**本質は労働**であるとした。また歴史の原動力は生産力であり、経済的な[⑳生産関係]が社会の土台([㉑下部構造])となって政治・制度・文化など(**上部構造**)に影響をあたえると考えた。しかし資本主義社会では生産力が増大する一方、[⑳]は固定化し、労働者は貧しいままで労働の喜び、成果、人間本来のあり方などから[㉒疎外]されるという**矛盾**が生じた。こうした矛盾の発生と解消により**人類の歴史は発展する**という歴史観([㉓唯物史観(史的唯物論)])のもと、[㉔階級闘争]による社会主義革命の実現を主張した。主著『資本論』『共産党宣言』(エンゲルス共著)
	レーニンは共産主義を目指し、資本主義からの移行には[㉕プロレタリアート(労働者階級)]の**独裁**が必要だと主張(**マルクス-レーニン主義**)。毛沢東は、自国の現状から段階的に革命を目指す「**新民主主義論**」を唱えた。
社会民主主義	革命による社会主義化ではなく、議会政治をとおして社会主義の理念の実現を目指す考え。イギリスでは**ウェッブ夫妻**を中心とする[㉖フェビアン協会]が、ドイツでは[㉗ベルンシュタイン]が指導する社会民主党が活動した。

⑦ CHALLENGE 大学入試問題にチャレンジしてみよう (答えは裏表紙裏)

⑦-1 資本主義社会に対するマルクスの批判についての記述として**適当でないもの**を、次の①～③のうちから一つ選べ。
(2013 センター本試・追試 改)

① 人間は本来独立して生きる存在だが、資本主義社会では相互依存の関係にあり、人間性が失われた状態にある。

② 資本主義社会では、商品の交換関係が支配的となり、人間もまた、物のように取り替えのきく存在として捉えられるようになる。

③ 生産手段をもたない労働者は、自分の労働力を売って生活するしかなく、労働の成果も資本家のものとなるなか、労働が苦役になっている。

RANK UP 功利主義の創始者の名前を明示しつつ、道徳的な善さについてのその思想内容を説明せよ。(一橋大 2012, ▶答えは裏表紙裏)

第8節 実存の思想

⭕映画「モダン・タイムス」（1936年）　アメリカの喜劇俳優チャップリンは、映画の中で、支配するはずの機械に逆にふりまわされる人間の姿を、風刺をもって描き出している。

実存の思想が生まれた時代

19世紀　ヨーロッパでは産業革命の進展と資本主義の発展により、市民生活が向上した。ドイツでは**観念論**（➡p.126）が大成し、フランスでは**実証主義**（➡p.141）が、イギリスでは**社会進化論**（➡p.141）が唱えられた。そこには、理性を中心とした人類の発展への揺るぎない自信を読み取ることができる。

しかし科学技術の発達は、機械装置による生産力の飛躍的増大を実現すると同時に、実用性が重視される社会をもたらした。人間は装置に従うことを強制されて個性を喪失し、生産のための手段におとしめられた。このような**人間疎外の状況を克服**するために、**マルクス**（➡p.147）は社会体制の変革を目指し、他方で平均的・画一的な生き方から主体性の回復を目指す**実存主義**が生まれた。その先駆となったのが**キルケゴール**（➡p.154）であり、**ニーチェ**（➡p.156）であった。

実存主義とは

実存（existence）とは、今ここにこのように生きている現実の自己（**現実存在**）、かけがえのない自己の本来のあり方（**真実存在**）を意味し、「～である」というように一般化される**本質**（essence）とは対比される。そして、このような生き方、あり方を求める思想的立場を**実存主義**と呼ぶ。

実存主義は、今までの**合理主義的な哲学に対する反動**としての性格を持つ。そのため、一人の人間として生き、そのうえで悩み苦しんだことがその思想に色濃く反映されている。

本来の自己って……

彼らは、文学的ともいえる豊かな表現力を積極的に用いて自己の思索を展開していった。また、文学だけでなく、たとえば音楽などの芸術との関係も深い。キルケゴールはモーツァルトに傾倒し、ニーチェはワーグナーと親交を結ぶ。恋愛にかかわる苦悩もまた多くの実存主義者の哲学に大きな影響を与えている。

実存主義とキリスト教

人間の主体的な自覚を重視する実存主義であるが、その自覚が神・超越者という絶対的存在者とのかかわりの中でなされるのか、また神への信仰を否定し、具体的な現実存在のなかで主体性の確立を唱えるのかによって、**有神論的実存主義**と**無神論的実存主義**の二つに区分される。

20世紀　二度の世界大戦が示した戦争の破壊力（戦車、毒ガスそして原子爆弾など）の向上は、人間の内なる闇を暴き出した。科学技術がもたらす無限の進歩への確信、その背景にある理性への揺るぎない信頼は無残にも破壊された。人間は、**絶対的な価値観を喪失し、絶えず不安を抱き、死を身近なものとして意識**する。避けることのできないこのような状況のなかで、「**人間にとって本来的な生き方とは何か**」という命題の答えを探し求める役割の一端を実存主義思想が担った。

ドイツの**ヤスパース**（➡p.158）、**ハイデガー**（➡p.160）には、それぞれナチズムとの関係が深く影を落としている。フランスの**サルトル**（➡p.162）は、第二次世界大戦に従軍した結果、捕虜となった体験を持ち、それが戦後の積極的な活動の背景となっている。

●実存主義の展開　年表

西暦	できごと　色文字は同時代のできごと	思想家
	イギリス産業革命	
1788	カント『実践理性批判』	
89	フランス革命	
1807	ヘーゲル『精神現象学』	キルケゴール（デンマーク）1813〜1855
43	キルケゴール『あれか、これか』	
48	フランス、二月革命	ニーチェ（独）1844〜1900
	マルクス・エンゲルス『共産党宣言』	
49	キルケゴール『死にいたる病』	
67	マルクス『資本論』	
	帝国主義時代（1870年代〜）	
83	ニーチェ『ツァラトゥストラ』（〜85）	
1914	第一次世界大戦（〜18）	ハイデガー（独）1889〜1976
27	ハイデガー『存在と時間』	ヤスパース（独）1883〜1969
29	世界恐慌（〜32）	サルトル（仏）1905〜80
31	ヤスパース『現代の精神的状況』	
32	ヤスパース『哲学』	
33	ドイツ、ナチスが政権を獲得	
35	ヤスパース『理性と実存』	
39	第二次世界大戦（〜45）	
43	サルトル『存在と無』	
46	サルトル『実存主義とは何か』	
48	世界人権宣言	
69	アポロ11号、月面着陸	

●実存主義の人間観による区分

有神論的実存主義	キルケゴール、ヤスパース
無神論的実存主義	ニーチェ、ハイデガー、サルトル

西洋近現代思想

Side Story　モーツァルトの歌劇『ドン・ジョバンニ』を愛したキルケゴールは、著書『あれか、これか』のなかに次のような言葉を残している。「不滅のモーツァルトよ！……私の身におこったいっさいのことはみな君のおかげなのだ。」

ヘーゲル批判から主体的真理を追究し，実存思想の先駆者となる。 〈13回〉

キルケゴール

Søren Aabye Kierkegaard
1813 ～ 55　デンマーク

Words 304実存　305実存主義　306主体的真理　307不安　308絶望　309あれか，これか　310単独者

> 私がそのために生き，かつ死ぬことを願うような理念を発見することが必要なのだ。

主著 『あれか，これか』『人生行路の諸段階』『死にいたる病』

足跡　1813 年，裕福な毛織物商人の子として生まれた。17 歳でコペンハーゲン大学に入学，神学と哲学を学んだ。1837 年，レギーネ゠オルセンと出会い婚約までしたが，内面の罪の意識から 1841 年に婚約を破棄した。1843 年に『あれか，これか』，1845 年に『人生行路の諸段階』を出版。さらに，1849 年の『死にいたる病』では，**絶望**のさなかに単独者として神を求める**宗教的実存**のあり方を追究した。

西暦	年齢	生　涯
1813	0	裕福な毛織物商の子としてコペンハーゲンに生まれる
30	17	コペンハーゲン大学に入学し，神学と哲学を学ぶ
34	21	母病死
35	22	自ら「大地震」と呼ぶ深刻な体験
38	25	父死す
40	27	レギーネと婚約
41	28	深刻な罪の意識から一方的に婚約を解消

西暦	年齢	生　涯 色文字は同時代のできごと
43	30	『あれか，これか』を出版
44	31	ニーチェ生まれる
45	32	『人生行路の諸段階』を出版
48	35	マルクス『共産党宣言』
49	36	『死にいたる病』を出版
54	41	デンマーク国教会を批判し，キリストに従って殉教することを説く
55	42	路上で意識を失い倒れ，失意のうちに死去

Approach　人間はニシンの群れではない—ヘーゲル哲学に対抗して

写真：アフロ

　ドイツでは，歴史の進歩を，弁証法を用いて解きあかすヘーゲル哲学が，彼の死後も強い影響を残していた。それは，神への信仰を知識と融和させるものでもあり，歴史を「自由の意識の進歩である」ととらえる哲学は，フランス革命の理念と共にヨーロッパに広く浸透していった。しかも，その「体系」によって，すべての真理へ到達する道が開かれるとして，ヘーゲルを奉るような雰囲気さえも生まれたのである。

　その風潮に，隣国デンマークで一人敢然と反旗を翻したのが，キルケゴールである。以下『哲学的断片への結びとしての非学問的あとがき』から，キルケゴールの主張を見てみよう。

> もし，ヘーゲルのように歴史を人類の発展としてのみ設定し，それが歴史の最高の意味だと考えられるならば，世界歴史の発展を進めるために，一世代また一世代と無数の個人の群れが動員されることになる。これは，神の手による人間の命の浪費と言わずに何というのか！　神の求めたもうところが，人類の発展であるとすれば，神はなぜ急ぎたまわぬのか？

　考察家（ヘーゲル）は，まるで海にきらめくニシンの大群を遠くから眺めるように，世界史を俯瞰する。もちろん，個々のニシンには大して価値がない。**考察家は，自分も現に生きている一個の人間であることを忘れ果ててしまっている。**そして，世界歴史の舞台で演じられる舞台に見とれてわれを忘れる。〔ヘーゲルはナポレオンの行進を見て**「世界精神が馬に乗って通る」**と述べた〕その哲学からは「私がそのために生き，かつ死ぬことをねがうような理念」（日記より）を見出すことはできない。

> いずれ，その考察家も，死んで世を去るだろう。そのあとには何も残らない。残るとすれば，見物客がいま劇場から去ったことのしるしとして神が発行する一枚の切符だけだ。

> 絶え間ない運動の過程の中に真理を見出そうとするヘーゲルの弁証法は，確かな足も存在も持たない幽霊のようなもので，決定的な問題〔キリスト者にとっては「永遠の救い」〕については，何も答えることができないのだ。

　キルケゴールが求めたのは主体的になれという課題であり，それは確かに一人ひとり異なるはずだ。しかし共通するその本質は何かと問われれば，それは情熱だとキルケゴールは答える。では情熱とは何か？　ここでシェークスピア劇を演じる名優の言葉が紹介される。「自分は，これをどうにかうまく演じられたと思ったことがたった一度だけしかなかった。だがそれでも，全力を投じ，自己の全生涯をかけてたゆまず研究を続けていきたいのだ。」

　主体的真理を求めることは，「一人の人間の一生を満たして余りある，大いに賞揚されるべき課題」なのだ。

おお，世界精神が馬に乗って通る
ヘーゲル

あなたも世界のうちの一人なんですよ！　どうして外からながめることができるんですか？
キルケゴール

Side Story　キルケゴールの初期の著作は複数の仮名で書かれており，ある自著について，別の自著で別人を装って言及することすらあった。これは，さまざまな性格の「著者」を通じ，読者に主体的真理の自覚を促すためとも考えられている。

Outline　キルケゴールの思想：主体的真理の探究とは？

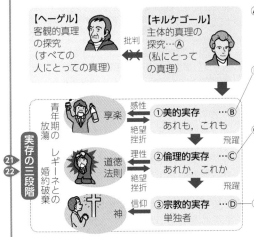

【ヘーゲル】
客観的真理の探究
（すべての人にとっての真理）

批判

【キルケゴール】
主体的真理の探究…Ⓐ
（私にとっての真理）

実存の三段階
21
22

青年期の放蕩
レギーネとの婚約破棄

感性　享楽
①美的実存　…Ⓑ
あれも，これも

絶望挫折　　　飛躍

理性　道徳法則
②倫理的実存　…Ⓒ
あれか，これか

絶望挫折　　　飛躍

信仰　神
③宗教的実存　…Ⓓ
単独者

Ⓐ　キルケゴールが求め続けたものは，ヘーゲルが体系化したようなすべての人にとっての客観的真理ではなく，「私にとっての真理」だった。自分にとっての真理に関心をもち続けることが主体性であり，彼はこれを「主体性が真理である」と表現した。

Ⓑ　感性の誘惑のままに（あるがままに）生きようとして，享楽（酒・賭事・恋愛・芸術鑑賞など）を「あれも，これも」と追い求めようとする段階。すべての享楽を追求することなど不可能であり，また快楽を得てもそこには倦怠とむなしさが残る。

Ⓒ　自己の実存を自覚し（人間はかくあらねばならないと考え），自分の良心に従って倫理的・道徳的に生きようとする段階。社会のなかでは，理想と現実の間で「あれか，これか」ひとつの決断をしながら，自分に責任をもって行動しようとする。すると自分の悪や限界を自覚してしまう。

Ⓓ　神の前にただ一人の人間（単独者）として立つことによって，人は絶望や不安から救われる。実存の最後の段階。人は神によって生かされているものと自覚することにより，真に主体的な人生が開けてくる。

Think　「死に至る病」とはどういうことか？

原典Ⓐ　主体性が真理である

View 「私にとっての真理」とはどういうことだろうか。

　重要なのは，私にとって真理であるような真理を見出すこと，私がそのために生き，かつ死ぬことをねがうような理念を見出すことである。いわゆる客観的真理を私が発見したとしても，それが私になんの役に立つというのか。

（小川圭治 訳「日記」『人類の知的遺産 48』講談社）

原典Ⓑ　死にいたる病

View それは「絶望」である。

　少なくとも，絶望したことがないなどという人間は，キリスト教界の外部には，かつて一人も生きていたことがなかったし，また現に生きてもいないが，またキリスト教界の内部にも，真のキリスト者でないかぎり，一人もいはしない。そして人間は，真のキリスト者になりきっていないかぎり，結局，なんらかの意味で絶望しているのである。

（桝田啓三郎 訳「死にいたる病」『世界の名著 40』中央公論社）

原典Ⓒ　現代の批判 14

View 現代は情熱のない時代，真の価値のない時代である。

　現代は本質的に分別の時代，反省の時代，情熱のない時代であり，束の間の感激にぱっと燃え上がっても，やがて小賢しく無感動の状態におさまってしまうといった時代である。……情熱のない時代はなんら真の価値を所有していない。すべてが代用品の取引きになる。こうして，部分的には真理でもあるし道理にかなってもいるけれども，しかし魂の抜けてしまっている，ある種の言い回しや評言だけが，民間を流通することになる。

（桝田啓三郎 訳『現代の批判』岩波文庫）

解説

Ⓐ　キルケゴール 22 歳のとき，日記に左のように書いている。この日記から彼がすでに実存的に主体的真理を探究していたことがわかる。つまり，人間にとって大切なことは，人間一般にかかわる客観的真理を認識することではなく私にとっての真理を探究することだといっている。ここでは「たとえ全世界を手に入れようとも，己が生命を損せば何の益があろう」という聖書の言葉を引用している。

Ⓑ　人間にとって最大の不安，恐怖は「死」である。そして，肉体の死以上に恐ろしいのが精神の死，人格の死である。キルケゴールは，「絶望」とはこの精神を死に至らしめる病であると述べる。この絶望を自覚して，真のキリスト者（＝宗教的実存の段階）となることで，人は「絶望」から救われるとキルケゴールは考えたのである。

Ⓒ　キルケゴールの『現代の批判』は，さながら 21 世紀社会の予言のようである。主体的真理の追究をやめ，誰もが打算で行動する時代の到来に，キルケゴールは強い危機感をもっていた。

西洋近現代思想

Focus　キルケゴールの挫折，恋愛，そして……

大地震（22 歳）　「貧しい羊飼いとして過ごした少年期に，寒さと飢えに耐えかねて神を呪った。また，母親との不義の結果キルケゴールが生まれた。」父の告白に衝撃を受ける。

出会い（24 歳）　ふしだらな遊蕩の日々をおくる。そのさなか，14 歳の少女レギーネに出会う。「おお神よ，なぜこのような愛の心が，今この時に私に目覚めねばならなかったのか。」

婚約解消（27 歳）　念願の神学試験に合格し，結婚を申し込み快諾を得る。しかし……「次の日に，私は過失を犯したことに気付いた。悔いあるものである私，私の経歴，私の憂鬱，それだけでもう十分であった。」11 か月後。婚約指輪を，一方的に送り付け婚約解消を告げる。「指輪を送ることは，この場合には，それを送るものに死罪を意味するでしょう」

その後　『あれか，これか』など代表的著作を次々と発表。これらは，「私のただ一人の読者」レギーネへ捧げられたものである。

●恋人レギーネ

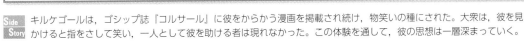

Side Story　キルケゴールは，ゴシップ誌『コルサール』に彼をからかう漫画を掲載され続け，物笑いの種にされた。大衆は，彼を見かけると指をさして笑い，一人として彼を助ける者は現れなかった。この体験を通して，彼の思想は一層深まっていく。

この世界をありのままに受け入れることを説いた，孤高の哲学者　〈11回〉

ニーチェ

Friedrich Wilhelm Nietzsche
1844～1900　ドイツ

> 神は死んだ。……世界がこれまで持った，最も神聖な，最も強力な存在，それが我々のナイフによって血を流したのだ。

Words 311 ニヒリズム　312 ルサンチマン　313 奴隷道徳　314 力への意志　315「神は死んだ」　316 超人　317 永劫回帰　318 運命愛

主著 『悲劇の誕生』『悦ばしき知識』『ツァラトゥストラ』『善悪の彼岸』『道徳の系譜』『権力への意志』

足跡　1844 年，牧師の子に生まれた。1864 年，ボン大学に入学するが，1 年後ライプチヒ大学に移り，神学と古典文献学を学ぶ。1869 年，スイスのバーゼル大学の教授に就任し，1872 年に『悲劇の誕生』を出版。1879 年，病気のためバーゼル大学を辞職し，病苦と闘いながら著作活動を続け，1885 年には主著『ツァラトゥストラ』を書き上げた。1889 年，イタリアのトリノで倒れ，精神錯乱のまま 1900 年にワイマールで死去した。古代ギリシャ思想やショーペンハウアーの影響を受け，19 世紀のヨーロッパの精神状況が**ニヒリズム**におちいっていることを鋭く指摘した。生前にその主張が理解されることはほとんどなく，注目を集めるようになるのは，死後のことである。

西暦	年齢	生涯
1844	0	ドイツ北東部の寒村レッケンで，牧師の家に生まれる
56	12	頭痛と眼病の徴候があらわれ始める
64	20	ボン大学に入学し神学と古典文献学を専攻
65	21	ライプチヒ大学に転学
69	25	スイスのバーゼル大学の教授に就任
72	28	『悲劇の誕生』を出版
79	35	病気のため大学を退職
82	38	『権力への意志』の執筆を開始（未完に終わる）
85	41	『ツァラトゥストラ』完成
87	43	『道徳の系譜』完成
89	45	精神科病院に入院する
1900	55	ワイマールで死去

（吹き出し）博士号も教員資格すらも取得していなかったが，恩師リッチュルの強い推挙によって教授になる。

（吹き出し）当時の診断は進行性脳麻痺であったが，作家で精神科医でもある齊藤茂吉は，記録と症状が合わないと，この診断に疑問を呈している。

Approach　自分を肯定して生きる—ルサンチマンを超える「よろこび」とは？

(1)　ニーチェの生（栄光と挫折…失恋）

学生時代，詩や音楽を愛す勤勉な優等生だったニーチェは，25 歳で大学教授に就任する。これは，当時としても異例の抜擢で，それだけニーチェの才能を周囲の人たちが評価していたことの表れだ。

その後 28 歳で出版した処女作『悲劇の誕生』が，あまりにも当時の学界の常識を外れた内容だったために，酷評にさらされる。今まで期待されていたぶん，その反動で周囲の失望も大きかった。

30 代に入ると体調は急激に悪化。発作を起こし，気を失うこともたびたびあったようだ。そのために，35 歳で大学を辞め，転々と療養生活を送ることとなる。この時期，「さまよえる逃亡者」などと，ニーチェは，自身のことをぼやいている。

そんなニーチェが，37 歳の時に出会ったのが，ルー・ザロメだった。ザロメは詩や論文を書く女子学生で，そのきわだった賢さで当時は，「めずらしい女性」として評判だった。どうやら，ニーチェはこのザロメをとても気に入った様子。出会って数日後にプロポーズをしている。結果は失敗。その後も二人の関係は続くが，ニーチェが一方的に翻弄されてこの恋は終わりを告げる。

その体験直後に猛然と書き始められた（第一部をたった 10 日で書き終わってしまう）のが，『ツァラトゥストラ』なのだ。

(2)　ニーチェの「よろこび」とは？

『ツァラトゥストラ』のなかで示されるのが**永劫回帰**の教えである。

> あなたがたがかつて，ある一度のことを二度あれと欲したことがあるなら，「これは気に入った。幸福よ！束の間よ！瞬間よ！」と一度だけ言ったことがあるなら，あなたがたは一切がもどってくることを欲したのだ！……あなたがた永遠の者よ，この世を永遠に，常に，愛しなさい！そして嘆きに対しても言うがいい。「終わってくれ，しかしまた戻ってきてくれ！」と。なぜなら，すべてのよろこびは—永遠を愛するからだ。
>
> （氷上英廣 訳『ツァラトゥストラはこう言った』岩波文庫）

この人生の中で，一度でも魂がふるえるほど，よろこびに満たされたことがあるならば，悲しみや，苦しみなども一切ひきつれて，「よしもう一度この人生を」（**運命愛**の一つの表現）と言うことができるだろう。ニーチェ自身，病気，失業，孤独そして失恋…人生の辛酸，「嘆き」をたっぷりと味わってきた。だから，これはニーチェ自身の体験から生まれてきたものとも考えられる。

ニーチェ本人の「よろこび」は，ザロメとのたった一日の二人だけの語らいの体験だったのではないか，という説がある。だとすると，失恋の嘆きやザロメへの恨み（ルサンチマン）を克服して，一回だけの共に語り合ったよろこびとともに生きていこうと決意したのは，ほかならぬニーチェ自身であったのかもしれない。

➡ルー・ザロメ（左端）とニーチェ（右端）

Side Story　1870 年の普仏戦争の際，ニーチェは志願してプロイセン軍の看護兵として従軍するが，ジフテリアや赤痢を患い，2 か月余りで除隊となった。戦地で聞いた負傷兵のうめき声は，その後数か月耳から離れず，ニーチェを苦しめた。

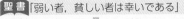
Outline　ニーチェの思想：超人とはどんな人のあり方なのだろう？

近代ヨーロッパ

キリスト教道徳（奴隷道徳）

聖書「弱い者，貧しい者は幸いである」

 ＝悪（欲深くて非道）　強者

 ＝善（謙虚で心やさしい）　弱者

という奴隷道徳を形成

→ 普遍的な価値を否定するニヒリズムが蔓延
社会の退廃，凡庸化，平均化

ニーチェの思想

神の死＝すべての価値が失われたことを認める

永劫回帰＝無価値な状態が永遠にくり返されるだけという事実に向き合う＝運命愛
力への意志＝生命体がもつ自己拡大の本性を自覚

超人　自分をごまかさず，ありのままの人生を肯定できる新しい人間のこと＝運命愛

よしもう一度この人生を！

Think　ニヒリズムを乗り超える思想とは？

原典A　神は死んだ

View 新しい価値の創造。

　神は死んだ！　神は死んだままだ！　それも，おれたちが神を殺したのだ！

（信太正三 訳「悦ばしき知識」『ニーチェ全集8』理想社）

原典B　力への意志

View 生命の根源。

　およそ生あるものの見いだされるところに，わたしは力への意志をも見いだした。そして服従して仕えるものの意志のなかにも，わたしは主人であろうとする意志を見いだしたのだ。（手塚富雄 訳『ツァラトゥストラ』『世界の名著46』中央公論社）

原典C　高貴な道徳と奴隷の道徳

View 自発的に行動するのが高貴な道徳，一方奴隷の道徳は…

　すべての高貴な道徳は，勝ち誇るような肯定の言葉，然りで自己を肯定することから生まれるものである。ところが奴隷の道徳は最初から，「外にあるもの」を，「他なるもの」を，「自己ならざるもの」を，否定の言葉，否で否定する。この否定の言葉，否が彼らの創造的な行為なのだ。（中山元 訳『道徳の系譜学』光文社）

16 原典D　超人とは

View 無意味に耐え，ありのままを受け入れて生きる人。

　わたしはあなたがたに超人を教える。人間とは乗り超えられるべきあるものである。あなたがたは，人間を乗り超えるために，何をしたか。およそ生あるものはこれまで，おのれを乗り超えて，より高い何ものかを創ってきた。ところがあなたがたは，この大きい潮の引き潮になろうとするのか。

（手塚富雄 訳『ツァラトゥストラ』『世界の名著46』中央公論社）

1　超人に至る道「三段の変化」

　精神が超人に変化していく過程を描いたと考えられるのが**三段の変化**。このように，人は既成の価値観を打ちこわし，新しい価値を創造する超人へと変貌をとげるのだ。

①**ラクダ**　ひざを折り，多くの荷物を進んで積んでもらおうとする。困難を自ら求めそれに負けぬ忍耐強さを持つことが求められる。

②**ライオン**　ラクダが砂漠に進みゆく中，ライオンへと変化する。そこでライオンは，巨大な竜と争う。その名は「汝なすべし」（キリスト教などの旧い価値観）。対してライオンの精神は「われは欲する」と言う。この戦いで手に入るのが，新しい創造のための自由だ。

③**幼な子**　自由を獲得し，新しい価値を創造するのは，無垢な幼な子の役割。創造とは「ひとつの遊戯」であり，「聖なる肯定」が必要とニーチェは説く。これは，あふれ出てくる創造力に身を任せて，無心に絵を描いている子供の姿をイメージするとわかりやすい。

解説

A「神は死んだ」というのは，神の存在の否定というよりも，キリスト教を中心とするヨーロッパの伝統的価値観がもはや生命力を失い，社会の退廃や人間の凡庸化，平均化の原因となっているという考えを象徴している。

B「力への意志」とは，生命力にあふれ，自らを強めようとする意志である。「力への意志」を衰弱させるものがキリスト教道徳であり，ニーチェはこれを「奴隷の道徳」であるとして批判する。そして，あるがままの世界を肯定し新しい価値を創り出すことによって**ニヒリズムを乗り超えること**ができると主張する。

C力への意志をもとにした「高貴な道徳」は，積極的な力強い自己肯定の感情から生まれる。一方「奴隷の道徳」は，強者に対し弱者が抱く復讐心（ルサンチマン）から生まれる。弱者の行動は，強者に対して否定の言葉を投げかけるだけの「受動的な反応」でしかないため，本当の意味での「創造的な行為」とは言えないのだ。

Focus　ショーペンハウアーとの出会い

　友人関係でボン大学になじめず，ライプチヒ大学に転学したニーチェが古本屋で偶然手にしたのが，**ショーペンハウアー**（1788～1860）の『**意志と表象としての世界**』であった。そこには，ヘーゲルに代表される理性主義に対し，「**盲目的な意思がこの世界の根本をなす。一人ひとりの抱える生は，逃れようのない困難と苦しみに満ちている**」という**厭世主義（ペシミズム）**の哲学があった。この本はニーチェにとって「世界と生と私自身」を壮大に映し出す「一個の鏡」となり，寝食を忘れ2週間も読みふけったという。

❶ショーペンハウアー

西洋近現代思想

Side Story 若きニーチェはワーグナーの音楽に心酔した。その音楽がギリシャ悲劇に通ずる躍動的な精神を宿し，死んだ価値観を打ち破るものとみたからである。しかし後年，成功に酔いしれ客受けをねらうワーグナーの姿に幻滅し，決別した。

実存主義をけん引

ヤスパース

Karl Jaspers
1883 ~ 1969　ドイツ

実存

Words　319限界状況
320超越者　321実存的交わり

> 実存のない理性は空虚であり
> 理性のない実存は盲目である。

主著　『哲学』『理性と実存』『哲学入門』

足跡　1883年，銀行家の子として生まれた。1901年，大学に入り法学を学ぶが，翌年医学に転向，ハイデルベルク大学の精神科医局に勤務。1913年に『精神病理学総論』を出版し，精神病理学者としての地位を確立した。その後哲学に転向。1921年にはハイデルベルク大学の哲学科の教授となり，1932年，主著『哲学』を出版。しかし，妻がユダヤ人のためナチスから迫害され，1937年には教授の職から追放され，第二次大戦終了まで沈黙を強いられた。苛烈な戦争体験から発表された『責罪論』は，国内ではほとんど省みられることはなかった。1948年にはスイスのバーゼル大学教授となりドイツを離れる。

ヤスパースはキルケゴールの実存思想に大きく影響を受け，二度の世界大戦という危機的な状況の体験を通して，科学的認識（世界や人間を客観的にとらえ理解すること）の限界を強く感じ，自らの思想を深めていった。

西暦	年齢	生　　　涯　色文字は同時代のできごと
1883	0	ドイツのオルデンブルクに誕生
89	6	ヒトラー，ハイデガー誕生
1901	18	大学で法学を学ぶ
02	19	医学へ転向
13	30	『精神病理学総論』を出版
14	31	第一次世界大戦勃発
21	38	ハイデルベルク大学の哲学科の教授となる
32	49	『哲学』を出版
35	52	『理性と実存』を出版
37	54	ナチスにより教授職を追放される
39	56	第二次世界大戦勃発
50	67	『哲学入門』を出版
69	86	死去

Approach　戦争の罪を問う

> 罪の問題は他からわれわれに向けられる問題というよりは，むしろわれわれによってわれわれ自身に向けられる問題である。われわれがこの問題に心の底からどのような答えを出すかということが，われわれ現在の存在意識・自意識の基礎になるのである。それはドイツ魂の死活問題である。

1945年5月。第二次世界大戦でドイツは降伏をしました。その後，ホロコーストなど，ナチスによる残虐な行為の数々が白日の下にさらされてきます。翌年の1月からヤスパースはドイツの大学で「罪を問う」と題して講義を行いました。上で引用したのは，その講義の中のものです。

当時のドイツには，**フランクル** (→p.20) のように，強制収容所から，からくも生還できた人たちもいます。これから，裁判で戦争中に犯した罪を裁かれる人たちも大勢います。その中でヤスパースは，ナチスの活動に積極的には参加しなかった一般のドイツ人に対して語りかけます。

> 「われわれは一人残らず，積極的に何もしてこなかったという意味において罪がある。」とくに「大勢に順応した無力な人たち」に対して，「他の人たちの災厄に対して盲目だった」ということ，すなわち自分の心にその災厄を感ずるだけの想像力が欠けていたということ，これが道徳的な罪なのである。

ヒトラーが政権を握った1933年以降は，ドイツとドイツ人に絶望し，自らを「祖国喪失者」と名づけたヤスパースは，ドイツ敗戦後は一転して自分を

↑ナチス党大会（1941年）　スローガンは「ひとつの民族，ひとつの国家，ひとりの指導者」。

「敗戦国民」の側におきこのような講義を行いました。

ただし，ドイツ人をすべて一括して，「下劣で，犯罪性を持つ」といった風に評価するのは，集団を単位にして物事を考えるやり方で，根本的に誤った，それ自体で非人間的な行為であるとヤスパースは断言しています。

> 話し合い，耳を傾け合うということが，われわれには大いに不足している。……これをさらに悪化させるのは，真に深く物を考えようとしない人の数が実に多いという事実である。かれらは標語を求め，何か服従するものを求めている。教え込まれた文句を繰り返す以外には，問うこともしなければ，答えることもしない。

ヤスパースは，このように語りかけて，学生たちに自ら考えることを促しています。「**実存的交わり**」「**愛の闘争**」を提唱するヤスパースからすると，ドイツでの「真に深くものを考えようとしない」風潮は我慢がならなかったようです。

ところで，今の日本はどうでしょうか？　皆さんはどう考えますか？

（参考：ヤスパース 著／橋本文夫 訳『戦争の罪を問う』平凡社）

Side Story　ヤスパースは，ナチスからユダヤ人の妻を捨てるか，大学教授の職を捨てるかと迫られた時，敢然として妻を伴って大学を去った。主著『世界観の心理学』と『哲学』は，いずれも愛する妻に捧げられている。

Outline ヤスパースの思想：限界状況への直面がもたらすものとは？

```
科学的          限界状況          絶望    自己の有限性を       超越者
認識の限界        との直面                自覚 実存の自覚       包括者
```

第一次世界大戦を経験

回避・ごまかし
埋没した生

ヤスパースは，超越者に出会うまでの道筋を，暗号の解読に例えているそうだよ。

Think 限界状況に入ると，人は何が見えてくる？

原典 A 限界状況

View 限界状況を経験することは，実存することと同じである。

　眼を見開いて限界状況へと踏み入ることによって，われわれは，われわれ自身となるのである。知にとっては，単に外面的しか知ることができない限界状況は，実存にとってのみ，現実として感得（かんとく）されるものとなる。**限界状況を経験することと，実存することとは，一つのことである。**

(草薙正夫ほか 訳『哲学Ⅱ （実存解明）』創文社)

原典 B 超越者の出会い

View 超越者は自分の努力で見つけ出すもの。

　……限界状況は，知識内容と化したあらゆるあり方における客観的存立としての絶対者を，粉砕してしまう。絶対者は，実存にもとづいて，そのつど歴史的形態において，自由をもって摑（つか）み取られなければならない。もしも私が，正しい，公正な，最終的な世界組織の可能性を，私の行為の有意義性の条件として，要求するならば，私にとっては，世界であるかぎりの世界が，すべてとなり，私は超越者を否定することになろう。……

　したがって，真の存在は，ただ限界状況の中でのみ経験されるか，さもなければ全然経験されないかであって，それゆえに，二律背反性（にりつはいはんせい）を欠如した世界，客観的に現存する真理としての永続的な絶対的真理をそなえた世界の中では，実存は存在することをやめてしまうのである。また実存といっしょに，**超越者**を感じ取りうるような，現存在の中の存在も，存在することをやめてしまうであろう。

(小倉志祥ほか 訳『哲学』『世界の名著 続13』中央公論社)

原典 C 実存的交わり

View 実存から実存に至ろうとする交わりが，存在するための条件。

　私は，他者と共同することによってのみ存在しうるのであり，ひとりでは無なのである。

　単なる悟性と悟性の交わりや精神と精神の交わりではなく実存から実存に至ろうとする交わりにとっては，非人格的な事物や有効なものはすべて，交わりの単なる媒介物として存在するにすぎない。

(林田新二 訳「哲学入門」『哲学とは何か』白水社)

解説

A B ヤスパースは，死・苦悩・罪責・争いのように人間が超えることもできないし，変化させることもできない状況のことを**限界状況**と名づけた。限界状況に直面して，どういう態度をとるかで，その人間がいかなる人間となるかということを決定する。第一は，限界状況に目を閉ざし，故意（こい）に忘れ去るか，もしくはごまかすこと。これは，世界の中で埋没して単に生きていくだけにとどまる。第二の道として，限界状況に直面し絶望することを経て，それを超克しようと努めること。その中で実存（自己の本来のあり方）への覚醒がもたらされ**超越者**（包括者（ほうかつしゃ））への道が開かれるのである。

C キルケゴールは神の前に単独者として立つことを真の実存としてとらえたが，ヤスパースは，実存は自らが実存であろうと欲するもの相互の「**実存的交わり**」なしに実存はありえないという。哲学者たちが陥りがちな，自分の考えだけに固執し孤立しようとする衝動を，ヤスパースは自身のうちにも認める。そして，「他人を愛することによってでなければ，私は自らを愛することはできない」と自らを戒めるのである。かけがえのない他者との交わりによって，「私は何を真に欲しているか」「私とは何か」が，その深みにおいてあらわになると考え，時には「**愛の闘争**」と呼ぶ，厳しく，ありのままに自分を伝えあう交わりを通して，たがいの実存があきらかになると考え実践したのである。

Focus これって一目ぼれ？

　10代のころから気管支系の病に悩まされ続けたヤスパース。そのため乗馬や水泳，ダンスや長距離の旅行などは控えなければならず，引っ込み思案な性格も災いして孤独な青年時代を送ったようだ。しかし，24歳で親友の姉であり後に妻となるゲルトルート・マイヤーと出会ったとき，ヤスパースを悩ませていた孤独や憂鬱な気分が「一変した」と自伝で述懐している。

　ゲルトルートの落ちついた明るさのうちに，彼女の魂の「この上なく清純な在り方」「気高さ」をヤスパースは感じ取り，出会った最初の瞬間からして「私どもの間には，いいようのない共感が鳴り響いた。」そうである。

　この出会いによってヤスパースは，彼にとっての「哲学というものの意義」もまた「一変した」とまで断言する。「実存哲学」は，その人の生き方と密接に結びついているものなのだ。

↑ヤスパースと妻ゲルトルート 強制収容所送りの危機をともに乗りこえて，終生支え合った。

(重田英世 訳『哲学的自伝』理想社)

西洋近現代思想

Side Story ヤスパースと膨大な往復書簡を残したハンナ＝アーレントは，ヤスパースを「尊敬する先生」と呼び，その刺激を受けながら思索を展開していった。このことも「交わり」の一つであろう。

「存在の意味」への問いを復活させた哲学者 〈11回〉

ハイデガー

Martin Heidegger
1889～1976　ドイツ

Words 322現存在　323世界内存在　324被投性　325ひと（世人，ダス‐マン）　326死へとかかわる存在　327存在忘却　328故郷喪失

> 人間は，例外なく終わり（＝死）へと至る有限な時を生きるからこそ，取り返しの効かない〈今〉，決意して唯一的な行為を遂行すべき「具体的な状況」が開示されるのだ。

主著　『存在と時間』『形而上学とはなにか』「「ヒューマニズム」について』

足跡　1889 年，南西ドイツ田舎町，メスキルヒに生まれる。父は町の教会の建物の管理人であった。フライブルク大学に入学し，初めは神学を学んだが，その後哲学に転向。フッサールに師事し，現象学の手法を取り入れた独自の思想を育む。1923 年，マールブルク大学教授となり，1927 年に主著『存在と時間』を出版した。1928 年，フライブルク大学の教授となる。この頃ナチスに入党し，1933 年にはナチスの支持を得てフライブルク大学総長に就任。親ナチス的な大学改革を行うが，学内の反発から頓挫し，1 年で辞任。戦後はナチス協力の理由で教職から追放されたが，1951 年に復職した。1976 年の死去に至るまで思索と執筆を続けた。20 世紀の思想の方向性を決定づけた重要な思想家として評価されている。

西暦	年齢	生　涯
1889	0	南西ドイツのメスキルヒに誕生
1909	20	フライブルク大学で神学を学ぶ
11	22	哲学へ転向
14	25	第一次世界大戦
27	38	『存在と時間』を出版
28	39	師 フッサールの後任で同大学の哲学科の教授となる
29	40	『形而上学とはなにか』を出版
33	44	ナチス入党。同大学の総長に就任（1 年で辞任）
45	56	第二次世界大戦終結　ナチス協力を理由に教職から追放
51	62	復職と同時に退官し，執筆活動に専念
76	87	死去

色文字は同時代のできごと

同年の生まれにドイツ総統となるアドルフ・ヒトラーや哲学者のルートヴィヒ・ウィトゲンシュタインがいる。

兵役に就かず，郵便の検閲等に動員される。

ハイデガーは後年，「第二次世界大戦は，本質的に何も決定しなかった」と述べている。

Approach　なぜ一体，存在者があるのか，むしろ無があるのではないのか？

　表題は，ハイデガーの『形而上学入門』で示された「問い」です。ハイデガーは「存在（ある）」の意味を問いました。「机の中に教科書がある」という言葉を聞き，誰にでもその「存在（ある）」がわかるはずです。しかし，教科書は，存在するものであって，存在することそれ自身ではありません。ハイデガーは存在者ではなく存在そのものについて考えているのです。この問いに答えるのは，簡単なようで非常に難しいものです。例えば次の二つ。

①科学的な答え　宇宙には始まりがあって，爆発のように膨張して現在に至るというビッグバン理論。でも，「なぜ宇宙が存在しなければならなかったのか」という問いには科学は答えられない。そもそも科学が探究する対象でもないだろう。

②宗教による解答　「はじめに神，天地を作りたまえり」天地創造により神が，この宇宙を製作した。それに対しては「なぜ神は存在するのか，そして神が無いのでなかったのはなぜなのか」を問うてみることができる。これは信仰にとっては「愚かな問い」である，とハイデガーは認める。しかし，この愚かな問いのなかに哲学は成立するとも述べている。

　「存在そのもの」への問いは，実は古来から哲学者の頭を悩ませてきました。

パルメニデス　「あるもの（のみ）があると語りかつ考えねばならぬ。なぜならそれがあることは可能であるが無があることは不可能だから」

プラトン『ソフィスト』「存在するという言葉を使うときに，自分でいったい何を言おうとしているのか…今では途方に暮れている」「哲学とは『存在をめぐる巨人の戦い』だ」

アリストテレス『形而上学』　存在とは何かという問いは「絶えることなくそこへ向かう途上にありながら，いつもくり返しそこへ通じる道を見いだせないでいるものである」

ライプニッツ　「なぜなにもないのではなく，なにかが存在するのか」

ウィトゲンシュタイン『論理哲学論考』「神秘的なのは，世界がいかにあるかではなく，世界があるということである」

　……どうでしょう。「存在とは…」考えれば考えるほど，目まいがする。サルトルは『嘔吐』で存在への嫌悪（吐き気）を描きましたが，ハイデガーはサルトルへの手紙にこう書いています（ただし未投函）。「重要なことは……このうえない真剣さで，この世界の瞬間をとらえ，それを言葉にすることです。そうすれば，最後には，無のなかの底なき深みに，在ることの豊饒さが隠されているという，決定的な経験がめざめます」。ハイデガーは，あることの豊かさを，「このうえなく真剣に」求めたのではないでしょうか。それはまた，いまだに解かれることなく私たち自身に向けられた問いでもあるでしょう。

「われ惟う。ゆえにわれ在り」が，私の哲学の第一原理だ。

デカルト

ちょっと待って！「在り」の意味の究明が抜け落ちていますよ！

ハイデガー

Side Story　ハイデガーはフライブルク大学で教鞭をとっていたころ，2 度もベルリン大学の教職に招かれながら断っている。フライブルク近くシュヴァルツバルトの自然を愛していた彼は，その地を離れたくなかったのである。

Outline　人間は，自分の死の可能性にどう向き合うか？

存在の意味を問うには，どうすればよい？

存在が現れ出る現場としての，個々の具体的な人間（＝現存在）を分析。

現存在は，常にさまざまな意味をもった事物による世界のうちに存在する（＝世界内存在）。誰しも，気づいたときには，すでに存在していた（＝被投性）。

現存在（人間）は，いずれ死ななければならない死へとかかわる存在であり，漠然とした不安にさらされている。（→ＡＢ）

↓ 普通の人の生き方

非本来的自己　自己の死を直視するのではなく，周囲に合わせて気を晴らしつつ，不安をまぎらわせて過ごす人々→世人（ダス‐マン）。

本来的自己　自己の限界（死）を直視し，良心の呼び声に耳を傾け，限られた時間を精一杯生きる決意（＝先駆的決意性）。

現代文明　あらゆるものを技術的な操作の対象と見なす現代文明においては，「存在」への問いは忘れられ（＝存在忘却），人々はすべての存在者の根源である「存在」から見捨てられた状況にある（＝故郷喪失）。（→ＣＤ）

Think　存在の意味の探究から見えてきた現代文明の課題は？

原典Ａ 不安からの逃避

View 平均化・画一化した存在である「ひと」（現存在）

　「私」は，おのれに固有な自己という意味で「存在している」のではなく，世人という在り方における他者なのである。この世人のほうから，またこの世人として，私は私「自身」に差しあたって「与えられて」いる。差しあたって現存在は世人であり，たいてい世人であるにとどまる。

（原佑・渡辺二郎 訳『存在と時間』『世界の名著62』中央公論社）

原典Ｂ 死へとかかわる存在

View 自己の有限性を自覚した時，本来的な生き方への道が開かれる。

　存在しうることとして現存在は，死の可能性を追い越すことはできない。死は，現存在であることの絶対的な不可能性という可能性なのである。　（同前）

原典Ｃ 故郷喪失と存在忘却

View 求められるのは「存在」の呼びかけに直接耳を傾けること。

　故郷喪失のなかで，いまは，たんに人間たちがあちこちさまよっているだけではなく，むしろ，人間の本質があちこちさまよっているのである。このように思索されるべき故郷喪失は，存在者が存在から見捨てられていることにもとづくのである。故郷喪失は存在忘却なのである。

（渡辺二郎 訳『「ヒューマニズム」について』ちくま学芸文庫）

原典Ｄ 技術への問い

View 自然そして人間も，資源として，技術によって用立てられ駆り立てられる。

　自然のエネルギーを挑発するこの調達は二重の意味で発掘である。すなわちそれは運び出すことであり，また促進することである。……この運び出しは，別のものを促進することを，すなわち最小の費用で最大限利用できるよう先へ先へと駆り立てることを常にあらかじめ目指している。炭鉱で採掘された石炭は，ただ一般的にどこかに現存するために調達されるのではない。石炭は貯蔵されるのであり，すなわちそれは，それに蓄えられた太陽の熱エネルギーを用立てるために，すぐ使えるようにその場にある，石炭のなかの熱エネルギーは高温へと挑発され，高温は蒸気を発するために用立てられ，そして蒸気の圧力が歯車を動かし，これによって工場が稼働しつづけるのである。

（関口浩 訳『技術への問い』平凡社）

解説

Ａ 「ひとが……するから自分も」と思う心の中で，本来の自己自身は失われてしまう。本来の自己が直面する不安を，おしゃべりや気晴らしによって覆い隠すことは，自己の可能性から目を背けることでもある。ハイデガーは，そのような人間を「ひと（世人，ダス‐マン）」と呼び，そうした人間のあり方を「頽落」と表現した。

Ｂ 人間はいつか必ず死ななければならない「死へとかかわる存在」だ。「ひと」の中に埋没している人間は，気晴らしや享楽によって，この事実や不安から逃避しているのである。ハイデガーは，本来の自己からの「良心の呼び声」にこたえ，自己の有限性を自覚し，決断と責任をもって主体的に生きるとき，人間の本来的な生き方，すなわち実存が確立されると考えた。

Ｃ 『存在と時間』の発表後，ハイデガーは思索を深め，「存在者」から「存在」を考えるのではなく，「存在」の呼び声に直接，耳を傾け，それにしたがうことを求めるようになる。存在の意味など問うことなく（存在忘却），本来の自分を見失って生きる人間のあり方を「故郷喪失」と呼ぶのである。

Ｄ 近年の農業は，耕地を手入れし作物を育てるのではなく，機械化された食品工業となり，自然のエネルギーに対する挑発だとハイデガーは説く。資源を駆り立て，用立てるのは言うまでもなく人間である。だが，人間自身も「人的資源（Menschenmaterial）」として用立てられる資材と化してしまう点に注意しよう。

西洋近現代思想

Focus　神殿が開き示す「存在の真理」とは？

　ハイデガーは，『芸術作品の根源』で，ゴッホの絵画（→p.93）とともにギリシャのパルテノン神殿についても記述している。「そこに立ちながら，この建築作品は，その上で荒れ狂う嵐に耐え，そのようにしてはじめて嵐そのものを威力において示す，岩石の光沢と光輝は，それ自体ただ太陽の恩恵によるとしか見えないが，実は昼の明るさ，天空の広さ，夜の闇をはじめて輝き一現れることへもたらす。このようにして確然とそびえることは大気という眼に見えない空間を見えるようにする。」（関口浩 訳『芸術作品の根源』平凡社）。ハイデガーは哲学が求める真理を，ギリシャ語の「アレーテイア」（不伏蔵性）を使い説明する。冷たい大理石でできた神殿が，覆いを取り隠れのないものにするものは，ギリシャの空の豊かさや，ゴッホの靴の絵と同じく「大地」（Erde）なのだ。

❶パルテノン神殿

Side Story　1933年フライブルグ大学の総長となったハイデガーは，ナチスに入党し就任演説で「民族共同体への献身」を叫ぶ。戦後その責任を問われ教職を追放されたが，復職後もナチスとの関係について正面から答えることはなかった。

実存主義を発展させ，社会変革への参加を呼びかける　　　　　　　　13回

サルトル

Jean-Paul Charles Aymard Sartre
1905 ～ 80　フランス

存在

Words 329実存と本質　330投企的存在　331自由の刑　332アンガジュマン　333即自存在　334対自存在

> 君は自由だ，選びたまえ。

西暦	年齢	生　涯　色文字は同時代のできごと
1905	0	パリで生まれる
24	19	高等師範学校（エコール・ノルマル）に入学
29	24	ボーヴォワールと契約結婚する
31	26	ルアーブルの高等中学教師に就任
33	28	ドイツのベルリンに留学
38	33	『嘔吐』を出版
39	34	第二次世界大戦勃発　ドイツ軍の捕虜になるが，のちに釈放され，レジスタンス（反ナチス抵抗運動）に参加
43	38	『存在と無』を出版
46	41	『実存主義とは何か』を出版
64	59	ノーベル文学賞を辞退
80	74	パリで死去

> サルトルは同年の1級教員試験（哲学）にトップで合格。ボーヴォワールは2位で合格した。

> サルトルは，フランス政府によるレジオンドヌール勲章の授与なども，一貫して辞退している。

主著　『嘔吐』『自由への道』『存在と無』『実存主義とは何か』『弁証法的理性批判』

足跡　1905年，パリに誕生。1924年，パリの高等師範学校に入学し哲学を学んだ。1933年から4年間ベルリンに留学，**フッサール**（●p.166）に師事して現象学を学ぶ。以後，哲学・文学の両面で執筆活動を行い，1938年に発表した哲学的小説『嘔吐』は，名声を博した。1939年，第二次世界大戦が勃発すると，フランス軍の兵士として従軍し，ドイツ軍の捕虜となるが，一年抑留されたのち釈放され，占領下のフランスでレジスタンスに協力した。『存在と無』（1943年），『実存主義とは何か』（1946年）など哲学方面の執筆活動を行うと同時に，内縁の妻ボーヴォワール（●p.186）らと政治・文学誌『現代』を創刊し，アルジェリア独立運動への支持やベトナム戦争へのアメリカの介入反対など，政治的な言論活動も幅広く行った。

Approach　いま，あなたは自由ですか？

知恵：先生，聞いてください！　今日，買ったばかりのおしゃれなコートを着て登校したんですけど，生徒指導の先生に「校則違反だ！」と言われて，今まで指導を受けていたんです。

真田：高校生である以上，校則は守らなければね。

知恵：でもこの学校の校則，厳しすぎませんか？　友達の学校では，問題のないコートなのに。もっと自由を認めてほしいです。

真田：「自由」か。なかなか厄介な言葉だね。そういえば，人間の自由について考え抜いた哲学者に**サルトル**という人がいる。第二次世界大戦中フランスは，ドイツの占領下にあった。そして，1944年8月にパリが解放される。そのときサルトルは，「我々はドイツの占領下にあったときほど，自由であったことはなかった」と書いているんだ。

知恵：なんてへそ曲がりな人なの！　パリといえば，芸術にファッションに，花の都。せっかく解放されたのにどうして，そんなこと言うの？

真田：確かに，知恵さんが学校に求める自由と，サルトルの言う自由とは意味が大きく違うのだろうね。なにしろ，サルトルは「**人間は自由の刑に処せられている**」とまで言っているのだから。

知恵：自由を刑だなんて！　ますますへそ曲がりですね。自由って，自分の好きなこと，やりたいことができることよね。学校でも，好きな服装ができたらいいなぁー。それに，私は絵を描くのが好きなので美術の時間を多くして苦手な数学の時間がなくなればなぁ。

真田：でもね，知恵さんの考える自由，それは学校から与えられるものだよね。今の知恵さんのように，受動的な考え方をしているときほど人間は，自由を見失っている，とサルトルは考えるんだ。逆に，戦争中のように，どうにもならないものとして世界が迫ってくるとき，私たちも世界と強くかかわらざるを得なくなる。そこで能動的に世界を変え，また自分を変えようとしたときに，自由も明らかになってくると考えたんだ。

知恵：戦争はイヤだけど……。そういえば去年，母が病気で入院して，弟や妹の面倒をみるので忙しい中，時間をみつけて勉強も頑張ったっけ。今思うと，そのときはけっこう充実していたかも……。

真田：大変だったようだね。

知恵：「自由がない」とか考えているヒマもなかった。あのときのことを思うと，今は家族に甘えてしまっているな。あ，そういえばソクラテスが牢獄の中で自由を奪われながら自分の思索を深めていったと，倫理の授業で教えてもらいましたよね？

真田：よく覚えていたね。サルトルもドイツ軍の捕虜になったそうだが，ソクラテスと状況は似ているかもしれない。逆に，人は何でも与えられてしまうと，どうしても受け身の生き方になって，自分の思うようにいかないことばかりが目について，不満ばかりがたまってくるものだよね。

知恵：それって，今の私にそのまま当てはまりますね……。自由って，厳しいものなんですね！

Side Story　ノーベル賞辞退の理由をサルトルは2つ挙げている。個人的理由として，ノーベル賞のような栄誉を受けることが好きでないこと，客観的理由としてはノーベル賞がブルジョワ（資産家階級）的色彩が濃厚であるからと説明している。

Outline サルトルの思想：人間の本質はあらかじめ決まっていない。

紙を切るための刃物 → ペーパーナイフ（＝即自存在） ○

職人 — 本質 →

神 — 本質 → 神が自分の似姿として作ったもの → 人間 ✕ 神は存在しない

人間の本質は神によって定められたものではない
↓
人間は常に自分に向き合って生きる存在（＝対自存在）
↓
自由な決断と行動で生きる

実存 人間はみずからつくるところ以外の何ものでもない

理系？ ？文系

不安と孤独と責任をともなう

新しい自分を創造 ＝ 本質の決定

実存は本質に先立つ
↓ ↑
現実社会に自己を投企する
アンガジュマン 自由の刑

Think サルトルはなぜアンガジュマンの必要性を説いたのか？

ⓐ 実存は本質に先立つ
（14 19）

View 人間の本質はみずから作り上げていくものだ。

①**本質が実存に先立つ（有神論的な人間観）** たとえば書物とかペーパー・ナイフのような，造（つく）られたある一つの物体を考えてみよう。この場合，この物体は，一つの概念（がいねん）を頭に入れた職人によって造られたものである。職人はペーパー・ナイフの概念に頼り，またこの概念の一部をなす既存の製造技術－けっきょくは一定の製造法－に頼ったわけである。したがってペーパー・ナイフは，ある仕方で造られる物体であると同時に，一方では一定の用途を持っている。……ゆえにペーパー・ナイフに関しては，本質－すなわちペーパー・ナイフを製造し，ペーパー・ナイフを定義しうるための製法や性質の全体－は実存に先立つといえる。……われわれが，創造者としての神を考えるとき，神はたいていの場合，一人のすぐれた職人と同一視されるのが普通である。……つまり**人間という概念は，神の頭の中では，製造者の頭にあるペーパー・ナイフの概念と同一に考えてよい。**

②**実存が本質に先立つ（無神論的実存主義の人間観）** 実存が本質に先立つとは，この場合何を意味するのか。それは，人間はまず先に実存し，世界内で出会われ，世界内で不意に姿をあらわし，そのあとで定義されるものだということを意味するのである。実存主義の考える人間が定義不能であるのは，人間は最初何ものでもないからである。人間はあとになってはじめて人間になるのであり，**人間はみずからつくったところのものになるのである。**このように，人間の本性は存在しない。その本性を考える神が存在しないからである。

（伊吹武彦 訳『**実存主義とは何か**』人文書院）

ⓑ 自由の刑

View 自由とは厳しいものだ。

　神が存在しないとすれば，われわれは自分の行いを正当化する価値や命令を眼前に見出すことはできない。こうしてわれわれは，われわれの背後にもまた前方にも，明白な価値の領域に，正当化のための理由も逃げ口上も持ってはいないのである。われわれは逃げ口上もなく孤独である。そのことを私は，人間は**自由の刑**に処せられていると表現したい。 （同前）

ⓒ アンガジュマン
（11）

View サルトルが積極的に社会参加した根拠。

　われわれが，人間はみずからを選択するというとき，われわれが意味するのは，各人がそれぞれ自分自身を選択するということであるが，しかしまた，**各人はみずからを選ぶことによって，全人類を選択するということをも意味している。**じっさい，われわれのなす行為のうち，われわれがあろうと望む人間をつくることによって，同時に，人間はまさにかくあるべきだとわれわれの考えるような，そのような人間像をつくらない行為は一つとしてない。あれかこれか，そのいずれかであることを選ぶのは，われわれが選ぶそのものの価値を同時に肯定することである。 （同前）

解説

ⓐ**本質**（essence）とは，何かが何であるかを意味し，**実存**（existence）は，ここに何かがあるということを意味する。キリスト教を代表する従来の思想では「人間とは何であるか」（人間の本質）があらかじめ決まっていると考える。しかしサルトルは，人間は自分の本質を自分で作り出すものだと考える。人間はまず，「未来に向かってみずからを投げるもの」（**投企的存在**）である。サルトルは，「もし神が存在しないとしたら，すべてが許されるだろう」というドストエフスキーの言葉が実存主義の出発点であるとし，人間は自由そのものであると結論づける。『存在と無』では，人間の意識の在り方を**対自存在**（たいじそんざい）とし，単なるモノの在り方としての**即自存在**（そくじそんざい）と区別する。モノはみずからを意識しみずからを否定することなく存在するが，人間は自分のうちに裂け目を含むような存在で，常に過去の自分から脱出し，新しい自己になっていくのである。

ⓑ人間が自由であるということは，同時に人間は自分のあり方に責任をもっているということでもある。その重さをサルトルは「**自由の刑**」と表現した。

ⓒ自分の行動を選ぶことは，自分個人の問題だけでなく，人類全体の問題である。したがって，自己を積極的に**アンガジュマン**（社会参加）させることにより社会を造り変えていかなければならない，とサルトルは説く。

⊕**来日したサルトルとボーヴォワール（1966年）** サルトルは結婚という共同の習慣でお互いを束縛しようとは考えず，ボーヴォワールに2年間の契約結婚を提案する。この関係は生涯続き，2人は共にたずさえて世界を回り，メッセージを発信し続けた。

Side Story 1945年秋，戦争の爪跡が残るパリで開かれた「実存主義はヒューマニズム」と題するサルトルの講演会に，聴衆が殺到した。翌日の新聞はこの講演会を文化的大事件として報じ，翌年『実存主義とは何か』が出版されることとなった。

第9節　現代の思想

写真提供：坂東遼太郎氏

➡アウシュヴィッツ収容所　戦後、フランクフルト学派のアドルノは「アウシュヴィッツの後で詩を書くことは野蛮だ」と言った。近代合理主義の極北がアウシュヴィッツ収容所であった。

●現代の思想　年表

西暦	できごと　色文字は同時代のできごと	思想家
1900	フロイト『夢判断』、フッサール『論理学研究』	
14	第一次世界大戦（～18）	
17	ロシア革命	
22	ウィトゲンシュタイン『論理哲学論考』	
29	世界恐慌（～32）	
30	ガンディー、塩の行進	
33	ナチス政権獲得（独）	
39	第二次世界大戦（～45）	
41	フロム『自由からの逃走』	
45	広島・長崎に原爆投下	
47	ホルクハイマー、アドルノ『啓蒙の弁証法』	
49	中華人民共和国成立	
55	レヴィ－ストロース『悲しき熱帯』「ラッセル・アインシュタイン宣言」	
60	ベトナム戦争（～75）	
61	レヴィナス『全体性と無限』	
63	キング牧師、ワシントン大行進	
66	フーコー『言葉と物』、文化大革命（中国）	
71	ロールズ『正義論』	
79	マザー－テレサ、ノーベル平和賞受賞	
90	東西ドイツ統一	
91	ソビエト連邦解体	
98	セン、ノーベル経済学賞受賞	
2001	9.11テロ（米）	

思想家（縦軸）：
ウィトゲンシュタイン（墺）1889－1951／アドルノ（独）1903－69／ハーバーマス（独）1929－2009／レヴィ－ストロース（仏）1908－2009／フーコー（仏）1926－84／デリダ（仏）1930－2004／レヴィナス（仏）1906－95／アーレント（独）1906－75／ロールズ（米）1921－2002／セン（印）1933－

●現代の思想相関図

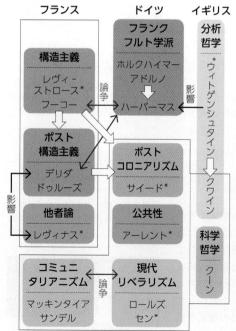

　フランス
　構造主義：レヴィ－ストロース*／フーコー
　ポスト構造主義：デリダ／ドゥルーズ
　他者論：レヴィナス*

　ドイツ
　フランクフルト学派：ホルクハイマー／アドルノ／ハーバーマス
　ポストコロニアリズム：サイード*
　公共性：アーレント*

　イギリス
　分析哲学：ウィトゲンシュタイン*／クワイン
　科学哲学：クーン

　アメリカ
　コミュニタリアニズム：マッキンタイア／サンデル
　現代リベラリズム：ロールズ／セン*

注：主に活躍した国（*出身地は異なる）

近代合理主義の再検討

　20世紀、世界は2度にわたる世界大戦を体験する。近代科学は毒ガスや原子爆弾を生みだし、国民国家による総力戦は多くの無抵抗な市民を戦火に巻き込んだ。第二次世界大戦の要因のひとつに独裁国家の出現があった。ドイツに誕生したナチスや旧ソ連のスターリニズムといった全体主義は、国民の自由を奪い、抵抗する者を容赦なく抹殺した。それらは、バラ色の未来を約束した近代合理主義や社会主義の帰結であった。そこで、西洋思想が自明視してきた合理的な人間像や西洋中心主義的な世界観に、疑いの目が向けられ再検討されることとなった。

現代思想の諸潮流

　戦後、フランスは現代思想の発信地となった。50年代はサルトルの実存主義（➡p.162）が一世を風靡したが、60年代に入りソシュール（➡p.172）言語学の影響を受けたレヴィ－ストロースやフーコー（➡p.173）らの構造主義が台頭し、思想界を席巻した。また「存在」を善とするハイデガー（➡p.160）の哲学に対して「倫理」の優位を説くレヴィナス（➡p.180）や、文化や思想に潜む二項対立を暴きその脱構築を企てたデリダ（➡p.174）などが注目を集めた。

　ドイツでは第二次世界大戦前からアドルノらフランクフルト学派（➡p.169）が、道具化した理性に対する批判を行っていた。戦後、第二世代のハーバーマス（➡p.171）は対話的理性を提唱し、啓蒙や理性の復権をはかっている。

　アメリカでは、亡命ユダヤ人のアーレント（➡p.179）が全体主義を批判し、ロールズ（➡p.181）が米国社会の不平等の克服を目指して新たな正義論を世に問うなど、政治哲学の議論が活発化した。

　こうしたさまざまな現代思想に大きな影響を与えたのが分析哲学の創始者ウィトゲンシュタイン（➡p.176）である。

　いずれの思想潮流も西欧的な人間像や社会観の解体と再構築を目指すものであり、そのプロジェクトは現在も進行中である。

Side Story　80年代、日本でポストモダンブームがおきた。きっかけは浅田彰の『構造と力』。そこではフランスの構造主義やポスト構造主義の難解な概念が極めてスマートに語られ、思想がファッションとして消費される時代の幕開けとなった。

体験としての「生」を解明する

①生の哲学

> 概説 19〜20世紀にかけて，理性主義・主知主義・実証主義の哲学や唯物論などに反対し，生きている生，体験としての生の直接的把握を目指して展開された一連の哲学的傾向。**ディルタイ，ジンメル，ベルクソン**ら。

「生の哲学」の提唱者

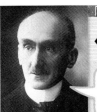

ベルクソン

Henri-Louis Bergson
1859 〜 1941　フランス

7回

Words 335 生命の飛躍（エラン・ヴィタール）

> 意識は生存であり，生存とは変化であり，変化とは経験であり，経験とは創造である。

主著 『時間と自由』『創造的進化』『道徳と宗教の二源泉』

足跡 ユダヤ系ポーランド人の父とイギリス人の母との間にパリで生まれた。コレージュ・ド・フランスの教授に就任し，芸術・科学の諸分野に多大な影響を与えた。第一次世界大戦時には国際平和のために活動し，1928年ノーベル文学賞を受賞した。ベルクソンは，旧来の認識論の限界を超えるべく**実証主義の方法を導入**した。彼は，生き物が感じる数量化できない時間経験の直接性を「**純粋持続**」と呼ぶ。流動する生命の流れが根源的な実在であり，直観によってこそ生きた現実が把握されるとする独自の経験論を確立した。従来の物理的時間観を批判し，内的・質的な時間観優位を説く「**生の哲学**」を提唱した。

西暦	年齢	生涯
1859	0	パリで生まれる。
68	9	家族と離れ，給費生としてイスラエル学院に寄宿
81	22	高等教員採用試験合格
89	30	『時間と自由』発表
96	37	『物質と記憶』発表
1900	41	コレージュ・ド・フランスの教授就任
07	48	『創造的進化』発表
14	55	アカデミー・フランセーズ会員に選出
22	63	国際連盟の国際知的協力委員会の議長に就任
28	69	ノーベル文学賞受賞
32	73	『道徳と宗教の二源泉』出版
41	81	パリで死去

Think 生の哲学とは何だろうか？

原典 **A** **純粋持続**

View 純粋持続とは何だろうか。

　たいていの場合，われわれは自分自身に対して外的に生きており，われわれは自分の自我については，その色あせた亡霊，等質の空間に純粋持続が投ずる影しか見ていない。それでわれわれの**生活は時間の中よりもむしろ空間内に展開される**。つまりわれわれは自分のためよりもむしろ外界のために生きている。われわれは考えるよりもむしろ話すのであり，みずから行動するよりもむしろ「行動させられて」いる。**自由に行動するとは，自己を取り戻すことであり，純粋持続の中にわが身を置き直すことである。**

（平井啓之 訳『時間と自由』白水社）

原典 **B** **生命の飛躍（エラン・ヴィタール）**

View 人間の進化の根源となるものは？

　——すなわち，生命を，一定した方向で，ますます複雑度の高いものへと運んでゆくものは，外的原因の機械作用ではなくて，あの内的な突進，生殖細胞から生殖細胞へと多くの個体を経て移ってゆく，内部から突きあげてくる力なのだ，と。これが，**エラン・ヴィタール**の心像によって呼び起こされる第三の思想である。

（森口美都男 訳『道徳と宗教の二つの源泉』『世界の名著53』中央公論社）

1 創造的進化

　生物の進化に関する学説には大きく二つある。**機械論**（生物の進化は因果必然的である）と，**目的論**（生物の進化は一つの目的に向かっている）の対立である。ベルクソンは，これら両者ともに決定論だとし，生物の進化に関して「**創造的進化**」という概念を主張する。ベルクソンにとって進化とは，因果的でも目的的でもなく，生物自身にとっても予測をすることができないような飛躍によって進化をしているということである。生命とは，分散に分散を重ね，つねに自己を創造してゆくものであるとした。

解説

A 間断のない意識の流れを意味する。人間が，概念や言葉から離れて内省に専念すると，そこに意識の流れを感じる。それは計量不可能性，不可逆性，連続性を特徴とし，メトロノームのように機械的に時間を分節するのではない内的な時間の捉え方である。さらに，**純粋持続**は自由の源泉でもある。通常われわれが思い描く自由のイメージは，分岐路においてAの道を選択するかBの道を選択するか，自分の意志で決められることである。しかしベルクソンは，時間を空間に置き換える「空間化」にすぎないとしてこの理解を退ける。真の自由は，AでもBでもなく，絶えず生成変化を続ける予見を許さぬものであり，その根源には生命の躍動力があると説いた。

B 「élan vital」（**エラン・ヴィタール**）とは，ベルクソンが想定した生命の進化を押し進める根源的（根原的）な力の意味。有機体の組織が，解決すべき問題との関わりにおいて臨界点に達した際に生じる予測不能の展開のこと。

　"時計には時間はない"と言われたら，あなたは納得できますか？　時計をよく観察してみましょう。数字の書かれた盤と長短二本の針からなる「空間」があります。つまり，時計の針の示す時刻は，実は「空間のある一点」なのです。一秒前の針はすでになく，一秒後にその現在は消え去っていくのだから，私たちが把握できるのは，絶えず変化していく各瞬間の現在のみである，とベルクソンは述べています。

西洋近現代思想

Side Story　ベルクソンは，著書『笑い』のなかで，演劇や芸術などを題材にして人はなぜ笑うのかについて論じている。例えば道を歩いていた人がバナナの皮で滑って転ぶように，機械的な「こわばり」を感じた時に人は笑うのだという。

意識に現れる「現象」を解明する

②現象学

概説 フッサールが提唱した哲学的立場。数学，論理学における概念の妥当性（確実性）を基礎づけるため，意識に純粋にあらわれてくる経験の現象を哲学的に探究しようとした厳密な学である。フッサールの現象学は，**マックス・シェーラー**や**ハイデガー**（➡p.160），**サルトル**（➡p.162）や**メルロ－ポンティ**らに受け継がれた。

オーストリアの哲学者，現象学を提唱　◀6回

フッサール
Edmund Husserl
1859～1938　オーストリア

Words 336現象学
337エポケー

> われわれはまず最初に，判断中止によって世界を放棄せねばならない。

主著 『ヨーロッパの学問の危機と先験的現象学』『厳密な学としての哲学』『イデーン』『デカルト的省察』

足跡 現象学を唱えた哲学者。オーストリア領メーレン州のプロスニッツ（現在はチェコ領のプロスチョフ）のユダヤ人家庭に生まれる。数学者を志し大学で研究をするうち，ブレンターノの影響を受けて哲学の研究を志す。フライブルク大学の教授として講義を行った。ハイデガーを助手とするが，思想的にその後決裂する。しかし，フッサールが大学を退官した際の後任にはハイデガーを推薦した。

1933年にヒトラー政権が樹立した際は，ユダヤ人であったために活動を制限された。79歳で死去。

➡エルンスト・マッハ（1838～1916）の左目で見た視覚体験を描いたイラスト　意識に現れた「現象」（左目で，自分の足を見ている）を，そのまま描いた作品として著名。マッハは，フッサールと同時代に生きた物理学者，科学者。

Think 現象学とはどのような方法か？

原典A 現象学的還元

View 「世界がある」という当たり前の認識を括弧に入れる。

それゆえ，眼前に与えられている客観的世界に対するあらゆる態度決定を，……いっさい有効なものと認めないということ（すなわち，そうした態度決定をみずからに「禁ずること」，有効なものとして「はたらかせないこと」），あるいは，よくいわれるように，客観的世界に関して**現象学的判断中止（エポケー）**を行うこと，または，客観的世界を**括弧にいれる**こと，このようなことはわれわれを無の前に立たせるのではない。むしろそのことによってわれわれは，もっと明確にいえば，省察するものとしてのわたしは，純粋な全ての思念体験と，その思念の目指す純粋なすべての思念対象とを含んだわたしの純粋な生を，すなわち，現象学的意味での現象の全体を所有することになるのである。

（船橋弘 訳『**デカルト的省察**』『世界の名著51』中央公論社）

解説

A現象学とは，客観的世界が実在するという素朴な世界認識（**自然的態度**）を一度**判断中止（エポケー）**し，純粋な意識に立ち還って（**現象学的還元**）現象そのものを考察しようとする学問である。ブレンターノの「**志向性**」（意識が自らを越えて意識の外へと向かう性質）という概念にヒントを得て，**「事象そのものへ」**をモットーとした。例えば，目の前のリンゴが実在すると考える素朴な認識を一度思い込みとして括弧に入れ，自分の意識に純粋に現れてくる「リンゴの像」のみを捉え考察対象とする。独我論であるとの批判を受けることもあるが，世界の実在性への確信がどう生まれるのかを解明しようとした点で画期的であった。

現象学を継承，身体論を展開　◀3回

メルロ－ポンティ
Maurice Merleau-Ponty
1908～61 フランス（➡p.93）

> 握手をすると，私は触れると同時に触れられている。

主著 『知覚の現象学』

足跡 フランス，ロシュフォールに生まれる。高等師範学校に入学し，サルトル，ボーヴォワールらと知り合う。フッサールの講演を聴講し，現象学に傾注する。現象学の立場から**身体論**を構想。冷戦激化の状況の中，晩年はコレージュ・ド・フランスの教授となる。現象学の検討する経験は，心的経験だけでなく身体経験も含まれており，知覚の主体である精神と身体は異なった実体ではなく両義的なものであるとし，デカルトの**心身二元論**の見解を退けた。

原典「そこにあるのは，私の身体の身体自身に対するある関係であって，これが私の身体を私と物との絆たらしめているのである。たとえば私の右手が私の左手に触れるとき，私は左手を「物理的な物」として感ずるが，しかし同時に，私がその気になれば，まさしく，私の左手もまた私の右手を感じはじめる。

（竹内芳郎 監訳『シーニュ2』みすず書房）

Focus 「コーヒーカップ」はほんとうに「ある」？

視覚などによって私たちは当然のように「コーヒーカップだ」と認識する。しかし，それは「コーヒーカップの像」にすぎず，ほんとうに存在しているか確かめようがない。それでも私たちは素朴に目の前の存在を「確信」している。フッサールはこうした素朴な「確信」が生まれるのはなぜかを問題とした。

ではどうすればいいのか？それは，「確信」を他者と共有することだ。フッサールの現象学は「現象学的還元」によって主観を取り出すが，その行きつく先は孤独な「独我論」ではなく，「あるよね？」「あるよ。」という確信の共有なのではないだろうか。

Side Story　フッサールはとことん突き詰めて考える性格であった。少年時代，彼は父からナイフをプレゼントされ，よく切れるよう一生懸命に研いだ。しかし，あまりに研いだために刃先が小さくなり，ついになくなってしまったという。

学問＝科学からの「語りえぬもの」の排除を主張

③無意識の世界

概説 「無意識」は**フロイト**によって発見された。フロイトや**ユング**によれば，私たちの精神の多くは，自分自身では知ることのできない無意識の部分で，私たちはこの無意識によって動かされているのである。

無意識を発見し，精神分析学を創始

フロイト

Sigmund Freud
1856 ～ 1939　オーストリア

> 自我は自分自身の家の主人などではけっしてありえない。

338精神分析
339無意識　340エス（イド）　341自我

14回

主著 『夢判断（夢解釈）』『精神分析入門』
足跡 モラヴィア（現チェコ）のフライベルクのユダヤ人商人の家に生まれる。ウィーン大学で神経病理学を学んでいたフロイトは，パリに留学し催眠によるヒステリー症状の治療について学び，帰国後，ウィーンで神経科医として開業した。フロイトは，人間は自分では意識できない部分である**無意識**によってつき動かされていると主張し意識を前提とした心のしくみを解明する**精神分析学**を打ち立てた。フロイトによる無意識の発見は，「われ思う，ゆえにわれあり」で始まった，理性を前提と考えてきた近代哲学に大きな衝撃を与えた。また，精神構造論（**エス・自我・超自我**）や心的エネルギーの分析は，その後の思想界に大きな影響を及ぼした。

Approach　無意識とは何か？──『ソフィーの世界』から

アルベルト：フロイトは『心の考古学』とでも呼べるような治療を少しずつ発展させていった。

ソフィー：どういうこと？

アルベルト：考古学者は地層を掘り下げてはるか過去の痕跡を探すよね？　18世紀のナイフが出土するかもしれない……もっと下からは5世紀の壺が出てくるかもしれない。

ソフィー：それで？

アルベルト：精神分析家は患者と協力して患者の意識を掘り起こし，心の病を引き起こしている過去の体験を取り出す。フロイトによれば，僕たちは過去のあらゆる記憶を心の奥深くに保存してるんだそうだよ。

ソフィー：ふうん。

アルベルト：分析家は，患者が忘れたいと思いつづけているのに，心の深いところに巣食って患者の生きる力をむしばんでいる不幸な体験を見つける。そういう『外傷的体験』がふたたび意識され，患者に突きつけられると，患者はそれにケリをつけ，心の健康を取りもどす。

アルベルト：じゃあこんどは人間の心の一般的な解明のほうに取りかかろう。フロイトは長いこと患者を治療しているうちに，意識は人間の心の小さな一部でしかない，と考えるようになった。意識は海面から突き出ている氷山の一角のようなものだ（中略）。その気になれば 思い出せることをフロイトは『前意識』と呼んでいる。それに対して無意識は，ぼくたちが抑圧したすべてを指している。つまり不快でぶしつけでおぞましいので，どうしても忘れようとしたあらゆることだ。意識や超自我にとって耐えがたいような願望や欲求をいだくと，僕たちはそれを心の地下室に押しこんでしまうんだ。

（ヨースタイン・ゴルデル『ソフィーの世界～哲学者からの不思議な手紙』日本放送出版協会）

●『ソフィーの世界』（1991年）　ノルウェーの哲学教師が執筆。世界的ベストセラーとなった。

●フロイトの考える心の構造──人の心はエス（イド）・自我・超自我の3領域からなる

現実を認識し，エス（イド）の欲求に対し抑圧・解放をコントロールし，現実原則にしたがって外界とイドと超自我を調整する

欲求を抑圧し，禁止する道徳的意識。子どもが親のしつけを内面化し，形成された良心・道徳原則にしたがい，自我を監視し，エス（イド）と対立する

本能的・衝動的な欲求のエネルギー（リビドー）がたくわえられた無意識の部分。ひたすら欲求を求め，**快楽原則**に支配される

意識

前意識
（思い出そうとすれば思い出せるもの）

無意識
（意志の力では思い出せないもの）

超自我　禁止
自我　抑圧
欲求
つらい記憶　思い出してはいけないこと

エス（イド）　思い出してはいけないこと

↓身体　↑エネルギー（リビドー）

1　精神分析学

ヒステリー（転換性障害）などの神経症は，思い出したくない記憶が無意識の中に抑圧されることが原因であり，抑圧された記憶を引き出し意識化することにより症状を緩和することができるとフロイトは考えた。無意識の中に抑圧された記憶や葛藤を分析することを精神分析という。フロイトは患者に思いついたことを何でも話させる自由連想法を用いた。

治療例 アンナ・Oはコップから水を飲むことができなかったが，自分が嫌いだった家庭教師が彼女のコップから犬に水を飲ませていたことを思い出すことで，症状が治まった。無意識の中に抑圧された記憶や葛藤を分析することを精神分析という。

Focus　**夢分析**　夢を解釈することが無意識のはたらきを知る方法であると考えた→夢は無意識の願望がかたちを変えてあらわれたもの（壁面が平らな家→男性，バルコニーのついている家→女性，王と王妃→両親）。

言い間違い（錯誤行為） 「会議の開会を宣言します」と言うべきところ，「会議の閉会を宣言します」と言い間違いをした。会議の形勢が不利だったため，議長の早く終わらせたいという願望が無意識に表れてしまった例。

Side Story エディプスコンプレックスは子どもの，母親を独占し父親にとって代わりたいという願望とそれによる葛藤や不安のこと。それを抑圧すると自我・超自我がうまれると考えた。

西洋近現代思想

集合的無意識を提唱し，分析心理学を創始

7回

ユング

Carl Gustav Jung
1875 ～ 1961　スイス

Words 342 集合的無意識
343 元型　344 補償　345 コンプレックス

> 無意識は広大な歴史的な倉庫である。

主著　『無意識の心理』『心理学的類型』

足跡　スイスのケスヴィルの牧師の家に生まれる。バーゼル大学医学部に入学したユングは，国家試験の勉強をきっかけに精神医学の世界に踏み込み，フロイトの『夢判断』に大きな衝撃を受ける。その後，フロイトと協調して精神分析の発展に努め，国際精神分析協会の初代会長となるが，考え方の違いから袂を分かつことになる。

フロイトが無意識を抑圧されたもの，性的な欲望と関連が深いものと考えたのに対し，ユングは無意識のもつ創造性を積極的に評価した。

フロイトとの決別後，精神的な危機を乗り越え，自らの心理学を分析心理学と呼び独自の理論を構築した。自らの理論を深めるため，人類学的・考古学的な探検隊に参加し，アフリカやアメリカなどの現地の人々を調査し，無意識の奥深くにある元型についての考察を深めた。元型は心理学だけでなく人類学や文学などにも影響を与えた。また彼のパーソナリティ類型（→p.18）は現在行われている性格検査に影響をもたらしている。スイスのキュスナハトにて死去。

Think　時代や文化が異なっていてもなぜ理解できるのか？

原典A　集合的無意識と元型

View　人類一般に共通する無意識が集合的無意識である。

もう一つの段階に属する無意識の諸内容がありますが，これらのものの起源は全くのところ不明か，もしくは個人的に獲得されたとは決して見なすことのできないものです。これらの内容には一つの際立った特質があり，それは神話的な性格なのです。……それらは人類一般に属するもので，それ故，普遍的な性格を持っているのです。

私はこれらの普遍的な型を，聖アウグスティヌスの表現を用いて，元型と呼んだのです。元型とは（痕跡）つまり，意味においても，また形式においても神話的モチーフを含んだ太古的な性格をもったもののある特定の集合を意味します。……これらのもの〈無意識の心の深い層〉を個人とは関係ない，もしくは普遍的無意識と呼ぶのです。

(小川捷之 訳『分析心理学』みすず書房)

●ユングの心の構造

自我	自我は外界を認識し，判断して適切な行動をとる
意識	自我を中心として，ある程度の安定性と統合性をもつ
個人的無意識	個人の経験に基づいて，抑圧された内容，忘れられた内容，意識にまではのぼってこなかった感覚の痕跡から成り立つ
集合的無意識	人類が太古から繰り返してきた無数の体験が積み重なってできたもの。生まれつき人類全般に備わっている

解説▶ 意識と無意識はばらばらに動いているのではなく，お互いに補い合いながらバランスをとっている。意識も無意識も含めた心の全体であり，中心でもあるのが自己である。自己と自我が対話することによって，自分のもっている可能性を実現し，より高い段階へと目指すことができる。ユングはこれを「個性化」の過程，あるいは「自己実現」の過程と呼び，心理療法，そして人生の究極の目的であると考えた。

解説

A 患者の夢と神話の共通性に気づいたユングは，世界中の神話やモチーフを調べた。その結果，神話と象徴には時代や地域を超えた類似性があることを発見し，この共有されている領域を集合的（普遍的）無意識と名付けた。その集合的無意識におさめられているのが，イメージのもととなっている元型（アーキタイプ）である（グレートマザーは「すべてをつつむ母なるもの」，アニマは「男性のあこがれの女性像」，アニムスは「女性のあこがれの男性像」，シャドウは「もう一人の隠された自分」など）。

元型は意識的思考に先立って，私たちの心の中にあるため，私たちの意識状態に影響を及ぼし，自分の意志で行っていると思っていることも，元型の諸形式に導かれている。夢や行動を分析することで自己と対話することができる。

兄弟　　　影　　　悪魔

意識
無意識

シャドウの元型
（自分の中の抑圧している部分）

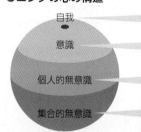

個人心理学を創始

アドラー

Alfred Adler
1870 ～ 1937　オーストリア

足跡　ウィーンのユダヤ人家庭に生まれる。フロイトとともに精神分析学協会の設立メンバーであった。個人の心理は，無意識的衝動だけでなく，社会的な要因によっても影響されると主張し，フロイトから離れる。個人心理学を確立する。

1 補償

劣等感について研究したアドラーは，身体的・精神的劣等感を補おうとする防衛機制を補償と呼んだ。たとえば，勉強の劣等感をスポーツに熱中することで満たそうとすることである。欲求を似たもので満たす代償とは異なる。

2 コンプレックス

コンプレックスという語を心理学で最初に用いたのはユングである。**無意識の中にある複数の感情のまとまり（複合）であり，自我のはたらきを乱すもの**ととらえた。フロイトはエディプスコンプレックスを重視した。またアドラーは強い劣等感によって適応できなくなることを劣等感コンプレックスと呼んだ。

Side Story　ユングは毎朝ノートに円を描いていた時期があった。その後初めてマンダラを見たユングは，自分の円の絵との共通点に驚いた。この経験はのちに相対するものを一つに統合する意味の「自己（セルフ）」の元型としてまとめられた。

フランクフルトの社会研究所に結集した思想家たち——批判理論によって，啓蒙主義・合理主義を批判

④フランクフルト学派

Words 346 フランクフルト学派　347 批判理論　348 道具的理性
349 権威主義的パーソナリティ　350 対話的理性　351 コミュニ
ケーション的合理性　352 合意

思想家	キーワード
ホルクハイマー	批判理論を展開，道具的理性への批判
アドルノ	
フロム	社会的性格の概念を提示，権威主義的パーソナリティ
ハーバーマス	対話的理性に基づく合意

概説　1930年代初めにドイツのフランクフルト大学社会研究所に結集した社会哲学の研究グループの総称。代表的な思想家にホルクハイマー，アドルノ，フロムらがいる。ユダヤ系ドイツ人であった彼らは，ナチズムの台頭によって亡命を余儀なくされ，アメリカに逃れてファシズムに対する理論的抵抗をつづけた。戦後，彼らの多くはドイツに戻り，戦後社会が「管理ファシズム」に陥っていることを批判し，人間的な社会の実現を目指した。

フランクフルト学派を創設　5回

ホルクハイマー
Max Horkheimer　1895〜1973　ドイツ

主著　『理性の腐蝕』『啓蒙の弁証法』（アドルノとの共著）

足跡　哲学者・社会学者。ドイツのシュツットガルトのユダヤ人企業家の家に生まれる。フランクフルト大学で哲学を学ぶ。1931年，フランクフルト大学社会研究所の所長となり，フランクフルト学派の中心人物となる。ナチスによる政権奪取により，アメリカに亡命する。戦後はフランクフルトに研究所を再建し，多くの著作を出版するとともに，フランクフルト大学の学長も務めた。批判理論を展開し，近代合理主義が人間性の抑圧をもたらしていると厳しく批判した。

大衆文化への批判　5回

アドルノ
Theodor Wiesengrund Adorno　1903〜69　ドイツ

主著　『啓蒙の弁証法』（共著）『否定の弁証法』『権威主義的パーソナリティ』

足跡　哲学者・社会学者。ドイツのフランクフルトでユダヤ人実業家の父とイタリア人歌手の母の間に生まれる。フランクフルト大学で哲学と社会学を学び，ホルクハイマーと出会う。ナチスによる政権奪取により，アメリカに亡命する。戦後はドイツに帰国し，フランクフルト大学教授として，哲学・社会学を担当した。
デカルト以来の近代の理性の立場を徹底的に批判し，社会的事実を全体性においてとらえることに努めた。

Think　ファシズムはなぜ生まれたのか？

原典 A　理性の道具化

View　理性は人生の最高目的を決定するものではなく，出会うものを道具にする。

　自律を放棄して理性は道具となった。……理性は完全に社会過程に結びつけられたものとなった。理性の操作上の価値，人間や自然を支配する上の理性の役割が唯一の基準とされるようになった。　（山口祐弘 訳『理性の腐蝕』せりか書房）

原典 B　理性が野蛮を生み出す

View　人間によって形成された文明が新しい野蛮を生み出した。

　産業社会の進歩のうちで，かつては社会の全体がそれによって自己を正当化していた，人格としての人間，理性の担い手としての人間という概念は反故にされる。**啓蒙の弁証法は客観的に狂気へと転化する。**（中略）
　啓蒙的思想は，その具体的な歴史上の諸形態や，それが組み込まれている社会の諸制度のうちばかりでなく，ほかならぬその概念のうちに，すでに，今日いたるところで生起しているあの退行の萌芽を含んでいるのである。もしも啓蒙がこの退行的契機への反省を受け付けないとすれば，啓蒙は自己自身の命運を封印することになろう。　進歩の持つ破壊的側面への省察が進歩の敵方の手に委ねられている限り，思想は盲目的に実用主義化していくままに，矛盾を止揚するという本性を喪失し，ひいては真理への関わりをも失うに至るであろう。技術主義的に教育された大衆がいかなる専制主義の魔力にもすすんでのめり込んでいったという謎に満ちた事実のうちに，民族主義的な偏執狂への大衆の自己破壊的な雷同のうちに，またあらゆる不可解な不条理のうちに，現代の理論的知性の持つ薄弱さが明るみに出る。

（徳永恂 訳『啓蒙の弁証法』岩波文庫）

解説

A　事物の本質を認識する能力であった理性は，いまや目的を達成するための手段となっている。このような理性を**道具的理性**という。
　道具的理性は自己保存のために，自然を支配する。自然の支配には人間の支配も含まれる。理性は外的自然，他人，そして内なる自然（自己の衝動）を抑圧する。この抑圧された自然を取り込み利用したのがナチズムである。
B　**啓蒙の弁証法**とは，啓蒙が啓蒙を破壊するものへと転化することである。自己保存のために人類は自然を征服し支配しようとした。つまり野蛮（自然の暴力）からの人間の解放が啓蒙であり，文明化＝進歩であった。しかし内なる自然（感情や欲望）の制御をも目指した啓蒙＝理性は，人間を効率的に管理する道具（**道具的理性**）へと陥り，抑圧的な社会を生み出した。その代表がファシズムである。啓蒙は野蛮（社会の暴力）へと頽落したのである。
　ホルクハイマーとアドルノは啓蒙理性の自己崩壊についての省察を通じて，西欧文明を根本的に問い直した。

啓蒙理性が道具的理性へと変質し，また新しい野蛮を出現させるということね。

理性はいいものとばかり思っていたけど，そうでもないのかな。

フランクフルト学派の理論は，1960年代の大学紛争の理論的支柱として注目されました。

Side Story　『啓蒙の弁証法』では，映画や雑誌，広告などの文化産業（大衆文化）は，大衆から生まれたように見えて，実は上からの抑圧であり，大衆をあざむき大衆を体制に従属させる手段，つまり啓蒙が行き着いた野蛮であると批判している。

西洋近現代思想

社会的性格の分析を行った精神分析学者・社会心理学者 〈3回〉

フロム　Erich Seligmann Fromm　1900～80　ドイツ

主著『自由からの逃走』『正気の社会』『愛するということ』

足跡　ドイツのフランクフルトの裕福なユダヤ人商人の家に生まれる。フランクフルト大学などで心理学，社会学を学んだ。その後，ベルリンの精神分析研究所で精神分析を学び，1929年にフランクフルト社会研究所の所員となったが，フロイトの精神分析の評価をめぐり意見が対立し，39年に同研究所を離れた。彼の思想には，人間性の回復，それを妨げるものに対する批判が一貫して流れている。

Think　人々はなぜナチズムを支持したのか？

原典 C 権威主義的パーソナリティ

View 服従と支配を求める性格がナチズムの人間的基盤である。

　個人に安定感を与えていた第一次的な絆がひとたび断ち切られるやいなや，そして個人がかれのそとに完全に分離した全体としての世界と直面するやいなや，無力感と孤独感とのたえがたい状態にうちかつために，2つの道がひらかれる。一つの道によってかれは「積極的自由」へと進むことができる。かれは愛情と仕事において，かれの感情的感覚的および知的な能力の純粋な表現において，自発的にかれ自身を世界と結びつけることができる。こうしてかれは独立と個人的自我の統一とをすてることなしに再び人間と自然とかれ自身と，一つになることができる。かれのためにひらかれてるもう一つの道は，かれを後退させ，自由をすてさせる。そして個人的自我と世界のあいだに生じた分裂を消滅させることによって，かれの孤独感にうちかとうと努力する。（日高六郎 訳『自由からの逃走』東京創元社）

➡敬礼を受けるヒトラー

解説

C自由は，自然や他者との安定的な結びつきから切り離されることで，これを「～からの自由」（消極的自由）という。この自由から生まれる無力感と孤独感に陥る人間には2つの方法がひらかれる。愛情や仕事によって新たに自分と世界を結びつける「～への自由」（積極的自由）への道と，自由からの逃避（逃走）の道である。逃避の道は，自我の独立性（自由）を捨て，他者の権威に服従する権威主義的性格（パーソナリティ）の道であるが，これは同時に自分より弱い者（少数者）を攻撃し服従させたいという性格をあわせ持つ（サド・マゾヒズム）。フロムは，『自由からの逃走』で，ナチズムに服従した大衆の心理を権威主義的性格の枠組みで分析した。大衆がなぜファシズムに追随したのかは，フランクフルト学派やアーレントの共通の思想的テーマであった。

近代ヨーロッパ文化を中心に批評した思想家 〈2回〉

ベンヤミン　Walter Benjamin　1892～1940　ドイツ

主著『ドイツ悲劇の根源』『暴力批判論』

足跡　亡命先のフランスで，フランクフルト社会研究所の研究員となる。ナチスに追われ更なる亡命の途中，ピレネー山中で自死。ユダヤ神秘主義思想，マルクス主義を背景に，芸術論にとどまらず，政治論，言語論など独自の思想を展開した。

● **原典 芸術作品がもつアウラ**

　最高の完成度をもつ複製の場合でも，そこには〈ひとつ〉だけ脱け落ちているものがある。芸術作品は，それが存在する場所に，一回限り存在するものだけれども，この特性，**いま，ここに在るという特性**が，複製には欠けているのだ。……（引用者注：芸術作品がもつ）この権威，この伝えられた重みを，アウラという概念に総括して，**複製技術時代の芸術作品において滅びゆくものは作品のアウラである**，ということができる。（野村修 訳『複製技術時代の芸術作品』多木浩二『ベンヤミン「複製技術時代の芸術作品」精読』岩波書店）

解説▶ 私たちは芸術作品を見るとき，触れてはいけないと感じる。それが作品のもつ唯一性からくる尊厳さ，つまり**アウラ**である。アウラとはいわゆるオーラであり，ギリシャ語で「動く空気」「微風」といった意味をもつ。写真や映画など複製が可能な芸術では，それが失われる。しかし，映画や写真は一瞬をとらえることを可能にするなど知覚の拡張をもたらした。また，彼は映画に世界を変革する可能性を見出した。

「否定」の力を主張した社会哲学者

マルクーゼ　Herbert Marcuse　1898～1979　ドイツ

主著『エロスと人間』

足跡　フランクフルト学派第1世代。ハイデガーとフッサールのもとで学ぶ。ナチス台頭により亡命し，フランクフルト社会研究所に参加。その後渡米。ヘーゲル研究，マルクス主義，フロイト理論をもとに，現代社会の管理社会化を批判した。

● **原典 一次元的人間の信念**

　この社会（引用者注：一次元的社会）は，政治的と高級文化の領域において，反対（質的な差異！）を弱体化し，さらにそれを吸収するようにさえなっているが，本能の領域においても全く同様である。その結果は**矛盾と選択肢を把握する精神的器官の萎縮**であり，そしてただ一つ残っているテクノロジカルな合理性の次元では，幸福な意識が支配的になっているのである。

　そこに表れているのは，現実的なものは理性的であるという信念であり，**既成の体制は何があろうとも期待を満たしてくれるという信念**である。（生松敬三・三沢謙一 訳『一次元的人間　先進産業社会におけるイデオロギーの研究』河出書房新社）

解説▶ アメリカに代表される高度に工業化された資本主義社会である先進産業社会の政治・思想・文化を分析し，**全体主義的管理社会**に陥っていると批判した。先進産業社会はそのテクノロジーにより対立・否定の関係を抑圧する**一次元的社会**であり，人間の精神も否定と批判の思想を喪失し，**一次元的人間**と陥っていると分析した。

 Side Story　マルクーゼの「一次元的社会」への批判は体制への批判として，1960年代の学生反乱の精神的支柱となった。彼は学生団体の主催する集会で，フランクフルト大学でアメリカのベトナム戦争に反対する基調講演を行っている。

170

近代を未完のプロジェクトとして理性に新たな可能性を見いだしたフランクフルト学派第二世代　7回

ハーバーマス　Jürgen Habermas
1929 ～　ドイツ

> 哲学は誰に対しても実践上での責任を免除しない

主著　『コミュニケイション的行為の理論』『公共性の構造転換』『理論と実践』

足跡　ドイツのデュッセルドルフの中産階級の家庭に生まれる。ゲッティンゲン大学などで哲学，歴史学，心理学を学び，1956年にフランクフルト社会研究所の助手となるが，ホルクハイマーとの確執により研究所を離れる。1964年にフランクフルト大学教授となる。理性や近代を一方的に否定することをせず，それらをとらえ直し，フランクフルト学派第二世代の中心的存在となる。ナチズムの犯罪を軽減しようとする動きに対して，歴史から目を背むけることを批判。イラク戦争後のヨーロッパや国連のあり方についてデリダと共同声明を発表するなど社会に対して積極的に発言を行っている。

Think　目的を達成するために必要な理性は，道具的理性だけだろうか？

13　原典D　対話的理性における合理性

View　人間の理性には，対話を通して相互理解を深め合意に達する能力がある。

　このコミュニケイション的合理性の概念には，次のような意味がある。それは究極的に強制をともなわず議論によって一致でき，合意を作り出せる重要な経験に基づくのであって，こうした議論へのさまざまな参加者は最初はただ主観的にすぎない考えを克服でき，共通に理性に動機づけられた確信をもつことによって，客観的世界の統一性とともにかれらの生活諸連関の相互主観性とが同時に保証されるのである。……

　認知的・合理的理性が高度になれば，自己主張する目的志向的な行為主体が偶然的環境からの制約を免れる度合いが大きくなる。コミュニケイション的合理性が高度になれば，コミュニケイション共同体の内部で，強制されずに行為を関連させ，（行為の衝突の原因が協議の認知上の不一致になるかぎり），行為の衝突を合意によって調整する余地が大きくなる。

（河上倫逸・M. フーブリヒト・平井俊彦ほか　訳『コミュニケイション的行為の理論』未来社）

原典E　討議倫理

View　多様化する社会において合意を形成するための倫理が討議倫理である。

　討議倫理では，道徳的議論の手続きが定言命法にとって代わる。討議倫理は以下にあげる原則「D〔Diskursethik「討議倫理」の「D」である。〕」を定めている。すなわち，

　―実践的討議への参加者としてのすべての当事者の同意をとりつけることができるような規範のみが，妥当性を要求できるということ。

　同時に，定言命法は，実践的討議において論議の規則の役割を担う普遍化的根本命題「U〔Universalisierung「普遍化」の「U」である〕」へと転化せしめられる。

　―規範が妥当ならば，各人の利害関心のために，その規範を一般的に遵守することから生まれてくると思われる成果や副次的結果は，すべての人に強制なく受け入れられなければならない。

（清水多吉・朝倉輝一訳『討議倫理』法政大学出版局）

2　生活世界の植民地化

　対話的理性は生活世界（学校や家族，地域活動）で育まれるが，ハーバーマスはシステム合理性が生活世界を侵犯し対話的理性の力が弱まる事態を，生活世界の植民地化と呼んだ。生活世界の植民地化が進むことで，人びとの間の相互理解が薄れ，結びつきが弱まり，社会的な疎外が生じる。この状況から脱するためには，人びとが対話的理性を発揮して，対等な立場で討議に参加し，合意に基づいた社会を形成していく必要がある。

生活世界（日常の社会領域）…言語を媒介にしたコミュニケーション行為で人びとが結びつき，対話的理性による合意形成が目指される場。

侵犯

システム（経済・政治の領域）…貨幣や権力を媒介に目的達成への効率性が追求され，システム合理性による秩序形成が目指される場。

ハーバーマスは現在も時事問題への発言を続けており，2016年のブレグジット（イギリスのEU離脱決定）に際して，EUを擁護しています。

解説

D　ハーバーマスは近代合理主義によって，目的達成に向けて，効率性（目的合理性）を重視する道具的理性だけでなく，対話を通して実現される強制なき合意（コミュニケーション的合理性）を目指す対話的理性も育まれたと主張した。対話的理性は，討議の場面で意見（要求や指図）を主張する際に発揮される能力で，意見の妥当性は，真理性，正当性，誠実性の三つの規準によって測られ，すべてを充たすことで，他者との合意が形成される。

E　討議は，人々のあいだで行為がうまく行われない時に，人々のあいだで合意を形成するために行われるコミュニケーションである。実践的討議とは道徳的な問題における正しさに対する妥当性要求から生じる討議である。多様化する社会のなかで，特定の文化や時代だけに当てはまるのではなく，一般的にあてはまる妥当な道徳的規範を形成するための倫理が討議倫理である。討議倫理における2つの原則が，規範の討議手続きにかかわる「D」，つまり「討議倫理」と，規範の妥当性を普遍化の観点から問う「U」つまり「道徳原理」である。

●討議のルール

　討議は何でもありの言い争いではない。討議のなかの論証はルールに従って行われる。

①論理学・意味論上のルール
…首尾一貫性の要請
例：話し手は自己矛盾を犯してはならないなど

②討議の手続きのルール…共同的な真理探究に不可欠な前提
例：話し手はみずから信じることのみを主張するなど

③討議の過程におけるルール
…強制と不平等の排除
例：語り行為する能力をもつ誰もが討議に参加できること，誰もがどんな主張も討議に持ち込めることなど

西洋近現代思想

Side Story　2023年2月，93歳のハーバーマスはロシア・ウクライナ戦争の停戦交渉開始論を発表した。武器供与している西側諸国も，戦争への責任を負わなければならないという論考で，世界中に反響を巻き起こした。

「人間」の主体性を疑い，その行動や事象を目に見えない思考の枠組み（構造）から解明する

⑤構造主義

Words 353構造主義 354文化相対主義 355野生
の思考 356パロール 357ラング 358狂気

スイスの言語学者，20世紀の言語学に影響を与えた構造主義の先駆 3回

ソシュール
Ferdinand de Saussure
1857〜1913 スイス

> 言語は名前の一覧表ではない。

主著 『一般言語学講義』（弟子が講義ノートにより作成）
足跡 構造主義言語学を確立したスイスの言語学者。

ジュネーブ大学で一般言語学の講義を行い，その講義ノートをもとに弟子が編纂したのが『一般言語学講義』である。自身は著作を残しておらず，後年は沈黙した。従来の言語観を転換したその思想は，言語学や記号論，のちの構造主義に多大な影響を与えた。

1 言語の恣意性

ソシュールはまず，私たちの発話行為（**パロール**）と，それを支える文法の体系（**ラング**）とを区別し，後者を扱う。彼の言語学によると，ラングが異なれば人の見ている世界はまったく異なる。たとえば日本語では蝶と蛾が区別されるのと同じように，英語ではbutterfly と moth が区別される。しかしフランス語では区別されず，どちらも papillon(パピヨン) と呼ばれる。このとき，極端に言うとフランス語のラングにおいて「蛾」は存在しないのである。

「蝶」「papillon」のような「指し示すもの」をフランス語で**シニフィアン**といい，ここで話題にしている羽虫……「指し示されるもの」を**シニフィエ**という。シーニュ（記号）とは両者の結びつきを意味し，ラングはいわばシーニュの体系とも言える。ラングやシーニュの成り立ちに必然性はなく，恣意的で，だからこそそれは言語によってまったく異なる。

ソシュールにとって言語というものは，何の名前が何であり……という名前の一覧表なのではなく，何と何が区別され，何と何が区別されないかの相対的な「**差異の体系**」なのである。

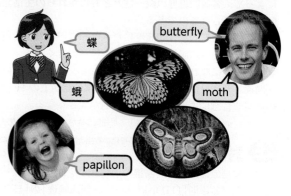
蝶　butterfly
蛾　moth
papillon

文化人類学者，構造主義の代表的思想家 7回

レヴィ-ストロース
Claude Lévi-Strauss
1908〜2009 ベルギー

> 世界は人間なしに始まったし，
> 人間なしに終わるだろう。

足跡 ベルギーのブリュッセルで，ユダヤ系の家庭に生まれた。パリ大学で哲学，法学を学び，大学教授として民俗学や人類学を研究する。1935 年にサンパウロ大学社会学教授としてブラジルに渡り，アマゾン川流域の

先住民の調査を行い，未開社会における近親婚の禁止（インセスト・タブー）や神話の分析を行った。62 年に『野生の思考』を出版。人間の主体性を重視した実存主義（特にサルトル実存主義）は，西欧中心主義的であると批判し，未開社会において野蛮と考えられてきた思考（野生の思考）と，近代社会の理性的・科学的思考（文明の思考）との間に優劣はないが，どちらにおいても言語や世界観の体系＝構造に支配されているとした（**構造主義**）。

Think 構造主義とは何だろうか？

解説

15 原典 A **野生の思考**

View 野生の思考とは，近代世界が克服した思考ではなく，近代世界のもう一つの重要な思考である。

私にとって「野生の思考」とは，野蛮人の思考でもなければ未開人類もしくは原始人類の思考でもない。**効率を高めるために栽培種化されたり家畜化された思考とは異なる，野生状態の思考**である。……

今日のわれわれには，この両者が共存し，相互に貫入しうるものであることがもっと理解しやすくなっている。それはちょうど，野生の動植物と，それを変形して栽培植物や家畜にしたものとが，（少くとも理論上は）共存し交配されうるのと同じである。

（大橋保夫 訳『**野生の思考**』みすず書房）

A文明の思考（科学的思考）の典型は，特定のプランに沿って集められた材料と道具によって仕事をしていく技術者的思考である。これに対して，**野生の思考**はありあわせの材料と道具によって仕事（**ブリコラージュ**）をしていく器用人的思考である。前者は，理性と技術の世界であり，後者は知恵と勘の世界である。両者は一見対立するが，人間の現実世界を見ればわかるように，相補う世界である。

Side Story レヴィ - ストロースは幼少の頃，boulanger（パン屋）と boucher（肉屋）の看板を見て，両方とも同じ形 (bou-) だから同じ音に違いないと確信したという。「私は子どもの時から今日でいう構造主義者だった」と述べている。

フーコー　Michel Foucault　1926～84　フランス

フランスの哲学者，歴史と「人間」に対して独自の見解を示した構造なき構造主義　7回

> 人間は，人間の知に対して提起された最古の問題でもなければ，最も恒常的な問題でもない。

主著『狂気の歴史』『監獄の誕生』『言葉と物』『性の歴史』

足跡　1926年にフランスのポワティエで医師の一家に生まれた。第二次世界大戦後，高等師範学校に入学し，モーリス・メルロ-ポンティの指導のもとで哲学を学ぶ。スウェーデン，ポーランド，ドイツの大学で教鞭をとる

が，フランスに帰国して61年には『狂気の歴史』を出版，70年にはコレージュ・ド・フランスの教授に就任し，『言葉と物』などを著した。84年にパリで死去。

フーコーは，近代社会を支配している見えない**構造（知の枠組み）**を取り出し，歴史的に考察することで，ヨーロッパの近代思想を再定義しようとした。フーコーはニーチェの「神は死んだ」という真理の欠如した現代へのまなざしを受け継ぎ，こうした知の枠組みが歴史のなかで相対化されていくこと，つまり「**人間の終焉**」を主張したのである。

原典A　人間の終焉

View　「人間」も発明品にすぎない。

人間は，われわれの思考の考古学によってその日付けの新しさが容易に示されるような発明にすぎぬ。そしておそらくその終焉は間近いのだ。もしもこうした配置が，あらわれた以上消えつつあるものだとすれば，われわれがせめてその可能性くらいは予感できるにしても，さしあたってなおその形態も約束も認識していない何らかの出来事によって，それが十八世紀の曲り角で古典主義的思考の地盤がそうなったようにくつがえされるとすれば——そのときこそ賭けてもいい，**人間は波打ちぎわの砂の表情のように消滅するであろう**と。

（渡辺一民・佐々木明 訳『言葉と物』新潮社）

解説

A 「人間は消滅する」。ここでいう人間とは，近代西洋のものの考え方の基準・出発点としての人間である。ここでいう「ものの考え方」を**エピステーメー**（ギリシャ語でいう"知"）という。エピステーメーとしての「人間」は，たかだか19世紀以降に支配的になったものに過ぎないというのがフーコーの歴史観である。彼は，近代人を支配しているエピステーメーの「構造」を探究したといえる。

> 学校という場所も，近代人をつくるための「規律化」の場所なのね。

1 狂気の歴史

中世やルネサンス期において，狂人は社会の中にとけこんでいた。しかし近代以降になって，狂人は監獄や精神病棟の中へ閉じ込められる。それと軌を一にして狂気を疾患として扱う精神医学が発展する。人間の「**理性**」に価値が置かれ始めるのと同時に，そのネガとしての「**非理性**」，すなわち疾患としての狂気が成立したのである。このようにフーコーにとって知（学問）とは権力であり，人間を研究対象として閉じ込め管理する「構造」なのである。

→ゴヤ『精神病院』

テキストを「構造」とみなす
ロラン・バルト
Roland Barthes　1915～80　フランス

主著『零度のエクリチュール』『テクストの快楽』『表徴の帝国』

足跡　批評家。作家をテクスト（作品）の主人と見なす時代の終わりを作者の死と表現。作者は死んでいるも同然で，テクストの中の多様なエクリチュール（言葉遣い）を読み取るのは読者だとした。交通事故に遭い入院中に死去。

無意識を「構造」とみなす
ラカン
Jacques Lacan　1901～81　フランス

主著『エクリ』『精神分析の四つの基本概念』（弟子のミレールが編纂）

足跡　精神科医。ソシュールの言語学を用いてフロイトの心理学を構造主義的に解釈し，認知や心理の発達や精神疾患について様々な考察を遺した。たとえば彼によると無意識とは「構造」に他ならない。神話や昔話が一定の「構造」すなわちパターンに基づいてアレンジされるのと同じような過程で，患者の夢や症候は発現するとされる。

経済社会を「構造」とみなす
アルチュセール
Louis Pierre Althusser　1918～90　フランス

主著『マルクスのために』『資本論を読む』

足跡　30歳の時にフランス共産党に入党。マルクスの著作を構造主義的に解釈し，マルクスのいう上部構造と下部構造の関係は単一ではないと主張。革命の戦略は国や地域によって様々であると説いた。晩年，精神疾患から妻を絞殺。

Side Story　フーコーは自分の同性愛的な傾向に悩み，自殺未遂事件なども起こしているが，公には生涯これを隠し続けた。フーコーが生きた時代ではまだ，同性愛というものは社会的なタブーとされていたのだった。

西洋近現代思想

⑥ポスト構造主義

Words 359ポスト構造主義　360脱構築　361器官なき身体

思想家	主な概念
デリダ	脱構築（二項対立の解体）
ドゥルーズ	器官なき身体，リゾーム
サイード	オリエンタリズム
リオタール	「大きな物語」の終焉

概説　1960年代後半からフランスに現れた思想運動の総称。構造主義の「あと」に続く思想を指し，社会や文化を構造としてとらえ分析しようとした**構造主義を乗り越えようとするもの**である。デリダ，ドゥルーズ，後期のフーコーなどがポスト構造主義の思想家と言われる。構造主義が乗り越えようとした伝統的な西洋の思想を，さらに徹底して批判する傾向にあるのがポスト構造主義とされる。

「差異の哲学」を提唱
ドゥルーズ
Gilles Deleuze　1925～95　フランス

> 哲学とは，概念を創造することである。

写真：BAMBERGER HELENE/GAMMA/アフロ

主著　『差異と反復』『アンチ・オイディプス』（ガタリ*共著）
足跡　パリで生まれ，ソルボンヌ大学で哲学を専攻する。リセ（高等中学校）の教員などを経て，パリ大学の教授となる。ヒューム，ベルクソン，ニーチェなどを研究し，「差異」の哲学を提唱。構造主義の成果を引き継ぎつつも，独自の哲学を展開した。従来の階層的で系統だった思考をツリー（樹木）になぞらえ，これに対して横断的・流動的な**リゾーム（地下茎）**の概念を提示するなど，西欧の伝統的な哲学や近代的な知の階層的体系を批判した。　*フランスの哲学者，精神分析学者

1 欲望する機械

人間の無意識のこと。常識的な意味に反し，機械とは無軌道で混沌とした状態を指す。二人はフロイト＝ラカンの心理学のうち，人間の性欲や規範意識は家族関係の中で秩序づけられるという説を批判。欲望の規律化ではなく自由な解放を彼らは説くのである。

2 器官なき身体

二人は，ひとつのトップの下に秩序づけられた組織の構造を**ツリー型**，トップなき自由な組織を**リゾーム（根）型**と区別する。

その上で，人間の身体を脳→諸器官と見なすツリー型身体観を批判。司令塔も部下もいないリゾーム型の組織として身体をとらえるよう提言した。

フランスの哲学者，ポスト構造主義を牽引
デリダ　Jacques Derrida
1930～2004　フランス

> 私たちは，記号を用いてのみ，思考する。

主著　『声と現象』『エクリチュールと差異』『グラマトロジーについて』

足跡　アルジェリアでユダヤ人の両親のもとに生まれた。パリの高等師範学校卒業後，ハーバード大学に留学，現象学と構造主義を批判的に研究した。1960年からソルボンヌ大学などで哲学を教え，その後アメリカの大学でも教鞭をとる。ハイデガーの思想を批判的に継承し，プラトンから続く西洋の伝統的な思考の「**脱構築**」を目指すことで，ポスト構造主義の思想を牽引した。彼の思想は，文学や批評理論などにも影響を与えている。

1 「二項対立」

デリダによれば，西洋哲学はしばしば2つの概念の対によって構築されている。「真／偽」「善／悪」「精神／物質」「内部／外部」「自我／他我」「西洋／東洋」「男／女」などがその例である。デリダはこれを**二項対立**（oppositions）と呼ぶ。そして，一般に二項対立においては，前項が，後項に対し優位なものと考えられ，後項は否定されるもの，前項の派生物とみなされる。

近頃の若者はおとなしすぎる！もっとやんちゃになりなさい。上の人の言うことなんて聞かなくていいんだ。

「聞くな」「聞け」「やんちゃ」「おとなしい」結局どっち？

2 脱構築（deconstruction）

ある言語表現の中にひそむ二項対立を暴き，その矛盾を衝き，その成立の不可能性，恣意性を指摘するのがデリダの**脱構築**である。たとえば，文字で書かれた文章よりも生の演説を尊重する考え方がある（**音声中心主義，現前の形而上学**）。ここには音声と文字の二項対立があり，前者は後者の優位に置かれて考えられている。しかし一回聞いたら体験できなくなってしまう生の演説の素晴らしさを人に伝えるにはどうすればよいか。文章によるしかない。ここで，音声は文字にひそかに依存しているのである。デリダは音声中心主義や現前の形而上学を西洋哲学の基底と見なし，その脱構築を目指したのである。

Side Story　ドゥルーズ＆ガタリは共著書『千のプラトー』において，将棋はツリー型，囲碁はリゾーム型，と説明した。将棋は王将を頂点とする秩序体系の下行うが，囲碁はたった二種類の石が碁盤の上で自由自在に増殖しあうからである。

「大きな物語」の終焉とポストモダンを唱えた哲学者
リオタール　Jean-François Lyotard
1924～98　フランス

主著『文の抗争』『ポストモダンの条件』

足跡　哲学者。「主体的・理性的な人間」や「歴史の進歩」に信頼を置いたこれまでの近代西洋の価値観を「大きな物語」と総称。二度の世界大戦と大量虐殺を経た戦後にはこの大きな物語が機能しなくなっていると主張。それ以降の時代を近代の後ということでポストモダンと呼んだ。

リオタールが提供した語彙を用いて、構造主義・ポスト構造主義をポストモダン哲学と総称する場合もある。そのポストモダン哲学を貫いているのは、近代西洋の思い上がりに対する批判だといえる。

オリエンタリズム理論の提唱者
サイード　Edward Wadie Said
1935～2003　アメリカ

主著『オリエンタリズム』『文化と帝国主義』『知識人とは何か』

足跡　パレスチナ人を両親に、英国委任統治下のエルサレムで生まれる。彼は、西洋の、東洋に対する表面的な理解——非西洋（東洋）を得体のしれない「他者」と位置づけ、「エキゾチック」「神秘的」などのイメージで理解しえないものとしてとらえる考え方——をオリエンタリズム（→p.298）と呼び、こうした西洋優位の思想が植民地支配などを正当化してしまったと批判したほか、文学作品に現れる旧宗主国と旧植民地の関係性にも鋭い視線を向けた（ポストコロニアル理論）。

Focus　「脱構築は正義である」デリダの政治的発言

正義それ自体はというと、もしそのようなものが現実に存在するならば、法／権利の外または法／権利のかなたにあり、そのために脱構築しえない。脱構築そのものについても、もしそのようなものが現実に存在するならば、これと同じく脱構築しえない。脱構築は正義である。

（堅田研一　訳『法の力』法政大学出版局）

1989年、ベルリンの壁が崩壊し、マルタ会談で米ソ冷戦が終結する直前、ニューヨークでの講演でデリダは上のように発言し、聴衆を驚かせた。比較的わかりやすい政治的発言をしたからである。それまで彼は古典的テクストを読解する難解な哲学者と思われていた。また彼の脱構築は、正義といった理想をむしろ解体してしまうニヒリズムのように思われてさえいた。そんな彼が、脱構築は正義であり、正義は脱構築できないと言ったのである。つまり脱構築は「われわれ」の理解できる世界の外に向けた思考であり、他者からの呼びかけに責任をもって応答しようとする理想であり、決してその理想を嘲笑うものではないということだ。

冷戦期が終わりかけていた当時、彼は新時代を歓迎する姿勢を示したのである。

➡脱構築主義建築の建物（ドイツ・デュッセルドルフ）　一切の合理性を排し、曲線・曲面が多用されている。脱構築の手法は建築のほか、文学や社会科学など多方面に影響している。

Focus　日本のオタクはポストモダン・アニマルである

哲学者・東浩紀（1971～）の『動物化するポストモダン』では、日本のオタクがポストモダン的消費者として描き出される。

オタクたちは物語やキャラクターを要素に分けて見ていて、「この次はこういう展開になる」「この顔立ちのキャラはこういう性格」というパターンを当てはめて作品を消費する、と説明される（＝マクルーハンのデータベース消費の議論を踏まえている）。

内気なキャラ　快活なキャラ　謎めいたキャラ

そして、作品から要素を一度抜き出したら、あとは自分でパターンを組み替えて楽しむこともできる（＝二次創作）。この一連の新しい消費形態を、東はリオタールの言葉を用いて「大きな物語の凋落」と、あるいは哲学者コジェーヴの言葉を用いて「動物化」と呼んだ。私たちが今日のスマートフォン、SNSを通して慣れ親しんでいる消費形態といえるだろう。

➡東浩紀（1970～）　東京都生まれの批評家、作家。デリダに関する論文により学位取得。現代思想研究のほか、サブカルチャーについての批評も行う。著書に『弱いつながり——検索ワードを探す旅』『ゆるく考える』『ゲンロン戦記——「知の観客」をつくる』など。

朝日新聞社提供

西洋近現代思想

Side Story　哲学者たちが飼い猫につけた名前はユニークである。サルトルが飼っていた猫は Néant。「無」を意味する。フーコーの猫は Folie（狂気）、デリダの猫は Logos（言語・理性）である。おのおのの哲学に関連が深い名づけといえる。

175

哲学を言語として論理的に分析

⑦分析哲学

概説 人間の自由や権利といった抽象的なものではなく，人間が使用している言語を分析する哲学。ウィトゲンシュタインらを先駆者とし，主に英米で盛んに研究されている。哲学に対するある種の論理的・科学的アプローチであるため，科学哲学とも関連が深い。

1 言語論的転回

デカルト以後の近代哲学や現象学が「意識」を分析の対象としたのに対し，20世紀以後の現代哲学は，構造主義やポスト構造主義，そして分析哲学の興隆に見られるように，「言語」を分析の対象としていった。このような「意識」から「言語」への分析対象の転回のことを，言語論的転回という。伝統的な観念論や認識論が，意識の分析によって曖昧なものとなっていたこ

とを批判し，分析哲学は，**言語を厳密に分析**していくことで哲学の手法を大きく転換していった。

言語論的転回の概念は，アメリカの哲学者ローティ（1931～2007）が編者となった1967年の『言語論的転回』という分析哲学の論文集によってひろく知られるようになった。ローティは，言語論的転回の代表的な思想家の一人にウィトゲンシュタインを挙げている。

論理実証主義の哲学者，分析哲学を創始

ウィトゲンシュタイン
Ludwig Wittgenstein
1889～1951
オーストリア

4回

Words 362 分析哲学　363 言語ゲーム

> 語りえぬことについては，沈黙しなければならない。

主著 『論理哲学論考』『哲学探究』

足跡 1889年ウィーンに生まれる。実家はヨーロッパでも有数の大富豪であり，父による厳しい教育方針のもと，家庭教師による教育を受けた。父の意に反して音楽や芸術に関心を抱く一方，相次ぐ兄の自殺を目の当たりにし自身も自殺への衝動に悩まされる。当初は航空工学を学び，数学にも興味を抱いたが，ラッセルに師事して哲学・論理学を学ぶ。第一次世界大戦が始まるとオーストリア軍に従軍。従軍中に書きためた原稿をもとに，『論理哲学論考』を書きあげ，言語分析によって哲学の問題をすべて解決したと宣言して一度哲学から離れる。小学校教師や庭師，家の設計など様々な職を経験したのち，再びケンブリッジ大学に戻って哲学研究を再開する。ウィトゲンシュタインの哲学は，生前に出版された『論理哲学論考』を中心とする前期の思想（語りえぬものについては沈黙）と，「言語ゲーム」論を中心とする後期の思想に分けられる。

西暦	年齢	生涯
1889	0	オーストリアのウィーンに誕生
1906	17	ベルリンの工科大学に入学
08	19	マンチェスターの工科大学で航空工学を学ぶ
12	23	ケンブリッジ大学でラッセル（●p.192）らに哲学，論理学を学ぶ
13	24	父が亡くなる。相続した遺産を放棄し寄付する
14	25	第一次世界大戦に際し，志願兵として従軍する
22	33	『論理哲学論考』を出版
30	41	ケンブリッジ大学講師となる
39	50	同大学の哲学科の教授となる（～58）
51	62	癌のため死去。遺稿として『哲学探究』出版

Think ウィトゲンシュタインは世界と自己の存在についてどう考えたのか？

原典 **A** ## 言語の限界

View 言語の限界が世界の限界である。

5.6 私の言語の限界が私の世界の限界を意味する。

5.61 論理は世界を満たす。世界の限界は論理の限界でもある。

　それゆえわれわれは，論理の内側にいて，「世界にはこれらは存在するが，あれは存在しない」と語ることはできない。……

　思考しえぬことをわれわれは思考することはできない。それゆえ，思考しえぬことをわれわれは語ることもできない。

5.62 ……世界が私の世界であることは，この言語（私が理解する唯一の言語）の限界が私の世界の限界を意味することに示されている。

（野矢茂樹　訳『論理哲学論考』岩波文庫）

解説

A B ウィトゲンシュタインは『論考』において，言語の限界が世界の限界であると考えた。言語は世界全体を映し出す像なのである。これを「写像理論」という。つまり，言語によって（科学的に）語られうるものだけが事実なのであって，言語化できないものについて語ることは，言語を誤用しているにすぎない。だから，「神の存在」や「真理」などについて語っている従来の哲学は，言語の誤用であるとしたのである。そして，哲学にできることは，言葉にできる命題とそうでない命題を区別することと考えた。

模型

"リンゴ"という言葉

"神"という言葉

駅

対応物なし

Side Story ウィトゲンシュタインは，『論考』を出版後，小学校教員として勤めたが，その働きぶりは非常に熱心で，小学生のための辞書まで出版したという。しかし，体罰問題を契機に辞職してしまい，再び哲学研究を志すのである。

原典 B 語りえぬこと

View 語りえぬものには沈黙せよ。

6.53 語りうること以外は何も語らぬこと。自然科学の命題以外は――それゆえ哲学とは関係のないこと以外は――何も語らぬこと。……

6.54 私の諸命題を葬りさること。そのとき世界を正しく見るだろう。

7 語りえぬものについては，沈黙せねばならない

(同前)

1 言語ゲーム

『論理哲学論考』では言語は世界を写し取る像，模型として捉えられている。これが前期の彼の言語観である。しかし『哲学探究』に表されている後期の彼の言語観はこれと異なる。「言語ゲーム」と呼ばれる言語観である。普通私たちは，言葉にはまず正しい「意味」があり，その意味を知った上で言葉を「使用」すると考える。しかし，後期のウィトゲンシュタインはむしろ，言葉とは，その「使用」が先にあり，「意味」というものは日常生活における言葉の使用のなかで初めて発生するものであると考えた。このことを，一定の言語使用というルールに従ってゲームをする，「言語ゲーム」のようなものだと比喩したのである。

解説

● 言語ゲームの一例

= これは板です！

= 板を持ってこい！

= 私は板が好きです！

板！

上の場面では，大工が「板」と言うだけで，板を持ってこいと要求していることが伝わる。

科学とは何か？ その存立根拠と現代的意義を探究

⑧科学哲学

Words 364 反証可能性
365 ホーリズム（全体論）
366 パラダイム

学問＝科学からの「語りえぬもの」の排除を主張

論理実証主義

● R. カルナップ
(1891-1970)
論理実証主義の代表的な哲学者。

概説 20世紀，非ユークリッド幾何学と量子力学によって，従来の科学が前提とした古典物理学的世界像が崩壊した。そこで新たに現代科学の基礎づけをおこなう理論として科学哲学が誕生する。そのはじまりは「ウィーン学団」と呼ばれる科学者と哲学者の集団が提唱した論理実証主義であった。その極端な主張に対する様々な反論によって，今日に至る科学哲学が発展していく。

概説 前期ウィトゲンシュタインの主著『論理哲学論考』から影響を受け，たとえば神や実存のような「語りえぬもの」を科学の対象としては排除すべきと主張。（当のウィトゲンシュタインはむしろそのようなものにこそ心惹かれていたのだが）論理実証主義者らの主張は以下のとおり。①検証可能な命題のみが有意味である。②従来の哲学すなわち人文科学は科学として未熟。③科学史と称して過去の誤った学説を学ぶ必要はない。……その極端な主張に挑戦したのが以下の学者たちである。

反証を科学の指標とした科学哲学者

ポパー

Karl Raimund Popper
1902~94 オーストリア

主著『科学的発見の論理』『開かれた社会とその敵』

足跡 ウィーンに生まれる。10代の頃にマルクス主義の運動に加わったことがあるが，その経験がのちにマルクス主義を非科学的とみなすこととなった。ナチスが政権を取るとニュージーランドの大学に移り，戦後はイギリスで研究生活を送った。アインシュタインの「予測が間違っていたら自説を放棄する」という態度に感銘を受け，科学者の批判的精神に基づく研究態度（**批判的合理主義**）を提唱した。

人を科学者たらしめるものは，不断の情け容赦のない批判的な真理の探究である。

1 反証可能性

反論の余地があるということ。批判に対して開かれているということ。それこそが科学だというのがポパーの考えである。逆に彼は，論理実証主義者の「検証可能性」を批判する。例えば「すべてのカラスは黒い」という仮説から「ある地区のカラスは黒い」というテスト命題が演繹されるが，このテスト命題が検証されたとしても仮説が証明されたことにはならない（すべてのカラスの証明にはならない＝帰納法の限界）。そこで，科学を基礎づける指標として検証に替えて反証という概念を提唱した。ある地区のカラスに1羽でも白いカラスがいることが観察されれば（テスト命題の反証）仮説を偽（すべてのカラスが黒いとは言えない）と確証することができる。

ポパーは，反証可能性をそなえていない，すなわち批判に対して開かれておらず，どのような批判に対しても「ああ言えばこう言う」式に答えてしまう体系を疑似科学として批判した。槍玉にあげられたのはマルクス主義やフロイト流精神分析である。

それは「真理」の名を借りた暴力であり，そもそもプラトンのイデア説（●p.32）がそうであった……というのがポパーの説である。ナチズムの脅威に裏打ちされた考えである。

あなたは夫との関係がうまくいっておらず，その抑圧が原因で体調不良なのです。

（患者）いいえ，違うと思います。

いいえ，無意識下ではそうなのです。

批判

ポパー「疑似科学！ インチキ！」

西洋近現代思想

Side Story 『哲学探究』においてウィトゲンシュタインは，哲学について，「哲学における君の目的とは何か。ハエにハエ取り壺からの抜け道を教えることだ。」「哲学の問題は『私は途方に暮れている』という形式をとる。」などと述べている。

20世紀のアメリカを代表する分析哲学者　1回

クワイン　Willard van Orman Quine
1908～2000　アメリカ

| 主著 | 論文「経験主義の二つのドグマ」 |

足跡　ハーバード大学で数理論理学の学位を取得すると，奨学金を得て渡欧し，論理実証主義者らと交流を持った。特にカルナップから大きな影響を受けた。帰国後は，ハーバード大学で教鞭をとり，分析哲学の手法にプラグマティズムを融合させた科学哲学を提唱した。

現代科学哲学を代表する科学史家　2回

クーン　Thomas Samuel Kuhn
1922～96　アメリカ

| 主著 | 『コペルニクス革命』『科学革命の構造』 |

足跡　ハーバード大学で物理学を専攻。その後科学史を研究。**パラダイムの転換**（科学革命*）という視点から科学理論の進歩を非連続なものとする革新的な科学哲学を提唱した。*歴史上の「科学革命」（➡p.106）とは別概念。

2　ホーリズム

　論理実証主義やポパーが，検証や反証の基本単位を「命題」であると考えたのに対して，クワインは「知識の全体的なネットワーク」であるとした。

　一つの命題が経験的に否定されても，即座に理論全体が否定されることはない。体系内の補助仮説を再調整すれば真とみなし続けることもできる。

　クワインは数学や論理学などの形式科学と経験科学の境界を取り払い，知識や信念の体系は，**境界のないネットワーク・システム（ホーリズム）**を成していると唱えた。つまり人文科学は自然科学と相補う関係にあるのであり，論理実証主義者が言うのとは違い，決して不要ではないことになる。

カルナップ
（➡p.177）

命題A			
命題B	→	検証	→	真
			偽

クワインはこれを否定

　上の図のように，ある命題の真偽は検証結果と**一対一の関係**にある，とカルナップは考えた。

　一方，クワインは検証結果が命題と違っていても，それは命題が偽であることを意味するのではなく，理論全体のどこかに綻びがあることがわかっただけだと考えた。クワインは，ある命題を単独で検証することはできないと考えたのである。

3　パラダイム

　クーンは，一定期間，科学者集団に認められた科学的な業績の総体を**パラダイム**と名づけた。

　そこには，問題設定，問題を解く基礎理論や問題の解き方，さらにその背景にある世界観などさまざまなものが含まれる。あるパラダイムが科学者集団に受け入れられるとそのもとで科学研究が遂行される（通常科学）。やがてそのパラダイムでは解決できない変則事例が発生するとパラダイムに揺らぎが生じ（通常科学の危機），さまざまな新理論が提唱され，やがて別のパラダイムが支持されるようになる。危機から新パラダイムへの移行を科学革命と呼んだ（歴史的には天動説から地動説など）。つまり論理実証主義者が言うのとは違い，科学史上の過去の学説は学ぶ価値のない誤りや迷信とは限らない。今日とは違ったパラダイムとして，研究の価値はあるのである。

| 天動説というパラダイム | → 科学革命（パラダイム変換） → | 地動説というパラダイム |

他者を尊重し，よりよい共同体を築くにはどうすればよいかを解明する

⑨他者の尊重と正義

概説　ここではまず，ナチスが政権を獲得したあと，アメリカ（その前にはフランス）へ亡命した**ハンナ゠アーレント**と，ドイツ軍の捕虜となり，長い抑留生活を経験した**レヴィナス**を取り上げる。前者は全体主義を生みだしてしまった大衆社会の病理について，後者は「他者の異質性」について論じたが，いずれも**ナチズムという権力の誕生と災禍とを契機として思想を展開させ**，多様な文化と価値観を相互に尊重する社会や生き方について考察した人物である。その後，社会における「正義」とは何かという問題を考察し，社会契約説を現代的に再構成しつつ独特の正義構想を発表した**ロールズ**を取り上げ，さらにはロールズを批判的に論じ，「社会的基本財の平等」ではなく「潜在能力の平等」を唱えた**アマルティア゠セン**を紹介する。最後に，リバタリアニズム（自由至上主義）に立った**ノージック**，コミュニタリアニズム（共同体主義）に立った**サンデル**，**マッキンタイア**ら，現代の哲学者・倫理学者の思想を扱う。さて，ここで「他者の尊重と正義」という見出しを，改めて見てみよう。われわれが他者と交わるのは，社会においてである。つまり，他者について考察することは社会について考察することであり，社会について考察することは他者について考察することといえる。他者と傷つけあわないためには？　自由で平等な社会を，他者と享受するには？　これから紹介する人物たちは，さまざまな思索の種をわれわれに与えてくれるはずだ。

➡**「医療をすべての人へ」と訴えるラリー（2021年）**　アメリカには，わが国のような国民皆保険制度はなく，公的医療保険は，高齢者や障がい者など一部の人にしか開かれていない。そのため，国民の多くは民間会社の医療保険に加入するか，保険そのものに加入しないかを選択することになる。アメリカにおける自己破産の6割が，高額な医療費を支払えないことが理由であるともいわれる。

Side Story　ポパーとウィトゲンシュタインは一度だけ，ケンブリッジ大学で行われたポパーの講演会で顔を合わせた。この時，両者に激論が交わされ，ウィトゲンシュタインは興奮のあまり火かき棒を振り回し，会場を出ていったという。

全体主義を生みだした大衆社会の病理を解明し，公共性の復権を主張　◀4回

ハンナ＝アーレント

Hannah Arendt
1906〜75　ドイツ

Words 367 公共性

正義は孤高することを要求する。
正義は脚光を浴びるという快楽を厳しく避けることを命ずる。

西暦	年齢	生　涯
1906	0	ドイツのハノーヴァーでユダヤ人家庭に生まれる
21	15	授業をボイコットし，放校処分となる
24	18	マールブルク大学に入学
33	27	ユダヤ人迫害の中，ドイツから他国への亡命を援助する活動に従事するが，自身もフランスへ亡命
41	35	前年にフランスがドイツに降伏したため，アメリカに亡命
51	45	『全体主義の起源』を著す
58	52	『人間の条件』を出版
63	57	『エルサレムのアイヒマン―悪の陳腐さについての報告』を発表，大きな論争を巻き起こす
75	69	死去

（ハイデガー，ハンス・ヨナス（→p.287）らと出会う）

主著　『全体主義の起源』『人間の条件』
足跡　1906年，ドイツのハノーヴァーでユダヤ人の家庭に生まれた。マールブルク大学ではハイデガー（→p.160）に，ハイデルベルク大学ではヤスパース（→p.158）に学んだ。ナチスが政権を獲得した1933年にフランスに亡命，しかしフランスがドイツに降伏したため，1941年アメリカに亡命した。1959年，プリンストン大学の教授に迎えられ，その後，コロンビア大学，シカゴ大学でも教鞭をとった。
　アーレントは，自ら経験した全体主義とそれを生みだした現代社会の病理を究明し，古代ギリシャのポリス的な公共世界，政治空間に，「活動」という人間的条件の復権の可能性を見出した。大衆社会のなかで立脚点を喪失した人間の救済をめざすアーレントは，自由を本質とする「活動」として政治を再生しようとしたのである。

Think 人間の「自由」と「尊厳」を保障するものは何だろうか？

⑬ 原典 **A 公共性と活動**

View 人間の多数性，また唯一性に対応した活動力が「活動」であり，その実践の場が公的領域である。

　活動とは，物あるいは事柄の介入なしに直接人と人との間で行われる唯一の活動力であり，多数性という人間の条件，すなわち，地球上に生き世界に住むのが一人の人ではなく，多数の人間であるという事実に対応している。
　人間は，言論と活動を通じて，単に互いに「異なるもの」という次元を超えて抜きん出ようとする。つまり，言論と活動は，人間が，物理的な対象としてではなく，人間として，相互に現われる様式である。
　古代人（ギリシア人）が政治を評価する場合，その根本にはこういう確信があった。すなわち，人間としての人間―ユニークな区別をもつ各個人―は言論と活動の中で自らの姿を現わし，自らを確証する……。

（志水速雄 訳『人間の条件』ちくま学芸文庫）

解説
A アーレントは人間の活動力を，生命活動を維持するための「労働」（labor），永続性と耐久性を備えた人工物を作り出す「仕事」（work），共通の関心事に対して言論と行為をもって他者と関わる「活動」（action）の三つに分類した。現代は画一的な経済活動（社会的領域）が公的領域を支配した結果，相互に違いを主張し合い自由を実現する場である公共性が失われてしまった。公共性の衰退が，人々に共通世界への関心を失わせ，孤立分断した個人からなる大衆社会を生みだし，全体主義を成立させる条件となったと論じた。

1 人間活動の三領域

私的領域		社会的領域		公的領域
家計	拡大	労働の場 国民経済	侵食	政治

解説▶ 現代の世界では，生命維持（必然）が「家事」から「国家」の営みとなったことで，社会的領域が拡大し，公的領域が本来持つ自由が侵食されている。

2 全体主義の起源

　全体主義は，ナチズムやスターリニズムのように独裁者に率いられた大衆政党が一元的に支配する政治体制。個人や社会・集団の権利や自律性を認めず，すべては政党公認のイデオロギーによって統制される。また抵抗・批判する者に対しては粛清（処刑）といったテロルが行使される。
　アーレントの『全体主義の起源』は3部構成。第1部「反ユダヤ主義」では，20世紀のナチズムとスターリニズムという二つの全体主義の起源を分析。さらに，第2部「帝国主義」では，19世紀後半から20世紀前半の帝国主義による「人種主義」と「官僚制支配」が全体主義の起源となったとした。

Focus アイヒマン裁判と悪の陳腐さ

　ナチス親衛隊員であったアイヒマンは，戦時中ユダヤ人列車移送の最高責任者を務めた。戦後，アルゼンチンに逃亡したが，1960年にイスラエル諜報部に拉致され，イスラエルで裁判にかけられた（1962年に絞首刑）。
　アイヒマン裁判をザ・ニューヨーカー誌の依頼で傍聴したアーレントは，そこに「悪の陳腐さ」を発見する。小役人にすぎないアイヒマンは，自分で善悪を思考することを放棄し，官僚組織の歯車となることで，ホロコーストという巨悪に加担した。

悪は狂信者や変質者が生み出すのではなく，ごく普通に生きていると思い込んでいる凡庸な一般人が引き起こす事態をアーレントは「悪の陳腐さ」と評したのである。

　企業の組織的な不正があとを絶たない現代。誰もがアイヒマンになる危険が潜んでいないだろうか。

↑凶暴とされたアイヒマンはガラスのケースに入れられ裁判を受けた。

西洋近現代思想

Side Story　2013年，岩波ホールで公開され話題を呼んだ映画「ハンナ・アーレント」。アーレントがアイヒマン裁判で示した不屈の精神が描かれている。ハンス・ヨナスらユダヤ人の友人が彼女の主張を拒絶し，去るシーンは印象的である。

179

「ある」の恐怖から「他者」を発見，存在に対し倫理の優位を主張　◀5回

レヴィナス

Emmanuel Lévinas
1906 ～ 95　フランス

他者性

Words 368他性

真に人間的な生活は他者に対して目覚めている，ということ

主著　『実存から実存者へ』『全体性と無限』
足跡　ロシア領リトアニアのカウナスでユダヤ人の父母のもとに生まれた。1928 年から 1929 年にかけてフライブルク大学に留学し，フッサールとハイデガーのもとで現象学を研究した。1961 年に，『全体性と無限』で博士号を取得し，以降，フランスの大学教授を歴任した。
　第二次世界大戦中にナチスによって家族を虐殺され，他者への暴力の極限を体験したレヴィナスは，戦後，ユダヤ教の研究も踏まえつつ，他者の異質性を重視する思想を展開した。

西暦	年齢	生　涯	西暦	年齢	生　涯
1906	0	リトアニアに生まれる	1940	34	ドイツの捕虜収容所に抑留される
23	17	ストラスブール大学に留学	47	41	『実存から実存者へ』発表
28	22	フライブルク大学に留学	61	55	**『全体性と無限』発表**
30	24	フランスに帰化	73	67	『存在するとはべつのしかたで』発表
39	33	第二次世界大戦に通訳として従軍	95	89	パリで死去

Think　「顔」に見つめられた時，私たちは何を感じるか？

解説

原典 A　顔

View　「顔」は抗いがたく私に要求を突き付ける。「汝殺すなかれ」と。

　〈他者〉が対置するのはどのような意味でも最上級の権力ではなく，まさに〈他者〉の超越という無限なものである。この無限なものは殺人よりも強いのであって，〈他者〉の顔としてすでに私たちに抵抗している。この無限なものが〈他者〉の顔であり本源的な表出であって，「あなたは殺してはならない」という最初のことばなのである。無限なものは殺人に対する無限な抵抗によって権能を麻痺させる。この抵抗は堅固で乗り越えがたいものとして，他者の顔のうちで，無防備な目のそのまったき裸形のうちで煌めく。……顔の顕現が倫理的なものである。

(熊野純彦 訳『**全体性と無限**（上）』岩波文庫)

A プラトンからハイデガーに至るまで，存在するものを一つの観点のもとに収めることができる（全体性の概念）というのが，西洋哲学の主流をなす考えであった。レヴィナスはこの全体性の概念に対して，**無限なもの**を対置する。無限なものとは他者のことである。**顔**（visage）に現れる他者のかけがえのなさ（**他性**）は，「汝殺すなかれ」と私に呼びかけ，私の存在根拠を問うてくる。ここに私たちは無条件に他者を迎え入れることで倫理的な主体として自己を回復することができる。正義は，「相互に承認し合うとか，対等原則を遵守するとか，そのようなことでは実現せず，他者を迎え入れることによって実現する」と，レヴィナスは主張した。

原典 B　他者に対する責任

View　他者に対する責任を一方的に引き受けることで私の主体性が獲得される。

　私は責任というものを他人に対する責任として，したがって，私がしていないことに対する責任として理解しています。またそれどころか，私にはまったく関わりのないことに対する責任，あるいは，明らかに私に関わっており，顔として私に接近するものに対する責任として理解しています。

(西山雄二 訳『倫理と無限　フィリップ・モネとの対話』ちくま学芸文庫)

B レヴィナスは，他人に対する責任が主観性の根本構造であると論じている。

第二次世界大戦から帰還したレヴィナスは，ユダヤ人を襲った悲劇とリトアニアに残った家族の全滅を知りました。ナチズムの暴力は，加害者も被害者も人間が人間でなくなるような状況を現実のものとしたのであり，それは，西洋近代が思い描いてきた「人間」そのものの挫折を決定づけたできごとでした。

1　傷つきやすさ（ヴァルネラビリテ）

　他者の苦痛に対する苦痛，他者の悲惨さとその切迫を感じないでいることができないということ，このことがレヴィナスのいう〈傷つきやすさ〉の意味である。なるほどわたしは後になって他者のこの傷から眼を背けること，見て見ぬふりをすることもあるかもしれないが，そういう選択以前に，わたしはその傷にふれ，その傷に感応している。そういう選択以前の応答（réponse），そういう他者の苦しみに苦しむわたしの〈傷つきやすさ〉のなかに，責任（responsabilité）というものの根があるというわけだ。(鷲田清一「第5章　苦痛の苦痛」『「聴く」ことの力　臨床哲学試論』ちくま学芸文庫)

Focus　「ある」の恐怖とはなにか？

　「全体性」の示す非人称性を，初期のレヴィナスは「il y a」（**イリヤ**）というフランス語（「～が存在する」）で表現していた。戦争や災害の中で，生き残った者が感じる親しきものの不在，そこには空虚ではなく「ある」が充満している。「あるがそっと触れること，それが恐怖だ」とレヴィナスは言う。それはパスカル（→p.103）が言う「宇宙の無限の永遠の沈黙の恐怖」と同じである。私たちも眠れぬ夜にその恐怖を感じることがないだろうか。

↩熊本市の避難所で過ごす子どもたち（2016 年）

Side Story　戦後，レヴィナスは東方イスラエル師範学校の校長を務めていた。学生の評価はさまざまで，お人好しでおふざけやユーモアが大好きだったというものもあれば，厳格で気難しく，すぐ怒りだす気まぐれ屋というものもあった。

社会契約説を現代的に再構成し，正義の理論を確立した政治哲学者

ロールズ

John Bordley Rawls
1921～2002　アメリカ

正義

Words　369原初状態　370無知のヴェール　371公正としての正義

社会とは，相互のましな暮らし向きを目指す，協働の冒険的企てである

［写真：アフロ］

西暦	年齢	生涯
1921	0	ボルティモアに誕生
39	18	プリンストン大学入学，第二次世界大戦勃発
43	22	陸軍に入隊
45	24	占領軍の一員として日本に駐留，除隊
46	25	プリンストン大学大学院に進学
58	37	論文「公正としての正義」を発表
62	41	ハーバード大学教授に就任
65	44	アメリカ，ベトナム戦争へ介入
67	46	ベトナム反戦集会に参加
71	50	『正義論』刊行
91	70	ハーバード大学名誉教授に就任
2002	81	死去

色文字は同時代のできごと

被爆直後の広島を訪れ，悲惨さを目の当たりにした。

徴兵拒否をめぐり，「市民的不服従」（●p.190）の理念を条件付きで承認した。

主著　『正義論』『万民の法』

足跡　ロールズは，アメリカの弁護士の家庭に生まれ，プリンストン大学で哲学を学んだ。1943年繰り上げ卒業と同時に陸軍に入隊。ニューギニア，フィリピンを転戦し，占領軍の一員として日本に駐留した。兵役をとかれた後，母校に大学院生として復学，学位論文「倫理の知の諸根拠に関する研究」で哲学博士号を授与される。1971年の『正義論』において，「正義」にかなう秩序ある社会の実現にむけて，社会契約説を現代的に再構成しつつ独特の正義構想を発表し，アカデミズムの内外で社会倫理学への関心を再燃させた。戦後50年となった1995年に発表した論文で米軍による原爆投下と各都市への焼夷弾攻撃を「すさまじい道徳的悪行（great evils）」と原爆投下を肯定する国内世論に警鐘を鳴らしている。

Think　ましな暮らし向きを実現する「正義」とは何か？

原典A　功利主義への批判

View　功利主義の正義観は分配に関する善さを問題とすることができない。

功利主義の正義観の特筆すべき特徴は，ひとりの人間が自分の満足を時間の流れに沿ってどう分配するかは（間接的な場合を除いて）重要ではないのと同様，諸個人の間で満足の総和がどのように分配されるかも（間接的な場合を除いて）重要問題にはならない，というところにある。個人内および個人間どちらのケースにおいても，精確な分配とは（満足の総和の）最大限の成就をもたらしている状況であるとされる。

（川本隆史ほか　訳『正義論（改訂版）』紀伊国屋書店）

原典B　「公正」としての正義

View　正義の諸原理は無知のヴェールによって全員一致で選択される。

〈公正としての正義〉において，伝統的な社会契約説における〈自然状態〉に対応するのが，平等な〈原初状態〉（original position）である。言うまでもなく，この原初状態は，実際の歴史上の事態とか，ましてや文化の原始的な状態とかとして考察されたものではない。ひとつの正義の構想にたどり着くべく特徴づけられた，純粋に仮説的な状態だと了解されている。この状況の本質的特徴のひとつに，誰も社会における自分の境遇，階級上の地位や社会的身分について知らないばかりでなく，もって生まれた資産や能力，知性，体力その他の分配・分布においてどれほどの運・不運をこうむっているかについても知らないというものがある。さらに，契約当事者たち（parties）は各人の善の構想やおのおのに特有の心理的な性向も知らない，という前提も加えよう。正義の諸原理は，〈無知のヴェール〉（veil of ignorance）に覆われた状態のままで選択される。

（同前）

1　正義の二原理

ロールズは，機会と社会的基本財（各人で異なる善を追求するのに必要となる自由，富，自尊など）を公正に分配することが正義であるという。そして，正義を実現するための原理として二つの原理を提示している。第一原理は，人は他人の持つ自由に抵触しない限りにおいて，基本的な自由の権利を有するという，「平等な自由の原理」である。

ロールズの思想 → 原初状態 — 社会契約 → 公正としての正義
第一原理「平等な自由」
第二原理「機会均等」，「格差の是正」

第二原理は，二段階に分かれ，①まず誰もが機会を均等に与えられなければならないとする「機会均等の原理」をあげる。そして，②不平等な扱いが許されるのは，最も不遇な人々の利益が最大となるような場合であるべきだとする「格差原理」を設定する。この二原理は社会の全員が合意できるとした。

解説

A　功利主義の正義観では，最大化された満足（幸福）の総和を集団成員にどのように分配することが正しいのかを，問題にすることができない。また功利主義は個人の合理的な選択を社会に単純に拡大して適用するため，公平で共感能力のある観察者の視点（みんなの利益を考えろ）が強調され，「個人間の差異（特に少数者の幸福）を真剣に受け止めようとしない」。これらの問題点を解決するための功利主義に代わる正義の理論が，「公正としての正義」である。

B　〈無知のヴェール〉という全員がフェアな状況—有利も不利もない—（社会契約説の自然状態にあたる）で全員が一致して選択した正義の諸原理であるため，ロールズはそれを「公正としての正義」と呼んだ。

無知のヴェール

性別　出身地・階層　才能　将来の夢

性別や親の年収，持って生まれた才能や土地の慣習，将来の夢など何も知らされていない状況を設定し（公正な手続き），そこから合理的に推論し，原理を導き出す。

西洋近現代思想

Side Story　ロールズは同郷のマーガレットと結婚し，男女二人ずつ四人の子宝に恵まれた。妻は絵筆に才があり，生前に出版された二冊の論集の口絵と表紙にロールズの肖像画を描いている。

飢饉の体験から功利主義を批判し，「人間の安全保障」を唱える経済学者　〔7回〕

アマルティア＝セン
Amartya Kumar Sen
1933〜　インド

Words 372 潜在能力

> 人間の生にとってかけがえのない中枢部分を守り，すべての人の自由と可能性を実現すること。

主著　『福祉の経済学』『貧困と飢饉』『不平等の再検討』

足跡　10歳の時に経験したベンガル大飢饉は，センの生き方や考え方に大きな影響を与えた。大学では貧困と飢餓の問題を解決すべく経済学を専攻。功利主義的な経済学理論を批判し，社会的選択理論で先駆的な業績をあげた。ベンガル大飢饉をはじめバングラデシュ飢饉，エチオピア飢饉などの詳細な分析を行い，世界の貧困と飢餓の問題に取り組んだ。経済学と倫理学を結びつけたことが評価され，1998年にノーベル経済学賞をアジア人で初めて受賞した。国連開発計画（UNDP）はセンの開発理論に基づき「人間の安全保障」を提唱。センは緒方貞子氏とともに国連人間の安全保障委員会の共同議長を務めている。

西暦	年齢	生涯　色文字は同時代のできごと
1933	0	イギリス領インドのベンガルに誕生
39	6	第二次世界大戦勃発
43	10	ベンガル大飢饉
51	18	コルカタ大学経済学部入学
59	26	ケンブリッジ大学トリニティ・カレッジで経済学博士号取得
78	45	オックスフォード大学経済学部教授
87	54	ハーバード大学の経済学・哲学教授
92	59	『不平等の再検討』
98	65	ノーベル経済学賞を受賞
2001	68	緒方貞子*氏とともに「人間の安全保障委員会」の議長に就任

> ベンガル大飢饉の犠牲者は推定300万人。

＊政治学者。1991〜2000年，第8代国連難民高等弁務官を務める。

Think　多様な人々が等しく「自由」である社会とは？

原典A ロールズへの批判

View　センは功利主義的な平等やロールズの基本財の平等を批判し，潜在能力の平等を唱えた。

　格差原理において，ロールズは，基本財を善い暮らしに変換する能力が人によってかなり多様であることを考慮せず，人々が持っている機会を人々が保有する手段のみによって判断する。例えば，身体障害者は，健常者と同じ水準の所得や他の基本財を持っていたとしても，できることはかなり少ない。妊婦は，妊娠していない人よりも，とりわけ多くの栄養を必要とする。**基本財を，人が価値を認める様々なことを行うケイパビリティに変換する能力は，（例えば，遺伝的な病気に罹る傾向のように）様々な生まれつきの特徴や，（例えば，伝染性の風土病の流行のように）異なる後天的な特徴や様々な環境の影響によって大きく異なりうる。**

（池本幸生 訳『正義のアイデア』明石書店）

原典B 「潜在能力（ケイパビリティ）」と自由

11・18・23

　自由を得る機会については，一般に「潜在能力」という考え方が有意義なアプローチを示してくれます。潜在能力とは人間の生命活動（ファンクショニング）を組み合わせて価値のあるものにする機会であり，人にできること，もしくは人がなれる状態を表わします。

　マハトマ・ガンディが，イギリスの支配下のインドで取られていた政策に抗議して断食を決意した際，充分な栄養を取る機会を利用しなかったことは有名です。栄養状態を良好にたもつという実際の生命活動からすれば，断食するガンディは飢餓の犠牲者と変わりませんが，両者に与えられた自由と機会は，それぞれ大きく異なるものでした。特定のものを保有する自由は，実際にそのものを保有していることと区別できるのです。人が現実に保有しているだけでなく，保有する自由があることこそが，社会正義を扱う理論では問題とされる，と私は論じたのです。

（東郷えりか 訳『人間の安全保障』集英社新書）

View　潜在能力は生き方の幅であり，その選択肢があることが自由である。

解説

Ａ　センはロールズに敬意を払いつつも，「社会的基本財の平等」というロールズのアイデアを平等の指標として不適切なものと批判する。たとえ同じ財や機会が配分されても，人それぞれ先天的・後天的な事情が異なるのだから，それを十分に活用できる者もいれば，その人にとって役立たない場合もある。ある学校が全生徒にパソコンを無償で配布し，eラーニングを推進した場合，目が不自由な生徒は活用できず，逆に学習の遅れが生じてしまうかもしれない。目の不自由な生徒を等しく扱うためには，その生徒に健常な生徒と同様に学習を深められる場や装置が与えられなければならない。そこでセンは「潜在能力の平等」というアイデアを提唱している。

Ｂ　経済学の効用理論では，人々の選択は効用最大化の帰結であり，選択の結果のみが人々の状態を評価する適切な尺度だと考えられてきた。しかしセンは，たとえ選択の結果が同じであったとしても，その背後にある選択肢の幅，つまり選択の自由度に価値があることを主張した。貧困の克服のためには，所得を向上させることだけでなく，教育や医療の保障，社会参加などの民主主義的な社会基盤にたった「人間的発展」が必要だと考えたのである。

> 日本政府は「人間の安全保障」の考え方に立って，ODAなどの国際支援を行っています。ただし難民問題に関しては消極的だという批判があります。

◉日本の援助によって建設された橋（ラオス）

Focus 潜在能力

様々な「機能」を達成できる 実質的な自由

機能＝栄養状態がよいこと

機能＝社会生活に参加できること

機能＝教育を受けられること

機能＝健康であること

機能＝自尊心が維持できること

Side Story　センは，経済学が前提とする「ホモ・エコノミクス」は，「選好」と「選択」を単純に結びつける合理的な人間だが，社会的には愚者（合理的な愚か者）であると批判。その対抗軸として「共感」と「コミットメント」を提唱した。

2 功利主義

広大な土地があったとする。そこがたった数名の貴族の狩猟場として使われるよりも，多くの庶民が楽しめる遊園地としてそこを開発した方が“よい”気がしないだろうか？

功利主義はその直観を正当化する考えである。なぜ後者（遊園地）がよく思えるかというと，より多くの人が楽しい思いをする……哲学的に言い換えるなら**快楽**を感じることができるからだ。

産業革命によって社会が発展し，中産階級の存在感が増していった19世紀。彼ら彼女らの少しでも多くが快楽を感じられる社会がよい社会である。これが**ベンサムの最大多数の最大幸福**という考えだ（◆p.136）。快楽を感じる能力で人間全体を説明しようとする考え方はわかりやすくて説得力があるようにも思えるが，問題点も多い。

学校の体育館で考えることもできますよ。広い体育館を，2，3人で独占して使うよりも，たとえばハーフコートずつ団体球技の試合をしたほうが快楽の総計は大きくなりますよね。

なるほど。直観的に言っても，そっちのほうが体育館の“よい”使い方である気がするぞ。

3 リベラリズム（自由主義）

ロールズ（◆p.181）は功利主義を批判している。

たとえばロールズはこう述べる。①**功利主義は分配の問題を扱っていない**，と。左の遊園地の喩えでいうなら，功利主義は遊園地を作ったら終わりであって，その遊園地の中で遊具を独占している人がいないかどうかにまで気を配っていない，というわけだ。

またロールズはこうも批判する。②**功利主義は個々人の考えや好みの違いを無視している**，と。つまり，すべての人が遊園地を楽しむかのように想定してよいのか？ 近隣の住民などは夜間に遊園地の照明や音を苦痛に思わないだろうか？ というわけだ。

社会的な恩恵を偏りなく分配するにはどうすればよいかを論じるのだから，その点でロールズらのリベラリズムは**福祉国家**を肯定する思想だといえる。（①に関して）

また，多数者の快楽のために少数者を犠牲にしてしまうことをよしとしない政治社会の原理を探っている点で，リベラリズムは功利主義以上に**普遍性**を目指す思想だといえる。（②に関して）

ちょっと待ってください。この体育館では，一見，多くの生徒が球技を楽しんでいるように見えます。しかし，ここにいるのは，ある特定のクラスの生徒たちだけです。ほかのクラスの生徒は，彼らがいるから体育館を使えないんですよ。

それに，ああやって球技をしている生徒たちの中には，もしかしたら気の進まない生徒がいるのかもしれませんよ。また，いくら楽しくても，この騒がしさが図書室で自習している生徒にとっては迷惑かもしれないし……。ほら，こう考えると，功利主義を批判する私の気持ちがわかるでしょう？ 哲君，体育館というスペースを人々と偏りなく分かち合うには，一体どうしたらいいでしょうね？

西洋近現代思想

Focus 福沢諭吉「天は人の上に…」のつづき ～人間は平等ではない？～

福沢諭吉（◆p.248）の『学問のすゝめ』は，人間の平等を説いた有名な冒頭で始まる。ところがその後を見るとこうつづく。「されども今，広くこの人間世界を見渡すに，かしこき人あり，おろかなる人あり，貧しきもあり，富めるもあり，貴人もあり，下人もありて，その有様雲と泥との相違あるに似たるはなんぞや」と。社会を見渡してみると貧富や身分の格差があるのはなぜか？ 福沢はこう答える。「ただ学問を勤めて物事をよく知る者は貴人となり富人となり，無学なる者は貧人となり下人となるなり」。つまり，人間はスタートラインにおいては平等であった。しかし勉強したか，しなかったかによってゴール地点での不平等が生じるのだ，と！（「賢人と愚人との別は学ぶと学ばざるとによりてできるものなり」）。さて，これは「だから君たちも勉強しろ」という意味にとるべきなのだろうか？ それとも，その不平等が何世代も固定化してしまうのはおかしい，という意味もはらんでいるのだろうか？ J.S.ミルの著作を通じて第一波フェミニズム（◆p.186）についても知っていたという福沢だが，当時の日本社会の中のどの格差がおかしい，不当な格差で，どの格差を仕方ない（＝正当化されうる）格差だと思っていたのだろうか？

❶福沢諭吉の銅像
（大分県中津市）

Side Story 冷戦期の福祉国家論にプレッシャーを与えていたのは社会主義の存在である。つまり，国内の格差解消に向けて動かないと社会主義革命が起こるという緊張感が「西」の先進諸国にはあった。

4 リバタリアニズム（自由至上主義）

　古典的リベラリズム（liberalism）は，「国家や慣習に規制されることなく，個人の思想・言論および経済活動の自由を尊重する立場」であり，アダム＝スミス（→p.135）の経済的自由主義がその代表である。その現代版が米国の**ノージック**に代表される**リバタリアニズム（自由至上主義）**である。ノージックは，国家の機能を暴力・盗み・詐欺からの保護，契約の履行の強制に限定する「**最小国家**」のみが道徳的に正当であるとした。また，ロールズらリベラリズムが主張する所得の再分配は，**個人が有する所有物を自由に処分する絶対的な権原**を侵すものだと批判した。ノージックには，"したいこと"を脳内で実現できる機械につながれたいか，という思考実験がある。その思考実験から，人間は行為を伴わず現実の深みをもたない経験を望まないと考え，快楽を単純に善とみなす功利主義を批判した。

5 コミュニタリアニズム（共同体主義）

　コミュニタリアニズム（共同体主義）は，個人の道徳性や人生の目的は共同体の伝統や文化のなかで形成されるとし，共同体のもつ価値（**共通善**）を個人に先行するものとして重視する立場である。この立場の思想家たち（**サンデル**，**マッキンタイア**ら）は，リベラリズム，リバタリアニズムが想定する個人は共同体から切り離された仮想で抽象的な個人にすぎないと批判した。

> なるほど。サンデルやマッキンタイアは，ロールズに対して，「誰しもが共同体で生まれ育ったのだから，無知のヴェールなんて被れない！」と指摘しているんだね。

> 私には，他者を深く考え，関与していくことは，多元的な社会にはより適切でふさわしい理念のように思える。

➡アストゥリアス王女賞を受賞したサンデル（2018年）　サンデルの講義を収録したテレビ番組は日米の公共放送で放映され人気を博した。

リバタリアニズム（自由至上主義）を提唱　　　　1回

ノージック
R.Nozick
1938～2002　アメリカ

　足跡　高校時代は社会党の青年組織に属していたが，プリンストン大学大学院時代に**リバタリアニズム**（自由至上主義）に傾いた。1969年にハーバード大学哲学教授に就任。同僚にあたるロールズの批判者となった（ロールズの『正義論』は1971年に発表，ノージックの『アナーキー・国家・ユートピア』はわずか3年後の1974年に発表）。彼は**ロックの所有権論**（→p.121）に基づき，人間は自らの労働によって得た財産に対して絶対の権利を持つと述べる。国家は，個人の自由を最大限に尊重し，治安維持などの最小限の強制力（夜警機能）を持つにとどまる**最小国家**であるべきとした。この考えに基づき，ロールズらのリベラルが説く福祉国家は，不遇な少数者への再分配と称して本来その人のものであるはずの財産を不当に奪ってしまうし，個人の権利を犠牲にして成り立つものであると指摘し，ロールズの想定した国家を**拡張国家**と呼び，国家の目的を超えている越権である，と批判した。彼は，「正義」とされる国家の配分行為そのものに，真っ向から異を唱えたのである。このようなノージックの思想は，自由競争に肯定的なアメリカの保守的価値観にも合致するものであった。

> 樫の木の下で拾ったどんぐりや，森のなかで木から集めたリンゴで自分の生命を養う者は，たしかにそれらを自分のものとして専有したのである。

ノージック

> そのとおり！　なのに，社会は個人の財産を徴収し，再分配をする。その人のもつ財産はその人のものであり，自由に使うことができる。絶対的な権利のはずではありませんか。

> ノージックは，上のように「保有物の正義」という観点に立ったとき，最小国家よりも大きな国家を正当化することはできない，と考えたそうよ。

> それって，「俺の物は俺の物」っていうことだよね。本当かなあ？　たとえばアメリカ人が労働（開拓）によって「得た」土地は，元はネイティブアメリカンのものだったはずだよね。

　原典　暴力・盗み・詐欺からの保護，契約の執行などに限定される最小国家は正当と見なされる。それ以上の拡張国家はすべて，特定のことを行うよう強制されないという人々の権利を侵害し，不当であると見なされる。最小国家は，正当であると同時に魅力的である。

（嶋津格　訳『アナーキー・国家・ユートピア』木鐸社）

　Side Story　サンデル教授は世界各地で正義の授業を展開している。2010年東京大学での特別授業では原爆投下に対するアメリカの責任が論じられた。政治的に繊細な問題も果敢に取り上げ，議論を深める姿勢は学生に感銘を与えた。

写真：毎日新聞／アフロ

コミュニタリアニズム（共同体主義）提唱者と呼ばれた一人

サンデル

M.J.Sandel
1953 〜　アメリカ

足跡　ハーバード大学で政治哲学を教える。その講義風景を中継したテレビ番組はかつて日本でも話題を呼んだ。コミュニタリアニズム（共同体主義）の立場から、やはりロールズのリベラリズムを批判した。彼はアリストテレスに基づき、善についてのある個人の価値観は共同体（＝ポリス）で共有されている**共通善**（common good）の影響を受け、生きる目的は共同体の伝統・文化の中で培われると述べる。こうして培われた自己像を「（状況の中で）**位置づけられた自己**」（situated self）と彼は呼ぶ。それを踏まえてサンデルは、ロールズのリベラリズムが想定する人間は不自然であると批判する。「無知のヴェール」（➡p.181）が典型的なように、普遍性を目指すあまり、無色透明な人間を想定してしまっているという。彼はこれを**負荷なき自己**と呼び、多様な意見の交換や合意の形成はそうした人間によってなされるのではない、と批判した。

「人間はポリス的動物である」とアリストテレスは言っていたね（➡p.36）。

インドの一部では、夫に先立たれた女性が火葬の火に飛び込んで後を追うことを称賛する「伝統」があるんだって。それもまた共同体の「共通善」だと言えるのかしら。

原典　公正な社会は、ただ効用を最大化したり選択の自由を保障したりするだけでは、達成できない。公正な社会を実現するためには、善良な生活の意味をわれわれがともに考え、避けられない不一致を受け入れられる公共の文化をつくりださなくてはいけない。

（鬼澤忍 訳『これからの「正義」の話をしよう』早川書房）

㉓

コミュニタリアンと呼ばれた一人にして徳倫理学の大家

マッキンタイア

A.MacIntyre
1929 〜　アメリカ

Words 373 徳倫理学　1回

足跡　スコットランドの出身。イングランドの諸大学で教鞭を執った後、1970 年にアメリカに移住。以降はアメリカの諸大学で教える。彼もまたサンデルと同様、個人はリベラリズムが説くほど自由で独立した存在ではなく、帰属する共同体の価値観から深く影響を受けていると説く。「道徳に関する合意の不在」が現代の社会的対立や行き詰まりをもたらしたと述べる彼は、その「合意」をロールズが説くような理性的な社会契約ではなく、西洋のより伝統的な価値観が可能にすると考えた。倫理学でも 20世紀以降は伝統的な用語からあえて距離を置いて議論を積み重ねる分析哲学（➡p.176）の影響が大きいが、彼の徳倫理学はむしろアリストテレス哲学などを積極的に参照し、「よく生きる」こと、すなわち人格の完成を目指すこととして倫理を古典的に捉えている。

原典　私は誰かの息子か娘であり、別の誰かの従兄弟か叔父である。私はこのあるいはあの都市の市民であり、特定のギルド、職業団体の一員である。私はこの一族、あの部族、この民族に属している。したがって、私にとって善いことは、これらの役割を生きている者にとっての善であるはずだ。……この思考は、近代の個人主義の立脚点からは、おそらく異質で驚くべきものとすら見えるであろう。

（篠崎榮 訳『美徳なき時代』みすず書房）

西洋近現代思想

⊕ **Focus**　実力も運のうち？　近年のサンデルの主張〜

　勉強やスポーツなどで優秀な才能を持った人のことを想像してみよう。その才能が正当に評価されない社会は、なるほど公平とはいえない。では、どこからどこまでが「正当な評価」のうちに入るだろうか？　高額な報酬を得て、その人の子供や孫までもが裕福な暮らしをするのは「正当」だろうか？　そもそも彼・彼女の才能は本当にその人自身のものといえるのだろうか？　たとえば小さい頃から塾やクラブチームに通わせてもらっていた場合と、そうでなかった場合とでは、「才能」にも差が出るのではないか？　世界の超富裕層の上位 1% が所有している資産は、世界全体の個人資産のうち約 38% を占めているという。この現状に対してサンデルは、謙虚さが「共通善」として求められていると言う。

原典　われわれはどれほど頑張ったにしても、自分だけの力で身を立て、生きているのではないこと、才能を認めてくれる社会に生まれたのは幸運のおかげで、自分の手柄ではないことを認めなくてはならない。自分の運命が偶然の産物であることを身にしみて感じれば、ある種の謙虚さが生まれ、こんなふうに思うのではないだろうか。「神の恩寵か、運命の神秘がなかったら、私もああなっていた」。そのような謙虚さが、われわれを分断する冷酷な成功の倫理から引き返すきっかけとなる。能力の専制を超えて、怨嗟の少ない、より寛容な公共生活へ向かわせてくれるのだ。

（鬼澤忍 訳『実力も運のうち　能力主義は正義か？』早川書房）

Side Story　「徳」とは英語で virtue（ヴァーチュー）のこと。これはラテン語の virtus（ウィルトゥス）に由来する。このラテン語はギリシャ語のアレテー（➡p.29）の訳語として使われてきた言葉である。

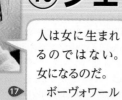

いわれなき抑圧を生む性差別の欺瞞を解明し，人間の解放を目指す思想

⑩ フェミニズムの思想

Words 374 フェミニズム

人は女に生まれるのではない。女になるのだ。
⑰ ボーヴォワール

概説 フランス革命で出された「人および市民の権利」（フランス人権宣言）。そこで人・市民とされたのは白人男性のみで，女性や植民地の人々々は含まれていなかった。19世紀以後，近代自由主義思想を背景に，「**女性の自由・平等・人権を求める思想と運動**」（フェミニズム）が世界的に展開されてきた。21世紀の現代，フェミニズムはLGBT*（性的マイノリティ）とも連携し，国際平和や環境保護の問題にも積極的に取り組む政治・文化思想として注目されている。

＊LGBT：レズビアン，ゲイ，バイ・セクシャル（両性愛者），トランスジェンダー（性同一性障害）の頭文字を取った総称。

1 フェミニズムの歴史

第一波フェミニズム　リベラル・フェミニズム

フランス革命を機に生じた女性の参政権獲得運動が，19世紀以後，近代化した国々で繰り広げられた。**男女平等の原則**に基づき，公的領域において**女性が男性と同等の社会的・政治的権利（男性の価値が基準）を要求する運動**をリベラル・フェミニズムと呼ぶ。19世紀イギリスの**メアリ・ウルストンクラフト**やJ.Sミル（⇒p.139 Focus）がその代表。

第二波フェミニズム　ラディカル・フェミニズム

戦後，女性の社会的・政治的権利は保障されたが，女性が自分らしく生きることのできる社会とはならなかった。私的領域（家庭や男女交際）も男性優位の価値（おしとやか，家庭的など）が支配し，女性の生き方を束縛していたのだ。1960年代アメリカを中心に，「**個人的なことは政治的なこと**」をスローガンとする**ウーマンリブ運動**が起きた。この運動を通して，**セクシャル・ハラスメント**やDVが政治的な問題として取り上げられ，その成果は1979年の国連による**女性差別撤廃条約**として結実した。この運動をラディカル・フェミニズムという。フランスの**ボーヴォワール**やアメリカの**ベティ・フリーダン**がその代表。

↑デモを行う女性たち

第三波フェミニズム　多様化するフェミニズム

1980年代以降，フェミニズムは国際化し，さまざまな国や地域の女性差別が問題とされた。そのことにより従来のフェミニズムが解放の対象としてきた女性が，「中流階級の異性愛者で戸籍上女性とされた者」であったことが明らかになった。この「女性」像を，歴史的・文化的に多様な人々に押し付けることで新たな抑圧が生じてしまった。現在，「女性」という概念そのものに疑問が付され，「女性」（「男性」，「異性愛」も含め）は本質的なものではなく社会的に構築されたものであるという視点（社会構築主義）から，さまざまな性に関する差別を問題とする思想が展開されている（フランスのリュス・イリガライやアメリカのジュディス・バトラーがその代表）。

2 ジェンダー

生物学的性差（セックス）に対して，**文化的・社会的に構築された性差**のことをいう。家庭・職場の仕事内容，社会的地位から，言葉遣い，服装，感情表現なども，社会的に形成されたものとみなすことができる。

近代合理主義の立場から女性の自立を主張

ウルストンクラフト

Mary Wollstonecraft　1759～97　イギリス

足跡　女性解放思想を最初に体系づけたイギリスの女性啓蒙思想家。『**女性の権利の擁護**』（1792）で，女性の政治的・宗教的自由を主張した。また同書でルソーが『**エミール**』（⇒p.122）で主張した女性教育論を批判した。

原典　（ルソーの説では）少女は，おとなしく座って人形と遊び，愚かな会話に耳を傾けるように強いられる。習慣によって生まれた結果が，まぎれもなく自然の指示するところのものだ，と強調されるのだ。

（『女性の権利の擁護　政治及び道徳問題の批判を込めて』未来社）

実存主義の立場から女性の解放を主張　4回

ボーヴォワール

S.de Beauvoir　1908～86　フランス

足跡　ソルボンヌ大学でサルトル（⇒p.162）と出会い，お互いを束縛しない契約結婚をする。契約結婚はサルトルの死まで続いた。1949年に発表した『**第二の性**』では，女性の抑圧が文化や習慣に深く根ざしていることを告発し，自由な女性の生き方を説いた。ウーマンリブ運動時には，中絶の自由を訴えた「343人の宣言」に加わるなど，女性解放運動にも積極的にかかわった。

原典　女は男を基準として規定され，区別されるが，女は男の基準にはならない。女は本質的なものに対する非本質的なものなのだ。男は〈主体〉であり，〈絶対者〉である。つまり女は〈他者〉なのだ。　（『第二の性』新潮社）

ウーマンリブを創始し，女性の活躍を主張

フリーダン

Betty Friedan　1921～2006　アメリカ

足跡　『**新しい女性の創造**』（1963）で，多くの女性が才能や可能性を発揮する場が与えられず，主婦として家庭に閉じ込められていることを指摘。男たちがつくりあげた〈女らしさ〉という神秘のヴェールをはぎ取り，女性が人間として生き生きと社会の中で活躍することを訴えた。1966年に仲間とともに全米女性機構（NOW）を設立，初代会長となりウーマンリブ運動を指導した。

Side Story　女性を性の商品とする「性産業」が女性の人格や尊厳を損ねてきたことはまちがいない。一方で，人格と性を結びつける発想が近代の産物にすぎないとの指摘もある。性と欲望の多様な関係に目を向けることが求められている。

FEATURE ⑬ メディアと欲望

テレビ，インターネット，ラジオ，そして SNS など，メディアはわたしたちの「知りたい欲望」「見たい（観たい）欲望」「自分を表現したい欲望」など，様々な欲望に応えてくれる。だが，欲望はわたしたち自身から生起しているといいきれるだろうか。メディアにより欲望がもたらされ，その欲望を満たすためにメディアにアクセスし，また別の欲望が生まれる——。「メディアと欲望」あるいは「欲望とメディア」という観点に立ったとき，先人たちの考察はどのような示唆を与えるだろう。

リップマン：ステレオタイプ ⑲

現実環境
複雑で多様な現実

① 単純化 → 疑似環境

マス・メディア

ステレオタイプ化され歪められた現実

失策
不適切な対処

④ 反応
③ 世論形成
② 判断

これってホントだろ
一面的な理解
情緒的な判断

> （人々は）民主主義の理論が人々に期待することをするだけの時間はなく，言い換えれば，何が起こっているかを知り，じかに統治する地域で立ち昇る問題すべてに対して語るに足る意見を持つことはできない。
>
> （リップマン 著／河崎吉紀 訳『幻の公衆』柏書房）

アメリカのジャーナリスト
ウォルター＝リップマン (1889 ~ 1974) ⑰ ㉑ ㉒
主著『世論』Public Opinion (1922)

人々は，空間的・時間的に隔てられた，あるいは広大で複雑化した環境に対して，単純化したイメージを設定して理解しようとし，また，固定化したイメージ（固定観念）であるステレオタイプに支配されやすいと説いた。マス・メディアは，受け手に理解され，歓迎されやすいイメージを強調して報道するので，人々はそのような一面的な報道に基づいて世論を形成することになる。こうした世論は，大衆感情や世間の空気として人々の政治的判断を支配し，結果として，人々は安直で情緒的な判断を行うことになる，とリップマンは警鐘を鳴らした。

ブーアスティン：疑似イベント

現実世界
平凡で素朴な日常

いや，興奮するな

マス・メディア
観光産業
疑似イベント
「本物らしく」過剰に演出された世界

魅了

> 疑似イベントは，その本質的性質からして，自然発生的出来事よりも興味深く，魅力に富む傾向がある。……テレビの中で起こっている出来事のほうが，テレビの外で起こっている出来事を圧倒してしまう。
>
> （ブーアスティン 著／星野郁美ほか 訳『幻影の時代』創元書房）

アメリカの社会学者
ダニエル＝ブーアスティン (1914 ~ 2004) ⑰
主著『幻影の時代』The Image (1962)

ブーアスティンは，テレビなどのメディアによるイメージの大量生産が人々の現実理解に大きな変化をもたらしたと主張した。メディアは，人々から事件の迫真性や映像の「本当らしさ」（という演出）を求められ，また人々が期待するセンセーショナルな事件の報道を準備するようになった。その結果，現代では，実際におきたできごとよりも，メディアによって製造されたできごとが優越するという事態が発生していると説いた。メディアが製造する「本当らしさ」は，観光旅行から政治事件まで広がっているという。

ボードリヤール：シミュラークル

仮想現実の世界
シミュラークル
イメージが次々とコピー（シミュレーション）されていく世界

ちょっとまって，ここから外に出られないの？

> ディズニーランドは，それ以外の場こそすべて実在なのだと思わせるために空想として設置された。にもかかわらずロサンゼルス全体と，それを取り囲むアメリカは，もはや実在ではなく，ハイパーリアルとシミュレーションの段階にある。
>
> （ボードリヤール 著／竹原あき子 訳『シミュラークルとシミュレーション』法政大学出版局）

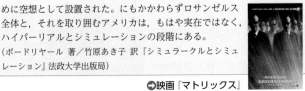

→ 映画『マトリックス』

フランスの社会学者
ジャン＝ボードリヤール (1929 ~ 2007) ⑰ ㉓
主著『シミュラークルとシミュレーション』(1981)

情報社会では，メディアによって「過剰に演出された現実」が現場的な事実よりも真実味をおびてくる。ボードリヤールは起源を持たずリアル以上にリアルな世界をハイパーリアルと呼んだ。現代のメディア文化ではコピーがオリジナルを凌駕する現実性をもつことで，オリジナルとコピーという関係が無効となる。あらゆる実在がイメージとして表象されると，表象されたイメージ同士の純粋な記号的差異によってのみ世界は規定される。ボードリヤールは，もはや対応する実在を持たなくなったイメージ群をシミュラークル（鏡面が歪んだ合わせ鏡のなかで反射し合うイメージ），イメージを記号的に生産するシステムをシミュレーションと呼んだ。

→ シミュラークル（まがい物）から世界をとらえるボードリヤールの思考は，ニーチェによる「プラトニズム（「実在」-「仮象」の二項対立）の転倒」を受け継ぐものであり，その点でドゥルーズやデリダの思想と通じている。

西洋近現代思想

Side Story 映画『マトリックス』の監督ウォシャウスキー兄弟は『シミュラークルとシミュレーション』から映画のヒントを得た。ボードリヤールに協力を依頼したが断られたという。

第10節　現代のヒューマニズム

⊃シュヴァイツァー博士が建てた診療所（ガボン・ランバレネ）　1913年に建て，65年に没するまで医療活動を行っていた。この建物は，現在，記念館となっている。

生きとし生けるものを慈しむ思想

　現代文明による社会や科学技術の進歩は，人々の暮らしを豊かにするものと信じられた。しかし20世紀，二度の世界大戦で人々は破壊と殺りくにあらゆる叡智を注ぎ込み，あるいは産業発展の名目で自然環境を破壊した。こうした事態はなぜ引き起こされたのだろうか？　シュヴァイツァーは，生命の神秘に対する畏敬の欠如という現代文明の危機を鋭く指摘する。生きとし生けるものを慈しむ思想は，国境を越えて，困難な状況に立たされている人々を救うための取り組みとなり，21世紀の今につながっている。

BC 15 14 13 12 11 10 9 8 7 6 5 4 3 2 1 1 2 3 4 5 6 7 8 9 10 11 12 13 14 15 16 17 18 19 20 21 AD

「生命への畏敬」の思想を提唱し，実践した医師であり神学者・哲学者・音楽家　　7回

シュヴァイツァー
Albert　Schweitzer
1875～1965　フランス（出生時はドイツ）

Words
375 生命への畏敬

　倫理とは，すべての生きとし生けるものへの，限りなく拡大された責任である

主著『文化と倫理』『水と原生林のはざまで』
足跡　1875年，ドイツ領アルザス（現フランス領）の牧師の子に生まれる。裕福な家庭で，幼少からピアノやオルガンに親しみ，のちにパイプオルガン演奏家，バッハの研究家としても名を馳せる。
　大学在学中，イエス（⊃p.45）の「人は自分のために自分の生命を保持すべきではない」という言葉に感化され「30歳までは学問と芸術に生きることが許されているとしても，それから後は，直接人間に奉仕する道に進もう」と決意。30歳から医学を志した。38歳のとき学位を取得したシュヴァイツァーは，アフリカ（現ガボン共和国）のランバレネに渡り病院を建設，以後，**医療奉仕とキリスト教の伝道に従事**し「密林の聖者」と呼ばれた。1952年，ノーベル平和賞受賞，1957年には原水爆実験禁止をアピールする。医療活動を継続するかたわら，核廃絶にも力を注ぐが，90歳のとき，ランバレネにて死去。

西暦	年齢	生涯 色文字は同時代のできごと
1875	0	ドイツ領アルザスに生まれる
93	18	ストラスブール大学入学，神学・哲学を学ぶ
96	21	自身の生き方を決意
1902	27	ストラスブール大学講師となる
05	30	講師を務めながら医学部に進学
13	38	アフリカで医療活動を始める
14	39	第一次世界大戦
15	40	「生命への畏敬」の概念を着想
52	77	ノーベル平和賞受賞
57	82	原水爆実験禁止をアピール
65	90	死去

ドイツ国籍のシュヴァイツァーは捕虜となり，ヨーロッパへ送還。医療活動も中断した。

Think　シュヴァイツァーの行動・生き方の根底にある思想とは何か？

16 原典**A**　**生命への畏敬**

View 生命に対する畏敬の念はすべての「生命」に向けられるべきものである。

　「私は，生きようとする様々な生命にとりこまれた，生きようとする生命である」
　これは，頭で考え出された命題ではない。日毎に，時々刻々に，私はその中を歩く。この事実を認めることによって，人は単に生きるのではなく，**生命への畏敬**をもつ。生命に真の価値を見出そうとする。
　このように考える人間は，自分の生命に対するのと同じように，**あらゆるものの生命に畏敬の念を抱く**ことになるだろう。人はこうして，**自分の生命のなかに，他者の生命を体験する**のである。
　それゆえに，人間にとって，生命を維持し，最高の位置に高めることが善となる。逆に言えば，人間にとっての悪とは，生命を傷つけ，破壊することである。
　人間は，助けうるかぎりのすべての生命を助けたいという要求に従うとき，また，およそ生命のあるものならば，害を加えることを恐れるという時にのみ，真に倫理的である。
　この生命，あるいは，かの生命が，どれ程の価値を持っているのか，が問題なのではない。**生命そのものが神聖なのである。**……
　……**倫理とは，すべての生きとし生けるものへの限りなく拡大された責任で**ある。
（氷上英廣 訳『文化と倫理』『シュヴァイツァー著作集　第7巻』白水社）

解説
A第一次世界大戦による現代文明の崩壊に直面したシュヴァイツァーは，現代文化の没落は，個人および社会が倫理性を失ったためであると考え，新しい世界観の確立によって，文化を再建することを説いた。その世界観の根本となる原理が「**生命への畏敬**」という思想である。

⊃患者を診療するシュヴァイツァー（ランバレネ）

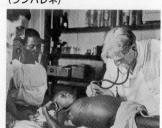

Side Story シュヴァイツァーはバッハの研究家・演奏家としても一流で，30歳で著作『バッハ』を出版し，76歳のときには演奏を録音したレコードも制作している。それによって得た収入は，ランバレネの病院の建設や運営の費用にあてられた。

インド独立の父
ガンディー
Mohandās Karamchand Gāndhi
1869 ～ 1948　インド

> ほんとうの非暴力の道を選べば，暴力より
> もはるかに多くの勇気が必要になります。

主著　『インドの自治』『自叙伝』

足跡　1888年，ロンドンに留学し弁護士の資格を得て，1891年にインドに帰国。1893年，南アフリカにわたり，インド人労働者たちの市民権獲得の運動を指導。1915年に帰国後，非暴力・不服従運動を指導し，インドの人々を反英独立運動に結集させた。1947年にインドの独立が達成されたが，その後もインド社会には難題が山積しており，手工業の発展，不可触民の解放運動，ヒンドゥー・ムスリム間の統合など，インド社会の問題の解決に当たった。しかし，狂信的ヒンドゥー教徒の凶弾によって倒れた。

西暦	年齢	生涯　色文字は同時代のできごと
1869	0	インドのポルバンダルに誕生
77	8	イギリス領インド成立
88	19	法律を学ぶためロンドンに留学
91	22	帰国，弁護士を開業
93	24	南アフリカに商社の顧問弁護士として赴任
		インド人解放運動を開始
1915	46	帰国，反英独立運動を展開
20	51	スワデシ（国産品愛用）運動を開始
23	54	『自叙伝』を執筆開始
30	61	塩の行進
47	78	インド独立を達成
48	79	ヒンドゥー教狂信者により暗殺

ガンディーは，ピストルで撃たれ前に倒れた瞬間，片手を上げて額に当てたそうです。それはヒンドゥー教徒が相手に許しを与える表現でした。

Outline　ガンディーの思想

サティヤーグラハ 真理の把持		アヒンサー （非暴力・不殺生）		ブラフマチャリヤー 自己浄化		非暴力・不服従運動 反英独立運動 インドの独立
ガンディーの思想と行動の根本原理	その手段 →	あらゆる暴力に反対する「非暴力」の精神※	必要条件 →	自己抑制により身体と精神を浄化し，純潔を保つこの徹底した実践なくしてサティヤーグラハは不可能	→	

※「自己浄化なしに守られた不殺生の法則は虚しい夢」とも

Think　原文でガンディーの非暴力の思想を学んでみよう。

原典A　アヒンサー（非暴力・不殺生）

View　原文でガンディーの非暴力の思想を学んでみよう。

Non-violence is the greatest and most active force in the world. One cannot be passively non-violent.　One person who can express **ahimsa** in life exercises a force superior to all the forces of brutality. Ahimsa is one of the world's greatest principles which no force on earth can wipe out.

『Non-violence in peace and war』より

> 「非暴力」は世界で一番偉大で積極的な力である。受け身の気持ちで非暴力は無理である。生き様の中に非暴力を示すことができる人は，どんな暴力的な力よりもすぐれた力を示すことができる。アヒンサーは地上のどんな力を持ってしても追い払うことのできない，世界で最も偉大な理念である。

1 サティヤーグラハ

「サティヤーグラハ」とは真実（サチャ）を堅持する（アグラハ），すなわち「真理の把持」と呼ばれる。ガンディーの思想と行動の根本原理である。

ガンディーは，南アフリカでインド人に対する迫害・差別と戦う**非暴力・不服従運動**を進めた。その運動を，「真実と愛から生まれる力」という意味で「サティヤーグラハ」と呼び，以後の反英独立運動などの社会運動の基本精神となった。

2 ブラフマチャリヤー

ガンディーは，真理の把持のための不殺生・非暴力を貫くには，「**自己浄化**」（ブラフマチャリヤー）が不可欠であるという。これは性欲をふくむいっさいの感覚器官を統制することを意味し，特に，思想・言葉・行為の抑制を「三重の純潔」と呼び，強調した。

ガンディーは「**自己浄化なしに守られた不殺生の法則は虚しい夢**」にとどまると述べ，自己抑制により身体と精神を浄化し，純潔を保つことを説いている。

解説

Aガンディーは，インドの民族独立運動を指導し，「偉大な魂」（マハートマ）と尊称されている。彼のヒューマニズムの思想の根底にあるのが「**サティヤーグラハ**」（真理の把持），つまり宇宙・人間の根源に存在する真理を探究し，正しく把握して，自分のものとして実行することだ。その手段として必要なのが，**真理，アヒンサー（非暴力・不殺生），ブラフマチャリヤー（自己浄化），無所有の実践**である。

Focus　塩の行進

ガンディーの非暴力・不服従運動を象徴するイギリスの植民地支配に対する抗議行動。1930年，ガンディーはイギリスによる塩の専売に反対し，アーメダバードからダンディー海岸までの約380kmを24日間かけて，支持者らと共に行進。独立運動の転換点になった。

西洋近現代思想

Side Story　ガンディーは最初から人格者だったわけではない。『自叙伝』を読むと，欲望に負ける弱い若きガンディーの姿が垣間見える。

非暴力主義の黒人解放運動指導者

キング牧師

Martin Luther King, Jr
1929 ～ 68　アメリカ

3回

Words 380 公民権運動　381 公民権法

> 憎しみには愛を，暴力には精神の力をもって報いなければならない。

西暦	年齢	生　涯
1929	0	牧師の長男としてアメリカのジョージア州に生まれる
44	15	モアハウス大学に飛び級で入学
48	19	クローザー神学校に入学
54	25	アラバマ州モントゴメリーの教会の牧師に就任
55	26	**バス・ボイコット運動を指導**
56	27	連邦最高裁が，**バスの人種隔離禁止命令書**を出す
57	28	南部キリスト教指導者会議の議長に就任
63	34	**ワシントン大行進**で演説
64	35	公民権法*成立
		ノーベル平和賞受賞
66	37	ベトナム反戦を声明
68	39	テネシー州メンフィスで狙撃され死去

*公民権法：公的な機関や場所での人種差別を禁じた法律

主著 『自由への大いなる歩み』

足跡 ジョージア州アトランタに牧師の子として生まれ，牧師になるべく神学校に通っていたが，ガンディーの「非暴力・不服従」の思想に出会い，大きな影響を受ける。26歳の時に，アラバマ州モントゴメリーで黒人女性が白人にバスの席を譲らなかったとして逮捕されたことに端を発した「バス・ボイコット運動」を指導し，翌年には最高裁でバスの人種隔離禁止命令書を勝ち取った。34歳の時，公民権運動の一環であるワシントン大行進で歴史に残る名演説を行った。翌年には公民権法が制定され，ノーベル平和賞も受賞した。彼の運動はベトナム反戦運動とも連動して広がり，非暴力直接行動を展開するものであったが，1968年に狙撃され39年の短い生涯を終えた。

Think **キング牧師はどのような夢を語ったか？**

原典A ワシントン大行進でのスピーチ

View 万人は生まれながらにして平等である。

　I have a dream that one day this nation will rise up and live out the true meaning of its creed: "We hold these truths to be self-evident, that all men are created equal." *ここは「アメリカ独立宣言」の冒頭部分からの引用。

　I have a dream that one day on the red hills of Georgia, the sons of former slaves and the sons of former slaveowners will be able to sit down together at the table of brotherhood.

●ワシントン大行進 (1963)

　I have a dream that one day even the state of Mississippi, a state sweltering with the heat of injustice, sweltering with the heat of oppression, will be transformed into an oasis of freedom and justice.

　I have a dream that my four little children will one day live in a nation where they will not be judged by the color of their skin but by the content of their character.

1 バス・ボイコット運動

●ローザ・パークス

　1955年，アラバマ州モントゴメリーで公営バスの白人専用席に座った黒人女性ローザ・パークスが席を譲らなかったために逮捕された。これをきっかけに黒人によるバス・ボイコット運動が展開され，黒人たちは自家用車に相乗りをしたり，徒歩で移動した。

解説

Ａ リンカーンの奴隷解放宣言100年にあたる1963年，抜本的な公民権法の成立を願う25万の人々が，人種の壁を越えて首都ワシントンに集まった。独立宣言や憲法の原則に従って，非暴力的な手段で人種統合を目指すキング牧師の演説は，内容はもちろん，そのテンポの良さと迫力も相まって歴史的名演説となった。左の英文はその演説のクライマックスの箇所である。録音で聞くとその迫力が伝わるだろう。

　キング牧師の夢。それは……

「万人は生まれながらにして平等である。これが自明の真理であることをここに保証する」というこの国家の基本理念を真の意味によって実現する日が来るという夢。（●p.120）

　いつの日か，ジョージア州の赤土の丘で，かつての奴隷の息子たちとかつての奴隷所有者の息子たちが，兄弟として同じテーブルにつくという夢。

　いつの日か，不正と抑圧の炎熱で焼けつかんばかりのミシシッピ州でさえ，自由と正義のオアシスに変身するという夢。

　いつの日か，私の4人の幼い子どもたちが，肌の色によってではなく，人格そのものによって評価される国に住むという夢。●ヨランダちゃん

◉ Focus キング牧師暗殺から半世紀

　キング牧師暗殺から50年。キング牧師を射殺した銃は規制されることなく，今も無辜の市民の命を奪い続けている。キング牧師暗殺50年を目前にした2018年3月，55年前にキング牧師がスピーチをおこなったワシントンD.C.に，銃規制を訴える数十万人の人々が集結した。銃乱射事件で17名の生徒が犠牲になった南部フロリダ州の高校生たちが呼びかけたものである。その中に，キング牧師の孫娘，ヨランダちゃん（当時9歳）の姿があり，キング牧師の名演説を引用した力強いスピーチを披露した。「私の祖父には夢がありました。それは4人の幼い子どもたちが肌の色によってではなく，人格によって評価されることでした。そして，私にも夢があります。（銃暴力は）もうたくさんです。この世界，時代を銃のない世界にするべきです。皆さん方が聞いた言葉を全米に広めてください。そうすれば私たちはすばらしい世代になれるでしょう。」難題が山積しているアメリカ社会だが，キング牧師の精神は若い世代に確実に受け継がれている。

Side Story キング牧師は父親と全く同じ Martin Luther King と名づけられたため，父親と区別するために Jr. を付けて Martin Luther King, Jr と呼ばれる。

BC ……………………………………………………………… 20 ……… AD

隣人愛の実践者

マザー＝テレサ

Mother Teresa
1910 ~ 97　旧ユーゴスラビア

Words　89 隣人愛　382 ボランティア

> 最も悲惨な貧困とは孤独であり，愛されていないと感じることです。

足跡　マザー＝テレサは当時のオスマン帝国領コソボ州（現在の北マケドニア）のスコピエで熱心なカトリック教徒の両親のもとに生まれた。本名はアグネス＝ゴンジャ＝ボジャジュ（花のつぼみの意）。18 歳のときにアイルランドの「ロレット修道会」に入会したのち，インドへ派遣された。36 歳のとき「貧しい人々とともにいるキリストに尽くしなさい」という神の声を聞き，貧しい人々につかえる決意をした。1948 年より，修道院外で働く修道女としてカルカッタ（現コルカタ）のスラム街での生活を始め，死を待つばかりの病人や孤児などの世話から始めて，世界各地でさまざまな奉仕活動（**ボランティア**）を行った。1979 年には，ノーベル平和賞を受賞している。「世界の最も貧しい人々に代わって賞を受けました」が受賞の際の言葉であった。マザー＝テレサは，人々への愛と奉仕によって，キリスト教の**隣人愛**を実践した。

西暦	年齢	生　涯　　　　　色文字は同時代のできごと
1910	0	スコピエに誕生
14	4	第一次世界大戦勃発
28	18	アイルランドのロレット修道会に入会。修練を受けるため，インドに派遣される
31	21	カルカッタ（現コルカタ）の聖マリア高等学校で地理を教える
39	29	第二次世界大戦勃発
46	36	神の声を聞き，貧しい人につかえる決意をする
48	38	カルカッタに住み，貧しい人や孤児たちのための奉仕活動を始める
50	40	「神の愛の宣教者会」を設立
52	42	「死を待つ人の家」を設立
55	45	「聖なる子どもの家」を設立
68	58	ハンセン病患者の療養施設「平和の村」を設立
79	69	ノーベル平和賞受賞
81	71	はじめて日本を訪問
97	87	死去

マザー＝テレサの尽力により，修道会の慈善活動は世界中に広がりました。

Outline　**マザー＝テレサの思想**　※隣人＝神の愛のもとで共に生きる人間

神の愛＝アガペー　➡　祈り・清い心・隣人愛　➡　愛のわざ　➡　平　和

Think　人間にとって最もつらいのは，どんなこと？

原典A　傷つくまで愛する

View 孤独や絶望を治すことができるのは愛だけだ。

　西欧で，今日もっとも重い病気といえば，肺結核やハンセン病などではありません。人々がたがいに求めあわず，愛しあわず，たがいに心配しない，という病です。**肉体的な病は薬でも治すことができますが，孤独や絶望や失望というような「病」を治すことができるのは，ただ一つ，愛だけです。**世界にはただ一切れのパンがなくて死にかけている人々もいますが，愛に飢えて，魂が死にかけている人は，もっと大勢います。先進国での「貧困」というのは，違った種類の「貧困」だといえます……孤独からくる貧困，霊的な貧困なのです。愛に飢え，神に飢えている人がたくさんいます。

　私たちは愛のなかで成長するべきです。そのためには傷つくまで愛しつづけ，与えつづけるべきなのです…イエスがそうなさったように。普通のことを，普通でないほど大きな愛をもってしなさい。病人やホームレスの人々の世話，孤独だったり望まれない人々に洗濯や掃除をしてあげる，というような小さなことに対しても。

（L. ヴァーディー 編／猪熊弘子 訳『**マザー-テレサ語る**』早川書房）

原典B　祈りに根ざす愛のわざ

View 祈ることで，神に近づき神の愛を見出そう。

　私はいつも沈黙のなかで祈りをはじめます。心が静かになると，神が話し出すのです。神は静寂の友です－私たちは神の声に耳をかたむける必要があります。なぜなら，ほんとうに大切なのは，私たちが神に訴えかけることではなく，神が私たちにおっしゃること，私たちを通して伝えることだからです。祈りは魂を満たしてくれます。そして**人間は，祈ることで神に近づくことができるの**です。祈ることで，あなたは清らかで純粋な心を与えられるのです。清らかな心を持てば，あなたは神を見，神に話し，ほかの人のなかにある神の愛を発見することができるでしょう。

（同前）

解説

A マザー＝テレサは「人間にとって最も辛いこと，本当の飢えとは，誰からも愛されず，必要とされないという心の痛みである」という考えのもと，経済的に貧しい国だけでなく，先進国にもある「孤独」や「絶望」にも目を向け，救済の手を伸ばした。インドのカルカッタの街からたった一人で始められた隣人愛の実践は，多くの人を感化し，彼女のもとに集まってきた修道女を通じて世界中に広まった。与えつづけて見返りを求めなかったその姿は，まさにアガペーを体現していたといって良いだろう。

↑愛の贈り物ホームで幼児に祝福を与えるマザー＝テレサ（1993年，シンガポール）

B 祈りとはマザー＝テレサにとって願いごとではなく，神の手に自分を委ねることであり，祈りとミサ（カトリック教会の中心的な祭礼）を通して与えられた神の力に支えられて行動に現れる信仰のわざであり，この愛のわざこそが平和を生むわざであると考えた。

西洋近現代思想

Side Story　マザー＝テレサの言葉として人口に膾炙している「愛の反対は無関心」というフレーズ。実は，彼女の言葉ではなく，マザー＝テレサと同じくノーベル平和賞を受賞したエリ・ヴィーゼルの言葉だというのが有力。

苦しんでいる人々に寄り添う思想

現代のヒューマニスト

Words 379 非暴力主義　383 戦闘的ヒューマニズム　384 ラッセル・アインシュタイン宣言

思想家	キーワード
トルストイ	キリスト教的隣人愛，非暴力主義
ロマン＝ロラン	戦闘的ヒューマニズム
ラッセル	ラッセル・アインシュタイン宣言（核兵器廃絶運動）
ヴェイユ	他者のもとへおもむく心

概説　近代市民革命期以降，人権思想の成立にともなって，すべての人間が人間らしく生きられる社会の実現が理想として掲げられることになったが，多くの人々が暴力・飢餓・貧困・戦争といった非人間的状況の中に置かれ，また，平等な扱いをされずに差別され続ける人々も多数存在していた。こうした現実に対して，19世紀ならびに20世紀のヒューマニズムは，苦しんでいる人々を救うための具体的な解放運動として展開されることになる。また，現代のヒューマニズムは，戦争や核兵器，科学技術の発達により脅かされている人類や生物を守るための，行動をともなった思想として展開されている。

帝政期ロシアを代表する文豪　4回

トルストイ
Lev Tolstoy　1828～1910　ロシア

主著　『戦争と平和』『アンナカレーニナ』『懺悔』

足跡　『戦争と平和』や『アンナカレーニナ』などで知られる文豪であると同時に，**非暴力主義**の思想家でもあった。伯爵家の名門に生まれたトルストイだが，革命前のロシアの貧しい農民たちの惨状に心を痛め，キリスト教的隣人愛の実践や非暴力主義による人類救済を唱え，のちのヒューマニズム運動に大きな影響をあたえた。日露戦争やロシア革命における暴力行為に対しては非暴力の立場から批判し，ロマン＝ロランやガンディーらに多大な影響をあたえた。

また，彼の思想は同時代の日本にも影響を与えている。日露戦争反対の論文『悔い改めよ』（1904年）は，幸徳秋水（→p.256），堺利彦（→p.257）らに感銘を与えて『平民新聞』に掲載され，与謝野晶子（→p.260）が『君死にたまふことなかれ』を執筆する契機ともなった。大正期にも武者小路実篤（→p.261）の「新しき村」の運動や有島武郎の農地解放など，白樺派の文学者を中心に影響を残した。

理想を追い求めた平和主義者

ロマン＝ロラン
Romain Rolland　1866～1944　フランス

主著　『ジャン＝クリストフ』『戦いを超えて』

足跡　ロマン＝ロランは，パリの高等師範学校やソルボンヌ大学で美術史，音楽史を教えていたが，やがて教職を辞し，作家に転じて大作『ジャン＝クリストフ』を書く。1914年，第一次世界大戦が始まると，絶対平和主義を唱えて中立国スイスに亡命し，『戦いを超えて』などの反戦論文を書く。1915年，ノーベル文学賞受賞。1917年，ロシア革命が始まると，これを支援する一方，ガンディー（→p.189）の非暴力主義にも共鳴した。

彼の思想は「戦闘的ヒューマニズム」と呼ばれる。人間性に誠実であることが，もっとも人間らしい生き方である。この誠実さを貫くためには，「人々の悲惨や魂の無力から目をそらすような，卑怯な知性を排し，理性と勇気をもって，社会の諸悪と戦わねばならない」とした。

原典　**戦闘的ヒューマニズム**

われわれはみんな共同の敵に対して団結しよう！　さあ，戦争に立ち向かえ！　戦争を止めよ！　（宮本正清ほか　訳「革命によって平和を」『ロマンロラン全集18』みすず書房）

反戦・反核運動に尽力　4回

ラッセル
Bertrand Russell　1872～1970　イギリス

主著　『数学原理』『社会改造の諸原理』『幸福論』

足跡　ラッセルは哲学者・数学者・平和運動家などさまざまな顔を持っている。哲学者としては，経験や感覚によって検証できない観念論的な哲学の概念を意味のないものとして排除し，科学的な厳密な分析によって伝統的な哲学の課題の解決を図ろうとした。ウィトゲンシュタイン（→p.176）はその弟子である。一方，社会活動家，反戦主義の運動，および文明批評家としても幅広く活動した。第二次世界大戦後，核戦争によってもたらされる人類絶滅の危機を打開するために，アインシュタインをはじめ世界の科学者とともに，核兵器の禁止と平和に対する科学者の社会的責任を唱え，パグウォッシュ会議を開催するなど，核兵器廃絶運動に精力的に取り組んだ。「ラッセル・アインシュタイン宣言」は，核兵器禁止を世界に訴えた宣言であるとともに，科学者には特別な社会的役割があり，彼らが集団として責任を負っていることを言明した。さらに，ベトナム反戦運動にも力を注ぎ，行動的平和主義の立場から反戦・反核の活動を展開した。

「人間の尊厳」を深く追究　3回

シモーヌ＝ヴェイユ
Simone Weil　1909～43　フランス

主著　『自由と社会的抑圧の原因にかんする諸考察』『重力と恩寵』

足跡　パリのユダヤ系中産階級の家庭に生まれる。リセ（日本の高校に相当）時代に哲学者アランの薫陶を受ける。22歳でリセの哲学教授になるが，学校の方針に従わない自由な教育で物議をかもし，毎年のように転勤させられた。1934年に『自由と社会的抑圧の原因にかんする諸考察』を書き上げ，念願であった工場での単純労働に従事。そこで，**一方的に課されるノルマ・単調な流れ作業・浴びせられる叱咤や罵声など，自分の意のままにはならない種々の外的要因が，思考や感受性，想像力など，人間の尊厳を構成する要因を簡単に危機に陥れることを実感**する。

1936年に始まったスペイン内戦では革命義勇軍に参加。第二次大戦中はナチスへの抵抗運動に参加する。そのような閉塞感と無力感の中，ヴェイユはキリスト教的な神秘主義に傾倒していくが，教会には批判的で，洗礼を受けることはなかった。のちにイギリスに渡り，肺結核で死去。

Side Story　相対性理論で知られるアインシュタイン（1879～1955）は，反戦・平和主義的な言動を第一次世界大戦中から行っていたが，第二次世界大戦中にアメリカに対して原爆開発を促したことを深く悔やみ，以後，世界に核兵器禁止を訴えていく。

1 実存の思想

近代化の進展によって西洋社会は物質的な豊かさを手に入れた一方、個々の人間の生きる意味が見失われつつあった。こうした状況の下、既存の宗教に代わって、あるいはそれを補う形で人間の生きる意味を問い直す実存主義が生まれた。

思想家	立場・主著	思想の特徴
キルケゴール （1813～55、デンマーク）	有神論 『あれか、これか』 『死にいたる病』	客観的な真理ではなく、「私にとっての真理」＝[①主体的真理]を探究。⑴**美的実存** 享楽を〈あれもこれも〉と追い求める段階。 ⑵[②倫理的]**実存** 良心にしたがい倫理的・道徳的に生きる段階。〈あれかこれか〉決断をしながら責任を持って行動。 ⑶[③宗教的]**実存** 神の前にただ一人の人間（[④単独者]）として絶望や不安から救われる最後の段階。
ニーチェ （1844～1900、独）	無神論 『ツァラトゥストラ』	キリスト教道徳は弱者が強者に抱く[⑤ルサンチマン]（怨恨）による**奴隷道徳**であり、これが[⑥ニヒリズム]（虚無主義）をもたらしたと主張→「**神は死んだ**」と宣言→既成の道徳・価値観を壊し、**永劫回帰**である人間の生を肯定し（**運命愛**）、[⑦力への意志]により**新しい価値観を創造する人間**を「[⑧超人]」と呼び、理想と位置づけた。
ヤスパース （1883～1969、独）	有神論 『哲学』『理性と実存』	人間は[⑨限界状況]に直面したときに自己の**有限性**を自覚し、自己を支える[⑩超越者]と出会う。これにより実存に目覚め、他者と**実存的交わり**を結ぶことができるとした。
ハイデガー （1889～1976、独）	無神論 『存在と時間』 『「ヒューマニズム」について』	「**存在するとは何か**」という命題を探究。周囲に埋没し主体性を離れたあり方（**存在忘却・故郷喪失**）を[⑪ひと]（世人、ダス・マン）、存在の意味を問うことのできる人間のあり方を[⑫現存在]と呼び、人間は**死へとかかわる存在**であることを自覚することによって真の実在に至り、本来の自己を確立すると唱えた。
サルトル （1905～80、仏）	無神論 『実存主義とは何か』	「[⑬実存]は**本質に先立つ**」。人間は自己の本質を自らつくりあげる自由な存在だが、その選択は他者のあり方にも責任を負うことになる。したがって自分の選択した状況に積極的にかかわり**社会参加**すること（[⑭アンガジュマン]）が必要であると説いた。

2 現代の思想（①生の哲学）

18～19世紀以来進展してきた合理的な学問を批判。静止した「合理性」では説明づけられない動的なものとして生命や社会、歴史などを捉えようという学問潮流。生命の哲学とも呼ばれる。

分野	思想家	思想の特徴
生の哲学	ベルクソン （1859～1941、仏）	生命の進化は、生命の**根源的で予測不能な力**である[⑮生命の飛躍（エラン・ヴィタール）]により推し進められる。人間の社会もその力に導かれ「**開かれた社会**」へ進展する。主著『[⑯創造的進化]』

3 現代の思想（②現象学）

主体（観察者）の理性のみを学問の基礎・出発点とする近代西洋のデカルト主義を批判し、主体と客体の相互作用から成る複雑な「現象」の一側面として人間の認識や身体感覚を捉え直そうとする学派。

分野	思想家	思想の特徴
現象学	フッサール （1859～1938、ドイツ）	素朴な世界認識を一度判断停止（[⑰エポケー]）し、純粋な意識に立ち返って「**事象そのもの**」の現れを記述し考察する[⑱現象学]を創始。主著『イデーン』、『デカルト的省察』
	メルロ－ポンティ （1908～61、仏）	現象学に基づきデカルト的な**心身二元論を批判**。知覚において**身体**は意識が浸透した存在であり、客体であると同時に主体である[⑲両義性]をそなえている。主著『知覚の現象学』

4 現代の思想（③無意識の世界）

人間を理性的存在としてではなく、無意識によってつき動かされている存在として捉えた。それに基づいて人間心理や道徳、神話などの説明を試みた。

分野	思想家	思想の特徴
無意識の世界	フロイト （1856～1939、オーストリア）	心の中に**無意識の領域**があり、奥底に**無秩序で根源的な心的エネルギー**[⑳エス]が存在。現実原則に従う[㉑自我]は、良心の働きをする[㉒超自我]の統制のもとでエスを制御。主著『[㉓夢判断]』
	ユング （1875～1961、スイス）	無意識は個人的無意識と[㉔集合的無意識]に分けられる。集合的無意識は人類共通の領域であり、そこには**象徴的イメージのひな形**である[㉕元型]が存在する。主著『無意識の心理学』

西洋近現代思想

193

5 現代の思想（④フランクフルト学派）

フランクフルト大学社会研究所に集った社会学者集団。特に初期のメンバーはマルクス主義とフロイト心理学を融合させた。理性の持つ支配性・暴力性の指摘、ファシズム批判、大衆社会批判、大衆心理の分析などを展開。

思想家	思想の特徴
ホルクハイマー （1895 ～ 1973, ドイツ） アドルノ （1903 ～ 69, ドイツ）	ホルクハイマーは『理性の腐食』の中で、目的と手段の合理的な関係のみを思考し、技術的な手段となってしまった理性を[㉖道具的理性]と呼んで批判した。 両者の共著『[㉗啓蒙の弁証法]』では、神話（野蛮）からの解放とされた啓蒙（理性による世界支配）が、自然の支配を目指すことで、人間みずからが支配される「**新たな野蛮**」に退行したことを論じた。
フロム （1900 ～ 80, ドイツ）	主著『[㉘自由からの逃走]』の中で、大衆化が進み孤独と無力感に陥った人々は、自由に耐えられず他者の権威に服従・同調する[㉙権威主義的性格]を形成し、ナチスを支持することになったと分析した。
ベンヤミン （1892 ～ 1940, ドイツ）	絵画など、実物が世界に一つだけ存在するような芸術作品がまとっていた**アウラ**（神秘性）は、写真や映画など**複製芸術**の普及によって失われたと指摘。**批評**は、そうした時代の個々の芸術作品のうちに込められた意味や希望を読み取り、彼の喩えでいうところの**救済**に導く営みであると述べた。主著『複製技術時代の芸術作品』『パサージュ論』。
マルクーゼ （1898 ～ 1979, ドイツ）	資本主義とテクノロジーが生み出す平板な画一化された社会を**一次元的社会**、その中で生きる人間を**一次元的人間**として批判。抵抗としての性の解放を説いた。主著『エロスと人間』。
ハーバーマス （1929 ～, ドイツ）	日常生活が**システム合理性**に支配されること（**生活世界の植民地化**）で、人々は社会参加の意識を弱めた。**コミュニケーション的合理性**に基づき**合意**形成を目指す[㉚対話的理性]に新たな理性の可能性を求めた。

6 現代の思想（⑤構造主義）

戦後フランスで実存主義の流行に対抗して、人々の思考や行動は、主観的な意識を超えた構造・システムによって規定されているとする構造主義が登場した。

思想家	思想の特徴
ソシュール （1857 ～ 1913, スイス）	戦後の構造主義に影響をあたえた言語学者。日常的な言葉（**パロール**）を支える言語（**ラング**）の構造を分析した。また**言語の恣意性**を主張。主著『一般言語学講義』
レヴィ・ストロース （1908 ～ 2009, ベルギー）	文化人類学者。未開とされた人々の思考を[㉛野生の思考]と名づけ、高度な規則・システムをもつことを明らかにした。文化間に優劣をつけることはできず、[㉜文化相対主義]を唱えた。主著『野生の思考』
フーコー （1926 ～ 84, 仏）	哲学者。『狂気の歴史』では、「狂気」が「理性」によって排除・抑圧されることで生み出されたことを分析、『[㉝言葉と物]』では、「人間」が近代の産物でしかないことを示した（[㉞人間中心主義批判]）。
ラカン（1901 ～ 81, 仏）：ソシュール言語学をフロイトの精神分析に応用し、**無意識は言語のように構造化されている**と主張した。	
ロラン＝バルト（1915 ～ 80, 仏）：文学、映画、衣服などを言語理論から構造的に分析するとともに、「**作者の死**」を唱えた。	
アルチュセール （1918 ～ 90, 仏）	マルクスの著作を構造主義的に読解。下部・上部構造の影響関係は、決して単一ではない**重層的決定**に基づいていると主張。主著『資本論を読む』『マルクスのために』。

7 現代の思想（⑥ポスト構造主義）

構造主義を批判的に継承。「構造」からの自由や、「構造」のさらに外部について思考した。

思想家	思想の特徴
デリダ （1930 ～ 2004, 仏）	西洋哲学を根底で規定してきた優劣をもつ二項対立を暴き出し、硬直した思考を解体する脱構築を唱えた。主著『声と現象』『グラマトロジーについて』『法の力』。
ドゥルーズ （1925 ～ 95, 仏）	精神分析家ガタリと共著を執筆。**ツリー型**＝一党支配型の組織や身体観を批判し、**リゾーム型**＝多極分散型を賞賛。同様に、各「器官」の階層秩序や分業として身体を説明するのではない「**器官なき身体**」論を展開。主著『アンチ・オイディプス』『千のプラトー』（ともにガタリとの共著）。
サイード （1935 ～ 2003, 米）	「西洋」・「東洋」という区分にオリエンタリズム（西洋優位の思考と支配の様式）が潜んでいるとした。主著『オリエンタリズム』。
リオタール （1924 ～ 98, 仏）	歴史の進歩などを「大きな物語」ととらえ、それらが無効となった現代をポストモダンと呼んだ。主著『ポストモダンの条件』

8 現代の思想（⑦分析哲学）　言語を論理的に分析することで哲学的な問題は解決できるとする潮流。

思想家	思想の特徴
ウィトゲンシュタイン (1889 〜 1951, オーストリア)	主著『論理哲学論考』では、価値、神、真理など哲学的な問題を「[㉟語りえないもの]」としたが、後に、言語はそれぞれの文脈がもつ一定のルールの中で成り立つという[㊱言語ゲーム]の考え方を示した。

9 現代の思想（⑧科学哲学）　科学の存立根拠と現代的意義を考察する哲学潮流。

思想家	思想の特徴

ポパー（1902 〜 94, オーストリア）：科学的理論とは、そこから演繹される仮説が**反証可能性**をもっていることであると主張した。
クワイン（1908 〜 2000, 米）：知識体系は一つのネットワークをもつとする**全体論（ホーリズム）**的な科学観を示した。
クーン（1922 〜 96, 米）：主著『科学革命の構造』で、科学の発展は**パラダイム**の転換によって生じる**科学革命**であると論じた。

10 現代の思想（⑨他者の尊重と正義）　他者を尊重し、よりよい共同体を築くにはどうすればよいかを解明する潮流。

思想家	思想の特徴
アーレント (1906 〜 75, ドイツ)	人間の活動力を労働、仕事、活動に区分。言論と共同の行為による[㊲活動]によって、多様性をもつ人間の自由は保障される。活動は開かれた場である[㊳公的領域]で営まれる。主著『全体主義の起源』、『人間の条件』
レヴィナス (1906 〜 95, 仏)	自分とは異なる他者のありかた（**他性**）は、全体性を引き裂く**無限なるもの**である。他性は「[㊴顔]」に現れ、「汝殺すなかれ」と命じる。人は他者に応答する**責任**によって倫理的主体となる。主著『全体性と無限』
リベラリズム批判	正義をめぐる議論の一部。ロールズが打ち立てた福祉政策の正当化に対する批判。
ロールズ (1921 〜 2002, 米)	社会的基本財の分配の原理として「**公正としての正義**」を唱える。**無知のヴェール**から導かれる正義の二原理を提唱。第一原理「**平等な自由の原理**」、第二原理「**機会均等の原理**」と[㊵格差原理]。主著『正義論』
セン (1933 〜, 印)	ロールズの正義論を批判し、生き方の幅である「[㊶潜在能力（ケイパビリティ）]」を基準とする福祉を提唱。人間一人ひとりを脅威から守る「**人間の安全保障**」を唱える。主著『福祉の経済学』、『貧困と飢饉』
ノージック (1938 〜 2002)	リバタリアン。ロックを引き合いに、個人が自分の財産に対して持つ**所有権**の絶対性を主張。国家は最低限の機能を持つ**最小国家**であるべきとし、ロールズが正当化する福祉政策を**拡張国家**の越権であると批判した。主著『アナーキー・国家・ユートピア』。
サンデル (1953 〜)	コミュニタリアン。アリストテレスのいう**共通善**の復権を主張。人間は共同体の中で「**位置づけられた自己**」であるとし、ロールズの説く個人主義的な人間観を「**負荷なき自己**」として批判した。主著『正義』。
マッキンタイア (1929 〜)	コミュニタリアン。人格の完成を目指す**徳**（美徳）や善に代わって、たとえばロールズのリベラリズムのように権利や正義が重んじられるようになった近現代の社会を批判。**徳倫理学**の復権を主張した。主著『美徳なき時代』。

11 現代の思想（⑩フェミニズムの思想）　性差別の欺瞞を解明し、人間の解放をめざす潮流。

思想家	思想の特徴

フェミニズム：フランス革命以後、女性の自由・平等・人権を求める思想と運動が展開され、20 世紀の社会に大きな影響を与えた。

ウルストンクラフト（1759 〜 97, 英）：『**女性の権利の擁護**』で、女性の政治的権利を主張。ルソー『エミール』の女性観を批判した。
ボーヴォワール（1908 〜 86, 仏）：『**第二の性**』で、女性の抑圧が文化や社会に根ざしていることを告発、自由な女性の生き方を説いた。
フリーダン（1921 〜 2006, 米）：『**新しい女性の創造**』で、**女らしさ**の価値に苦しめられる女性を取り上げ、**ウーマンリブ運動**を指導。

12 現代のヒューマニズム　人間の愛や平和、差別の撤廃を通じて真の人間性を回復しようとする潮流。

人物	主著	思想・実践
[㊷シュヴァイツァー] (1875 〜 1965)	『文化と倫理』『水と原生林のはざまで』	「生命への畏敬＝すべての生命を価値あるものとして畏れ敬うこと」を提唱。アフリカで医療奉仕とキリスト教の伝道に献身し、原水爆実験禁止など核廃絶にも力を注いだ。
ガンディー (1869 〜 1948)	『インドの自治』『自叙伝』	[㊸非暴力]・[㊹不服従]という理念のもとインド独立運動を指導したほか、インド社会のさまざまな問題の解決にも尽力した。
キング牧師 (1929 〜 68)	『自由への大いなる歩み』	ガンディーの思想に影響を受け、人種に基づく格差是正のため[㊺公民権]運動を指導。1963 年のワシントン大行進で「私には夢がある」と歴史的演説を行った。
マザー - テレサ (1910 〜 97)		キリスト教の教え（アガペー→**隣人愛**）に基づき、子ども、貧しさや病に苦しむ人々のために奉仕活動（[㊻ボランティア]）を行い、**献身的な人間愛**の実践に生涯を捧げた。

西洋近現代思想

195

第1節 日本の風土と思想

➡伊勢神宮内宮
（2013年） 20年に一度，社殿を隣の敷地に完全に建て替える「式年遷宮」が，約1300年にわたって続いている。

日本人って変？

外国から見て，日本という国ならびに日本人は奇異にうつるようである。第二次大戦中のアメリカ戦時情報局の日本研究をもとにして執筆された『菊と刀』（R.ベネディクト著）の冒頭では，「日本人はこれまでアメリカが国をあげて戦った敵のなかで，最も気心のしれない敵であった」と表現されている。そして，その理由を文化の違いに見出し，それらを「罪の文化」と「恥の文化」に分けて考察した。

西欧は「罪の文化」である。そこにはキリスト教に基づく倫理観に絶対的基準があり，それに背くことが罪である。一方，日本は「恥の文化」である。恥とは，嘲笑や非難など他人からの批評への反応である。いうなれば，西欧では神との関係を気にし，日本では他者との関係を気にする。

こうした日本人の考えは外国人には理解されにくい。では，なぜ日本人はこうした国民性になったのか。本節では，その背景にある日本の思想形成について扱うこととする。

罪の文化　　　恥の文化

日本文化と日本の風土 ➡p.198

和辻哲郎は著書『風土』において，人間の文化・価値観といった特徴（文化類型）は，その国の風土（自然・地理的条件）に規定されるとした。和辻は，風土を砂漠（沙漠）型，牧場型，モンスーン型に類型し，そこに住む人びとの性格の違いを考察した。

温帯モンスーン気候に属している日本の自然は，四季おりおりで美しく，豊かな恵みをもたらしてくれる。しかし，その自然は，台風や水害など時に猛威をふるう。これらの自然の猛威には耐えるしかない。

日本人はこのような自然環境のもとで生きてきた。こうした環境の中で生きていくなかで，人間関係はおのずから和を貴び，秩序を重んじるような倫理的な社会を築きあげてきたといえる。

日本文化の重層性

日本では国内での争いは幾多もあったが，大陸の国々と違い，異民族による戦乱は少なかった。このため日本では政権が変わっても，それまでの文化・風習を残しつつ，その上に新たな文化・風習を築き共存してきた。すなわち，古くからの思想や外来思想がそのまま堆積してきているのであって，むやみに排除したり捨て去ったりはしなかった。

和辻哲郎はこれを「日本文化の重層性」と指摘する。これらの思想は地層のように何層にも重なり，その前後は図のように上下に簡略して描けるものではなく，ときには刺激しあい，ときには同時並行のかたちで進むこともある。また，時代が熟さずに受け入れられなかった思想が，のちになって受容されることもある。古層はすでに消え去った思想ではなく，もしも現代の地点から下に掘り進んでいったならば，地下水脈から吹き上げる水のような姿を現すのである。われわれの意識の中には，たとえ縄文の時代の人々のこころであっても，脈々と息づいている。

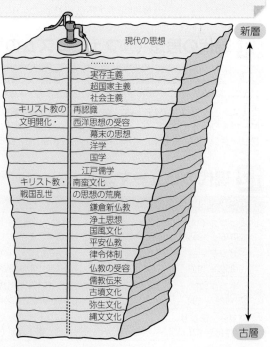

	現代の思想	新層
	実存主義
	超国家主義
	社会主義
キリスト教の文明開化・	再認識
	西洋思想の受容
	幕末の思想
	洋学
	国学
	江戸儒学
キリスト教・戦国乱世	南蛮文化
	の思想の荒廃
	鎌倉新仏教
	浄土思想
	国風文化
	平安仏教
	律令体制
	仏教の受容
	儒教伝来
	古墳文化
	弥生文化
	縄文文化	古層

Side Story 日本語は，その起源について定説が存在しない珍しい言語。北方のアルタイ語族や南方のオーストロネシア語族との類似を指摘する説もあるが，いずれも決め手に欠け，今後のさらなる研究が期待されている。

古代日本人の考え方と神話

清明心や正直を重んじ，八百万神を敬う

Words 385風土　386八百万神　387崇り　388古事記　389日本書紀　390清き明き心（清明心）　391正直　392誠　393祓い　394禊

概説　古来日本では人々は村落を形成し，村人が協力して生計を維持してきた。共同生活の安定には，**清明心や正直，誠**といった心が重要であったと考えられる。また，人々は生活を取り巻くあらゆるものに「神」を見出し（**八百万神**），畏怖した。神は恩恵と同時に**崇り**をもたらすものとされ，日々の平安を願う人々によって祀られてきた。こうした日本的な考え方の形成には，島国という地理的な特徴や，温暖・湿潤な**風土**が密接に関係している。

Approach　映画『もののけ姫』を理解できるのは日本人だけ…？

　宮崎駿監督の長編アニメ映画，『もののけ姫』の冒頭には，古来の日本の思想が凝縮されています。冒頭の場面の次の下線部の内容がどのようなことを表しているのか考えてみましょう。

　物語は「むかし，この国は深い森におおわれ，そこには太古からの神々が住んでいた」という説明から始まります。映画では，作品を通じて森や森に住む生き物たち（コダマ，猪，山犬など）が神々として登場します。<u>一神教の創造神とは異なる精霊たちを，日本では信仰の対象としてきました</u>（**2**参照）。

　次に，映画の冒頭のシーンとして，どこかの山の主であった巨大な猪がタタリ神として，村を襲おうとします。主とは神の同義語です。古代より神の霊威は，時に人間に災厄，崇りをも

↑屋久島の深い森は，『もののけ姫』の世界を想起させる。

あらすじ　主人公のアシタカは，人間への怒りと憎しみにより「タタリ神」となった猪神に呪いをかけられ，村を追われる。呪いを解く術を求めて西方をめざしたアシタカは，やがて山奥にあるタタラ場にたどり着く。製鉄で生計をたてていたその村は，同時に森を破壊し，「もののけ」たちを追い詰めつつあった。そしてアシタカは，この村に戦いを挑むサンの存在を知ることになる。人でありながら山犬に育てられた彼女は「もののけ姫」と呼ばれていた……。

たらすと信じられてきました。主人公アシタカは純粋な心と曇りなき眼をもつ青年です。<u>このアシタカに古代の日本人が美徳とした人物像が見て取れます</u>（**6**参照）。このアシタカがタタリ神となった猪を退治するのですが，このときタタリ神に触れて呪いをもらってしまいます。そこに巫女である老婆（ヒイ様）が現れ，聖水をかけるよう指示します。<u>古来より，神道では穢れを取り除くために水で身を清める儀式が行われてきました</u>（**3**参照）。そして<u>タタリ神は老婆により鎮魂され，この地で祀られます</u>（**2**参照）。

　これらの内容は日本の文化に接していれば感覚的に理解できそうなものですが，なじみのない外国の方にはピンとこないかもしれません。

　事実，『もののけ姫』は，一部の海外の映画評論家から高い評価は得たものの，海外の映画賞を受賞するには至りませんでした。いくつかの理由があるでしょうが，日本独自の文化が強く描かれているために，当時の外国人の審査員には理解しづらかったのかもしれません。しかし現在，こうした日本の神秘的な要素はクール・ジャパンとして世界の人々に興味をもたれ，受け入れられているのではないでしょうか。

　倫理の学習を通して『もののけ姫』にも描かれた日本文化の深層に迫っていきましょう。

日本思想

Outline　古代の日本人の自然観・世界観

周囲の山や海（向こう側）＝神々の世界

平地＝人間の住む世界

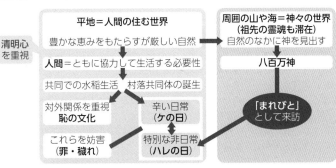

平地＝人間の住む世界
豊かな恵みをもたらすが厳しい自然

人間＝ともに協力して生活する必要性

共同での水稲生活　　村落共同体の誕生

対外関係を重視　　辛い日常
恥の文化　　（ケの日）

これらを妨害　　特別な非日常
（罪・穢れ）　　（ハレの日）

清明心を重視

周囲の山や海＝神々の世界（祖先の霊魂も滞在）
自然のなかに神を見出す

八百万神

「まれびと」として来訪

Side Story　映画『もののけ姫』の英語字幕では，神々に相当する単語を「the spirits of the gods」と記している。God は不可算名詞だが，（キリスト教以外の）異教の神を表すときなどには可算名詞として扱われる。

1 風土の類型

類型	モンスーン型	沙漠型	牧場型
地域	南アジア・東アジア	西アジア	ヨーロッパ
自然	暑熱と湿気，ときに暴威	乾燥	湿潤と乾燥（冬の雨期と夏の乾燥）
人間	自然の恵みにより受容的になり，自然の暴威により忍従的となる	貴重な水を求めて対抗的・戦闘的になる	自然が人間に対して従順。合理的精神と自然科学が発達
宗教	仏教・ヒンドゥー教	ユダヤ教，イスラーム	キリスト教

（和辻哲郎『風土』岩波文庫による）

解説▶ 和辻哲郎（⊕p.268）は，人間の精神構造は，人間をとり巻く歴史的・風土的な構造によって規定されるとし，日本人は「**モンスーン型**」に分類されるとした。モンスーン型の風土には受容的・忍従的な傾向があり，日本古来の文化形成にも風土が大きく影響している。

2 八百万神

儒教や仏教が伝来する前の古来の日本では，雷や嵐といった自然現象や，太陽，月といった自然物といった人知をこえるものをみたとき，神あるいは神が宿るものとして崇拝した。こうした考えを**アニミズム**という。

アニミズムは日本以外でもみられるが，日本の場合には自然以外にも，鏡や玉などといった人工物のほか，巨大生物，長年使用した道具，自分たちが住む土地など，あらゆるものについて霊魂が宿ると考え，神としてあつかった。これらを総称して「**八百万神**」という。また，神のなかには怨霊といった人間に災いをもたらすものを祀ることで，守り神とした。これを**御霊信仰**という。

怨霊とは，自分が受けた仕打ちに恨みをもち，この世に未練を残しながら死んだ者の霊のこと。代表的なひとりに，菅原道真や平将門の怨霊がいる。
大宰府に流されそこで死んだ菅原道真は怨霊となり，都で疫病や落雷で多くの災いをもたらした。彼の怨霊を沈めるため，京都・北野天満宮に祀った。菅原道真が学問に優れていたことから，のちに天神信仰が広まった。

❶北野天神縁起絵巻 930年，宮中の清涼殿が落雷の被害にあった。人びとはこれを菅原道真の怨霊のせいだと考えた。

3 罪と穢れ，禊と祓い

罪・穢れとはともに日本人が忌み嫌う概念である。罪は祭祀や農業の妨害など，反社会的行為をさすほか，病気や災いをも含む。穢れは死や血と関係し，不浄・不吉なものとされた。これらは外部から付着し，災いの原因として考えられていた。

罪や穢れを取り去る方法として，禊や祓いがある。**禊**とは，神聖な水（海や川）でこれらを洗い流す方法である。**祓い**とは，罪を償うために財物を提供することや祝詞をあげること，人模した形代に罪や穢れを移して川に流すことなど，罪や穢れを取り除く方法である。

4 ハレとケ

「**ハレ**（晴れ）」と「**ケ**（褻）」とは，伝統的な稲作社会で生まれた概念である。正月や盆，節句や祭り，通過儀礼の日などをハレの日といい，衣食住や振る舞い，言葉遣いも特別なものを用いた。一方，普段の日常を「ケ」という。普段と非日常という循環から日本の生活文化を見て取ることができるが，現代ではこの区分が曖昧になってきている。

➡紅白幕 学校では，卒業式など特別な行事の際に飾られる。これもハレの日の演出のひとつである。

5 「まれびと」と芸能

古代の日本人は，人の住む平地や里山の周囲にある山や海は，神が住む世界と考え，そこに祖先の霊も住むと考えられていた。そして，盆や正月，あるいは祭祀など，定期的に平地にやってきて，人間と交流して幸福・繁栄をもたらすと信じられた。民俗学者の折口信夫は，こうした神を「まれびと」（客人）とよび，神々をもたらすための所作として，芸能がうまれたとした。

6 清き明き心（清明心）

清き明き心（清明心）とは，邪心や私心を捨て去った純粋な心の状態のこと。神と対峙するときの，欺きや偽りのない心である。

これは儒教や仏教といった外来思想がもたらされる以前の日本人の心であり，純粋さを尊ぶ日本人の倫理観・道徳観の根幹である。

⊛ Focus 自ずからの思想

高校を卒業してしばらくすると，友人から結婚式の招待状をもらう経験をするだろう。そこにはきまって「この度，私たちは結婚することになりました」と書かれている。結婚するまでに，何度かデートするなど交際期間を経て結婚するに至った場合でも，「結婚します」と表現するようなことはしない。この考えは，例えば「自ら」という言葉の読み方にも現れている。
「自ら」は「ミズカラ」と読むのと同時に，「オノズカラ」とも読む。前者は「内側から自分を動かすもの」であるのに対し，後者は「外側から自分を動かすもの」である。結婚で考えれば，このとき自分を動かすものは「自然」や「天」といったものになるだろう。ある種の運命性を帯びてくる。こうしたところにも，日本の文化的な価値観を考察することができるだろう。

この度結婚することになりました

〇〇〇男　△△△子

Side Story 史上最恐の怨霊は，保元の乱で讃岐国へ島流しにあった崇徳天皇である。死の直前に「日本国の大魔縁となり，皇を取って民となし，民を皇となさん」と遺言し，武士の時代の到来を崇徳天皇の怨霊の仕業とする説すらあった。

20 22 23 ⑦ 古事記と日本書紀

古事記		日本書紀
太安万侶（おおのやすまろ）	編者	舎人親王（とねりしんのう）ら
712年（現存する日本最古の書物）	成立	720年（日本最初の正史）
33代推古天皇まで	内容	41代持統天皇まで
歌や恋物語を多く掲載	特徴	儒教や老荘思想の影響
全3巻	巻数	全30巻

解説▶『古事記』と『日本書紀』はともに，奈良時代に編纂された歴史書であり，日本の神話の原典である。「帝紀」「旧辞」と呼ばれる古い資料をもとに編纂されたため，大筋の内容は同じだが，「古事記」の方が文学的色彩は強い。

⑧ 古事記と日本書紀の世界観

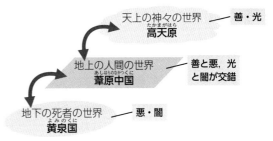

天上の神々の世界　高天原（たかまがはら）── 善・光

地上の人間の世界　葦原中国（あしはらのなかつくに）── 善と悪，光と闇が交錯

地下の死者の世界　黄泉国（よみのくに）── 悪・闇

解説▶ 神話では現実の世界とは別に存在し，別の性格をもつ世界があると想像された。神々はこれらの世界の行き来は可能であるが，神々といえどもその世界の影響を受けてしまう。

日本神話の世界

イザナミ　イザナギ

イザナギとイザナミ

　天と地が初めて現れたあと，「独り神」が次々と現れたのち，イザナギノミコトとイザナミノミコトという一組の男女の神がでてくる。イザナギとイザナミは，高天原の神々から「漂っている国を固めよ」という命をうけ，高天原から授かった鉾を用いてかきまぜて島をつくり，そこに降り立った。**そこで二人は夫婦となり，日本の国土と多くの神々を生んでいく。**そして，イザナミが最後に火の神を生んだとき，イザナミは大火傷を負い，死んでしまう。

イザナミ
イザナギ
イザナギ

黄泉国

　イザナミをどうしても忘れられないイザナギは，イザナミを連れ戻そうと死者の国である「黄泉国」を訪れる。するとイザナミはすでに黄泉国の食べ物を食べてしまい，黄泉国の住人となっていた。イザナミは変わり果てた自分の姿を絶対に見ないでほしいと伝えるが，イザナギはこの約束を破り，イザナミの姿を見てしまう。すると，目は落ち窪み，体中の至る所が腐りウジ虫がわき，腐った部分からは雷神が8柱湧き出していた。

　驚いたイザナギはイザナミのもとを逃げ出す。イザナギはヨモツシコメや雷神に追われるが，もっていた櫛や髪飾りを投げヨモツシコメを足止めし，桃の実を投げつけ雷神を撃退した。

　かろうじて逃げのびてきたイザナギは海で黄泉国で穢れた体を清めるため禊を行うと，脱ぎ捨てた衣服や装飾品，洗い落ちた垢から，また神々が生まれる。そして，禊の最後に顔を洗うと，アマテラスオオミカミ，ツクヨミノミコト，スサノヲノミコトという三柱の神が生まれた。イザナギは喜び，**アマテラスに高天原を，ツクヨミには夜を，スサノヲには海を治めることを命じる。**

高天原

　イザナギに海を治めるよう命じられたスサノヲだが，それに従わず何年も泣きわめいた。泣き声で山は枯れ，海は干上がり，地上には悪霊が溢れていた。イザナギが訳を尋ねると，黄泉国にいるイザナミに会いたいという。黄泉国の恐ろしさを体験しているイザナギはこのことに大いに怒り，葦原中国からスサノヲを追放する。

　スサノヲは姉に会うため，高天原に昇って行く。これを見たアマテラスはスサノヲが高天原を奪いに来たのではないかと疑い，武装して待ち受けた。スサノヲは身の潔白を証明するために，誓約（ウケイ）（呪いによる占い）を行い，野心がないことを証明する。

アマテラス　スサノオ

天岩戸（あまのいわと）

　高天原に入ることを許されると，スサノヲは大はしゃぎし乱暴を働き，田畑や機織り小屋を壊したり，祭祀の場である神殿に大便をした。当初はスサノヲをかばっていたアマテラスだが，恐れをなして天岩戸という洞窟に隠れ，岩戸を閉じてしまう。**太陽神であり昼の神であるアマテラスが隠れると，高天原も葦原中国も闇に包まれてしまう。**困った神々は，思慮の神オモヒガネに相談する。そこで天岩戸の前で宴会を行い，大騒ぎをすることにする。そこでアメノウズメノミコトという女神が胸を露わにして踊ったところ，八百万神が騒ぎ立った。なんでこんなに騒いでいるのか，不思議に思ったアマテラスが岩戸を少し開け身を乗り出したところ，力自慢のタヂカラオが岩戸からアマテラスを引っ張り出した。これにより世界に光が戻った。

Side Story 『古事記』『日本書紀』によれば，アマテラスとスサノオによる誓約（ウケイ）の際に生まれたアメノオシホミミの子孫が，現在の皇室につながる系譜のはじまりとされている。

日本思想

第2節 仏教の受容と展開

①仏教伝来と聖徳太子

538年，古代国家の形成期に朝鮮半島から伝えられた仏教は，朝廷の政権争いの具に利用された。当時，仏は西から新しく来た神（蕃神）とみなされ，在来の神々（国神）のたたりを恐れて廃仏を主張する廃仏派と，中国や朝鮮にならい受け入れを主張する崇仏派の間で対立が生じ，豪族間の争いに発展した。仏教は，聖徳太子によって，人間の精神のあり方にかかわる思想として本格的に受け入れられることとなる。また，太子は中央集権国家の確立に向けて，仏教の教えを為政の理念として用いた。

②奈良仏教

奈良時代，仏教は国家によって統制された。当時，疫病の流行や多発する自然災害は悪霊や悪神のしわざとされ，仏教にはそれらから国を護ることが期待されたのである（鎮護国家）。その一環として，聖武天皇により諸国に国分寺が整備され，752年には東大寺に大仏（毘盧遮那仏）が造立された。また南都六宗によって，教義の研究もすすめられた。

官僧の増加によって，正式な授戒制度が求められるようになった。そこで，唐より鑑真を迎えて，東大寺に戒壇院が設けられた。このように仏教が盛んになる一方で，政治に口を出す僧侶も多く登場し，平安遷都によって政教の分離が図られた。

●仏教の受容と展開　年表

西暦	できごと　色文字は同時代のできごと	思想家
538	仏教公伝（欽明天皇時代）	
593	聖徳太子，推古天皇の摂政になる	聖徳太子
607	聖徳太子，法隆寺建立	
710	平城京に遷都	
743	聖武天皇，大仏建立の詔を出す	行基
753	鑑真，日本に渡来	鑑真
794	平安京に遷都	
805	最澄，唐より帰国→比叡山延暦寺を開山	最澄
806	空海，唐より帰国→高野山金剛峯寺を開山	空海
1052	像法から末法の世に入る	空也　源信　法然
1192	源頼朝，征夷大将軍に任じられる（鎌倉幕府成立）	親鸞　栄西　道元
1274	文永の役（1281 弘安の役）	日蓮
1333	鎌倉幕府滅亡	
1587	豊臣秀吉，バテレン追放令を出す	
1603	江戸幕府成立	隠元
1889	大日本帝国憲法発布	清沢満之　田中智学
1946	日本国憲法公布	

③平安仏教

平安時代には最澄・空海という優秀な僧によって唐から新たな宗派である天台宗・真言宗がもたらされた。とくに天台宗本山の比叡山は，やがて法然，親鸞，道元をはじめ，多くの僧侶が学ぶ日本の仏教センターの役割を果たすようになる。

1052年より釈迦の教えの効力が消える末法に入るという末法思想が流行すると，現世は捨てても来世を頼み，極楽浄土へ往生することを願おうとする浄土信仰が広まっていった。

④鎌倉仏教

日本の仏教史のなかで一大変革の時代であったといえるのが鎌倉時代である。

浄土信仰では一部の貴族だけでなく，一般の民衆も往生できることを願うようになった。鎌倉時代に入っても争乱や飢饉，疫病がつづく世にあって，民衆は仏教によって救われることを望んだ。そのエネルギーが生み出した新仏教が，浄土宗・浄土真宗・臨済宗・曹洞宗・日蓮宗などである。新仏教がすすめるのは，念仏・唱題・坐禅などである。これらは，①すべての人が，実践できる（易行）②一つの明確な教えを選び（選択）③それのみをもっぱら行う（専修）　という特色がある。

⑤現代に至るまで

それぞれの新仏教はしだいに変質していった。なかには蓮如によって再興された浄土真宗や白隠によって中興された臨済宗もあったが，多くはその思想を形骸化させ，仏教は政治支配の

⮕廃仏毀釈で破壊された仁王像（鹿児島県日置市）

道具のひとつとして利用されるようになった。こうして生み出されたのが，江戸時代の寺請制度であった。キリシタン禁制のために，一人ひとりがいずれかの寺の宗門に属することを義務づけられた。檀家からの布施によって安定した地位を手に入れた仏教界は，本来の仏教思想とは大きくかけ離れた葬式や法事の際にしか必要とされない存在となり，「葬式仏教」と皮肉られる状況にもなった。明治時代，国家神道を推し進めるべく廃仏毀釈の嵐が吹き荒れた。その結果，寺院の多くは大きな打撃を受けたが，仏教の見直し論もおこり，また太平洋戦争後，日本国憲法によって「信教の自由」が認められると，仏教のみならず日本の宗教界は新たな時代を迎えることとなった。

Side Story　日本への仏教公伝の年は，『日本書紀』に基づく552年説と『上宮聖徳法王帝説』などに基づく538年説があるが，近年では538年説が有力である。なお公伝以前にも，渡来人による仏教の移入があったと考えられている。

宮内庁蔵

仏教による政治を推進　　　　　　　　　　　　　　　　◀6回

聖徳太子（厩戸皇子）
うまやどのおうじ　　しょうとくたいし
574～622（奈良県）

| Words | 395憲法十七条 | 396凡夫 |
| 397三宝 | 398世間虚仮，唯仏是真 | |

> 共に是凡夫のみ。
> これぼんぷのみ。

主著　『三経義疏』

足跡　理想国家の建設のためには何が必要か。聖徳太子が推古天皇の摂政として政治の中心にたったとき，国内は蘇我氏によって天皇さえもないがしろにされる状況であり，国外では隋が中国を統一し高句麗への遠征をくわだてていた。こうした情勢の中で，太子が仏教を政治の基本理念にすえ，天皇中心の中央集権国家をつくることに力を尽くした。人を束ねる政治に仏教という宗教が必要であった。

太子はすべての人間は「共に**凡夫**（煩悩を抱えた人間）のみ」であり，仏教の教えの前に謙虚になること（**世間虚仮，唯仏是真**）が，平等で争いのない世の中をつくると考えた。仏教という外来思想をはじめて理解し，政治の基本理念としたことは，太子のすぐれた見識であり，太子をもって日本仏教の源流とされるゆえんである。

西暦	年齢	生涯
574	0	誕生
593	19	摂政となる。四天王寺建立
600	26	遣隋使を派遣。新羅征討軍を派遣
603	29	冠位十二階を定める
604	30	憲法十七条を定める
607	33	第二次遣隋使として小野妹子を派遣
608	34	隋使裴世清が来る
609	35	『勝鬘経義疏』作製開始
611	37	新羅が朝貢。『維摩経義疏』作製開始
614	40	『法華義疏』作製開始
620	46	蘇我馬子と『国記』『天皇記』を編纂
622	48	死去。后の橘大郎女が天寿国繍帳を作る

聖徳太子は，廃仏派の物部氏との戦の勝利を四天王に祈願した。そのかいあってか崇仏派の蘇我氏が勝利し，太子は四天王寺を建立して報いたと伝えられる。

Think　仏教の思想をどのように政治理念に昇華したか？

解説

原典A　憲法十七条　　**View** 仏教と儒教に基づいた新しい政治理念。

一に曰く，**和をもって貴しとし，忤うことなきを宗とせよ**。……

二に曰く，篤く三宝を敬え。三宝とは，仏と法と僧なり。……

四に曰く，群卿百寮，礼をもって本とせよ。それ民を治むる本は，かならず礼にあり。……

⓫　十に曰く，こころのいかり〈忿〉を絶ち，おもてのいかり〈瞋〉を棄てて，人の違うことを怒らざれ。……われかならずしも聖にあらず。かれかならずしも愚にあらず。共に是凡夫のみ。

（「十七条憲法」『日本の名著2』中央公論社）

原典B　世間虚仮，唯仏是真　　**View** 世間は虚しく，仏だけが真実である。

二月廿二日申戌の夜半，太子崩ず。……我が大王の告る所，**世間は虚仮，唯仏のみ是れ真なり**，と。

（「天寿国繍帳銘」『上宮聖徳法王帝説』岩波文庫）

A 国家における役人の心得を築きあげるため示されたのが「**憲法十七条**」である。和の尊重を第一にあげ，豪族の対立・抗争を鎮める意思を示している。第二条であげられる，**三宝**とは仏（仏陀）・法（仏陀の教え）・僧（修行者とその共同体）のことであり，第十の凡夫も，欲望や迷いを捨てきれない普通の人のことを現す仏教用語であり，仏教を国を治める基本理念と定め積極的に奨励している。儒学もまた第四の礼という言葉でみられるように重視されていたことがうかがえる。

B 太子の死を悼み后が作らせたのが天寿国繍帳という染織工芸品である。太子が亡くなる際に遺した言葉とされ，「この世は虚しく仮のものであり，ただ仏のみが真実である」という，現世を無常とみてその執着を離れた太子晩年の境地を表していると考えられる。

1 和の精神

憲法十七条の冒頭に掲げた項目は，和を重んじる精神であった。有名な「**和をもって貴しとし……**」という文言は，『論語』の「礼の用は和を貴しと為す」（学而）からの影響を受けており，新しく入ってきた仏教と，それに先立って受容されていた儒教を，ともに国政の安定に用いていく姿勢がみえる。この方針は十七条により具体的に書かれ，「**夫れ事独り断むべからず。必ず衆とともに宜しく論ふべし**」と，独断を退け議論に基づく政治をすすめている。

✦Focus　三経義疏とは？

『三経義疏』は法華経・維摩経・勝鬘経の三経への注釈書で，太子が作成したものと伝えられている。とくに法華経の注釈書は太子の自筆本と伝えられるものが現存している。これは，太子の深い仏教理解を示すものとして貴重な史料であるが，これは遣隋使が持ち帰ったものを太子が書いたと間違えて伝えられたとの説もある。

➡法華義疏（御物）
聖徳太子の直筆と伝わる。冒頭には，これが国内で書かれたものだとの但し書きがある。

此是大委国上宮王私集非海彼本
集は私の集めたものである。宮王（聖徳太子）の上宮王の大委国この集は大倭王のものである。海外から渡来したものではないのではないか。

日本思想

Side Story　聖徳太子死後，すぐに太子に関する伝説（同時に10人の人の話を聴き分けるなど）が生まれた。太子その人への信仰なども芽生え，たとえば親鸞が妻帯したのも太子のお告げによるものと伝えられている。

仏教の力によって国の安定を目指す

奈良仏教・神仏習合

Words 399 神仏習合　400 本地垂迹説　401 鎮護国家　402 南都六宗

思想家	宗派	創建に関与した寺
鑑真（がんじん）(688〜763)	律宗（りっしゅう）	唐招提寺（とうしょうだいじ）
行基（ぎょうき）(668〜749)	法相宗（ほっそうしゅう）	東大寺

概説 仏の力，加護を得て国を治め守ろうという**鎮護国家**（ちんごこっか）の思想が，奈良仏教の特色である。この時代，天然痘の流行や藤原広嗣の乱など，災害・社会不安が相次いだ。聖武天皇は，大仏を造立し諸国に国分寺・国分尼寺を建立することで，国家を護持し危機を乗りこえようとした。また，こうして創建された諸寺院は唐からさまざまな教学が移入し，これらは**南都六宗**と総称される（法相宗・三論宗・倶舎宗・成実宗・華厳宗・律宗の六宗。南都とは，平城京（奈良）のこと）。一方，日本古来の神への信仰と仏教はしだいに融合していき（**神仏習合**），平安時代には神を仏の化身と見なす**本地垂迹説**が誕生した。

唐招提寺蔵

5回の失敗を経て渡来した不屈の僧侶　5回

鑑真 がんじん
688〜763 中国

足跡 奈良時代，寺院は寺田や僧侶には課税・課役が免除されるなど，朝廷から手厚い保護を受けていた。そのため，重税に苦しむ庶民で僧を志す人は多かった。ところが，正式な得度をへずに私的に僧と名乗る人々（私度僧）は厳しい取り締まりを受けた。それでも，呪術的な民間信仰は広がりを見せ，国の僧尼の

認証もしだいに緩やかになっていった。そうした中，正規の戒律*を知りそれを伝える人物が求められるようになった。その願いに応え来朝したのが唐の揚州大明寺の僧，鑑真である。鑑真は来朝後，天皇以下440人余に授戒したと伝えられる。

*戒は信徒が守らなくてはならない各種の決まり，律は出家修行者が守らなければならない規則である。授戒とはこの戒律を授ける儀式である。

唐招提寺蔵

民衆の絶大な支持を集めた奈良仏教の立役者　2回

行基 ぎょうき
668〜749（大阪府）

足跡 朝廷が民衆への仏教の布教を禁止していた時代に，積極的に布教活動を実践したのが行基である。行基に対しては，「集団をなして人々を攪乱する」として朝廷から活動を禁ずる令が出されている。当時，租庸調の重税にあえぐ農民たちの逃亡が相次ぎ，行基の集団の中にもそうした逃亡の民が多く参加していたことも，弾圧の背景にある。

しかし，行基集団による橋づくりなどの土木工事，墾田開発などの社会事業が進み，多くの民衆の支持を集めたことから，行基の活動は朝廷の公認するところとなる。東大寺大仏の造立事業にも大いに貢献した行基に対して，朝廷は大僧正（僧侶の最高位）に任命する（745年）。

これは，当初の反体制的な行動から一転して，朝廷に取り入れられたとして行基の限界を指摘する意見もあったが，仏教の民衆を救う菩薩の精神を通じて，天皇と共鳴しあったうえでの後年の行動としてみるのが一般的である。

1 神仏習合と本地垂迹

仏教が伝来した当初から，伝統的な日本の神と新しい仏教の関係をどのように説明し，調整するかが問題となってきた。奈良時代に入り，神道と仏教が融合する**神仏習合**が進んだ。

平安時代中ごろには，日本の神々は，仏が衆生を救うために仮に姿を変えて現れたという**本地垂迹説**と呼ばれる教えがうまれた。本地とは「本来のもの」，垂迹とは「迹を垂れる」という意味で，神仏が現れることを言う。これによれば，仏が本来の姿で主，神が仮に現れた姿（**権現**）で従の関係になる。

これに対しては，逆に神が本地であり，仏は神が垂迹したものであると考える反本地垂迹説も伊勢神道などで唱えられている。

本地（仏教）　大日如来　天照大神　垂迹（神道）

Focus 鑑真と2人の日本の若者

天平5年（733）の遣唐使派遣の際，栄叡・普照という2人の若い僧が派遣される。彼らは，正規の授戒作法を知りそれを伝えるにふさわしい人物を探し出し，その人を日本に迎え入れる命をおびていた。そして入唐9年，帰国の期限が迫る天宝元年（742）ようやく2人は鑑真に出会う。2人の話に強く心を動かされた鑑真は，弟子たちに日本への渡航を促すが，命の危険を冒してまで日本行きを希望するものはいなかった。そこで，自ら渡日することを鑑真は決意する。

それから12年あまり，鑑真の日本行きは反対する弟子たちの妨害もあり5度の失敗を重ね，6度目（753）にようやく成就する。その間，鑑真の来朝を懇願した栄叡は病死しており，鑑真が失明したのは，それを悲しんだあまりのこととも伝えられている。

ようやくたどり着いた…　日本

Side Story 橘奈良麻呂の乱（757）で，取り調べを受けた奈良麻呂は東大寺の造営を批判し「飢え苦しむ人民を，さらに苦しめるだけではないか。」と叫んだと伝えられる。

伊富貴山観音護国寺蔵

日本天台宗の開祖

最澄 さいちょう
767 ～ 822　（滋賀県）

Words 403 天台宗　404 一切衆生
悉有仏性　405 密教

道心あるの人を名づけて国宝となす。

主著『山家学生式』『顕戒論』

足跡　奈良時代には，鎮護国家が仏教の最大の目的とされていた。そのため，僧侶は政治に介入し政治を混乱・腐敗させることにもなった。これに対し最澄は，山家山学を唱え，すべての権力から離れ，宗教の純粋性を追い求めた。さらに，衆生（この世の生きているすべてのもの）を救う大乗仏教を勧めるため，比叡山に大乗の戒壇（正式な僧侶の資格を授ける場所）を設ける許可を朝廷に求めた。しかし，奈良（南都）仏教の強硬な反対があり，死後 7 日目にようやく勅許がおりた。正当な仏道修行の方法は，彼が開いた**天台宗**総本山比叡山延暦寺において受け継がれた。そのため，鎌倉新仏教を開いた法然，親鸞，道元，日蓮らをはじめ多くの僧侶たちがここに学んだ。

西暦	年齢	生涯　色字は同時代のできごと
767	0	近江国滋賀郡古市郷で生まれる
779	12	出家
785	18	東大寺で具足戒を受ける。比叡山で修行
788	21	比叡山延暦寺を建て，修行道場とする
794	27	平安京遷都
802	35	和気広世とともに桓武天皇から渡唐の内意を受ける
804	37	遣唐使に随行。天台山で天台教学・大乗戒・禅・密教を学ぶ
805	38	帰国して天台宗を開く
810	43	薬子の変
812	45	空海によって密教の灌頂（伝授）を受ける
817	50	会津の法相宗の僧，徳一と論争（三一権実論争）
822	55	死去（謚は伝教大師）7 日後，比叡山に大乗戒壇を設ける勅許

古来山岳信仰で知られ，もとは「日枝山」と表記した。日吉神社・日枝神社はこの山に由来する。

翌 813 年，最澄は空海に密教経典の借用を拒否され，以後二人が会うことはなかった。

Think　最澄は日本仏教をどのように変革したか？

原典 A 一乗思想　**View** だれでも仏になれる。

　仏の悟りの世界の一乗の法は，質問されることなしに釈尊が自ら説いたものであるということである。……

　法華経にいう，「仏たちや釈尊はただ，一つの重大な事柄の因縁をもってこの世に出現されたのである」と。この経文から知るべきである。釈尊は一乗の法を説くためにこの世に出現されたのであって，三乗のためにこの世に出現されたのではない。仏の悟りの世界の一乗の法を，あまねく衆生に施されるのである。

（田村晃祐 訳「**法華秀句**」『日本の名著3』中央公論社）

原典 B 大乗戒壇設立に向けて　**View** 国の宝とは，道を求める心である。

　国宝とは何物であるか。宝とは道を求める心である。道を求める心を持つ人を，名づけて国宝という。だから，古人（斉の威王）はいっている。直径一寸の玉十個が国宝ではなく，世の一隅を照らす人が国宝である，と。古の哲人（牟融）は，またいっている，よく言うことはできるが，行うことのできない人は，国の師である。よく，行うことはできるが，よく言うことはできない人は，国の働きをなす者である。そして，言うことも行うこともよくできる人は国の宝である。

（田村晃祐 訳「**山家学生式**」同前）

15 17 **Focus　一切衆生悉有仏性―女性も仏性を有するのか？**

　法華経の提婆達多品では，女人成仏（龍女成仏）について説かれている。それまでは，女性の身体は穢れたもので，仏法を悟る器ではないとされていたが，ここで初めて，女性としての身を改めずに悟りに入ること（即身成仏）ができると説かれるのである。

　最澄は，「**龍女が成仏して，それによって教化された者はたいへん多く，『法華経』の持つ力は今日すでに顕され……た。……他宗のよりどころとしている経には，このようなことはない。**」（田村晃祐 訳「法華秀句」同前）と説明し法華経の優秀性を説いている。

　紫式部も，この提婆達多品（法華経第五巻に含まれる）の講義を聴いたときの感激を和歌に記している。

「妙なりや　今日は五月の　五日とて
　いつつの巻にあへる御法も」

妙なりや！

解説

A 法華経は，釈尊が得た最高の法であり，その内容を弟子たちが推測することすら不可能なものであった。そのため，法華経は他の経典のように弟子たちの質問に答える形式をとらず，釈尊が自ら説いたものである。

　なかでも釈尊の最も重要な教えは，法華経の中の**一乗の法**であると説かれている。一乗の法（一乗思想）は，すべての人が成仏できると主張する教えである。これはまた「**一切衆生悉有仏性**」（すべての衆生は，悉く仏性を有す）という言葉でも表される。

　一方，三乗（声聞乗・縁覚乗・菩薩乗）とは，立場によって悟りに導く乗り物は異なるという教えで，衆生には能力の違いが先天的にあり，仏性を得ることができない人たちもいるという考え方につながる。この立場に立つ法相宗の徳一との論争が，三一権実論争である。

B 鑑真により，日本の戒律制度が確立するが，それは部派仏教の戒律（具足戒）であった。そこで最澄は，大乗仏教独自の戒（菩薩戒）を授ける戒壇を比叡山に設けたいと考えた。そのことを朝廷に願い出て書かれたのが『山家学生式』である。最澄は，仏教者も世俗社会の中で「国宝」として役立つものでなければならないとする。そのため，出家者も在家者も同じ戒を受けることをここで勧めているのである。

比叡山

日本思想

真言宗の開祖

空海
くうかい
774～835　（香川県）

> 貴とき人も賤しき人も惣べて死して去る。死して去っては灰塵となる。

Words 406真言宗　407大日如来　408即身成仏

主著　『三教指帰』『即身成仏義』『十住心論』

足跡　官吏・学者を志し大学の明経道の科試に合格したが，行者から仏道の神髄を聞き，仏道修行に入る。30歳で最澄とともに唐に渡り，密教を学んで帰国。**真言宗**の開祖となる。

仏教における功績のほか，全国各地に「弘法伝説」が残されている。多くは水にまつわるもので，水の便が悪いところにその住民の世話になった弘法大師が杖をつくとコンコンと水があふれてきて尽きることがなかった，という話である。確かに空海は治水灌漑事業にもかかわったようである。しかし，こうした伝説が残った背景に，空海が人々の心に安らぎを与えるあたたかい人柄であったこと，また多くの人々から尊崇の念を受けていたことがしのばれる。能書家としても知られ，最澄にあてた書状3通をまとめた「風信帖」は傑作とされる。

西暦	年齢	生涯　色文字は同時代のできごと
774	0	讃岐国多度郡屏風浦に生まれる
788	14	上京
794	20	平安京遷都
797	23	『三教指帰』を著す
804	30	最澄とともに遣唐使に随行し入唐
805	31	青龍寺の恵果から密教を学び，灌頂を受ける
806	32	帰国し，真言宗を開く
810	36	国家のために修法を行う
816	42	高野山を開く（のちの金剛峯寺）
823	49	京に東寺（教王護国寺）を賜る
828	54	綜芸種智院を創設
835	61	死去
921		弘法大師と諡される

留学期間20年の予定が，わずか2年で帰国した空海。目的を果たしたとはいえ予定の繰り上げがとがめられるおそれがあり，数年京に入れなかった。

庶民教育に努めるも845年ころには閉校状態となってしまったが，明治時代に再興され，種智院大学（京都市）として現在に至る。

Think　空海が日本にもたらした真言密教とは，どのようなものか？

原典A　三教指帰

View　なぜ世俗を捨てて出家したのか。

　かくて私は，朝廷で名を競い市場で利を争う世俗の栄達は刻々にうとましく思うようになり，煙霧にとざされた山林の生活を朝夕にこいねがうようになった。軽やか衣服をまとい肥えた馬にまたがり，流れる氷のように疾駆する高級車の贅沢な生活ぶりを見ると，電のごとく幻のごとき人生のはかなさに対する嘆きがたちまちにこみあげてき，体の不具なもの，ぼろをまとった貧しい人人を見ると，どのような因果でこうなったのかという哀しみの止むことがない。**目にふれるすべてのものが私に悟りへの道を勧め，吹く風のつなぎとめようがないように，私の出家の志をおしとどめることは誰にもできない。**

（福永光司 訳「三教指帰」『日本の名著3』中央公論社）

原典B　悟りを得る修行法

View　三密加持すれば，ただちに成仏できる。

　もし真言行人ありて，此の義を観察し，手に印契を作し，口に真言を誦し，心三摩地に住すれば，三密相応して加持するが故に，早く大悉地を得。

（「即身成仏義第5節」『空海全集2巻』筑摩書房）

1　密教と真言宗

　密教は，「秘密仏教」の略称とされる。大乗仏教は，広く一般大衆を救済の対象とする教えが普通であるが，密教では，極めて神秘主義的な教えを，限られた教団内で伝持していくという点が特徴的である。『大日経』や『金剛頂経』などが代表的な経典であるが，これらは仏陀ではなく，万物の慈母たる**大日如来**が深遠にして絶対の真理を説法する形式で編纂されている。日本には，天台宗系の台密と，真言宗系の東密が2大勢力であり，古来の山岳信仰と融合した修験道や，神仏習合（本地垂迹説で大日如来は天照大神と同一視されている）など，独自の密教文化を形成した。護摩や仏の悟りの境地を表す曼荼羅が特徴的である。

解説

A　三教とは儒教・道教・仏教のことであり，仏教がこの中で最善であることが示されている。学問にはげみ18歳で京の大学寮に入った空海は，そこで，出世するための学問として儒学を学んだ。しかしそれに飽き足らず，19歳を過ぎた頃から山林での仏教の修行に入ったという。『三教指帰』は流麗な漢文の書としても名高いものだが，出家を反対する親族に対する出家宣言の書として書かれたとされる。

B　空海は，修行において「三密加持すれば，ただちに成仏できる」と説く。即身成仏は，空海の仏教思想の根本であり，座禅瞑想して，三密の行である**身密**（身に印契を結ぶ）・**口密**（口に真言を唱える）・**意密**（心に仏を観ずる）を実践していけば，肉体をもったまま仏になることができるというもの。この方法が**三密加持**である。

野中昭夫氏撮影　㈱新潮社芸術新潮

❶護摩　護摩壇の火に供物・護摩木を投じ，仏に祈る修法。

❶胎蔵界曼荼羅（部分，東寺蔵）

Side Story　書のライバルであった嵯峨天皇が，唐から輸入したみごとな書を誇らしげに空海に見せたところ，渡唐中に書いた空海自身の書であったという。嵯峨天皇，空海に橘逸勢を加えた三人は書の名手として三筆と呼ばれる。

仏法の力の衰退が，浄土信仰を生む

末法思想

仏陀の死

正法	1000年間	教 (正しい教え)，行 (正しい修行)，証 (正しい悟り) すべてがそなわる
像法	1000年間	証 (正しい悟り) が失われてしまう
㉑ 末法	万年間 (1052年より)	形だけの教えが残り，いかに修行しても悟りは得られない

【概説】「まことには，末代悪世，武士が世に成りはてて末法にもいりにたれば」(慈円『愚管抄』)。平安時代も半ばを超え，武士の台頭から戦乱が続く世をむかえ，天災や疫病なども相次いだ。そこで，心のよりどころとなる仏法の力が失われてしまうという，末法思想が強い影響力をもち，人々は不安を募らせた。そうしたなか，現世ではなく，死後に阿弥陀仏の待つ西方極楽浄土での救いを求める**浄土信仰** (阿弥陀信仰) が多くの人々に受け入れられた。

京で念仏を広めた「市聖」　4回

空也　くうや
903～972　(愛知県)

【足跡】若いころから修行者として諸国をまわり，南無阿弥陀仏の名号を唱えながら道路・橋・寺などを造り，社会事業を行ったというが，その活動を伝える記録は乏しく，謎も多い。身分の上下を問わず幅広い人々の帰依を得た。街中で念仏を勧めたことから，阿弥陀聖，**市聖**，市上人と称され，民衆に浄土信仰を広める先駆者となった。生涯，特定の宗派に所属せず，宗派の垣根を超えて活動した。

→**空也上人像** (六波羅蜜寺蔵)　空也はかわいがっていた鹿の死を悼み，その角を杖につけ，革を身にまとい，鐘を撞木で鳴らしながら**念仏**を唱え，京を歩きまわった。南無阿弥陀仏を唱えると，その六対の阿弥陀仏が口から現れたという。

聖衆来迎寺蔵

『往生要集』で浄土教の基礎をつくる　7回

源信　げんしん
942～1017　(奈良県)

【足跡】大和国に生まれ，信心深い母の影響で，幼少時に比叡山に入り僧となった。多くの仏教の経典や論書などにみられる極楽往生に関する文章を集めた，1部3巻からなる『**往生要集**』を著し，日本における浄土教の基礎をつくった。『往生要集』は中国の天台山からも評価され「日本小釈迦源信如来」という称号を贈られた。1004年には藤原道長の帰依を受け，権少僧都という位を授かるが，名誉を好まない考えから，わずか1年で辞退している。

→**往生要集** (龍谷大学大宮図書館蔵)　比叡山中にある恵心院に隠棲した源信は，約半年で『往生要集』を完成させた。

●【原典】往生要集

それ往生極楽の教行は，濁世末代の目足なり。道俗貴賤，誰か帰せざる者あらん。ただし，顕密の教法，その文，一にあらず。事理の業因，その行これ多し。……

この故に，念仏の一門に依りて，いささか経論の要文を集む。これを披いてこれを修るに，覚り易く行ひ易からん。　　(石田瑞麿 訳注『往生要集(上)』岩波文庫)

⑭【訳】濁り乱れた末世では，往生極楽の教えと行いは人々を救う目や足になる。だから，出家も在家も，貴賤のいかんを問わずこの教えにしたがわないものはあろうか。ただし顕教や密教の教えの説き方は異なっており，極楽に往生するために行う修行も，多種多様である。……

このため，念仏と言うかぎられた教えによって，少しではあるが，お経や論文の中から重要なものを収録した。これを開いて修得すれば，覚えやすく実行しやすいであろう。

【解説】『往生要集』は全十章あり，第一章は「**厭離穢土**」と名づけられ六道 (地獄・餓鬼・畜生・修羅・人・天) の苦しみが述べられ，そこから逃れ出ることを述べる。第二章は「**欣求浄土**」とされ，極楽浄土の素晴らしさが説かれている。厭離穢土は，この穢れた現世を厭い捨てること，欣求浄土は阿弥陀仏の待つ極楽浄土に生まれることを願い求めることである。また，第四章「正修念仏」では，念仏の修行のあり方が説かれている。とくに阿弥陀仏の姿を思い浮かべて念ずる**観想念仏**が重要視されている。

日本思想

◉**Focus**　『往生要集』に描かれた地獄

→**地獄草紙**
(秦致貞筆, 12世紀, 東京国立博物館所蔵)

『往生要集』の地獄の描写はすさまじく，読む者を震え上がらせる迫力がある。地獄は地下に向かって8層をなしており，上から順に①等活・②黒縄・③衆合・④叫喚・⑤大叫喚・⑥焦熱・⑦大焦熱・⑧無間 (阿鼻) となっている。最下層の無間地獄はとりわけ壮絶で，①～⑦の地獄さえこれに比べれば幸福だという。どんな場所なのだろうか？　「四門の闇の上に80の釜あり。沸れる銅，沸き出でて，また城の内に満つ。一々の隔の間に，8万4千の鉄の蠍・大蛇ありて，毒を吐き，火を吐いて，身城の内に満つ。……5百億の虫あり。8万4千の嘴ありて，嘴の頭より火流れ，雨の如く下る。」(同前)

Image : TNM Image Archives

Side Story　空也の出自についての確かな記録はない。生前から皇族の落胤とうわさされていたが，空也自身は自分の出自について一切語ることはなく，謎となっている。

浄土宗の開祖にして，鎌倉新仏教の立役者 12回

法然 ほうねん

1133～1212 （岡山県）

| Words | 413 浄土宗 | 414 専修念仏 |

念仏は易きが故に一切に通ず。
諸行は難きが故に諸機に通ぜず。

西暦	年齢	生涯（色文字は同時代のできごと）	西暦	年齢	生涯
1133	0	美作国（岡山県）に押領使の子として誕生	89	56	九条兼実に授戒
41	8	父が急襲され死亡。遺言によって出家	98	65	『選択本願念仏集』を著す
			1200	67	鎌倉幕府が念仏を禁止
47	14	比叡山に上り源光に師事	01	68	親鸞が法然に入門
56	23	保元の乱が起きる	07	74	専修念仏の停止。法然は土佐に配流
75	42	専修念仏に帰依			12月に流罪が解かれる
84	51	平重衡に説法する	11	78	京都に戻ることを許される
85	52	平家が滅ぶ	12	79	死去。大谷に葬られる

主著 『選択本願念仏集』『一枚起請文』

足跡 法然が生まれたこのころの日本は，貴族政治の衰退から戦乱が絶えず，加えて天変地異も相次ぎ，誰もが末法の到来を確信する絶望的な状況にあった。比叡山で学んでいた法然は，唐の僧侶善導が著した『観無量寿経疏』（観無量寿経の注釈書）によって専修念仏に目覚め，43歳で比叡山を下る。そして専修念仏に賛同する僧侶を集めて，のちに浄土宗となる教団を結成する。法然の教えは貴族層にまで広まり，帰依を受けた九条兼実の依頼によって『選択本願念仏集』が著された。一方，権力と癒着した奈良や比叡山の仏教を批判して勢力を拡大したため，反発した旧仏教側によって激しい弾圧も受けた。

Approach もし法然がいなかったら鎌倉仏教は存在しなかった？

「法然」というと，個性溢れる鎌倉仏教の開祖たちの中では地味なイメージかもしれません。しかし，もし法然がいなかったら，鎌倉仏教は存在しなかったかもしれないと言ったら，皆さんは驚かれるでしょうか？「たとえ法然上人にだまされて，念仏によって地獄に堕ちたとしても，後悔はしない」とまで言い放った親鸞ならわかるとしても，法然を徹底的に批判した日蓮や，自力修行を重んじる禅宗までも，法然がいなかったら存在しなかったのでしょうか？　作家の梅原猛氏は次のように指摘します。

日蓮は，この，浄土すなわち来世への信仰によって人間を救済しようとする仏教に，強い反撥をおぼえた。それは，あの世にのみ希望をもたせ，この世に力強く生きる生の力を弱めることになるのではないか。日本仏教は聖徳太子や最澄の伝統にもとづいて，『法華経』をもっとも重要な根本経典としなくてはならない。『法華経』こそ永遠の生命に目覚め，この世に力強く生きる生き方を教えるものだ。しかるに法然の教えは，『法華経』のかわりに『無量寿経』『観無量寿経』『阿弥陀経』という，いわゆる「浄土三部経」を中心経典として，あの世すなわち極楽浄土に生きることにのみ希望をかける。これはまさに邪教であり，この世に生きる生の力を喪失させるものである。日蓮はこのような激烈な言葉で法然を批判したが，にもかかわらず彼は法然から強い影響を受けた。それは，法然が念仏を従来のような観想の念仏とは考えず，口称の念仏と考え，口で「南無阿弥陀仏」と称えれば，どんな凡夫でも悪人でも往生できると考えたことである。この法然の教説の影響であろう，日蓮は口で「南無妙法蓮華経」すなわち題目を称えることをもって，その天台仏教，法華仏教のかたちに合わせて改造したものであろう。このように考えると，日蓮という思想家も，法然なくし

ては出現しえなかった思想家といわねばならない。

禅はたしかに直接，法然の影響を受けない。それは当時，中国で流行していた禅仏教をそのまま輸入したものであるが，栄西などは，その布教の仕方を法然に学んだ点が多くある。法然が新しい仏教の道を開かなかったら，禅仏教もやすやすと日本に広がることはなかったであろう。

（梅原猛『法然の哀しみ』小学館文庫）

梅原氏の布教の仕方に関する指摘は特に重要です。法然以前の僧侶が一般民衆に布教をすることはほとんどありませんでしたが，「法然上人絵伝」には民衆に布教をしている法然の姿がたくさん描かれています。さらに，明晰な論理を背景にした法然の思想は当時の人々にはわかりやすかったため，水が低きに流れるがごとく，上は上皇から下は一般民衆にまで浸透していったのです。法然がならした土地があったからこそ，他の鎌倉仏教の開祖たちはその上に建物を築くことができたと言ってもいいでしょう。

◐専修念仏を布教する法然（法然上人絵伝）知恩院蔵

法然の本当の法名は「源空」。ところが，彼が居住した僧坊である「法然坊」の名から「法然」と呼ばれるようになってしまった。

Outline　法然の思想：専修念仏で誰もが往生できる

末法の世（日本では 1052〜）

貴族政治の衰え
武士の台頭

源信の『**往生要集**』

善導*の『**観無量寿経疏**』（観無量寿経の注釈）

専修念仏による救い「南無阿弥陀仏」を唱えることだけに専念すれば極楽浄土へ往生できる

南無阿弥陀仏

戦乱
天変地異

自力救済：自分の修行で悟りを開く　×
他力救済：阿弥陀仏の本願による　○

*中国・唐代の僧。浄土教の大成者。法然は源信の『往生要集』で浄土教に触れ，善導の『観無量寿経疏』を読んで専修念仏に踏み切った。浄土宗では，宗祖法然に対し，善導を高祖と仰ぐ。

Think　法然が日本仏教にもたらした革新とは？

解説

Ａ 法然は，専ら念仏を唱えることで，身分や修行にかかわりなく誰もが往生できると説いた。だが，あまりに簡単な「念仏」という行であったから，逆にそれだけでは浄土へ往生できるはずがないという疑問が生じる。その疑問をぬぐいさって，「**念仏**」することで救われると信じきることが救いへの修行なのである。

法然の教えが社会の広い階層で急速に広まるにつれ，旧仏教からの批判や圧力も強まっていった。晩年，延暦寺や興福寺の僧の訴えにより，専修念仏は禁止され，一時法然は土佐に配流された。

原典Ａ　念仏するものは救われる

View 念仏は無比の修行である。

　人びとが念仏の行をおこして，口でつねに仏をとなえていれば，仏はこれをお聞きになる。身体でいつも仏を礼拝していれば，仏はこれをご覧になる。心にいつも仏を念じていれば，仏はこれをお知りになる。人びとが仏を思い浮かべれば，仏もまた人びとを思い浮かべられる。……人びとが念仏をとなえれば，たちどころに，長い間に積もりに積もった罪を取りはらい，臨終のときには，仏は浄土の聖たちと一緒にみずからも来られて接し迎えてくださる。……**あれこれ多くの行為も，善と呼べるものであるけれども，かりに念仏と比較するならばまったく比べものにはならない。**このようなわけで，多くの経のなかには，あちこちいたるところに広く念仏が及ぼすはたらきを賛嘆している。たとえば，『無量寿経』の四十八願の中にあるとおり，「ただ，専心に阿弥陀のみ名を念じたならば，往生することができる」ということでも明らかである。

（石上善応 訳「**選択本願念仏集**」『日本の名著5』中央公論社）

1　弥陀の本願とは

　阿弥陀仏が修行中，まだ**法蔵菩薩**と呼ばれていたころ，四十八誓願（**弥陀の本願**）をたてた。

　「**たとい，われ仏となるをえんとき，十方の衆生，至心に信楽して，わが国に生れんと欲して，乃至十念せん。もし，生れずば，正覚を取らじ**」

（中村元ほか 訳「無量寿経」『浄土三部経（上）』岩波文庫）

　これは十八願で，「私が仏になるとき，すべての人々が心の底から極楽浄土に生まれることを願い，そのために十念して，もし生まれることがなければ，私は悟りを開かない」という意味である。すでに法蔵菩薩は難行苦行の末に阿弥陀仏となり極楽浄土に存在しているのだから，この誓願は成就したことになる。唐の**善導**は誓いにある十念を**口称念仏**と解した。法然は善導にしたがうことで，口称念仏をひたすら修すれば（**専修念仏**）必ず極楽往生できるとの確信を得た。末法の世にあって，**阿弥陀仏の慈悲（本願）**による救済を説く法然の教えは，貴族から民衆まで身分を超えて広まっていった。

四十八誓願
成就
法蔵菩薩　阿弥陀仏

救いを求める者は，皆救う（他力）

阿弥陀様，お救いください
凡夫

Focus　旧仏教側からの法然批判と仏教革新運動

　ヨーロッパでプロテスタント運動が起こった時にカトリック側から批判や改革運動が起こったように，法然の動きに対しても旧仏教界から同様の運動が起こった。

　華厳宗の学僧である**明恵（高弁）**はつつましく穏和な学究肌の僧で，仏教のもつ知の総合性や修行の重要性を主張した数少ない思想家の一人であった。厳しい修学修行，釈迦への思慕，

●**明恵**（高山寺蔵）

自然との調和，人間味あふれる逸話に彩られている。その穏和な明恵が，法然の『選択本願念仏集』を厳しく批判する『**摧邪輪**』を書いた。邪輪（邪な法説）を摧く，という意味である。その批判の主要な点は，「菩提心を不必要としている過失」にある。菩提心とは「悟りを得たいと願う心」で，それがあってはじめて仏道修行が始まるような仏教の根本なのである。明恵は，菩提心がなくても阿弥陀仏を信じて念仏すれば救われると説く法然の教説を問題視しており，あくまでも仏教本来の悟りを求める立場から，新しい思想と実践とを模索したといえる。

　また，明恵らの流れをくんだ，釈迦信仰に根ざした仏教革新運動として**叡尊・忍性**らの活動がある。彼らの教団は10万を超える信者を擁し，鎌倉時代最大の教団であった。医学が発達していなかった当時は業病（前世あるいはこの世における行為に対する仏罰としての病）とされ，最も穢れた存在とみなされたハンセン病患者の救済をはじめ，橋梁・港湾の整備，寺社の修造などさまざまな社会救済事業を行った。

Side Story 明恵は若き日，求道の思いから右耳を切り落とした。また釈尊への思慕から二度にわたってインド行きを企てたがかなわなかった。

日本思想

浄土真宗の開祖

親鸞　しんらん

1173 〜 1262　（京都府）

> 善人なほもて往生をとぐ，
> いはんや悪人をや。

西暦	年齢	生涯　色文字は同時代のできごと
1173	0	下級貴族日野有範の子として京都に生まれる
81	8	出家し比叡山延暦寺に入る
1201	28	六角堂にて100日間の参籠。救世観音（聖徳太子）の夢のお告げで法然の弟子となる
07	34	専修念仏停止の宣旨。法然は土佐へ，親鸞は越後に流罪*
09	36	恵信尼と結婚
11	38	流罪を許される
12	39	法然入滅
14	41	常陸国稲田に移住。以後20年を過ごす。この間に『教行信証』を著す
35	62	京都に帰る
56	83	息子善鸞を義絶
62	89	死去

*僧籍をはく奪され，これ以後，愚秃釋親鸞と名乗り，《非僧非俗》の立場をとる。

主著　『教行信証』『和讃』，唯円著『歎異抄』

足跡　出家した親鸞は，比叡山で厳しい修行を積んだ。しかし，自力修行では，自分の心の醜さ，弱さをどうすることもできないことを自覚した。限界を感じたため，比叡山を後にし，聖徳太子が建立したといわれる六角堂に籠もった。その95日目の暁に，救世観音の化身である聖徳太子が現れ，夢のお告げを得た。親鸞は夜明けとともに法然の草庵を訪ね，専修念仏の教えに出会い，一切の衆生を救おうとする阿弥陀如来の願い（**本願**）にすがりつくこと（帰依）こそが救われる道であると悟る。我執（自己へのこだわり）を捨て去ることは仏のはからいにすべてをまかせること（**自然法爾**）であり，これによって救われる。こうして得られた安らぎに感謝してする念仏（報恩感謝の念仏）も，念仏させてもらうという**他力**の行いである。親鸞は生涯を通じて法然の弟子という立場をとり，自宗を立てる意図はなかったが，後世，弟子たちが親鸞の教えを**浄土真宗**として発展させていった。

Approach　親鸞が見つめた「人間の悪」とは？—『歎異抄』は希有なヒューマン・ドキュメント

親鸞が法然から受け継いだもの

　悪人正機，といえば親鸞，そして『歎異抄』と誰しも思うのですが，私はそこに重点を置いて『歎異抄』を読んだことはありません。それよりも，人間とは何と不安定なものだろう，人生とはなんと不合理なものだろう，という親鸞のため息にいつも打たれるのです。「善人なをもて往生をとぐ　いわんや悪人をや」というのは，はじめてその言葉に接した人に，つよい衝撃を与えずにはいないでしょう。しかし，親鸞は，その師である法然の思想を，鋭い表現で語ったと考えるべきではないでしょうか。
（五木寛之『歎異抄の謎』祥伝社新書）

　五木氏は，「悪人正機説」は親鸞のオリジナルではなく，師法然の思想を受け継いだものであると見抜きます。

　世間の常識からいえば，善い行いにつとめた人，すなわち善人が幸せになるのが当然です。しかし，**法然は，善人，悪人を問わず，念仏する者は極楽に往生する**，と断言しました。善人，悪人を問わず死ねば浄土に迎えられるのだ，という発言は，当時の人びとにとって，どれほど衝撃的なものであったでしょうか。それは一大スキャンダルでもありました。私は法然の心のなかに，すでに善人よりも悪人こそ，という「悪人正機」の発想は確立されていたと考えています。**法然は，知識や知恵ある人より，文字さえも知らぬ愚かな人びとこそ，まず浄土に往生するとはっきり言い切っています**。「愚者正機」と「悪人正機」の思想はほとんど差はありません。その信仰を正しく受けついで，**親鸞は「悪人正機」を語りついだのだと思うのです。**
（同前）

親鸞の独自性

　では，親鸞のオリジナリティはどこにあるのでしょうか？　以下，五木氏の考えに沿ってまとめます。

　五木氏が親鸞に惹かれるのは「親鸞は人間の罪ということを，勇気をもってその極限まで追究しようとした人物」だという点です。「自分は限りない煩悩をかかえた存在である」と，親鸞ははっきりとそのことを認め，過酷なまでに厳しく自分の内面を探ります。ふつうの人間は殺生を避けて生きることはできない。愛欲を厳しく避けては，家庭も，社会もなりたたない。私たちは非凡な聖人ではなく，無数の煩悩をいだきつつ，他の生命を犠牲にしながら生きる存在だ。親鸞は，すべての人間の内面に，どうしようもない闇を見いだしたのです。その心の深い闇の部分，特にその「どうしようもない」という側面を，親鸞は「悪」という言葉であらわしたのだと五木氏は指摘します。ここまで「人間の悪」を追究することは，師，法然にはできないことでした。

　そして何より，言葉の表現力の鋭さにかけては，親鸞は師をしのぐ天与の才能の持ち主でした。中途半端な情感を捨て，親鸞はずばりと事の本質をむきだしに語ります。それがわかるのが『歎異抄』です。

　『歎異抄』は親鸞自身の著書ではありませんが，親鸞思想の核心が，問答として語られており，親鸞の肉声を，あざやかに再現した希有なヒューマン・ドキュメントだと言って良いでしょう。

Side Story　親鸞は36歳のとき豪族の娘恵信尼と結婚したが，この当時，正式な僧侶の妻帯は極めて異例のことであった。

Outline　親鸞の思想：自力を捨て他力にすがる

凡夫の自覚	→	専修念仏	→	絶対他力	→	自然法爾	→	報恩感謝の念仏
								悪人正機説

人間は煩悩を捨てられず、罪悪を犯さなければ生きられないものであることを自覚する

法然の教えに帰依

人間には人間を救う力はない。すべてを阿弥陀仏の本願にすがる

仏のはからいにすべてをまかせる

自分の罪深さ・無力さを自覚する悪人こそ仏が救おうとする対象である

Think　なぜ「悪人」こそが極楽往生するのにふさわしいのか？

原典A　凡夫の自覚

View　親鸞の思想の出発点。

(1) 浄土のまことの教えに帰依しても、真の信心はない。うそでかためた私の身には、清らかな信心は少しもない。

(2) 悪い性質を除くことは少しもできない。心は毒蛇やさそりのようにおそろしい。**善根をおさめる場合も結局煩悩の毒がまじることになるから、いつわりの修行と称するのだ。**

（石田瑞麿 訳「**正像末和讃**」『日本の名著6』中央公論社）

原典B　絶対他力の思想

View　自力で自分を救えぬ人にとっての救い。

親鸞においては、「ただ念仏だけを称えて阿弥陀仏に救われなさい」という師（法然）の教えを頂いて、信ずるほかに、格別のことはないのである。念仏が、本当に浄土に生まれる原因であるのだろうか、また地獄に堕ちるための行為であるのだろうか、こうしたことはすべてわたしの知らないことである。**かりに法然上人にだまされて、念仏して地獄に堕ちたとしても、けっして後悔することはないであろう。**

（唯円 著／石田瑞麿 訳「**歎異抄**」同前）

原典C　自然法爾

View　自己のはからいの放棄。

自然の自とはおのずからということであります。人の側のはからいではありません。然とはそのようにさせるという言葉であります。そのようにさせるというのは、人の側のはからいではありません。それは如来のお誓いでありますから、法爾といいます。法爾というのは如来のお誓いでありますから、だからそのようにさせるということをそのまま法爾というのであります。また法爾である如来のお誓いの徳につつまれるために、およそ人のはからいはなくなりますから、これをそのようにさせるといいます。これがわかってはじめて、すべての人ははからわなくなるのであります。……**阿弥陀仏のお誓いはもともと、人がはからいを離れて南無阿弥陀仏と、仏をたのみたてまつるとき、これを迎えいれようとおはからいになったのでありますから、人がみずからのはからいを捨てて、善いとも悪いともはからわないことを自然というのである、**と聞いています。

（石田瑞麿 訳「**消息集**」同前）

原典D　悪人正機

View　すべてを阿弥陀仏におまかせしきった悪人こそ、浄土に生まれるのにふさわしいのだ。

「善人でさえ浄土に生まれることができる、まして悪人が浄土に生まれないわけはない。ところが世間の人はつねに、悪人でさえ浄土に生まれるのだから、まして善人が生まれるのはいうまでもない、と言っている。この考え方はいちおう理由があるように見えるけれども、阿弥陀仏の本願を救いとたのむ他力の趣旨にそむいている。なぜなら、**みずからの能力をたよりに善行を積む人は、ひたすら阿弥陀仏のお力にまかせきる気持が欠けているために、阿弥陀仏の本願の対象とはならないからである。**……煩悩にまみれたわたしたちが、どんなに修行をしたところで、生死の迷いを離れることができないのを、あわれとお思いになって、願を立てられた阿弥陀仏のご本意こそは、悪人を救い取って仏とするためであるから、阿弥陀仏の本願にすべてをおまかせしきっている悪人こそ、じつは浄土に生まれるのにもっともふさわしい人なのである。……」

と（親鸞）聖人は仰せられた。

（唯円著・同前）

解説

AB 親鸞は、自力の心を捨て切れない凡夫（煩悩に迷う愚かな人）の心の状態を述べている。親鸞自身が愛欲に悩んだ人間であった。「不淫」は釈迦の教えでもあったが、それを守りきれない自分に悩んだのである。親鸞は肉食妻帯を行うようになるが、それも自分の罪深さを絶えず自覚するためであった。その境地にあって、一切を阿弥陀仏にゆだねる**絶対他力**の思想が結実したのである。

↑『**歎異抄**』（西本願寺蔵）　親鸞の弟子、唯円が親鸞亡き後、息子善鸞をはじめとして親鸞の異説を唱えることを嘆いて、親鸞の言行を書き留めたものである。

C「念仏は、人が極楽往生したいとはからって行うもの」という考え方は、根底から間違っている。すでに阿弥陀仏は一切衆生を救うべく本願をたて、それは成就している。そうである以上、人は**自然**の行いとして、「**法則として爾るべく**」念仏を唱えて阿弥陀仏の本願にすがるものなのである。親鸞は、「自力」を排除して阿弥陀仏のはからいにゆだねることそれ自体が、阿弥陀仏のはからいなのだと唱え、徹底した他力の思想を展開した。

一切衆生救済のはからい　阿弥陀仏

何もはからわず、阿弥陀仏のはからいにゆだねる

D 親鸞の思想は**悪人正機**の考え方によくあらわれている。自力で功徳（仏から報われるほどの善行）を積むことができると考えている善人よりも、自分の罪深さを自覚した悪人（凡夫）こそが、阿弥陀如来が救おうとする対象なのである。

Side Story　イエスの影響を受けたパウロも、親鸞と同じく自分の肉欲を見つめて信仰に入った点で、極めてよく似ている。親鸞はキリスト教徒からも高く評価されており、その思想は、仏陀よりもキリスト教の思想に近いのかもしれない。

遊行と踊念仏を広めた「捨聖」 7回

一遍 いっぺん
1239〜89（愛媛県）

足跡 浄土宗の一派，**時宗**（遊行宗）の開祖。平生を常に臨終のときと心得て（「時宗」の名はここに由来），「南無阿弥陀仏」と唱え（唱名念仏）ながら踊る「踊念仏」を広めた。親鸞は，阿弥陀仏への信心を重視するのに対し，一遍は「南無阿弥陀仏」という名号にこそ絶対的な力があるとした。51歳で亡くなったとき，私財は何ひとつ残さずすべてを捨て続けていたため，「捨聖」と称される。一遍の生涯は国宝「一遍上人絵伝」が詳細に伝えており，鎌倉時代を知るうえで貴重な資料である。

●踊念仏と賦算 太鼓・鉦などを打ち鳴らし，踊りながら念仏・和讃（日本語による仏徳賛美の歌）を唱えること。その起源は空也（→p.205）にあるとされ，全国に遊行した一遍によって広まった。一遍は「南無阿弥陀仏　決定往生六十万人」と書かれた念仏札（賦算）を配布し，信心の有無にかかわらず念仏を唱えれば救われると説いてまわった（「六十万人」は，当時の日本の全人口を象徴している）。また，念仏踊りは盆踊りや歌舞伎の起源と考えられている。

北陸に念仏を広めた本願寺中興の祖 3回

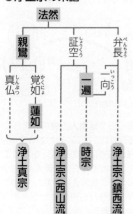

蓮如 れんにょ
1415〜99（京都府）

足跡 浄土真宗を中興。親鸞の教えを簡単な文章で『御文』という布教テキストにまとめ，戦国の乱世に即して農民らに広め，衰退していた本願寺の再興を果たす。しかしその結果，京都・近江一帯という比叡山延暦寺の膝下で，同寺が所有する荘園の農民が本願寺門徒として組織されていったため，延暦寺からの圧力が激化。このため現在の福井の吉崎に移り，今度は北陸一帯に布教を進める。蓮如が育てた本願寺の門徒集団は農民や地侍を糾合して一向一揆を結成するものもあった。蓮如自身は一向一揆の激化に常にブレーキをかける役割を果たしていたが，中には戦国大名に抵抗するほど勢力を伸ばすものもあり，のちに約100年間にわたって一国を支配した加賀の一向一揆が引き起こされた。

➡一向一揆の旗「進めば往生極楽／退けば無間地獄」とある。

長善寺蔵

●原典 白骨の御文

それ，人間の浮生なる相をつらつら観ずるに，おおよそ儚きものは，この世の始中終，まぼろしのごとくなる一期なり。……

されば，朝には紅顔ありて夕には白骨となれる身なり。すでに無常の風きたりぬれば，即ち二つの眼たちまちに閉じ，一つの息ながく絶えぬれば，紅顔むなしく変じて，桃李の装いを失いぬるときは，六親眷属あつまりて嘆き悲しめども，さらにその甲斐あるべからず。

さてしもあるべき事ならねばとて，野外に送りて夜半の煙となし果てぬれば，ただ白骨のみぞ残れり。あわれといふも，なかなか疎かなり。**されば，人間の儚き事は，老少不定のさかいなれば，誰の人も早く後生の一大事を心にかけて，阿弥陀仏を深く頼み参らせて，念仏申すべきものなり。** あなかしこ，あなかしこ。
（『御文』）

解説▶「朝には血色のよい紅顔の若者が，夕方には死んで白骨となる。人生とはそれほどにはかないものなのである。だから，来世を頼むのに老人も若者も関係がないのだ。」この「白骨の御文」のメッセージは，乱世に生きる庶民の心に深く響いた。

●浄土宗の系譜

```
            法然
      ┌──────┼──────┐
    親鸞   証空   弁長
  ┌──┬──┐   │   ┌──┐
 真仏 覚如  一遍 一向
      │
     蓮如
  │      │    │     │
 浄土真宗 浄土宗 時宗  浄土宗
      （西山流）      （鎮西流）
```

⊛ Focus　一休と蓮如

蓮如は，21歳年上の一休（→p.211）と交流があった。一見相いれないように見えるが，意外と気の合うところがあったようで，両者が織りなす数々のユーモラスなエピソードが伝えられている。そのうちの一つを紹介しよう。

あるとき『御文』のあらさがしをしていた一休は，「南無とたのむ衆生を阿弥陀仏の助けまします道理なり」という部分に難癖をつけ，「阿弥陀には　まことの慈悲はなかりけり　たのむ衆生　のみ助ける」と短歌にして蓮如に突き付けた。たのむとたのまざるとにかかわらず，一切衆生を救うのが「まことの慈悲」ではないか，という意味だ。

これに対し，蓮如は次の短歌で応じる。「阿弥陀にはへだつる心なけれども　蓋ある水に　月は宿らじ」。阿弥陀仏が差別しているのではない。清流にもどぶ川にも月は映るが，蓋があってはどうにもならない。「たのむ」とは，この蓋を取り払うことにほかならないのだ，と。

Side Story「白骨の御文」は，蓮如の三度目の妻が産後の病で急死したときの悲痛な思いがもとになって書かれている。人間としての素直な感情をありのままに表現した「御文」は，門徒の信仰を一層かたくしたという。

寿福寺蔵

臨済宗の開祖

栄西
えいさい（ようさい）
1141～1215　（岡山県）

Words　421 臨済宗

> 悪行に染著する人は仏法をもって難行とす。仏法は爾らず。持戒浄行のとき，心身極めて安楽なり。

主著　『興禅護国論』『喫茶養生記』

足跡　備中国吉備津神社の神官の子として生まれた。14歳のとき，比叡山で出家受戒。密教や天台宗を学ぶが，1187年の2度目の入宋ののち，帰国後『興禅護国論』を著し，臨済禅を広めた。比叡山の妨害にあい鎌倉に移るが，将軍源頼家の保護を得て，鎌倉に寿福寺，京都に建仁寺を建て，臨済禅の興隆につとめた。栄西はまた『喫茶養生記』を著し，最澄がもたらした喫茶の風を再興，医薬として茶を普及させようとした。このような経緯から，**臨済宗**は日本文化，とくに茶道・書画・庭園・文学などに多大な影響を及ぼしている。

西暦	年齢	生涯
1141	0	備中国（現岡山県）に生まれる
54	13	比叡山で出家受戒
68	27	南宋に留学。禅宗に目覚める
87	46	再び南宋に留学，臨済禅を学ぶ。インドへ渡航を計画するがかなわず
91	50	臨済宗の印可を受け，帰国。日本に臨済禅をもたらす
94	53	京都に禅寺を建立しようとするが，比叡山の妨害を受ける

西暦	年齢	生涯
1195	54	博多に聖福寺を建立
98	57	『興禅護国論』を著す
1200	59	鎌倉に寿福寺を建立
02	61	将軍 源 頼家の保護を受け，京都に建仁寺を建立
11	70	『喫茶養生記』を著す
15	74	死去

Think　栄西はなぜ坐禅を重視したのか？

19 原典 A　仏禅とは

View　悟りを得るために坐禅は不可欠である。

　禅宗は仏の法蔵*¹を学び，仏の浄戒*²を持す，これを仏禅と謂うなり。仏の威儀は行住坐臥*³あはせて禅意なり。この禅宗は不立文字・教外別伝なり。教文に滞らず，只だ心印*⁴を伝ふ。**文字を離れ，言語を亡じて，直に心源を指してもって成仏せしむ。**鈍根の人といへども，心を仏戒に繋けて，動静一如*⁵にして念を衆生に存し，邪見を休息して仏語を信受し，心を一境に制して諸の縁務を息む，これ真の修禅の人なり。罪を滅するは，かならず禅に籍る，善を生ずるも復た禅力を仮るべし。八宗*⁶の行処は区別すといへども，証位に至るにはかならず応に禅を用ふべし。乃至，称名念仏の行も，禅にあらずんば順次業を成ぜざるなり。　　　（柳田聖山 校注『**興禅護国論**』『日本思想体系16』岩波書店）

＊1仏が説いた教え。　＊2仏の戒律　＊3行くこと，止まること，座ること，横になることの四つの動作。すなわち，日常の立ち振る舞いのこと。　＊4以心伝心によって伝えられる悟り。　＊5動も静も根本の真理はただ一つであるということ。　＊6平安時代までに日本に伝わった八つの宗派。

原典 B　茶の効用

View　茶は，万病に効く「仙薬」だ。

　茶は**養生の仙薬***¹なり。**延齢の妙術***²なり。山谷之を生ずれば其の地神霊なり。人倫之を採れば其の人長命なり。貴きかな，茶か。諸薬各一病を治す。唯茶のみ能く万病を治するのみ。　　（古田紹欽 全訳注『栄西 **喫茶養生記**』講談社学術文庫）

＊1不思議な効き目のある薬。　＊2すぐれた手段。

東京国立博物館所蔵　Image：TNM Image Archives

風狂の禅僧

一休
いっきゅう
1394～1481　（京都府）

主著　『狂雲集』

足跡　頓智の一休さんのモデルとなった人物。後小松天皇の私生児として生まれるが，6歳で出家し，安国寺で修行。のちに臨済宗大徳寺の重鎮となる。飲酒・肉食・女犯と平然と戒律を破ってみせるが，これは悟りの境涯を体現したもの，すなわち「風狂」として肯定的に受け取られもした。一休の詩を集めた『狂雲集』には，高僧が出世競争に明け暮れるさまを皮肉り，戒律や形式に囚われない生き方を貫いた。その人間臭さから広く民衆に愛された。

解説

A 栄西の禅の勢いに天台宗は批判を強めるが，それに反駁するかたちで書かれたのが『興禅護国論』である。禅が国家を護持するために適した宗旨である，と主張する一方で，「天台の祖最澄が受けた法灯の中に禅も入っている。禅の興隆は天台の興隆でもある」と主張した。繰り返し坐禅の必要性を説く一方，戒律を浄く保つことの大切さも強調している。栄西は念仏宗をはじめとする他の宗派を認めつつも，その修行の中に坐禅が入っていなければ悟りを得ることはできないと主張している。また，栄西は密教僧としても知られており，その点，坐禅のみを勧める道元とは異なる。

B 『喫茶養生記』は日本初の茶の専門書である。飲茶は中国の禅院で坐禅の際の眠気を覚ます効能などにより広まっていたが，栄西はその習慣を日本にもたらし，他にもさまざまな薬効があると紹介している。栄西がもたらした茶は，明恵上人にわたされて高山寺に移植され，後に宇治で栽培される。

⊕ *Focus*　公案とは？

　臨済宗に特徴的な修行法が，公案である。師が，禅師のエピソードが示す意味を弟子に問い，弟子は坐禅をして考え，答えを導き出す。これを繰り返すことで，悟りにたどり着くというものだ。

犬に仏性（仏になる素質）はあるか？

師　弟子

犬に仏性はありません

坐禅

あらゆるものに仏性があるというのに，なぜ犬に仏性がないのか？

日本思想

Side Story　武家との関係を深めていった禅僧は，戦国時代になると兵法も学ぶようになり，各地の戦国武将に軍師として仕える者もあった。

日本曹洞宗の開祖　12回

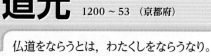

道元

どうげん
1200 ～ 53　（京都府）

> 仏道をならうとは，わたくしをならうなり。
> わたくしをならうとは，私を忘るるなり。

Words 422 曹洞宗　423 只管打坐
424 身心脱落　425 修証一等
426 正法眼蔵

主著　『正法眼蔵』

足跡　道元は栄西の弟子である明全（1184 ～ 1225）に学び，1223 年には明全らとともに南宋に渡り諸山を巡り，天台教学・臨済宗黄龍派の禅・戒律などを学ぶ。宋で明全が亡くなると曹洞宗禅師の天童如浄に師事し，印可を授けられた。道元は如浄の教えにしたがい，権勢から離れ，世俗化した仏教について根本からこれを批判し，仏陀本来の精神に立ち帰ることを唱えた。帰国後は坐禅を広く一般に普及させるため『普観坐禅儀』を著して只管打坐・修証一等を説く。のちに永平寺を開山し，坐禅の仏法を宣揚する教団（曹洞宗）が確立した。

西暦	年齢	生涯　色文字は同時代のできごと
1200	0	内大臣久我道親，摂政太政大臣藤原基房の娘との間に生まれる
02	2	父死去により叔父の大納言堀川通具に養われる
07	7	母死去。深い無常観を覚える
12	12	出家し比叡山に入る
13	13	剃髪し受戒
14	14	比叡山の僧兵の争いに失望。栄西を訪ねる
15	15	栄西死去
17	17	建仁寺に入り栄西の高弟明全に学ぶ

西暦	年齢	生涯
21	21	承久の乱
23	23	入宋
25	25	天童山の如浄について修行し受戒
27	27	帰国。曹洞宗をもたらす
31	31	『正法眼蔵』を書き始める
43	43	比叡山の攻撃や朝廷との政治的接触を避けるため，越前（福井県）に永平寺を開山
47	47	鎌倉に招かれるが，すぐに永平寺に戻る
53	53	死去

Approach　「いつやるか？今でしょ！」─修行の急所とは？

「いつやるか？今でしょ！」一世を風靡したこのフレーズ，昔，仏道修行中の道元禅師もこの言葉に目を開かされたことがあります。

道元がまだ若かりし頃，仏道修行のため宋に渡り，天童山にいたとき，老いた典座（＝食事係）が炎天下で苔を干していました。夏の太陽が照りつけるなか，笠もかぶらず汗がだらだら流れているのに，全力をふるって苔を干す作業をしていて，かなり辛そうでした。背骨は曲がって，白い眉が長くのび，鶴のようです。

> 道元は問うた。「典座さまはおいくつでございますか。」
> 老典座「68 歳じゃ。」
> 道元「どうして人夫を使って，仕事をやらせないのですか。」
> 老典座「他はこれ吾にあらず。」
> 道元「老いたあなたが，作務をなさるには感じ入ります。しかし，こんなに照りつける日中，どうしてそんなに苦しんでやる必要があるんです。」
> 老典座「更に何の時をか待たん。」

そう言われて道元は返す言葉がありませんでした。また歩きだしながら，このきびしい自力の弁道（＝修行）のさまを見て，典座という職が仏道修行の「要」であることを悟ったのです。

「他はこれ吾にあらず」…他人にやらせたのでは自分の修行にならない。

「更に何の時をか待たん」……いつやるか？今でしょ！

すべて修行の急所を言いあてていることに，道元は感じ入ったのでした。

これは道元の著書『典座教訓』に載っている有名な話で，道元の仏道修行に対する考えを知る上で，重要なエピソードです。道元禅師が開いた曹洞宗の「永平寺」は厳しい修行で知られていますが，道元禅師も最初から厳しい修行観をもっていたわけではなく，このような経験を経て修行の何たるかを確立していったのですね。

「他はこれ吾にあらず」「更に何の時をか待たん」
考えてみれば，当たり前のことですね。この当たり前のことがなかなかできないのは，皆さんも身をもって体験しているでしょう。道元禅師はどうやってこの「当たり前のこと」をやり続けたのか？　道元禅師の言葉にはその端々に強い意志が感じられます。「いつやるか？あとでしょ！」になってしまっているそこの君！　たまには道元禅師の言葉にお尻をたたいてもらうのもいいかもしれませんよ。

➡総持寺（横浜市）での修行　百間廊下と呼ばれる長い廊下の拭き掃除

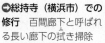
写真：共同通信社

Side Story　道元の思想に驚嘆した和辻哲郎は「沙門道元」（『日本精神史研究』岩波文庫所収）を書く。そこでは，当時出版されていた道元の伝記を，道元が嫌悪する「世間的価値と荒唐なる奇蹟」を強調するものばかりであると強く批判している。

Ｏｕｔｌｉｎｅ 道元の思想：坐禅がすなわち悟りなのだ

仏祖正伝の仏法（正法）の中で生きる

→ 末法思想を否定
修行によって悟りを得ることはできる

人みな仏性あり

修行によって仏性は顕現する

自力による修行

修行（坐禅）と証（悟り）は一体

修証一等
ひたすら坐禅する
只管打坐

身心脱落
身心への執着を離れ悟りの境地へ

仏陀から祖師を通じて受け継がれてきた仏教の神髄を将来に引き継いでいく決意

Think 道元はなぜ坐禅を重視したのか？

原典Ａ 身心脱落 View 無我の境地に入る。

仏道を習うということは，自己を習うことである。自己を習うということは，自己を忘れることである。自己を忘れるということは，環境世界に実証されることである。環境世界に実証されるということは，**自己の身心も他己の身心も，脱落し果てることである。**（玉城康四郎 訳「**正法眼蔵**」〈現成公案〉『日本の名著7』中央公論社）

原典Ｂ 只管打坐 View 坐禅が第一。

悟りの道を学ぶ上で最も重要なのは，坐禅が第一である。大宋国の人が多く悟りを得るのも，みな坐禅の力である。文字一つ知らず，学才もなく，愚かな鈍根の者でも，坐禅に専心すれば，長い年月参学した聡明な人にもまさって，出来あがるのだ。したがって，悟りの道を学ばんとする者は，ひたすら坐禅して，ほかのことに関わらぬようにせよ。仏祖の道は，ただ坐禅にあるのみだ。ほかのことに従ってはならぬのだ。（山崎正一 訳『正法眼蔵随聞記』講談社文庫）

原典Ｃ 修証一等 View 坐禅と悟りは一つ。

15 21
修証（修行と悟り）は一つでないと思っているのは，すなわち外道（仏道以外の教え）の見解である。**仏法では修証は一つである。**いま修行しているのも，実は悟りのうえの修行であるから，初心者の弁道（仏道をきわめる）がそのまま本来の悟りの全体である。

（玉城康四郎 訳「正法眼蔵」〈弁道話〉『日本の名著7』中央公論社）

解説

Ａ 身体も精神もすべての執着を離れ悟りを開くこと。そのための修行が坐禅である。自力の坐禅によって無我の境地にストンと入ることをいう。自分への執着がなく，人の身体・精神と区別できなくなった境地である。そこに仏性が現れる。

Ｂ ひたすら坐禅に打ち込むこと。他の行（看経・看話・念仏など）は行わずに，坐禅を唯一の行とする。

❶永平寺（福井県） 深い山に囲まれた静寂の地に，約70棟の堂宇が立ち並ぶ曹洞宗の大本山。

Ｃ 坐禅をすれば悟りが開けるのではない。坐禅（修）そのものが悟り（証）なのである（坐禅の修行＝悟り）。

---

1 坐禅の作法

曹洞宗では，坐禅は悟りを得るための手段ではなく，坐禅そのものが悟りであると説く。このため，修行者はただただ壁に向かって黙々と坐禅をする（黙照禅）。一方臨済宗では，坐禅を組んで弟子が師に出題された公案の答えを思索する「看話禅」が盛んであり，この場合は人と向き合って坐禅する。

◔曹洞宗の坐禅
写真：ロイター/アフロ

◑臨済宗の坐禅

江戸時代を代表する，心優しい禅僧

良寛 りょうかん
1758～1831 （新潟県）

良寛記念館所蔵

足跡 越後出雲崎の名主の長男として生まれ，幼い頃から学問に親しんだ。22歳から岡山県の曹洞宗円通寺に赴いて仏道修行に励み，35歳頃越後に戻った。円通寺を離れてからは，生涯にわたって寺を持たず，現在の燕市の五合庵を中心に，主のいない庵を転々とし，貧しいながらも清らかな生き方を通した。そうした中で，多くの詩や歌を詠み，それを書き遺した作品は，「日本美の極致」とまで絶賛されて，今に伝わっている。また，子どもたちと遊んだ等の逸話から知られる慈愛に満ちた人柄は，現代の人達にも広く親しまれている。

●良寛が詠んだ短歌
・この宮の木したに子供等と遊ぶ夕日は暮れずともよし
・歌もよまむ手毬もつかむ野にもいでむ心ひとつを定めかねつも

➡凧に書かれた「天上大風」 良寛は，子どもから請われると惜しげもなく書を書き与えたという。この「天上大風」という字は，子どもが凧に張る紙によく書いてあげたという。 写真：芸術新聞社

日本思想

Side Story 執権北条時頼が道元に寺領寄進を申し出た。道元は固辞したが，いい気になった弟子の玄明がこのことをふれ歩いたため，道元は「心きたなし」として玄明を追放し，彼が坐禅していた場所の床下の土まで掘って捨てたという。

213

日蓮宗の開祖　◀6回▶

日蓮
にちれん
1222 ～ 82　（千葉県）

Words 427 日蓮宗　428 南無妙法蓮華経
429 唱題　430 法華経の行者

> 琥珀は塵をとり，磁石は鉄をすふ。
> 我等が悪業は塵と鉄との如し。
> 法華経の題目は琥珀と磁石の如し。

主著 『立正安国論』『開目抄』

足跡 法華経を真理と仰ぐに至った日蓮は，当時の地震，異常気象，疫病，飢餓は，法然を始めとする念仏宗や禅宗などの邪教に起因するものとし，幕府に対して正法を法華経とするよう促す『立正安国論』を上程した。この内容に念仏者たちは激怒し，その約1か月後の夜に日蓮は草庵を焼き討ちされる。その後も日蓮の激しい主張は，しばしば他宗や有力者との衝突をまねくが，法華経には「教えを広める者は，難に遭う」と書かれていることから，こうした迫害は「**法華経の行者**」としての自覚や結束を一層強くしていった。死後の世界ではなく，現実世界における救済を重視するのが，日蓮の教えの特徴である。

西暦	年齢	生涯　色文字は同時代のできごと
1222	0	安房国（千葉県）小湊に生まれる
33	11	天台宗清澄寺に入り出家
42	20	比叡山にのぼる
53	31	清澄寺に戻り，「南無妙法蓮華経」を初めて唱えるが，寺を追放される。鎌倉に移って庵を結び，辻説法を始める。日蓮と改称
60	38	立正安国論を著し，前執権北条時頼に献ずる。暴徒の夜襲で庵を焼かれ，下総に逃れる
61	38	伊豆に流罪
71	49	佐渡に流罪
74	52	鎌倉に戻るが，幕府と衝突し，身延山（山梨県）に移り，久遠寺を開く
		元寇・文永の役
81	59	元寇・弘安の役
82	60	病気療養のため常陸国に向かうが，途中の武蔵国で死去

流罪にされたとき，伊東市の沖にある「俎岩」に置き去りにされてしまうが，漁師に助けられ一命をとりとめた。

Outline　日蓮の思想：法華経至上主義の教え

題目「南無妙法蓮華経」

法華経の行者としての自覚

四箇格言

念仏無間	浄土宗は無間地獄に堕ちる教え
禅天魔	禅宗は天魔の教え
真言亡国	真言宗は国を滅ぼす教え
律国賊	律宗は国賊の教え

天台教学・念仏などを修学

帰依

教が法華実経のみ真実です。

法難・流罪

末法意識

法華経至上主義
法華経こそ唯一の真理と信じること

折伏

四箇格言……他宗排撃
立正安国論…国政批判

Think　日蓮は法華経をどのようなものと考えた？

原典A　法華経至上主義

View　だれでも仏になれる。

　善につけ悪につけ，**法華経を捨てることは地獄の業**となるであろう。それゆえ，わたしは20年前に大願を立てたのである。ここに人あって，「日本国の位をゆずろう。そのかわり法華経を捨てて観経等について後生を送れ」といったり，「念仏を申さねば父母の頸をはねる」というなどの大難が出来ても，智者にわが義がやぶられないかぎりは用いない。そのほかの大難は風の前の塵である。**われ日本の柱とならん**。われ日本の眼目とならん。われ日本の大船とならんなどと誓った願をやぶることはできぬ。

（紀野一義 訳「**開目抄**」『日本の名著8』中央公論社）

原典B　「外寇・内乱」の予言

View　国の宝とは，道を求める心である。

　『金光明経』に説く種々の災禍は一々に起こったが，「**外国の賊どもが国内を侵掠する**」この災はいまだあらわれぬ。この難はいまだ来たっていない。『仁王経』の七難のうち，六難今盛んであって一難はいまだあらわれていない。いわゆる「四方の賊来たって国を侵す」という難である。しかのみならず，「国土が乱れるときにはまず鬼神が乱れる。鬼神が乱れるから万民が乱れる」とあるが，今この文についてつぶさに事の真相を案ずるに，百鬼早く乱れ，万民多く亡んでいる。すでに先難これ明らかである。　（紀野一義 訳「**立正安国論**」同前）

解説

A「法華経」（妙法蓮華経）は釈迦入滅後の500年ほど後に成立した経典だが，「法華経」には「この経典こそが最も重要なものである」とあるため，日本では聖徳太子の時代からそのように信じられてきた。日蓮はこの「法華経」そのものを信仰の対象として，「**南無妙法蓮華経**」と唱える易行（**唱題**）を実践すれば成仏できると説いた。

B日蓮は幕府に上程した『立正安国論』で，とりわけ念仏を激しく非難し，法華経を国の中枢に据えるべきと主張。そうしなければ，「他国侵逼の難（外寇）」や「自界叛逆（内乱）」が起きるであろうと予言した。1268年，蒙古から国書が届いたことで予言が的中したと考えた日蓮は他宗を激しく攻撃，当時故人となっていた北条時頼などは無間地獄に堕ちていると断言したため，龍ノ口で処刑されかかった（なんとか許されて佐渡に流される）。蒙古が敗れ予言ははずれたが，日蓮を信じた民衆も多かった。

Side Story　日蓮は，念仏の宗すなわち浄土宗を無間地獄の所業と折伏しながらも，題目は法然の口唱念仏からヒントを得たといわれる。

❸近世・近代の仏教

江戸時代以降の仏教思想の展開

近世・近代の仏教思想家

思想家	宗派
鈴木正三	曹洞宗
隠元	黄檗宗
清沢満之	浄土真宗
田中智学	日蓮宗

（1）近世

　江戸時代，寺院は諸宗寺院法度によって統制された。またキリシタン弾圧の目的から宗門改めが全国的に制度化し，民衆は各寺院の檀家制度に組み込まれた（寺請制度）。寺請制度は葬式などの儀式や年中行事を通して仏教の世俗化をもたらし，民衆の生活に密着することとなった。

（2）近代

　仏教は廃仏毀釈を受けて一時的に衰退したが，明治後半，新たな仏教哲学や禅を国際的に紹介する動きが現れた。背景には，個と社会の葛藤に苦しむ近代日本人の精神的苦悩があった。清沢満之や鈴木大拙（➡p.279）らは，個を超える精神を仏教に見出したのであった。

❶宗門人別改帳
新潟県立文書館提供

隠元（1592～1673）
中国臨済宗の僧。1654年に来日した。浄土教や密教的要素の強い明風の禅であったため，日本では新たな宗派黄檗宗とされた。本山は萬福寺（1661開山）。

仏教思想から職業倫理を示す　　　　　　　　　　　2回

鈴木正三　すずき　しょうさん
1579～1655（愛知県）

　何の事業も皆仏行なり。

所蔵者：心月院　写真協力：豊田市郷土資料館

足跡　江戸初期の曹洞宗の僧侶。仮名草子の作者としても知られる。三河国（愛知県）に徳川家康の家臣の長男として生まれる。旗本として関ケ原の合戦や大坂冬・夏の陣で従軍して武勲を立てる。42歳で出家した。出家後は，さまざまな宗派を学んだが自分は自由な立場においた。62歳の時天草に入り，キリスト教に対抗して布教活動を行った。70歳ころ江戸に下り庶民教化に取り組んだ。

Think　日常の中で農民はどのようにすれば解脱できるだろうか？

⑭⑳ 原典Ａ　農業則仏行

View　士・農・工・商の四民いずれの仕事も皆仏行である。常に強く念仏し仕事に専念すれば解脱できる。

農人日用

　農民が問う，後生一大事ということを大切に思うけれど，農業は時間に追われて暇がない。（中略）どのよう（に）して仏果（悟りの世界）に行けようか。答える。農業が則ち仏道である。

（鈴木鉄心 編「農人日用」『鈴木正三道人全集』山喜房佛書林）

解説

Ａ鈴木正三は三河武士として仏道にも勇猛さを持ち，強い信念のもとひたすら修行することで解脱を目指した。出家していない民衆も日々（日用）の**仕事に励むことが修行になる**と説いた。正三は日常の労働のなかに宗教的価値を見いだし，**仏教思想を職業倫理と結びつけた**。その点で，カルヴィニズムと比較されることがある。

『歎異抄』を再発見　　　1回

清沢満之　きよざわ　まんし
1863～1903（愛知県）

足跡　近代日本最初の宗教哲学者。自己の深い**宗教体験**に基づく**精神主義**を提唱し大きな影響を与えた。東京大学哲学科でフェノロサからヘーゲル哲学を学び，西洋哲学の論理をもって仏教を研究した。主著『宗教哲学骸骨』では阿弥陀仏を「絶対的無限者」ととらえ，自らの浄土真宗信仰の哲学的定式化を図った。彼が親鸞の弟子唯円が著した『歎異抄』を明治において再発見したことで，初めて世間に知られるようになったといわれる。

原典　宗教哲学骸骨

　宗教の要点は，無限力の活動によって有限が無限に進化することにある。これを有限のほうから言えば，有限が開発して無限に進達することにあるのである。そして有限には千万の種類があるけれども，われわれ人間の実際においては各自の霊魂あるいは心識が開発進化して無限に到達することが，宗教の要旨なのである。

（「宗教哲学骸骨」『日本の名著43』中央公論社）

国柱会を設立

田中智学　たなか　ちがく
1861～1939（東京都）

写真：国柱会

足跡　法華経信者の子として江戸日本橋に生まれる。僧侶として得度するが，還俗し，在家仏教運動を始める。彼は「**純正日蓮主義**」と呼ばれる思想を展開する。それは日蓮が「我日本の柱とならん」と唱えた精神に基づき，仏教の精神で国家の発展をもたらそうとする社会的実践を重視する思想である。彼は国体運動と日蓮信仰を結び付け，日本が中心となって世界に『法華経』による救いをもたらすことを主張した（八紘一宇）。その運動を担う組織として設立したのが**国柱会**である。国柱会には，政治家，文学者などが多数入会した。その結果，国柱会は五・一五事件，二・二六事件，大東亜共栄圏に基づく大陸進出など日本の歴史に大きな影響を与えた。

写真：国柱会

国柱会	会員	関連人物
文学者	宮沢賢治	坪内逍遥
	高山樗牛	中里介山
政治家	石原莞爾	近衛文麿

日本思想

Side Story　隠元が日本に伝えたものに禅寺の精進料理である普茶料理がある。「普く大衆と茶を共にする」という意味で，いまも萬福寺の名物料理となっている。またインゲンマメは，隠元が伝えたことから，その名が付けられている。

1 古代日本人の考え方と神話

日本人は古代から生活を取り巻くあらゆるものに「神」を見出した。それらは島国という地理的特徴や、温暖湿潤で変化に富む風土が密接に関係している。

[①八百万神]神々の総称。自然現象など人知を超えるもの全て。　[②清き明き心(清明心)]神と対峙するときの純粋で偽りのない心。
[③ハレ]祭りなどの特別な日。日常は[④ケ]。　[⑤穢れ]血や死など、不浄・不吉なもの。　[⑥禊]や[⑦祓い]で取り除く。
[⑧日本文化の重層性]古代からの文化・風習を残しつつ新たなものを受け入れ、現在に至ること。

2 奈良仏教

権力争いの激化・疫病の流行などを背景に、鎮護国家を大きな目的としていた。このため朝廷との結びつきが強く、教義研究が中心で、実践的な宗教活動は乏しかった。

特徴・出来事	内容
[⑨鎮護国家]の思想に基づく	国分寺・国分尼寺の建立、東大寺大仏の造立。
南都六宗	三論・成実・法相・倶舎・華厳・律…仏教教義を研究。
[⑩鑑真]の来日	日本に存在しなかった「授戒」のシステムを伝える。東大寺に「戒壇」を設立。
[⑪行基]の活躍	民衆への仏教普及、社会慈善事業に尽力。当初は弾圧されたが、大仏造立に貢献。

3 平安仏教

最澄・空海を中心とする、中国からもたらされた新しい潮流。鎮護国家の役割を継承しながらも、政治権力との結びつきを批判し、山岳における修行と学問を重んじた。

開祖	宗派	関係寺院	主著	主な教え
最澄 (767～822)	[⑫天台]宗	比叡山[⑬延暦寺]	『[⑭山家学生式]』 『顕戒論』	[⑮一切衆生悉有仏性]…生きとし生けるものはすべて成仏できる。
空海 (774～835)	[⑯真言]宗	高野山[⑰金剛峯寺] 教王護国寺(東寺)	『[⑱三教指帰]』 『十住心論』	[⑲即身成仏]…三密の行を実践してこの身このままで成仏する。

4 鎌倉仏教

従来のような難しい理論や厳しい修行ではなく、念仏・坐禅・唱題など生活の合間に実践できるようなやさしい教えにしたことで、仏教は庶民へと普及していった。

開祖	宗派	関係寺院	主著	主な教え
法然 (1133～1212)	[⑳浄土]宗	知恩院 (京都府)	『[㉑選択本願念仏集]』 『一枚起請文』	[㉒専修念仏]…南無阿弥陀仏と口称念仏すれば極楽往生。
親鸞 (1173～1262)	[㉓浄土真]宗 (一向宗)	本願寺 (京都府)	『[㉔教行信証]』 『歎異抄』(弟子の唯円がまとめる)	[㉕悪人正機]…煩悩の深い人間ほど救いの対象。
一遍 (1239～89)	[㉖時]宗	清浄光寺 (神奈川県)	『一遍上人語録』(弟子の智応がまとめる)	[㉗踊念仏]、全国を遊行。
日蓮 (1222～82)	[㉘日蓮]宗 (法華宗)	久遠寺 (山梨県)	『[㉙立正安国論]』 『開目抄』	[㉚題目]=「南無妙法蓮華経」を唱えれば救われる。
栄西 (1141～1215)	[㉛臨済]宗	建仁寺 (京都府)	『[㉜興禅護国論]』 『喫茶養生記』	座禅による自己鍛錬、師から与えられた[㉝公案]を解く。
道元 (1200～53)	[㉞曹洞]宗	永平寺 (福井県)	『[㉟正法眼蔵]』	[㊱只管打坐]…ただひたすら座禅をする。

⑩ CHALLENGE　大学入試問題にチャレンジしてみよう (答えは裏表紙裏)

⑩-1　次の写真は、中国などから日本に伝わり、日本で独自に展開した仏教の坐禅の様子を表している。坐禅の背景にある考え方をa、bから、その考え方を表す資料をア・イからそれぞれ選ぶとき、組合せとして最も適当なものを、下の①～④のうちから一つ選べ。
(2018 共通テスト試行調査)

【考え方】　a　仏の力によってのみ浄土で救済される。
　　　　　　b　この世でみずから修行することで悟ることができる。

【資料】
ア　善人なをもて往生をとぐ、いはんや悪人をや。しかるを世のひとつねにいはく、悪人なを往生す、いかにいはんや善人をや。
イ　仏道をならふといふは、自己をならふなり。自己をならふといふは自己を忘るるなり。自己を忘るるといふは、万法に証せらるるなり。

①　a－ア　　②　a－イ
③　b－ア　　④　b－イ

　古代イスラエル人の神観念と、古代日本人の神観念を比較し、その違いを述べよ。(筑波大 2013、▶答えは裏表紙裏)

現代社会と仏教

日本の仏教は，江戸時代に確立された檀家制度の保護で栄えた反面，葬式の場面しか出番のない「葬式仏教」であるとの謗りも受けてきた。しかし，檀家制度のほころびが顕著になってきた今，仏教界内外から，現状を打破するためのさまざまな試みが見られるようになってきた。

葛藤する僧侶たち

　これまで一般に，安定した「商売」と思われてきた日本仏教だが，檀家制度が崩れ始め，過疎化，核家族化の進行や後継者不足に悩み，廃業を余儀なくされる寺院も増えてきている。新型コロナの蔓延により葬儀需要も激減し，この状況には拍車がかかっている。お寺が消滅してしまうかもしれないという危機感の中で，お坊さんたち自身も何を求めていけば良いのか悩み，葛藤をしている。

　インターネット通販会社が始めた「僧侶の派遣サービス」は当初僧侶たちの反発も招いたが，近年は積極的に企業と提携する僧侶も増えている。お寺はこれまでは基本的には「待ち」の姿勢であり，かつてはお寺から何かを発信していくということは少なかったが，積極的に社会に働きかけていく必要性を感じた多くの僧侶が，近年様々な新しい試みを始めた。

　一方，物質面では豊かになったはずの現代日本であるが，いくら欲を満たしても人々の苦はなくならず，むしろ増加している。ここに，「**苦を取り除く方向に人々を導く**」という，**本来的な仏教が再評価されつつある**。時に写経をしたり法話に参加したりしながら，気軽に僧侶に悩みを相談できる「寺カフェ」を経営する寺院が出てきたり，子ども食堂を兼ねたコミュニティー作りを始める僧侶もいる。また，初期仏教に基づいて書かれた本がベストセラーになるという現象も起こっている。ここではそんな現象をみることで，現代日本人が何を求めているのか，考えるきっかけにしてみたい。

目指すのは地域の寺子屋

　日本で「子どもの貧困」が問題になって久しい。栄養バランスの良い食事が摂れない子どもたちを救済するために「子ども食堂」というものが各地にできてきたが，山梨県都留市の曹洞宗のお寺「耕雲院」では，地元の大学生とコラボレートして「つる食堂」なる食堂を立ち上げた。「子ども食堂」と呼んでしまうとイメージが限定されてしまうので，「地域食堂」と呼んでいる。

　そこには，子どもだけでなく高齢者も来る。地元の農協や社会福祉協議会が食材を提供し，ボランティアや調理師，ホテルのシェフも調理を手伝いに来る。子どもたちは食事だけでなく普段できない遊びもできる。学校の教室ではできない学年を越えた遊びとか，多世代交流もできる。子どもが帽子をかぶったままご飯を食べようとすると，年配の方が「帽子を取りなさい」と注意してくれる。小学生は走り回るだけだが，そこに中学生が入るとルールが生まれる。

◆つる食堂

　副住職の河口智賢氏が目指しているのは，**食事を通じての地域のコミュニティー，いわば「地域の寺子屋」としてのお寺**だという。副住職は，今のお寺は死後だけの役割になっているが，禅宗では本来，死後ではなく今をどう生きるかということを考える。だからこそ，仏教と「生きること」とをどう結び付けられるかが課題だ，と語る。（参考：河口智賢「日本人の大半がお寺にかかわりがないということは，そこに市場があるということ」https://www.e-sogi.com/guide/top_interview/26749/）

うける仏教書

　気鋭の若き僧侶，小池龍之介氏が書いた『考えない練習』（小学館）という本は，口コミで評判となって発行部数を伸ばし，仏教書では異例の40万部を超えるベストセラーとなった。のちに文庫化され，さらに読まれ続けている。彼は東京大学を出て僧侶となった異色の経歴が注目されるが，上座部仏教の修行経験もあり，その宗派にとらわれない仏教知識には偏りがない。この本は，私たちが失敗する原因はすべて，余計な考えごと，とりわけネガティブな考え事にある，という立場から「思考する」ことを「病」ととらえ，「考えない練習」を勧める。そのために本書では「八正道」を現代人にあわせて分かりやすく解説し，「まずは，いま自分の心が何をしているかを普段から見張るように

することです。」と，「**正念**」を重視して「仏道本来の瞑想法は，瞑想の集中力を道具にして自分の心の動きを見つめるお稽古です。」と説明している。本書では「ヴィパッサナー」（⊙p.71）とか「サティ」という言葉は一切出てこないが，一貫して，仏陀が説き，初期仏教で行われていた瞑想法を紹介している。それが今，日本人の心をとらえ始めている。仏陀が説いた教えはもちろん仏教の中で最も古い教えだが，社会が揺らぎ，心が惑わされる現代，最も新しい輝きを以て受け入れられ始めているのかもしれない。

考えない練習
小池龍之介

休脳のススメ

日本思想

Side Story　Amazon.co.jp は，2015年12月から僧侶派遣サービス「お坊さん便」の販売をはじめ，賛否両論がまき起こった（2019年10月に販売終了）。この背景には，過疎化によって地方の寺院の檀家が減少しているという現状もある。

217

→論語集解
昌平坂学問所で使用されていたもの。

第3節 儒教の受容と展開

儒教の伝来と受容

儒教は百済の**王仁**（くだら）（わに）（生没不明）によって古代日本に伝えられたとされる。**聖徳太子**（→p.201）の**憲法十七条**にも儒教の教えが取り入れられている。平安時代の**大学寮**（かんり）（官吏養成機関）には儒教の研究学科として**明経道**（みょうぎょうどう）が設けられたが，学問的な発展は見られなかった。

鎌倉時代，中国南宋の**朱子**（しゅし）（→p.82）が大成した新儒教（朱子学）が日本に伝わった。室町時代になると，**五山**（ござん）の**禅僧**（ぜんそう）らによって，朱子学は禅宗の教養として積極的に学ばれるようになる。やがて見た目は僧侶だが朱子学を奉じる者が現われ，**禅儒**（ぜんじゅ）と呼ばれた。

仏教が否定する親子・君臣といった**人間関係の倫理**を説く儒教は，乱世（戦国時代）を終わらせ，太平の世をもたらす**身分秩序の原理**として為政者によって注目されることとなる。

東京大学史料編纂所所蔵模写
◆聖堂学問所の講義風景

どんな人が儒学者になった？

儒学者	出身階層	主な学塾・活動拠点
藤原惺窩（ふじわらせいか）（1561〜1619）	公家・僧侶	京都市中
林羅山（はやしらざん）（1583〜1657）	浪人・僧侶	幕府に仕官，学問所（私塾，のちに幕府直轄の昌平坂学問所となる）
中江藤樹（なかえとうじゅ）（1608〜48）	農家	藤樹書院（私塾）
熊沢蕃山（くまざわばんざん）（1619〜91）	浪人	岡山藩に仕官
山崎闇斎（やまざきあんさい）（1618〜82）	浪人・僧侶	闇斎塾（私塾）
伊藤仁斎（いとうじんさい）（1627〜1705）	商家	古義堂（私塾）
石田梅岩（いしだばいがん）（1685〜1744）	農家	心学舎（私塾）

身分秩序の厳しい江戸時代にありながら，儒学者はさまざまな地域や階層から輩出された。

● 主な儒学者の活躍地

林羅山（はやしらざん）　木下順庵（きのしたじゅんあん）　山崎闇斎（やまざきあんさい）　中江藤樹（なかえとうじゅ）　山鹿素行（やまがそこう）

熊沢蕃山（くまざわばんざん）　伊藤仁斎（いとうじんさい）　伊藤東涯（いとうとうがい）

太宰春台（だざいしゅんだい）　新井白石（あらいはくせき）　荻生徂徠（おぎゅうそらい）

谷時中（たにじちゅう）　藤原惺窩（ふじわらせいか）　林鵞峰（はやしがほう）　室鳩巣（むろきゅうそう）

野中兼山（のなかけんざん）

会津　小川　飯田　江戸　京都　高知

●儒教の受容と展開　年表

西暦	できごと　色文字は同時代のできごと	朱子学派	陽明学派	古学派
1549	キリスト教が伝来			
73	室町幕府が滅亡			
85	秀吉が関白となる			
92	文禄の役			
97	慶長の役			
1600	関ケ原の戦い			
03	家康が江戸幕府を開く			
34	中江藤樹が，母を思い脱藩して帰郷			
40	中江藤樹『翁問答』			
41	鎖国の完成			
50	林羅山『本朝通鑑』			
62	伊藤仁斎が京都に古義堂を開く			
65	山鹿素行『聖教要録』			
72	熊沢蕃山『集義和書』			
90	湯島聖堂・昌平坂学問所成立			
96	荻生徂徠が柳沢吉保に仕える			
1707	伊藤仁斎『童子問』（どうじもん）			
12	新井白石『読史余論』（とくしよろん）			
16	享保の改革（〜45）			
17	荻生徂徠『弁道』『弁名』（べんどう）（べんめい）			
27	荻生徂徠『政談』			
75	三浦梅園『玄語』完成			
87	寛政の改革（〜93）			
1837	大塩平八郎の乱			
39	蛮社の獄			
41	天保の改革（〜43）			
53	ペリー艦隊浦賀来航			
68	明治維新			

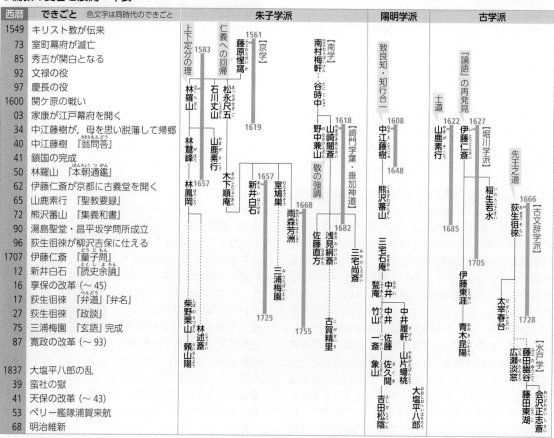

朱子学派　上下定分の理　仁義への回帰　【京学】　藤原惺窩　1561　林羅山　1583　石川丈山　松永尺五　1619　林鵞峰　山鹿素行　木下順庵　林鳳岡　1657　新井白石　室鳩巣　雨森芳洲　三浦梅園　1668　1725　柴野栗山　林述斎　頼山陽

【南学】　南村梅軒……谷時中　野中兼山　山崎闇斎　1618　【崎門学派・垂加神道】　敬の強調　浅見絅斎　佐藤直方　三宅尚斎　1682　古賀精里　1755

陽明学派　致良知・知行合一　中江藤樹　1608　1648　熊沢蕃山　三宅石庵　整庵　中井竹山　中井履軒　佐藤一斎　山片蟠桃　佐久間象山　大塩平八郎

古学派　士道　『論語』の再発見　山鹿素行　1622　1627　伊藤仁斎　【堀川学派】　稲生若水　1685　伊藤東涯　青木昆陽　先王之道　荻生徂徠　1666　【古文辞学派】　1705　太宰春台　1728　【水戸学】　藤田幽谷　広瀬淡窓　藤田東湖　会沢正志斎　吉田松陰

Side Story　儒教を宗教とみなすか否かという問題は，古くから論争の的となってきた。祖霊信仰を基本とするなど宗教的な要素も含まれているが，神にすがったり救いを求めたりする教えはないため，倫理や哲学の一つとして考える見方が有力だ。

❶朱子学

儒学を仏教から独立させ、京学を確立

藤原惺窩
ふじわら　せいか
1561 ～ 1619　（兵庫県）

Words　177 朱子学　184 天人合一

8回

それ天道なる者は理なり。
性もまた理なり。

東京国立博物館所蔵
Image : TNM Image Archives

西暦	年齢	生　涯
1561	0	播磨国に生まれる
67	6	この頃、出家
78	17	相国寺の禅僧となる（のちに還俗）
93	33	徳川家康に「貞観政要」*を講義
96	35	姜沆と出会う。この頃、儒学に転身　渡明を図るが、台風に遭い失敗
1600	39	徳川家康に招かれ朱子学を講義
19	58	死去

＊中国唐代に編纂された政治規範の書。

主著　『惺窩先生文集』

足跡　播磨国（兵庫県）細河村に生まれた。藤原定家の12代目の子孫に当たり、父為純は、下冷泉家に属す。惺窩が生まれた年は、川中島の戦いが行われていた時代（1561）であり、その前年には、桶狭間の戦いで信長が勝利している。また、惺窩18歳の時父と兄を戦乱で失っている。6歳のころ仏門に入り、17歳の時相国寺に移り禅宗を学んだ。当時の京都五山（中世日本において文化の中心であった臨済宗の禅寺）では、禅僧たちが朱子学（宋学）を学んでいた。33歳の時家康のために「貞観政要」を講じた。その後捕虜として日本にきていた儒学者姜沆との出会いによって大いに刺激を受けた。儒者になる決意を以て渡明を決意するが難破したため失敗に終わる。39歳で家康に再び謁見した時、儒者の正装で講じた。惺窩の思想形成において戦国の混乱した当時を生き抜いたゆえの「人倫世界」への執心がある。儒学を仏教から引き離した点で近世儒学の祖といえよう。

Outline　藤原惺窩の思想：戦国時代の終わりと「敬」の思想

五山思想
仏教（禅宗）
　→
人倫の発見
「明徳とは人倫なり」
（→Ⓐ）
　→
敬の尊重
（→Ⓒ）
　
朱子学
仏教
　→
封建制の正当化

儒学の分離
　→
天人一致思想（→Ⓑ）

敬
　├ 存心持敬
　└ 上下定分の理
　→
朱子学の官学化

[惺 窩]　[羅 山]

Think　惺窩が儒学に見出した「人倫」とは？

原典Ⓐ　仏教批判と「人倫」の発見
View　人間関係の道は儒学にある。

　先生、以為えらく、「我、久しく釈氏に従事す。しかれども心に疑いあり。聖賢の書を読みて、信じて疑わず。道、果してここにあり、あに人倫の外ならんや。釈氏は既に仁種を絶ち、また義理を滅ぼす。これ異端たる所以なり」と。

（石田一四良 校注「惺窩先生行状」『日本思想体系28』岩波書店）

【概要】長く自分は仏教に従事していたが、ある疑いをもって儒学の書を読んだとき、儒学の中に人間関係の道があることを見つけた。仏教がそうした人間関係を否定していては、人の道は説けない、として儒教倫理を主張する。

原典Ⓑ　天道と天人一致
View　人間の性と宇宙の理との一致

　一に曰く、それ天道なる者は理なり。この理、天にあり、未だ物に賦せざるを天道と曰う。この理、人心に具わり、未だ事に応ぜざるを性と曰う。性もまた理なり。……凡そ人、理に順わば、則ち天道その中にありて、天人一の如き者なり。

（金谷治 校注「惺窩先生文集」同前）

【概要】宇宙の原理はとらえられない理（天道）であるが、その理は人の心に具わっている。ただ未だ働かないので性というが、人が理に従えば天と人は一体になる。そして人間の性が宇宙の理と一致する事を明徳と言う。

原典Ⓒ　敬とは？
View　武士は人々から畏敬される存在たれ。

　およそよろいたる武士は人を服すべきものなり、人を服すべきものは人に服すまじき義也。……心に徳をそなえ身に行いをただして敬あれば、目みるより威光ありて、人が恐れるぞ。

（『寸鉄抄』）

【概要】大体よろいを着た武士は、人々を従わせるべきである。人を従わせるべき人物は、人に従うべきではない。……徳を身に付け、自分の行動を整える「敬」があれば、見る見る威光が生じて、人が畏怖するようになる。

解説

Ⓐ林羅山が藤原惺窩について記した書。惺窩は、下克上や親兄弟間での争いが絶えない乱世の原因に人間関係を支える倫理の喪失をみた。**人間関係の倫理（五倫）が真理**であると確信した惺窩は、仁や義を滅ぼす教えであると仏教を批判し、「人間世を旨とする儒（儒学）こそ真である」と主張する。また、みずからの人倫だけでなく天下の人倫を正さねばならぬとし、徳川家康に儒学を講じた。

Ⓑ戦国時代、宇宙の主宰者たる天道によって人の運命は支配されているとする思想が流行した。惺窩は天道を朱子学の説く天理と同一のものとみなした。朱子学では天理を宇宙、人生の根本原理であり、「天地万物の母」とする。天理は万物にそなわり、物事を秩序づける働きをなす。惺窩は、天理が自然と人間世界を一貫していること（**天人合一**）を説き、天理（天道）と一致した心を養うことで、人間は正しく生きることができるとした。それは人欲を抑え、五倫に従う生き方にほかならない。

Ⓒ惺窩は、武士とは、他者から侮られぬよう、威光を放つ存在であるべきだとした。そのために武士は、自他ともに尊敬に値する人格者を目指し、日々「敬（つつしみ）」を保つ必要があると説いた。

日本思想

Side Story　惺窩の家名は公家の冷泉家。本来なら「冷泉惺窩」と名乗るはずだが、中国風に本姓（藤原・源・平・橘など、天皇から与えられ古代から受け継がれてきた氏族名）を名乗ることにこだわり、冷泉家の本姓「藤原」を使用した。

朱子学を幕府公認の学問として普及させた儒学者

8回

林羅山

はやし　らざん
1583～1657　（京都府）

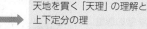

礼というものがなくば、仁義の道もおこなわれぬぞ。

林道春［羅山］画像
東京大学史料編纂所所蔵
模写

Words 431 居敬窮理 432 上下
定分の理 433 存心持敬

主著 『春鑑抄』『三徳抄』

足跡 京都に生まれ、教育を建仁寺で受けたが、僧にならず寺を出た。その後朱子学に関心を深め、21歳の時藤原惺窩に入門し羅山と命名された。翌年22歳の時二条城にて家康に謁見。24歳の時家康の命により剃髪し名を道春と改める。以来秀忠、家光、家綱まで4代の将軍に仕えた。浄土宗の熱心な信者であった家康にどこまで朱子学が浸透したかは分からないが羅山の博学には信頼を寄せていた。その後、家康が豊臣氏を滅ぼす際に羅山に道義上の是非を問いかけ羅山はその正当性を促した。その後羅山は、古典の収集、朝鮮使節の応接、外交文書の起草、幕府の法度、典礼などの作業に関わった。特に、「武家諸法度」の起草、「本朝通鑑」の編纂に着手するなど多大な業績を残した。49歳の時上野忍岡に学寮を建てる（のちの昌平坂学問所）。なお、初期の門生に山鹿素行がいる。羅山は仏教を排撃するだけでなく、キリスト教も批判した。また、神道と儒教の合一を主張した。

西暦	年齢	生　涯
1583	0	誕生。林家の養子となる
95	12	元服し、建仁寺に入る
97	14	建仁寺を去る
1604	21	藤原惺窩に師事
05	22	二条城で徳川家康に謁見
35	52	武家諸法度（寛永令）を起草
44	61	『本朝通鑑』編纂開始
57	74	死去

Outline 林羅山の思想

仏教批判と人倫世界の強調
新しい「道」の提起
存心持敬（→A）
→
天地を貫く「天理」の理解と
上下定分の理
（→B）
→
広く封建社会の秩序に対応する
人格形成の学としての
朱子学の確立

Think 林羅山の儒学は、なぜ幕府に重んじられたのか？

13 原典A 存心持敬

View 武士に「道」を説くとは？

　礼というは、根本は心に敬を云うぞ。心に敬によりて、万事について、躾と云ものがあるぞ。躾と云も、兎角人をさきだて、己をのするが躾也、礼也。論語、「礼云、礼云。玉帛云乎哉」と云は、礼は敬ふが本であるぞ。あながちに御礼にまいるときに、玉や帛や或いは金銀のつれを持ちてゆくを、礼とは云うまいぞ。それは心に敬ふと云ふと云ふのしるしに、玉帛・帛金銀を持ちてゆくぞ。また玉帛・金銀等、それぞれに応じて土産を持ちてゆかぬも、むかひを軽しむるになるほどに、さもなふては敬の心があらわれるぞ。しかれども、まづ礼はうやまふが本であるぞ。

(石田一良 校注「春鑑抄」『日本思想大系 28』岩波書店)

【概要】 礼とは心に敬みを持つことをいう。躾とは、他人を先に立て自分のことを後回しにすることをいう。そして御礼を持って行くにせよまず心からの敬う気持ちがないと礼とはいえないと述べている。

15 原典B 上下定分の理

View 君臣の違いは、上下の違いのように明らかなものであるべきだ。

　天は尊く地は卑し。天はたかく地は低し。上下差別あるごとく、人にも又君はたふとく、臣は卑しきぞ。その上下の次第を分けて、礼儀・法度と云うことは定めて、人の心を治められたぞ。程子日「礼只是一箇序」と云たぞ。……**君は尊く臣は卑しきほどに、その差別なくば、国は治まるまひ。**

(同前)

【概要】 先王は自分が定めた礼によって人々を治めたという。それは「天道」に基づくものであった。天は尊く、地が卑しく低いように、人の世界においても君は尊く臣は卑しい。こうした秩序、差別がないと国は治まらない。このように「上下定分の理」は人間社会における理による身分秩序の正当化であった。

解説

A 羅山は、師惺窩に紹介され23歳で幕府に仕官。その後50年にわたって勤める間、幕府の体制も変化し、羅山はその変化の中で武士たちに示すべき新たな聖人の「道」の必要性を感じた。そのキーワードが「敬」である。敬は、内面の敵（欲心）に対する「いましめ」である。次に羅山は「礼」に対して強い関心を示す。一見外面的と見える礼儀を正すことが、また、「敬」であった。しかしこのことが生み出すものは「序」であった。

B 封建的主従関係と身分制度（士農工商）は、父子、夫婦、兄弟関係と同様に天理であり、聖人の教えた道であるとされ、上下尊卑の社会秩序は神聖、不可侵とされた。ここにおいて、徳川氏を頂点にいただく封建社会の階級組織は、羅山の教説によって強化された。この「**上下定分の理**」の実現として礼儀法度が示された。したがって礼儀をただし敬（つつしむ）ことは「上下定分の理」を自身の内外において実現することでもあった。

Focus 湯武放伐の話

　「湯武放伐」とは、殷の湯王が夏の桀王を、また、周の武王が殷の紂王を、臣の身分ながら暗愚な主君を放逐した故事にちなむ言葉。徳川家康は、主君の豊臣秀吉の死後、その子秀頼討伐の口実をつくるため、ただちに惺窩や羅山に意見を求めた。秀吉に世話になった惺窩は、仮病を使って家康との会談を避けたらしい。一方の羅山は「湯武放伐」の故事を持ち出し、秀頼討伐は善であるとまで回答している（「幕府の問にこたう」）。そうして家康は、天下平定のためとはいえ、主君の子を討つ決心を固めたという。

それなら安心じゃ大丈夫です

湯 武
と同じだから

羅山　家康

Side Story 1606年、羅山はイエズス会のある宣教師と論争した。当時の新説である地動説・地球球体説を唱える宣教師に対し、羅山は天動説・地球平面説で応じ、ハビアンを論破してしまう。ハビアンは信仰心が揺らぎ、ついには棄教した。

幕府政治の影の主役
朱子学の思想家たち

Words 434 垂加神道

概説　江戸幕府によって奨励された朱子学の門下には多くの人材が集まり，そこから幕政に大きな影響力を与えるポストに就く者も現れた。**垂加神道**を提唱した**山崎闇斎**は，三代将軍徳川家光・四代将軍家綱の補佐役であった会津藩主保科正之に仕えた。**新井白石**は六代将軍家宣の政治顧問として「正徳の治」を推進した。対馬藩に仕えた**雨森芳洲**は対朝鮮外交のブレーンとして，同門の新井白石と対立しながらも，諸々の難題に挑んだ。

◉湯島聖堂　もと林家の私塾であったが，1797年に幕府直轄の昌平坂学問所となり，朱子学教育・研究の中心地となった。現在の建物は関東大震災後に再建されたもの。

主君への絶対服従を主張した垂加神道の祖
山崎闇斎　やまざき　あんさい
1618〜82（京都府）

主著　『文会筆録』『垂加文集』

足跡　京都の針医の子として生まれた。幼少時は大変な悪童で，両親は困って比叡山の小僧にするも，そこでも問題を起こし妙心寺に移り，剃髪する。その後土佐に移り，南学派の朱子学を知り野中兼山らに師事。25歳で還俗して儒者となり，38歳の時京都で開講した。各地から多くの門人が集まり，その学派は崎門学派と呼ばれた。川を挟んで伊藤仁斎の古義堂があった。闇斎の講義は実に厳格で，門人たちも講義に参加するにあたっては緊張をしいられたとある。江戸で会津藩主の保科正之（当時老中）を知る。その後，会津に付き従い藩政への助言などを行っ

た。また神道にも関心を寄せ，**垂加神道**を創設した。

闇斎の学問の特徴は，朱子の忠実な紹介者に徹したことにある。闇斎は，特に朱子の「敬」を強調した。その敬も心のありようではなく，身をつつしむものとされ，静座が強調された。また，君臣における義を重んじた。闇斎は，天人合一説（朱子学）と神人一体（神道）は同じだと主張し（垂加神道），神道を天皇を**中心においた君臣秩序として定義**するなど朱子学の倫理体系と神道とを対応させようとし，これが幕末の「名分論」の萌芽とされる。

●垂加神道とは

天照大御神 →子孫→ 天皇 →統治→ 人民

天照大御神の子孫たる天皇が人民を統治すべきとする考え方

「正徳の治」を推進した儒学者
新井白石　あらい　はくせき
1657〜1725（東京都）

主著　『折たく柴の記』『西洋紀聞』『読史余論』

足跡　江戸中期の儒学者。久留里藩（千葉県）の藩士の子として江戸に生まれた。16歳のころ**中江藤樹**の『翁問答』を読み聖人の道を志したとされる。30歳ころ**木下順庵**の弟子となり，順庵の推挙で甲府藩主徳川綱豊の政治顧問となる。綱豊が家宣と名を改め将軍となると，幕臣に取り立てられ将軍を補佐，幕府の政策立案に深く関与した。朝鮮通信使の待遇，将軍の対外的称号をめぐっては，雨森芳洲との論争を行い，将軍と朝鮮国王の立場が対等になるよう，「日本国大君」から「日本国王」に称号を改めようとした。そのほか金銀貨の改良を進め，「正徳の治」に関わった。し

かし徳川吉宗が将軍となると失脚した。白石は百科全書的文人で，歴史，地理に関する先駆的業績があり，洋学にも関心をもっていた。白石の思想は，政治が人道，人倫を正すとするいわゆる「王道論」であるが，具体的に徳川将軍の絶対君主化を目指すものであった。中国流の「礼楽」を取り入れ，武家の「礼楽」を制定しようと努めた。

『折たく柴の記』は自伝であり，当時の幕政，社会情勢が記されている。また，イタリア人宣教師シドッチの尋問によって得た知識に基づく『西洋紀聞』『采覧異言』は，鎖国下において世界の地理，歴史，風俗を紹介した書として有名。

新井白石の改革に対する幕府重臣の抵抗は大きく，白石の改革の多くが，徳川吉宗の時代に元に戻されました。

対朝鮮外交に尽力した儒学者
雨森芳洲　あめのもり　ほうしゅう
1668〜1755（滋賀県）

主著　『橘窓茶話』『たはれ草』

足跡　江戸中期の朱子学者。近江国（現滋賀県）に生まれた。1685年18歳のころ江戸に出て木下順庵の弟子となる。新井白石が同門であった。順庵の推挙で1689年22歳の時対馬藩に仕えることになる。中国語に通じ，更に釜山に滞在し朝鮮語を習得，朝鮮の事情にも通じた。朝鮮との外交で活躍し，1711年と19年の朝鮮通信使来日

に際しては，書記として江戸に随行した。

芳洲は，日朝外交に尽くしただけでなく，外交についての考察も行っており，「誠信」を根本にそれぞれの文化を相互に理解し，尊重する外交を目指した。また，朝鮮語教育にも貢献した。

『たはれ草』は古文の問題で見たことがあるよ！

え…そう？あまり古文は勉強していないからなぁ…

Side Story　山崎闇斎は，「もし孔子や孟子が軍勢を率いて日本に攻めて来たらどうするか？」と弟子に問い，返答に窮した弟子に「当然孔子や孟子と戦って，あるいは斬り，あるいは生け捕りにする。それが孔子や孟子の教えだ」と言ったという。

日本陽明学の祖であり，「近江聖人」と称される　6回

中江藤樹

なかえ　とうじゅ
1608 ～ 48　（滋賀県）

▲中江藤樹記念館蔵

> 人は天地の徳，万物の霊なる
> ゆゑに，人の心と身に孝の実体，
> みなそなわりたる。

Words 435陽明学　436時・処・位　437良知

主著『翁問答』

足跡　1608 年，近江国（滋賀県）高島郡小川村に生まれた。8歳で米子藩士の祖父の跡を継いだ。翌年，藩主の転封にともない伊予国大洲（愛媛県）に移住した。16歳の時京都の禅僧の『論語』の講義を聴き，儒学を志した。23歳のとき，林羅山の剃髪について激しく非難した。その後，26歳で脱藩し，郷里の近江に帰り私塾を開く。32歳で『翁問答』を著す。この書は，士のあり方を基本に，藤樹の人間観，学問観を述べたものである。その後藤樹の関心は，朱子学から**陽明学**に移っていったとされる。代表的門人として熊沢蕃山がいる。1648 年に 40 歳で死去。その赤貧の中での高潔な生き方から「近江聖人」と呼ばれ，内村鑑三も「代表的日本人」で理想的教育者として紹介した。

西暦	年齢	生　涯
1608	0	近江国高島郡小川村に生まれる
24	16	朱子学を志す
34	26	郷に残した母への孝養のため脱藩，帰郷して商業を営む
40	32	『翁問答』を著す
41	33	熊沢蕃山が入門
44	36	『陽明全書』を読み，陽明学に転向
48	40	死去

Outline **中江藤樹の思想：知識主義批判から「理」の否定へ**

太虚（宇宙の根源）　孝は，宇宙の根本原理で太虚でもある。

「時・処・位」（➡C）
「良知」→「陽明学」

孝
愛・敬（➡A）
宇宙生成の原理

愛　したしむ心
（➡B）
敬　上をうやまい，下をあなどらない

Think　中江藤樹はあらゆる道徳の根源を何ととらえた？

原典 A　太虚と孝

View 祖先からの生命力を維持し，受け継いでいく。

　元来，孝は太虚をもって全体とし，幾万劫（非常に長い時間）を経ても，始めも終りもない。孝のない時もなく，孝のない物もない。……万事万物のうちに孝の道理の備わっていないものはない。……身をはなれて孝はなく，孝をはなれて身もないから，身を立て道を行なうことが孝行の綱領である。親によく仕えることも，身を立て道を行なうことの一つである。　（山本武夫 訳『翁問答』『日本の名著 11』中央公論社）

原典 B　愛・敬とは

View 愛し，敬うこと。

　孝徳の感通〔天地の徳が働いて人間に通ずること〕するところを手っ取り早く言えば，愛敬という二字で要約できる。愛というのは懇ろに親しむことである。敬は上の者を敬い，下のものを軽んじ侮らない意味である。　（同前）

原典 C　時・処・位について

View 時代・国情・地位に応じた礼儀作法が大切。

　そもそも施政・法度は，主君が明徳を明らかにして根本を定め，『周礼』などに記してある聖人の作られた法度をよく考え，その本意を理解して政治の鑑とし，時と所〔処〕と位との三才相応の至善をよく分別して，万古不易の中庸を行なうのを眼目とする。　（同前）

解説

A太虚の本質を宇宙の生命力とみていた藤樹は，祖先からその生命力を受け継ぎその「太虚」の生命力を維持して正しく生きることを「孝」として示した。
B愛し敬うことが孝の実践として示される。そこには親に対する孝行，君臣における忠と仁，などの具体例が示される。
C藤樹は，儒教の教えを普遍的真理だとする。しかし，中国の周代において制作された礼儀作法をそのまま日本で実行することは不可能であるとして，「時・処・位」に応じてすなわち時代・国情・地位などに適合するよう工夫することを求めた。またそれが的を射たものである場合「時中」と呼んだ。

> イマ風に言えば時・処・位はTPOだね！

幕藩体制の矛盾に挑んだ儒学者　5回

熊沢蕃山

くまざわ　ばんざん
1619 ～ 91　（京都府）

主著『大学或問』『集義和書』

足跡　中江藤樹の弟子。京都で浪人の子として生まれ，8歳の時，水戸藩士熊沢守久の養子となる。16歳で備前の池田光政に仕えたが途中で退職し，23歳の時藤樹に学び再び池田光政に仕えた。その後京都その他で講義，著作を行ったが，幕政批判の疑いをかけられ，古河に幽閉されその地で病死した。現実の政治，経済の問題に正面から取り組んだ蕃山の思想は幕藩体制の矛盾を浮き彫りにし，幕末の倒幕運動に大きな影響を与えた。

原典『時・処・位』
　法は聖人が時・処・位に応じて，物事に適宜であるように作られたのである。だから，聖人の時代には道に配した。時が過ぎ人位が変われば，聖人の法でも用いにくいものがある。合わないものを行う時はかえって道に害がある。

Side Story 「藤樹」は実名ではない。彼の私塾には大きな藤の木があったことから「藤樹先生」との愛称がつき，定着した名である。なお「蕃山」も，池田家の家臣から退き隠棲した場所が蕃山村であったことから自称した名である。

BC ── **17** ────── AD

江戸初期の兵法家・儒学者，古学の提唱　　　　　　　　　　　　　　◀9回▶

山鹿素行
やまが　そこう
1622 ～ 85　（福島県）

人の情は愛悪のみ。是れ自然の情なり。仁義は愛悪の節に中れるなり。

西暦	年齢	生　涯　色文字は同時代のできごと
1622	0	会津若松に生まれる
30	8	林羅山に入門。すでに四書五経など暗記していた
36	14	甲州流兵学を修得
42	20	熊沢蕃山・中江藤樹に師事する
52	30	播州赤穂の浅野長直に仕える
56	34	『治教要録』『武教小学』など完成
62	40	朱子学説を批判し古学へ転向　　仁斎が古義堂開塾
65	43	『山鹿語類』『聖教要録』完成
66	44	『聖教要録』の朱子学批判により赤穂藩に流罪
75	53	赦免され江戸に戻る
85	63	死去

主著　『聖教要録』『山鹿語類』

足跡　1622 年，会津に浪人の子として生まれる。8歳で林羅山に入門。14歳で兵学を学び，また和学も修めた。やがて兵学者としての素行の名は高まる。30歳の時，赤穂の浅野長直に仕える。40歳の時，朱子学の議論に疑問を感じ，古学を提唱。また，素行は，朱子学の形而上的性格を否定し，現実的工夫を行う学を「聖学」と呼ぶ。それはもはや戦闘者ではない武士の存在根拠を儒教道徳に求め，そこから武士のあるべき姿を「士道」として提唱する。43歳の時『山鹿語類』を整理した『聖教要録』を刊行し，その中で，朱子学批判を行ったため，赤穂に蟄居（罰として自宅に軟禁状態におかれること）させられる。53歳の時許され江戸に戻る。

Outline　山鹿素行の思想：士道を提唱

＊「聖人」が個人と国家の理想を掲げた学問。

朱子学 → 儒教兵学 →

聖学＊の提唱：古学の提唱（➡A）：朱子らの書物ではなく，「論語」「孟子」などの原点へ→「聖人」の道←荻生徂徠の先駆といえる。

士道の実践（➡B）：武士の職分：武士は三民の指導者としての役割をもっており，その意味で「遊民」ではないのだ。

Think　山鹿素行が発見した古学とはどのようなものか？

原典A　古学の発見

View 直接古典に触れて，聖人の教えを学ぶこと。

　寛文の初めになって私はこれまで漢・唐・宋・明の儒者の書いたものを見ていたため，よくわからなかったのではないだろうかと気がつきまして，**直接，周公・孔子の書を読み，それを手本として学問のしかた〈筋〉を正そうと思い**，それから後は……聖人の書ばかりを日夜読み考えた結果，はじめて聖学の道筋が明らかに得心されましたので，これで聖学の法則〈のり〉をさだめました。

（田原嗣郎　訳**「配所残筆」**『日本の名著 12』中央公論社）

原典B　士道

View 武士は農・工・商の三民の模範としての徳知が必要だ。

　およそ士の職というものは，主人を得て奉公の忠をつくし，同僚に交わって信を厚くし，独をつつしんで義をもっぱらとするにある。そして，どうしても自分の身から離れられないものとして，父子・兄弟・夫婦の間の交わりがある。……士はこれらの業をさしおいて，もっぱらこの道につとめ，農・工・商の三民が，人のなすべきことをすこしでもみだすならば，それをすみやかに罰し，それによって天の道が正しく行われる備えをなすものである。だから士には，**文武の徳知がなければならない。**

（田原嗣郎　訳**「山鹿語類」**同前）

解説

A 素行は，8歳で林羅山に入門し朱子学を修めていたが，その後朱子を含めた宋明の儒学を聖人の本来の姿を伝えていないとして「孔子」「孟子」の原典に直接あたる**古学**を主張した。

B 素行は，「武士」に生まれた者すべてを，農・工・商の三民の模範として，社会全体に対して道徳的責任を負うべき「士」階級の一員として位置づける。こうした考えはもはや**武士道**ではなく**士道**と呼ばれる。

　この任を果たすために必要な学問は朱子学ではなく，その原典としての孔子の言葉，すなわち『論語』であるという転換であった。

士道の考え方は，ノブレス・オブリージュ（高貴な者の責任）とよく似ています。

19 ✚Focus　『葉隠』（『葉隠聞書』）の思想　武士の品格とマニュアル本

　太平の世が訪れると，武士は戦闘集団から行政・治安の担当者に変容した。そこで，君臣関係を軸として主君のために命を賭するこれまでの理想の武士像と現実の武士との間に齟齬が生まれた。佐賀鍋島藩士・山本常朝（1659 ～ 1719）は，幕府の禁令のため主君の死に際し「殉死」を断念，苦悩し出家した。「武士道と云うは死ぬ事と見つけたり」という『葉隠』の言葉は，泰平の世生まれの常朝が，武士であることの意味を「武士の生き方の純化」として表明したものだ。そこには犬死さえも恐れぬ死の覚悟と，常にうろたえない武士の品格を保つ覚悟が示され，太平の時代を死の覚悟をもって生きるという不条理な武士の矜持が記されている。

武士道マニュアル

Side Story　『葉隠』は，佐賀藩士山本常朝の語るところを，同藩士田代陣基が書き留めたもの。1716（享保1）年の成立。常朝の語りだけから構成されているのは，1，2巻で，内容は箴言集あるいは教訓集である。

223

『論語』『孟子』の本来の意味を追究した，古義学の祖 〈12回〉

伊藤仁斎

いとう　じんさい
1627 ～ 1705　（京都府）

愛

Words 441 古義　442 古義学
443 仁愛　444 真実無偽　445 忠
信　446 忠恕

> 人の外に道無く，道の外に人無し。

西暦	年齢	生涯
1627	0	京都堀川（京都市上京区）に生まれる
41	14	聖賢の学に志す
53	26	朱子の『敬斎蔵』を読んで感動。みずから敬斎と号す
58	31	『仁説』を著す。仁斎の号を用いる
62	35	自宅に私塾「古義堂」を開く。以後人気を博し「古義堂，門弟三千人」といわれた
70	42	長男東涯が生まれる（→仁斎の後継者として思想を継承発展に努める）
73	45	自宅が全焼，『論語古義』の草稿だけを持って逃げる
83	55	『論語古義』『孟子古義』などが完成
91	64	『童子問』の第一稿完成
1703	75	『童子問』の講義開始（～ 04）
05	77	死去

生前には一切著作を公刊せず，古義堂での講義や著述の整理に専念した。

主著 『語孟字義』『論語古義』『孟子古義』『童子問』

足跡 1627 年，京都堀川の材木商の家に生まれた。14 歳で儒学に志し，はじめ仁斎は，朱子学に従って学習するも，20 代後半に精神を患う。その後 30 代半ばに精神的苦境より脱すると同時に，朱子学からも脱却する。1662 年，堀川の生家で古義堂を開き，生徒への教授を始める。仁斎は，朱子学的な天人合一を採らない。逆に，天道と人道を分離する。人道は，身近な日常の道徳を示すものであり，人間相互の関わりが示される場でもあった。仁斎は，『論語』を「宇宙第一の書」ととらえ，孔子の教説の原点をめざすものであった。こうして「**古義学**」の立場がここに確立される。彼の主著『論語古義』『孟子古義』が成ったのは仁斎 57 歳のときであった。京都堀川の塾は盛況で，仁斎生前に古義堂を訪れたものは 3,000 人を超える。

Approach 仁斎が「再発見」したものとは？

哲：日本思想って難しいイメージがあるんですけど，特に近世の儒学はあまり理解できないんです。

真田：たしかに，日本思想に対して，神道や仏教などが重なり合ってなにがなんだかわからない！という声を耳にします。だから，少しさかのぼって考えてみましょうか。朱子学（儒学を体系化したもの）は，12 世紀に生きた南宋の朱子（→p.82）の思想で，東アジアの世界に伝播していった権威ある思想です。日本では，戦乱の時代が終焉し，平和の時代が訪れるとともに武士のなりわいとして学問が強調されました。藤原惺窩（→p.219）のように仏門から飛び出し儒学を取り入れる流れがありましたし，山鹿素行（→p.223）は三民（農工商）の模範として聖学（形而上学ではない，現実に即した学問）を強調しました。また，中江藤樹（→p.222）は聖人を目指す学問として儒学に取り組みました。

哲：でも，そういった近世の儒学というものが，仏教や神道という神仏習合の中にあって，一体どれだけの力を持っていたのでしょうか。

真田：たしかに，そこが気になるところですよね。儒学者たちの説く道徳論は，もしかしたら武士たち一部の世界にしか伝わっていなかったかもしれないけれど，仏教や神道とともにすみわけを行いながら発展していったようですよ。

哲：なるほど。それから，もう一つ質問があります。授業で「古学」とは孔子・孟子の原典に戻れという学問だと教わりましたが，これは具体的にどのようなことなんでしょうか。

真田：孔子の没後，弟子たちが言行を 20 編のテキストにとりまとめたものが『論語』です。『論語』は孔子の言行をありのままに伝えているわけではないともいえます。さらに，朱子による注釈書（『四書集注』）が出て以降，人々は，朱子の解釈によっても『論語』に触れました。そこに我らが仁斎が出現し，ことごとく**朱子の解釈を批判し，孔子の本当に言いたかったこと，「古義」を追求しました（古学）。仁斎は，『論語』の読み直しを行い，後世の解釈によってゆがめられていた『論語』の本来の姿を見出そうとしたのです。**こうした反朱子学の解釈は，当時朱子的世界観が浸透していた東アジア世界においては大事件だったでしょう。

知恵：では，儒学は，仁斎先生によって身近なものになったのでしょうか？

真田：ええ，そもそも中国・朝鮮ではエリート官僚を登用する科挙制度があり，その受験科目として朱子学が入っていましたから，立身出世の手段としての学問という面が強かったようで，儒学において「自由な解釈」が生まれる余地はあまりなかったといわれています。その点，日本では科挙制度がない分，比較的「自由な解釈」が可能だったようです。仁斎学とは，いわば「儒学の日本化」ともいえるでしょう。仁斎は『論語古義』の中で『論語』を「宇宙第一の書」と讃えています。この言葉は，中国の古典に対する仁斎の飽くなき挑戦の結果，論語の核心に迫ったという自信の表れではないでしょうか。日ごろ，どうしても受け身で勉強しがちな私たちに，「学びの喜びと可能性」を気づかせてくれるエピソードだと思いませんか。

Side Story 仁斎の「古義学の目覚め」の意義とは何か？　それは，朱子によって東アジア世界で通用していた論語の解釈が，日本の市井の学者によって独自に改釈し直されたことにある。

Outline　仁斎が打ち立てた古義学はどのようなものか？

古義学 …『論語』『孟子』の本来の教えを追究
※古義とは，孔子の言わんとしたこと。

『論語』 宇宙第一の書	＋	『孟子』 『論語』の注釈書として重視

朱子学
聖人への道
「理」を究めること

人の道
↓
人倫日用の道
（日常生活における実践）
＝
「道徳の完成」

儒学の根本精神
仁＝愛

↑成り立たせる根本

誠
┌ **忠信**…己をつくし，偽りのないこと
└ **忠恕**…思いやり

批判 →

Think　仁斎が重視した道徳の原理は？

原典A　仁とは何か

View　それは「愛そのもの」である。

「仁は，徳のうちでも偉大なものである。しかしこれを一語でいいつくそうとすれば，愛そのものだ。それは君臣関係においては義といわれ，父子では親といい，夫婦では別（けじめ）といい，兄弟では叙（順序）といい，朋友では信（誠実）といわれる。みな愛から発したものである。思うに，愛は実体のある心情から発するものである。だからこの義などの五つのものは，愛から発するときは，本物であるが，愛から発しないときは，いつわりのものにしかすぎない……孔子に学ぶ人が，仁を徳の第一としているのは，このためであると考えられる。」

（貝塚茂樹 訳『童子問』『日本の名著13』中央公論社）

原典B　「誠」とは

View　「仁義礼智・孝弟忠信」は，すべて「誠」を根本とする。

「誠」は道の全体だ。だから聖人の学は，必ず「誠」を根本にし，そして，その多くのことばは，みな人に「誠」を尽くさせる方法でないものはない。いわゆる「仁・義・礼・智」，いわゆる「孝・弟・忠・信」は，みな「誠」をその根本にし，そして「誠」でないと「仁」が「仁」でなく，「義」が「義」でなく，「礼」が「礼」でなく，「智」が「智」でなく，「孝・弟・忠・信」もまた「孝・弟・忠・信」であることができない。「「誠」でなければものはない」だから「誠」の一字はじつに儒学の頭脳であり，聖人の教えを学ぶものの目標であって，なんと徹底して偉大なものであろうか。

（三宅正彦 訳『語孟字義』『日本の思想11』筑摩書房）

原典C　宇宙第一の書とは

View　孔子の功績は，「堯舜」にもまさるものだ。

これらの弟子たちは夫子の身近に接して，夫子が他の聖人を超越していることをじっさいに知り，そのうえでこういう表現をしたのだ。わたしが断乎として『論語』を，最上至極・宇宙第一の書ときめたのはこういう理由によるものである。

（貝塚茂樹 訳『童子問』『日本の名著13』中央公論社）

解説

A　孔子もまた，弟子の仁についての質問に答えて「人を愛す」と答えている。仁斎は，人間の世界は，仁によって成り立つとした。儒教の五倫の徳は，「愛」からでなければならないとする。温かい真心（仁愛）で人間同士が結びつく人情豊かな世界，その理想社会実現を仁斎は構想した。

B　仁斎は，仁が成り立つには「誠」が必要だという。ここでいう「誠」とは，**真実無偽**（心に偽りのないこと）をいうが，それは朱子の**真実無妄**（でたらめがないこと）の改釈によって成立している。また，「誠」の徳を得るためには「忠信」と「忠恕」の実践も大事だとする。

忠信…忠は，自分を偽らないこと，信は，他者を欺かないこと

忠恕…他者の心情を自分のこととして理解すること

C　仁斎は『童子問』においても，孔子は聖人たち（特に堯舜）の道を門人と後世に伝え人類にとっての規範を示したことから，堯舜以上に優れていると述べている。仁斎は『論語』の世界に分け入るのに『孟子』が欠かせないともいう。『論語』の意味を理解するための羅針盤としての『孟子』の大事さを説いてもいる。

仁斎は，聖人も「現実のなかで生きる人間だった」という，あたりまえの事実を重視したんだね

---

⑪ 1　古義学と朱子学

天理の極を尽くして，一毫人欲の私無し（理をきわめ尽くした聖人には，一片の欲も私心も存在しない）　（『大学章句』）

朱子

一毫人欲の私無きは，亦形骸を具え人情有る者の能く為る所に非ず（一片の欲も私心もないなんて，姿かたちも人情もある人間にはあり得ないことだ）　（『童子問』）

仁斎

解説▶仁斎の思想の要をあらわす言葉に，「**人の外に道無く，道の外に人無し**」（『童子問』）がある。この言葉は朱子の『論語集注』から借用したものとされる。朱子はこの言葉で，「道」を宇宙の原理である「理」ととらえ，人が「理」によって根拠づけられていることをあらわした。仁斎は，「道」を「**人倫日用において当然，行くべき路**」と解釈し，「人によって道はあるのであり，人のいないところ道を見ることはない」とした。「道」とは君臣，父子などの日常の人間関係であり，そこで実現される義，親といった心のあり方でもある。仁斎は，「理」という形而上学的な原理で『論語』を解釈する「朱子学」を批判し，人と人が交わる日々の生活実践の中に「聖人の道」があると説き，後世の儒学者の注に頼らない「**古義学**」という新しい学問を打ち立てた。

Side Story　『論語古義』の稿本には，仁斎が『論語』を「最上至極宇宙第一」とたたえる語を，書いては消し，消しては書いた痕跡が残る。小林秀雄は，このためらいにこそ，仁斎の「学問の急所」があると評した（『考えるヒント2』文春文庫）。

日本思想

古文辞学派の祖

荻生徂徠

おぎゅう　そらい
1666 ～ 1728　（東京都）

◀14回▶

Words 447 先王之道　448 経
世済民　449 礼楽　450 刑政
451 古文辞　452 安天下の道

> 孔子の道は，先王の道なり。

主著『学則』『弁道』『弁名』『政談』

足跡　1666 年江戸に医師荻生方庵の次男として生まれる。父の方庵は，当時館林藩の城主であった徳川綱吉の侍医をつとめていた。徂徠 13 歳のとき，父が江戸払いに処せられ上総国（千葉県）に移り住む。26 歳のころ江戸に戻った徂徠は，芝増上寺の門前で私塾を開く。30 歳ころ綱吉の側用人柳沢吉保に儒者として仕え，5 代将軍綱吉の学問相談もつとめた。40 歳ころ中国明代の古文辞派の詩文集を偶然入手して衝撃を受け古文辞の学習を始めている。その後家塾『蘐園』を開き，仁斎の『論語古義』の批判的検討を通じて独自の学問を形成した。51 歳から 54 歳にかけて『弁道』『弁名』『論語徴』が完成。徂徠の古学は先王の古文辞による記録としての六経に依拠する。徂徠のいう「道」とは，孔子が学んだ「先王の道」であり，先王の作成した「礼楽」であり，それによって人間社会が理想的に行われていた原点でもある。その他,吉宗に献じた『政談』の中で幕藩体制の再建を特に意識し，武士階級と商品経済の矛盾を分析した包括的な経世論を説いている。

西暦	年齢	生涯　色字は同時代のできごと
1666	0	館林藩主徳川綱吉の侍医の子として江戸に生まれる
79	13	父の流罪で上総二宮に移る
88	22	柳沢保明が綱吉の側用人となる
92	26	父の赦免で江戸に戻る。芝増上寺近くで私塾を開く
96	30	柳沢保明〔吉保〕（川越藩主）に仕える
1703	37	赤穂浪士が切腹
04	38	伊藤仁斎に質問状を出すが，返事は来なかった
		このころ古文辞学を主張し始める
09	43	日本橋茅場町に私塾を開き，「蘐園」と名づける
17	51	『弁道』『弁名』『論語徴』の草稿が完成か
27	61	このころ『政談』が完成
28	61	死去

主君の仇討ちをした赤穂浪士の処分について意見を求められ，徂徠の案が採用された。

Approach　徂徠の憂い

哲：先生，荻生徂徠の「古文辞学」について詳しく教えていただけませんか。いま一つよくわからなくて。

真田：たしかに，江戸の儒教は，流れをつかむと面白いのだけれど，いきなり「先王の道」なんて言われてもピンときませんよね。では，まず古学について。古学とは，山鹿素行（→p.223）や伊藤仁斎（→p.224）が発見したように「孔子に戻れ」だったよね。そこで，仁斎が孔子の言わんとしたこと（古義）を見出して「古義学」を確立する。この流れに沿って，徂徠も仁斎をとても高く評価している。しかし徂徠はさらにその先を見ようとします。仁斎は孔子の言わんとしたことに力点を置いたけど，徂徠は，**そもそも孔子が求めた道とは中国古代の指導者（聖人）たち（堯・舜・禹・湯王・文王・武王・周公）が作り上げた文化と政治制度（礼楽刑政）だと考えた**のです。それが，「孔子の道は先王の道」という言葉の意味です。だから，**徂徠は『論語』『孟子』よりも前にまとめられた六経（詩・書・礼・楽に「易経」「春秋」を加えたもの）に注目し，これら中国古代の原典を古代の言葉に則して理解するため，秦漢時代の文章（古文辞）を学ぶことを主張した**のです。ここに古文辞学が誕生します。

哲：なるほど，そうだったんですね。では，徂徠から見ても孔子は聖人なんでしょうか。

真田：良い質問ですね。徂徠は言います。「儒者たちは，孔子が学んだことを学ぼうとしない」。つまり，徂徠からすれば「論語」は孔子が『六経』から学びえた

ものの成果であり，その「聖人」たちの道（先王の道）を説いているのだから，孔子もまた「聖人」なのです。

知恵：なるほど。では，「先王の道」について，もう少し詳しく教えていただけますか。

真田：そうだね。さっきお話ししたとおり，「先王の道」とは，先王（聖人）たちが世を治めるために制作した礼楽刑政（儀礼）のことをいいます。したがって，**徂徠が目指したのはもはや仁斎の目指した道徳ではなく，経世済民（世を治め，民を苦しみから救う）の道でした。つまり，ここで目指されたのは道徳から社会政策への転換だったのです。**

哲：それで，徂徠先生の学問はその後の日本にどのような影響を与えたのですか？

真田：徂徠は古代中国の祭祀（礼楽）を追究しました。国学者である本居宣長（→p.230）は『古事記』に記された古代祭祀を「惟神の道」として尊重しますが，そこには徂徠の影響がありました。さらに後期水戸学へ通じていきます。尊王攘夷論への流れですね。徂徠は江戸幕府が永遠に続くことを願っていましたが，一つだけ不安をもっていました。権威と権力の関係です。征夷大将軍として武士の最高位になったとしてもその権威は朝廷から与えられたものでした。このほころびについて，彼は『政談』の中で憂いていたのです。そして事態はそのとおりになりました。徂徠の予見力のすごさに感心します。知の巨人徂徠，恐るべし！　でしょうか。

Side Story　徂徠が本気で心配していた「ほころび」とは何か？　武士たちの「冠位」が天皇から与えられることである。武士の権力が絶対でないことを心配していたのだろう。

Outline　古文辞学では，どのような古典と姿勢を重視したか

朱子学
理気二元論…万物を構成する物質的素材「気」と，「気」に内在し支配する原理「理」で世界を説明する

← 批判

古文辞学（荻生徂徠）
古典を，書かれた当時の文脈で理解する方法
「六経」を重視 ➡ 「先王の道」を発見…先王が作為的に施した，大いなる道 ➡ 自然の理を重視する朱子学を批判

↑ 批判

古義学（伊藤仁斎）
『論語』の再発見

礼楽刑政　先王によって実践された人為

➡ 江戸時代の政治で実践 ➡ 『政談』の上奏
（経世済民）

六経　孔子以前の時代に編さんされた六つの経典『易経』『書経』『詩経』『礼記』『楽経』『春秋』
＊ただし，楽経は失われている

Think　「先王之道」とは具体的にどのようなもの？

原典A　先王之道とは

View 先王が創造した為政者としての政治的配慮。

⑮　孔子が説いた「道」は，「先王の道」である。「先王の道」は天下を安泰にする道である。……「先王の道」は，先王が創造したものである。天地自然のままの「道」ではないのである。つまり先王は聡明・英知の徳を持つことから，天命を受け，天下に王としてのぞんだ。その心はひとえに天下を安泰にすることを任務としていたので，精神を使いはたし，知恵の限りを尽くして，この「道」を作りあげ，天下後世の人々をこれによって行動するようにさせたのだ。天地自然のままに「道」があったわけでは，決してない。

(前野直彬 訳「**弁道**」『日本の名著 16』中央公論社)

原典B　礼楽刑政

View 民を安泰し感化させる政策。

⑪　「道」とは，総合的な名称である。**礼楽刑政**という，すべて先王が確立したものをとりあげ，一括して名付けたものである。礼楽刑政を離れて，ほかに「道」というものがあるわけではない。

(同前)

原典C　「政談」とは

View 江戸幕府に上申した，社会の変化とその対応策をまとめた文書。

　君主として上に立つ人は，天下や世の中のことを考えて力を尽くし，政権が長くつづいて，万民が長く安穏に暮らすことができるようにと計画して，制度を定めるのである。これが聖人の道であって，天下国家を治めるための神髄は，まったく礼楽だけである，……。

(尾藤正英 訳「**政談**」『日本の名著 16』中央公論社)

解説

A ここでは「道」の解釈が転換する。「道」はもはや仁斎が説いた道徳のようなものではなく，古代中国の「聖人」の道，「天下を泰平にするような」大いなる道なのである。つまり為政者としての政治的配慮を必要とする。

B 先王の立てた「**礼楽刑政**」を全体として「道」と呼ぶのであって，特にそれ以外の「道」があるのではない。先王は，「刑政」だけでは民を安泰にするのに十分でないと知って，「礼楽」を作って民を感化した。このように「礼楽」は礼法と音楽のことで，風俗習慣になじんだものと考えられる。

C 幕政改革を進めていた吉宗に上程された文書（当時は極秘文書であった）であるが，封建制の進むなか，太平の世→武家の貧窮→乱世へとつながる何か法則を徂徠は敏感に感じ取っていた。商品経済の進展が武士の困窮の最大の要因であると分析した徂徠は，「先王の道」にのっとり，将軍による制度の確立，すなわち「聖人の道（安天下の道）」を示した。

1　「先王之道」と『政談』

　徂徠は，そもそも士農工商を作ったのは「聖人」であり，人々はその社会の中での各人の「役」「職分」を果たすことで天下は安らかになるのだとする。中国古代の「先王」は「礼楽刑政」，すなわち文化的制度を作ることにより理想的社会を実現していたのだとした。この「聖人の道」をどのようにして現実の徳川の世に応用できるのか。こうした問題が徂徠の課題となった。

　そんな中，徳川吉宗から依頼されて幕府の政治の現状とその改革案を求められて著したのが『政談』である。すでに幕府が成立して百年以上たった当時，社会の変化は急激であった。知行地を離れ江戸詰めでの生活を余儀なくされていた武士たちにとっても，商品経済の発展は生活を苦しめていた。状況をつぶさに観察していた徂徠にとってこれは重大な問題であった。この状況は，「先王」亡き後混乱した春秋時代に重なり江戸幕府がこの後いつまで続くのかあるいは続かせることができるのかという大きな問題でもあったからである。

Focus　江戸の読書会

　当時の読書の方法として，素読（テキストの暗唱）・講釈（先生による一斉授業）・会読（当番が発表し，その後質疑し討論）の３つがある。特に大事なのが会読で，藩校での会読は，身分社会の中での自由空間を発生させ，優秀な人材を育成した。このことは蘭学においても展開し，何の知識もなかった人々がこの会読を通して『解体新書』を生み出すという世紀の大事業につながった。やがて明治期における日本の近代学校制度の拡充とともに西洋式教授法が学校に導入され，さらに今度は勉強が立身出世の手段となっていった。こうして読書は，競争相手を出し抜くための密かな読書となり，遊び，共同作業としての読書は消滅することになる。

日本思想

Side Story　徂徠は古文辞学をきわめるため中国語の勉強に励んだが，鎖国政策の下，直接中国人に教わることはかなわなかった。そのため，読み書きはできるが会話ができず，中国から渡来した僧と会見した際は，筆談で何とか意思疎通したという。

⇨鈴屋の書斎と鈴　本居宣長は自宅書斎を鈴屋と称し，門人たちに国学を講義した。その名の由来は，36個の小鈴を赤い紐でつないで柱などに掛けた柱掛鈴である。

第４節　日本文化と国学

国学の成立

国学は，貴族が秘伝としてきた古今伝授などの権威にもとづく和歌の解釈を批判し，自由な討究と文献の正確な解読（文献学的考証主義）をとおして日本古来の心のあり方（大和心）を解明しようとする学問として誕生した。

国学の先駆者に契沖と荷田春満がいる。契沖は，古典文献を精査する実証的な手法を用いて『万葉集』の注釈書『万葉代匠記』を著した。伏見稲荷の神官荷田春満は，古典（『古事記』，『日本書紀』など）の中に説かれていた古代の「神皇の教」を「道」として復興することをめざした。この古道の学の主張は，のちに平田篤胤（➡p.232）から高く評価され，国学における神道的学統（四大人*）の祖とみなされた。

荷田春満の弟子賀茂真淵（➡p.229）は，儒教や仏教の道徳的分別（さかしら心）にもとづく古典解釈を徹底的に批判し，万葉歌は怒りや哀しみなどの素直な心情をありのままに表現しているとして，「高く直き心」を日本人の心の理想とした。

伊勢（現三重県）松坂の町医者であった本居宣長（➡p.230）は，賀茂真淵との運命的な出会い（松坂の一夜）を経て弟子入りし，畢生の大著『古事記伝』を完成させ，古典の解明を通して日本古来の「惟神の道」（真心にもとづく皇御国の治世）を明らかにする国学を大成した。

本居宣長の死後，夢で弟子入りが許されたと自称した平田篤胤は，宣長の古道論を宗教化させ，復古神道を唱えた。篤胤の教えは，幕末の尊皇攘夷論に大きな影響を与えることとなった。

国学は儒学の古学派の影響を受け古典の実証的な研究手法を確立する一方で，日本の優位性や絶対性を主張し，排外的で熱狂的な皇国思想の母胎ともなった。

*荷田春満，賀茂真淵，本居宣長，平田篤胤を「国学の四大人」という。篤胤を権威づけるため，弟子たちが考案した。

盲目の国学者　塙保己一

武蔵国児玉（現埼玉県本庄市）出身。幼くして失明，のちに盲人組織の最高位である総検校となった。晩年の賀茂真淵に学ぶ。41年を費やして完成させた『群書類従』は貴重な古文献を収集・編纂したものである。幕府の援助を受けて和学講談所を開設し，国史・律令などの研究にあたった。

原典を重視した国学の祖	5回

契　沖　けいちゅう　1640～1701　（兵庫県）

此集（『万葉集』）ヲ見ハ，古ノ心ニ成テ，今ノ心ヲ忘テ見ベシ

主著　『万葉代匠記』
足跡　摂津国（現兵庫県）尼崎に生まれる。5歳のときに百人一首すべてを暗唱したという。高野山にのぼり真言宗の僧侶となったが，17歳のときに詠んだ和歌が下河辺長流の目に留まり指導を受けるようになった。この下河辺長流によって推挙され水戸光圀の万葉集研究を引き受け，『万葉代匠記』を完成させた。また『万葉集』や『日本書紀』などの古典から正しい仮名遣いの例を集めて分類し，のちの歴史的仮名遣いの成立に大きな影響を与えた。

国学の確立に邁進	5回

荷田春満　かだの　あずままろ　1669～1736　（京都府）

古語通ぜざれば即ち古義明らかならず。古義明らかならざれば即ち古学復せず。

主著　『伊勢物語童子問』
足跡　京都伏見稲荷の神官の子として生まれる。幼いころから和漢の学問に親しみ，国史・古文・歌学などを広く独学で研究した。次第に契沖の万葉学に傾倒し，伊藤仁斎（➡p.224）の学問方法を採り入れながら，古学（国学）を発展させようと努めた。門人も多く，稲荷神道や万葉集の講義をおこなった。京都の東山に和学を学ぶ国学校を創立しようと志し，幕府に対して『創学校啓』を上申して設立の許可を得ようとしたが，認められなかったという。

●江戸期の国学者　年表

時代	文化	西暦	できごと　色文字は同時代のできごと	思想家
				1640 契沖
		1641	鎖国完成	
江戸時代	元禄期	62	伊藤仁斎が京都に古義堂を開塾	1669 荷田春満
		90	契沖『万葉代匠記』完成	1697 賀茂真淵
				1701
		1716	徳川吉宗，享保の改革	
		27	賀茂真淵が荷田春満に入門	1730
		28	荷田春満『創学校啓』を献じ，学校の設立を訴える	1736
		42	公事方御定書	1746 本居宣長
	宝暦・天明期	63	本居宣長が賀茂真淵と面会（松坂の一夜）	
		65	賀茂真淵『国意考』成立	1769
		72	田沼意次，老中となる	
		93	塙保己一が学問所「和学講談所」を設立	1776 塙保己一
	化政期	98	本居宣長『古事記伝』完成	1801 平田篤胤
		1812	平田篤胤『霊能御柱』完成	
		19	塙保己一『群書類従』	
		41	天保の改革（～43）	1821
		54	日米和親条約，開国へ	1843

Side Story　荷田春満と赤穂浪士の大石内蔵助とは親しい間柄であった。吉良上野介は春満の門人であり，吉良邸討ち入りの際に，是非とも必要な屋敷の図面を大石に与えたのは春満であったともいわれる。

『万葉集』の研究から古道を探究し国学を樹立

賀茂真淵

かもの　まぶち
1697～1769　（静岡県）

Words 453 ますらを(お)ぶり
454 高く直き心

故，万葉集の歌は，凡丈夫の手ぶり*¹也。

主著　『万葉考』『国意考』『にひまなび』
足跡　遠江伊場村（現静岡県浜松市）で賀茂神社禰宜の子として生まれる。養子や2度の結婚によって養家を転々としたが，その間に古文辞学派の太宰春台門下の学者に漢籍を学び，また詠歌にいそしんだ。31歳の頃までには上京し荷田春満に入門したと考えられる。40歳で江戸に上がり，荷田門の国学者として名を挙げた。49歳の時に徳川吉宗の次男田安宗武の和学御用として召し抱えられた。宗武の援助のもと，国学の研究を進めていった。63歳で隠居したが，その後も主著と言える『万葉考』や五意考*²を完成させ，国学の確立に努めた。

西暦	年齢	生　涯 色文字は同時代のできごと
1697	0	神官の子として遠江浜松に生まれる
1716	19	吉宗，将軍となる。享保の改革開始
27	31	荷田春満に入門
37	40	江戸に出て国学者として身を立てる
46	49	田安宗武に仕え和学を講ずる
63	66	松阪で本居宣長と会う。本居宣長が入門
68	71	『万葉考』完成
69	72	死去

＊1 丈夫の手ぶり（**ますらをぶり**とも）とは，**男性的でおおらかな気風のこと**
＊2 『文意考』，『歌意考』，『国意考』，『書意考』，『語意考』を五意考という。

Think 古典を学ぶものが目指すものは何か？

解説

14 **原典A 人の直き国**

View 古語の理解を通して古の心情を学ぶことで，その心情にもとづく日本古来の「道」が明らかとなる。

古の歌もて，古の心詞をしり，それを推て，古への世の有様を知べし。古の有様をしりてより，おしさかのぼらしめて，神代のことをおもふべし。……古へは只詞も少く，ことも少し。こと少く，心直き時は，むつかしき教は，用なきことなり。教へねども，直ければことゆく也。……此国は，もとより，**人の直き国**にて，少しの教をも，よく守り侍るに，はた天地のまにまにおこなふこと故に，をしへずして宜き也。さるを唐国の道きたりて，人の心わろくなり下れば，唐国にゝたるほどのをしへをいふといへど，さる教は，朝に聞て，夕は忘れゆくものなり。……

（『国意考』『日本思想体系 39』岩波書店）

A 古歌→古い詞→古代の有り様→神代へと順に知るべきである。古代は詞も少なく，難しい教え（儒教や仏教のこと）は必要なかった。そのような教えがなくても，「高く直き心」さえ保っていればすべてがうまくいった。この心は自然で素直でおおらかな心であった。中国から来た人為的でこざかしい理屈を振り回す宗教によって人の心は悪くなってしまった。「高く直き心」は依然としてわれわれの心の底にあるのだから，認識し守っていくべきである。

15 **原典B 高く直き心**

View 古道の理想とされる精神は，自然でおおらかな心（高く直き心）である。

いにしへの歌は調をもはらとせり。うたふ物なれば也。そのしらべの大よそは，のどに（のどかに）も，あきらに（明らかに）も，さやに（はっきりと）も，遠ぐらに（うす暗く）も，おのがじゝ（各自が）得たるまにまになる物の，つらぬくに，**高く直き心**をもてす。且其高き中にみやびあり，なほき中に雄々しき心はある也。……

（『にひまなび』同前）

B 真淵は，高貴でまっすぐな心を「高く直き心」，男性的で荒々しい気風を「**ますらをぶり**」と呼んだ。いずれも『万葉集』を貫く日本古来の精神である。しかし後の「からくにぶり」（中国からの外来思想）や平安時代以降の「**たをやめぶり**」（女性的な優しい状態やこころで本居宣長は高く評価する）によって，忘れ去られた精神であるとした。

Outline 古道

```
        古道              批判    儒教・仏教
自然の道*が日本古来の道    →     外来の道
        ↓
   『万葉集』の調べ
        ↓
   ますらをぶり
男性的でおおらかなさま
        ↓
    古代の精神
        ↓
   高く直き心
高貴で素直な精神
```

「渡津海の豊旗雲の入日さし今夜の月夜清明けくこそ」（天智天皇）は，雄大な自然と向き合う気魄が迫ってくる歌だよね。

＊自然を尊重する点で老荘思想と通じるものがある。

Focus 「万葉の調べ」は真淵が発明した？

「東野炎立所見而反見為者月西渡」

これは『万葉集』にある柿本人麻呂の歌である。この歌は平安時代末より「あずまのの　けぶりのたてる　ところみて　かえりみすれば　つきかたぶきぬ」と訓み継がれてきた。それに対して契沖は，「東野」を地名ではなく「ひむがしのの」と方角を示している可能性を示唆した。この契沖のアイデアを受け継いだのが真淵である。真淵は『万葉考』で，「東」を一句として「ひむがしの」と訓む事例を複数挙げ，この歌に「ひむがしの　のにかぎろひの　たつみえて　かえりみすれば　つきかたぶきぬ」と大胆な訓を施した。現在，この訓には文法的に無理があると指摘されているが，今も国語の教科書に採用され標準となっている。真淵の訓には雄渾な響きがそなわっているが，それこそ真淵が『万葉集』のなかに見出した「万葉の調べ」であった。

（参考：白石良夫『古語の謎』中公新書）

Side Story 八代将軍吉宗の第二子田安宗武の国学の師であった真淵。所用で西国に赴き伊勢神宮参拝の後，松阪で本居宣長と面会する。齢六十七。『古事記』注解を若き宣長に勧めた「松阪の一夜」は，戦前国定教科書に載り誰もが知るエピソードだった。

古典を通して大和心を追究した国学の大成者　〈14回〉

本居宣長

もとおり　のりなが
1730 ～ 1801　（三重県）

本居宣長記念館蔵

> 人は人事を以て神代を議るを，我は神代を以て人事を知れり。

| Words | 455 惟神 | 456 漢意 |
| 457 真心 | 458 もののあはれ | |

主著　『古事記伝』『源氏物語玉の小櫛』『玉勝間』（治道経世の書に『玉くしげ』『秘本玉くしげ』）

足跡　伊勢松阪の木綿商の家に生まれる。兄の死により家業を継ぐが，母の勧めで医者を志し，京都に遊学する。荻生徂徠とも親交のあった堀景山のもとで漢学を学んだが，景山が親炙していた契沖の書に触れることで，日本の古典に関心を向けるようになる。また 18 歳の頃から親しんできた詠歌を有賀長川に師事し，二条派歌学を体得した。27 歳で松阪に戻り，医者として生計を立てるかたわら，古典の研究にもいそしんだ。33 歳の時，かねてより教えを請いたいと願っていた賀茂真淵と松阪で対面をはたし，その後真淵の死まで 6 年間手紙で指導を受けた。真淵との出会いを契機に，真淵が果たせずにいた『古事記』の研究に取り組み，やがて畢生の大著『古事記伝』がうみだされる。52 歳の時に自宅 2 階を書斎に改装，収集した鈴を飾り鈴屋と称し，国学の研究と 500 名にも及ぶ門弟（鈴屋門）への講義を精力的に重ね，国学を大成した。

西暦	年齢	生　涯　色文字は同時代のできごと
1730	0	伊勢松坂に生まれる
48	18	紙商今井田家の養子となる。このころ歌学を志す
52	22	医学修業のため京都に遊学。契沖の書に出会う
57	27	松坂に帰り医者となる
63	33	松坂で賀茂真淵と会い＊，12 月に入門
64	34	『古事記伝』の執筆開始
90	60	寛政異学の禁
96	66	『源氏物語玉の小櫛』完成
98	68	『古事記伝』全 44 巻完成
1801	71	風邪をこじらせ死去。おおむね遺言通り葬儀がおこなわれた。

＊人生を変えた出会いとして「松坂の一夜」と呼ばれる。

Approach　「もののあはれ」を知るとは，どういうこと？

　他人から「哀れな奴だ」と言われれば，自分を情けなく思ったり，相手に腹を立てたりするのではないでしょうか。この場合，「哀れ」はみじめや悲惨な様子をあらわす言葉で，侮蔑的な意味も込められています。本居宣長は『源氏物語』を読むことは「もののあはれ」を知ることだと説きました。宣長のいう「もののあはれ」とは何でしょうか。宣長の著作から考えてみましょう。

　『石上私淑言』には「**見る物聞く事なすわざにふれて，情の深く感ずる事をいふ也**」とあります。物にふれて心が感く「嘆息」（「あゝ」・「はれ」）が「あはれ」であるということです。一方で「**物に感じるが則ち物のあはれをしる也**」とあり，自然や出来事がもつ情趣に触れることで人が感慨を抱くことを「もののあはれをしる」としています。物や事が宿している「趣」も「あはれ」ということです。そこから宣長は，人生のなかで出会うあらゆる事物やできごとに「あはれ」は含まれると考えました。

　人と人との出会いにも「もののあはれ」は宿っています。『源氏物語』を論じた『紫文要領』によれば，人心の機微（人情）に触れることは「もののあはれ」を知ることであり，「人情の深く感ずる事，恋にまさるはなし」として，「あはれ」は恋心と深く結び付いていると説きます。『源氏物語』の主人公光源氏は儒仏の教えからすれば，淫乱極悪の者となりますが，むしろ「**それをよしとしてそれをすすむるためにもあらず，……ただとるところは物の哀れ**」を伝えることにあったのです。光源氏は善人ではなく「**心ある人**」であり，『源氏物語』は善悪を説きすすめる「教誡の書」ではなく，「**物の哀れ**」を理解させ感じとらせる書であるというのです。宣長は「**人の哀なる事をみて哀れと思ひ，人のよろこぶをききては共によろこぶ，是すなわち人情にかなふ也**」といいます。宣長の説く「もののあはれ」を知るとは，人情にしたがうことであり，〈**他者の喜びや悲しみに同情共感する生き方**〉が日本人の本来の心情にかなっているという倫理観を意味しているのです。

🔺『源氏物語』をマンガ化した大和和紀『あさきゆめみし絵巻』

> 源氏は心ある人なのね，素敵！

Outline　本居宣長の思想の二つの柱：「もののあはれ」と「古道」

文学が表現すべきこととは？　→　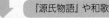　もののあはれ
素直な感情・感動

漢意（儒教・仏教）　曲解　排除　曲解

人がしたがうべき真の世界の有様とは？

『源氏物語』や和歌　古典研究　『古事記』や『日本書紀』

真心（大和心）
生まれたままの純粋な心

古道＝惟神の道
不可思議でおおらかな神々のはたらき

Side Story　宣長の遺言書には，忌日の日取りから葬列の指示まで事細かに記されていた。また墓は二つ作ることとし，山室山妙楽寺の墓には塚を築き，終生愛した山桜を植えるよう指示している。

Think　古典研究が明らかにした古の道とは？

⑪ 原典 A　漢意（からごころ）の排除

View 日本の古典を学ぶには，小賢しい知恵である儒教・仏教の考え方を取り除く必要がある。

　学問をして人の生きるべき道を知ろうとするならば，まず漢意をきれいさっぱりと取り去らなくてはならない。この漢意がきれいに除き去られないうちは，どんなに古書を読んでも，また考えても，古代の精神は理解しがたく，古代の精神を理解しなくては，人の生きるべき道というものは理解しがたいことなのである。いったい道というものは，本来学問して理解する事柄ではない。人が生まれたままの本来の真心に立つのが道というものなのである。**真心というのは，善くても悪くても，生まれついたままの人間本来の心をいうのである。**

（吉川幸次郎　編「玉勝間」『日本の思想15』筑摩書房）

原典 B　惟神（かんながら）の道

View 神の思し召しは，おおらかに神代の時代のままにすることで，記紀に書かれた神々の行為が模範である。

　「神ながらとは，神の道に随い，またそこに，おのずから神の道あるをいう」というのを，とくと思うべきである。神の道に随うとは，天下統治（したが）の事業は，もっぱら神代からあったがままに行われ，いささかもさかしらを加えることがないのをいう。そしてそのように神代のまにまにおおらかに治めると，自然と神の道は充足し，他に何も求める必要がなくなる。これをおのずから神の道ありというのである。

（西郷信綱　訳「直毘霊（なおびのみたま）」『日本の名著21』中央公論社）

⑲ 原典 C　真心

View 人の心の本来のあり方（古代の精神）は生まれたままの純粋な心情である真心である。

　うまい物を食べたく，よい着物を着たく，りっぱな家に住みたく，金銭を手に入れたく，人から尊敬されたく，長生きをしたいと思うのは，みな人間の真情（真心）である。それなのに，これらの願いをみなよくないこととし，それをねがい求めないのをえらいことにして，すべてほしくなく，ねがわないような顔をする者が世間に多いのは，例のうるさい虚偽である。また世間に先生と仰がれる知識人や，あるいは上人（しょうにん）などと尊敬される僧侶などが，月や花を見ては，「ああ美しい」と賞美する顔をするけれども，美しい女を見ては，目にもとまらないような顔をして通り過ぎるのは，ほんとにそうなのだろうか。もし月や花を美しいと見る感情をもっているなら，まして美しい女に対しては，どうして目が移らないわけがあろうか。

（吉川幸次郎　編「玉勝間」『日本の思想15』筑摩書房）

⑫ 1　安心の思想　悲しみの作法とは？

　宣長は「尋常ならずすぐれたる徳ありて，可畏（かしこ）き物を迦微（かみ）とは云なり」と神を定義し，この世界のあらゆる現象をみな神の仕業であるとする。悪神に禍津日神（まがつびのかみ）があり，その禍を直す善神が直毘神（なおびのかみ）や天照大御神（あまてらすおおみかみ）である。『古事記伝』によれば，禍津日神は死者のゆく夜見国（黄泉国）（よみのくに）の穢（けがれ）よりなったものとされる。**「貴きも賤きも善も悪も，死ぬればみな此ノ夜見ノ国に往」**くとする宣長にとって，死が人間にとって最悪の出来事であり，その元凶が禍津日の神である。禍津日の神も神である以上，人知を超えたものとして人間の力ではどうしようもなく，死を前にして人はただ悲しむほかない。しかしそこにこそ神道の「安心（あんじん）」があるという。悲しみを率直に受け止めることは「もののあはれ」を知ることであり，「真心」にもとづいて素直に神の御心にしたがう態度が「安心」なのだ。ここに宣長の「もののあはれ」論と「古道論」のつながりを見ることができる。

解説

A 宣長によれば，この世界におこる出来事はみな「神の御所為（みしわざ）」であり，「人のかぎりある智（さと）り」でははかり知れないものであるという。神々は，不可思議で霊妙なものであり，「ゆたかにおおらかに，雅たる物」である。その不思議さ，雅なさまを実感し，素直に受け取ることが古の道（**惟神の道**）を正しく理解するということだが，今の人々は，儒教や仏教の小賢しい知恵（漢意）によって迷わされて，古の道の真意が理解できなくなっている。そこで宣長は，そうした漢意をきれいさっぱりと捨て去ることが古の道を学ぶ国学には必要であるとした。

B 宣長の説く惟神の道（「神の道のまゝなる道」）は，「人の作れる道」（荻生徂徠が説く儒学の「先王の道」）や賀茂真淵の老荘思想に通じる「自然のままの道」（「天地のおのづからなる道」）とは異なり（宣長はその点で師真淵を批判する），記紀に記されている神々の風儀や制度（婚姻などの習俗（まがつひ））のことである。しかし悪神禍津日神の仕業で漢籍（仏教と儒教）の悪しき癖（漢意）が日本に広がり，惟神の道の真理を理解することができなくなっているという。

C 美味しいものや宝を求めるのが人情であるが，そうした願望を否定する態度はうわべを飾るだけの偽りである。真心とは，このように**素直に人情のままに願望する心**である。その一方で宣長は，人は善神産巣日神（むすびのかみ）から生まれたものであるから**是非善悪をおのずから知る心**が真心である，とも説いている。

Focus　上田秋成との論争

　『雨月物語』（うげつ）で有名な上田秋成（うえだあきなり）と本居宣長の間に国学上の論争があり，宣長が『呵刈葭（かがいか）』（上下篇）という本にまとめている。下篇は「日の神」論争と呼ばれる。宣長は，天照大御神は太陽神（日の神）であり，その伝承を保持する日本の優越性を主張するのに対して，秋成は，世界には似たような神話がいくつもあり，日本の伝承もそのひとつにすぎないと批判する。それに対する宣長の反論は，「**万国にそれぞれ伝説があってどれも似ているが，……真の古伝は一つでなくてはならず**」，「**わが国の神代の古伝説が妙趣をそなえていて真実のものであることはおのずから明白**」というものだ。宣長は言語学上の問題には厳密で実証的な論証を展開するのだが，神代の神話は絶対視し，疑うことがない。宣長は秋成の文化相対主義的なバランス感覚を，「**なまさかしら（小賢しい）心**」であって，真実を見極める域に達していないものだと切り捨ててしまう。宣長の絶対的皇国史観は，平田篤胤（あつたね）を経て，その後の日本に大きな影響を与えることになる。

特攻隊の部隊名が宣長の「**敷島の大和心を人問わば朝日に匂ふ山桜花**」の歌からとられたことがあったけど，死の悲しみに誰より敏感だった宣長はどう思っただろう？

Side Story　宣長には『源氏物語』に描かれていない（あるいは失われた巻にあったともいわれる）光源氏と六条御息所のなれそめを創作した『手枕（たまくら）』という作品がある。文体や物語の展開を原作に忠実に再現している。

日本思想

魂の行方を探究し，国学を宗教化（復古神道） 5回

平田篤胤
ひらた あつたね
1776 〜 1843 （秋田県）

古学を学ぶ者は，まず何よりも第一に大和心を固めなくてはならない。

主著 『古道大意』，『霊能御柱』

足跡 出羽国秋田藩士の子として生まれた篤胤は，19歳のとき江戸に出て苦学し，24歳のとき備中松山藩士平田家の養子となった。本居宣長の著書に巡り会って国学を志し，宣長の弟子入りを希望したが，宣長はすでに他界していたため，没後の門人を称して研究活動を始めた。宣長の学統・国学に比べて，篤胤はわが国古来の宗教性・神秘性を追求する姿勢をうちだしたところに特色がある。国学の宗教的側面としての神道を重視し，神道を基盤とする日本至上主義を強く主張した。日本沿海に外国の艦船が姿を見せるようになり，幕藩体制も動揺をみせ始めた時代を背景に，篤胤は次第に名声を得て，門人も激増した。その熱烈な尊皇主張は幕府から危険視され，著述を禁止された上，郷里秋田へ追放となったが，その思想は，幕末維新の尊皇攘夷運動の精神的支柱となっていった。

西暦	年齢	生　涯　色文字は同時代のできごと
1776	0	出羽国秋田藩士，大和田家の子として生まれる
81	5	このころ親元を離れ里子や養子に出される
87	11	寛政の改革
95	19	郷里を捨て江戸に出る。生活は困窮した
1800	24	平田家の養子となる
12	36	『霊能御柱』完成。翌年刊行
25	49	『古史伝』の第21巻〜28巻まで完成
41	65	著作の内容が幕府から危険視される。秋田へ追放，著述禁止。天保の改革開始
43	67	死去

Think 復古神道と何か？

原典A 大和心

View 天ツ神の子孫である天皇を崇拝する心である大和心を修めることが真の道（古道）である。

今ここでお話しいたしますところは，古道の大意であります。……天のはじめ，いわゆる開闢より，天皇の御系統が連綿とお栄えになり，万国に並ぶ国なく，物もなす業も万国にすぐれていること，その御国の人は，神国であるゆえにおのずからに真の心をそなえていること，その心を古くより大和心とも，大和魂とも申していますが，これらのことをもあらまし申します。

（子安宣邦 訳『古道大意』『日本の名著24』中央公論社）

原典B 霊の行方の安定

View 大和心を固めるには死後の霊魂のあり方を理解し，宗教的な安心をえることが肝要である。

この国土の人が死んだ後，その魂はどこに行くのかといえば，それは永遠にこの国土にいるのである。……そもそもその冥府（魂が赴く幽冥界）というのは，この国土の外の別のどこかにあるわけではない。この国土の内のどこにでもあるのであるが，ただ幽冥にして現世とは隔たっており目に見えることができないのである。……さて，この現世に生きる人々も世にあるうちはこのようであるが，死んで幽冥に帰すると，その霊魂はすなわち神となり，……君や妻子をその幽冥から守るのである。

（相良亨 訳『霊能真柱』『日本の名著24』中央公論社）

今でも亡くなった人は「草葉の陰」から残された家族を見守っているという信仰はあるわね。

解説

A 篤胤によれば，人の魂は産霊神によって与えられたものであるという。**人は生まれながらにして「直く正しく，清く美わしい」大和魂をそなえている**。そこで，儒教や仏教の説く「なまさかしらのまねや，……仏くさくしゃらくさいことはさらりとすてて」，大和心をねじまげたり忘れることなく，修めととのえることが真の道であるとした。また，その教えが正しく伝わっている**日本こそが世界の中心**であり，**天皇は万国の大君**であると説いている。

B 篤胤は死後の魂の行方について，**穢れた黄泉の国へ赴くという本居宣長の考えを批判**し，**この国土の現世と重なる幽冥界に行き霊異をもつ神となる**とした。またその魂は，幽冥界を主催する大国主によって現世での行いの報いを受けるとともに，霊異を発揮して現世に残した有縁な人々を加護するとした。

篤胤による国学の宗教化（**復古神道**）は，明治政府によって「国家神道」として巧みに利用され，天皇制ファシズムを形成する要素になっていった。

Outline 宇宙の創生に基づく復古神道

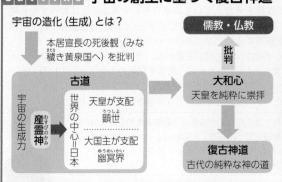

宇宙の造化（生成）とは？

本居宣長の死後観（みな穢き黄泉国へ）を批判

儒教・仏教

批判

古道
世界の中心＝日本
産霊神（むすびのかみ）
宇宙の生成力

天皇が支配　顕世（うつしよ）
大国主が支配　幽冥界（ゆうめいかい）

大和心
天皇を純粋に崇拝

批判

復古神道
古代の純粋な神の道

Focus 妖怪ブームの火付け役

篤胤には，妖怪研究のはしりといえる「稲生物怪録（いのうぶっかいろく）」がある。備後三次藩の藩士であった稲生平太郎のもとに三十日間現れた妖怪の記録を分析したものである。平田本は民衆の間に広く流布し，江戸期怪異譚の最高傑作との呼び声もある。「稲生物怪録」は折口信夫（→p.271）や泉鏡花も作品化している。

荒俣宏の解説本

稲生物怪録

Side Story 篤胤は，江戸で評判となっていた天狗によって仙界に連れ去られたと自称する少年寅吉にまじめにインタビューし，その内容を本にしている（『仙境異聞』）。篤胤は奇想天外な寅吉の話が自説の有力な証拠になると信じていた。

FEATURE ⑮ 神道とは何か？

> 神道は，日本古来の信仰の形を残すとされているが，実際は外来の思想・文化との接触によってその姿を大きく変えながら今日に至っている。ここでは，神道のたどった軌跡を追ってみよう。

神信仰から神仏習合へ

　神道は，自然崇拝に由来する日本固有の神々，いわゆる八百万神への信仰全般を指す。縄文・弥生期を通して各地に形成された古代の素朴な神信仰を古神道という。飛鳥から奈良時代にかけて律令制が成立すると，各地の主要な神社（神を祀る施設）は天皇家による新嘗祭などの祭祀儀礼を中心とした神祇制度によって統制されていった。

　仏教が伝来・普及すると，「カミもホトケも……」という言葉に象徴される神仏習合が始まった。日本の神々は，高度な理論を持つ仏教の側から，本地垂迹説（◉p.202）によって位置づけられた。日本の人々は，大日如来のような人知を超えた仏（本地）がそのまま現れても，恐れをなして受け入れることができない。そこで天照大神という仮の姿をもって救済のために現れた（垂迹）とする考え方である。平安後期以降に，密教の教義に基づいて神道を理論化した両部神道（真言宗）や山王神道（天台宗）が成立した。こうして神道は仏教と一体となって信仰されるようになり，神前読経や神宮寺（神社に付属して建てられた仏教寺院）の建立が全国に広まった。また，災厄をもたらす怨霊を神社の祭神として祀るとともに，密教の加持祈禱で怨霊を鎮める御霊信仰（◉p.198）が平安期に盛んになった。

〈注〉神道という言葉は中国の古典『易経』から伝わったものとされる。

◉神仏習合（神前読経）　世界遺産の春日大社は，古来より興福寺と一体となって祭礼を行ってきた。明治期の廃仏毀釈で一時途絶えたが，現在では復活し神前読経が行われている。

写真：読売新聞／アフロ

神道の展開

　鎌倉時代，神仏習合の隆盛に危機感を抱いた伊勢神宮の神官たちは，日本古来の神々こそが本地であり，仏はその化身にすぎないとする神主仏従（反本地垂迹説）に基づく伊勢神道を生み出した。室町時代には，吉田兼倶が神道を仏教や儒教の上位におく吉田神道（唯一神道）を提唱した。

　江戸時代に入ると，林羅山の理当心地神道など儒学の理気二元論（◉p.82）で神道を理論化した儒家神道が登場する。朱子学の「天人合一」と神道の「神人合一」を同一とみなした山崎闇斎は，儒学の「敬」に基づき，天皇と臣下の君臣関係を絶対化する垂加神道を唱えた（◉p.221）。

　江戸後期になると，日本独特の心性や道徳を探究する国学が興り，次第に宗教化していった。本居宣長（◉p.230）の説く「惟神の道」には，天照大神の子孫とされた天皇への絶対的帰依という「皇国への道」に通ずるものがあった。宣長の影響を受けた平田篤胤（◉p.232）は，独自の神道教理をもつ復古神道を打ち立てた。篤胤は，究極の神を想定しつつ，天照大神の子孫としての天皇，その名代としての将軍が統治する体制そのものを「神道」の実践であるとし，また人は死後，幽冥界で審判を受けるが，やがては神として祀られると説いた。篤胤の思想は幕末の尊王攘夷運動や神仏分離運動に大きな影響を与えた。

神道の近代

　天皇親政をうたう明治政府は，1868 年に神仏習合の廃止，仏像の神体としての使用禁止などを命じる神仏分離令を発した。過激な人々によって仏像・仏具が破壊され（廃仏毀釈），これにより 1000 年余り続いた神仏習合は終焉を迎える。1900 年には内務省神社局が設立され，神社は国家管理のもと，神職関係のすべてが法制度により規定された。こうして神道に「国家の祭祀＝国家神道」の役割が与えられたが，信教の自由を保障した大日本帝国憲法との兼ね合いから「国家神道は宗教ではない」と位置づけられ，国教化には至らなかった。「宗教」としての神道として，明治以降に誕生した神道系の教団（天理教・黒住教など十三派）が教派神道とよばれ，明治政府によって公認された。

●神道の流れ

時代	できごと
古代	古神道…素朴な神信仰
	神祇制度
飛鳥・奈良	伊勢式年遷宮の制…皇祖神天照大神を祀る
	神祇令…地方の有力な神社を制度に組み込む
	神仏習合①　神と仏教の融合
	神宮寺建立
平安	本地垂迹説…仏主神従による神仏習合の思想（神前読経など）
鎌倉	両部神道…真言宗による神道思想（本地垂迹説）
	山王神道…天台宗による神道思想（本地垂迹説）
	神仏習合②　反本地垂迹説（神本仏迹説）の登場
	伊勢神道…伊勢外宮の神官度会家行が大成
室町	吉田神道…吉田神社の神官吉田兼倶が主張
	吉田神社が全国の神社を傘下に
江戸	儒家神道…儒学の教理で神道を理論化
	理当心地神道…儒者林羅山による神道説
	垂加神道…儒者山崎闇斎による神道説
	復古神道…国学者平田篤胤による神道説。天皇を絶対化
	神仏習合の終焉
	神仏分離令（1868）…仏教と神道の分離布告。→廃仏毀釈運動が発生
明治	国家神道
	大教宣布の詔（1870）…明治政府による神道国教化宣言（実際は宗教とはしなかった）
	教派神道…公認された神道系の新教団十三派

Side Story　戦前まで，国家があらゆる神社を「社格」で格付けしており，最上位の官幣大社から最下位の村社まで 10 階級に分かれていた。ただし伊勢神宮だけは別格中の別格の扱いで，社格制度の対象外という特別な神社であった。

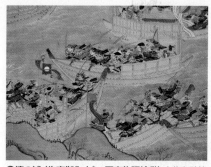

⬆壇の浦（先帝御入水*　平家物語絵巻）土佐左助筆
*幼い安徳天皇は平家の一門とともに壇ノ浦で崩御した。

祇園精舎の鐘の声、諸行無常の響きあり。沙羅双樹の花の色、盛者必衰の理をあらはす。おごれる人も久しからず。ただ春の夜の夢のごとし。

（平家物語）

無常感：仏教と日本文化

原始仏教の「無常」は，世界や人間の「主観即客観」的な構造（相互依存的な現象世界）を表す言葉であったが，日本人は「無常」を心情的に理解した。日本人にとって「無常」とは，この世は絶えず移りかわる幻の世界＝憂世であり，人生は「はかなく」「むなしい」ものであるという詠嘆的な感じ方（無常感）を意味してきた。無常感は中世の文学に大きな影響を与えた。代表例は『平家物語』であるが，『平家物語』は戦いに敗れた人々の魂を鎮める琵琶法師による呪術的な語りに起源がある。

⑳ 西行法師 (1118 ～ 1190)

平安時代末期の歌人。鳥羽院の北面の武士であったが，1140年23歳の若さで出家し隠遁。諸国を旅し，その途上で多くの歌を詠んだ。家集『山家集』。『新古今和歌集』には94首入集。花鳥風月を愛でるとともに，仏道に生きたことから，自然の美と宗教的な心情を融合させた歌を詠んでいる。右の歌は，吉野の桜を愛した西行が，釈迦が入滅したと伝えられる春（旧暦の2月）に自分も命を終えることを望んでいることを表している。その願いどおり，西行は旧暦2月16日に亡くなった。

提供：アフロ

願わくは花のもとにて春死なん　その如月の　望月のころ

マンガ古典文学
方丈記
水木しげる

鴨長明 (1155? ～ 1216)

鎌倉時代初期の歌人・随筆家。50歳で出家し隠遁。世と人生の無常を嘆いた『方丈記』は日本の代表的随筆のひとつ。

「ゆく河の流れは絶えずして，しかももとの水にあらず。」

⑳ 吉田兼好 (1283? ～ 1352?)

鎌倉末から南北朝に生きた歌人・随筆家。『徒然草』では移ろいゆく世界の中に積極的に美を見いだしている。

「咲きぬべきほどの梢，散りしほれたる庭などこそ見どころ多けれ」

徒然草

那須田淳 著
十々夜 絵

幽玄からわび・さびへ

歌はただ読みあげたるにも，うち詠めたるにも，なにとなく艶にも幽玄にもきこゆる事有るなるべし。

幽玄は中国語で「奥深く微妙で極めがたい」という意味で，もともとは仏法の奥深さをあらわす仏教用語であった。鎌倉時代に藤原俊成が和歌の評言として，言葉に言い尽くせない余韻や感情をあらわす語として使用したことから，以来芸術の理念として用いられるようになった。室町時代に観阿弥，世阿弥父子が大成した猿楽由来の舞台芸術の能では，幽玄がその神髄をあらわす理念となっている。世阿弥は『風姿花伝』において，能の気高さ，優美さを幽玄の美と説いている。やがて禅文化の影響を受け，簡素で閑寂でありながら奥深い味わいをもつ枯淡の美を意味するようになった。雪舟が大成した水墨画，庭園様式の枯山水などがその代表である。千利休は茶道において，簡素で清貧のなかにある風趣や心情をわびと表現し，江戸期の俳人松尾芭蕉は，孤独を契機とする心情的な叙情をさびと呼んだが，いずれも幽玄を独自に洗練した美意識である。

藤原俊成 (1114 ～ 1204)

平安時代後期の歌人。『千載和歌集』の編者。歌論に『古來風躰抄』がある。歌風の表現として幽玄を使用した。幽玄を「心細く寂しいさま」や「優艶なさま」などを複合した「余情美」（陰翳ふかい縹渺－かすかではっきりしないさま－とした美）とした。

「夕されば　野辺の秋風　身にしみて　うずら鳴くなり　深草の里」

Side Story　唐木順三は，西行が生きた花鳥風月の風雅とたわぶれ遊ぶ世界を「数寄」，吉田兼好による無常観に立って空虚な時間をまぎらわし，彩るための無益な慰みごとを「すさび」とし，そこに文学精神のはじまりがあるとした。

世阿弥 (1363?～1443?)

名は元清，能役者，能作者で大和観世座の2代目大夫（座長）。父観阿弥とともに能楽の大成に貢献し，能を美しい歌舞と深い精神性を湛えた舞台芸術にまで高めた。『高砂』，『井筒』などの作品で夢幻能という様式を確立した。晩年には将軍足利義教に嫌われ佐渡配流を経験している。能楽書に『風姿花伝』，『花鏡』がある。

「花と，面白きと，珍しきと，これ三つは，同じ心なり」

「秘すれば花なり。秘せずば花なるべからず」

（『風姿花伝』より）

ただ美しく柔和なる体，これ幽玄の本体なり。

『花鏡』

●能『井筒』（夢幻能の代表作）

➡旅先の僧侶が在原業平の亡き妻の霊と出会い，その夜，妻が夫の形見の衣をまとい舞うという夢を見る。

世阿弥は「美しく柔和な」優美さを幽玄と表現し，能の美の理想とした。世阿弥の「花」（観客の想像力をかき立てる表現）や「離見の見」（観客と一体となった自分を見る）などの見識は現代でも高く評価されている。

写真：読売新聞／アフロ

枯淡の美

室町時代に幽玄は禅文化のなかで，簡素・閑寂でありながら深い味わいをもつ風趣（枯淡）を生みだした。

水墨画は墨の濃淡で自然の風景を描いた絵画。日本では臨済宗の僧雪舟が大成した。

枯山水は白砂と石組でつくられた日本独特の庭園様式。一切の余剰を省き，山，水の流れ，滝などを象徴的に表現している。

↑雪舟画「秋冬山水図」東京国立博物館蔵

↑龍安寺の石庭　京都市

千利休 (1522～91)

安土桃山時代の茶人で，芸道の「茶の湯」を，客人をもてなす心（和・敬）と極限まで無駄を省いた様式（静・寂）を重んじる「わび茶」として大成した。茶席を「一生にただ一度の出会い」（一期一会）と説き，多くの戦国武将から支持されたが，豊臣秀吉の命で切腹した。

「夏はいかにも涼しきように，冬はいかにも暖かなるように」

（『南方録』より）

➡千利休

わび・さびの世界

わびとは，質素で閑寂な風趣の中にある美で，物質的な不足を契機とする。

さびとは，ひっそりとしさびしい境地から生じる美で，心情的な孤独を契機とする。

松尾芭蕉 (1644～94)

江戸時代前期の俳人。身近で日常的な題材の中に，閑寂な「さび」という独自の洗練された美を練り上げた。代表作は『野ざらし紀行』，『奥の細道』。

野ざらしを心に風の入む身かな

『野ざらし紀行』

↑歌川豊国（3代）画「今四天王大山帰り」　提供：アフロ

江戸期の美意識：いき

江戸時代に入り，商業経済が拡大し都市が発展すると，「いき」という美意識が生まれた。「いき」は，身なりや振る舞いがいさぎよくすっきりと洗練されているさまをあらわしている。この江戸時代特有の美意識を哲学的に考察したのが九鬼周造（➡p.278）の『いきの構造』である。「いき」を現象学（➡p.166）的に考察し，「いき」の契機に「媚態」（異性への可能的関係），「意気地」（江戸児の気概），「諦め」（あっさり，すっきり，瀟洒たる心持ち）の三つをあげ，「いき」とは道徳的理想主義（意気地）と宗教的非現実性（諦め）という日本文化の特殊性によって形を与えられた「色っぽさ」（媚態）であると分析した。

大江山の鬼退治で有名な四天王を威勢のいい鳶の町火消に見立てて描いている。命を惜しまない町火消は「いき」な江戸児の代表。背景が碁盤縞で描かれているが，九鬼周造は縞模様を「いき」の芸術的表現であるとした。

Side Story　わびの心を問われた千利休は，藤原隆家の和歌「花をのみ待つらむ人に山里の雪間の草の春を見せばや」を示す。わびはあらゆる虚飾を排した閑寂な境地だが，静けさに宿る生命力といえる「雪間の草」にその積極的な美を見出した。

日本思想

第5節 近世の民衆思想

�人形浄瑠璃

江戸時代，厳格な身分制度の中，経済の発展とともに町人や農民らが教養を高め，独自の文化をはぐくんでいった。町人文化としては，元禄時代に大坂で**井原西鶴**（1642～1693）や**近松門左衛門**（1653～1724）が活躍した。西鶴は『**日本永代蔵**』で町人の力の源泉である金銀の追求を肯定した。一方，浄瑠璃・歌舞伎作家の近松は町人の気風や習慣を作品に盛り込んだ。『曽根崎心中』では，実際の心中事件に題材をとり，義理と人情の葛藤に苦しむ男女の姿を劇的に描いている。町人の学問所として開塾した**懐徳堂**では，**富永仲基**や**山片蟠桃**が科学的精神を発揮し，啓蒙的な思想を展開した。蘭学からの影響を受け，科学的精神を発展させた人物に**三浦梅園，平賀源内，杉田玄白**らがいる。一方町人の倫理観に大きな影響を与えた思想家としては心学を創唱した**石田梅岩**が有名である。農民の思想を探究した**安藤昌益**や**二宮尊徳**は，明治以降の近代日本の中で高く評価された。

●近世の民衆思想　年表

西暦	できごと	思想家
1630	林羅山，学寮創設	
62		
88	井原西鶴，『日本永代蔵』刊行	
1703	近松門左衛門，『曽根崎心中』初演	
16	徳川吉宗（8代）享保の改革	
24	懐徳堂設立	
29	石田梅岩，心学の講義開始	
39	石田梅岩『都鄙問答』刊行	
53	安藤昌益『自然真営道』この頃執筆	
74	杉田玄白ら『解体新書』刊行	

思想家（年表右）：貝原益軒 1630 1714／井原西鶴 1685／石田梅岩 1715／富永仲基 1714／山片蟠桃 1723 1748／三浦梅園 1723 1789／杉田玄白 1733 1817／安藤昌益 1703 1762／二宮尊徳 1787 1856／1744 46／1821

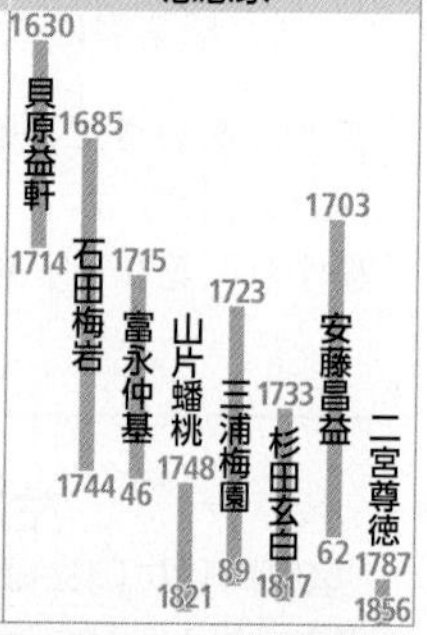

懐徳堂（1724～1869，1916年に復興，現在大阪大学が継承）
　江戸中期，三宅石庵を初代学主に商人たちが大坂に設立した町人学問所。商人の子弟の教育を目的に設立されたが，やがて官許学問所となり，朱子学を中心に講じられた。しかし，身分にこだわらない自由な気風をもち，**人間中心の合理的精神**が育まれた。

懷徳堂　三宅石庵書，懐徳堂○

BC 15 14 13 12 11 10 9 8 7 6 5 4 3 2 1 1 2 3 4 5 6 7 8 9 10 11 12 13 14 15 16 **17** **18** 19 20 21 AD

江戸時代，儒学や蘭学を通して，現実的で合理的な精神が育まれた

科学的思考の誕生

Words 183窮理
460加上の説　461無鬼論　462蘭学

思想家	学派
貝原益軒 かいばらえきけん	儒学者，博物学者
富永仲基 とみながなかもと	懐徳堂の学者
山片蟠桃 やまがたばんとう	懐徳堂の学者
三浦梅園 みうらばいえん	自然哲学者
杉田玄白 すぎたげんぱく	蘭学者

貝原益軒『大和本草』本草学が，博物学として発展する先駆けとなった書物。

概説　江戸時代，朱子学は幕府の支配イデオロギーの役割を果たしていたが，朱子学の理念である「**窮理**」から科学的精神を発展させた儒学者が現れた。**貝原益軒**や懐徳堂の学者である。一方，長崎の出島経由で西洋の学問（**蘭学**）が伝わっていた。蘭学は，8代将軍吉宗が漢訳蘭書の輸入を緩和して以降，本格的に研究されるようになった。初期の蘭学者に**青木昆陽**（1698～1769），**杉田玄白**がおり，彼らは西洋の科学的知識を実学（医学，天文学など）として精力的に研究に取り組んだ。

朱子学の「窮理」に基づき合理的精神を発揮

貝原益軒 かいばら　えきけん
1630~1714（福岡県）

主著　『養生訓』『大和本草』（日本内外の動植鉱物1,362種を解説）
足跡　江戸前期の儒者。福岡，黒田藩士の家に生まれた。江戸中期の代表的な儒学者であり博物学者でも

ある。長崎，京都に遊学し，松永尺五，木下順庵ら著名な朱子学者らと交友関係を持った。彼の興味は，本草・農・医・天文・地理・歴史・国語などあらゆる学術の領域で，朱子学の「**窮理**」（ものごとの道理や法則をきわめる）を重視する朱子学の合理的精神をもって，実証的な研究に当たった。
　彼の学問に対する姿勢は後の「洋学」研究の模範とされていった。

朱子をも妄信せず。

6回

Think　朱子学の何が問題か？

原典A　「敬」を批判する

View　「敬」を重視するあまり，誠を軽視することは誤りである。

　思うに誠と敬の二事はむろん学問の要点だが，**誠は基本であり，敬は方法で**ある。そこで忠実・信義を中心とするのが基本であり，それが学問の主旨だ。……宋代末期の諸儒者は，敬を非常に偏重し，敬を心の主体とみなした。それ以来，後世の学風は，往々にそのあやまりに引かれ，ばかの一つ覚えのように厳しさばかりを重くみて，忠実・信義・慈愛が最重要であることを知らない。

（『大疑録』『日本の名著14』中央公論社）

解説

A「敬」は朱子学でもっとも重要視された徳目で，「つつしむ」こと。少しでも自分の心の中に私利私欲がないようにいましめながら生きようとする厳しい在り方である。この「敬」を重んじるばかりに，その他の誠や忠実・信義・慈愛などがなおざりにされてしまっているのではないか，という批判である。朱子学の教条主義的な傾向を批判したものといえよう。

Side Story　貝原益軒は，生来虚弱体質であったが，84歳まで生きた。晩年に書いた『養生訓』は，いわば長生きの秘訣を示した自伝である。

写真：読売新聞／アフロ

江戸中期の町人学者 ③回

富永仲基 とみなが　なかもと
1715〜46（大阪府）

主著　『翁の文』『出定後語』

足跡　懐徳堂の代表的思想家。仲基の興味関心は，儒教，仏教，神道それぞれの体系のなかでの理論の違いをいかに扱うかという思想史であった。仲基が見いだしたのは「加上の説」というものであった。思想の展開において，既存の教説に対し自説の優位を主張して，自説をその教えの始祖に託して加上する仕方で展開されていくというものであった。彼は，仏教経典の批判的分析を通じて，すべての経は，釈迦の説いた言葉ではなく後世に作られたものだとした。こうした歴史的文献に対する方法は儒教にも適用され，古学派を超えて儒学の真理も否定した。

原典　いま世間では，神・儒・仏の道を三教と言って，インド・中国・日本の，それぞれ三国に並び行われるもののように考えている。……しかし，本来，道たるべき道というものは，特別のものであって，すべて誠の道というものには，決してかなわない道だということを知る必要がある。（檜林忠男　訳『翁の文』『日本の名著18』中央公論社）

↑『翁の文』1746年刊

江戸後期の大坂の町人学者 ③回

山片蟠桃 やまがた　ばんとう
1748〜1821（兵庫県）

主著　『夢の代』

足跡　江戸後期の大坂の町人学者。大坂の両替商升屋の番頭として主家の再興に力を尽くす一方，懐徳堂に学んだ思想家として重要な功績を遺した。主著『夢の代』は，経済，社会から天文，地理まで幅広く論じている。さらに科学知識にもとづいて，仏教，儒教，神道の宗教的宇宙観を批判し，三教の霊魂観を否定する「無鬼論（無神論）」を主張した。元来，儒学では「鬼神」いわゆる霊魂の問題は孔子以来，あいまいなままに位置づけられている。また，徂徠において「天」は不可知の存在であり，畏敬の念を捧げるべきものとされ，雷といった自然現象でさえ理解が及ばない世界であった。

原典　元来，人および禽獣，魚虫，草木であっても，もちろん少しずつの差異はあるべきであるけども，天地陰陽の和合する仕立てによって生死熟枯するものであり，その点ではみな同じ理を同じくして天地自然のものである。……別に神というものはない。また成熟するものは，年数の長短はあるけれども，たいていそれぞれの持前があって死枯しないものはない。（源　了圓　訳『夢の代（抄）』『日本の名著23』中央公論社）

江戸中期の自然哲学者 ②回

三浦梅園 みうら　ばいえん
1723〜89（大分県）

主著　『玄語』『贅語』

足跡　江戸中期の異色の自然哲学者。自然には条理がそなわっており，それを認識するためにはものごとを懐疑すること，常識からいったん離れてみること，人間を中心に考えないで自然を師とすることなどの大切さを説いた。われわれは，ふだん「…のはず」という偏見で物事を説明しているが，真の知識に至るには，そうした偏見（「人の執気」）を捨て去らなければならないとした。これは，ベーコンのイドラ論（→p.109）に匹敵する学問態度である。

原典　さて，その天地を達観するところの道はとりもなおさず条理で，条理への訣（奥義）は「反観合一，捨心之所執，依徴於正」，この三つだけです。「心の所執を捨てる」とは習気を離れることです。「徴に正しきに依る」とは，徴のなかには証徴と見えながら真の証拠でない徴がある（それには依らないこと）。……天地（＝存在）が反して（＊人に対立し，かつ内部に対立する原理をもつ），そして一であるところから，わたしは，反して観て，号して観て，その本然を求めるのです。（尾形純男・島田虎次編注訳『多賀墨卿君にこたふる書』『三浦梅園自然哲学論集』岩波文庫）

早稲田大学図書館蔵

蘭学の知識に基づき医学の発展に貢献

杉田玄白 すぎた　げんぱく
1733〜1817（福井県）

主著　『解体新書』

足跡　若狭国（現在の福井県）小浜藩の藩医。父もオランダ流外科医術の大家。外科だけでなく，内科・産科にも関心をもつ。平賀源内とも親交を結ぶ。38歳のとき，『ターヘル・アナトミア』（原著者はドイツ人クルムス）を手に入れ，千住の小塚原で中川淳庵・前野良沢らと死刑囚の腑分（解剖）に立ち会い，その本の精確さに驚いた。そして『ターヘル・アナトミア』を翻訳することを決意し，ただちに前野らと訳出に取り掛かったが，オランダ語に苦心した。「眉」という一つの単語を訳すのにも，1日以上かかるという苦労を重ねながら，3年後に『解体新書』として出版された。その苦心談をまとめたものが，『蘭学事始』である。杉田は以後，蘭学者としての立場から当時の社会をも批判していった。

原典　かのターヘル・アナトミアの書にうち向ひしに，誠に艪舵なき船の大海に乗り出せしが如く，茫洋として寄るべきかたなく，たゞあきれにあきれて居たるまでなり。（緒方富雄　校注『蘭学事始』岩波文庫）

↑『解体新書』扉絵

🌐 Focus　江戸時代のマルチタレント平賀源内

↑木村黙老の著『戯作者考補遺』掲載の源内の肖像画
慶應義塾大学図書館蔵

平賀源内（1728〜79）は讃岐国（現在の香川県）高松出身。24歳で長崎へ遊学し医術・本草学を学んだ後，29歳で江戸に出た。江戸では寒暖計・エレキテル（摩擦起電器）・石綿による不燃布などを製作し人々を驚かせた。尽きせぬ好奇心を持ち，洋画の制作，戯作，鉱山開発と，ルネサンスの万能人に匹敵する多才さを示した。江戸の庶民感覚で粋に通じながら，蘭学を庶民に紹介し実用化しようとしたところに，源内の真骨頂があった。飄々として自由な精神で生きた豪快な人生であった。

田原市博物館蔵

↑『西洋婦人図』
日本最初の西洋画といわれる。

↑平賀源内制作のエレキテル（複製）　静電気を発生させる装置

Side Story　三浦梅園は経済にも明るく，「悪幣盛んに行わるれば精勤皆隠る」と，グレシャムの「悪貨は良貨を駆逐する」とまったく同じことを発見している。

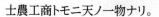

商人の道徳を説いた石門心学の創始者

石田梅岩

いしだ　ばいがん
1685 ～ 1744 （京都府）

9回

Words 391 正直　463 倹約　464 勤勉　465 石門心学

士農工商トモニ天ノ一物ナリ。

主著『都鄙問答』『斉家論』

足跡　1685年丹波国（京都府）の農家の二男として生まれた。11歳で京都の商家に奉公に出るが奉公先の没落により数年で帰郷。23歳の時，再度京都の呉服商の奉公人となり，そのかたわらで神道・儒学を学び，そののち隠遁の学者小栗了雲に学んだ。1726年頃「悟り」に達した梅岩は，その翌年商家の奉公を辞めて「心学」に専念した。梅岩は，朱子学の天人合一の思想体験をもとに「心を知る」ことを課題とした。また，梅岩は，商人を「市井ノ臣」として積極的に社会の内に位置づけた。1729年，44歳の梅岩は，京都で最初の講義を行った。講釈を始めて10年後，53歳になった梅岩は，自説を問答形式で要約した『都鄙問答』を著した。また1744年倹約を巡る話をまとめた『斉家論』を出した。

西暦	年齢	生　涯　　色字は同時代のできごと
1685	0	丹波の農家に生まれる　生類憐みの令
95	10	丁稚奉公のため上京。主家が没落し帰郷
1707	22	商家に奉公するため上京。神道・儒教・仏教などに関心をもつ
16	31	徳川吉宗が将軍となる
22	37	隠者の小栗了雲に出会い「心を知らずして聖人の書を読んでも理解できまい」と諭される
27	42	商家を辞め小栗了雲の下で学ぶ
29	44	京都で私塾を開き「聴講自由，席料無料」の看板を掲げる
32	47	享保の大飢饉
38	53	『都鄙問答』完成
44	59	『斉家論』刊行。死去

Approach　『都鄙問答』が人々に受け入れられたのは何故？

　石田梅岩55歳の時，京都車屋町の自宅で講釈を始めて10年目にしてやっと刊行した『都鄙問答』は，めざましく普及しました。明治に入ってもこの書は復刻され続け，14種ほどが公刊されました。その魅力はなんであったのでしょうか？

　この書には，「①人間の本質を天地につながる性や理を発見し，そこに人の道を見いだし修行を行う，②人々がそれぞれの職業・職分をまっとうすること，③こうした修行と職分をまっとうすること」が記されています。それは，近世の農民の心構えであると同時に，修行の心構えが示されています。当時，貨幣経済への移行のなかで，農業を「産業」として捉えた梅岩は，商人の利潤追求，農民の耕作による収益の積み重ねによって富をなすことについての正当性を高ら

❶心学舎（講舎）『孝経童子訓』が，誰でも聴聞に参加できた。席は男女別だった

かに主張しています。その中でも**商人の道は，ありとあらゆる職分に共通する普遍的な道**だとしたのです。彼が主張した商業尊重の思想は，正しい商業取引の発展が，結果的には買い手も売り手も幸福にさせ，住みよい社会になるといったもので，近世資本主義の理論的基礎ということもできます。

　しかしそこには問題も残ります。悪徳商人に対する対処です。そこで梅岩は，商人もまた学問を修める必要を説き，商人の生活へ倫理を持ち込みます。暴利を取ることを誡めつつ，正当な利益を取ることは，「武士の禄（給料）と同じ」だとして推奨したのです。

　梅岩は飢えた人々を救うことも商人は心がけなくてはならないといいます。彼にとっての商人の道とは，勤勉，倹約，施行（貧民救済）であり，また，生活の合理化をめざさなくてはならない，としたのです。（参考：石川謙『石田梅岩と「都鄙問答」』岩波新書）

Outline　石田梅岩の思想：商人の倫理とはどんなもの？

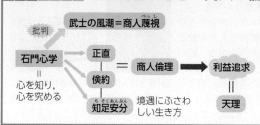

批判　武士の風潮＝商人蔑視

石門心学＝心を知り，心を究める

正直
倹約　＝　商人倫理　→　利益追求
知足安分　境遇にふさわしい生き方　＝　天理

　武士には武士の道があるように，商人には商人の道があるとし，「正直」と「倹約」をこころがけさえすれば，売買の利益を追求することも認められるとした。梅岩が活躍した時期は，徳川吉宗による享保の改革がおこなわれた時期に重なる。江戸・京（京都）・大坂（大阪）などの都市が発達するとともに，流通が盛んになって商人が台頭し，実学が奨励された。このような時代にあって，梅岩は社会的実力を高めた商人たちの実践的理論を説いたのである。

Side Story　暴利を誡め，取引先の尊重を教える石田梅岩の心学は，近年注目されている企業の社会的責任（CSR）のさきがけとして注目を集めている。現パナソニックの創業者松下幸之助も，石田梅岩から大きな影響を受けている。

Think 石田梅岩の心学は，商人にどのような影響を与えたか？

原典 A 商人の道とは

View 商人の道は，世間に貢献するものである。

商人がみな農工となれば，物資を流通させるものがなくなり，すべての人が苦労するでしょう。士・農・工・商は世の中が収まるために役立ちます。その一つでも欠けるとどうしようもないでしょう。……侍は位をもった臣下であり，農民は野にある臣下，商・工は町にある臣下です。臣としては君主をたすけるのがその道である。商人が売買するのは世の中の助けになります。

(加藤周一 訳「都鄙問答」『日本の名著18』中央公論社)

原典 B 利益の追求は正当

View 商人の利潤追求は天理であり，恥ずべきことではない。

学者－『論語』や『孟子』にも，「禄をうけないのは礼にあわない」と言っています。その点に疑いはありません。これは（利益を）受け取ることが道だから受けるのです。それを欲心とはいわないでしょう。

答－ものを売って利益をとるのは商人の道です。仕入れ値で売るのが道だというのは聞いたことがありません。……商人の商売の儲けは侍の俸禄と同じ事です。商売の利益がなければ侍が俸禄なしで仕えるようなものです。　　(同前)

原典 C 顧客第一主義

View 正直と倹約を心がければ，売り手も買い手の心もともに満足し，豊かになる。

武士は君主のために生命を惜しまなければ士とはいわれないでしょう。商人もこれさえ知っていれば，自分の道がはっきりわかります。買ってもらう人に自分が養われていると考えて，相手を大切にして正直にすれば，たいていの場合に買い手の満足が得られます。買い手が満足するように，身を入れて努力すれば，暮らしの心配もなくなるでしょう。　　(同前)

➡️「駿河町越後屋呉服店」(1745年，奥村政信筆)
駿河町は現在の日本橋室町。越後屋呉服店は三越百貨店の前身であり，「現金掛値なし（正札どおりの現金取引）」の手法で繁盛した。これは「正直な商い」の実践といえる。

原典 D 倹約とは

View それぞれが自分の持ち分に満足することが大切である。

誠に「徒然草」に「世を治める道は，倹約を本とする」とある通りである。思うに倹約と言う事を吝い事だと誤り解している人が多いが，そうではない。倹約とは財用を適当に使うこと。自分の身分に相応して多くもなく少なくもなく，物のむだになりすたることを嫌い，時宜を得，法に合うように使うことだろう。

(「斉家論」『日本の思想18』筑摩書房)

解説

A 梅岩は，仁斎も言わなかった，商人の道を説く。身分制社会の中で，身分の上下よりも商人の積極的意味を強調し，町人を賤しむ風潮に立ち向かった。そしてただ商人の地位の向上だけを訴えるのではなく，「士農工商ともに天の一物なり」との論を掲げ，それぞれの職分を越えた平等を主張した。

B 利潤を求める商人の地位が低かった当時，「財宝を通す（物資を流通させる）」ことが社会にとっても，商人にとっても意義あることを示すため，梅岩は商人を弁護する。
①商人の利益は士の禄と同じである。
②不正な利益はその限りではない。
③それゆえ，商人は正直でなくてはならない，と。

C 梅岩は「富の主は天下の人々なり」と説く。財産の所有者（買い手）は庶民一般であるという。庶民はわずかなお金でも惜しむに違いない。だからこそ売る商品やサービスに心を配り，不始末のないよう商品を手渡せば，お金を惜しむ気持ちもなくなり，むしろ生活が豊かになったと喜ぶことになる。梅岩は江戸時代にあって，現代の経営学でいう顧客満足度の向上が商人の道であることを示した。商品の品質を重んじ，倹約というコスト意識を持つことを説いた梅岩の思想は，現代の経営に通じるものがある。

> 三つ必要だったものを二つで済ますように，効率化を図ることが倹約である。

D 梅岩は，営利活動を正当化する一方で，知足安分（自己の職分に安んずる）を強調する。こうした町人道徳の主張が時の体制維持に大きく貢献したのも事実であろう。

🧭 Focus 落語「天災」に登場する心学

「天災」気が荒く短気な八五郎に長屋の御隠居が，日本橋長谷川町新道に住む紅羅坊名丸という心学の先生を紹介する。やってきた八五郎に名丸先生はこう諭した。往来で落ちてきた瓦に当たるのも，小僧に水をかけられるのも，突然広い野原で雨に打たれるのと同じで，みな天災というもの。天と喧嘩をしても始まらない。諦めるしかない。何事も天の仕業と思って諦めれば，我慢もできよう。「ならぬ堪忍するが堪忍」。すっかり感服した八五郎，長屋に戻って先妻ともめている友人を物知り顔で諭すのだが……。

手島堵庵や中沢道二ら弟子たちによって全国に拡大した心学の教え。落語のネタになるほど庶民にも知られていた。また，江戸後期に活躍した心学者柴田鳩翁は，たとえ話を使って面白おかしく教えを説いた。鳩翁道話には落語に通じるものがある。

天災

町人文化を見つめた天文学者 [1回]

西川如見　にしかわ じょけん
1648～1724　(長崎県)

主著 『百姓囊』，『町人囊』
足跡 代々天文学者の家に生まれ，如見も天文学・地理学・儒学など幅広い教養を身につける。武士の道徳を追究する学問がさかんな中，庶民の心情を深く理解した如見は農民・町人の道徳を説いた。一方，長崎で得た外国の知識をもとに天文学，暦学，地理学の分野でも著作を残している。

石田梅岩の愛弟子 [1回]

手島堵庵　てしま とあん
1718～86　(京都府)

足跡 8歳で石田梅岩に師事し，梅岩没後は石門心学の講義に専念。梅岩の教えを平易に説き，修正舎・時習舎・明倫舎などを各地に設立し，心学の普及に努めた。

日本思想

Side Story 梅岩は，「正直」の大切さを伊勢神宮の下級神官である御師から得たという。この当時，伊勢御師は全国各地に派遣されてお伊勢参りの営業活動をしており，参詣者を導き，祈禱・宿泊などを取り計らって伊勢信仰をさかんにさせた。

万人直耕をとなえた江戸中期の思想家　8回

安藤昌益

あんどう　しょうえき
1703 〜 62　（秋田県）

Words 466 万人直耕　467 自然世　468 法世

農は直耕・直織，食を安んじ，衣を安んずる無欲無乱の自然の天子である。

西暦	年齢	生　涯　色文字は同時代のできごと
1703	0	出羽国に生まれる（1707 年出生説もある）
19	16	八戸藩医戸田氏の養子となる。のちに離縁
32	29	享保の大飢饉
33	30	江戸ではじめての打ちこわし
44	41	八戸城下に住み，町医者を営む
53	50	『自然真営道』を刊行
55	52	『自然真営道』101 巻完成
		奥羽大飢饉。八戸でも餓死者多数
58	55	秋田二井田村に居住
62	59	このころ死去

主著　『自然真営道』『統道真伝』

足跡　18 世紀の思想家安藤昌益は，20 世紀にはいるまで「忘れられた思想家」であった。昌益の主著である『自然真営道』は，1899 年，狩野亨吉氏が古書店で入手したのち関東大震災のため，収蔵していた東京大学図書館とともに失われている。その後ハーバート・ノーマンの『忘れられた思想家－安藤昌益のこと』によって広く知られることとなった。昌益は，出羽国（秋田県）の生まれといわれる。1744 年頃から陸奥国（青森県）八戸城下で町医者を営むとともに多くの門弟がいたようだ。彼の主著『自然真営道』は，1753 年に出版されている。この書は，基本的に「医学書」として著されているが医師以外の門人にも受け入れられやすい思想書としての体裁をなしている。その根底には，封建制批判がよこたわっている。

Outline

自然世（理想社会）→ A 万人直耕＝すべての人々が農耕を営むこと → B 互性　活真の世界 ＝お互いに補い合い，相互に働き合う世界

こいねがう世界

法世（人為的社会）─ 封建社会批判
木耕貪食批判 ＝自ら耕作せず収穫物を貪る武士階級などのこと
二別の世界批判 ＝天地，上下，貴賤，男女，善悪，などを前提とする儒教の道徳観（五倫・四民）の否定
「人倫は万万人にして一人」＝人は平等とする

Think　安藤昌益はなぜ封建制を批判したのか？

原典 A 万人直耕

View すべての人々が農業を基本として生活する理想社会。

　自然の人間は，直耕・直織する。平野の田畑に住む人間は穀物を生産し，山里の人間は材木や薪を産出し，海浜の人間は諸種の魚類を産物とし，薪材・魚塩・米穀をたがいに交換することができるから，海浜，山里，平野の人倫はみないずれも，薪と飯と菜の需要をまかなうのに不自由することなく，食と衣を安んじることができるのである。**直耕の営業には，欲がなく，上下がなく，尊卑がなく，貧富がなく，聖愚がなく，盗みがないから刑罰もなく，貪ることがなく，知識も説法もなく，争乱もなく，歓楽もなければ苦もなく，色情もなければ軍戦もない**という無事平安の世である。

（野口武彦 訳「統道真伝」『日本の名著 19』中央公論社）

原典 B 自然世とは

View 差別のない，平等で平和な世の中。

　天と海とは一体であって，上もなければ下もない。すべて互性であって，両者の間に差別はない。だから，**男女にして一人**なのであり，上もなければ下もない。すべて互性であって両者の間に差別はない。世界あまねく直耕の一行一情である。これが自然活真の人の世であって，盗み，乱れ・迷い・争いといった名目のない真のままの平安の世なのである。

（野口武彦 訳「自然真営道」同前）

解説

A 昌益は，**万人が「自然に直耕」する理想社会**を構想する。農民こそ昌益の理想的人間のあり方であり，自然的分業に基づく物々交換と貨幣経済のない（私的所有のない）「自然世」への復帰を夢見た。これは，ルソーの自然状態と類似している（●p.123）。

　では，なぜこの「自然世」はこの世界に実現せず，実力者が自ら働くことのない，搾取社会（**法世**）をもたらしたのか。昌益は，その原因を「聖人」に求めた。荻生徂徠は，聖人が礼楽刑政の制度をたてたことによって文化をもたらしたとするが，昌益はこの礼楽制度が人々を堕落させたのだと，真逆の主張を展開する。

B 天と海との間の相互依存関係が，万物の生成活動の原理となっているのだから，人の社会に上下や貴賤や男女の差別を立てることは生活のバランスに乱れが生じる。昌益は，差別のない平等な世の中を求めた。

Focus 人間はそもそも平等なのか？　不平等なのか？　安藤昌益 VS 石田梅岩

昌益　人間が皆平等で，貴いも卑しいもないということは，極めて自然なことですよ。なぜなら，人間の顔に備わっている目や耳や鼻は，王様であろうと庶民であろうと，みんな同じでしょう？

梅岩　いやいや，そんなことはない。ありとあらゆるものには軽重があり，その秩序を間違えないことが大切なんです。強い人が勝って弱い人が負ける，こんなに自然なことはございますまい。

（参考：野口武彦「土の思想家」『日本の思想 19』中央公論社）

もともと同じ？

もともと違う？

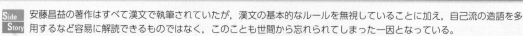
Side Story 安藤昌益の著作はすべて漢文で執筆されていたが，漢文の基本的なルールを無視していることに加え，自己流の造語を多用するなど容易に解読できるものではなく，このことも世間から忘れられてしまった一因となっている。

財政と農村の復興につくした改革者

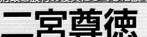

二宮尊徳

にのみや　そんとく（たかのり）
1787 ～ 1856　（神奈川県）

Words 469 天道　470 人道　471 分度　472 推譲　473 報徳思想

分を立て度を守れば，則ち其の富極りなし。

主著 『二宮翁夜話』『三才報徳金毛録』

足跡 1787 年，相模国（神奈川県）足柄上郡栢山村の一貧農の家に長男として生まれた。若くして父母を失った。尊徳は，荒れ地の開拓を行い，少しずつ田畑を買い求め，ついには足柄きっての大地主となり没落した実家の再興に成功した。さらに苦しんでいる農民の救済を計り，また，小田原藩の家老の財政再建に成功した。その実績から 1822 年小田原藩藩主の分家である宇津家の領地桜領の農村立て直しを命ぜられた。以下桜町で行った農村立て直し仕法を，北関東各地で実施し，着実に成果を挙げた。その後幕吏となる。晩年の事業として取り組んでいた日光御神領の再建中病没する。尊徳の報徳仕法（**報徳思想**）とは，事前の入念な調査の後，平均収穫量，歳入出を算出し，「**分度**」という経済枠を定めて，余った財を「**推譲**」として翌年や他人に譲るというものであった。

西暦	年齢	生　涯　色文字は同時代のできごと
1787	0	相模国（神奈川県）小田原に生まれる
91	4	関東大風雨で酒匂川堤防が決壊。耕地を失う
1800	13	父没する。2 年後，母も没し，叔父の家に寄食
12	25	小田原藩士の中間（最下級の武士）となる
22	35	宇津家領地開発を命じられる。名主役格
33	46	天保の大飢饉（～ 39）
34	47	『三才報徳金毛録』を著す
37	50	大塩平八郎の乱
38	51	小田原鴨宮の三新田の仕法を開始
39	52	川副家領地の仕法を依頼される　　蛮社の獄
41	54	天保の改革始まる
42	55	水野忠邦により幕府の御普請役格に登用される
		利根川分水路見分目論見御用・手賀沼悪水掘割水盛見分御用を務める
53	66	日光奉行手付となる　　ペリーが浦賀に来航
56	69	御普請役に進む。10 月 20 日病死

Outline　二宮尊徳の思想：天道と人道の関連

天道
自然に行われるもの。本性としてそなわっており，永久に廃れない。

対立・矛盾するようだが，衝突したり排撃はしない

人道は天道に従って成立する

人道
わざわざ人為で行うもの。絶対の道などない。怠れば廃れる。

人道を廃れさせないためにわきまえるべきこと

報徳思想	天地・君・親などの恩に，自らの徳の実践をもって報いなくてはならない。	
報徳の実践	**分度**	財力に応じた生活設計をして無駄をはぶき，余り（富）を生むこと。
	推譲	余ったものを他人や将来に譲り合うこと。

具体的な行い
勤勉
倹約

Think　報徳思想のポイントは？

原典 A　天道と人道

15

View 自然と人為のバランスが大切だ。

　翁はこう言われた。天道は自然である。人道は天道に従うけれども，また人為である。**人道を尽くして天道に任すべきである。人為をゆるがせにして天道を恨んではならない。**……木の葉の落ちるのは天道である。人道をもって毎朝一度は払うがよい。しかしまた落ちても捨て置いて，無心の落葉に使い立てられてはいけない。また人道をゆるがせにして，積もり放題にしてはならない。これが人道である。

（児玉幸多 訳「**二宮翁夜話**」『日本の名著 26』中央公論社）

原典 B　報徳思想とは

20

View 徳に対して徳でお返しする道。

　翁はこう言われた。**私の教えは，徳を持って徳に報いる道である。**天地の徳より，君の徳・親の徳・祖先の徳，その被るところは，ひとびとにとってみな広大であり，これに報いるには，自分の徳業をもってすることをいうのである。

（同前）

解説

A 尊徳はいわゆる「天道と人道」を分けて考える。天然・自然に放置（**天道**）しておけば，人の生活は成り立たない。自然の道は廃れないが，作為の道（**人道**）は怠れば廃れる。人間の欲望も田畑に草が生えるのも天理だが，人道は草を刈ることを道とする。人道は怠ると廃れる。人道は自然に任せることを尊ばない。このような尊徳の考えは自然災害と闘い天然の恩恵として農業生産に携わった尊徳が体得した経験からでたものである。

B 尊徳の理論（仕法）の中心に**報徳思想**がある。**分度，勤勉，推譲**と組み立てられた二宮尊徳の展開の帰結であり，それは道徳的，宗教的思想へと発展する。

日本思想

Focus　二宮金次郎像の謎

　皆さんが卒業した小学校の校庭には，読書をしながら薪をかついで運んでいる「二宮金次郎」の像があっただろうか？　金次郎は尊徳の幼名で，この像は懸命に働きつつ学問にも励んだと伝えられる尊徳の幼少期がモチーフとなっている。自主的な努力で社会に貢献する模範的な人物としての尊徳は，富国強兵を進める明治日本でとりわけ称揚された。こうした背景のもと，各地の小学校に金次郎像が造られ，あるべき国民の姿を子どもたちに示すものとされた。ただし，戦後は設置数が大幅に減少している。

Side Story　尊徳の報徳思想は，農村再建を目的とする報徳運動として弟子たちによって全国に広められた。北海道開拓に尽力した大友亀太郎も，尊徳の弟子である。

第6節 幕末の思想

→松下村塾

危機の時代の思想

　19世紀，アジアへの度重なる西洋列強の進出に対して，武士出身の洋学者たちは海外の情勢に目を向け，危機感を高めていった。**渡辺崋山**や**高野長英**らは海外情報を冷静に分析し，幕府の対外政策を批判し近代日本の進む道を示そうとしたが，幕府から危険視され死に追いやられた（**蛮社の獄**）。**佐久間象山**や**横井小楠**は，**内憂**（国内の混乱）**外患**（対外的危機）を打開するために，精神面で東洋の儒学を基礎に据え，そのもとで西洋の進んだ技術を積極的に取り入れること（**和魂洋才**）を主張し，開国論を唱えた。

　一方，外国の脅威は日本の民族意識を目覚めさせた。幕末の思想を指導した**後期水戸学派**は，水戸藩主徳川光圀による『大日本史』の編纂事業の中で「**尊王思想**」が生まれたことに由来する。後期水戸学派は，**藤田幽谷**の名分論（天皇─幕府─諸侯の各分における忠誠を再確認したもの）や**会沢正志斎**が主張した「**海防の強調**」と「**攘夷の実行**」を柱とする思想である。彼らの唱える尊王攘夷論は幕藩体制の立て直しを主眼としていた。水戸学と佐久間象山に学んだ**吉田松陰**は，草莽崛起[*]，**一君万民論**を唱え，攘夷を追求するために尊王倒幕へ傾き，彼に学んだ者たち（高杉晋作や伊藤博文ら）は，天皇親政国家の樹立（**明治維新**）へと突き進んでいった。

＊新国家樹立のために身分を問わず志を持った市井の人々（草莽）が立ち上がること。

●幕末の思想　年表

時代	西暦	できごと	思想家
江戸時代	1771	ロシア船，阿波へ漂流	1782
	87	寛政の改革（〜93）	
	92	ロシアのラクスマン来航，通商要求	1793 1804
	1806		09 11
	17	イギリス船，浦賀に来航	
	25	異国船打払令	
	28	シーボルト事件	30
	37	モリソン号事件	会沢正志斎 渡辺崋山 高野長英
	39	蛮社の獄	
	40	アヘン戦争（〜42）	
	42	薪水給与令（異国船打払令緩和）	1841 佐久間象山 吉田松陰 横井小楠
	53	ペリー浦賀に来航	50
	54	日米和親条約，松陰密航失敗	
	58	安政の大獄	
	62	松平慶永ら文久の改革	59
	66	坂本龍馬の立ち会いで薩長同盟	1863 64
明治	68	戊辰戦争（〜69），明治と改元	69

渡辺崋山　わたなべ　かざん
1793〜1841（愛知県）

主著　『西洋事情書』『慎機論』

足跡　三河国（愛知県）田原藩の藩士の子として江戸の田原藩邸にて生まれる。貧しい家計を救うために画家を志し，谷文晁らに学んだ。とくに肖像画や人物画に優れた作品を残した。藩の海防掛に就任すると，高野長英らに蘭書の翻訳を依頼し，海外情勢の研究に努めた。また蘭学者や儒学者による政策研究団体の尚歯会に参加し，論議や情報交換を行った。西洋列強の植民地政策を国際的視野から冷静に分析することで，幕府の甘い海外認識に基づく鎖国政策に批判的となる。1837年，アメリカ船モリソン号を幕府が撃退した事件がおこると，翌年その対応を批判する『慎機論』を著した。1839年の蛮社の獄（蘭学者弾圧事件）で未発表の同書が見つかり，幕政批判の罪で国元蟄居を命じられ，のちに自殺した。

原典　このようなはめ（＊日本に西洋侵略の危機が高まっている）になったのも，もとはといえば唐山の観念的でとりとめのない学風の影響をうけ，高尚めいて内容のからっぽな学問（＊儒学）が盛んになった結果，ついに理性がおおわれて，井戸の中の蛙のような狭い見解におちいっているためである。（佐藤昌介 訳『慎機論』『日本の名著 25』中央公論社）

牡丹図（1841年）部分　蛮社の獄後，蟄居の日々を送っていた崋山が，弟子の求めに応じて描いた作品。弟子は崋山の絵を売ることで恩師の生計を助けようとしたのだが，「罪人身を慎まず」との世評を呼び，藩主に迷惑が及ぶことを恐れ，崋山は死を決意する。この絵は後に「腹切り牡丹」と称された。

高野長英　たかの　ちょうえい
1804〜50（岩手県）

主著　『戊戌夢物語』『わすれがたみ』

足跡　陸奥国（岩手県）水沢に生まれ，藩医であった叔父の養子となる。17歳の時蘭学修行のため江戸にでるが，洋学の先進地である長崎に遊学し，**シーボルト**の鳴滝塾で医学・蘭学を学んだ。その後，江戸で医師として開業する。1832年には日本初の生理学書『医原枢要』を著した。翻訳を通して渡辺崋山と交わることで政治に関心を高め，『二物考』では飢饉対策を示した。蛮社の獄の折には，モリソン号事件の幕府の対応を非難した『戊戌夢物語』によって投獄されたが，牢獄の火災に乗じて脱獄を果たす。硝酸で顔を焼いてまでして変装したが，江戸市中潜伏のおり，町奉行所に奇襲されて自殺した。

　語学に秀でた長英は，蘭学を学ぶうちに封建体制そのものの矛盾に気づき，幕政を批判するようになった。学問上から，日本の政治の遅れを警告した人物であった。

Side Story　蛮社の獄は，目付役鳥居耀蔵が，蘭学者と親しかったライバル江川英竜に，個人的に嫉妬したことから始まったともいわれる。

儒学の精神を基礎に，最新の西洋技術を取り入れた幕末の天才思想家

佐久間象山
さくま　しょうざん（ぞうざん）
1811 ～ 64　（長野県）

◀4回

Words 474和魂　475洋才　476天地公共の理　477一君万民論

> 全世界的な規模で考え，またそのような気宇（*気構え）をもって行動しなければならない。

> 佐久間象山の門弟には，坂本龍馬，吉田松陰，勝海舟といった幕末に活躍した人たちがおり，彼らに大きな影響を与えました。

主著 『省諐録』

足跡 信濃国（長野県）松代藩の下級藩士の子として生まれた。幼少より優秀で父から儒学などを学ぶ。22歳のとき江戸に出て佐藤一斎に師事する。1842年藩主が幕府海防掛になると，その顧問として「海防八策」を建言した。その後，西洋砲術やオランダ語・自然科学書・兵書などを研究。51年に砲術，兵学の私塾を開いた。1854年門弟の吉田松陰にペリーの黒船で密航することをそそのかしたとして蟄居となり，9年間，松代で謹慎生活を送った。その間，『省諐録』を著した。赦免後1864年，幕府の命によって京都に赴き，公武合体・開国論の立場で朝廷との下交渉を行うが，攘夷派によって暗殺された。

Think　西洋の技術をどのように日本に取り入れようとしたのか？

原典A　東洋道徳，西洋芸術

View　東洋の儒学の精神を補完するものとして，西洋のテクノロジーを取り入れよ。

　君子には五つの楽しみがあって，財産や地位はこれとは関係がない。……**東洋の道徳と西洋の芸術（技術）**と，この両方についてあますところなく詳しく研究し，これを民衆の生活に役立てて国恩に報ずる，これが第五の楽しみである。

(松浦玲 訳「省諐録」『日本の名著30』中央公論社)

　私の主張は，道徳・仁義・孝悌・忠信などの教えはことごとく漢土聖人の模訓つまり儒学に従い，天文・地理・航海・測量・万物の窮理・砲兵の技・商法・医術・器械などはみな西洋を主とし，世界中の長所を集めて日本の学問を大成したいというところにございます。

(松浦玲 訳「公武一和」同前)

解説

A象山は精神面での儒学の優越性を説いたが，技術的な知識に関しては西洋の優秀性を認め，積極的に取り入れることを説いた。この**和魂洋才**の思想は明治以後も受け継がれていった。

真田宝物館画像提供

➡象山が発明した電気治療機　象山の発明品

儒学に基づく日本の政治は世界の手本

横井小楠
よこい　しょうなん
1809～69（熊本県）

②回

足跡　肥後（熊本県）藩藩士の次男として生まれた。藩校の時習館で頭角をあらわし，藩費による江戸遊学を許された。もともと攘夷論者であったが，その後「**天地公共の理**」という理想に基づき，国際平和を目指す開国論を唱えた。1858年，越前福井藩に招かれ藩政改革を指導する。藩主松平慶永が政治総裁職につくと，そのブレーンとして公武合体運動を進める。福井藩滞在の折に『国是三論』を著し，開国による交易および藩経済の機構改革と民間資本育成という藩政改革の流れを示した。幕政改革においては，『国是七策』を提出した。

原典　堯舜孔子の道（*儒学の精神）を明らかにし西洋器械の術を尽くさば　何ぞ富国に止まらん　何ぞ強兵に止まらん　大儀を四海に布かんのみ

(松浦玲 訳「佐平太・太平二甥の洋行に際して」『日本の名著30』中央公論社)
* 1866年，洋行する二人の甥に送った言葉。

誠を行動の指針として一君万民論を主張

吉田松陰
よしだ　しょういん
1830～59（山口県）

⑥回

足跡　長州（山口県）萩藩の杉家に生まれるが，5歳で吉田家を継いだ。藩主からも「国の宝」と嘱望される秀才であった。諸国を遊学し，とくに水戸の会沢正志斎から多くを学んだ。24歳のとき佐久間象山の助言にしたがい，ペリーの黒船による密航渡米を企てるが失敗し，入獄。郷里の野山獄で囚人たちに『孟子』の講義を行う。27歳のとき杉家宅地内に松下村塾を開く。門弟に高杉晋作・久坂玄瑞・伊藤博文らがいた。松陰は「**一君万民論**」の立場から尊王攘夷を唱え幕政批判を展開，安政の大獄の際に検挙され，処刑された。

原典　天下の側から考えれば，これを護ってこられた人君（*天皇）ほど尊いものはない。……君民の二者は，天地が開けて以来，一日も離れることのできないものである。

(松本三之助 訳「講孟余話」『日本の名著31』中央公論社)

🌐 **Focus**　後期水戸学と日本の命運

➡「新論」（「国体論」は同書の一章）

　水戸藩士**会沢正志斎**（➡p.245）は「新論」の中で「**国体論**」を説き，天皇の宗教的権威に基づく祭政社会の復活を掲げ，**藤田幽谷**(1774～1826)は「大義名分論」（幕府は朝廷の臣下として忠誠を尽くす）を主張。子の**藤田東湖**(1806～55)は国体論に基づき祭政改革を実行，また忠君愛国精神を説き，多くの志士に影響を与えた（漢詩「正気歌」中に，明治以降，死者を祀る語として使われる「英霊」の語がある。また，この歌は幕末の志士たちを鼓舞した）。彼らの意図は「幕政の立て直し」であり，必ずしも倒幕は期待していなかったが，彼らの意図を越え，尊王攘夷派らによる討幕運動が引き起こされた。

正志斎會澤先生著　新論　江戸書林　玉山堂蔵梓　全二冊

Side Story　会沢正志斎の『新論』はあまりにも幕府を刺激する内容だったので，出版はさせず，著者名を伏せて関係者の間でのみ読まれていた。しかし，書き写された本が出回り，長州の吉田松陰の目に留まることになる。

日本思想

1 儒教の受容と展開

人倫の秩序を重んじる儒学は近世身分社会に最も適合する思想であり，江戸時代に定着した。朱子学は幕府・諸藩の公式の学問となり，その後，陽明学，古学，古義学と展開された。

	人物	主著	特色	家塾
朱子学派	[①藤原惺窩] (1561～1619)	『千代もと草』	徳川家康に取り立てられるが，自分の代わりに弟子を推挙し任官させた。	(聖堂学問所)
	[②林　羅山] (1583～1657)	『春鑑抄』『三徳抄』	家康から家綱までの四代の将軍に仕え儒学を講じ，幕府のブレーンとして法令の制定などに携わった。身分秩序を主張する [③上下定分の理]を説き，この実践が存心持敬だとした。	
陽明学派	[④中江藤樹] (1608～48)	『翁問答』	[⑤孝]をもって人の生きる道とし，それを「愛敬」と言い換えた。また，すべての人にそなわっている「良知」を実践する [⑥知行合一]が大切であると説いた。	藤樹書院
	[⑦熊沢蕃山] (1619～91)	『大学或問』	岡山藩の藩士だった22歳の時，中江藤樹の門下に入り，帰藩の後，様々な藩政改革を行ったが，幕政を批判したため失脚した。	
古学派	[⑧山鹿素行] (1622～85)	『聖教要録』『山鹿語類』	漢・唐・宋・明の後代の学者の解説書ではなく，直接孔子や孟子らの原典を読むことを提唱した。	
	[⑨伊藤仁斎] (1627～1705)	『論語古義』『童子問』	『論語』，『孟子』の原典二冊を熟読し，もともとの意味を明らかにして，儒学の根本精神に立ち返ろうとした。	古義堂
	[⑩荻生徂徠] (1666～1728)	『政談』	『六経』など古典を原語で解釈し，孔孟の教えを直接理解する [⑪古文辞学]によって天下を安泰する道を求めた。	蘐園塾

2 日本文化と国学

古典研究に始まり，日本人としての真実の生き方を見出そうとした国学の台頭は，人々に藩の枠を超えた日本を自覚するきっかけを与え，幕末の新たな展開への原動力となった。

人物	主著	特色	門下
[⑫契　沖] (1640～1701)	『万葉代匠記』	注釈文に頼ることなく本文やそれ以前の書にあたることが国学の方法であることを述べた。徳川光圀（水戸黄門）から万葉集の研究を依頼される。	
[⑬荷田春満] (1669～1736)	『創学校啓』	古義学派の学問方法を取り入れながら，古学（国学）を発展させようと努めた。	
[⑭賀茂真淵] (1697～1769)	『万葉考』『国意考』	儒教や仏教など外来思想の影響を受けない古代日本人の心情を万葉集などの古典から探究し，「[⑮ますらをぶり]」「高く直き心」を再発見した。	縣居門
[⑯本居宣長] (1730～1801)	『古事記伝』	『古事記』『日本書紀』の研究を通じて「神ながらの道」を発見し，「[⑰もののあはれ]」を知る心こそ，人が生まれたままの本来の「真心」に立つことであるとした。	鈴屋門
[⑱平田篤胤] (1776～1843)	『古道大意』『霊能御柱』	日本古来の宗教性・神秘性を追求し，天皇を崇拝することが「[⑲大和心]」「真の心」であると考え，幕末の尊皇攘夷運動に影響を与えた。	篤胤門

3 近世の民衆思想

近世社会の成熟は，武士と庶民それぞれのあり方の違いをより明確にすると同時に，社会を支える町人，農民にものの考え方や生き方を説く思想を生み出した。

人物	主著	特色
[⑳貝原益軒] (1630～1714)	『大和本草』『養生訓』	江戸中期の儒学者であり科学者。本草学の先駆者。朱子学の[㉑窮理]をめざす合理的精神で実証研究を行った。
[㉒富永仲基] (1715～46)	『翁の文』『出定後語』	江戸中期の上方の学者。町人の教育施設であった懐徳堂の代表的思想家。儒教，仏教，神道などについて幅広く研究した。
[㉓三浦梅園] (1723～89)	『玄語』	江戸中期の自然哲学者。人間中心でなく，自然を師とすることなどを説いた。
[㉔山片蟠桃] (1748～1821)	『夢の代』	[㉕無鬼論]（霊魂の否定）を主張。仏教，儒教，神道の霊魂観を否定。霊魂は実体としては存在せず，人に道徳を与える方便とした。
[㉖石田梅岩] (1685～1744)	『都鄙問答』	京都で私塾を開き，町人に生き方やものの考え方を教えた。商人の利潤追求を天理にかなっているとした。
[㉗安藤昌益] (1703～62)	『自然真営道』『統道真伝』	八戸の町医者。人間のありのままな生活を尊び理想とした。半面，生産活動をしない武士たちを[㉘不耕貪食]と批判した。
[㉙二宮尊徳] (1787～1856)	『二宮翁夜話』	小田原の農民。没落した家を勤勉と独創によって再興した。その方法で，藩の財政再建や幕府の土木事業に活躍した。

RANK UP 商業的行為の位置づけをめぐるカルヴァンと石田梅岩のとらえ方を比較し，両者の類似点と相違点について論ぜよ。（筑波大　2016，▶答えは裏表紙裏）

4　洋学と幕末・開国思想

西洋からもたらされた学問や国際情勢に関する知識・情報は，日本はどうあるべきかという課題を投げかけ，意識の変革が，封建社会の変革を求める動きにつながっていった。

	人物	主著	特色	家塾
洋学	[㉚平賀源内] (1728 〜 79)	『物類品隲』	本草学者，科学者，戯作者であり，ルネサンスの万能人に匹敵する多才さを示した。蘭学を紹介，エレキテルなどを作製した。	
	[㉛杉田玄白] (1733 〜 1817)	『解体新書』 『蘭学事始』	ドイツの医学書の蘭訳である『ターヘル・アナトミア』から翻訳を行い，『解体新書』として刊行した。	
幕末・開国の思想	[㉜高野長英] (1804 〜 50)	『戊戌夢物語』	シーボルトの[㉝鳴滝塾]に入門。江戸で町医者となる。幕府の異国船打払令を非難し，蛮社の獄で投獄された。	
	[㉞渡辺崋山] (1793 〜 1841)	『慎機論』	尚歯会を設立し蘭学研究を進める。モリソン号事件の際，幕府を批判。蛮社の獄で国元蟄居（謹慎刑）となり，後に自殺する。	
	[㉟佐久間象山] (1811 〜 64)	『省諐録』	松代藩士。西洋砲術，蘭語，自然科学書，兵書などを研究。「東洋の道徳，西洋の技術」を主張。	
	[㊱会沢正志斎] (1782 〜 1863)	『新論』	水戸藩士。後期水戸学の理論的確立者。幕府の異国船打払令（1825年）を機に『新論』を著す。そこでの『国体論』が幕末の尊王攘夷運動の原動力となると同時に，その後の民族的国体論の原型となった。	
	[㊲藤田東湖] (1806 〜 55)	『回天詩史』	水戸藩士。幕末の内憂外患の中，水戸学の中心人物として活躍し，藩主徳川斉昭 を助けて藩政改革に尽力した。藩主とともに蟄居処分を受けた際に作った『正気歌』(1845 年) は，この歌本来の忠君のテーマを超えて，忠君愛国と尊王攘夷の精神を訴え，大きな反響をよんだ。	
	[㊳吉田松陰] (1830 〜 59)	『講孟余話』	長州出身。ペリー来航の際，密航を企てるも失敗。郷里で塾を開き多くの有能な門下生を出した。幕政批判のため江戸で処刑された。	[㊴松下村塾]

⑨ CHALLENGE　大学入試問題にチャレンジしてみよう（答えは裏表紙裏）

⑨-1 次の文章は，中国などから伝わり，江戸時代の日本で独自に展開した思想に関連するものである。この文章の著者が受容した中国などから伝わった学問を**あ・い**から，この文章の著者が主張したことを**X・Y**から，次にこの文章の作者名を**A・B**からそれぞれ選び，その組み合わせの最も適当なものを，下の①〜⑧のうちから一つ選べ。

（2018　共通テスト試行調査　改）

> 礼と云うものは，先代帝王の定めおかれた事也。「承天之道」とは，天は尊く地は卑し。天はたかく地は低し。上下差別あるごとく，人にも又君はたふとく，臣はいやしきぞ，その上下の次第を分けて，礼儀・法度と云ことは定めて，人の心を治められたぞ。

学問　　**あ**　陽明学　　　　**い**　朱子学

主張　　**X**　形式的な礼儀や身分秩序を重視する考え方を批判し，心の内面と実践を重視する考え方を主張した。
　　　　Y　封建的身分秩序を思想的に根拠づけ，常に心の中に敬をもつ心の在り方を主張した。

作者名　**A**　熊沢蕃山　　　　　**B**　林羅山

① あ−X−A　　② あ−X−B　　③ あ−Y−A　　④ あ−Y−B　　⑤ い−X−A　　⑥ い−X−B
⑦ い−Y−A　　⑧ い−Y−B

⑨-2 国学者でもある本居宣長は，「嬉しかるべきことは嬉しく，悲しかるべきことは悲しく」思うことを重視しているが，その思想は儒学者とは異なるものであった。宣長による儒学批判の内容として最も適当なものを，次の①〜④のうちから一つ選べ。

（2016　センター本試）

① 嬉しく思うべきこと，悲しく思うべきことの内実は，日本と中国で異なるので，互いに尊重し合うべきなのに，儒学の教えがその差異に気づかず，己の感性のみを基準としているのは，横暴である。
② 何を嬉しく思い，何を悲しく思うかは一人一人違い，また同じ人でも時によって違うので，その時々の感情のまま舞うべきなのに，儒学の教えが一律に道理で捉えようとしているのは，的外れである。
③ 嬉しいことを嬉しく思い，悲しいことを悲しく思うのは，事柄に相応して感情が動く人間本来のあり方なのに，儒学の教えが何事にも道理を先立て，妄りに心を動かさないよう説いているのは，うわべを飾る偽りである。
④ 人間は善事に励むことを嬉しく思い，悪事に手を染めることを悲しく思うように生まれついているのに，儒学の教えが感情を適切に発動するように説いているのは，誰もが既にしていることを教えとした空論である。

RANK UP　古代の言葉を探究した荻生徂徠と賀茂真淵を比較し，両者の共通点を説明せよ。（センター追試　2016 改，▶答えは裏表紙裏）

第7節 西洋思想の受容と展開

➡東京銀座のようす（銀座通煉瓦造鉄道馬車往復図）明治維新によって西洋の技術・文化などが流入し，急速に西洋化が進んだ。

文明開化と西洋思想の流入

　明治維新後，日本は政府主導で近代化を推し進めていった。**福沢諭吉**ら啓蒙思想家たちは**明六社**を結成，雑誌を通して国民に**天賦人権論**や自由主義を伝えたが，政府の言論規制が厳しくなると廃刊に追い込まれた。

　一部の官僚による専制的な政府に対して，**自由民権運動**が起こると，立憲主義や共和主義などの政治思想が流入した。東洋のルソーと称された**中江兆民**は，『社会契約論』（➡p.122）を漢文に翻訳し，影響を与えた。

　新渡戸稲造や**内村鑑三**らキリスト者は，西洋文化を受容する土台として**武士道**に注目した。内村は武士道とキリスト教をつなぎ合わせ，日本とイエスという「二つのＪ」に奉仕する教えを説いた。

　しかし，国民にとって西洋思想の受容は表面的なものにすぎなかった。**夏目漱石**は，明治の文明開化を「他者への依存から抜け出せない『外発的開化』にとどまっている」と指摘し，身の丈に合った「**内発的開化**」の必要性を説いた。一方，欧化政策への反動として，**徳富蘇峰の民友社，三宅雪嶺の政教社**などによるナショナリズムの運動が沸き起こった（➡p.255）。

➡「肉を食べない者は無教養だ」とあおりたてる男（仮名垣魯文『安愚楽鍋』より）

近代化の進展と大正デモクラシー

　近代化はさまざまな社会問題を引き起こした。なかでも労働問題は，**社会主義**（➡p.145）への関心を高めることになった。**幸徳秋水**らは「平民新聞」を発行し，**大逆事件**による弾圧まで社会主義運動をけん引した。

　大正時代に入ると，**吉野作造**が説いた**民本主義**の考えが**大正デモクラシー**（➡p.261）の機運を盛り上げ，政党政治や男子普通選挙を実現した。また女性の社会進出も進み，**平塚らいてう**や**与謝野晶子**（➡p.260）が文壇で注目を浴びた。

　しかし，1929年の世界恐慌を契機に国際情勢が不安定になると，国民は政争に明け暮れる政党に失望し，大陸で軍事行動を拡大する軍部に期待が高まった。やがて**石橋湛山**（➡p.261）による**小日本主義**の警告もむなしく，日本は軍国主義に向かっていくことになる。

●西洋思想の受容と展開　年表

西暦	できごと	思想家
1853	ペリー艦隊浦賀来航	福沢諭吉（1835〜1901） 中江兆民 幸徳秋水 夏目漱石 新渡戸稲造 内村鑑三 吉野作造 平塚らいてう
56	幕府，蕃書調所を開設	
58	福沢諭吉，江戸鉄砲洲に蘭学塾開設	
60	幕府正使，通商条約批准のため渡米。咸臨丸も福沢諭吉らを乗せて随行	
63	蕃書調所，洋書調所を経て開成所と改称	
66	福沢諭吉『西洋事情』	
68	明治維新	
71	廃藩置県，文部省設置 中村正直『西国立志編』	
72	福沢諭吉『学問のすゝめ』，学制発布	
73	森有礼ら明六社結成	
74	民撰議院設立建白書	
75	樺太千島交換条約 福沢諭吉『文明論之概略』	
77	西南戦争	
79	植木枝盛『民権自由論』 自由民権運動さかんになる	
82	中江兆民『民約訳解』 加藤弘之『人権新説』	
83	鹿鳴館完成	
84	秩父事件	
86	第1回条約改正会議 ノルマントン号事件	
87	徳富蘇峰，民友社設立	
88	三宅雪嶺，志賀重昂，政教社設立	
89	大日本帝国憲法発布，森有礼暗殺	
90	教育勅語発布	
94	日清戦争（〜95） 内村鑑三『後世への最大遺物』	
1900	治安警察法制定 新渡戸稲造『武士道』	
03	幸徳秋水「平民新聞」発刊	
04	日露戦争（〜05）	
10	大逆事件，韓国併合 柳田国男『遠野物語』	
11	西田幾多郎『善の研究』	
13	第一次護憲運動	
14	第一次世界大戦（〜18） 夏目漱石『こころ』	
18	シベリア出兵，米騒動	
24	第二次護憲運動	
25	普通選挙法，治安維持法制定	
29	世界恐慌（〜32）	
31	満州事変	
36	二・二六事件	
37	日中戦争	
39	第二次世界大戦	
41	太平洋戦争始まる（〜45）	
45	ポツダム宣言受諾，敗戦	
46	日本国憲法公布	

Side Story　「Boys, be ambitious」という言葉で知られるクラーク博士が札幌農学校に赴任したのも維新後の1876年のことである。当時アメリカに留学していた新島襄（➡p.254）がクラークの教え子で，彼の紹介がきっかけであったという。

❶啓蒙思想と民権論

「明六社」を中心とした啓蒙活動

文明開化の思想家たち

Words 478 文明開化　479 明六社

↑明六社の定例会が開かれた築地精養軒　当時の築地は西洋の香りがする区域であり，精養軒は西洋料理店とホテルを兼ねていた。

概説　近代日本の**文明開化**における啓蒙活動で最も重要な役割を果たした**明六社**は，日本にも欧米のような学術団体の必要性を痛感していた森有礼が，日本を代表する学者たちに呼びかけて1873（明治６）年に設立した。森は福沢諭吉を社長に推したが，固辞され，初代社長には森自身が就任した。明六社の設立メンバーの中で官職に就かなかったのは福沢だけであり，明六社発足直前にも福沢は『学者の職分を論ず』という論文を発表して，学者が官職に就く風潮に批判的であった。その後も明六社の中では異端であり続けた福沢だが，明六社を実質的にリードしたのも福沢であった。月に２回，築地精養軒で定例会が開かれ，そこでの成果は**明六雑誌**を通じて日本中に広まった。**天賦人権論**の紹介，「自由」をめぐる議論，さまざまな権利論の展開など，欧米近代思想の普及は『明六雑誌』なしには語り得ない。しかし，その『明六雑誌』も讒謗律・新聞紙条例による厳しい取り締まりをきっかけに，わずか２年足らずで廃刊となり，明六社も自然消滅していく。

1 明六社の人々

██歳 は明六社設立時の年齢。

13
18

数々の造語で学問を輸入　3回

西周　にし あまね　44歳
1829 ～ 97（島根県）

足跡　現島根県津和野町に生まれる。蕃書調所の教授となり，幕府の命で津田真道・榎本武揚らとともにオランダに留学。哲学・経済学・国際法などを学ぶ。帰国後，徳川慶喜の側近として活躍。維新後は明治政府に出仕，各省の官僚を歴任。また**西洋哲学の翻訳・紹介等，哲学の基礎を築くことに努めた**。Philosophyを「哲学」と訳したほか，「理性」「主観」「客観」などの語も作った。また軍人勅諭の起草に関係する等，軍政の整備とその精神の確立に尽力した。

自助論を展開　3回

中村正直　なかむら まさなお　41歳
1832 ～ 91（東京都）

足跡　江戸で幕府同心の子として生まれる。昌平坂学問所で学び，後に教授となる。幕府のイギリス留学生監督として渡英。1870年，スマイルズの『Self Help』を『**西国立志編**』のタイトルで出版，「天は自ら助くるものを助く」という言葉を広めた。この本は福沢諭吉の『学問のすゝめ』と並ぶ大ベストセラーとなった。またJ.S.ミルの『On Liberty』を『**自由之理**』のタイトルで出版し，功利主義・個人主義道徳を説いた。女子教育・障がい者教育にも尽力した。

明六社の創設者　3回

森有礼　もり ありのり　26歳
1847 ～ 89（鹿児島県）

足跡　現鹿児島県に薩摩藩士の子として生まれたが，戊辰戦争前後は英米に留学中であった。滞米中に体験した知的な生活風土と学術研究のあり方に刺激を受け，明六社を設立，初代社長になる。明六雑誌に「妻妾論」を発表し，当時の日本の，妾を囲う風習を批判。夫婦の相互的な権利と義務に基づく**一夫一婦制の婚姻形態**を提唱し，自らも実践した。1885年，初代文部大臣に就任。1889年，憲法発布の日に国粋主義者によって暗殺された。

新政府の立法で活躍　3回

津田真道　つだ まみち　44歳
1829 ～ 1903（岡山県）

足跡　現岡山県津山市に生まれる。箕作阮甫と伊東玄朴に蘭学を，佐久間象山に兵学を学ぶ。蕃書調所の教官となり，西周らとオランダに留学。帰国後開成所教授。日本で初めて西洋法学を紹介。明治維新後は司法省に出仕して『新律綱領』の編纂に参画。以後も各種の立法に尽力。人身売買禁止を建議したほか，明六雑誌でも出版の自由，拷問の廃止，廃娼論などを発表。また，死刑制度にも反対した。

儒学と西洋哲学を折衷　3回

西村茂樹　にしむら しげき　45歳
1828 ～ 1902（千葉県）

足跡　現千葉県に佐倉藩士の子として生まれる。日本の急激な西洋化による道徳秩序の混乱を危惧し，『日本道徳論』を著して，儒学を基本に西洋の哲学などを部分的に折衷しながら，**皇室崇拝を中心におく日本道徳**を提唱した。文部省編輯局長として教科書の編集や教育制度の確立に尽力したほか，道徳普及団体である修身学社（日本弘道会）を組織し，学校教育にも影響力を持った。

民権思想推進から反対に転換　2回

加藤弘之　かとう ひろゆき　37歳
1836 ～ 1916（兵庫県）

足跡　現兵庫県の出石藩の藩士の子に生まれる。学問一筋で精進して幕臣に取り立てられ，蕃書調所教官になる。維新後は新政府に出仕し，のち帝国大学（現・東京大学）総長を務めた。明六社時代は天賦人権論に基づいた啓蒙活動を展開したが，後に自由民権運動が盛んになると立場を180度転向し，『人権新説』を著して社会進化論の立場から民権思想を批判するようになった。

Side Story　日本トップクラスの学識経験者をメンバーとする明六社は，1879年に文部省直属の東京学士会院が設立された際の母体となり，その系譜は帝国学士院を経て，現在の日本学士院につながっている。

日本思想

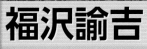

独立自尊を説いた明治の啓蒙家　　　　　　　　　　　　　13回

福沢諭吉

ふくざわ　ゆきち
1835 ～ 1901　（大阪府）

一身独立して一国独立す。

Words 480 天賦人権論
481 独立自尊　482 実学
483 富国強兵策

主著　『学問のすゝめ』『文明論之概略』『福翁自伝』

足跡　福沢諭吉は 1835（天保5）年，大坂の中津藩蔵屋敷に生まれた。父百助は 13 石 2 人扶持の下級武士であった。後年自伝の中で，「父の生涯，45 年のその間，封建制度に束縛せられて何事も出来ず，……門閥制度は親の敵で御座る」といっているが，諭吉自身は，そのような旧制度に反発して蘭学を，ついで英学を学びつつ成長し，偏見にとらわれず自由な精神をもって合理的な生き方を貫いた。

西暦	年齢	生涯　色文字は同時代のできごと	西暦	年齢	生涯
1835	0	大坂中津藩蔵屋敷で誕生。父は廻米方	1861	26	幕府の使節に加わり欧州歴訪
36	1	父病死。中津に帰る	66	31	『西洋事情』刊行
53	18	ペリー来航	67	32	幕府の使節として渡米
54	19	長崎遊学。蘭学を学ぶ　日米和親条約成立	68	33	塾を芝に移し慶応義塾と改称
55	20	緒方洪庵の適塾に入門	72	37	『学問のすゝめ』初編刊行
57	22	適塾の塾長になる。多くの原書を読む	73	38	明六社結成に参加
58	23	中津藩の命令で江戸築地に蘭学塾を開く	75	40	『文明論之概略』刊行
59	24	横浜見物以後，蘭学から英学に転向	78	43	自由民権論高まる
60	25	遣米使節（咸臨丸）に同行	98	63	『福翁自伝』脱稿
		桜田門外の変	1901	66	死去

Approach　独立の気力無き者は……

『福翁自伝』に面白い話がある。1872（明治5）年のころ，諭吉は大坂から 15 里の行程を一人で歩いていた。

《話相手がなくておもしろくないところから，なんでも人に会うて言葉を交えてみたいと思い，往来の向こうから来る百姓のような男に向かって道を聞いたら，そのときの私のそぶりが，なにか横風で昔の士族の正体が現れて言葉も荒かったとみえる。するとその百姓がまことにていねいに道を教えてくれておじぎをしていく。……

もう1度やってみようと思うて，その次に来るやつにむかってどなりつけ，「コリャ待て，向こうに見える村はなんと申す村だ。シテ村の家数はおよそ何軒ある。あのかわら屋の大きな家は百姓か町人か，主人の名はなんと申す」などと，くだらぬことをたたみかけて士族丸出しの口調で尋ねると，そいつは道のはたに小さくなって，恐れながらお答え申し上げますというような様子だ。

こっちはますますおもしろくなって，

先生、道を尋ねる。

（黒鉄ヒロシ『福翁ポンチ伝』『歴史街道』1991・10 特別増刊号，PHP 研究所）

今度はさかさまにやってみようと思いつき，またむこうから来るやつに向かって「モシモシはばかりながらちょいとものをお尋ね申します」というような口調にでかけ……すべてやつの調子に合わせてごてごて話をすると，やつは私を大坂の町人が掛けとりにでも行く者と思うたか，なかなか横風でろくに会釈もせずにさっさと別れていく。そこで，今度はまたその次のヤツに横風をきめこみ，またその次にはていねいに出かけ，いっさい先の顔色に取捨なく，だれでもただ向こうから来る人間1匹ずつ1つおきときめてやってみたところが，およそ3里ばかり歩く間，思うとおりになったが，そこで私の心中ははなはだおもしろくない。いかにもこれはしょうもないやつらだ。**だれもかれも小さくなるなら小さくなり，横風ならば横風でもよし，こうどうも先の人を見て自分の身を伸び縮みするようなことではしょうがない。**……いかにも頼もしくないと大いに落胆したことがある》

（『福翁自伝』岩波文庫）

福沢諭吉には，日本が西欧列強の植民地にされるかもしれないという危機感があり，国の独立を何よりも願った。その時，諭吉が最も障害になると考えた点が日本人一人ひとりに「独立の気力」がないということであった。そして**一身独立して一国独立す**という考えの下，**独立自尊**を説き続け，自らもそれを実践する人生を送った。諭吉の啓蒙活動はそのためにあったと言ってよい。

その頃から約 150 年。現在の日本人は一人ひとりが独立心を持つまでに成長したと言えるだろうか？　日本は真の意味で独立国と言えるであろうか？　福沢諭吉が現在の日本を見たらどうコメントするか，興味深いところである。

どうでしょうか。福沢先生？

Side Story　「自由」という言葉を freedom や liberty の意味で使い始めたのは福沢諭吉。他に「西洋」「版権」「汽車」という訳語も彼が作った。また，ウに（゛）を付けてヴという文字を発明したのも彼である。

Outline 福沢諭吉の思想：福沢の啓蒙活動の目的は？

啓蒙活動
人間の理性を重んじ，伝統的な権威や習慣を破り，生活や社会制度を見直そうとする運動。

学問・西洋への関心 → 漢学・蘭学・英学を学ぶ　渡米2回　渡欧1回 → 『西洋事情』『学問のすゝめ』明六社に参加

❶「天は人の上に人を造らず人の下に人を造らず」→ 天賦人権論（人間は生まれながらにして平等）

❷「独立とは，自分にて自分の身を支配し他によりすがる心なきをいう」→ 独立自尊

❸ 実学（実用的な西洋の学問）のすすめ → 学問の奨励・教育活動（慶応義塾創設）

❹「一身独立して一国独立する」（日本を近代国家にしたい）→ 脱亜論

Think 福沢はどんな学問をすすめたのか？

原典 A 学問のすゝめ

View 人間は平等につくられているとはいえ，学問の有無で人生が大きく変わってくる。

「天は人の上に人を造らず人の下に人を造らず」と言えり。されば天より人を生ずるには，万人は万人みな同じ位にして，生まれながら貴賤上下の差別なく，万物の霊たる身と心との働きをもって天地の間にあるよろずの物を資り，もって衣食住の用を達し，自由自在，互いに人の妨げをなさずしておのおの安楽にこの世を渡らしめ給うの趣意なり。されども今，広くこの人間世界を見渡すに，かしこき人あり，おろかなる人あり，貧しきもあり，富めるもあり，貴人もあり，下人もありて，その有様雲と泥との相違あるに似たるはなんぞや。その次第はなはだ明らかなり。『実語教』に，「人学ばざれば智なし，智なき者は愚人なり」とあり。されば賢人と愚人との別は学ぶと学ばざるとによりてできるものなり。

（『学問のすゝめ』岩波文庫）

原典 B 孟子にても孔子にても遠慮に及ばず

孟子の教えに不孝に三つあり，後なき*を大なりとすと。余答えていわく，天理に戻ることを唱うる者は孟子にても孔子にても遠慮に及ばず，これを罪人と言いて可なり。妻を娶り，子を生まざればとてこれを大不孝とは何事ぞ。遁辞と言うもあまりはなはだしからずや。苟も人心を具えたる者なれば，誰か孟子の妄言を信ぜん。元来不孝とは，子たる者にて理に背きたることをなし，親の身心をして快からしめざることを言うなり。もちろん老人の心にて孫の生まるるは悦ぶことなれども，孫の誕生が晩しとて，これをその子の不孝と言うべからず。　*子どもができないこと。

（『学問のすゝめ』同前）

⑫ 原典 C 日本に欠けているもの

View 数理学（実学）と独立心。

私の教育主義は自然の原則に重きをおいて，数と理とこの二つのものを本にして，人間万有有形の経営はすべてソレカラ割出して行きたい。……さて国勢の大体より見れば，富国強兵，最大多数の最大幸福の一段に至れば，東洋国は西洋国の下に居らねばならぬ。国勢の如何は果して国民の教育より来るものとすれば，双方の教育法に相違がなくてはならぬ。ソコデ東洋の儒教主義と西洋の文明主義を比較してみるに，東洋になきものは，有形において数理学と，無形において独立心と，この二点である。……これでは差し向き国を開いて西洋諸強国と肩を並べることはできそうにもない。

（『福翁自伝』岩波文庫）

Focus 脱亜思想と脱亜論

1885年，『時事新報』の「脱亜論」で福沢は「我国は隣国の開明を待て共に亜細亜を興すの猶予ある可からず，寧ろ其の伍を脱して西洋の文明国と進退を共にし……」と論じた。これは「文明諸国から日本も野蛮国であるとみなされるならばその侵略を受ける可能性がある」という文脈であったが，戦後「アジアを蔑視し先進西欧に近づきその仲間として中国・朝鮮に侵入する」という侵略主義者という福沢諭吉像が提起された。これは，1930年代，大陸侵略の正当化のため，「脱亜論」を誤った形で解釈した勢力によって塗り変えられた福沢諭吉像から得られた研究成果であったが，福沢はアジア侵略を正当化したのではなかった。

❶ 脱亜論

解説

A 1872年から76年にかけて刊行された『学問のすゝめ』は空前絶後のベストセラーとなり，海賊版も多数出回った。当時の国民の10人に1人が読んだとも言われている。「一国が独立するためには，一身が独立することが，必須である。学問を修める目的は国においては文明を築くことである。」と説いた。西洋の文明をモデルとして，明治という新しい時代を迎えた日本が，西洋の先進国家に肩を並べられるように発展することを福沢は何よりも願った。咸臨丸での渡米，3年に及んだ幕府遣欧使節随員としてのヨーロッパ歴訪，また幕府軍艦受け取りのための渡米など，3度にわたる欧米の体験は，その後の日本の進むべき道を福沢の脳裏に刻み付けるものになった。

B 福沢は洋学のみならず漢学の素養も深かったが，儒学の封建的な考えを嫌悪した。孔子や孟子は言うに及ばず，当時日本人に尊敬されていた楠木正成や赤穂義士であっても納得のいかない点があれば歯に衣着せぬ弁舌で切り捨てた。天賦人権論に鑑み，儒教道徳によって苦しめられていた女性の権利の伸張にも先進的な言動が多い。

C 日本の国力が西洋にかなわない原因を教育のあり方に求めた福沢は，日本に欠けているものを数理学を含む実学と，独立心の二つであるとした。実学とは「人間普通日用に近き」学問のことで，読み書きそろばんを始め，地理学，究理学（自然科学），歴史学，経済学などの学問を指す。従来学問といえば古文を読み，和歌を楽しみ，詩を作るなどが主流であった。福沢はこれらを虚学と呼び，虚学より実学を優先すべきであると主張した。

日本思想

Side Story 明治14年の政変によって政界から追われ，手持ちぶさたにしていた大隈重信に，学校を創ることを勧めたのは福沢である。福沢が存在しなければ慶應義塾はもちろん，早稲田も存在していなかったのだ。

「東洋のルソー」と呼ばれた明治の啓蒙思想家・政治家　　　9回

中江兆民
なかえ　ちょうみん
1847～1901（高知県）

Words 484東洋のルソー 485恩賜 的民権 486恢（回）復的民権

ルソーの思想の長所は，人民に自ら修身治国させて官（政府）の抑圧を防ぐ点にある。

西暦	年齢	生　涯
1847	0	土佐国の足軽の家に生まれる
1865	19	藩校を退学し英学を学ぶため長崎に留学
1867	21	江戸に出奔
1871	25	岩倉使節団に同行し，アメリカ，次いでフランスに渡る
1875	29	東京外国語学校の校長に任じられるが，教育方針をめぐる対立から直後に辞職
1882	36	『社会契約論』の抄訳『民約訳解』の連載開始
1877	31	元老院を辞職し，翻訳業や私塾で生活
1887	41	保安条例により東京から追放される 『三酔人経綸問答』を出版
1889	43	大日本帝国憲法発布にともなう恩赦で追放解除
1890	44	衆議院議員に当選
1891	45	衆議院議員を辞職。北海道で実業家として活動
1901	55	『一年有半』を執筆。死去

主著 『民約訳解』『三酔人経綸問答』『一年有半』

足跡 土佐（現在の高知県）に生まれる。本名篤介。兆民は号で「多くの民」という意味。長崎留学や政府留学生としてフランスへ行き見聞を広めた。フランス語の他に哲学・政治・歴史・文学などを研究。帰国後，仏学塾を開く。ルソーの『社会契約論』を翻訳し解説を付けて『民約訳解』として発刊し，自由民権運動に大きな影響を与えた。そのため，「東洋のルソー」と呼ばれる。西園寺公望に招かれ『東洋自由新聞』の主筆となり，政治批判や啓蒙活動を精力的に行う。1890年に第1回衆議院議員選挙に当選したが，議員たちのありかたに失望し，帝国議会を「無血虫の陳列場」とののしり，「アルコール中毒だから」という人を食ったような理由で辞職した。1901年，喉頭癌で余命1年半との宣告を受け，『一年有半』を執筆したが，まだ余命があったため，『続一年有半』で，唯物論の立場からの「無神無霊魂」論を書いて他界した。

ヨーロッパの近代民主思想を紹介し，外の権威にも，内の欲望にも妨げられない「心思の自由」の涵養を通じての人間の主体性を重んじ，自由民権運動を思想面から支えたのが兆民であった。

Outline 中江兆民の思想：二つの民権

民権 →
- 恩賜的民権 …現状
  ＊上から与えられた民権
- 養い，育て，同等のレベルに
- 恢（回）復的民権 …理想
  ＊下からの勝ち取った民権

兆民は，イギリス・フランスのような，下からの自由・平等を勝ち取る「恢（回）復的民権」は，理想ではあるが日本には時期尚早なので，「恩賜的民権」を護り育て，実質的に「恢（回）復的民権」のレベルまで引き上げていくのが良いと考えた。

「恩賜」とは天皇から何かをいただくこと。戦前，帝国大学を優等で卒業すると，「恩賜の銀時計」が贈られました。

Think 二つの民権の違いを押さえよう！

原典A 恩賜的民権と恢（回）復的民権

View 恩賜であっても回復であっても，民権の本質は変わらない。

「世の所謂民権なる者は，自ら二種有り。英佛の民権は恢復的の民権なり。下より進みて之を取りし者なり。世又一種恩賜的の民権と称すべき者有り。上より恵みて之を与ふる者なり。恢復的の民権は下より進取するが故に，その分量の多寡は，我れの随意に定むる所なり。恩賜的の民権は上より恵与するが故に，その分量の多寡は，我の得て定むる所に非ざるなり。若し恩賜的の民権を得て，直に変じて恢復的の民権と為さんと欲するが如きは，豈事理の序ならん哉。……たとひ恩賜的民権の量如何に寡少なるも，其の本質は恢復的民権と少しも異ならざるが故に，吾儕人民たる者，善く護持し，善く珍重し，道徳の元気と学術の滋液とを以て之を養ふときは，時勢益々進み，世運益々移るに及び，漸次に肥とつと成り，長大と成りて，彼の恢復的の民権と肩を並ぶるに至るは，正に進化の理なり。」
（『三酔人経綸問答』岩波文庫）

原典B 政治の本質

View 社会は，専制，立憲制と順を追って民主制に向かうべきだ。

南海先生は，またもやぐっと一杯やって「紳士君は，もっぱら民主制度を主張されるが，どうもまだ，政治の本質というものをよくつかんでいない点があるように思われます。政治の本質とはなにか。国民の意向にしたがい，国民の知的水準にちょうど見あいつつ，平穏な楽しみを維持させ，福祉の利益を得さ

解説

A 『三酔人経綸問答』は南海先生・豪傑君・紳士君という3人の酔った男が国家の治め方について話すという形で書かれている。その中で，紳士君の意見は未来の理想であり，豪傑君の意見は過去の英雄の夢であると南海先生は言う。すなわち，民主制には早すぎるし，専制は古い。政治の「進化」の法則によって，今の政治は立憲制を推し進めるべきであるというのである。また，兆民は，民権こそ究極の真理であると考え，「民権は至理（根本原理）である。自由平等は大義（大原則）である。」と述べている。

紳士君　　南海先生　　豪傑君
（洋学紳士）

Side Story 中江兆民は土佐藩の留学生として長崎に遊学中，同郷の坂本龍馬に出会っている。「いごっそう（土佐弁で「頑固者」のこと）」の反骨精神は2人に共通するものであろう。

せることです。もし国民の意向になかなかしたがわず，その知的水準に見あわない制度を採用するならば，平穏な楽しみ，福祉の利益は，どうして獲得することができましょう。……専制から立憲制になり，立憲制から民主制になる，これがまさに政治社会の進行の順序です。専制から一挙に民主制に入るなどというのは，けっして順序ではありません。……たった 2，3 人の連中だけが，ひとり悦に入って，民主主義は道義にかなっている，などと喜んでみても，大衆があわてとまどい，わきかえるのを，どうしようもない。これはわかりきった理屈です。……」

（桑原武夫・島田虔次 訳「三酔人経綸問答」『日本の名著 36』中央公論社）

原典 C 日本の病根はどこにある？

View 自分でつくった哲学がないことが，日本の病根だ。

　海外の諸国をみてみるがよい。彼らのなすことは，きわめて道理があり，時の必要によくしたがって推移し，けっして頑固な行動はない。これは日本史には，ヨーロッパ諸国のように悲惨でおろかきわまる宗教の争いがなかったからだ。明治維新でも，ほとんど血を流さずに成功し，三百あまりの大名が先を争って土地政権を中央政府に返上し，疑いをもたなかった理由である。浮かれきった軽薄の大病根も，まさしくここにある。志が薄く行動力がない大病根も，まさしくここにある。**自分でつくった哲学がなく，政治では主義がなく，政党の争いでも継続性がないのは，原因は実にここにあるのだ。**これは，一種こざかしく，目先の知恵があり，偉業をたてるのに不適当な理由である。きわめて常識に富んだ国民だ。常識をこえて何かを打ちだすことは，とうてい望むことができない。すみやかに教育の根本を改革して，死んだ学者より生きた人民を打ちだすことにつとめるのが必要なのは，このためでしかない。

（飛鳥井雅道 訳「一年有半」『日本の名著 36』中央公論社）

B 南海先生が考える政治の本質は，「国民の意向によって，国民が理解できる水準で，国民の福利の向上をはかること」とまとめることができる。兆民はルソーの直接民主制に強い影響を受けつつも，明治維新を経て一挙に近代化を進めつつあった日本においては，立憲制を定着させることが最優先だと考えた。国民の理解をこえた民主化は，かえって国民を動揺させ，福利の向上など望むべくもないからである。兆民は民権思想を日本に紹介した立役者であるが，**急進的な民権論には慎重であり，むしろ西洋の借り物ではない独自の思想・理念を育成**し，そうした土台ができてはじめて民主制に入ることができると考えた。

C 西洋と日本の歴史の比較から，日本の宿命的な問題点を考察している。目先の知恵だけを働かせ，西洋哲学のような根源的な思索が欠如していること，これが日本の病根であるという。この文章の前段には「**哲学なき人民は，なにをしても意味がなく，浅薄さをまぬがれない**」とも書いている。単なる西洋思想の輸入には限界があり，既存の常識を超える思想を育むことの重要性を，兆民は繰り返し説いた。

抵抗権・革命権を主張した明治の啓蒙思想家

植木枝盛
うえき　えもり
1857〜92（高知県）

主著『民権自由論』『東洋大日本国国憲按』

足跡 土佐の生まれ。上京後，洋学を学ぶ。中江兆民がどちらかといえば理論の展開に力を注いだのに対し，枝盛は主として運動の現場を駆け回った。福沢諭吉の演説に接し，その有効性を重視した枝盛は，明六社や慶應義塾の演説会に通い詰め，独学で自由民権思想を学ぶ。

　また，板垣退助の演説を聞いて政治に志し，1877 年，立志社に参加。1879 年，『民権自由論』を執筆し，ルソーの天賦人権論や人民主権の考え方をわかりやすく解説した。1881 年，私擬憲法である『東洋大日本国国憲按』を起草。主権在民・基本的人権の保障・抵抗権の規定のほか，選挙権・被選挙権に性差別を認めない画期的な憲法草案であった。第 1 回衆議院議員選挙に中江兆民とともに当選したが，35 歳の若さで急死した。

● 原典 枝盛の私擬憲法に見られる抵抗権

第 64 条　日本人民ハ凡ソ無法ニ抵抗スル事ヲ得

第 70 条　政府国憲ニ違背スルトキハ日本人民ハ之ニ従ハサルコトヲ得

第 71 条　政府官吏圧制ヲ為ストキハ日本人民ハ之ヲ排斥スルヲ得

第 72 条　政府 恣 ニ国憲ニ背キ 擅 ニ人民ノ自由権利ヲ侵害シ，建国ノ旨趣ヲ妨クルトキハ日本国民ハ之ヲ覆滅シテ新政府ヲ建設スルコトヲ得

（「東洋大日本国国憲按」『秘書類纂』）

解説 枝盛の起草した私擬憲法（憲法私案）『東洋大日本国国憲按（日本国憲按）』には，**抵抗権・革命権**が盛り込まれている。枝盛がことさら抵抗権を主張するのは，J. ロックの思想に傾倒したためばかりでない。民主主義は，人民の抵抗によって下から奪い取るべきものと考えていたからである。

Focus 女性社会運動の先覚者－岸田俊子と福田英子

　自由民権運動家は男性ばかりではなかった。自由民権運動にかかわりながら男女同権，女権伸長を唱えて活動した先覚者に**岸田俊子**（中島湘煙，1864 ～ 1901）がいる。彼女は 17 歳にして平民として初めて宮中に出仕し，皇后に漢学を進講するほどの才女であったが，すぐに退官して自由民権運動に加わる。演説会では弁士を務め，女性差別の不合理さや女子教育の必要性などを説き，そのあざやかな弁舌は多くの女性を魅了した。その中の一人に**福田（景山）英子**（1865 ～ 1927）がいる。英子は 1882 年，岸田俊子の遊説に影響を受け，自由民権運動に参加。男ばかりの運動家に混じって八面六臂の活躍をしたが，朝鮮改革運動に加わり大阪事件に連座，逮捕投獄される。その後，女子工芸学校を開設し女性の職業指導に努力。また，社会主義運動にも参加したり，『世界婦人』を創刊し，主筆として婦人解放を主張。足尾鉱毒事件の救済活動にも尽力した。その「女傑」と呼んでも良い彼女の半生は，彼女の自伝『妾の半生涯』に赤裸々に描かれている。

↑ 岸田俊子

↑ 福田英子

Side Story「東洋大日本国国憲按」が収録された『秘書類纂』とは，伊藤博文（1841 ～ 1909）が数多くの書類を自ら査閲し，秘書に命じて編纂させたもの。内容はすべて国家の機密事項に関するもので，他見を許さなかった。1933 ～ 36 年刊，24 冊。

日本思想

日本の代表的キリスト者　　　　　　　　　　　　　8回

内村鑑三

うちむら　かんぞう
1861～1930　（群馬県）

信仰

Words 487 二つの J　488 非戦論
489 無教会主義

> 私共の信仰は国のためでありまして，私共の愛国心はキリストのためであります。

西暦	年齢	生涯　　　　　　　　色字は同時代のできごと
1861	0	高崎藩士の長男として江戸で生まれる
77	16	札幌農学校に入学。キリスト教に入信
84	23	渡米し，翌年アマースト＝カレッジで神学を学ぶ
91	30	不敬事件で第一高等中学校嘱託教員を退職
97	36	「万朝報」の英文欄主筆となる
1901	40	「無教会」を発刊。足尾銅山鉱毒事件で財閥批判
04	43	非戦論を展開　　　　　　　　　　日露戦争（～1905）
30	69	死去

主著　『余は如何にして基督信徒となりし乎』『代表的日本人』

足跡　武家に育ち，幼いころから身につけた武士道精神の上に，欧米の科学的合理精神と，キリスト教精神が築かれたのが，内村鑑三の思想である。なかでも，青年時代に巡り合ったキリスト教は，彼の一生を方向づけたといえよう。日本的なキリスト教を確立しようと，無教会主義を主張し，日露戦争に対してはキリスト者の立場からも非戦論の論陣をはった。

Approach　内村鑑三はなぜ未来の日本の戦争を予見できたのか？

　皆さんは，世の中で意見が大きく分かれるとき，「正しい」意見をどのように判断するでしょう？世論調査の結果？　マスコミの論調？　それとも主権者である我々が選んだ国会の多数派の意見？　皆さんは自分の頭できちんと判断して意見を持っているでしょうか？

　内村鑑三は日露戦争時に「主戦論」が圧倒的な世論に抗して「非戦論」を唱えたことは有名ですが，その内村ですら，実は日清戦争時には世の中の多数派に流され，「義戦（＝正義の戦争）」であると信じて，この戦争を支持したのでした。内村は日清戦争後，この戦争が「欲戦」つまり「略奪戦」であったことを思い知らされ，猛省します。そして，世の中を自分の目で見，自分の頭で分析することに努めます。その結果，内村は世の中を冷徹に見通す洞察力を身につけることになります。「戦争」というものの本質も見抜きます。

　日露戦勝利直後の 1905 年 11 月，彼はあらゆる戦争に反対する演説の中でこう述べます。

> 　日清戦争はその名は東洋平和のためでありました。然るにこの戦争は更に大なる日露戦争を生みました。日露戦争も東洋平和のためでありました。然しこれまた更に更に大なる東洋平和のための戦争を生むのであ

ろうと思います。戦争は飽き足らざる野獣であります。**彼は人間の血を飲めば飲むほど，更に多く飲まんと欲するものであります。**

　彼は日本の戦争は「東洋平和のため」という名目によって行われ，それは更なる大きな戦争につながっていくだろうと予言します。日本のその後が内村の予言通りに進んでいったことは周知の事実です。しかし，これは予言でも何でもありません。内村が世の中を冷徹な目で見ることから身につけた洞察力から来るものです。今の日本も世界も，混迷を極め，様々な危機的な要素がそこここに転がっています。私たちも，日清戦争を支持して大後悔した内村の轍を踏まぬよう，猛省した後の内村から学びたいものです。

◀『万朝報』　1903 年 6 月 10 日号に内村の「戦争廃止論」が掲載された。後に「万朝報」は主戦論に転じたため，内村は幸徳秋水，堺利彦らとともに退社する。

Outline　内村鑑三の思想：二つの J をどう両立させるか

二つの J

Jesus
イエス

Japan
●
日本

愛

献身

実行

キリストは神のため
↑
世界はキリストのため
↑
日本は世界のため
↑
私は日本のため

尽くすべきことを自覚

→ 非戦論

→ 無教会主義

→ 武士道精神

Side Story　内村は，渡米直後，知的障害児養護学校の看護人となった。しかし，自己犠牲と自己忘却によって慈善につくそうとするにつれ，自己のおそろしい利己心にさいなまれ，魂の救いを求めアマースト＝カレッジ神学部に入学した。

Think 二つの J に込めた思いを読み解こう。

原典 A 二つの J―イエスと日本のために

私共に取りましては愛すべき名とては天上天下唯二つあるのみであります，其一つは**イエス**でありまして，其他の者は**日本**であります，是れを英語で白しますれば其第一は Jesus でありまして，其第二は Japan であります，二つとも J の字を以て始まって居りますから私は之れを称して Two J's 即ち**二つのジェー**の字と申します，イエスキリストのためであります，日本国のためであります。私共は此二つの愛すべき名のために私共の生命を献げようと欲う者であります。

（「二つの J」『近代日本思想大系6』筑摩書房）

原典 B 後世への最大遺物

View この世が神の支配する世の中であることを教える高尚な生涯

私が考えてみますに人間が後世にのこすことのできる，そうしてこれは誰にものこすことのできるところの遺物で，利益ばかりあって害のない遺物がある。それは何であるかならば**勇ましい高尚なる生涯**であると思います。……高尚なる勇ましい生涯とは何であるかというと，私がここで申すまでもなく，諸君もわれわれも前から承知している生涯であります。すなわちこの**世の中はこれはけっして悪魔が支配する世の中にあらずして，神が支配する世の中である**ということを信ずることである。**失望の世の中にあらずして，希望の世の中である**ことを信ずることである。この世の中は悲嘆の世の中でなくして，歓喜の世の中であるという考えをわれわれの生涯に実行して，その生涯を世の中への贈物としてこの世を去るということであります。

（『後世への最大遺物』同前）

原典 C 日本国の天職

View 日本は東洋と西洋の媒介者であるべきだ。

自利を以て社会の中心と見認るの人は人類中最も小にして最も賤しきものなるが如く自国を以て万国の中華と見做すものは亦国民中最も弱く最も進歩せざるものなり，**自国の強大のみを求めて他国の利益を顧みざりし国民が永久の富強に達せし事あるは余輩歴史上未だ曾て之を見認めざるなり，而して若し我日本国も其希望する処の強大に達せんと欲せば此動かす可らざる天理に従はざる**を得ず。

日本の天職は如何，日本は全世界の為めに何をなし得可きや……。日本は啻に他国の文明を吸収し彼等の千辛万苦以て吾等に供へし文明の美菓に飽きて満足すべきものなるや，或は日本国も他の強大国と等しく世界の進歩に対し為す処ありや。

（「日本国の天職」1892 年　原文は英語）

To be Inscribed upon my Tomb.
―
I for Japan;
Japan for the World;
The World for Christ;
And All for God.

国際基督教大学図書館所蔵

解説

A Jesus と Japan の**二つの J** は，内村にとって命を捧げる対象である。キリスト教への信仰と日本への国粋的な愛国心とは矛盾することもあり，そのはざまで苦悩しながら，内村はキリスト者として，日本人としてこの矛盾を止揚しようとした。

B 人は後世に何を残すことができるか。人間のあるべき姿やその生き方について内村鑑三は語っている。過去の日本人の中にもこのように生きた人間がいた。その代表的人物を五人（日蓮，中江藤樹，二宮尊徳，上杉鷹山，西郷隆盛）数えてその評伝を書いた（『代表的日本人』）。彼らはキリスト教徒ではなかったが，その生き方はキリスト教的な徳性を貫くものであると，内村はとらえた。

C 内村は世界の中の日本がいかにあるべきかを探求した。内村の思索はまず，日本人の視界を，国家を唯一の価値とする観念から解き放つことに向けられた。彼は，熱烈な愛国者は熱烈な博愛者でなければならない，また熱烈な博愛者にして初めて熱烈な愛国者になりうると主張した。そうして，日本の天職を大陸間の交渉をたすける島国であること，港湾の多くが東（＝米国）と西（＝中国）に向け開いていること，山脈によって小分けされていて自治の精神を養成しやすいことという地理的な特性にもとづいて，「東西両国間の媒介者」であることに求めた。そこには，国益や国粋をいいつのる独善性と，それに由来して陥りやすい武力偏重性を否定するとともに，世界に向かって日本ならではの貢献の道を探るべきだとの信念があった。

（鹿野政直『近代国家を構想した思想家たち』岩波ジュニア新書による）

内村は，自国の利益のみを追求する当時の日本について，早い段階から危機感を抱いていたのです。

⬅ **内村鑑三の書**　彼の信条はこの二つの書に凝縮されている。左の英文の書は，多磨霊園にある彼の墓に墓碑銘として刻まれている。

（縦書き）余は日本の為め　日本は世界の為め　世界は基督の為め也　基督は神の為め也　大正元年十月廿一日　札幌旅亭にて　鑑三

日本思想

⊛ Focus 不敬事件

➡ 教育勅語の捧読

1891（明治 24）年，第一高等中学校の教師であった内村鑑三は，教育勅語捧読の際に，明治天皇直筆の署名がある勅語書への最敬礼をしなかった。このことは，内村には天皇陛下に対して敬う心がないとの批判をまねき，同僚・生徒からの非難にとどまらず，新聞記事によって社会問題化してしまった。心労で体調を崩した内村は間もなく辞職に追い込まれた。内村はキリスト教の神への信仰のため，教育勅語を「礼拝」することができなかったのである。

Side Story 札幌農学校時代，クラークらのキリスト教への勧誘に最も頑強に抵抗したのは，実は内村であったという。最初は半ば強引に入信させられた内村だが，数多の神に拝礼する煩わしさからの解放感から，唯一神の信仰を喜んだ。

東西文化の融合と国際平和のあり方を模索　　6回

新渡戸稲造

にとべ　いなぞう
1862 ～ 1933　（岩手県）

太平洋の橋たらん。

西暦	年齢	生涯　　色文字は同時代のできごと
1862	0	岩手県に生まれる　　　　　　　　　　生麦事件
77	15	札幌農学校2期生として入学　　　　　西南戦争
		同学年の内村鑑三とキリスト教の洗礼を受ける
83	21	東京大学に入学
84	22	東大中退。アメリカ留学でフレンド派クエーカーの信
		仰に出会う　　　　　　　　　　　　　甲申事変
		ドイツへ留学し農政学などを研究
91	29	帰国して札幌農学校教授となる　　　　大津事件
1901	39	京都大学教授就任
06	44	旧制一高校長，東大教授就任　　　　　満鉄設立
18	56	東京女子大学長就任　　　　　　　　　シベリア出兵
20	58	国際連盟事務局次長となる（～ 26）。国際平和に尽力
33	71	アメリカ大陸講演旅行中にカナダで死去 国際連盟脱退

主著　『武士道』『東西相触れて』

足跡　1862 年，武士の子として，岩手県（南部藩）・盛岡に生まれる。札幌農学校（現在の北海道大学の前身）に入学し，内村鑑三と出会う。また，農学教育のリーダーであるクラーク（「少年よ，大志を抱け」という言葉を残したとされる）との出会いにより，キリスト教に目覚める。後に，新渡戸は，近代日本における代表的国際人となるが，青年時代に出会ったキリスト教は，生涯に渡って大きな影響を与えた。その後，留学など海外での経験を重ねるなかで，日本文化とキリスト教との融合を願うようになった。新渡戸の思いにあったのは，「日本を愛し，日本人であることをうれしく思う愛国心」と，「異国からもたらされたキリスト教という宗教への深い信仰心」との両立であった。新渡戸の模索は，『武士道』という作品へとつながっていった。武士道とキリスト教の接点を探ることで，国際社会を理解することを試みた新渡戸はのちに，1919 年設立の国際連盟事務局次長という要職も務めた。

Think　武士道と騎士道をどう対比した？

原典A　**武士道—日本の花**

View　新渡戸が外国人に伝えたかった日本の武士道。

　武士道はその表徴たる桜花と同じく，日本の土地に固有の花である。それは古代の徳が乾からびた標本となって，我が国の歴史の腊葉集中に保存せられているのではない。それは今なお我々の間における力と美との活ける対象である。それはなんら手に触れうべき形態を取らないけれども，それにかかわらず道徳的雰囲気を香らせ，我々をして今なおその力強き支配のもとにあるを自覚せしめる。それを生みかつ育てた社会状態は消え失せて既に久しい。しかし**昔あって今はあらざる遠き星がなお我々の上にその光を投げているように，封建制度の子たる武士道の光はその母たる制度の死にし後にも生き残って，今なお我々の道徳の道を照らしている。**

（矢内原忠雄　訳『武士道』岩波文庫）

⬆ アメリカで出版された「BUSHIDO The soul of Japan」の初版本

新渡戸はアメリカ人のメアリー・エルキントンと結婚。彼女は日本で貧しい子どもたちへの教育支援活動を行いました。

解説

A 『武士道』は最初アメリカの出版社から英文で出版されたが，全米に異例の反響を呼び，たちまち版を重ねた。この本の評判は世界中に広がり，ドイツ語，フランス語，ポーランド語，ノルウェー語，ハンガリー語，ロシア語，中国語にも訳された。この一冊で，新渡戸は世界的に有名な作家となったのである。日本語版では，「武士道」という字に「シヴァリー」とルビがふってある。つまり新渡戸にとって，武士道と英語の Chivalry は同義語であった。これについて，彼はこう書いている。「私が大ざっぱに Chivalry と訳した日本語は，その原語に於ては騎士道というよりも多くの含蓄がある。ブシドウは字義的には武士道，即ち武士がその職業に於て又日常生活に於て守るべき道を意味する。一言にすれば『武士の掟』即ち武人階級の身分に伴う義務（ノーブレツス・オブ・リージユ）である。」

1　明治期のキリスト教をつくった人々

同志社の創設者　　4回

新島襄

にいじま　じょう
1843 ～ 90　（群馬県）

主著　『将来の日本』
足跡　安中藩（群馬県）の武士の子に生まれる。21 歳の時，アメリカに密航しボストンで洗礼を受ける。1870 年にアーモスト大学を卒業。翌々年に訪米した岩倉使節団の通訳を務める。牧師の資格を得，1874 年に帰国すると，キリスト教にもとづく自由教育を実践すべく，京都に同志社英学校・女学校（現・同志社大学・同志社女子大学）を設立。また，開かれた教会を目指して活躍した。

不敬事件で内村鑑三を擁護　　4回

植村正久

うえむら　まさひさ
1857 ～ 1925（群馬県）

主著　『日本の花嫁』
足跡　上総（千葉県）の旗本の長男として生まれる。横浜の英学塾でキリスト教を知り，1873 年洗礼を受ける。1887 年に番町一致教会を設立し，牧師を務めた。国家主義的風潮に対して抵抗しつづけ，内村鑑三の不敬事件でも，天皇を神として礼拝させることは信教の自由に反するとして，内村を擁護した。また，日本人伝道者育成のため，1904 年に東京神学社神学専門学校（現・東京神学大学）を設立した。

Side Story　米大統領のセオドア・ルーズベルトは，『武士道』を読んで感激し，数十冊買い求めて友人や親類に贈ったばかりか，陸軍士官学校，海軍兵学校の生徒にも一読をすすめた。

❸社会思想の展開

明治中期のナショナリズム
国家意識の高まり

Words 490 平民主義　491 国民主義　492 国粋主義

Outline 国家主義の思想の相関関係

明治政府の欧化主義政策（1880年代） ← 明治政府の条約改正交渉に付随してみられた表層的で極端な欧化政策は，多くの反発を招いた

反発 ← 平民主義　徳富蘇峰　民友社『国民之友』

個人の自由と平等を基礎にした西洋文化の摂取を主張

論争 ↕

反発 ← 国粋主義（国粋保存主義）三宅雪嶺・志賀重昂らの政教社『日本人』
国民主義　陸羯南　新聞『日本』

19世紀ヨーロッパのナショナリズムの考え方を背景に民族の個性的価値を認識すべきことを主張

徳富蘇峰は日清戦争・三国干渉を機に国家主義に転向

国家意識の高揚 →

※他に，高山樗牛・井上哲次郎らが「日本主義」を掲げて論を張った。

● 国家主義（1900年代～）日本国家や日本の伝統を最高に価値あるものと見なし，異質なものを排除する考え方。ここでは個人の価値はおとしめられ，国家に絶対的な優位性が認められてしまう。

明治から昭和にわたり活躍した言論人　1回
三宅雪嶺　みやけ せつれい
1860～1945（石川県）

主著　『真善美日本人』『偽悪醜日本人』
足跡　石川県金沢市に生まれ，明治・大正・昭和の3代にわたって活躍した言論人。東京帝国大学を卒業後，明治19年に文部省編輯局に移り，『日本仏教史』を出版した。明治21年に志賀重昂らと政教社を設立し，雑誌『日本人』を創刊するとともに，『真善美日本人』『偽悪醜日本人』を出版し，明治期の論壇をリードした。明治40年には陸羯南の『日本』と合同して，『日本及日本人』を創刊。

地理学者・政治家・評論家
志賀重昂　しが しげたか
1863～1927（愛知県）

主著　『日本風景論』
足跡　愛知県岡崎市に生まれ，1884年札幌農学校を卒業したが，内村鑑三や新渡戸稲造のキリスト教にはなじまず専ら山野の探検に時を過ごした。長野県で一時期教壇に立ったがすぐに免官となり，海軍の練習艦で対馬から南洋に航海しオーストラリア，フィジーなどを訪問見学した。帰国後は地理学者，政治家，ジャーナリスト，評論家として活動。三宅雪嶺とともに政教社を支えた論客であった。1894年に出版された『日本風景論』はベストセラーとなり，その後の日本人の景観に対する美意識のスタイルをつくった。

ジャーナリスト，歴史家，評論家　3回
徳富蘇峰　とくとみ そほう
1863～1957（熊本県）

主著　『将来の日本』『吉田松陰』
足跡　熊本県益城町に生まれる。徳富蘇峰の思想は，その前半生と後半生で真逆に変化しており区別して考えなければならない。敬虔なクリスチャンとして同志社に学んでいたが，中退してジャーナリズムの道を目指す。1887年，民友社を設立し，『国民之友』を発刊。1890年には『国民新聞』を創刊。藩閥政府の上からの欧化政策を批判し，個人の自由と平等を基礎にした西洋文化の摂取を求める平民主義を提唱した。三宅雪嶺，志賀重昂，陸羯南らの国粋主義（国粋保存主義）に対しても平民的急進主義を主張し，当時の言論界を二分する論争を展開した。また社会主義思想の紹介もおこない，当時にあっては進歩的な役割を担っていた。しかし，従軍記者として日清戦争を報じていた蘇峰は，戦後の三国干渉の報に接し，「涙さえも出ないほどくやしく」感じ，本人も「この遼東還付が，予のほとんど一生における運命を支配したといっても差支えあるまい。この事を聞いて以来，予は精神的にはほとんど別人となった。」と回想しているほどの衝撃を受け，この頃から次第に強硬な国権論・国家主義へと転じていった。

ジャーナリスト　1回
陸羯南　くが かつなん
1857～1907　（青森県）

主著　『近時政論考』『国際論』
足跡　青森県弘前市に生まれる。官職に就いていたが，退官してジャーナリズムの世界に入る。1889年，新聞『日本』を創刊し，主筆兼社長となった。

社長として正岡子規を社屋の隣に住まわせ，紙面を提供しました。子規が病床に臥してからも生涯面倒を見ました。

　条約改正交渉を典型とした政府の欧化政策を批判するかたちで「国民主義」を唱え，日本の国情や文化的伝統の保持を主張したため，しばしば発行停止処分を受けた。羯南によれば，「国民主義」とは「内に於ては国の統一を，外に対しては国民の特立（独立）を求める」思想のことである。また，ここでいう国の統一とは国民の内面的な覚醒のことであって，「天皇の名の下による，上からの国民統一」という思想とは真逆の立ち位置であった。羯南は個人の自由・権利の尊重と立憲政治の確立を明確に強調しており，後のいわゆる国家主義とは一線を画している。羯南は民族の個性的価値を認識すべきことを主張しているのだ。

Side Story　国家主義的な言論活動で軍部の信頼を得ていた徳富蘇峰は，東条英機首相に依頼され太平洋戦争開戦の詔書（1941年12月8日）の推敲を行った。当時のマスコミは，徳富が政府に呼ばれたことで，日米開戦を悟ったという。

代表的社会主義者

幸徳秋水
こうとく　しゅうすい
1871 ～ 1911　（高知県）

Words 493 大逆事件

> 軍国主義者は，戦争を賛美していう。「国家の歴史は戦争の歴史である。」と。

主著　『二十世紀の怪物帝国主義』『社会主義神髄』

足跡　本名は幸徳伝次郎。明治期の代表的社会主義者である。土佐（高知県）に生まれ，同郷の板垣退助や中江兆民の自由民権思想の影響を受け，次第に社会主義に傾倒していった。

『万朝報』記者時代に社会主義研究会に入会，日本で最初の社会主義政党である社会民主党を結成する。万朝報が主戦論を主張すると，日露非戦論を説いて退社，堺利彦と平民社をおこし『平民新聞』を刊行する。「平民」とはプロレタリアートの訳語であり，幸徳にとっての社会主義とは「人間がみな技能に応じて職業をもち，職業に応じて労働する。遊んでいて生活できる者がなく，労働して生活できない者がない」労働者中心の平等な国家をつくることであった。しかし，当時の日本では全く理解されず，「危険思想」とされた。『平民新聞』はやがて廃刊となり，社会主義運動・非戦運動は挫折することになる。

そののちアメリカに渡り，アナルコ＝サンディカリズム（無政府主義的労働組合主義）を学び，ストライキなどによる労働者の直接行動による政治体制の変革を望んだが，「暴力革命派」と受け取られ，大逆事件に連座させられ処刑された。

西暦	年齢	生涯　色文字は同時代のできごと
1871	0	現在の高知県四万十市で生まれる
72	2	父が急死
87	17	上京するが，保安条例により退去処分
93	23	『自由新聞』に入社
98	29	『万朝報』に入社。社会主義研究会を結成
1900	30	社会主義研究会を社会主義協会に改組　治安警察法制定
01	31	社会民主党を結成するが，即日禁止
02	32	『兆民先生』を出版
03	33	『平民新聞』を発刊
04	34	『平民新聞』マルクスの『共産党宣言』を掲載し発禁に
05	35	『平民新聞』廃刊。新聞紙条例違反で検挙され，5か月の禁固刑を受ける。出獄後渡米
10	40	大逆事件で逮捕
11	41	死刑判決を受け，6日後に執行（1月24日）

Think　幸徳秋水は帝国主義をどのように分析した？

原典A 「愛国心」が織りなすもの

View　愛国心と軍国主義が帝国主義のもと。

　帝国主義は，愛国心を経とし，いわゆる軍国主義を緯として，織りあげた政策ではないか。すくなくとも，愛国心と軍国主義とは，列国現在の帝国主義に共有する条件ではないか。ゆえに，わたくしは，帝国主義の是非と利害とを判断しようと思うならば，まずいわゆる愛国心といわゆる軍国主義に向かって，一番の検討がなくてはならぬ，といいたいのである。

（神崎清　訳「二十世紀の怪物帝国主義」『日本の名著 44』中央公論社）

原典B 「与露国社会党書」

View　日露両国の真の敵は愛国主義と軍国主義である。

　嗚呼露国に於ける我等の同志よ，兄弟姉妹よ，我等諸君と天涯地角，未だ手を一堂の上に取って快談するの機を得ざりしと雖も，而も我等の諸君を知り諸君を想うことや久し。……

　諸君よ，今や日露両国の政府は各其帝国的欲望を達せんが為めに，漫に兵火の端を開けり。然れども社会主義者の眼中には人種の別なく地域の別なく，国籍の別なし，諸君と我等とは同志也，兄弟也，姉妹也，断じて闘うべきの理有るなし，**諸君の敵は日本人に非ず，実に今の所謂愛国主義也，軍国主義也，然り愛国主義と軍国主義とは，諸君と我等と共通の敵也。**……

　我等は固より両国政府の勝敗如何を予知する能はず，然れども其孰れに帰するとするも，戦争の結果は必ず生民の困苦也，重税の負担也，道徳の退廃也，而して軍国主義と愛国主義の跋扈也，故に諸君と我等とは決して其孰れか勝ち，孰れか敗るゝを択むべきに非ず，要は戦争の停止の速なるに在り，平和の克復の早きに在り，諸君と我等とは飽迄戦争に抗議せざる可らず，反対せざる可らず，……

（『平民新聞』1904 年 3 月第 18 号）

解説

A 秋水が 30 歳の時に書いたこの文章は，社会主義の立場から，当時の帝国主義を，「愛国心」と「軍国主義」とによって織り上げられた 20 世紀の怪物であると喝破した。これはレーニンの『帝国主義論』より 15 年早い。レーニンのような資本主義の分析は乏しいが，愛国心や軍国主義や帝国主義がどのようなものか，歴史上の例を挙げ，いずれも社会・文明の進歩を破壊するものと主張している。

B 『平民新聞』18 号の冒頭に書かれた，「与露国社会党書」とタイトルの付いた秋水の論説である。マルクスが共産党宣言に書いた「万国の労働者よ同盟（団結）せよ」という言葉に影響を受けた秋水の中では，日露戦争のさなかでも日露両国の労働者は「同志」であり，「兄弟姉妹」であり，断じて戦い合うべきものではなかった。その兄弟姉妹同志を戦わせる悪魔こそ，日露両国労働者共通の敵である帝国主義であり，愛国主義・軍国主義であるとした。また，たとえ日露のどちらの国が勝ったとしてもその結果は国民の困窮，重税，道徳の退廃，軍国主義と愛国主義の跋扈であると冷徹な目で見抜いた。

> 秋水を含む 12 人がテロ計画容疑で逮捕・処刑された大逆事件は，文学界にも衝撃をもたらしました。たとえば石川啄木（→ p.260）は，事件の 5 か月後に書いた詩の中で，遠回しに悲しみを表しています。
> 「はてしなき議論の後の／冷めたるココアのひと匙を啜りて，／そのうすにがき舌触りに，／われは知る，テロリストの／かなしき，かなしき心を。」（「ココアのひと匙」『呼子と口笛』所収）

Side Story　幸徳の師，中江兆民は当初，のらりくらりと世渡りができるように「春靄」（春のもや）というペンネームを彼に提案したが，曖昧を嫌う幸徳がそれを断ったので，反対の漢字を並べた「秋水」の名が贈られた。

政府の弾圧下にありながら活動を続けた人々

社会主義の思想家たち

マルクス経済学を紹介した名文家　3回

河上肇　かわかみ　はじめ　1879～1946　（山口県）

主著　『貧乏物語』『資本論入門』『自叙伝』

足跡　山口県岩国市に生まれる。京都帝国大学教授時代，『貧乏物語』で，当時の社会の矛盾としての「貧乏」を論じた。この中で，河上は「貧乏」とは「単に経済的困窮ではなく，肉体と知能，霊魂を健全に維持し，発育させていくことができない状態」と述べた。また，貧困問題を解消するためには社会全体がぜいたくをひかえ，質素倹約をする必要があるとしたが，貧困問題の解決を社会変革ではなく個人の心がけに求めすぎた傾向を社会主義者から批判された。その後，これを契機に**マルクス経済学に傾倒**，研究を進めた。日本共産党の党員となったため，検挙され獄中生活を送ったこともある。名文家として知られ，『**自叙伝**』は自伝文学の傑作とされる。

原典Ａ　貧乏を根絶するためには

View　貧困問題の解決策を個人に求める

農工商いずれの産業に従事するものたるを問わず，すべて生産者にはおのずから一定の責任があるべきはずだと思う。（中略）自分が金もうけのためにしている仕事は，真実世間の人々の利益になっているという確信，それだけの確信をば，すべての実業家に持っていてもらいたい（中略）。

すべての実業家が，真実かくのごとき標準の下にその事業を選択し，かくのごとき方針の下にその事業を経営し行くならば，たとい経済組織は今日のままであっても，すべての事業は私人の営業の名の下に国家の官業たる実を備え，事業に従う者も名は商人と言い実業家と言うも，実は社会の公僕，国家の官吏であって，得るところの利潤はすなわち賞与であり俸給である。かの経済組織改造論者はすべて今日私人の営業に属しつつあるものをことごとく国家の官業となし，すべての人をことごとく国家の官吏にしようというのであるが，個人の心がけさえ変わって来るならば（中略）組織を改造したるとほとんど同じ結果が得らるるのである。

（『貧乏物語』岩波文庫）

写真：共同通信社

🔼 **小林多喜二** 『**蟹工船**』　小林はプロレタリア文学で社会主義運動を援護したが，1933年に特高警察の拷問で命を落とした。

キリスト教から社会主義運動を実践　3回

安部磯雄　あべ　いそお　1865～1949　（福岡県）

主著　『社会主義論』

足跡　福岡市に生まれる。同志社で学び，**新島襄**本人から受洗。1901年，**木下尚江**や**片山潜**らと社会民主党を設立したが，直後に禁止される。日露戦争では非戦論を唱え，公娼制度の廃止や産児制限など，初期の女性解放運動にも積極的に関わる。**キリスト教人道主義の立場から，キリスト教の理想を社会主義によって実現することを主張**。1924年に日本フェビアン協会を設立，後年に，衆議院議員，東京市議会議員を務めた。

社会主義運動を牽引　1回

堺利彦　さかい　としひこ　1870～1933　（福岡県）

主著　『堺利彦伝』

足跡　『万朝報』の記者として非戦論を唱える。『万朝報』が日露戦争に際し主戦論に転向すると平民社を設立。『平民新聞』を発行し非戦論・社会主義運動を開始。大逆事件の際は獄中にいたため連座を免れ，以後は日本の社会主義運動を牽引。

「貧民街の聖者」

賀川豊彦　かがわ　とよひこ　1888～1960　（兵庫県）

主著　『貧民心理の研究』『死線を越えて』

足跡　**安部磯雄**や**木下尚江**らの影響で，キリスト教社会主義に共感を覚える。神戸のスラムに住み込み，路傍伝道のかたわら貧民の救済活動に専念。貧困問題の解決手段として労働組合運動を重視，友愛会関西労働同盟会や**日本農民組合**を設立。

国際的共産主義者　4回

片山潜　かたやま　せん　1859～1933　（岡山県）

主著　『日本の労働運動』

足跡　**幸徳秋水**らとともに日本で最初の社会主義政党である社会民主党を設立。のち，ロシア革命をきっかけにマルクス・レーニン主義に傾倒。ソ連に渡り，コミンテルンに参加。国外から日本共産党を指導した**国際的共産主義者**。

日本思想

Side Story　1933年，片山潜がソ連で死亡した際，15万人ものモスクワ市民が弔問に訪れ，スターリンらソ連指導部も葬儀に参列した。遺骨は，現在もクレムリン宮殿の壁に埋葬されている。

人間の生とエゴイズムを問い続けた文学者　　　　8回

夏目漱石

なつめ　そうせき
1867～1916　（東京都）

> 日本の現代の開化は外発的である

主著　『吾輩は猫である』『こころ』『明暗』『現代日本の開化』

足跡　漱石は，名主の末子として牛込馬場下（現東京都新宿区）に生まれた。本名は金之助。大学入学前に正岡子規と出会い，その後の人生で多大な影響を受ける。30歳のとき，松山中学を辞任，熊本第五高等学校講師となる。33歳で現職のまま国費でイギリスに留学するが，強度のノイローゼ（神経症）にかかり帰国する。その間に「自己本位」の考えに至った。38歳のとき処女作『吾輩は猫である』の執筆を始め，翌年『坊っちゃん』を発表。40歳で教職を辞して，朝日新聞社に入社。その後に発表した『三四郎』，『それから』，『門』の前期三部作で，人間存在の本質に迫ろうとした。また『行人』，『こころ』などでは，近代日本人の自我を鋭く分析，その利己主義を追究した。『明暗』において，自然の道理に従って生きる「則天去私」の立場を実践的に作品化しようとしたが，胃潰瘍が悪化し絶筆となった。

西暦	年齢	生　涯　色文字は同時代のできごと
1867	0	江戸牛込に生まれる　明治維新 (68)
90	23	帝国大学文科大学英文科入学
95	28	愛媛県伊予尋常中学校 (松山中学) の教員となる
1900	33	イギリス留学 (3年後に帰国)
03	36	東京帝大英文科および第一高等学校の講師となる
05	38	『吾輩は猫である』を発表
06	39	『坊っちゃん』を「ホトトギス」に発表
07	40	朝日新聞入社，朝日新聞に小説を連載する『坑夫』『三四郎』(08)『それから』(09)『門』(10)
11	44	関西各地で講演『現代日本の開化』
14	47	『こころ』を発表。講演録『私の個人主義』
16	49	『明暗』を執筆中に死去

𝒜pproach　漱石はどのように生きたか？
— 「他人本位」 ➡ 「自己本位」 ➡ 「則天去私」

◉漱石山房記念館に再現された漱石の書斎（東京都新宿区）

知恵：小説家として有名な夏目漱石ですが，倫理でも大きく扱われていますね。

真田：漱石は初め文学者をめざしていて，イギリスに留学し『文学論』を書きました。最初の小説『吾輩は猫である』を書いたのが38歳の時です。

哲：小説家としてのデビューは案外遅いんですね。

知恵：漱石の思想のキーワードは，「自己本位」ですか？

真田：そうです。「自己本位」は漱石がイギリス留学中に見つけた思想です。講演録「私の個人主義」（B）では，「自己本位」の考え方を手に入れて「大変強くなった」と言っています。

哲：「自己本位」というと，自分勝手な利己的な生き方を想像してしまうのですが？

真田：「自己本位」は，個人主義と同じ考え方で，自分を大事にし，自由に生きることと同時に，他人の自由も尊重するという考えです。

知恵：納得できる考え方だと思うのですが，どうして晩年「則天去私」に至ったんですか？

真田：いい質問ですね。漱石の一生には，「他人本位」，「自己本位」，「則天去私」の三つの時期があると言われています。

哲：漱石は，「自己本位」に気づく前には「他人本位」に生きていたということですか？

真田：ええ，そうです。漱石はこう言っています──「他人本位」の生き方は，自分の酒を人に飲んでもらって，後からその評価を聞いてそれを自分の判断にしてしまう人真似のことである，と。

知恵：漱石は，自身や当時の日本人は「他人本位」の生き方，つまり偽物の，根無し草のような人生を送っていたと認識したのですね。

真田：その通り，さすが知恵さん！　「自己本位」の生き方を自覚した漱石は，自由に，合理的に人生を歩もうと，個人主義に徹して生きようとしたはずです。でもやがて，「自己本位」の生き方にも限界があることに気がついたのです。

哲：現実には自分の思い通りにならないことがたくさんあるし，自分らしく生きようとすれば誰かを傷つけてしまうことがある，ということですか？

真田：哲くんの言うとおり。国家や他者などと抵触せずに，自由に生きることはなかなかできることではありません。また，自我（エゴ）がある限り，結局，人間は地位や名誉，財産などの虚栄に囚われて生きるしかない。おそらく漱石は自己矛盾に陥り，精神的な苦悩を体験したのでしょう。

知恵：それで「則天去私」の立場に転換したのですね。

真田：そうです。「則天去私」は漱石のつくった言葉で，「天に則り，私（エゴ）を去る」ということ，つまり，私心を捨てて，自然の道理に従って生きていくという，理想の境地ですね。漱石がこの境地を自覚したのは最晩年のことで，残念ですが，実践的小説『明暗』は絶筆となりました（❶）。

Side Story　夏目漱石が処女作『吾輩は猫である』を執筆したきっかけは，親友の俳人正岡子規の弟子であった高浜虚子がノイローゼの漱石に「文章でも書いて見たならば気が紛れるだろう」と勧めたことだった。

Think　漱石は近代日本や人間をどのようにとらえていたのだろうか？

原典A 日本の現代の開化は外発的である

View 日本の開化は外圧によっている。

　西洋の開化は内発的であって，日本の現代の開化は外発的である。ここに内発的というのは内から自然に出て発展するという意味で，ちょうど花が開くようにおのずから蕾が破れて花弁が外に向かうのをいい，また外発的とは，外からおっかぶさった他の力でやむを得ず一種の形式をとるのを指したつもりなのです。……西洋の開化は行雲流水のごとく自然に働いているが，御維新後外国と交渉をつけた以後の日本の開化は大分勝手が違います。

（「現代日本の開化」『漱石全集 11』岩波書店）

原典B 自己本位とは

View 徳義心の高い個人主義である

　私はこの自己本位という言葉を自分の手に握ってから大変強くなりました。彼ら何者ぞやと気概が出ました。今まで茫然と自失していた私に，ここに立って，この道からこう行かなければならないと指図してくれたものは実にこの自己本位の四字なのであります。……

　ただもう一つご注意までに申し上げておきたいのは，国家的道徳というものは個人的道徳に比べると，ずっと段の低いもののように見えることです。元来国と国とは辞令はいくらやかましくとも，徳義心はそんなにありやしません。……国家の平穏な時には，徳義心の高い個人主義にやはり重きをおく方が，私にはどうしても当然のように思われます。

（「私の個人主義」同前）

⑪ 1 則天去私 —自然の理に従って生きる

　晩年，漱石は「自己本位」から一転して，「即天去私」の考えに至る。「無我は大我と一なり，故に自力は他力に通ず」と漱石が記しているように，「則天去私」は，禅的な無我の境地とも言える。エゴイズムを捨て見栄や虚偽を持つことなく，自我を超越して天のあり方に則して生きる境地である。

解説

A 1911 年，漱石は和歌山で講演を行った。西欧が四百年かけて築いた近代文明を，日本はわずか数十年で達成しようとしている。その困難さとそこから生ずる矛盾について，「内発的開化」と「外発的開化」という語で指摘している。

内発的開化
自発的近代化
西洋

外発的開化
外圧による近代化
日本

B 「私の個人主義」は，1914 年に学習院大学で行われた講演。

　「個人主義」「自己本位」というと，自分勝手のような響きがあるが，逆である。彼は，日本人が「徳義心の高い」自己を，つまり，自分の個性を貫くにあたって，それに伴う義務と責任を有し，他者の個性も尊重する，そのような自己を持つべきことを主張した。

　そうした自己はもちろん，西洋文化を形だけ受容するだけでは獲得できない。また，権力者が力ずくで自分の要求を通そうとするだけでも獲得できない。

　漱石は，イギリスと明治期日本の二つの社会に接した経験を通して，そのような洞察に至ったのである。

則天去私 漱石

森 鷗外
もり　おうがい

多方面に才能を発揮した，漱石と並び立つ文学者

1862 ～ 1922（島根県）

Words 496諦念

主著　『舞姫』『青年』『阿部一族』『山椒大夫』『高瀬舟』

足跡　石見国鹿足郡津和野町（現島根県津和野町）に生まれる。本名は林太郎。1881 年に東京大学医学部を卒業し，軍医となる。3 年後，22 歳の時にドイツへ留学。帰国後，公務の傍ら，文学活動を行った。「余は石見人森林太郎として死せんと欲す」という彼の遺言どおり，生地にある墓には官位も爵位もなく「森林太郎墓」とだけ記されている。彼は，政治や社会を無抵抗に受け止めながらも流されないという「諦念」（Resignation）の態度を表明した。この考え方は，大逆事件（→p.256）を受けて書かれた小説『かのように』や，黙々と自らの仕事にいそしむ人物を描いた歴史小説からも見て取ることができる。

原典　［主人公の医師，花房は］父の平生を考えて見ると，自分が遠い向うに或物を望んで，目前の事を好い加減に済ませて行くのに反して，父はつまらない日常の事にも全幅の精神を傾注しているということに気が附いた。宿場の医者たるに安んじている父の resignation（フランス語発音）の態度が，有道者の面目に近いということが，朧気ながら見えて来た。そしてその時から遽に父を尊敬する念を生じた。（「カズイスチカ」『山椒大夫・高瀬舟』新潮社）

　小説『かのように』の題は，哲学者ハンス・ファイヒンガーの著書『かのようにの哲学』(Die Philosophie des Als Ob) から取られている。als ob（ドイツ語）とは英語の as if のこと。つまり「あたかも～かのように」である。『かのように』の主人公，秀麿は海外留学を終えた若い華族。神話抜きの日本の歴史を研究したいという意欲に燃える彼だが，ファイヒンガーの本の影響からか，たとえ荒唐無稽なフィクションであってもそれを事実である「かのように」見なさないと，人間社会は成立しないのではないかと考え始める（ここでは建国神話，天皇家，大日本帝国の関係が仄めかされている）。しかし秀麿の友人の綾小路は，その思索全体がインテリの空論だと一笑する。

原典　［秀麿］「……人間の智識，学問はさて置き，宗教でもなんでも，その根本を調べて見ると，事実として証拠立てられないある物を建立している。即ちかのようにが土台に横わっているのだね。」……
［綾小路］「……人に君のような考になれと云ったって，誰がなるものか。百姓はシの字を書いた三角の物を額へ当てて，先祖の幽霊が盆にのこのこ歩いて来ると思っている。……」

（「かのように」『灰燼・かのように』筑摩書房）

Side Story　鷗外は，自らの子供に西洋風の名前をつけた。於菟（長男），茉莉（長女），不律（次男），杏奴（次女），類（三男）の五人である。このうち不律は生後半年で亡くなったが，他の四人はみな，後に随筆家として活躍した。

日本思想

日本近代の自我意識のめざめは，ロマン主義文学や自然主義文学の運動として展開した

近代日本の文学

Words 497 ロマン（浪漫）主義　498 自然主義

1 ロマン（浪漫）主義運動

近代日本の自我意識のめざめは，人間性の解放をもたらし，自由や理想を求める**ロマン主義文学**が登場する。ロマン主義運動は，1893年に創刊された『**文学界**』を中心とした北村透谷，島崎藤村，雑誌『**明星**』によった与謝野晶子や石川啄木らよって展開された。島崎藤村と石川啄木は，のちに自然主義文学に転じた。

ロマン主義推進の中心となった詩人・評論家 2回

北村透谷 きたむら とうこく　1868～94（神奈川県）

主著『厭世詩家と女性』『内部生命論』
足跡 神奈川県小田原に生まれる。自由民権運動に加わるが，当時の運動に疑問を抱き政治から離れる。その後，大恋愛とキリスト教入信により近代的自我にめざめ，文学に進むべき道を見出した。透谷は，**実世界と想世界，つまり現実世界と精神世界を分けて考え，想世界を重視**した。21歳のとき，詩集『楚囚之詩』を出版。25歳のとき，島崎藤村らと文芸雑誌『文学界』を創刊した。『人生に相渉るとは何の謂ぞ』，『**内部生命論**』などで，**文学の自律性と自我の尊重を主張**し，同時に平和運動にも傾倒したが，25歳の若さで自死した。
原典 恋愛は人世の秘鑰*なり，恋愛ありて後人世あり，恋愛を抽き去りたらむには人生何の色味かあらむ。
*秘密の鍵　（「厭世詩家と女性」『北村透谷選集』岩波書店）

歌壇に大きな影響を与えたロマン派歌人 6回

与謝野晶子 よさの あきこ　1878～1942（大阪府）

主著『みだれ髪』『君死にたまふこと勿れ』
足跡 大阪府堺市に生まれる。20歳ごろより短歌を投稿し，与謝野鉄幹（のちに結婚）が創立した新詩社の機関紙『明星』に発表。1901年，女性の恋愛感情を率直に詠んだ歌集『みだれ髪』を刊行，25歳のとき「君死にたまふこと勿れ」を発表した。『青鞜』にも参加したが，平塚らいてう（→p.263）と「**母性保護論争**」を起こす。12人の子を育てるかたわら『源氏物語』の現代語訳，詩作，評論など幅広く活動し，女性解放思想家としても大きな足跡を残した。
原典 ・その子二十櫛にながるる黒髪のおごりの春のうつくしきかな
・やは肌のあつき血汐にふれも見でさびしからずや道を説く君
（「みだれ髪」『与謝野晶子歌集』岩波書店）

2 自然主義文学

明治時代末期，西欧の自然主義の影響を受け，写実主義を深化して成立した**自然主義文学は，客観的で，**ありのままの現実を赤裸々に描写した。自然主義文学から「**私小説**」が成立する。

ロマン主義から自然主義の先駆へ

国木田独歩 くにきだ どっぽ　1871～1908（千葉県）

主著『武蔵野』『牛肉と馬鈴薯』
足跡 千葉県生まれ。東京専門学校（現早稲田大学）中退。在学中，キリスト教に入信。徳富蘇峰と出会い，蘇峰の設立した国民新聞社の社員となる。日清戦争には記者として従軍した。その後，新聞，雑誌に発表した詩を，田山花袋らとの共著『抒情詩』に，「独歩吟」としてまとめた。1901年，浪漫的作風の短編集『武蔵野』を，続いて『牛肉と馬鈴薯』を刊行。のちに自然主義の先駆的作品といわれる『独歩集』や『運命』などを発表した独歩は，新体詩から小説に転じ，**自然主義の先駆者**とされる。

ロマン主義の詩人であり，自然主義の小説家

島崎藤村 しまざき とうそん　1872～1943（長野県）

主著『若菜集』『破戒』『夜明け前』
足跡 1872年長野県馬籠（現岐阜県中津川市）の旧家に生まれる。明治学院在学中にキリスト教に入信。卒業後，21歳で北村透谷らと『文学界』を創刊した。25～29歳まで『若菜集』を含む4冊の詩集を発表し，浪漫派主義詩人の代表的存在になるが，その後は小説に転じ，34歳のとき，被差別部落出身の小学校教師の苦悩を描いた『破戒』を刊行。**自然主義の小説家**となる。1929年から7年にわたり『中央公論』に連載された自伝的歴史小説『夜明け前』は，藤村文学の集大成といわれる。

挫折のうちに培われた歌人・小説家

石川啄木 いしかわ たくぼく　1886～1912（岩手県）

主著『一握の砂』『時代閉塞の現状』
足跡 岩手県の僧家に生まれる。本名は一。**明星派**の詩人として出発し，19歳のとき詩集『あこがれ』を出版，「天才少年詩人」といわれた。代用教員や北海道での放浪ののち，1908年に上京し，「東京朝日新聞」の校正係となる。1910年，第一歌集『一握の砂』を出版，自然主義の歌人として歌壇の注目を集めた。同年の大逆事件に衝撃を受けて『時代閉塞の現状』を執筆し，社会主義思想に接近する。窮乏のまま，27歳の若さで肺結核により病死した。
原典 ……我々は一斉に起ってまずこの**時代閉塞の現状**に宣戦しなければならぬ。**自然主義を捨て，盲目的反抗と元禄の回顧とを罷めて全精神を明日の考察——我々自身の時代に対する組織的考察に傾注しなければならぬ**のである。（『時代閉塞の現状・食らうべき詩』岩波書店）

Side Story 与謝野晶子は情熱の人であった。鉄幹とは，同じく思いを寄せる山川登美子を交えての交際の後，熱烈な恋愛の情を抑えがたく，家を捨てて上京し同棲する。その後，実家の反対を押し切って結婚した。

❺大正デモクラシー

BC ────────────────────────────── 20 AD

大正期に自由主義的，民主主義的思潮および運動が展開し，多彩な思想家を生んだ

大正デモクラシーの群像

Words　499 教養主義　500 白樺（派）　501 無政府主義　502 自由主義　503 小日本主義

思想	概説
教養主義	読書などを通じて教養を積み，その知識で人格を高めようとする思想
白樺派	トルストイ（→p.192）などの影響を受け，人道主義，理想主義を掲げる
無政府主義	アナーキズム。国家や政府などのあらゆる権力を否定し，完全な自由を求める思想
自由主義	個人の権利や自由を基本として，社会もそれを最大限尊重するという思想

概説　**大正デモクラシー**とは，大正期に高揚した自由主義的，民主主義的な運動および思潮（→p.262）をいう。この時期に活躍した人々，すなわち大正デモクラシーの思想家群像には，「民本主義」の吉野作造（→p.262）や「天皇機関説」の美濃部達吉（→p.274），『青鞜』の平塚らいてう（→p.263），夏目漱石（→p.258）や白樺派*の武者小路実篤・志賀直哉などの文学者，教養主義者の阿部次郎，無政府主義者の大杉栄，自由主義者の石橋湛山など多彩な人々がいる。

＊ 1910 年に創刊された雑誌『白樺』に依拠した文学者・芸術家の集団

理想主義，人格主義を唱えた思想家

阿部次郎　あべ じろう
1883～1959（山形県）

主著　『三太郎の日記』

足跡　1883 年，山形県の旧家に生まれる。東京帝国大学卒業後，夏目漱石の作品批評によって評価を受け，漱石門下となり，安倍能成や森田草平らと交流する。31 歳のとき，自己省察の記録『三太郎の日記』を著し，多くの学生・青年に影響を与えた。その後，東北帝国大学で教鞭をとり美学講座を担当。リップスやニーチェの紹介に努め，日本文化の研究にも業績を挙げた。阿部は，**個人主義的理想主義，人格主義**を追求した大正期の**教養主義**を代表する思想家で，代表作『三太郎の日記』は，西田幾多郎『善の研究』，倉田百三『出家とその弟子』とともに旧制高校生らインテリ青年の必読書といわれた。

原典　愛するとは自分の生活を捨てゝ他人のためにのみすることか。

自分の生活を豊かにして，その饗宴を他人に頒つことか。
愛するとは全然自己の権利を抛棄することか。
愛する者はその施與に資すべき自己の貯蓄を保護するの権利を有するか。
（『合本 三太郎の日記』角川書店）

『白樺』を創刊，白樺派の思想的な柱　2回

武者小路実篤　むしゃのこうじ さねあつ　⑯
1885～1976（東京都）

主著　『友情』『おめでたき人』

足跡　1885 年，東京市麹町（現東京都千代田区）の子爵の家に生まれる。東京帝国大学中退。25 歳のとき，志賀直哉，有島武郎，柳宗悦らと**『白樺』**を創刊し，翌年，**『おめでたき人』**を発表した。1918 年，33 歳で雑誌『新しき村』を創刊し，宮崎県に理想的な共同体をめざして**「新しき村」を創設**した。翌年，『幸福者』と『友情』の連載を始める。1923 年，関東大震災で生家を失い，また『白樺』も終刊となる。戦後，文化勲章を受章。90 歳で天寿を全うした。

原典　一，全世界の人間が天命を全うし各個人の内にすむ自我を完全に生長させる事を理想とする。

一，その為に，自己を生かす為に他人の自我を害してはいけない。　　　　　（以下 4 条省略）（「新しき村の精神」）

白樺派文学者と作品	志賀直哉『暗夜行路』，『城の崎にて』 有島武郎『カインの末裔』，『惜しみなく愛は奪う』（評論）

大正期を代表する社会主義運動家

大杉栄　おおすぎ さかえ
1885～1923（香川県）

主著　『自叙伝』

足跡　1885 年，香川県に軍人の子として生まれる。東京外国語学校仏語科卒業。在学中，キリスト教に入信，足尾鉱毒事件に関心を持つ。また非戦論に共鳴して平民社に出入りし，幸徳秋水や堺利彦らの影響を受け，社会運動に参加する。1907 年，22 歳のときに直接行動の立場を明らかにし，**無政府主義（アナーキズム）の理解者**となった。翌年の赤旗事件で，堺利彦，荒畑寒村，山川均らと 2 年半の懲役刑を受ける。1912 年，荒畑寒村と『近代思想』を創刊。1923 年，関東大震災の戒厳令下，甘粕正彦憲兵大尉らにより妻伊藤野枝，6 歳の甥とともに虐殺され（甘粕事件），38 年の生涯を閉じた。**代表的アナーキスト**の大杉は，日本エスペラント協会の創立者。

原典　生は永久の闘いである。／自然との闘い，社会との闘い，他の生との闘い，永久に解決のない闘いである。／闘え。／闘いは生の花である。／みのり多き生の花である。
（「むだ花」『日本の名著 46』中央公論社）

オピニオンリーダーとして活躍　1回

石橋湛山　いしばし たんざん
1884～1973（東京都）

主著　『石橋湛山評論集』

足跡　1884 年，東京市麻布区（現東京都港区）の僧家に生まれる。早稲田大学卒業後，1911 年，東洋経済新報社に入社し，主幹・社長を歴任する。ジャーナリストとして，**自由主義**の立場から帝国主義的な膨張政策である「大日本主義」を批判し，国際協調と自由貿易を基本とする**「小日本主義」**を唱えた。戦後は政治家となり，63 歳で衆議院議員総選挙に当選するが，1 か月で公職追放となる。その後，鳩山内閣で通産大臣を務め，1956 年，72 歳のときに，自由民主党総裁選に勝利し，内閣総理大臣に就任したが，病に倒れわずか 2 か月で辞職した。88 歳で死去。

原典　例えば満州を棄てる，山東を棄てる，その他支那（中国）が我が国から受けつつありと考うる一切の圧迫を棄てる……英国にせよ，米国にせよ，非常の苦境に陥るだろう。何となれば彼らは日本にのみかくの如き自由主義を採られては，世界におけるその道徳的立場を保つを得ぬに至るからである。（「一切を棄つるの覚悟」1921 年）

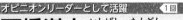

Side Story　武者小路実篤が唱えて宮崎県に誕生した「新しき村」は約 20 年後，発電所建設のためダムの底に沈み，1939 年に埼玉県毛呂山町で「東の村」として再出発し，現在も存続している。

日本思想

大正デモクラシーの思想的代表者　◀2回▶

吉野作造

よしの　さくぞう
1878 ～ 1933　（宮城県）

国家の主権の活動の基本的の目標は政治上人民にあるべし

西暦	年齢	生　涯　　色字は同時代の出来事
1878	0	宮城県に生まれる
89	11	大日本帝国憲法（明治憲法）発布
98	20	キリスト教に入信
1904	26	東京帝国大学卒業
10	32	欧米留学（～13）
14	36	東京帝国大学教授に就任
16	38	「憲政の本義を説いて其有終の美を済すの途を論ず」を発表
18	40	原敬内閣成立（最初の政党内閣）
20	42	平塚らいてう「新婦人協会」結成
22	44	全国水平社創立大会
24	46	東京帝国大学教授を辞職
25	47	治安維持法，普通選挙法制定
29	51	『明治文化全集』を刊行
33	55	死去

犬養毅や尾崎行雄らが中心となって第一次護憲運動を展開

このころ護憲三派を中心に，普通選挙の実現などをめざす第二次護憲運動

主著 『明治文化全集』

足跡 1878年，宮城県古川の綿製造問屋に生まれ，東京帝国大学法学部政治学科で学ぶ。在学中，キリスト教的な人道主義に触れる。後に母校で教鞭をとる。この時代，明治政府の藩閥・官僚支配を終わらせ，大日本帝国憲法に則った政治を実現しようと第一次護憲運動が起こった。この運動を擁護し，理論的な支柱となったのが，**民本主義**という思想であった。吉野作造が生きたのは，やがて太平洋戦争へ突入していくという，国家主義や暴力性が高揚していた時代であった。彼は，憲法の近代的側面である立憲制を活用し，時代の高揚感を抑制しようと努力した。普通選挙制導入に尽力する一方，労働運動にもかかわり，社会民衆党結成にも助力した。吉野が日本の民主化や民主主義の重要性に強い光を当てたことは，当時のオピニオンリーダーたちに多大な影響を与えることとなった。

Think 民本主義とはどのような思想なのだろうか？

原典A 民本主義　—憲政の精神的根底

View 一般民衆を分け隔てなく重んじる考え方。

　民本主義という文字は，日本語としてはきわめて新しい用例である。従来は民主主義という語をもって普通に唱えられておったようだ。時としてはまた民衆主義とか，平民主義とか呼ばれたこともある。しかし民主主義といえば，社会民主党などという場合におけるがごとく，「国家の主権は人民にあり」という危険なる学説と混同されやすい。……われわれがみてもって憲政の根底となすところのものは，政治上，一般民衆を重んじ，その間に貴賎上下の別を立てず，しかも，国体の君主制たると共和制たるとを問わず，あまねく通用するところの主義たるがゆえに，民本主義という比較的新しい用語がいちばん適当であるかと思う。

　民本主義という言葉は，実は西洋語の翻訳である。……西洋ではこの観念を表わすに，**デモクラシー**の文字をもってして居る。民本主義はこの語の翻訳である。……

　デモクラシーなる言葉は，……一つは「国家の主権は法理上人民にあり」という意味に，また，も一つは「国家の主権の活動の基本的目標は政治上人民にあるべし」という意味に用いらるる。この第二の意味に用いらるるときに，われわれはこれを民本主義と訳するのである。

（「憲政の本義を説いてその有終の美を済すの途を論ず」『日本の名著48』中央公論社）

1 大正デモクラシー　—立役者は吉野作造

　大正デモクラシーとは，大正期に高揚した**自由主義的，民主主義的な風潮や運動**を意味する。日露戦争の終了後から犬養毅や尾崎行雄の第一次護憲運動を経て護憲三派内閣によって諸改革がすすめられた時期に，わが国において政党政治が始まり，民主主義的傾向が定着していった。この「デモクラシー」は，**政治の民主主義的傾向の発展にとどまらず，労働運動や女性解放運動，部落解放運動など広く社会や文化においても新しい運動を生み**，社会に大きな変化をもたらすことになった。吉野作造は「民本主義」を掲げて活躍し，「大正デモクラシー」の中心人物として，さまざまな運動に多大な影響を与えた。

解説

A 吉野作造は「デモクラシー」に「民本主義」の語を当てた（この語は既に使われており，吉野の発案ではない）。吉野は「民主主義」では当時危険視された「国家の主権は人民にあり」と混同されやすく，「平民主義」では貴族を敵にして平民に味方するという意味に誤解される危険があるからこの語を提唱したと述べている。吉野は大日本帝国憲法下の天皇主権を否定せずに，「デモクラシー」を政権運用上の方針としたのである。その内容は，**政権運用の目的が民衆の福利の実現にあること，政策決定は民衆の意向に基づくこと**の二つであるとした。そのためには，思想・言論の自由を保障し，普通選挙制度のもとで議会中心の政治を行うことであると論じている。吉野の主張は広くジャーナリズムに取り上げられ，大正デモクラシーの基盤となった。

Focus 吉野作造と日露戦争

　吉野作造は，日露戦争を支持する態度をとった。若き日ドイツの哲学者ヘーゲルの影響を受けた吉野は，**歴史の進歩の方向を「専制」から「自由」への実現**ととらえ，ロシアはこの動きに逆行するものと考えたからである。したがって，日露戦争は「専制」に対する「自由」のための戦いなのであり，彼にとっては「民本主義」のための，日本の「専制」ロシアに対する戦いなのであった。

（参考：『日本の名著48』中央公論社）

Side Story 吉野作造は，東京帝国大学教授時代，社会運動に関心をもち，弟子の赤松克麿や宮崎龍介らに帝大生を中心とした思想運動団体「新人会」を結成させた。この会は学生運動の先駆けとなった。

写真：共同通信社

女性解放と平和のために尽くした運動家

平塚らいてう

ひらつか　らいちょう
1886 ～ 1971　（東京都）

元始，女性は実に太陽であった

4回

Words 506青鞜　507女性の解放

西暦	年齢	生涯　色文字は同時代の出来事
1886	0	東京に生まれる
1905	19	禅の修行を始める
06	20	日本女子大学家政科卒業
08	22	森田草平との心中未遂事件（塩原事件）
11	25	青鞜社結成。『青鞜』創刊
14	28	奥村博史との共同生活に入る（→ 41 年婚姻届提出）
18	32	与謝野晶子らと母性保護論争
20	34	市川房枝らと新婦人協会設立
22	36	治安警察法改正（女性の政治集会参加が認められる）
29	43	消費組合「我等の家」設立
46	60	第 22 回衆議院議員総選挙（初めての男女普通選挙）
66	80	「ベトナム話し合いの会」結成（ベトナム反戦運動）
71	85	死去

この事件を契機に女性の自我の解放について考えるようになる

主著『青鞜』創刊号序，『現代と婦人の生活』

足跡　1886 年，東京市麹町（現東京都千代田区）に高級官吏の三女として生まれた。本名は明。日本女子大学在学中に，同級生の紹介で禅門に入り，自我の確立に大きな影響を受ける。卒業後，文学講座で森田草平と出会い，心中未遂と騒がれた事件を起こした。25 歳で青鞜社を結成。『青鞜』に創刊の辞として寄せた「**元始，女性は太陽であった**」において女性解放を宣言した。また，『中央公論』に「私は新しい女である」を発表し，自由に生きる自立した女性像を打ち出した。34 歳のとき，**奥むめお，市川房枝**らと**新婦人協会**を結成し，女性の政治的権利獲得運動への道を開いた。昭和初期には居住地の成城で消費組合をつくり組合長になった。敗戦後は，男女同権，戦争放棄の新憲法と民法の「家」制度の廃止を，共感をもって受けとめる。1953 年日本婦人団体連合会初代会長に，また国際民主婦人連盟副会長に就任する。生涯，女性の権利，平和のために活動し続けた。

Think　らいてうの女性解放思想はどのようなものだろうか？

原典A　女性の解放—元始，女性は太陽であった

View らいてうは高らかに女性の解放を宣言した。

　元始，女性は実に太陽であった。真正の人であった。
　今，女性は月である。他に依って生き，他の光によって輝く，病人のような蒼白い顔の月である。……
　私どもは隠されてしまった我が太陽を今や取戻さねばならぬ。……
　私ども女性もまた一人残らず天才だ。天才の可能性だ。可能性はやがて実際の事実として変ずるに相違ない。……
　しからば私の希う真の自由開放とは何だろう，いうまでもなく潜める天才を，偉大なる潜在能力を十二分に発揮させることである。……
　私はすべての女性と共に潜める天才を確信したい。ただ唯一の可能性に信頼し，女性としてこの世にうまれ来って我らの幸を心から喜びたい。

（「『青鞜』創刊号序」『平塚らいてう評論集』岩波書店）

原典B　母性保護—母性保護は国家の義務

View 母性の保護は女性一人のみならず，すべての社会の幸福のために必要である。

　元来母は生命の源泉であって，婦人は母たることによって個人的存在の域を脱して社会的な，国家的な存在者となるのでありますから，母を保護することは婦人一個の幸福のために必要なばかりではなく，その子供を通じて，全社会の幸福のために必要なことなのであります。

（「母性保護の主張は依頼主義か」『平塚らいてう評論集』岩波書店）

1　母性保護論争　—経済的自立か母性保護か

　1918 ～ 19 年にかけて繰り広げられた，母性保護をめぐる論争。女性の解放には「経済的自立」が必要だと主張し，出産などに際し国家に保護を要求するのは，**女性自ら差別を招くものである**と批判する**与謝野晶子**の**女権主義**の立場に対して，**平塚らいてう**は**母性保護主義**の立場から，母が経済的に自立するのは困難で，**保護を求めるのはむしろ差別からの解放**だとしてこれを批判した。これに社会主義者の**山川菊栄**が加わり，論争はさらに展開していった。山川は，資本主義を前提にした二人の主張は女性問題の根本的な解決にはならないとして社会変革の必要性を唱えた。

解説

A らいてうが書いた『青鞜』創刊号序「元始，女性は太陽だった」は，女性解放の高らかな宣言であった。そして青鞜社は，1916 年に解散するまで女性解放運動の拠点としての役割を果たしたのである。

→『青鞜』創刊号
1911 年創刊，16 年廃刊。タイトルは「ブルーストッキング（青鞜）」にちなむ。18 世紀，イギリスのロンドンのサロンで文芸趣味や学識のある女性たちが青い靴下をはいていたところから。

B らいてうは，スウェーデンの教育者・思想家エレン＝ケイの影響を強く受けて，生命の再生産のため有している母性（妊娠・出産などの資質）の保護は国家の義務であると主張した。らいてうは，1919 年にケイの著書『母性の復興』を翻訳・刊行している。

→エレン＝ケイ（1849～1926）

**⊕Focus　廃娼運動と一夫一婦制の提唱
～明治期の女性運動家：矢島楫子**

　熊本県生まれで，徳富蘇峰（→p.255）・蘆花の叔母である矢島楫子は，明治期に公娼制度廃止（廃娼）と一夫一婦制の確立を訴えて，女性の地位向上と生活改善に尽力した。楫子は，1893 年，禁酒・売春禁止を求める全国組織「日本キリスト教婦人矯風会」を設立して初代会長となった。「日本人初の女医」荻野吟子は「矯風会」の会員であった。また，楫子は 1890 年，「女子学院」初代院長となり，ミッション系女学校の教育にも貢献した。

Side Story　平塚らいてう（雷鳥）の思考は，直観的，神秘的で非論理的であるとする見方がある。しかし，らいてうは，小学校からいつも首席で通す明晰な頭脳の持ち主で，最も得意な科目は算数であった。

日本思想

1 西洋思想の受容と展開

開国以降，西洋文化・文明の受容による近代化を目指したが，伝統的思想との葛藤や社会の発展に伴う諸問題が生じると，国家主義や社会主義思想が唱えられた。

	思想家	主著・出版物ほか	特色
啓蒙思想と民権論	福沢諭吉 (1835～1901)	『学問のすゝめ』 『西洋事情』 『[①文明論之概略]』	緒方洪庵の適塾で塾頭を務め，後，慶應義塾を開く。国の独立を何より願い，独立心をもった国民の育成に努めた明治期最大の啓蒙思想家。
	中村正直 (1832～91)	『[②西国立志編]』 『自由之理』	イギリスのスマイルズ，J.S.ミルの著作を翻訳し，[③功利]主義を説いて啓蒙思想の普及に努めた。
	加藤弘之 (1836～1916)	『国体新論』 『[④人権新説]』	当初は立憲政治の知識や天賦人権説を紹介。後に転向し，進化論をもとに国権論を説いて自由民権運動を批判した。初代東大総長。
	中江兆民 (1847～1901)	『[⑤三酔人経綸問答]』 『民約訳解』 『一年有半』	政府留学生としてフランスに留学。ルソーの『社会契約論』を抄訳し，自由民権運動に多大の影響を与え，東洋のルソーとよばれた。「恩賜の民権」と「[⑥回復]の民権」の別を説いた。
	植木枝盛 (1857～92)	『民権自由論』 『東洋大日本国国憲按』	国民主権，基本的人権の保障，抵抗権などを盛り込んだ民権派の画期的な憲法草案をつくった。
キリスト教の受容	新渡戸稲造 (1862～1933)	『[⑦武士道]』	札幌農学校に学びキリスト教徒となる。アメリカ，ドイツに留学した。日本人としての愛国心とキリスト教信仰の両立を求めて，日本人の道徳の根源を「武士の掟」に求めた。
	内村鑑三 (1861～1930)	『余は如何にして基督信徒となりし乎』	武士道精神の上に科学的合理精神とキリスト教精神を築いた。日本的なキリスト教を確立しようと[⑧無教会]主義を主張した。
国家意識の高まり	徳富蘇峰 (1863～1957)	『国民の友』 『[⑨国民]新聞』	当初は平民の立場で西洋文化の受容を推進しようとする[⑩平民主義]を説いたが，後に転向し，国家に最高の価値をおく[⑪国家主義]を掲げた。
	三宅雪嶺 (1860～1945)	『[⑫日本人]』	極端な欧化路線に反対し，日本の伝統文化を保ちながら改革を行おうとする[⑬国粋主義]を掲げた。
社会思想の展開	幸徳秋水 (1871～1911)	『二十世紀の怪物帝国主義』	自由民権運動から社会主義に傾倒，万朝報や平民新聞で論陣をはった。大逆事件で逮捕され処刑された。
近代的自我の確立	夏目漱石 (1867～1916)	『現代日本の開化』 『私の個人主義』	作品で近代日本人の自我を鋭く分析し，自我に執着することが利己主義に陥っていく近代主義の立場を批判。[⑭則天去私]の世界を求めるようになった。
大正デモクラシー	吉野作造 (1878～1933)	『憲政の本義を説いて其有終の美を済すの途を論ず』	主権在君の明治憲法下でのデモクラシー思想として[⑮民本主義]を提唱する。犬養毅や尾崎行雄らの護憲運動を理論的に擁護し，国民の政治意識を高めた。

⑩ CHALLENGE　大学入試問題にチャレンジしてみよう（答えは裏表紙裏）

⑩-1 西洋の知識を積極的に取り入れた思想家の人名**ア～エ**と，その説明**Ⅰ～Ⅳ**の組み合わせとして最も適当なものを，次の①～⑧のうちから一つ選べ。
（2018　センター本試　改）

| ア | 植木枝盛 | イ | 新島襄 | ウ | 中江兆民 | エ | 福沢諭吉 |

Ⅰ アメリカから帰国した後に，同志社英学校を創立して，キリスト教の精神に基づく教育を行った。

Ⅱ ルソーの『社会契約論』を翻訳した『民約約解』を出版し，日本の実情に即した民権のあり方を説いた。

Ⅲ 「門閥制度は親の敵」と述べ，欧米への視察旅行で得た知見をもとに，封建的な秩序や意識を批判した。

Ⅳ 西洋の民権思想をもとに主権在民の必要を説き，人民には政府の専制に対して抵抗する権利があると主張した。

① アーⅠ　イーⅡ　ウーⅢ　エーⅣ　　② アーⅠ　イーⅣ　ウーⅢ　エーⅡ
③ アーⅡ　イーⅠ　ウーⅢ　エーⅣ　　④ アーⅡ　イーⅣ　ウーⅢ　エーⅠ
⑤ アーⅢ　イーⅠ　ウーⅡ　エーⅣ　　⑥ アーⅢ　イーⅣ　ウーⅡ　エーⅠ
⑦ アーⅣ　イーⅠ　ウーⅡ　エーⅢ　　⑧ アーⅣ　イーⅢ　ウーⅡ　エーⅠ

RANK UP　内村鑑三の思想の特徴を無教会主義と武士道という言葉を使って説明せよ。（2015　センター追試　改，▶答えは裏表紙裏）

第8節 日本の思想の展開

➡四高記念文化交流館（金沢）
西田幾多郎は第四高等学校教授時代、禅寺に通い独自の思索を深めていった。

■現代日本の哲学

　日本の哲学研究は西洋思想の輸入から始まる。philosophyを「哲学」と訳した西周をはじめ明治期の啓蒙思想家たちは、功利主義の紹介、適用につとめた。そうした状況を、フランスで学んだ中江兆民が「わが日本古より今に至るまで哲学なし」と評したことは有名である。東京帝国大学ではドイツ留学帰りの井上哲次郎が哲学科教授として影響力を発揮したが、人物や見識の評判は良くなかった。西洋哲学を踏まえつつ、独自に思索を深めることで新たな哲学体系を構築することに最初に成功したのが**西田幾多郎**である。西田が第四高等学校教授時代に生徒に配布したテキストに基づく『善の研究』は、**主客未分の純粋経験**から善や宗教を体系的に論じており、当時その独創性が高く評価された。その後発展を遂げた西田の理論は「**西田哲学**」と冠されることとなる。また西田は京都帝大で優秀な人材を集めることに成功している。西田とともに京都帝大哲学科を担った田辺元をはじめ、**倫理を「間柄」の理法**ととらえて家族から国家まで論じた**和辻哲郎**（1936年より東京帝大）、現象学を日本文化に応用した『**「いき」の構造**』で知られる**九鬼周造**、彼らはみな西田によって招聘され、西田のもとで**京都学派**とよばれる哲学潮流を担っていった学者である。彼らの思想の特徴は、西洋哲学が前提とする原理を「有」の形而上学として批判し、東洋思想から受け継いだ「**無**」（「**絶対無**」や「**空**」とも）の思想によってその乗り越えをはかるものであった。

●現代日本の思想　年表

時代	西暦	できごと　色文字は同時代のできごと	思想家
明治	1868	明治維新	
	77	東京大学設立	西田幾多郎（1870〜）
	86	東大、帝国大学に改組	
	97	京都帝国大学創設	和辻哲郎（1889〜）
	99	西田幾多郎、第四高等学校教授に就任	南方熊楠（1867〜）　柳田国男（1875〜）　折口信夫（1887〜）　宮沢賢治（1896〜）
	1900	南方熊楠、イギリスより帰国	
	10	西田幾多郎、京都帝大助教授に就任	
		柳田国男『遠野物語』	
	11	西田幾多郎『善の研究』	
大正	14	第一次世界大戦勃発	
	19	和辻哲郎『古寺巡礼』	
	23	北一輝『日本改造法案大綱』	
		関東大震災	
	26	宮沢賢治、羅須地人協会設立	
		西田幾多郎「場所」	
昭和	29	小林秀雄「様々なる意匠」	
		折口信夫『古代研究』	
	30	九鬼周造『「いき」の構造』	
	33	ヒトラー首相就任	宮沢賢治（〜1933）
	37	北一輝、処刑（36　2.26事件）	
		和辻哲郎『倫理学』上巻	
		日中戦争勃発	
	39	第二次世界大戦勃発	
	41	太平洋戦争勃発	南方熊楠（〜1941）
	44	鈴木大拙『日本的霊性』	
	45	終戦	西田幾多郎（〜1945）
		戸坂潤、三木清獄死	
	46	田辺元『懺悔道としての哲学』	
		丸山真男「超国家主義の理論と真理」	
		坂口安吾『堕落論』	
	49	日本民俗学会創設、柳田国男会長就任	
	50	日本倫理学会創設、和辻哲郎会長就任	折口信夫（〜1953）
	60	日米安全保障条約調印	和辻哲郎（〜1960）
	62	キューバ危機	柳田国男（〜1962）

■民俗学の思想

　大英博物館に勤めていた経歴を持つ**南方熊楠**から西洋でForklore（民間伝承・民話・神話・民謡・遺物など）への関心が高まっていることを知り、日本民俗学を創設したのが**柳田国男**である。柳田は、近代化によって失われつつあった民衆の暮らしの中にある文化を掘り起こし、そこに日本の原像を見いだした。初期の柳田は、木地師やサンカなど漂泊の民の文化に注目し、日本のマイノリティに光を当てる研究をしていたが、やがて水稲農耕民の文化に関心を移し、「ごく普通の百姓」を民族文化の担い手として「**常民**」と呼び、その死生観を日本固有の信仰ととらえた。柳田から影響を受け、国文学の分野から民俗学研究をおこなったのが**折口信夫**である。折口は柳田も注目した沖縄の文化から着想をえて、海の彼方の「**常世**」から来訪する神（まれびと）に日本の神の起源があるとした。**柳宗悦**は、人々が日常に利用する衣服や食器に美を見いだし、それらを「**民芸**」と名づけ、その振興をはかる民芸運動を指導した。

➡映画『**遠野物語**』　柳田国男の『遠野物語』に発想をえたオリジナル脚本にもとづく幻想的な作品。

日本思想

Side Story　東京帝大哲学科主任教授井上哲次郎は「井の哲」と呼ばれ、学生から評判がすこぶる悪かった。夏目漱石の『三四郎』には井上の講義冒頭の決めゼリフ「砲声一発浦賀の夢を破つて」が、井上を揶揄するように登場する。

265

西洋思想の超克を企てた近代日本初の独創的哲学者

7回

西田幾多郎
にしだ きたろう
1870 ～ 1945　（石川県）

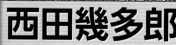

個人あって経験あるにあらず，
経験あって個人があるのである

西暦	年齢	生涯
1870	0	加賀国河北郡に生まれる
87	17	第四高等中学予科に編入学
91	21	帝国大学文科大学哲学科選科 (現 東京大学) に入学
99	29	第四高等学校教授に就任
1910	40	京都帝国大学助教授に就任，翌年『善の研究』出版
26	56	「場所」論文を発表。「西田哲学*」と冠される
28	58	京都帝国大学を定年退職
40	70	文化勲章を受章
45	75	終戦間近の6月7日，鎌倉において尿毒症で死去

*左右田喜一郎が論文の中で初めて使った。

主著　『善の研究』『働くものから見るものへ』『無の自覚的限定』

足跡　青年時代，第四高等中学校に学び，終世の友となる鈴木大拙と出会った。校則が強化されると，それを嫌い行状（素行）点で落第し退学を余儀なくされる。独学で帝国大学文科大学哲学科選科（現 東京大学）に入学するが，選科ゆえにみじめな思いを抱えて大学時代を過ごす。四高の教授に就任してからは禅の修業にもはげみ，後に「西田哲学」と呼ばれる独創的な哲学を形成していった。40歳で京都帝国大学助教授に就任，翌年出版した『善の研究』は近代的な自意識に苦しんでいた若者たちから支持された。その後京都帝国大学哲学講座教授として多くの研究者を育てあげた。

Approach "真の自己"を知るのは難しい？

知恵：先生，西田幾多郎は日本で最初の本格的な哲学者とされていますよね。どういう意味ですか。

真田：それまでの日本の哲学者は西洋哲学の翻訳・紹介が中心でしたが，西田先生は東洋思想を踏まえて西洋哲学の二元論的な考え方を批判し，独自の哲学体系を作り出すことに成功したんだよ。

知恵：先生，二元論ってどんな考え方でしたっけ？

真田：カントを憶えているかな？　カントは，認識とは人間の「主観」が対象となる物を「客観」として構成することだとしたよね。主観と客観を区別し対立的にとらえる，こうした考え方を二元論というんだ。

知恵：西田先生はどうやって批判したんですか？

真田：主観と客観，それに認識・感情・意志（知情意）が区別される以前の主客未分な根源的な経験を純粋経験と呼んで，真に実在するのは純粋経験のみだとしたんだ。この考え方は，西田先生が若い頃から修行していた坐禅の体験がもとになっているんだ。

知恵：純粋経験？　なんか難しそうですね……

真田：ところで知恵さんは軽音楽部だったよね。

知恵：はい，ギターを担当しています。今年の文化祭のステージ，とっても盛り上がりました。

真田：その時の演奏はどんな感じだった？

知恵：自分が音楽やバンド仲間と一体になった感じで，完全に我を忘れていました。それにバンドとお客さんのノリも完全にシンクロして，思う存分実力を発揮できました。とっても充実した時間でしたね。

真田：それがまさに純粋経験だよ。西田先生は『善の研究』のなかで純粋経験をこんな風に説明しているよ。「恰もわれわれが美妙なる音楽に心を奪

われ，物我相忘れ，天地唯嚠喨たる一楽声のみなるが如く，此刹那所謂真実在が現前している。之を空気の振動であるとか，自分が之を聴いているとかいう考えは，われわれが此の実在の真景を離れて反省し思惟するに由って起こってくるので，此時われわれは已に真実在を離れているのである。」嚠喨とは音が冴えわたっていることだよ。

知恵：何だか難しい言い回しだけど，私のステージ体験と同じですね。それから，"反省し思惟すると真実在から離れる"ですが，譜面を見ながら正確に弾こうとすると，ミスなく演奏できても盛り上がりに欠けるんですよね，関係ありますか？

真田：その場合，知恵さんは譜面に記されたリズムや音程を客観的に理解しながら演奏していることになる。それだと，音楽が演奏者という知恵さんの主観と譜面に記された楽曲という客観に分裂してしまい，音楽そのものを直接表現していることにならないんだ。

知恵：そっか，純粋経験としてバンド演奏ができれば最高に盛り上がるんですね。その域まで達したらプロになれるかも！

真田：バンド演奏だけじゃないよ。西田先生は，人生のあらゆる場面で主客の区別を超えた純粋経験を生きることで，真の自己，つまり自分らしい自分を発揮することができると言っている。真の善とは，主客合一を得て純粋経験の根源で働いている宇宙（神）の統一力と個人の意識の統一力たる人格が統合されることだとね。

知恵：今の話を聞いたら，宇宙の生命力が全身に漲ってきました。私プロをめざしてがんばります！

真田：知恵さん，赤点を取らないように，勉強に没頭するのも純粋経験だからね。

Side Story　四高教師時代の西田のあだ名はデンケンだった。ドイツ語で「瞑想思索する」という意味で，よく目を閉じ，あるいは半眼で頭を傾けていたからだという。厳しい先生だったが，面倒見がよく，生徒から慕われていた。

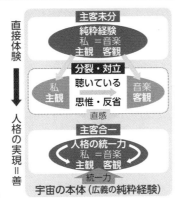

Outline

西田が『善の研究』で探究したものは「疑うにも疑いようのない直接の知識」（真の実在）であり，それを純粋経験とした。それは主観と客観の区別も知情意の区別もない，ありのままの原始的な事実である。純粋経験はその根底に統一力を有しており，分裂・対立をへて諸個人の人格を完成させる。ゆえに「経験あって個人ある」というのである。

西田は，真理は個人の意識を超えた一般性をもつものでなければならないという批判から，「場所の論理」へとたどり着く。場所とは真の自己として「我を超越したもの，我を包むものが我自身である」という事態であり，それ自身は限定されることなく「無限の有を含むもの」（無）である。

Think 自分らしく生きることと社会の善は一致するか？

原典A 純粋経験と善
16
13

View 善とは意識の統一力たる人格の実現であり，主客合一の力を得て宇宙（神）の統一力と一体となること。

善とは一言にていえば人格の実現である。これを内より見れば，真摯なる要求の満足，すなわち意識統一であって，その極は自他相忘れ，主客相没するという所に到らねばならぬ。外に現われたる事実として見れば，小は個人性の発展より，進んで人類一般の統一的発達に到ってその頂点に達するのである。

……実地上真の善とはただ一つあるのみである，即ち真の自己を知るというに尽きて居る。我々の真の自己は宇宙の本体である，真の自己を知れば善に人類一般の善と合するばかりでなく，宇宙の本体と融合し神意と冥合するのである。……而して真の自己を知り神と合する法は，ただ主客合一の力を自得するにあるのみである。

（『善の研究』岩波文庫）

原典B 場所の論理
13
19

View 自己の姿を映す鏡であるとともに自己自身であるものが場所である。

私はこれに反し主観的なるものを述語的方向に求めた，即ち述語となって主語とならないものを意識と考えた。私のいわゆる場所とはかかるものを意味するにほかならない……。真の認識主観はいわゆる超越的場所という如きものでなければならぬ，すべてを包むものでなければならぬ，いわゆる主客の対立もこれに於いてあるものでなければならぬ。

（「左右田博士に答う」『西田幾多郎哲学論集Ⅰ』岩波文庫）

しかし，我々はなお一層深く広く，有も無もこれに於いてある真の無の場所というものを考えることができる。真の直観はいわゆる意識の場所を破って直にかかる場所に於いてあるのである。

（「場所」同前）

解説

A 世界を生きるなかで，言語が介入する以前の純粋な感覚状態を純粋経験とする。それは知情意が一つとなった思慮分別を加えない直接的な経験である。西田は純粋経験から善を探究する。「真の善とは真の自己を知る」ということであり，真の自己とは主客合一の境地である。究極の純粋意識たる宇宙（神）の統一力と自我が合一することで人格の完成という善が実現する。ゆえに個性的な自分を発揮すること（善）と社会の秩序・発展（善）はひとつである。

B 純粋経験を論理的に徹底させたのが場所である。「この私は人間である」といった場合，「この私」が主語（特殊），「人間である」が述語（一般）であり，アリストテレスは「主語となって述語とならないもの」を第一実体（「この私」の「この」と指し示される特定の個物）とした。それに対して西田は「述語となって主語とならないもの」（あらゆるものを包み込む無限大の述語）を場所と呼び，真の自己とした。「場所」とは相対的な有無の対立を超えた，あるいはその認識を成り立たせるものであることから「無の場所」（絶対無）ともよばれる。

---

1 絶対矛盾的自己同一 — 世界が私？

「私以外私じゃない」，これは当たり前のことのように思われるが，"私を意識する私"を意識することはできない（意識された途端に対象化されてしまうのだから）。意識には底がない，絶対無である。にもかかわらず誰もが「私以外私じゃない」と確信し，自己の同一性を保っている。西田はこの絶対無の働きを「絶対矛盾的自己同一」と呼び，個人と世界の内的な論理構造にすえた。個人は世界に規定されることで自己たりえるが，世界は個人のさまざまな創造的行為によって不断に形成される。対立的な関係にある諸個人（多）と世界（一）の〈作られる＝作る〉という相即的な関係を「多即一」あるいは「一即多」とみなし，絶対矛盾的自己同一ととらえた。

Focus 悲哀の哲学者

「哲学の動機は「驚き」ではなくして深い人生の悲哀でなければならない」と語る西田。西田は幾度も家族の不幸に見舞われる。23歳の長男を失ったとき，「死にし子の夢よりさめし東雲の窓ほの暗くみぞれするらし」という歌を残している。長く病で床に臥していた妻の死の前年に詠まれた歌に，「わが心深き底あり喜も憂の波もとゞかじと思ふ」がある。家族の不幸に見舞われ憂う日々のなかにも時に喜びが見出される。憂いと喜び，この矛盾する心の奥底には決して届かない場所がある。西田の哲学は彼の悲哀に満ちた境涯のなかから紡ぎだされたものであった。

西田先生は，死の4か月前に長女弥生さんを亡くしました。「弥生は昨日死んでしまった」という言葉からは晩年の先生の深い悲しみが伝わってきます。

Side Story 西田は京大での講義中，説明を止めて黙って考え込んでいたが，しばらくして突如「わからん！」と言って講義を止めて帰ってしまったことがあった。この時学生たちは西田の真剣な思索ぶりに感動したという。

人と人との間柄から人間の学を構築した倫理学者

和辻哲郎
わつじ てつろう
1889～1960 （京都府）

人は死に，人の間は変わる，
しかし絶えず死に変わりつつ，
人は生き人の間も続いている。

西暦	年齢	生　涯
1889	0	兵庫県の医者の子として誕生
1906	17	第一高等学校に入学
12	23	東京帝国大学文科大学哲学科を卒業
19	30	『古寺巡礼』を刊行
25	36	京都帝国大学助教授に就任
27	38	ドイツに留学，ハイデガーに学ぶ
34	45	『人間の学としての倫理学』を刊行
		東京帝国大学教授となる
35	46	『風土―人間学的考察』（○p.198）を刊行
50	61	日本倫理学会，初代会長に就任
60	71	12月26日心筋梗塞で死去

主著 『人間の学としての倫理学』『風土』『倫理学』

足跡 現兵庫県姫路市に医者の子として生まれた。第一高等学校に入学，同年に天野貞祐，九鬼周造，岩下壮一らがいた。東京帝国大学では哲学を専攻したが，関心は広く，創作・論説・批評・翻訳の活動も行った。第二次『新思潮』の同人となり小山内薫・谷崎潤一郎らと活動，夏目漱石に師事しその門人たちとも交わるようになった。20代で『ニイチェ研究』，『ゼエレン・キェルケゴオル』を著し，日本における実存哲学研究への道を開拓した。36歳の時，西田幾多郎に招かれ京都帝国大学助教授（留学後教授）に着任，仏教倫理思想史を研究した。38歳でドイツに留学した際には，ハイデガーに学んでいる。1935年には『人間の学としての倫理学』を発表して，後年和辻倫理学と呼ばれることになる独自の倫理学体系への基礎を築いた。同年東京帝国大学に転任した。1960年，71歳で死去し，西田と同じく鎌倉の東慶寺に葬られた。

Approach　個人と社会の弁証法とは何だろう？

哲：先生，今日は折り入って相談があるのですが。

真田：身だしなみも整えて改まってどうしましたか。

哲：自分は卒業後の進路で就職を考えているのですが，ひと見知りなので面接試験が心配なんです。

真田：「ひと見知り」ですか，意外ですね。ここは和辻先生に登場してもらいましょう。「ひと見知り」の「ひと」とは何ですか？

哲：えっ？　他人のことかな。

真田：そうですね。では「ひと」のつく言葉，ほかに何かありますか？

哲：「ひとごと」とか「ひとづきあい」とか，あと「ひと聞きが悪い」かな。

真田：最初の二つは〈他人〉のことですね。「ひと聞きが悪い」は不特定多数の〈世の人〉さらに〈世間〉というニュアンスがあります。では「ひとを馬鹿にするな」と言ったら，その「ひと」は誰のことでしょう？

哲：誰かにからかわれた時に言い返す言葉だから，自分のことだと思います。

真田：そうです。自分も他人から見れば他人ですからね。和辻先生は，個人という意識の前提に他者とつながり合う関係「世間」があると言っています。しかも，他者とつながり合う関係を成り立たせているのは個人という自覚を持った「人」でもあります。だから**人間とは「世間」と「人」との弁証法的統一**だと和辻先生はいうのです。

哲：なんか複雑ですね。

真田：ところでどうして私のところに相談に来たのですか。

哲：倫理の真田先生なら相談に乗ってくれると思いました。

真田：私を先生として信頼して来てくれたのですね。

哲：そうです。

真田：哲君と私の間には生徒と先生という関係（和辻先生は**間柄**と呼びましたが）があり，そこに信頼関係が成立しているということです。ひと見知りというのは，いまだ信頼関係が築けていない他者とのつながりに慎重な態度をとるということではないでしょうか。

哲：はい，知らない人に自分をどう表現していいのか，いつも戸惑ってしまうのです。

真田：それでは面接試験について考えてみましょう。哲君は面接官と受験生という間柄に不慣れな状態にある，だから自分をうまく表現できないと心配しているのです。まずはその間柄に慣れる必要がある。和辻先生は間柄には「きまり」「かた」があると言っています。あいさつの仕方や話し方のことですね。面接試験の「かた」をしっかりと身につけておけば，試験会場で面接官と受験生という間柄にすんなりと入ることができ，また面接官との間に適切な信頼関係を築くことができます。その信頼関係に基づいて，さらに自分なりの表現を工夫していけばよいのです。ひと見知りだから面接試験がうまくいかないと考える必要はありません。今は面接練習を繰り返し行うことです。ちなみに個を一度否定して「かた」に従い，さらに「かた」を抜け出て個を磨いていく，これが和辻先生のいう弁証法ですね。

哲：それを聞いて気持ちが固まりました。先生，これから面接練習お願いします。

真田：用事があるけど，生徒との信頼関係が学校秩序の基本だから，ここは哲君に付き合うかな。

Side Story 和辻は青年期に文人たちと交わり，みずからも創作をものした。戯曲『首級』は，屍や血を嗜好するオスカー・ワイルドの『サロメ』を彷彿とさせる雰囲気が漂い，交流のあった谷崎潤一郎に通じる耽美的な作品となっている。

Outline 和辻倫理学の基本的な考え「倫理学は人間（じんかん）の学である」

人間を単に自由で独立した個人とはみなさず、「世間」と「人」との二重の存在、すなわち、「**間柄的存在**」と規定し、倫理学の基礎にすえた。

↓

「倫理問題の場所は孤立的個人の意識にではなくして人と人との間柄にある。……すなわち**倫理学は人間の学である**」。

人間＝間柄的存在 Ⓐ

個人性
全体性 ┐ 二つの側面

親・子　生徒・教師

弁証法↑的統一
対立・予盾
個人 どちらも他方の前提 社会

間柄：家族の中では親─子、学校生活では生徒─教師、地域のつきあいではお隣さんなど、さまざまな日常的関係。

倫理学の根本原理＝空 Ⓑ

個人⇔社会
空＝否定の運動

全体性 → 否定 → 個人性 → 否定の否定 → 全体性

停滞　停滞

全体主義 **利己主義**
非本来的＝悪

空：大乗仏教の用語で、存在の無自性なありかた、実体をもたないこと。

個人性、全体性はどちらの側面も他方を「**否定**」することで成り立つゆえに「**空**」である。

不断の「否定の運動」により間柄は成立

↓

否定の運動
＝人間存在の理法

Think 「世間」と「人」の二重存在とはどういうことか？

原典Ⓐ 間柄的存在

View 人間は個人と社会の二重の性格を備え、両者が弁証法的に統一された間柄的存在である。

　我々はかくも意義深い「人間」という言葉を所有する。この語義の上に我々は人間の概念を作ったのである。**人間とは「世の中」であるとともにその世の中における「人」である。だからそれは単なる「人」ではないとともにまた単なる「社会」でもない。ここに人間の二重性格の弁証法的統一が見られる。**人間が人である限りそれは個別人としてあくまでも社会と異なる。それは社会でないから個別人であるのである。従ってまた個別人は他の個別人と全然共同的でない。自他は絶対に他者である。しかも人間は世の中である限りあくまでも人と人との共同態であり社会であって孤立的な人ではない。それは孤立的な人でないからこそ人間なのである。従って相互に絶対に他者であるところの自他がそれにもかかわらず共同的存在において一つになる。社会と根本的に異なる個別人が、しかも社会の中に消える。人間はかくのごとき対立的なるものの統一である。この弁証法的な構造を見ずしては人間の本質は理解せられない。

原典Ⓑ 否定の運動

View 人間存在の理法は共同性を否定した個人が否定の否定により人倫的合一をめざす運動である。

　間柄的存在の否定的構造は、かくして絶対的否定性（＊空）の否定を通ずる自己還帰の運動として明らかにせられる。これが人間存在の根本構造なのである。……否定の運動として動的に統一せられた三つの契機、すなわち根源的なる空（＊無自性）とその否定的展開たる個人存在及び社会存在（＊家族や国家）は実践的現実においては相即して離すことのできないものである。なぜなら、それらは実践的行為的連関において絶えず働いているものであって、どこにも静止固定することはできないからである。たとえば一定の結合（＊社会）が作られたとき、それは固定せる形成物として静的に存立するのではない。**不断に否定の否定の運動を実現し続けるところに、人間の結合は成立するのである。**

（Ⓐ・Ⓑともに和辻哲郎『倫理学（一）』岩波文庫）

解説

Ⓐ 和辻は、西洋の個人主義的倫理を批判し、言葉の解明から倫理学をとらえ直す。「倫理」の「倫は「なかま」を意味するとともにまた人間存在における一定の行為連関の仕方をも意味する」、また「人の全体性としての「世のなか」を意味する人間という言葉がその世の中における人を意味するに至った」とする。「社会なき個人」も「個人なき社会」もともに虚構であり、人間は個人と社会の弁証法的統一一であるとした。間柄的存在の人間は、互いの意識が浸透し合ったものとして存在する。電車で一人スマホに耽っていても、隣人との間合いを取り独り言を避けるという意識が浸透し合っている。車内で誰かが大声を上げそれを不快に感じるのは、他者を意識しない意識を逆になされたからだといえるだろう。

Ⓑ 個人は自分と他者がお互いを否定し合うこと（**全体性の否定**）で、また社会は異なる個人がつながりあうこと（**個人性の否定：否定の否定**）で成立する。和辻は、個人と社会はお互いを否定する運動によって生じるのであるから、いずれも実体のない「**空**」とみなした。そしてこの**否定の運動を人間存在の理法**であるとし、よりよい社会を目指す不断の運動が善であり、一方に停滞し全体主義や利己主義に陥ることが悪であると説いた。

最近、電車内でトラブルを起こす人が増えているそうです。現代はいろいろな場面で生じる間柄の関係が揺らいでいるのかな。みんなはどう思いますか？

Focus 日本文化を再発見した人文哲学者

　和辻哲郎は倫理学者であったが、優れた散文の書き手でもあった。1919年に刊行された学生時代の旅日記に基づく『古寺巡礼』は、多くの若者を惹きつけ古都奈良へと誘った。中宮寺の半跏思惟像（はんかし）を鑑賞した様子を次のように語っている。「それはもう「彫刻」でも「推古仏」でもなかった。ただわれわれの心からな跪拝（きはい）に値する─そうしてまたその跪拝に生き生きと答えてくれる─一つの生きた、貴い、力強い、慈愛そのものの姿であった。われわれはしみじみとした個人的な親しみを感じながら、透明な愛着のこころでその顔を見まもった。」岡倉天心にも学んだ和辻の繊細な感受性によって書かれた同書は、日本の美に新たな言葉を与えるとともに、「**物の哀れとしめやかな愛情**」を日本の文化の核心ととらえ、その後の日本文化史の研究（『日本精神史研究』など）の出発点となった。

➡中宮寺　半跏思惟像

Side Story 東大を定年で退職した和辻の最終講義は、「ギリシア語のフィロソフィアは智への愛という意味である。諸君がいつまでもそれを持ち続けるように祈る」という言葉で終わったという。

近代化で失われつつあった民衆の生活文化を，各地に伝わる民間伝承や民具を収集して研究する学問

民俗学の思想

Words	516民俗学	517新国学	518常民	519習俗	520祖霊信仰
	521氏神信仰	522先祖の話	523まれびと	524常世	525来訪神
	526神社合祀反対運動	527民芸			

民俗学者	キーワード
柳田国男	常民，祖霊神
折口信夫	常世，まれびと
南方熊楠	神社合祀反対運動
柳宗悦	民芸運動

概説 民俗学は，文献や書物よりも，農耕や狩猟にまつわる習俗・信仰・年中行事・祭礼，さらには伝説・民話・ことわざ・方言など，文字をもたぬ農民や猟師の暮らしの中にあるものを重視して，これを初めて研究対象としてとらえた。諸民族の文化を比較研究する民族学とは異なる。

名もなき人々の生活や文化に日本の原風景を見出した日本民俗学の創始者 ◀8回▶

柳田国男 やなぎた くにお
1875 ～ 1962 （兵庫県）

写真提供／成城大学民俗学研究所

史学は古いことを穿鑿する技術ではけっしてない。人が自己を見出すための学問であったのだ。

主著 『遠野物語』『先祖の話』『海上の道』

足跡 10歳の時に大飢饉の惨状を目の当たりにし，農村の飢饉撲滅を志すようになった。東京帝国大学法科大学に進学し，農政学を学ぶ。卒業後農商務省の農政官僚となり，農村改革を提唱した。遠野出身の青年から聞いた不思議な伝承に魅了され，1910年に『遠野物語』として出版。1913年に雑誌『郷土研究』を創刊する。当初の関心は，山間部に住む山人や漂泊の人々にあった。その後官僚を退き，朝日新聞社に入社，紀行文などを多数執筆した。1921年にジュネーブの国際連盟委任統治委員に就任したが，関東大震災を受けて辞任。1930年代に経世済民の学としての民俗学を構築していく。戦時下では日本人の研究に向かい，常民概念に基づき日本人論を構想していった。戦後出版された『先祖の話』は戦死者との向き合い方を説いた。戦後は日本民俗学会を創設し，民俗学の興隆に努めるとともに，日本人のルーツを探った『海上の道』など日本人の研究を深めていった。1962年死去。

経世済民の学としての民俗学

柳田国男は，「我々の学問は結局世の為人の為でなくてはならない」と語っている。柳田にとって民俗学とは，恐慌や凶作で疲弊する農村社会の復興を目指す経世済民の学であった。柳田は，祭りや年中行事を復興させ，氏神信仰にもとづく日常倫理と共同体を再建することによって地方の活力が高まると説いている。東日本大震災後，東北の再生が進まない今，柳田国男から学ぶべきものも多いのではないか。

↑兵庫県丹波篠山市の奇祭「はもまつり」

Think 市井の人々は死者の霊をどのようにとらえてきたか？

解説

Ⓐ『先祖の話』は1945年4月から5月下旬に空襲のなかで書かれた。柳田国男は，仏教や儒教よりも古くから，日本人の心の深層に独自の死生観・霊魂観があると説いている。死んだ者の霊は「具体的にあのあたりと，大よそ望み見られるような場所」（霊山）に留まり，盆と正月など定期的に子孫のもとを訪れ，子孫や郷土を守り続けるという信仰である。また霊は時を経て神となり，さらに個性を捨て祖霊と融合し，田の神，山の神になるとした。さらに「生まれ変わり」も素朴に信じられてもいた。本書で柳田は，戦争で命を落とした人々が，国家主導の祭祀ではなく，「イエ」や「先祖」という民俗信仰に根差して弔われることが重要であると訴えている。

⑮ **原典Ⓐ 先祖の話**

View 日本人の民俗信仰にあらわれる神観念の根底には祖霊信仰がある。

二三　先祖祭の観念

　私がこの本の中で力を入れて説きたいと思う一つの点は，日本人の死後の観念，すなわち**霊は永久にこの国土のうちに留まって，そう遠方へは行ってしまわないという信仰**が，おそらくは世の始めから，少なくとも今日まで，かなり根強くまだ持ち続けられているということである。

三〇　田の神と山の神

　我々の先祖の霊が，極楽などには行ってしまわずに，**子孫が年々の祭祀を絶やさぬ限り，永くこの国土の最も閑寂なるところに静遊し，時を定めて故郷の家に往来せられるという考え**がもしあったとしたら，その時期は初秋の稲の花の漸く咲こうとする時期よりも，むしろ苗代の支度にとりかかろうとして，人の心の最も動揺する際が，特にその降臨の待ち望まれる時だったのではあるまいか。

（「**先祖の話**」『柳田國男全集13巻』ちくま文庫）

常民 「**極**普通の百姓」（のちには日本人一般として理解されるようになる）であり，文書記録によらずに民俗を伝承してきた主体である。常民とは名もなき人々であるとともに，自然災害になすすべもなく翻弄されながらも他者と共同して地域に根差した生活や文化を守ってきた人々であった。常民に共同性を担保してきたものが，祖霊信仰と結びついた氏神信仰であり，日常的な倫理観は祭りや年中行事を通して培われた。

Side Story 柳田は，青年時代に伊良湖岬で椰子の実子を拾い上げた体験がもととなって，晩年『海上の道』（1961年）で日本人の先祖ははるか南方から島々を渡ってやってきたと主張した。そこには占領下の沖縄への強い思いも込められていた。

日本の神のイメージをまれびとに求めた国文学者, 歌人

他者性

折口信夫　おりくち　しのぶ　1887～1953　（大阪府）

葛の花踏みしだかれて色あたらしこの山道を行きし人あり*

*歌集『海やまのあひだ』(1925年) 所収の歌。山道を先き行く者は旅人か, 土地の人か, 人の姿をとった山の神か。折口の文学的な感性と民俗学的な心性が交差する作品。

❶秋田県男鹿半島の伝統行事「ナマハゲ」

「ナマハゲ」はまれびと信仰に結びついています。村人にとって外からの訪問者たるまれびとは異様な姿に見えたのかな。

主著　『古代研究』『死者の書』

足跡　現大阪市浪速区鷗町に生まれた。4歳で木津幼稚園に入学, このころには百人一首をすべて暗唱していた。天王中学校は学業不振で落第し, 1年遅れて卒業する。国学院大学部予科に入学。学生時代「アララギ」に茅原夏井の名で旋頭歌7首が載る。大学卒業後は, 文学作品に釈迢空の号を用いて発表する。柳田国男から影響を受け, 「郷土研究」に投稿原稿「三郷巷談」が載り, 以後民俗学に進む。43歳の時に『古代研究』を出版, 48歳で日本民俗協会の幹事になる。1953年, 胃がんのため66歳で死去。国文学・古典芸能の民俗学的研究に多くの業績を残す一方, 歌人としても活躍した生涯であった。

Think　神の原型まれびととはどのような存在だろうか?

解説

22 原典 **B** **まれびと信仰**

View　海のかなたの常世からやってくる来訪神たるまれびとが日本の神の原型である。

　まれびとは古くは, 神をさす語であって, とこよから時を定めて来たり訪うことがあると思われていた, ……この神を迎える儀礼が, 民間伝承となって, 賓客をあしらう方式を胎んできた……。まれびとの原の姿を言えば, 神であった。……古代の村々に, 海のあなたから時あって来たり臨んで, その村人どもの生活を幸福にして還る霊物を意味していた。　　（『折口信夫全集第1巻』中央公論社）

B 折口は, 神は海のかなたの他界 (常世) から時を定めて村落を訪れる存在 (来訪神) だとし, 客人を意味する古語を用いて「まれびと」と名づけた。村落の人々は, 幸福をもたらす存在としてまれびとを手厚くもてなし, そこで発せられることばから和歌や物語が発生したとする。

柳田とともに民俗学を創始した博覧強記の才人

南方熊楠　みなかた　くまぐす　1867～1941　（和歌山県）

近頃はエコロギー*と申し, 特殊専門の学問さえ出で来りおることに御座候

* ecology　南方は植物棲態学と訳している。

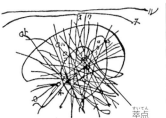

南方曼荼羅, 不思議な図像だね。世間宇宙すべての相互関連のみちすじを示していて, 多くのみちすじが集まっている場所を萃点 (図中イ) と呼びました。

萃点

❶土宜法竜宛書簡に描かれた図像 (通称「南方曼荼羅」)

主著　『南方閑話』『十二支考』

足跡　現在の和歌山市に生まれた。熊楠は「歩く百科事典」と言われるほどの博覧強記で, 子どもの頃から神童と言われる驚異的な記憶力があったという。17歳で東京大学予備門に入学。同窓生には夏目漱石や正岡子規らがいた。授業に興味のもてない熊楠は中退し, 25歳のときに渡英, 大英博物館に通いつめた。このときの友人に, 亡命中の孫文がいる。帰国後は和歌山市田辺に住みつき, 粘菌 (植物と動物の中間の下等な菌類) の研究に取り組んだ。また, 柳田国男と頻繁に文通し, 民俗学を学問として本格的に体系化させる契機を与えた。日露戦争後, 政府が神社合祀政策を推し進めた時には, 徹底的に戦い, 政策の廃止に追い込んでいる。この思想や運動は自然保護運動の先駆けとなるものであった。（→p.287）

12・14

Think　南方は民俗をどのようなものとみなしたか?

解説

原典 **C** **南方民俗学**

View　民俗を具体的事物として扱い, その中にある特定の関係性を発見しようとした。

　小生は, 民俗とか神話とかいうものは仮説や詩想や寓意に出でしものにあらず, その当時の人の理想や実験説をのべたもので, ラジウムの発見なかりし世の化学者は諸元素は不変のものと固く信じ……たるごとく, これも分からぬ, あれも分からぬではすまぬゆえ, 実際分からぬなりに分かったつもりで述べたもの行ったものが, 古話, 伝説, 民俗という見様を主張する。

（柳田国男宛書簡, 大正3 (1914) 年4月14日）

C 柳田国男は初期の『遠野物語』からそうであるように, 民間伝承に文学的な文体をほどこして発表したが, 南方熊楠はそれを科学的ではないと感じていた。南方は民俗伝承をひとつの科学ととらえ, その思考の構造を読み解こうとした。そのために南方は民俗学に, 国際比較の視点を取り入れた。

Side Story　昭和天皇が南紀に行幸された際, 南方は田辺湾上に停泊する軍艦長門で35分間進講した。県庁・警察は反対したが, 天皇たっての要望で実現した。その日南方が粘菌標本をキャラメルの空き箱に入れて進献したことは有名である。

日本思想

柳宗悦 やなぎ むねよし
1889～1961 （東京都）

美

> 民藝美の本質たる自由性を見失ってはならぬ。自由を欠けば何ものも美しくはならぬ。

口許に広がる微笑がなんとも魅力的な仏像ですね。旅先で偶然この仏像を目にした柳宗悦は，すぐさま魅入られました。無名の仏師木喰上人の作と知り，その研究に向かった柳宗悦は，やがて各地に埋もれていた民間の手仕事に関心を持つようになっていったそうです。

●地蔵菩薩像
木喰明満作
木造　江戸時代
日本民藝館蔵

主著 『民藝四十年』『南無阿弥陀仏』

足跡　東京都出身の哲学者，民芸運動の創始者。1913年東京帝国大学文学部心理学科を卒業。1909年，李朝の壺に心をひかれ朝鮮を旅する。宗教哲学を研究する一方で，朝鮮への関心を高め，1919年に民族の固有性を否定する日本の朝鮮政策を批判する文を発表した。1924年，現在のソウルに朝鮮民族美術館を設立。同年木喰上人の研究を開始。1926年「雑器の美」を発表，同論文で日常雑器の中に独自の美があることを説き，民衆の工芸である民芸に工芸そのものの真の姿のあることを主張した。1931年に雑誌『工芸』を創刊（～49年）。1936年に日本民藝館を創立。その後，日本のさまざまな場所に民藝館ができ，民芸風は各地のみやげ物店や料理屋のスタイルに影響を与えた。

Think 実用の器に宿る美とはどのようなものだろうか？

⑬ 原典 **D 雑器の美**

View 普段使いの実用の工芸品の中に質素で健康な美が現れている。

　ここに雑器とはもとより一般の民衆が用いる雑具の謂である。誰でもが使う日常の器具であるからこれを民具と呼んでもよい。……牀に飾られ宝を彩るためのものではなく，台所に置かれ居間に散らばる諸道具である。

　工藝は雑器において凡ての仮面を脱ぐのである。それは用の世界である。実際を離れる場合はない。どこまでも人々に奉仕しようとして作られた器である。しかし実用のものであるからといって，それが物的なもののみと思うなら誤りである。物であろうと心がないと誰がいい得よう。忍耐とか健全とか誠実とか，それらの徳は既に器の有つ心ではないか。それはどこまでも地の生活に交わる器である。しかし正しく地に活くる者に，天は祝福を降ろすであろう。よき用とよき美とは，叛く世界ではない。物心一如であるといい得ないであろうか。

（「雑器の美」『民藝四十年』岩波文庫）

解説

D 柳宗悦は，俗に下手物と呼ばれる民衆が日常に使う工芸品を「民芸」と名づけ，そこにいままで気付かれることのなかった独自の美を見出した。日常の中で使いやすく頑丈で，華美ではないが力強い素朴さが宿る，健康な美，素朴な美がそこにある。また，銘を残すことを考えない職人の無欲には無心の美がある。柳は各地で育まれた民芸の中に実用の美を発見したのである。

●鼠志野柳文鉢
美濃　江戸時代
17世紀
日本民藝館蔵

宮本常一 みやもと つねいち
1907～81（山口県）

足跡　民俗学者。小学校教員のかたわら民俗学を研究。柳田国男，渋沢敬三[*]に師事。1939年から「旅する人」として日本各地を歩いて回り，とくに離島や山村，漁村に暮らす人々を調査の対象とした。その手法は，村に暮らす人々の生活に分け入って，老若男女を問わず幅広く話を聞き取り，無名の人々の生活誌を記録するものであった。主著『忘れられた日本人』は村の伝承者である古老の話を生き生きと再現している。

[*]渋沢栄一の孫，財界人，民俗学者

原典　一つの時代にあっても，地域によっていろいろの差があり，それをまた先進とも後進という形で簡単に割り切ってはいけないのではなかろうか。またわれわれは，ともすると前代の世界や自分たちよりも下層の社会に生きる人々を卑小に見たがる傾向が強い。それで一種の悲痛感を持ちたがるものだが，御本人たちの立場や考え方に立って見ることも必要ではないかと思う。

（『忘れられた日本人』岩波文庫）

伊波普猷 いは ふゆう
1876～1947（沖縄県）

沖縄の伝統と文化を再興した沖縄学の祖

足跡　那覇市に生まれる。1879年，琉球処分により日本に組み入れられた沖縄は差別的な扱いを受けた。伊波普猷は差別を乗り越えるため，東京帝国大学に入学。言語学を学んだ。卒業後は沖縄にもどり，言語・文学・歴史・民俗などを総合した沖縄研究を行い，沖縄学を提唱。とくに『おもろさうし』（琉球王朝が編纂した神歌，琉球の万葉集といえるもの）研究に多大な貢献をした。また，琉球人は日本人と共通の祖先をもつとする「日琉同祖論」を主張，琉球人は九州より南漸したと唱えた。柳田国男や折口信夫と交流し，影響を与えた。

原典　内地で子供がうたう「御月様いくつ十三何七つ（まだ歳若いな）」という歌がある。……八重山島のチヨウガ節はその原形をほのめかしているのであろう。

　月の美しや十三日，乙女美しや十七歳。

なんと面白い歌ではないか。琉球群島はさながら天然の古物博物館である。

（『古琉球』岩波文庫）

Side Story　宮本常一は渋沢敬三が主催するアチック・ミューゼアム（のちの日本常民文化研究所）に入所し，日本各地を調査した。
渋沢敬三は「もし宮本君の足跡を日本の白地図に赤インクで印したら全体真っ赤になる程であろう」と語った。

法華経信仰に基づき，一つにつながるすべての命の幸福をもとめた作家

宮沢賢治

みやざわ　けんじ
1896 〜 1933　（岩手県）

幸福

Words 528 法華経信仰　529 農民芸術　530 羅須地人協会

まずもろともにかがやく宇宙の微塵となりて無方の空にちらばらう

主著　『春と修羅』『農民芸術概論綱要』

足跡　現岩手県花巻市の裕福な商家に生まれる。父は浄土真宗の篤信家であった。18歳で『法華経』と出会い感動する。盛岡高等農学校卒業後は家業を手伝う一方で，日蓮宗の国柱会に入信。信仰で父と対立を深め，無断で上京，国柱会の活動に奉仕する。そこで「法華文学の創作」を勧められ，終世創作活動に打ち込むこととなる。同年，妹トシ発病の報せを受け急きょ帰郷。翌年トシの死を体験した賢治は「すべてのいきもののほんたうの幸福」を探す利他（自分を犠牲にしても他者に尽くす）の菩薩道への確信を持つ。30歳で稗貫農業学校を辞め，下根子桜の別荘に移り住み自炊生活を開始。そこに羅須地人協会を設立し，無報酬で農村指導の活動に従事する。しかし，32歳で急性肺炎となり実家にもどった。一時回復して東北砕石工場の仕事に就くことがあったが，再び病状が悪化，長く闘病生活を送ることとなる。37歳で死去。

西暦	年齢	生涯
1896	0	岩手県稗貫郡（現花巻市）に生まれる
1909	13	県立盛岡中学校入学。鉱物採集に熱中
20	24	盛岡高等農林学校研究生修了　助教授推薦の話を辞退。**国柱会**（➡p.215）信行部に入会
21	25	稗貫農学校（のち県立花巻農学校）教諭となる　『注文の多い料理店』など多くの童話を創作
22	26	妹トシ死去。詩「永訣の朝」を書く
24	28	『春と修羅』自費出版。『注文の多い料理店』刊行
26	30	**羅須地人協会**を設立。定期的に集会をもち，肥料相談や設計，音楽の練習などを始める
28	32	急性肺炎を患い以後病臥続く
31	34	「雨ニモマケズ」を書く
33	37	死去（法華経1,000部を印刷して知人に配布するよう父に遺言）

田中智学が1884（明治17）年に創設した日蓮宗系の在家仏教団体

Think　個人の幸福と全体の幸福はどのように結びつくだろうか？

原典A　世界全体の幸福

View　世界全体の幸福のために，労働・宗教・芸術が一体となる農民芸術を唱えた。

おれたちはみな農民である　ずゐぶん忙しく仕事もつらい
もっと明るく生き生きと生活をする道を見付けたい
われらの古い師父たちの中にはさういふ人も々々あった
近代科学の実証と求道者たちの実験とわれらの直感の一致に於いて論じたい
世界がぜんたい幸福にならないうちは個人の幸福はあり得ない
自我の意識は個人から集団社会宇宙と次第に進化する
この方向は古い聖者の踏みまた教へた道ではないか
新たな時代は世界が一の意識になり生物となる方向にある
正しく強く生きるとは銀河系を自らの中に意識してこれに応じて行くことである
われらは世界のまことの幸福を索ねよう　求道すでに道である

（宮沢賢治『農民芸術概論綱要 序論』）

この詩は戦後の国定教科書に掲載されたのですが，当時の厳しい食糧事情から，「一日玄米四合」のくだりが「三合」に改変されてしまいました。

⬅「雨ニモマケズ」が記された手帳　「雨ニモマケズ」は賢治の死後に革トランクから発見された手帳に記されていた。

解説

A『農民芸術概論綱要』は羅須地人協会の講義の草稿である。羅須地人協会は賢治が悲惨な東北の農村を改良しようとした活動拠点であり，稲作指導，肥料設計，農民芸術や科学の講義などが無償で行われた。綱要には「芸術をもてあの灰色の労働を燃やせ ここにはわれら不断の潔く楽しい創造がある」とあり，「農民芸術とは宇宙感情の地 人 個性と通ずる具体的なる表現である」と説かれている。協会では，童話の朗読や農民楽団の練習なども行われた。こうした生活芸術の理念について，イギリスの社会主義者ウィリアム・モリスが唱えた環境芸術の思想との関連が指摘されている。賢治は社会主義に関心があったようで，羅須地人協会の時期に労働農民党（戦前の左派無産政党）の活動を支援している。羅須地人協会は，賢治が稲作不良を心配して風雨の中を奔走したことで肋膜炎を患い，その療養のために実家にもどったことで終わりを迎えた。

日本思想

✵ Focus　デクノボーと不軽菩薩

　宮沢賢治の文学の特徴は「**自然と宗教と科学を統一的に把握した詩的宇宙の限りないひろがりと澄明さ**」（分銅惇作）にある。賢治にとって宗教とは法華経信仰である。『法華経』「不軽品」に説かれる不軽菩薩は，こじき姿で人々に近づき，説教をすることもなくただ相手を礼拝する。人の心に等しく宿る仏心を敬う行動だが，人々からは理解されず木で打たれたり，石を投げつけられる。一度は遠くに逃げるが，そこからまた礼拝する。賢治の戯曲「木偶坊」では木偶坊がこの不軽菩薩のイメージで描かれている。「**雨ニモマケズ**」に登場する賢治の理想デクノボーは，不軽菩薩のように素朴で単純だが他者への等しい愛と献身的な慈しみをもった人であった。

Side Story　人生の不条理と悲しみを少年の眼と心を通して描いた『銀河鉄道の夜』。映画や舞台にたびたび取り上げられる人気作品だが，死後草稿として残されていたものだ。草稿は第4稿まで存在し，賢治の推敲の過程を知ることができる。

国家は，ほかの何物よりも優越する

超国家主義の台頭

Words 531 超国家主義 532 天皇機関説

⬅二・二六事件
天皇親政のもとで国家改造をめざした陸軍皇道派の影響を受けた青年将校らが引き起こしたクーデター未遂事件。

概説 昭和初期，デモクラシーや社会主義に対抗して，超国家主義とよばれる極端な国家主義思想があらわれた。北一輝はその代表的な思想家である。イタリアやドイツでは，議会主義や国民の基本的人権を否定し，極右政党による政治的独裁体制であるファシズムが勢力を持ち始めた。日本でも軍部が台頭し，軍国体制のもとで日中戦争から太平洋戦争へ突き進んでいった。

若き青年将校を魅了した日本の改造を唱えた超国家主義者　1回

北一輝　きた　いっき
1883 ~ 1937 （新潟県）

若殿に兜取られて負け戦*

＊北一輝が獄中で読んだ辞世の句。若殿は昭和天皇，兜は軍隊のこと。天皇は革命の手段であって目的ではなかった。

西暦	年齢	生　涯
1883	0	現在の佐渡市に生まれる
1906	23	『国体論及び純正社会主義』を出版
11	28	辛亥革命に参加
19	36	大川周明と猶存社設立
21	38	朝日平吾が安田財閥当主を殺害
36	53	二・二六事件
37	54	二・二六事件を扇動した罪で銃殺刑

主著 『国体論及び純正社会主義』『日本改造法案大綱』

足跡 佐渡出身の革命家。早稲田大学の聴講生として上京，社会進化論や社会主義を学んだ。若い北は社会主義者を自認し，23歳で万世一系の天皇に国家の正統性を求める国体論（➲p.243）を批判し，天皇機関説の立場から議会による社会主義革命を唱えた『国体論及び純正社会主義』を著した。その後，国内から海外の革命に目を向け，中国同盟会に加入し辛亥革命に参加。帰国後，大川周明らと「日本の改造」と「アジア民族の解放」をめざす右翼団体猶存社を結成，1923年に発表された『日本改造法案大綱』はその行動指針である。同書は二・二六事件を引き起こした皇道派青年将校らに強い影響を与えた。北は二・二六事件の首謀者と見なされ，事件の翌年に銃殺刑に処された。

Think 北一輝はどのように日本の改造を目指したのだろうか？

原典A 日本改造

View 天皇大権による憲法停止と戒厳令によって一挙に日本改造を行うことを目指した。

全日本国民は心をひややかにして天の賞罰かくのごとく異なる所以の根本より考察して，いかに大日本帝国を改造すべきかの大本を確立し，挙国一人の非議なき国論を定め，全日本国民の大同団結を以て，ついに天皇大権の発動を奏請し，天皇を奉じて速かに国家改造の根基を完うせざるべからず。

労働時間。労働時間は一律に八時間制とし日曜祭日を休業して賃金を支払うべし。

（『日本改造法案大綱』中公文庫）

解説

Ａ北一輝は，国内における貧困の増大と対外的な植民地獲得競争という喫緊の課題を解決するために，国民と天皇を直結させ天皇大権を逆手に取り戒厳令を引き一挙に日本を改造しようとした。改革には「華族制度の廃止」「私有財産の制限」「大資本の国有化」「労働者の権利の保障」など戦後民主改革を先取りする内容を含んでいたが，徴兵制を国家の権利とし，アジアへの膨張政策を説くなどファシズム的な要素もまた存在している。

1 軍国主義（日本ファシズム）を批判した思想家

天皇機関説を唱えた法学者　2回

写真：毎日新聞社／アフロ

美濃部達吉　みのべ　たつきち
1873~1948 (兵庫県)

足跡 東大法科を卒業後，内務省勤務を経て，東大法科の教員となる。1912年の『憲法講話』で，国家法人説（統治権は法人である国家が所有する）の立場から立憲制を「君民同治」とし，天皇を統治権を行使する国家の機関と位置付け，議会主義を唱えた。大正期に美濃部の**天皇機関説**は学者と世論の支持を得て定着した。東大を退職した美濃部はファシズムに対する批判を強めたが，1935年に軍部とその支持者が天皇を機関とみなす学説を不敬として攻撃。政府は美濃部の『憲法撮要』など三著を発売禁止とし，「国体明徴声明」で機関説を「国体ノ本義ニ愆ルモノ」と排撃した。

Focus 津田左右吉の天皇観

津田左右吉（1873~1961）は，当時の世相が国体論へと高まる中，一連の古代史研究（『神代史の研究』『古事記及日本書紀の研究』）のなかで神話的記述の実在性について疑問を呈したことから，右翼集団から「不敬罪」にあたるとの弾劾を受け，早稲田大学を退職に追い込まれた。ただ，津田本人の意図は，天皇を国家の統一性と国民との一体性とを象徴する精神的権威とする由来を問いかけるものであり，いわば**戦後の「象徴天皇制」に近い考え方**だった。他方，**「天皇親政」を掲げた明治維新には批判的**で，当初出版されなかった『文学に現はれたる我が国民思想』第5では，「王政復古」を一部の宮廷人と薩摩藩の策士とが秘かに企てたクーデターであると批判し，そうして形成された明治新政府が，その施政の始めにおいていかに矛盾したものであったかを追及している。

Side Story 北一輝は朝夕にお経を唱える熱烈な法華経信者であり，また霊能を信じ『霊告日記』という日記をつけている。幻視や神仏のお告げを語る北には独特のカリスマ性があり，盟友大川周明は北一輝を「魔王」と呼んでいた。

❸現代の思想

日本の近代批評を確立した評論家　4回

小林秀雄

こばやし　ひでお
1902 ～ 83　（東京都）

Words 533批評

> 美しい「花」がある，「花」の美しさといふ様なものはない。

主著　『様々なる意匠』『無常といふ事』『ドストエフスキイの生活』『本居宣長』『考えるヒント』

足跡　東京に生まれ，東京帝国大学仏文科を卒業する。文芸批評の分野に独創的な業績を残し，日本における近代批評の確立者といわれ，フランスの詩人ランボーの『地獄の季節』など翻訳も多い。『様々なる意匠』では，当時隆盛をきわめていたプロレタリア文学を「マルクス主義という『意匠*』」にすぎないと批判している。1967 年文化勲章を受章。晩年には江戸の儒学や国学に関心を持ち，1977 年，大著『本居宣長』を完成，日本文学大賞を受賞した。

＊流行のデザイン，趣向

西暦	年齢	生涯
1902	0	現在の東京都に誕生
28	26	東京帝国大学仏文科卒業
29	27	「様々なる意匠」が雑誌『改造』の懸賞論文の二等に当選
32	30	明治大学文芸科の講師に就任
38	36	明治大学教授となる
42	40	「当麻」「無常といふ事」など日本古典論を発表
65	63	『本居宣長』連載開始（～ 76）
83	81	死去

一等は，のちに共産党委員長となる宮本顕治『敗北の文学』であった。

Think　近代批評とはどのようなものだろうか？

原典 A　近代批評

View　批評は芸術家がつかみとった生の直観に哲学的な思索を加えて自己を表現する手段である。

　例えばボオドレエルの文芸批評を前にして，舟が波に掬われるように，先鋭な解析と潑剌たる感受性の運動に私が浚われてしまうという事である。この時，彼の魔術に憑かれつつも，私が正しく眺めるものは，嗜好の形式でもなく尺度の形式でもなく無双の情熱の形式をとった彼の夢だ。それは正しく批評ではあるがまた彼の独白でもある。人は如何にして批評というものと自意識というものとを区別し得よう。彼の批評の魔力は，彼が批評するとは自覚する事である事を明瞭に悟った点に存する。批評の対象が己れであると他人であるとは一つの事であって二つの事でない。**批評とは竟に己れの夢を懐疑的に語ることではないのか！**

（「様々なる意匠」『小林秀雄初期文芸論集』岩波文庫）

原典 B　歴史とは？

View　歴史とは，かけがえのないできごとに，思いを寄せることである。

　後にも先にも唯一回限りという出来事が，どんなに深く僕等の不安定な生命に繋がっているかを注意するのはいい事だ。愛情も憎悪も尊敬も，いつも唯一無類の相手に憧れる。あらゆる人間に興味を失う為には人間の類型化を推し進めるに如くはない。

（『ドストエフスキイの生活』新潮文庫）

解説

A小林は「彼は彼以外のものにはなれなかった」という「作者の宿命の主調低音」に触れることで，「私の心が私の言葉を語り始める，この時私は私の批評の可能性を悟るのである」という。彼によって批評は，それまでの「嗜好」や「尺度」から作品を論評するものから，**芸術家の作品を通して自己の思想を表現する文学の形式—近代批評**—として確立された。この立場から，当時流行の「プロレタリア文学」をマルクス主義の「意匠」をまとったものにすぎないと批判し，文学の存立を現実と切り結ぶ自意識に求めた。

B小林は，人間の歴史を類型化・一般化する唯物史観を批判し，「歴史」とは二度と戻らない過去を，史料を手がかりに現在によみがえらせることとした。かけがえのない生の軌跡に心を動かされるというこのことに，不安定な生を生きる人間の性を見出すのである。

戦前の価値観からの「堕落」を説く　2回

坂口安吾

さかぐち　あんご
1906～55（新潟県）

足跡　太宰治らとともに無頼派作家として知られる。1946 年，敗戦後の混乱の中で『堕落論』を発表。同論文で人々に「天皇制」や「武士道」といった権威的で抑圧的な価値観からの「堕落」（ありのままの自己の欲望と弱さを発見すること）をすすめ，そこからしか自己と日本社会の再生はありえないと主張した。

● 原典 堕落論

　人間は堕落する。義士も聖女も堕落する。それを防ぐことはできないし，防ぐことによって人を救うことはできない。**人間は生き，人間は堕ちる。**そのこと以外の中に人間を救う便利な近道はない。……そして人の如くに日本もまた堕ちることが必要であろう。堕ちる道を堕ちきることによって，自分自身を発見し救わなければならない。政治による救いなどは上皮だけの愚にもつかない物である。

（『堕落論』）

アジアから日本を眺めた中国文学者　1回

竹内好

たけうち　よしみ
1910～77（長野県）

足跡　東京帝国大学支那文学科を卒業後，伝統的な支那学・漢学ではなく，同時代の中国文学，文学者の紹介を行う。太平洋戦争の開戦をアジアからのヨーロッパ帝国主義に対する「世界史的意義」を担うものとして感動をもって宣言。戦後は，戦前日本を全否定せず，自身を含め戦争に参加した事実を直視しつつ，否定すべきものと肯定すべきものとを識別しようとした。**「近代の超克」**では，太平洋戦争は「植民地侵略戦争」と「対帝国主義戦争」の二重構造だったと分析し，この矛盾が近代日本のあり方に根差す根本問題と主張。**「方法としてのアジア」**では「西欧的な優れた文化価値を，より大規模に実現するために西洋をもう一度東洋によって包み直す，逆に西洋自身をこちらから変革する」という「アジアを主体的に考える」というスタンスを提示した。

日本思想

Side Story　1942 年，雑誌『文学界』において，小林秀雄らが「近代の超克」の議題で座談会を行った。近代，西洋による植民地支配に傷ついたアジアがそれに抵抗し，道義的な世界新秩序を実現することが「太平洋戦争」の世界史的意義とした。

戦後民主主義のオピニオン・リーダーとして活躍した政治学者 ◀4回▶

丸山真男

まるやま　まさお
1914 ~ 96　（大阪府）

Words 534 無責任の体系

日本帝国の「実在」よりも戦後民主主義の「虚妄」の方に賭ける。

主著　『日本政治思想史研究』，『現代政治の思想と行動』，『日本の思想』

足跡　政治記者丸山幹治の次男として大阪府に生まれる（郷里は長野県）。東京帝国大学卒業（専攻は政治思想史）。東京大学教授，ハーバード大学・オックスフォード大学客員教授を歴任する。南原繁に師事し，1952年『日本政治思想史研究』を執筆する。独立自尊の精神を説く福沢諭吉の研究に没頭，戦時体制化の「国体論」を批判した。アカデミズムの領域を越えて，戦後民主主義のオピニオン・リーダーとして発言を行ったことで，大きな影響を与えた。

西暦	年齢	生涯
1914	0	大阪府に生まれる
33	19	唯物論研究会の講演会に参加，検挙・拘留され，特高の尋問を受ける
34	20	東京帝国大学法学部に入学，マルクス主義に影響を受ける
37	23	卒業後，指導教授・南原繁の助手となり日本政治思想史の研究を始めるが，その思想は蓑田胸喜など右翼の批判にさらされる
45	31	召集を受け，二度目の出征→広島への原子爆弾投下により被爆
46	32	『超国家主義の論理と心理』を発表
57	43	『現代政治の思想と行動』を出版
60	46	安保闘争を支持する→のちに全共闘から糾弾される
96	82	8月15日（終戦の日）に死去

二度にわたる軍隊経験が，戦後の丸山の思想に大きな影響を与えたともいわれる。

Think　戦前の天皇制とは，いかなるものであったか？

原典A　無責任の体系

View　戦前の天皇制は，伝統的権威に依り主体的責任意識を持たない「無責任の体系」であった。

……支配層の日常的モラルを規定しているものが抽象的法意識でも内面的な罪の意識でも，民衆の公僕観念でもなく，このような具体的感覚的な天皇への親近感である結果は，そこに自己の利益を天皇のそれと同一化し，自己の反対者を直ちに天皇に対する侵害者と看做す傾向が自ら胚胎するのは当然である。

……このようにして，全国家秩序が絶対的価値体たる天皇を中心として，連鎖的に構成され，上から下への支配の根拠が天皇からの距離に比例する，価値のいわば漸次的稀薄化にあるところでは，独裁観念は却って生長し難い。

……天皇を中心とし，それからのさまざまの距離に於て万民が翼賛するという事態を一つの同心円で表現するならば，その中心は点ではなくして実はこれを垂直に貫く一つの縦軸にほかならぬ。そうして中心からの価値の無限の流出は，縦軸の無限性（天壌無窮の皇運）によって担保されているのである。

……日本軍国主義に終止符が打たれた八・一五の日はまた同時に，超国家主義の全体系の基盤たる国体がその絶対性を喪失し今や始めて**自由なる主体となった日本国民**にその運命を委ねた日でもあったのである。（『超国家主義の論理と心理』岩波文庫）

原典B　民主主義の「虚妄」に賭けるとは？

View　虚構（民主主義）を信じる精神とは虚構を絶えず相対化して鍛え上げること。

現代における選択は「虚構の」環境と「真実の」環境との間にあるのではない。**さまざまの「虚構」，さまざまの「意匠」のなかにしか住めないのが，私たちの宿命である。**この宿命の自覚がなければ，「虚構」のなかの選択力をみがきあげる途を失い，その結果はかえって「すべてが変化する世の中では誰も変化していない」というイメージの法則に流されて，自己の立地を知らぬ間に移動させてしまうか，さもなければ，自己の内部に住みついた制度・慣習・人間関係の奴隷になるか，どちらかの方向しか残されていないのである。

（『丸山眞男集　第9巻』岩波書店）

解説

A 丸山真男は，超国家主義を支えた日本人の心理構造を**無責任の体系**ととらえた。日本の為政者は，自己の価値は天皇から与えられているという被抑圧的な意識がある一方で，下位の者に対しては高圧的・抑圧的にふるまった。その意識が権威の上の者から下の者へと順次委譲されることで，社会全体のバランスが維持された。そこには「我こそ戦争を起こした」という主体的意識は存在せず，「何となく何物かに押されつつ，ずるずると」戦争に突入したという受け身の意識しか生じなかった。さらに天皇も，「無限の古にさかのぼる伝統」（天壌無窮の皇運）を背負うことで価値を体現する者であり，主体者たりえなかった。丸山は，超国家主義の実態は政治的な主体性の欠いた「無責任の体系」であり，それは封建時代からの「遺産」であると批判した。

B 丸山は，リップマンの「疑似環境」（→p.187）やリースマンの「他人指向型」（→p.144）の概念を援用し，現代にあっては民主主義やマルクス主義といった思想・信条は「虚構」や「意匠」にすぎないと論じる。それらを「虚構」（フィクション）と認識することによって，日々直面する政治的な課題に対して責任をもって選択することができるようになると説く。さらに知識人の現代的課題は「まるごとのコミットとまるごとの『無責任』のはざまに立ちながら，内側を通じて内側を超える展望をめざす」ことだというが，この見方そのものが知識人の上から目線（虚構）にすぎず，大衆の原像をとらえそこなっているというのが，吉本隆明（→p.279）が批判した点でもあった。

20	30	40	50	70	
丸山真男生誕（14） 吉本隆明生誕（24） 治安維持法（25）普通選挙法（25）	廣松渉生誕（31〜45） 十五年戦争（31〜45）	丸山兵役に就いていた 広島で被爆45 日本国憲法公布（46）	朝鮮戦争（50〜53）五五年体制（55）58	ベトナム戦争（60〜75）安保闘争（60）『現代政治の思想と行動』増補版（64）『共同幻想論』68 ベ平連活動（65〜73）大学紛争（68〜69）『世界の共同主観的存立構造』（72） あさま山荘事件（72）	共産主義者同盟設立

Side Story　庄司薫の小説『赤頭巾ちゃん気をつけて』には，丸山真男と思われる教授が登場する。主人公は教授に会った感想を「知性というものは，ただ自分だけではなく他の人たちをも自由にのびやかに豊かにするものだ」と述べている。

1 近代日本哲学の成立

明治末から大正にかけて哲学者**西田幾多郎**，倫理学者**和辻哲郎**らが東洋思想の伝統をふまえて西洋哲学の乗り越えを企てた独創的な思索を展開した。

思想家	思想の特徴
西田幾多郎 （1870～1945）	代表作『[①善の研究]』では，禅の経験をもとに実在の真相を**主客未分**の[②純粋経験]ととらえ，善とは真の自己を知ること，すなわち[③人格の完成]であるとした。思索を深める中で，すべての存在を成り立たせる根源に[④絶対無]（無の場所）を見出し，そこから歴史的・社会的な世界のありようの解明を試みた。
和辻哲郎 （1889～1960）	人間は「世間」と「人」との二重の存在，すなわち[⑤間柄的存在]であるとする独自の倫理学体系を築いた。主著に『人間の学としての倫理学』『[⑥風土]』『倫理学』がある。[⑥風土]とは自然と人間が歴史的にかかわり合うことで育まれた自己了解の仕方であるとし，世界の風土を三つに分類した（●p.198）。
鈴木大拙 （1870～1966）	『禅と日本文化』などにより英文で仏教思想を紹介し，世界的に有名な仏教学者となる。主著『[⑦日本的霊性]』において，日本人の宗教意識（霊性）は，鎌倉時代に禅と浄土系思想においてはじめて現れたと説いた。

2 昭和初期の思想

昭和に入り，民間伝承や年中行事など民衆の文化の中に日本の独自性を見出した日本**民俗学**が成立する一方で，排外的な思想を唱える**超国家主義**が台頭した。

	思想家	思想の特徴
民俗学の成立	柳田国男 （1875～1962）	民間伝承を保持する無名の人々を[⑧常民]と呼び，その生活の事実と歴史を手がかりとして日本の宗教や道徳，文化の本質を探ろうとした。主著『遠野物語』『先祖の話』『海上の道』
	折口信夫 （1887～1953）	民俗学者，歌人（釈迢空）。日本の神の観念を，沖縄の信仰から着想をえた常世から時を定めて来訪する神である[⑨まれびと]という概念で説明した。主著『古代研究』『死者の書』（小説）
	南方熊楠 （1867～1941）	日露戦争後，政府の地方政策によって，伝統的に祀られてきた地域の神社が廃止されていく現状に対して徹底的に戦った（[⑩神社合祀反対運動]）。主著『南方閑話』『十二支考』
	柳宗悦 （1889～1961）	東京出身の哲学者，[⑪民芸]運動の創始者。民族の固有性を否定する日本の朝鮮政策を批判した。日本の日常雑器の中に独自の美を発見し，生活工芸のうちにある**日用の美**を主張した。主著『民藝四十年』
さまざまな思想	宮沢賢治 （1896～1933）	**法華経信仰**と自然科学の知識に基づく詩や童話を多数創作した。あらゆる人の幸福を目指し，**羅須地人協会**で芸術・宗教・科学が一体となる[⑫農民芸術]を実践した。主著『春と修羅』「農民芸術概論綱要」
	北一輝 （1883～1937）	社会主義に関心をもち『国体論及び社会主義』を発表。その後，中国の辛亥革命に参加した。『**日本改造法案大綱**』では天皇と国民が直結する国家を主張し，**二・二六事件**を起こした青年将校に影響を与えた。

3 現代の思想

主体性を欠いた日本の思想状況を批判した思想家として，「近代批評」を確立した**小林秀雄**，戦後の民主主義の思想をリードした**丸山真男**がいる。

思想家	思想の特徴
小林秀雄 （1902～83）	文芸評論家。日本において[⑬近代批評]を確立した。自意識の表現としての批評を唱えることで，批評を自己表現の創造的な活動として文学のジャンルにまで高めた。主著『様々なる意匠』『本居宣長』
丸山真男 （1914～96）	戦後民主主義思想の発展を指導した政治学者。「超国家主義の論理と心理」で戦前の軍国主義を招来した天皇制の権威を盲従する精神構造を「[⑭無責任の体系]」と指摘した。近代の政治的主体意識を唱えた人物として福沢諭吉を高く評価した。主著『日本政治思想史研究』『日本の思想』

- **坂口安吾**（1906～55）作家。人間本来の姿にもどることを「**堕落**」と呼び，偽らざる自己に立ち返ることを唱えた。
- （●p.279）**加藤周一**（1919～2008）評論家。日本の文化の特徴を，他国の文化を吸収して成立した**雑種文化**にあると主張した。
- （●p.279）**吉本隆明**（1924～2012）評論家。『共同幻想論』で**国家は共同の幻想**であると説き，60年代の学生運動の精神的支柱となった。

日本思想

⑪ CHALLENGE　大学入試問題にチャレンジしてみよう（答えは裏表紙裏）

⑪-1 次の**ア～エ**はそれぞれ誰の思想を説明したものか答えよ。 （2014センター本試・2015センター追試　改）

ア．貧しい農民や労働者を救うために，現状を変革し，富が平等に分配されるようにするべきだと訴えた。そのためには，天皇と国民が直結する国家が必要だと考え，『日本改造法案大綱』を著した。

イ．「何となく何物かに押されつつ，ずるずると」開戦に至り，戦争をやめることができなかった戦前・戦中の日本社会に，無責任の体系を見出し，批判的な検討を加えた。

ウ．人間の本来の姿に戻ることを堕落と呼び，偽り飾ることのない「ただの人間になる」べきだと主張した。

エ．明治政府によって神社合祀令が出されたとき，古い社や鎮守の森が破壊されるとして反対運動を起こした。鎮守の森は，人々の信仰心や共同性を育むものとして必要であるとともに，生態学の研究対象としても重要であると主張した。

 RANK UP　西田幾多郎は主観と客観の分化を基礎づけるためにどのような論理を唱えたか？（2013センター本試　改，▶答えは裏表紙裏）

京都学派その周辺

戦前京都大学では西田幾多郎のもとに京都学派が形成され，日本の哲学を発展させた。戦後は戦争への加担が問題となり批判にさらされた。ここでは京都学派の光と影を追ってみよう。

↑「哲学の道」 西田幾多郎がこの道を思索にふけりながら散歩し，西田幾多郎の愛弟子田辺元や三木清らも好んでこの道を散策したことから「哲学の道」といわれるようになった。道の途中には西田の歌碑がある。

人は人 吾はわれ也 とにかくに 吾行く道を 吾行くなり

京都学派の誕生

西田幾多郎が東京大学の選科（聴講生）出身で留学経験もない身でありながら，その実力が評価され京都大学の哲学講座の教授となったのは43歳のときであった。西田は東大出の田辺元を招聘する際，自分が赴任したら京大出身者の道をふさぐことにならないかと危惧する田辺に対して，「小生は常に京都大学は京都の京都大学にあらずして日本の京都大学なることを考えて居たい」と伝え，田辺の決断をうながした。西田のモットーは，「日本の京都大学」を作り上げることにあった。その後，京都大学には西田の哲学や人柄にあこがれ日本中から俊英たちが集い，京都学派と呼ばれる思想家たちを輩出したのである。

京都学派の俊英たち

1920年代半ばの京大哲学講座には，教授に西田幾多郎，助教授として田辺元と和辻哲郎（●p.268）がおり，学生として高坂正顕，西谷啓治，戸坂潤，下村寅太郎，田中美知太郎，唐木順三，高山岩男らが学んでいた。彼らはいずれも西田を慕い京都に集まり，後に哲学者として名を成す者たちである。また天野貞祐，三木清ら卒業生はすでに哲学の世界で活躍を始めていた。1929年にはヨーロッパ遊学から帰国した九鬼周造が哲学講座の講師に加わった。30年代に入るとマルクス主義の影響のもと弟子たちは西田哲学の乗り越えを目指した。

九鬼周造（1888～1941）東京都

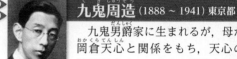

⑲⑳

九鬼男爵家に生まれるが，母が岡倉天心と関係をもち，天心の影響を受ける。東大大学院卒業後，西欧に留学。ドイツでハイデガーに師事，フランスでは若きサルトルから個人教授を受けた。帰国後，西田の招きで京大講師に就任。翌年『「いき」の構造』（●p.235），1935年に主著『偶然性の問題』を発表。西田は九鬼の死に際し，ゲーテの詩を訳し墓碑に刻ませた。

三木清（1897～1945）兵庫県

↑1935年，鎌倉・姥ケ谷の西田邸にて。西田65歳，三木38歳。

私は先生に対して善いお父さんといつた親しみを覚える。

一高で学んでいたときに『善の研究』を読み，西田に憧れ京大哲学科に進学。卒業後は西欧に留学し，リッケルト，ハイデガーらに師事。パリで『パンセ』に出会い，帰国後『パスカルに於ける人間の研究』を出版する。法政大学教授となってからはマルクス主義を研究，京都学派にマルクス主義の流行をもたらした。主著にロゴスとパトスを統一する「構想力」を論じた『構想力の論理』がある。1945年，治安維持法の容疑者をかくまったかどで豊多摩拘置所に拘留され，西田の後を追うように9月26日獄死した。48歳であった。西田が終始気にかけ，最も高く評価した弟子であったという。

鈴木大拙―― 京都学派に影響を与えた仏教学者

鈴木大拙（1870～1966）石川県

世界に仏教や禅思想を紹介した金沢出身の鈴木大拙は，13歳のときに西田幾多郎と第四高中学校で出会い，以来終世の友となった。二人はともに励まし，尊敬しあい，また教えあう関係であった。京都学派の人々は西田を通して大拙から影響を受けていた。下村寅太郎は「鈴木大拙先生と西田幾多郎先生」で次のように語っている。西田先生のゆかりで大拙先生の辱知を得たことは生涯の幸運であった。大拙先生と西田先生とは，生涯の友というだけでなく，学問思想上でも相許す終世無二の友であったことは，両先生の人生最大の幸運であった。しかし，これはただお二人の間の幸運でなく，日本の思想界にとって最大の幸運であった。超個己を一切の束縛を超えた**自由で主体的な「人」**または**「無位の真人」**と呼び，そこに禅の意義があるとした。これは西田の「絶対矛盾的自己同一」につながる思想である。

Side Story 選科に籍を置き戦後京大教授となる田中美知太郎は，学生時代，他の弟子が西田に心酔することに対して冷ややかな態度をとっていた。田中は西田の思索を交えた授業を，思いつきや準備不足と評していた。

FEATURE ⑱　日本の思想家群像②
戦後日本の大衆文化と社会運動

＊「ベ平連」は 1965～1974 年にわたりくりひろげられた市民によるベトナム反戦運動である。ベ平連の若者による新宿西口地下広場でのフォークゲリラ集会には，約 500 人が参加した。学生，会社員，自営業者など多くの市民が集まり，戦争と平和について真剣に議論が交わされた。当時，多様な市民が自由に政治を語る空間が存在したのである。

20 世紀初頭にオルテガは欧州に登場した大衆を批判的に論じた。オルテガは大衆を自己研鑽に努める「高貴な精神」との対比でとらえたが，日本では「知識人」や「教養人」との対比で語られることが多い。ここでは戦後「大衆」と「知識人」という二項対立を批判的に論じた批評家たちをとりあげてみよう。

→大衆雑誌が並ぶ 1930 年の書店

朝日新聞社提供

大衆 vs 知識人

日本では「大衆」が「知識人」や「教養人」との対比で語られることが多い。政治的な文脈では無知蒙昧な「大衆」と大衆を指導する見識豊かな「知識人」，文化の文脈では庶民的で猥雑な「大衆文化」と高尚な「教養主義」が対置される。こうした二項対立的な見方そのものを批評する思想が戦後語られるようになる。その代表が吉本隆明と鶴見俊輔である。また文学理論では加藤周一が，マルクス主義では廣松渉が活躍した。

吉本隆明（1924-2012）：大衆の原像

吉本隆明は「戦後思想界の巨人」と呼ばれた詩人・評論家。戦後一貫して「大衆の原像」を思想の根拠とし，多様で柔軟な思想を展開した。1960 年の安保闘争直後に発表された「擬制の終焉」では，共産党による左翼運動や丸山真男ら知識人が主導する民主運動を擬制（フィクション）と喝破し，「私」的利害を優先させる大衆のもつ「自立の意識」に党や権威によらない真性の「民主」の可能性を見出した。国家の幻想性を論じた『共同幻想論』などを通して，吉本隆明は全共闘などによる新左翼運動の思想的支柱となった。80 年代に入ると，『マス・イメージ論』などで「大衆消費社会」に積極的な価値を認めた。

安保闘争において吉本は，日本共産党から分派し闘争の中核を担った「共産主義者同盟（ブント）」＝新左翼と共闘した。一方，68-70 年の全共闘運動へのコミットメントは薄かったが，団塊の世代の学生たちからは熱烈な支持を受けた。

庶民や大衆が日常体験を根強くほりさげることにより，知識人の世界，雰囲気，文化から自立しなければならないとおもう。かれらのふりまく文化，イデオロギーを，擬制的なものとして退けねばならない。

朝日新聞社提供

鶴見俊輔（1922-2015）：限界芸術論

素行不良だった鶴見少年は，15 歳で半ば強制的に米国に送られた。同地でプラグマティズムを身につけた鶴見は，戦後日本で思想の科学研究会を創設。共産党と距離をおき，「日常」に根を下ろした民主主義と平和主義を掲げて，評論と実践を展開した。1960 年代に安保闘争やベトナム反戦運動「ベ平連」＊を市民運動として推進する一方，プラグマティズムの実践ともいえる「限界芸術論」を主張した。限界芸術論は，生活と芸術の境界（限界）にある作品（芸術領域）を根源的な芸術として注目した文化論であり，柳田国男の民俗学や柳宗悦の民藝，宮沢賢治の農民芸術に連なるものである。ちなみに身体を動かす行動では，歌舞伎や能は「純粋芸術」，ロカビリーやチャンバラのタテが「大衆芸術」，盆おどりやまりつきが「限界芸術」に当たる。

朝日新聞社提供

美が経験一般の中に深く根をもっていることと対応して，芸術もまた，生活そのものの中に深く根をもっている。

戦後，幅広い教養に基づいて活躍した知識人

加藤周一
かとう　しゅういち
1919～2008（東京都）

足跡　東京生まれの評論家・作家。1951 年にヨーロッパに留学。その体験をもとに帰国後，「日本文化の雑種性」を発表し，明治以降の日本の文化は伝統的な要素と西洋的な要素が深いところで結びついており，それを切り離して純粋化することはできないと主張した。

原典　明治以来の複雑な文化運動の歴史は，このような文化の雑種性に対する知識人の側からの反応，つまりその純粋化運動の歴史に他ならない。そしてそのかぎりでは必然的に失敗の歴史である。　（「日本文化の雑種性」）

加藤周一は，文化の雑種性に積極的な意味をみとめ，それを活かしていくことが戦後の日本文化の可能性であると唱えた。

前衛と大衆という二項対立の止揚を目指した新左翼運動の理論家

廣松渉
ひろまつ　わたる
1933～1994（山口県）

足跡　山口生まれの哲学者。高校進学と共に日本共産党に入党，東京大学で哲学を学ぶ。安保闘争では共産主義者同盟を支持し，マルクス主義の哲学者として物象化論を展開した。全共闘運動では名古屋大学の教官の立場にあったが新左翼の学生を支持し，退職した。また西洋哲学の「主観─客観」図式を批判，「共同主観的な構造」を提示した。認識対象は「何かがそれ以上の何かとして」現れる二重性をもつ一方で，認識する主体もまた「この私」であるとともに「言語を共有する共同体の一員」という二重性をもつ。この世界の四肢的構造から西洋哲学の認識論及び存在論を批判した。

日本思想

Side Story　2015 年に「安保関連法案」に反対する学生組織「SEALDs」が国会前で連日デモを行ったが安保法制は成立，組織は翌年解散した。「大衆」と異なり多様性を保持しつつ組織された民衆勢力であるマルチチュード（ネグリ）をいかに形成するかが問われている。

① 生命倫理

➡人間の胎児のイメージ
私たちは何処からきて何処へ行くのか。宗教，哲学の問いは命と深くつながっている。現在，科学技術の発展によって生命のあり方は大きく変わろうとしている。

Approach　映画『ガタカ』が問いかけるもの，命の選別とは何か？

　1997年のアメリカ映画『ガタカ』は，当時の近未来社会を舞台としたSF作品です。しかし20年後の今，遺伝子情報によって人間が差別される社会を描いたその作品は，きわめて現在的（アクチュアル）な問題を提起している，と言えるでしょう。

　主人公のビンセントは，**遺伝子診断**によって，心臓疾患を発症するリスクが高く30歳までしか生きられないと，生まれた瞬間に予測されてしまいます。その後両親は，医師に相談し，第二子を**遺伝子操作**によってつくること（**デザイナー・ベイビー**）を決定します。母体に戻す体外受精卵を選ぶときに医師は両親にこう告げます。

　　「遺伝性疾病（しっぺい）の要因はなし，あとは選ぶだけです。まずは性別から。（母が男の子と告げる）

　　ご希望は薄茶色の目と黒髪と白い肌，有害な要素は排除しました。若ハゲ，近眼，酒その他の依存症，暴力性，肥満などですね（なにもそこまでと戸惑う母親に）子どもの幸せのためです。性格的な欠点で十分，ハンデは無用です」

　子どもにとって親は選べません。しかし，親は子どもの遺伝情報を選別して選ぶことができるというのです。これは未来の話ではありません。**出生前診断**や**体外受精卵**に行う**着床前診断**が，日本の医療現場で行われているのです。

　成長したビンセントは宇宙飛行士を夢見るのですが，宇宙飛行会社ガタカの入社試験で実施される遺伝子検査で IN-VALID（不適正者）としてはじかれてしまいます。映画の社会では就職において，**遺伝子差別**がおきているのです。現代のアメリカではこうした差別が起きる危険があることから，2008年に遺伝子情報差別禁止法が制定されました。日本ではこうした遺伝子差別はあるのでしょうか。

　2013年から始まった**新型出生前診断**は，妊婦の血液中に含まれる微量の胎児のDNAを分析して，染色体の病気（ダウン症など）の有無を調べることができるようになりました。その結果，2018年9月までに約7万件実施され，異常が確定した人の9割（819人）が**人工妊娠中絶**を行いました。これを遺伝子による**命の選別（けつべつ）**ではないかと懸念する意見があります。一方，中絶やその決断は当事者（特に女性）に大きな負担を強いるため，周囲のサポートや**ケア**が欠かせません。

　命は一人で始めること（誕生）も終えること（臨終）もできません。生命，家族，資産，生きがいなどはみな，他者とともに育まれ，他者へと受け継がれていくからです。生命倫理は，政治と道徳，社会・家族と個人，**正義とケアが交差する現場**なのです。

① 生命工学（バイオテクノロジー）

Ａ クローン技術

View 生物学の技術を応用したバイオテクノロジー，命の操作はどこまで認められるか？

　クローン（clone）とは「遺伝的に同一な個体や細胞」のこと。1996年，イギリスでクローン羊「ドリー」が作成され，世界中の注目を集めた。これは羊の体細胞から遺伝的にほぼ同一の羊を作成したもの（体細胞クローニング）であり，これをヒトに応用すれば，クローン人間（ヒトクローン個体）が作成されることになる。そのため，クローン技術の人間への応用は，主に人間の尊厳の観点から各国で規制する動きが強まり，日本でも2001年に「**ヒトに関するクローン技術等の規制に関する法律**」（**クローン技術規制法**）が施行された。クローン技術規制法によってヒトクローン胚をヒトの胎内に移植することは禁止されたが，クローン胚の作成は**再生医療**の実現を目指す研究に限って，例外的に作成・利用を認めている。

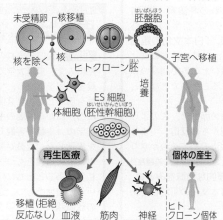

未受精卵　核移植　胚盤胞（はいばんほう）
核を除く　核
ヒトクローン胚（はい）
子宮へ移植
ES細胞
体細胞（胚性幹細胞）
培養
再生医療
個体の産生
移植（拒絶反応なし）　血液　筋肉　神経　ヒトクローン個体

解説

　2018年に女優・歌手のバーブラ・ストライサンドは愛犬のクローンを作り飼っていることを明らかにした。中国や韓国では，ペットのクローンを作成するビジネスが広がっている。製作費は一匹600～1000万円。現在，クローンペットに対する国際的なコンセンサスや規制は存在しない。

再生医療：病気やけがで失われた組織や臓器を再生させる医療。患者本人の細胞を培養して組織や臓器をつくるので拒絶反応の心配が少ない。

万能細胞（人体のどの組織にもなる能力を持った細胞）と呼ばれる**ES細胞**や**iPS細胞**の出現により，世界的に研究競争が過熱している。

iPS細胞（**人工多能性幹細胞**（じんこうたのうせいかんさいぼう））：山中伸弥・京都大学教授が開発した新万能細胞のこと。再生医療への道を大きく進めた。

Side Story　キュア（cure）という言葉はケア（care）よりもより具体的に聞こえる。なぜなら，キュアは「病気やけがの治療」と定義できるからだ。しかし，語源的にさかのぼると，「気づかい」や「心配り」といった同様の意味をもつ言葉でもある。

B 遺伝子操作

View 遺伝子操作によって人類が得る利益とリスクは何か？

遺伝子を直接操作することで，農畜産物の品種改良（**遺伝子組み換え食品**）や医学への応用が各国で進められている。遺伝子組み換え食品は，栄養価が高く害虫抵抗性の強い作物を作り出すことで，世界の食糧事情を改善することが期待される一方で，その潜在的リスク（人体や生態系に与える未知の有害性）が懸念されている。

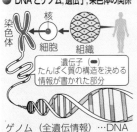

● DNAとゲノム，遺伝子，染色体の関係

染色体　核　細胞　組織
遺伝子（たんぱく質の構造を決める情報が書かれた部分）
ゲノム（全遺伝情報）…DNA

ヒトゲノム計画　ある生物のすべての遺伝情報をゲノムという。約30億塩基対のDNAからなるヒトゲノムの塩基配列をすべて読み解くこと（ヒトゲノム解析）を目標とした国際共同計画が，2003年に完了した。現在では**遺伝子検査**によって，将来発症する病気のリスクを判定するビジネスが普及している。また医療の現場で，**ゲノム編集**によるがんや難病を治療する研究が進められている。しかし，歯止めなくこの技術を応用すれば，**デザイナー・ベイビー**を作ることも可能となるため，倫理的な検証が必要とされる。

解説

カルタヘナ議定書：地球上の生態系を崩さないように，遺伝子組み換え作物などの適切な管理についての国際的な枠組みを規定した議定書（2000年採択）。日本は，カルタヘナ議定書に対応する国内法を2003年6月に成立させ，同年11月に議定書を批准した。

➡2013年に女優のアンジェリーナ・ジョリーは，遺伝子検査で乳がんになるリスクが高いと指摘され，予防のために乳房を切除する手術を受けた。

発病する不安を抱えて生きていくのはつらいけど，健康な身体にメスを入れるのもつらい選択ね。

② 医療と倫理

A 患者の自己決定

View 患者が医療行為を選択・決定するために必要なことは何か？

古代ギリシャの医師ヒポクラテス（➡p.116）の誓いに，医学に無知な患者に判断を任せず，専門的な知識を持った医師が患者の利益を第一に考えて最善の治療をおこなうべしというものがある。このような第三者が当事者の利益を考慮して意思決定を代理することを**パターナリズム（温情主義）**という。しかし，現代の医療では**患者の自己決定（権利）を尊重**して，患者自身が医師から治療方法や副作用などの説明を受け，納得して治療を進めるようになってきた。しかし，病気に侵され精神的に動揺する患者に対して正確な医学的事実を伝えるだけでよい，ということにはならないだろう。そこでは**医師による心配り（ケア）**が求められる。

B 終末期医療と QOL

View 終末期医療で配慮されるQOLとは何か？

終末期医療とは，死期が迫る患者に対して，身体的・精神的・社会的に支えることで，苦しみを和らげ，残された時間を自分らしく過ごせるように支援する医療のことである。**ホスピス（緩和ケア）**や看取り医療，**ターミナルケア**とも呼ばれる。体に負担のかかる医療（人工呼吸器，胃ろう，副作用の強い薬剤の使用）を差し控え，痛みの緩和や基本的な生活の支援，カウンセリングを中心とした医療が行われる。その背景には，患者の延命を最優先させるのではなく，生きている時間を有意義に過ごす「**生活の質**」（QOL　クオリティ・オブ・ライフ）を尊重する考え方がある。病院や介護施設で広がっているが，在宅ケアを望む患者も多く，在宅ケアに必要な地域医療サービスの整備が求められている。

● 人生の最終段階を過ごしたい場所（2012年度）

□ 医療機関　□ 介護施設　□ 居宅　□ 無回答　(%)

	医療機関	介護施設	居宅	無回答
①末期がんであるが，食事はよくとれ，痛みもなく，意識や判断力は健康なときと同様の場合	19.0	8.2	71.7	1.2
②末期がんで，食事や呼吸が不自由であるが，痛みはなく，意識や判断力は健康なときと同様の場合	47.3	13.7	37.4	1.6
③重度の心臓病で，身の回りの手助けが必要であるが，意識や判断力は健康なときと同様の場合	39.5	34.9	23.5	2.2
④交通事故により半年以上意識がなく栄養を取っている状態で，衰弱が進んでいる場合	71.5	14.4	10.3	3.8

（厚生労働省「人生の最終段階における医療に関する意識調査報告書」）

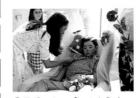

❶ 子どもホスピスのようす　ニュージーランド

（『東京新聞』2013.8.31）

解説

A インフォームド・コンセント：医者からあらかじめ医療行為についての説明を十分に受け，それを理解したうえで（インフォームド），患者自身が検査や治療の実施に同意する（コンセント）こと。患者が納得できる医療を選択するために，今かかっている医師（主治医）以外の医師に意見を求める**セカンド・オピニオン**の利用も広まっている。

① 医療倫理の四原則（アメリカの倫理学者ビーチャムと宗教学者チルドレスが1979年に提唱）

自律尊重原則	患者の選択や意思決定を尊重すること
善行原則	患者の利益や幸福のために行為すること
無危害原則	患者に危害を加えないこと
正義原則	利益と負担が公正に配分されること

B QOL：「生活の質・生命の質」を尊重する考え方。それに対し**SOL（サンクティティ・オブ・ライフ）**は「**生命の神聖さ**」と訳され，生命に価値の違いを認めることなく，等しく尊重する立場である。従来の医療現場では，SOLが尊重されるあまり「延命至上主義」に陥り，患者の余命が苦痛にさいなまれることがあった。一方，QOLは個人の価値観により生命に質の違いを認めるが，その際，脳死状態や重篤な精神疾患は生命の質が低いと判断した場合，それが他者の生命の評価につながる危険があると指摘されている。終末期のあり方を考える時には，QOLとSOLのバランスに配慮することが必要である。またこれからは，各人が自らの終末期について熟慮を重ねた上で，「**生前の意志**」（**リビング・ウィル**）を表明したり，家族で十分に話し合ったりすることが求められるであろう。

諸課題

Side Story ホスピスは，もとは中世ヨーロッパで，キリスト教の修道院などが運営した，巡礼者や貧者，病者をもてなす施設のことである。ホスピタリティ（もてなし），ホスピタル（病院）の語源となった。

THEME Ⅰ　生殖補助医療にはどのような倫理的課題があるだろうか？

生殖補助医療は，不妊に悩むカップルに対して生殖行為の一部を支援する医療技術で，次の3つがあります。

人工授精：男性の精子を女性の子宮に人工的に授精させる方法

体外受精：体外で人工的に精子と卵子を受精させる方法

代理出産：体外受精による受精卵を第三者の女性に妊娠・出産してもらう方法

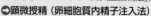

▶人工授精では精子，体外受精では精子，卵子を第三者に提供してもらう場合がある。日本では非配偶者間人工授精（AID）で毎年160人程度の子どもが誕生しているが，生まれてきた子どもに遺伝上の父親を知る機会はない。AIDによる子どもに「出自を知る権利」を法的に認めている国もある（スウェーデンの「人工授精法」）。

➡顕微授精（卵細胞質内精子注入法）

ベビーM事件

1985年，アメリカで，ある夫婦と女性が，不妊センターを通じて代理出産に関する契約を交わした。契約内容は，女性は出生後すぐに子の親権を放棄し，依頼した妻と子の間の養子縁組を承諾すること，依頼した夫は不妊センターに2万ドルを支払い，うち1万ドルが女性に支払われるというものである。依頼した夫の精子が女性に人工授精されて子どもが生まれたが，女性が子どもの引渡しを拒んだため，依頼者である夫婦と養育権を争う裁判となった。子どもの親は誰か，子どもの福祉とは何かが問題になったが，州最高裁判所は親権・養育権を依頼者に，代理母には訪問権のみを認めた。

代理母
出産

人工授精
夫の精子と代理母の卵子を体外受精

ベビーM

▶**代理出産**は，日本では自主規制が行われているため，原則として実施されていない。海外では認める国もあり，国内のタレントカップルが利用し話題となった。国内で禁止される背景には，法律上の課題，母体のリスクといった問題のほかに，倫理上の問題がある。**カント**は「相手を手段としてのみ扱ってはならない」とし，**他者を道具として扱うこと**を人間の尊厳の観点から道徳的に否定していた。また子どもを持とうとする夫婦の意志の背後に**社会的な圧力**（女性は子どもを産むべき）が働いていないか注意が必要だ。

➡**インド・ニューデリーの代理出産医院を訪れた代理母**
インドでは代理母がビジネスとなっているが，代理母の多くは貧困層の女性である。

功利主義者であれば，代理母の普及が**少子化対策に効果がある**と検証されたら「**最大幸福原理**」から社会的に正義となるのかな。でも代理母は女性を「子どもを産む手段」としてのみ扱っているようで，**フェミニズム**からすれば，その背後に**男性に有利な価値観（ジェンダー）**が潜んでいるといえるんじゃないかな。

THEME Ⅱ　遺伝子改良による子どものエンハンスメントは認められるだろうか？

テストの前に飲めば記憶力が良くなって100点が取れるようになる薬はないかな？

アメリカでは，スポーツの**ドーピング**のように，スマートドラッグと呼ばれる認知能力を強化（**エンハンスメント**）する薬の利用が広がっています。もちろん飲むだけでは100点取れませんがね。日本では依存性が高いことから病気の治療薬として使われています。みなさんは日本でも誰もが自由に使えるようになった方がいいと考えますか？

エンハンスメントと優生学

現在，エンハンスメント（人体強化）は，**公平さの確保や努力・才能といった価値（徳）の否定**によって批判する意見と，**人間の可能性の拡大**につながるとして賛成する意見がある。遺伝子操作によるデザイナー・ベイビーもエンハンスメントである。

かつて精神病者や貧困層への強制断種が，アメリカやナチスドイツで行われた。その背景には国力増強や社会改革のために，欠陥がある者を排除し，優秀な者のみを残すべきだとする優生思想がある。優秀とされる人間を設計する遺伝子改良は優生学の復活ではないかと危ぶむ声がある。

身体的エンハンスメント（美容整形，筋肉増強）
知的エンハンスメント（集中力，記憶力の向上）

遺伝子操作によるデザイナー・ベイビー（髪・目の色，身長・体格，遺伝性疾患排除など）

▶ナチスなど旧来の優生学は，弱者や貧困者が差別されたり断種されたりするなど正義に反していた。しかし，遺伝子改良（増強）がもたらす利益と負担を公平に配分すれば正義にかなっているとする**リベラル優生学**の立場がある。リベラル優生学は旧来の優生学のように社会改革を目指すのではなく，遺伝子改良が子どもの**自律**や**開かれた未来に対する権利**を侵害することなく，むしろその可能性を広げるのであれば道徳的に許容できると主張する。リベラル優生学の論拠と，それに対する批判をまとめてみよう。皆さんはどのように考えるだろうか。（参考：サンデル著／林芳紀・伊吹友秀 訳『完全な人間を目指さなくてもよい理由』ナカニシヤ出版）

親が注文どおりに子どもを設計できるような「遺伝のスーパーマーケット」は望ましい。

ノージック（➡p.184）

遺伝的に設計された子どもは，自分を「**自分自身の歴史の唯一の著者**」とみなすことができない。

ハーバーマス（➡p.171）

リベラル優生学の主張

社会は生来の能力の一般水準を維持し，深刻な欠陥の蔓延を防止するための方策を講じるべきだ。

ロールズ（➡p.181）

批判的な立場の主張

遺伝子改良は人間の能力や優秀さが持つ被贈与的性格（神に与えられたものとしての神聖さ）を見失わせる。

サンデル（➡p.185）

Side Story　映画「ガタカ」では優秀に設計された者の苦しみも描かれている。ユージーンは水泳で金賞を取ることが期待されたが，銀賞しか取れず，自ら交通事故にあい半身不随の姿で登場する。ユージーンもまた遺伝子差別の被害者だったのだ。

THEME Ⅲ 中絶と胎児の権利について考えてみよう。

プロ・ライフとプロ・チョイス ＊プロは支持するという意味
アメリカでは中絶に関して、キリスト教的な価値観（**生命は神聖である**）を重んじ中絶に反対する**プロ・ライフ**派と、中絶を女性の権利（「**産むか産まないかは女性の自由**」）とする**プロ・チョイス**派の対立があり、時に大統領選挙の争点になるほど重要な問題となっている。プロ・ライフ派は、胎児は法的な権利を持つ「**人格（パーソン）**」であるとする立場でもある。受精から出産のどの時点で「人格」となるか様々な議論がある。

↑ワシントン D.C. で中絶反対を訴えるデモ参加者（2013年）

●出産と中絶の件数（日本）

（縦軸：120万〜0、単位万）
86.5万 出生数
対出生数比 約18%
中絶件数15.6万
2019年　2019年度
（厚生労働省資料）

┈┈▶日本には親が匿名のままで子どもを預けられる「赤ちゃんポスト」を設置した病院がある。中絶や嬰児殺しを防止することが目的だが、育児放棄の助長や子どもの「出自を知る権利」を侵害しているとの意見もある。

THEME Ⅳ 脳死を人の死と認めることの是非を考えてみよう。

脳死と臓器移植
死とは、医学的に①呼吸停止、②心臓停止、③瞳孔散大の「死の三兆候」によって判定される。脳死は、肺や心臓は機能しているが、**脳全体の機能が不可逆的に停止**してしまった状態をさす。この状態に陥ると短時間で心停止に至るが、人工呼吸器を装着することで、数日から数週間、**脳以外の身体を生かすことが可能**となった。脳死を「人の死」と認めれば、**移植医療において脳死者を臓器提供者（ドナー）**とし心臓などの臓器を摘出することが可能となる。そこで、臓器提供の本人の意思表示があり家族が承諾した場合に限り、脳死を「人の死」とする**臓器移植法**が 1997 年に施行された。しかしその後も海外で臓器移植を受ける患者（レシピエント）が少なくなかったため、臓器提供の要件を緩和した**改正臓器移植法が 2010 年に施行**された。

●脳死と植物状態の違い

大脳
小脳
脳幹
正常な脳

全脳死

●機能喪失部分
植物状態の一例

↓臓器提供意思表示カード（裏面）
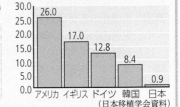

●人口100万人当たりの臓器提供者数（2012年）

（縦軸：0.0〜30.0）
アメリカ 26.0
イギリス 17.0
ドイツ 12.8
韓国 8.4
日本 0.9
（日本移植学会資料）

┈┈▶**改正臓器移植法のポイント**
①改正前は本人の提供の意思表示が絶対条件であったが、本人の意思が不明な場合は家族の書面の承諾で可能となった。
②年齢制限がなくなり、15 歳未満でも家族の書面の承諾で可能となった。
③親族への優先提供を意思表示することを認めた。

改正臓器移植法には次のような問題点が指摘されています。①本人の意思表示を要件から外したことは「**自律尊重の原則**」に反していないか、②親族優先提供は臓器提供の「**公平さ**」を損ねていないか、③そもそも臓器移植の場合に限るとはいえ、脈打つ身体である脳死状態を SOL の観点から「人の死」と認めてよいのか、④移植を待つ患者や医療現場のニーズが優先されるあまり、脳死状態の患者や家族に対する「**心配り（ケア）**」が損なわれることはないか、などです。

⑰ THEME Ⅴ 安楽死と尊厳死の違いとは何だろうか。

安楽死（euthanasia）と尊厳死
安楽死とは痛みに苦しむ末期患者に、安らかな死を迎えさせることであり、QOL に対する患者の自己決定を尊重する立場から主張される。そのあり方は次の 3 つに分類される。

積極的安楽死	医師が致死薬を投与する
消極的安楽死	生命維持治療を差し控える・中止する
間接的安楽死	苦痛緩和の薬剤の副作用で死期が早まる

積極的安楽死は、オランダ、ベルギーやアメリカのいくつかの州で認められているが、ほとんどの国で禁じられている。日本では 1995 年に東海大安楽死事件[1]の横浜地裁で積極的安楽死の要件が示されたが、要件を満たすケースはいまだなく、終

末期医療に関するガイドラインでも認めてはいない。
消極的安楽死は、延命だけを目的とした治療を拒否し、人間としての尊厳を保った死を迎えることとされるので、日本では**尊厳死**とも呼ばれる。日本では過去に医師が人工呼吸器を取り外したことで書類送検された[2]。現在では**法律は未整備**のままだが、**患者や家族との合意を尊重する厚生労働省のガイドライン**「人生の最終段階における医療・ケアの決定プロセスに関するガイドライン」（2018 年改訂）に沿って、医療機関の一部で人工呼吸器の取り外しが行われている。

＊1　東海大安楽死事件：医師が末期がん患者に塩化カリウムを投与した事件
＊2　富山県射水市民病院事件：医師が回復の見込みのない患者 7 名の人工呼吸器を取り外して死亡させた事件（医師は不起訴処分）

諸課題

障がい者や末期患者など社会や家族の支援を必要とする人々が、その負担や周囲への配慮から自ら死を望んでしまう場合もあります。緩和医療が充実すれば在宅や施設で残された時間をゆったりと過ごすことができるかもしれません。死はいずれ誰もが向き合う問題です。日ごろから家族の人と話しておくことが必要ですね。

死なせるか生きるままにしておくかという古い権力に代わって、生きさせるか死の中に廃棄するかという権力が現れた。
➡フーコー（➡p.173）

Side Story クローンによる臓器移植を扱った映画にカズオ・イシグロ原作「わたしを離さないで」やマイケル・ベイ監督「アイランド」が、また移植が必要な姉を救うために作られた妹（救世主兄弟）を描いた作品に「私の中のあなた」がある。

② 環境倫理

Approach 違いをのりこえ，ともに地球温暖化の危機を乗りこえよう－パリ協定採択の意義とは？

哲：パリ協定が 2015 年に採択されました。

知恵：ＣＯＰ 21（第 21 回気候変動枠組条約締約国会議）の議場は大盛り上がりでした。パリ協定のどんな点が画期的なのでしょう？

(1)京都議定書（先進国と発展途上国の対立）

真田：それまで京都議定書（1997 年採択）では**国ごとに削減目標をかかげ，達成できない場合は罰則を科す法的拘束力**が設けられていました。

知恵：どこに，問題があったのかしら？

真田：温暖化の責任はおもに先進国の側にあるとして，**先進国の側にのみ削減義務が課され，途上国は削減義務が免除された**のです。

哲：いままで，先進国が工業化で温室効果ガスを大量に排出してきたからですね。

知恵：地球はひとつだし，排出されるガスに先進国も途上国も違いはないはずですよね……。

真田：そう，中国やインドなど新興国の経済発展で温室効果ガス排出量も増えています。

知恵：先進国は途上国側の温室効果ガス排出は放置して，自分たちだけに削減義務を罰則付きで課されるのは，不平等だと感じてしまうかも……。

真田：アメリカは 2001 年に離脱しました。2004 年にロシアが批准したことで，京都議定書は発効しましたが，2013 年以降，日本はカナダ・ロシアと共に履行を拒否しています。

(2)パリ協定採択－世界が一致して取り組もう

哲：何とかしないと，手遅れになりますよ。

真田：待ったなしの危機意識をふまえ，世界の 196 の国・地域が参加して，激論の末に結ばれたのが，パリ協定です。

知恵：どのようにして合意しましたか？

真田：削減目標の設定のしかたを大きく変えていきました。（板書して示す）

真田：一律に，厳しい削減目標を押し付けるのではなく，各国の実情に合わせて自発的に目標が定められるようになりました。罰則はありません。

哲：それでは，効果が期待できないのでは？

真田：罰則の代わりに，各国に**自国の削減状況を報告させ，お互いにその状況を検証する「国際的な報告検証制度」**の仕組みが出来ました。この意味を考えてください。

哲：（しばらくして）そうか！お互いに検証し合うことで，各国の取り組みは，国際社会から一層厳しく見られるかもしれませんね。

知恵：自分たちで決めた目標だけに，達成責任を果たすことが，今まで以上に問われるかも。

真田：おーその通り！2 人とも正解です。

知恵，哲：やったー！（お互い拍手し合う）

真田：課題もあります。各国が提出した削減目標だけでは，目標（産業革命前からの気温上昇を 2℃ 未満に抑える）には遠く及ばない。

知恵，哲：へぇー？！

真田：だから各国の 5 年ごとの目標改善がとても重要です。さらに大切なことは，この協定をもとに**世界が一丸となって，地球温暖化防止に向けての対策に取り組んでいくこと**です。

哲：2019 年に離脱を通告していたアメリカも，2021 年にはパリ協定に復帰し，これからの取り組みに期待が集まっています。

知恵：そうですね，でも国だけに頼るのではなく，身近なところから取り組みをすることも大切ですよね。私たちは，Think globally, act locally（地球規模で考え 足元から行動）でいきましょう！

●京都議定書とパリ協定の比較

	京都議定書	パリ協定
採択年	1997	2015
対象国	先進国のみ	世界 196 か国・地域
各国の目標	日本 6 %，米 7 %，ＥＵ 8 %減など	目標作成，報告の義務化。5 年ごとの更新。義務付けなし
全体目標	先進国は 2008 年から 2012 年の間に 1990 年比で約 5 %削減	産業革命前からの気温上昇を 2℃ 未満にし，1.5℃ 以内に向け努力

各国が独自に削減目標を設定
　→ 5 年ごとに目標を更新し改善

目標設定が国ごとに任され，罰則がなくなるというのは，今までより大分緩やかになった印象を受けます。

でも，国によって目標が違うということは，その分，より細かい「報告と検証」が，必要になりますね……。

Side Story 2006 年，アメリカ元副大統領アル・ゴア主演の映画「不都合な真実」により，地球温暖化問題が一躍世界中に知らしめられ，彼は 2007 年にノーベル平和賞を受賞した。その一方で事実誤認やデータ誇大化が疑われ，批判も受けた。

1 環境倫理学

● 環境倫理学の基本的な考え方

① 自然物の生存権	人間だけでなく生物も生存権を持つ
② 世代間倫理	現代の世代は，未来の世代の生存可能性を狭めてはならない
③ 地球有限主義	地球の生態系の保存が，他の目的よりも優先する

⑰

　1960 年代以降に深刻化した地球規模での環境破壊に対して生まれたエコロジー運動を倫理学的にとらえ直し，1970 年代以降，主にアメリカを中心として発足した新しい学問が**環境倫理学**（Environmental Ethics）である。環境倫理学の考え方の根底には，人間だけが倫理的配慮の対象であり，人間以外のものは手段としてのみ価値があるとする「**人間中心主義**」への反省や批判がある。そして，環境問題の解決を図るためには，自然界における人間以外の存在をも倫理的配慮の対象に含める「**非人間中心主義**」の思想が必要であると主張する。

2 環境年表

1962	レイチェル・カーソン『沈黙の春』出版
1967	日本で公害対策基本法制定（93 年廃止）
1969	石牟礼道子『苦海浄土　わが水俣病』出版
1971	ラムサール条約（水鳥・水生生物の生息地である湿地保全）採択
1972	ローマクラブ『成長の限界』発表
	国連人間環境会議　開催地ストックホルム スローガン：Only One Earth（かけがえのない地球） **国連環境計画**（UNEP）設立
1973	ワシントン条約（絶滅危惧種保護）
1979	ハンス・ヨナス『責任という原理』出版
1985	オゾン層保護のためのウィーン条約
1987	モントリオール議定書（フロン等の規制）
1988	IPCC「気候変動政府間パネル」設立
1992	
	国連環境開発会議（地球サミット）　開催地リオデジャネイロ 気候変動枠組条約，生物多様性条約調印
1993	日本で環境基本法制定
1997	地球温暖化防止京都会議　**京都議定書**採択
2010	名古屋議定書採択
2015	**パリ協定**採択

予防原則
化学物質や遺伝子組換えなどの新技術などに対して，環境に重大で取り返しのつかない影響を及ぼす恐れがある場合，科学的に因果関係が十分証明されない状況でも，規制措置を可能にする制度や考え方のこと。1990 年頃から欧米を中心に取り入れられてきた考え方で，1992 年のリオデジャネイロ宣言にも盛り込まれている。

3 ベンサムとピーター＝シンガー ― 動物の福祉

　近年，「**動物の権利**」を倫理的に根拠づける展開がある。カント（→p.127）は，「理性的な主体は目的として受け入れられるが，理性のない自然的な存在は手段」にすぎないと述べる。その考えに立てば，「動物は人間にとっての手段」にすぎない。一方，ベンサム（→p.136）は，理性的な存在であるなしに関係なく，「苦痛を感じるかどうか」を基準にした。苦痛を感じる動物ならば，人間と同様に権利で尊重されるべきと主張した。ベンサムの主張が「動物の権利」を考えるきっかけになった。1822 年のイギリスでは，動物の虐待を禁止する法律が制定され，功利主義の考え方が発展した。オーストラリアの哲学者ピーター＝シンガーは，動物実験や家畜など，不当に苦痛を味わっている動物がいるのに，人間だけを特別に扱うのは「種の差別」であるとする動物解放論を主張した。

解説

　私たちは地球生態系の一員であり，その暮らしは他の生物をはじめとする自然の恵みに支えられている。しかし人間活動の拡大などにともない，さまざまな問題が深刻化している。
地球温暖化：二酸化炭素などの温室効果ガスの排出により，地球全体が温暖化しており，その気候変動は地球環境に大きな変化をもたらしている。さらなる温暖化によって，大規模災害につながりかねない，熱波や極端な降水，海水面の上昇などが予測されている。
持続可能な開発と生物多様性：生物多⑰様性とは，「生きものたちの豊かな個性とつながり」のことである。生息環境の悪化，生態系の破壊などによる生物多様性の損失と劣化に対応しようとラムサール条約，ワシントン条約，生物多様性条約の締結など国際的な取り組みがなされてきた。生物多様性条約は，多様性を「生態系」「種」「遺伝子」の 3 つのレベルでとらえ，その「保全」「持続的な利用」「遺伝資源の利益配分」を目的としている。だが依然として長期的には生物多様性の状態は悪化傾向にあり，おもな要因として，①開発等の人間活動，②自然に対する働きかけの縮小，③外来種や化学物質等人により持ち込まれたもの，④地球環境の変化などが考えられている。将来の世代のためにも，開発と環境保全を共存させる道を見出す責任がある。

↑COP 10 での名古屋議定書の採択
2011 年以降の世界目標（愛知目標）と遺伝資源の利用から生じる利益の配分についての国際ルール（名古屋議定書）が採択された。

解説

　ピーター＝シンガー（Peter Singer, 1946 ～）は，現在アメリカ・プリンストン大学で生命倫理学の教授を務めており，幅広く現代の倫理的諸問題を論じるかたわら，動物解放，菜食主義，難民救済，環境保護などの実践リーダーとして国際的に活躍している。彼は，種によって差別することは人種の違いや性別の違いによって差別することと同様に倫理的に許されないことだとし，動物実験・工場畜産を批判している。

諸課題

Side Story ピーター＝シンガーは，ザ・ニューヨーカー誌によって「最も影響力のある現代の哲学者」と称され，またタイム誌によって「世界の最も影響力のある 100 人」に選出されている。

285

④ 『沈黙の春』 ── そして，鳥は鳴かず

❶レイチェル・カーソン（1907～64）

[原典] アメリカの奥深くわけ入ったところに，ある町があった。生命あるものはみな，自然と一つだった。町のまわりには，豊かな田畑が碁盤の目のようにひろがり，穀物畑の続くその先は丘がもりあがり，斜面には果樹がしげっていた。……

ところが，あるときどういう呪いをうけたわけか，暗い影があたりにしのびよった。いままで見たこともきいたこともないことが起りだした。若鶏はわけのわからぬ病気にかかり，牛も羊も病気になって死んだ。……そのうち，突然死ぬ人も出てきた。何が原因か，わからない。大人だけではない。子供も死んだ。元気よく遊んでいると思った子供が急に気分が悪くなり，2～3時間後にはもう冷たくなっていた。

自然は，沈黙した。うす気味悪い。鳥たちは，どこへ行ってしまったのか。みんな不思議に思い，不吉な予感におびえた。……ああ鳥がいた，と思っても，死にかけていた。ぶるぶるからだをふるわせ，飛ぶこともできなかった。春がきたが，沈黙の春だった。……

（青樹簗一 訳『沈黙の春』新潮文庫）

レイチェル・カーソンは『沈黙の春』の中で，次のような言葉も残しています。
「人間は自然界の動物と違う，といくら言い張ってみても，人間も自然の一部にすぎない。私たちの世界は，すみずみまで汚染している。人間だけ安全地帯へ逃げ込めるだろうか。」
皆さんは，彼女のメッセージを読んで，どのように感じたでしょうか？

⑤ 『苦海浄土』 ── 石牟礼道子の描いた水俣病

[原典] 「ある種の有機水銀」の作用によって発声や発語を奪われた人間の声というものは，医学的記述法によると“犬吠え様の叫び声”を発するというふうに書く。人びとはまさしくその記述法の通りの声を廊下をはさんだ部屋部屋から高く低く洩らし，そのような人びとがふりしぼっているいまわの気力のようなものが病棟全体にたちまよい，水俣病病棟は生ぐさいほら穴のように感ぜられるのである。

わたくしが昭和28年末に発生した水俣病事件に悶々たる関心とちいさな使命感を持ち，これを直視し，記録しなければならぬという盲目的な衝動にかられて水俣市立病院水俣病特別病棟を訪れた昭和34年5月まで，新日室水俣肥料株式会社は，このような人びとの病棟をまだ一度も見舞ってなどいなかった。この企業体のもっとも重層的なネガチーブな薄気味悪い部分は“ある種の有機水銀”という形となって，……人びとのもっとも心を許している日常的な日々の生活の中に，ボラ釣りや，晴れた海のタコ釣りや夜光虫のゆれる夜ぶりのあいまにびっしりと潜んでいて，人びとの食物，聖なる魚たちとともに人びとの体内深く潜り入ってしまったのだった。

（石牟礼道子『苦海浄土　わが水俣病』講談社）

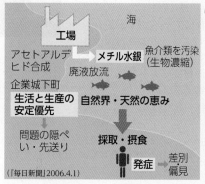
（『毎日新聞』2006.4.1）

工場
アセトアルデヒド合成 →メチル水銀 魚介類を汚染（生物濃縮）
廃液放流
企業城下町
生活と生産の安定優先
自然界・天然の恵み
問題の隠ぺい・先送り
採取・摂食
発症
差別偏見

●水俣病の構図

❶映画『ミナマタ』に描かれた水俣病裁判

[解説]
『沈黙の春』は1962年アメリカで出版（原著 "Silent Spring"），64年に日本語訳が出版された。大量の農薬（DDT）散布による生態系破壊の危険性にいち早く警告を発した書として名高い。カーソンはこの中で「《自然の征服》──これは，人間が得意になって考え出した勝手な文句に過ぎない」と述べている。ここには，F・ベーコン（→p.108）の提唱に由来するとされる「自然の征服」という世界観，近代以降のヨーロッパに支配的な自然観への批判がみられる。

[解説]
民を殺すは……
田中正造 魂の叫び
（1841～1914）

田中は栃木県の農家に生まれ，50歳で衆議院議員となった。往時，内需拡大・海外との輸出契約で一大発展をとげていた同県の足尾銅山は，銅山が出す亜硫酸ガスにより樹木は枯死し，山肌は露わとなっていた。雨水を遮るものがなく渡良瀬川が氾濫，鉱毒を含んだ水で川の魚は死に絶え，農地では作物が取れなくなった。田中は，何度も議会でこの問題を取り上げるが，政府の反応は鈍い。農民たちは直訴のため東京へ向かうが，警官隊に阻まれ叶わない。1900年に行った「民を殺すは国家を殺すなり。法を蔑にするは，国家を蔑にするなり。皆自ら国を毀つなり，財用を濫り，民を殺し，法を乱して，しかして，亡びざる国なし。これ如何」という質問は「亡国演説」と呼ばれる。政府答弁は「質問の主旨その要領を得ず，よって答弁せず」であった。翌年，田中は衆議院議員を辞職，天皇への直訴を試みるが失敗する。晩年は遊水池になる谷中村に入り残留民とともに抵抗に力をつくし，その地で病死した。

[解説]
石牟礼道子（1927～2018）は，熊本県天草に生まれ，その後水俣市に移り住んだ。その水俣市で発生した，工場廃液中の有機水銀中毒による慢性の神経疾患が水俣病である。日本の高度経済成長期に，利益を最優先し，排水の安全性の確認を怠ったチッソ水俣工場に責任があるとしてのちの裁判で断罪された。環境汚染が食物連鎖によって引き起こした人類史上最初の病気であり，「公害の原点」といわれる。石牟礼は主婦業のかたわらに水俣病の被害者や家族の姿を書きため，1969年に『苦海浄土　わが水俣病』を出版した。この作品は，文明の病として水俣病を描き出した鎮魂の文学であると絶賛された。

Side Story 『沈黙の春』があまりに有名なレイチェル・カーソンだが，科学エッセイなども出版しており，海の三部作といわれる海を題材にした作品『潮風の下で』，『われらをめぐる海』，『海辺』はいずれもベストセラーになっている。

Words 543 環境倫理

❻ 南方熊楠の神社合祀反対運動 ― 樹木の伐採がもたらすもの ㉑

原典 南方は神社合祀の結果生じた悲喜劇を次のように書いている。

　木を伐ったために魚海浜に近づかず。俗吏ら今に及び後悔して保存計画など騒ぎおるが，ない物の保存が成るものか，ワハハハハハ。

すなわち樹木の伐採が漁業に悪影響を与えたというのである。また，直接に神社合祀の結果というわけではないが，次のような発言も同趣のものである。すなわち，

　会津川がその東方に注入する外に海へ入る淡水少しもなきゆえ，今のごとく珍異また有利の海産多きも，この上この静かなる所へ淡水，ことの泥が入り候ては，図中，内の浦辺のカキ，真珠，磯間浦民が専利するコノシロ，アジ，また滝内，内の浦の谷海に限って捕り得る谷鰹（メジカともいう），鰯の子は全く失せる。

ので，付近の漁民が心配しているというのである。さらに，神林の伐採の結果ひきおこされる「水利上の大害」にも眼をくばっていた。

　狭い日本の国土で，上流の木々を乱伐し，下流においてそのための水害が――人災として――おこる，というパターンは綿々と連なって現在に及ぶ。

　南方にとって神社合祀反対運動は，このように，その地域の人々の生活を守るためのものという側面をもっていた。また，南方自身もある箇所で，この運動が「漁民およそ三,四千名の命を救うことゆえ」に行わざるをえないものだといった言い方をしている。

（太田哲男『大正デモクラシーの思想水脈』同時代社）

解説

　南方熊楠（→p.271）は1907年から始まった神社合祀に反対運動を行っていた。合祀によって神社がなくなり，その神社に付属する森林が伐採されてしまうことに対する危機感を持っていたからである。中でも，郷土の和歌山県田辺市にある神島の保護運動では，学術上の重要性があるとして，柳田国男の協力を得て国会の議論を動かした。運動は実を結び，神島は1930年に和歌山県の天然記念物に，36年には当時の文部省によって史跡名勝天然記念物に指定された。

　彼の思想は，**単に自然の生態系を守るという視野の狭いものではなく，人々の生活や，精神のあり方までも視野に収めつつ展開**された。これは環境問題への新しいアプローチを切り開いた思想（**アメニティ的思想**）として，現在において一層注目されるものになっている。また彼の行動は，やがて田辺湾の天神崎が日本における**ナショナル・トラスト**発祥の地となるなど，確かな影響を残している。

THEME 環境問題にどう向き合えばよいのか？

原典 人類をあらしめよ ― ハンス・ヨナスの思想 ㉑

　将来の人類の生存（Dasein）に対する我々の責任の問題は成り行きに任せておけばよい，我々は将来も生存しているだろう人類に対する義務の問題に取り組むだけでよい，つまり，彼らの在り方（Sosein）についてあらかじめ何を備えておかなければならないという問題に取り組むだけでよいと考えるのは，正しくない。

　事態は，むしろその逆である。彼らに要求される在り方のために課せられる第一の規則は，彼らを生存させよという命令からしか獲得できない。……

　第一の規則はこうである。「人類の生存が要求されるそもそもの理由に反するような在り方は，人類の将来の子孫の在り方として許されない。」要するに，「人類をあらしめよ」という命令が，人間だけを念頭に置く限り，第一の命令なのである。

（加藤尚武 訳『責任という原理』東進堂）

解説

　ハンス・ヨナス（1903〜93）はドイツに生まれ，アーレント（→p.179）とともにハイデガー（→p.160）に哲学を学んだ。『責任という原理』は，1979年76歳の時に哲学的な遺書としてドイツ語で出版したものである。

　ヨナスは，**現代の科学技術の進歩によって自然が危機的にまで傷つき，回復不能になる可能性を指摘**する。今の我々の行為が，結果的に未来の人々の生活を脅かし，人類の生存をも不可能にする事態が起こりうるのだと，次の世代に対して責任を負うことを考えなければならないという世代間倫理を提唱する。親が子どもを保護し育てる義務があるように，世代間倫理は相互的ではなく一方的なものである。古い倫理では「無知の知」など，無知であることが価値あるものとみなされてきた。しかし，新しい倫理では知ることの責任がある。知らねばならないのは「何を希望できるか」ではなく，「何を恐れるべきか」であるとヨナスは強調する。たとえば原子力問題や自然環境破壊などに対し，私たちはしっかりと学び，適切に行動することが求められているのである。

科学技術の発展による影響

現代の技術がその進化によって，人間の行為の影響を及ぼす範囲（規模）を拡大

↓

望ましいものばかりではなく，人間自身を，また人間が属している自然そのものを破壊する能力を保持する

未来倫理

これまでの倫理学は「現在」のためのもの

↓

人間の行為に新たな価値尺度が登場したため，現在と未来をつなぐ「予測と責任」の倫理学が必要

⋯⋯▶ 未来の世代に対する責任

　ヨナスが論じる「責任」とは，未来の世代に対して，現在の世代が担うべき責任のことである。その背景にあるのは，「科学技術による世界の改変は，累積的に自己増殖する」という認識であり，技術は不可逆的に発展していき，これにより環境に被害が出たとしても後戻りすることができないと指摘している。

　ヨナスの考える新しい倫理の根本をなすものが「世界に人類が存続すること」という考えである。これは人間以外の生命を軽んじているものではなく，**人間だけに責任を持つことができるという特性があり，また，人間が存在しなくなれば，もはや責任もない**，ということからである。

人類の生存に影響を与える科学技術の力…。ヨナスの思想は，哲学の側から現代の私たちに大切な一つの指針を示したのかもしれない。でも，ヨナスって日本ではあまり聞きなれない名前ですよね？

『責任という原理』は，特にドイツでよく売れているそうだ。ドイツは，環境先進国として知られているが，ヨナスの哲学がその基礎をつくったとも言えるようだね。

諸課題

Side Story 那智から熊野古道を経て田辺に移り住んだ熊楠は，毎日のように近郊の山野を歩き，4年ほどの調査で50種余りの粘菌を見出し，田辺付近が発見の多い地であると喜んだ。そこに降って湧いた受難が，政府が推進した神社合祀だった。

③ 科学技術

➡ホテルの受付を担当するロボット
世界初のロボットが働くホテルとしてギネスに認定された「変なホテル」。フロントや部屋ではAIを搭載したロボットが接客を担当する。

Approach 誰とでもつながることは幸せなこと？

哲：昨日，『ザ・サークル』という映画を見ました。巨大IT企業「サークル」が唱える「秘密は嘘」，「分かち合いは思いやり」，「プライバシーは盗み」という標語のもと，SNS[1]に人々がお互いのプライバシーを公開し合うことで，あらゆる情報が透明化された世界を描いています。

真田：かつてフェイスブックの創始者ザッカーバーグ氏は，「よりオープンで，よりつながった世界は，よりよい世界だ」と言っていました[2]。

哲：映画では，多くの人や場所がネットにつながり情報が共有されることで，素早く知識を手に入れたり，犯罪者を見つけたりするんだけど，主人公は私生活をネットにさらすことで家族や友人を傷つけてしまうんだ。

知恵：それってプライバシーがなくなるディストピアを描いているのかな？　オーウェルの小説『一九八四年』に出てくる監視社会と同じ気がするんだけど。

哲：『一九八四年』は，ビッグブラザーという権力者が国民を常時監視する管理社会を描いているけど，『ザ・サークル』は，人々がお互いを監視し合う，ネットや防犯カメラが普及した現在や少し先の世界を描いているんだ。

知恵：たしかにSNSで個人情報を積極的に公開している人がいるね。InstagramやTikTokといった画像アプリだと，ハンドルネームで投稿しても顔や部屋が映っていると，そこから個人を特定できたりするって言うし。そういう人たちってプライバシーをどう考えているのかしら？

真田：プライバシーは

➡映画『ザ・サークル』（アメリカ，2017年）

もともと私生活をみだりに公開されない静穏権として考えられてきました。現在では広く自己情報コントロール権という，個人の情報の開示・非開示を自分で決定できる権利とされています。

知恵：個人の情報開示は自己責任ということね。ネットにある個人の不利益な情報の削除を要望する「忘れられる権利」もそこからでてくるのですね。

哲：ところで情報の透明化って，どこまで必要なのかな。SNSでは匿名で悪質な中傷を書き込んだり，デマを流したりすることが問題になっていますが。

真田：匿名性には二つの側面があります。一つは，キルケゴールやハイデガーが指摘するように，発言が無責任なものとなり，他人を平気で傷つけたり，社会の秩序を混乱させたりする危険があるということです。

哲：ハーバーマスが唱える討議倫理（➡p.171）の観点からも匿名性が公正な議論を脅かす可能性があると思います。

知恵：でも，匿名だから権力者や多数派に対してその横暴や異論を訴えることもできるんじゃない。ミルは『自由論』で，「言論の自由」が民主主義には欠かせないと説いていたと思うけど（➡p.138）。SNSを通して，抗議活動や社会問題の告発などが行われることで，政治や社会を変革する出来事も起きているのよ[3]。

真田：そのとおり。匿名性は「言論の自由」を担保するということがもう一つの側面です。このように現代の諸課題は，"問題があるからダメ"と単純に決めつけるのではなく，さまざまな立場や理論から考えを深めていくことが大切です。

*1 SNS（Social Networking Service）とは，登録した利用者同士が交流するインターネットのサイト。
*2 ザッカーバーグは2019年に「未来はプライベート」と表明し，プライバシーを尊重する方針を打ち出している。
*3 2011年のチュニジア革命など，SNSを市民が抵抗運動に利用する事例も多いが，権力者もプロパガンダに用いている。

① メディアと政治

正義　自由

A ナチスのメディア戦略

View 民主的なヴァイマール共和国家でなぜナチスは誕生したのか？

　プロパガンダ（Propaganda）は，特定の考え方や行動を誘発し，強化する目的のために思想や情報を広めることをいう。20世紀以降，政府や企業はマス・メディアを利用してそのような情報操作を行ってきた。第二次世界大戦時，ヒトラー率いるナチスは，ラジオや映画など当時最先端のメディアを巧妙に利用することで国民の支持を拡大し，民主主義的に政権を獲得した後，独裁体制を国民に認めさせてしまった。ヒトラーは，社会心理学者ル・ボンの『群集心理』を参考にしたといわれている。

解説

A ル・ボン（1841〜1931）：フランスの社会心理学者。群衆を，指導者の断言・反復・感染による暗示によって操作されやすい集合体とみなした。

➡ヒトラーと若者　この一枚の写真は，若者たちから期待や信頼を寄せられるヒトラー像形成に影響を与えている。

Side Story オーウェルの『1984』は，〈ブッグブラザー〉と呼ばれる姿を見せない支配者が統治する全体主義国家を描いたディストピア小説。人々は常に「テレスクリーン」という双方向テレヴィジョンなどによって監視され，反体制的な人物には洗脳教育が施される。

② 情報社会とその課題

Ａ 高度情報社会

　人間生活のあらゆる領域で情報の価値が重んじられ，情報が社会のあり方に影響を与えるようになった社会のこと。成立の背景として，情報伝達を担うマスメディアの拡大，高速で大量の情報伝達を可能にした**情報通信技術 (ICT)** の発展がある。1990 年代半ばからインターネットが普及し，情報検索サービス（Google など），通信販売（Amazon など），ネット・バンキング，オンライン・ゲームなどが広まった。現在では誰もが気軽に情報発信できる**ソーシャルメディア**(YouTube や食べログなど)や，特定の人々(会員)にコミュニケーションの場を提供するＳＮＳ（Facebook，LINE など）が，人々の生活に浸透している。2020 年以降は，新型コロナウイルス感染症による外出制限で，ＳＮＳが職場や学校で活用され，**リモートワークやオンライン授業**が広まった。政府も **society5.0** を推進している。情報社会には生活の質を向上させただけでなく，さまざまな問題も指摘されている。私たちには，大量の情報を適切に取捨選択し自分で判断する力である，**情報リテラシー**が今まで以上に求められる。

⤷ テレビ会議方式の遠隔授業 (2020 年，奈良県)

> なかなか一人じゃ勉強できなかったから，授業を受けられてよかったわ。

> ぼくは集中力が続かなかったり，先生に質問しづらかったりして辛かった。

💡 インターネットの普及は，社会にどのような弊害をもたらしただろうか。（回答例は解説Ｃ参照）

Ｂ Society 5.0

Society 5.0で実現する社会

これまでの社会
必要な知識や情報が共有されず，新たな価値の創出が困難

これまでの社会
少子高齢化や地方の過疎化などの課題に十分に対応することが困難

IoTで全ての人とモノがつながり，様々な知識や情報が共有され，新たな価値がうまれる社会

少子高齢化，地方の過疎化などの課題をイノベーションにより克服する社会

Society 5.0

AIにより，多くの情報を分析するなどの面倒な作業から解放される社会

ロボットや自動運転車などの支援により，人の可能性がひろがる社会

これまでの社会
情報があふれ，必要な情報を見つけ，分析する作業に困難や負担が生じる

これまでの社会
人が行う作業が多く，その能力に限界があり，高齢者や障害者には行動に制約がある

（内閣府資料）

Ｃ 情報リテラシー

　多様な情報を与えられるまま鵜呑みにすることなく，自ら主体的・批判的に判断する能力のこと。コンピューター（IT）の利用に必要な操作技能や知識という意味で用いられることもある。メディアを批判的に読み解く能力の場合は，メディア－リテラシーと呼ばれる。literacy は「読み書き能力」の意味。また知的財産権やプライバシーなどへの適切な対応力（情報倫理，情報モラル），**情報リテラシー**が今まで以上に求められる。

Side Story SNS 上での誹謗中傷が社会問題となったことから，2022 年より刑法の侮辱罪が厳罰化された。これにより悪質な行為（人格を蔑視するような投稿）への処対が法的に可能になったが，表現の自由を侵害する危険があるとの指摘もある。

解説

Ａ インターネットの特徴として，文字や画像，音声などさまざまな情報を発信・蓄積できる，ネット上のパソコンに相互にアクセスできる，情報を容易に複製できる，個人名を伏せて（**匿名性**）情報を発信できる，などがあげられる。一度インターネットに情報をアップすると，自分の知らないところで拡散され，ネット上に残り続けることがある。こうした情報は当人を苦しめ，また社会生活に不利益をもたらすことがある。EUが 2018 年から施行した「一般データ保護規則」の第 17 条には，削除権（**忘れられる権利**）の規定があり，一定の条件の下で当人が削除を申請した場合，管理者に情報の削除が義務付けられた。

Ｂ Socierty5.0 とは，「サイバー空間（仮想空間）とフィジカル空間（現実空間）を高度に融合させたシステムにより，経済発展と社会的課題の解決を両立する，人間中心の社会」と説明される。アメリカの未来学者アルビン・トフラー（1928-2016）の「第三の波」（人類は技術革新の波を経て狩猟社会，農耕社会，工業社会，情報社会へと発展してきた）の考え方を発展させて，情報社会に続く新たな社会の姿として日本政府が提唱している。インターネットと結びついたＩｏＴ (Internet of Things) やＡＩ，ロボットなど先端技術を産業や社会生活に取り入れることで，誰もが快適で活力に満ちた質の高い生活を送ることができる社会とされる。

Ｃ 総務省の調査によると，60 歳以降年齢階層があがるにつれてインターネットの利用率が低下する。情報通信技術を利用できる者と利用できない者との間に生じる社会的・経済的格差のことをデジタルデバイドという。経済格差や身体的・精神的障害の有無でも生じうる。

> リテラシーが低いと思わぬトラブルに巻き込まれますよ。

1 人工知能の驚異的進化

　ＡＩ（人工知能）が驚異的な進化を続けている。2016 年には，囲碁の世界トップ級棋士に完勝し世界に衝撃を与えた。2022 年には，文章や画像などを自動作成し誰もが無料で使える**生成ＡＩ**が相次いで発表され，応用領域が一気に拡大した。同年 11 月公開の ChatGPT は 2 カ月でユーザー数 1 億人を突破する爆発的普及で全世界を驚かせた。ＡＩの飛躍的な能力向上は，人間の脳神経回路を模したニューラルネットワークを使って膨大な量のデータを学習させる手法で実現している。ChatGPT に搭載されている「大規模言語モデル」（大量のデータで訓練された自然言語処理モデル）では，データ量の巨大化によって精度が突然向上し，新規能力を獲得する「創発」が起こっているとの指摘がなされるなど，ＡＩの進化は新たな次元に入っている。

❶**G7 デジタル・技術閣僚宣言**　2023 年 5 月開催の「G7 広島サミット」でも ChatGPT など生成 AI が議論され「責任ある AI」と AI ガバナンスの推進が合意された。

　こうした自ら学習し推論するＡＩとＩＣＴ（情報通信技術）やロボット技術などによる技術革新の波は**第 4 次産業革命**とも呼ばれ，今後，人間社会に革命的な変化をもたらすと予測されている。

2 ＡＩへの期待と不安

　多くの分野でＡＩの活用が急拡大し，ロボットの導入も進んでいる。ＡＩやロボットの進歩・普及により労働の多くが代替される可能性があるという予測も出されている。人間は，機械的な労働から解放され，人間にしかできない仕事に従事できるかもしれない。少子高齢化が急速に進む日本では，ＡＩや知能ロボットなどが労働力不足を補うことが期待されている。

　しかし，ＡＩの普及によって多くの人々が失業に苦しむ厳しい状況も懸念されている。また，ＡＩロボット兵器，ＡＩが犯罪に悪用される危険性，プライバシー侵害，デマやフェイクニュースの氾濫，ＡＩを利用した監視社会化などさまざまなリスクも指摘されている。生成ＡＩの急激な進歩を懸念して，2023 年 3 月にテスラ創業者のイーロン・マスクら 1,000 人以上が，最先端ＡＩの開発を半年間停止することを求める公開書簡を発表し，「社会と人類に深刻なリスク」をもたらすと警告した。

> あなたが「願いをなんでも叶えてくれる存在」をもつということは，あなたに危機がもたらされる，ということだ。

❶**イーロン・マスク**
アメリカの起業家。航空宇宙開発や，クリーンエネルギーを用いた自動車開発を行うなど活動は多岐にわたる。

3 人工知能が人間の知能を超えたら？

　ＡＩが進歩を続ければ，2045 年頃にＡＩが人類全体の知能を上回る「**シンギュラリティ（技術的特異点）**」に到達し，それ以降は人間には予測不可能になる，という未来予測もある。こうした予測に基づき，いずれ人類はＡＩに取って替わられる，といった悲観論がみられる。他方で，シンギュラリティ以後について楽観論を展開するのがシンギュラリティを提唱したカーツワイルであり，30 年後には人類は脳に微細なＡＩをはめ込み，脳をクラウド上に置いて思考をさらに拡大し，生物学的限界を超越する，と予測している。

4 人間のあり方が問われる

　巨大ＩＴ企業が熾烈なＡＩ開発競争を過熱化させる状況の中で，倫理的視点を十分踏まえたＡＩ規制とデジタル面での人権保護についてのルール策定の議論が急務になっている。この動きで先行するＥＵでは，哲学者も参加して，デジタル社会における人権と民主主義の役割，透明性と説明責任のあるアルゴリズムとＡＩの促進などが議論されてきた。2016 年に「**ＥＵ一般データ保護規則**」が制定され，2023 年 1 月には「**デジタルの権利と原則に関する欧州宣言**」を公表した。ＡＩ規制に関しても，2021 年に「**ＡＩ規則案**」（→p.291）を公表し 2024 年施行を予定している。AIの開発と利用に関しては，2017 年に開発研究者の側から「**アシロマ AI 原則**」（→p.291）が出されているが，市民も開発に参加し，開発企業と対話を続けることが求められる。

　ＡＩと知能ロボットの進歩によって，**人間とその社会はどうあるべきか，守るべき人間の尊厳とは何か**といった問いに私たちは直面せざるを得ない。すなわち，**人間のあり方そのものが問われる**ことになるのである。

Side Story　意識や自我を持たない人工知能を「弱いＡＩ」(weak AI)，意識や自我を持つ人工知能を「強いＡＩ」(strong AI) と呼ぶ場合がある。

THEME Ⅱ 科学技術と倫理

1 科学技術と倫理の関係をどう考える？

哲：先生，科学技術がどんどん進歩して生活も便利になっていくけど，倫理的な問題も引き起こしているようで心配です。

真田：いい問題意識だね。そのとおり。科学技術については，科学技術が人間社会に与える影響や，その利用にあたっての倫理的問題について考えることが重要だよ。

哲：たとえば，インターネットはとても便利だけど，匿名性を悪用したネットいじめや炎上，個人情報の漏洩，デマやフェイクニュース，ネット中毒，サイバー攻撃など，倫理的な問題もたくさん引き起こしています。

真田：そうだね。現在は第4次産業革命が進行中といわれ，AIやロボット，量子コンピュータ，ナノテクノロジー，バイオテクノロジー，ドローン，自動運転技術，ブロックチェーン技術，メタバースなど多岐にわたる科学技術が進歩を続けているよ。でも，それぞれ，倫理的な問題を引き起こす可能性も指摘されているんだ。

哲：ドローンも無人兵器として戦争に使われています。AI搭載のロボット兵器などが使われるようになると，映画『ターミネーター』のような未来が来るんじゃないでしょうか。すごく心配です。

真田：『ターミネーター』のスカイネットみたいな恐ろしいAIはご免だよね。

哲：まったくです。

真田：AIの開発や利用に関しては，倫理面も重視した国際的なルール作りが重要になっている。「アシロマAI原則」やEUの「AI規則案」などについて調べてみるといいよ。

哲：分かりました。

真田：AIも含めた科学技術と倫理の関係を考える上で大事なのは，以下の4つの視点だと私は思う。

- 科学技術は中立ではない。
- 科学技術は常に進歩している。
- 科学技術は善にも悪にも使われることができる。
- 科学技術は倫理的な基準に基づいて開発・使用されるべきである。

哲：そうですか。スマホの生成AIでちょっと確認してみます。

先生，合格です。AIも同じ4つの視点を提示しました。

真田：やれやれ……。教員も生徒からAIを使ってチェックされる時代になったようだね。

未来のAIは，どちらに近くなるのだろう。

⬅スカイネットのアンドロイド「T-800」 映画『ターミネーター』シリーズに登場するアンドロイド（人型ロボット）。機械軍と人類抵抗軍との闘いにおいて，スカイネット（機械軍を組織するAI）が人類に偽装するため製造した（通常は人間と同様の見た目をしている）。

➡スター・ウォーズの「C-3PO」 映画『スター・ウォーズ』シリーズに登場する。宇宙に存在するあらゆる言語を聴き取り，人間に通訳することができる。主人公アナキンが開発した。

2 アシロマAI原則

2017年の「アシロマ会議」（アメリカ・カリフォルニア州アシロマで開催）において採択された，AIの開発と利用に関する倫理的ガイドライン。研究課題，倫理と価値観，長期的な課題の3つの分野に関する**23の原則**からなり，**AIの研究開発において重要な指針**となっている。AIは人間のコントロール下に置かれるべき，AIは個人のプライバシーを侵害するものであってはならない，AIは人間の尊厳，権利，自由，文化的多様性に適合するように設計され運用されるべき，などが定められている。

3 EUのAI規則案（AI Act）

2021年に欧州委員会が発表し，2024年に完全実施される予定。AIシステムの開発や使用を規制する世界初の法案である。世界のAI規制に大きな影響を与える法案として注目されている。

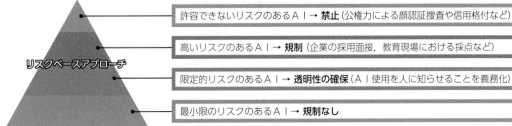

リスクベースアプローチ

許容できないリスクのあるＡＩ→ **禁止**（公権力による顔認証捜査や信用格付など）

高いリスクのあるＡＩ→ **規制**（企業の採用面接，教育現場における採点など）

限定的リスクのあるＡＩ→ **透明性の確保**（ＡＩ使用を人に知らせることを義務化）

最小限のリスクのあるＡＩ→ **規制なし**

Side Story 「ロボット（robot）」は，1920年に小説家チャペックが発表した戯曲で用いられた造語である。チェコ語で「強制労働」を意味する「robotarobota」とスロバキア語で労働者を意味する「robotonikrobotonik」に由来する。

④ 福祉とケア

→高齢者の陸上競技大会

Approach 家族ってなんだろう？

真田：今日は「家族」について考えてみましょう。家族とはどのような人たちだと思いますか？

知恵：一緒に暮らしている血のつながった人たち。

哲：僕は高校卒業後，家を出て進学したいと思っているけど，家を出たら家族じゃなくなるの？

知恵：そっか，確かに離れて暮らす家族だっているね。

哲：血のつながりも関係ないと思う。叔母は子連れ同士で再婚したよ（→ステップファミリー）。

知恵：そういえば近所に，ペットは大切な家族と言って，ペットと入れるお墓を買った人がいるわ。家族と認めれば，それで家族になるのかな？

真田：何を家族と認めるかは当事者の了解に基き変化しますが，社会全体の合意も必要です。たとえば夫婦別姓に関する裁判でも，裁判所は結婚制度や姓に関しては，国民の議論が必要であると言っています（→選択的夫婦別姓）。

哲：家族の基本は結婚ですか？ 日本の憲法では「婚姻は，両性の合意のみに基づいて成立」となっているけど，同性婚は可能でしょうか？

知恵：それ，この前ニュースで見かけたな。「法の下の平等」の立場から考えると同性婚を認めないのは違憲だとして，札幌や東京，名古屋など各地で訴訟が続いているね。

真田：はい，現在の憲法でも同性婚は可能だと考えている裁判官はいます。今の日本では，自治体によるパートナーシップ制度はありますが，法的に認められていません。ただし，憲法が婚姻を両性の合意としているのは，戦前の戸主権が強い家制度を否定するのが目的です。2019年にアジアで初めて同性婚を認めた台湾の場合は，伝統的な価値観を重視する人々の反発もあり，民法の改正ではなく特別法を制定しました。

哲：社会全体の合意で家族のかたちが変化していくなら，それは僕たち自身が考えるべき問題ですね。

知恵：「夫は外で働き，妻は家庭を守るべき」っていう家族観も，男性の育児休業の取得率が低かったり，女子力イコール家事力だったり，現実には根強く残っているわ。でも，いろいろな家族のかたちがあっていいはず（→性別役割分業意識）。

哲：僕の友人は，介護で忙しい親の代わりにきょうだいの世話をしたり，ご飯を作ったりしていて自分の時間がなかなか取れないそうです（→ヤングケアラー*）。家族で助け合うのも大切だけど，誰もが無理のない形で分担できるように周囲がサポートできる社会にしたいと感じます。

真田：家族のかたちが変わっていくとしても，介護保険制度や保育事業の整備によってケアの外部化が進んでいることを考えると，家族のつながりにおける情緒的きずなはますます重視されていくでしょうね（→親密性の変容）。

*ヤングケアラー：家庭において，本来大人が担うとされている仕事や家事（炊事，洗濯，介護，看病など）を日常的に行っている18歳未満の子どものことをいう。

●結婚することの利点（2015年）　■男性　■女性

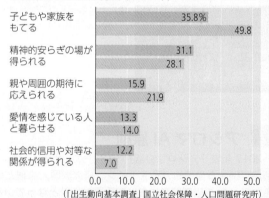
（「出生動向基本調査」国立社会保障・人口問題研究所）

① 変化する家族のあり方

A 家族機能と外部化

家族がそのメンバーと社会に対して行うはたらきかけを家族機能という。社会の変化とともに家族の果たす機能は変わっている。現代においてはこれらの機能は他の組織や集団に移っている（家族機能の外部化）。

生殖機能	社会の新しいメンバーを増やす。→子どもを産むことが家族の必要条件ではなくなっている。
経済機能	共同生活を営み，生産と消費を行う。→働きにでることが一般的となり，もっぱら消費の場となる。
社会化機能	子どもを育て，社会に適応できるように育てる。→学校や学童保育などへ外部化
福祉機能	子ども，病人，老人を扶養し援助する。→看護や介護は病院や福祉施設へ外部化
情緒安定機能	家族を外部から守り，安らぎと憩いを与える。→家族を守る機能は警察や行政へ外部化

あなたなら，家族にどのような役割を期待しますか？

 Side Story 江戸時代には奉公人や使用人なども一緒に生活していた。父，母，未婚の子どもが一緒に生活し，父親が仕事，母親が家事・育児をする家族モデルは，日本においては大正期の都市部にみられるようになり，戦後に広まったものである。

⑲ B 家族構成の変化

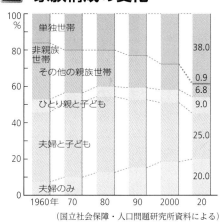

（国立社会保障・人口問題研究所資料による）

日本では1950年代後半から急激に**核家族化**が進んだが，家族類型別の推移をみると，夫婦と子どもの世帯の割合は減少し，夫婦のみの世帯の割合が増加していることがわかる。これは，子どもをもたない夫婦が増えているだけでなく，老後夫婦二人で暮らす世帯が増えていることも理由として挙げられる。

単独世帯の割合の増加が著しいが，今後も増えていくことが見込まれている。その理由として，未婚単身者世帯の増加，配偶者と死別した高齢単身者世帯の増加が挙げられる。

家族の分類
核家族…夫婦とその未婚の子どもからなる家族（夫婦家族）
直系家族…夫婦と一組の子ども夫婦がともに生活する家族
複合家族…夫婦とその子どもたち夫婦がともに生活する家族

C 男女共同参画社会

男性も女性もすべて個人が，たがいにその人権を尊重し，責任も分かち合い，性別にかかわりなく，その個性と能力を十分発揮できる社会のことを男女共同参画社会という。この理念を実現するため，1999年に**男女共同参画社会基本法**が成立した。

男女共同参画社会基本法
第6条（家庭生活における活動と他の活動の両立）　男女共同参画社会の形成は，家族を構成する男女が，相互の協力と社会の支援の下に，子の養育，家族の介護その他の家庭生活における活動について家族の一員としての役割を円滑に果たし，かつ，当該活動以外の活動を行うことができるようにすることを旨として，行われなければならない。

● 「夫は外で働き，妻は家庭を守るべき」という考え方について（2002年，国際比較）

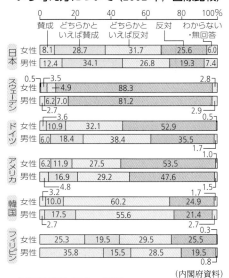

（内閣府資料）

● 育児休業取得率の推移

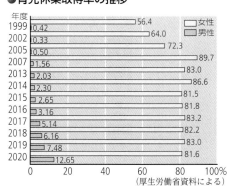

（厚生労働省資料による）

● 年齢階級別労働力人口比率（M型雇用，2019年）

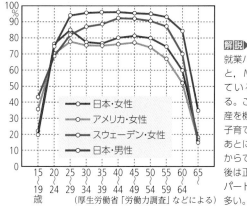

凡例▶ 日本の女性の就業パターンを見ると，M字型を描いていることが分かる。これは結婚や出産を機に仕事を辞め，子育てが一段落したあとに再び就業するからである。再就職後は正社員ではなくパートタイム就労が多い。

日本は諸外国と比較し，「夫は外で働き，妻は家庭をまもるべき」という**性別役割分業意識**が強い。しかしこの意識はけっして人類に普遍的な意識ではなく，社会的につくられたもの（ジェンダー➡p.186）である。性別にかかわりなく家族の役割を引き受けることは，個性と能力が発揮できる社会を形成するために欠かすことはできない。

2010年には**改正育児・介護休業法**が施行され，父親の育児休業が取得しやすくなり，取得期間も延長された。しかし，取得率の男女差はいまだに大きいままである。これでは，「夫は仕事，妻は家事（育児）」が「夫は仕事」「妻は仕事に家事（育児）」となり，負担が増大してしまう。

また，もはや「結婚・育児」が当たり前でない，ライフ・キャリアが多様化した現代では，休業の取得に当たり，独身の社員や子どものいない社員から理解を得ることも求められるだろう。仕事と生活との両立のために，企業も家族も納得できる方策が講じられるべきではないだろうか。

諸課題

Side Story　ジェンダーレスの動きは，あなたの身近でも起こっている。男子はスラックス，女子はスカートという制服の決まりを撤廃する学校が増えており，スラックス，スカート，リボン，ネクタイを自由に組み合わせられる学校もある。

❷ これから，家族のあり方はどうなる？

Ⓐ 結婚は異性間だけのもの？

結婚は異性間だけのものではない。

アメリカ 結婚にかかわる法律は各州で定められており，同性婚に対する対応は異なっている。しかし2015年に連邦最高裁が，同性婚を認めない法律は違憲であるとし，すべての州で同性婚を認めるべきであるという判断を下した。オバマ大統領（当時）はこの判決について，「アメリカにとっての勝利。完全な融和に向けて一歩近づいた。」と歓迎した。2001年に同性婚を世界で初めてオランダが認めて以降，欧米諸国を中心に認める国が増えている。

フランス ＰＡＣＳ（「連帯に基づく民事契約」）は共同生活を行うカップルであることを裁判所に届けることによって，税や相手の死亡などの際に優遇措置を受けることができる制度。結婚と異なり異性・同性を問わず，どちらかの姓を選ぶことはない。契約の解消は両者の合意を必要とせず相手への通告だけでできる。

結婚と同棲の中間にあたるこのようなパートナーシップ制度を，同性のパートナーを認める方法として導入する国が増えている。ただしこれらは正式な結婚とは異なる制度である。日本では渋谷区が2015年から同性のカップルに対して「結婚に相当する関係（パートナーシップ）」と認める証明書の発行をはじめた。

⮕同性婚が裁判所に認められて喜ぶカップル（アメリカ・ニューヨーク，2015年6月）

Ⓑ 「おひとりさま」の生き方

社会学者の上野千鶴子は，結婚しない人だけでなく，離婚や死別によってだれもがひとりとなるという。ひとりの生活を孤独ととらえるのではなく，肯定的にとらえるのが「おひとりさま」という呼び方である。このおひとりさまを支えるネットワークが脱血縁，脱地縁，脱社縁の「選択縁」である。選択縁は趣味や地域活動をもとにしてつくられる人間関係であり，女性が先行しているため，「女縁」と上野は名付けた。

気心の知れた単身の友人たちとごく近い距離に住み，おたがいに助け合いながら生活をすることを選ぶ人たちもいる。自分の必要に応じた家族のありかたをつくりだすという意味で，セルフメイド家族といえるだろう。

（参考：ＮＨＫ「2030年家族がなくなる？」）

> **ディンクス**（ＤＩＮＫＳ Double Income No Kids）…共働きで子どものいない，もたない夫婦のこと。
> **ステップファミリー**（子連れ再婚家族）…親同士が再婚で血のつながらないきょうだいを含む家族。離婚率の上昇に伴い，増えている。

原典 親密性の変容

純粋な関係性とは，社会関係を結ぶというそれだけの目的のために，つまり互いに相手との結びつきを保つことから得られるもののために社会関係を結び，さらに互いの相手との結びつきを続けたいと思う十分な満足感を互いの関係性が生みだしていると見なす限りにおいて関係を続けていく，そうした状況を指している。（ギデンズ 著／松尾精文・松川昭子 訳『親密性の変容―近代社会におけるセクシュアリティ，愛情，エロティシズム―』而立書房）

解説

社会の変化と現代の科学技術の進展は，性と生殖を分離させ，親密性の変容をもたらした。新たな親密性とは両者の合意によって成立する純粋な関係性であり，対等な関係を構築する可能性を持っている。

THEME Ⅰ 選択的夫婦別姓は必要か？

民法の規定では，婚姻届の提出時に夫婦どちらかの姓を選ばなければならないが，実際は96％以上の夫婦で夫の姓が名乗られている。夫婦が同じ姓を名乗るか結婚前の姓をそれぞれ名乗り続けるか選ぶ選択的夫婦別姓については1980年代から議論されるようになった。国連の女子差別撤廃委員会から別姓を認めないことは差別的であると是正勧告を受けている。

2015年最高裁判所大法廷で，夫婦同姓を求める現行法は合憲であるという判決がだされた。女性の判事3名はすべて反対であった。裁判所は結婚制度や姓のありかたは国会で議論し判断すべきであると議論を促している。

賛成意見：姓が変わることによる仕事での支障。姓が変わることでそれまでの自分を否定される，違う存在になってしまう。

反対意見：家族がバラバラになる。子どもに不利益が生じる。

●選択的夫婦別姓に関する年齢層別賛否（2017年度）

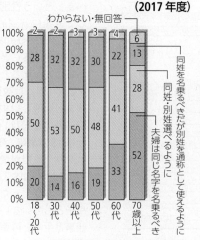

わからない・無回答

	18〜20代	30代	40代	50代	60代	70歳以上
わからない・無回答	2	2	3	3	4	6
同姓を名乗るべきだが別姓を通称として使えるように	28	32	32	30	22	13
同姓・別姓選べるように	50	53	50	48	41	28
夫婦は同じ名字を名乗るべき	20	14	16	19	33	52

（内閣府「家族の法制に関する世論調査」）

●家族をめぐる各国の法制度

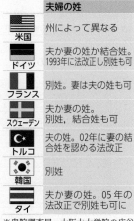

夫婦の姓	
米国	州によって異なる
ドイツ	夫か妻の姓か結合姓。1993年に法改正し別姓も可
フランス	別姓。妻は夫の姓も可
スウェーデン	夫か妻の姓。別姓，結合姓も可
トルコ	夫の姓。02年に妻の結合姓を認める法改正
韓国	別姓
タイ	夫か妻の姓。05年の法改正で別姓も可に

※衆院調査室，大阪大学大学院の床谷文雄教授の調査に基づく
（『毎日学生新聞』2015.12.19）

Side Story 戦前の旧民法の「家制度」は，戸主に強い権限を認めていたが，これが他の家族の自由を侵害するとして，大正時代から問題視されていた。実際に改正に向けた検討も行われたが，戦争により中断した。

❸ これからの社会をどう支えていくか？

Ⓐ 少子高齢社会

1人の女性が生涯に産む平均的な子どもの数を「**合計特殊出生率**」という。この合計特殊出生率が 2.06 以下になると国の総人口が減少するといわれているが，**2021 年の我が国の合計特殊出生率は 1.30** だった。

では，戦後日本の合計特殊出生率はどのように推移しているのだろうか。まず，1947 年から 1949 年にかけて，戦後の復員と復興，平和を背景に「第1次ベビーブーム」が起こった（「団塊の世代」）。このとき，合計特殊出生率は 4.32 を記録した。その後，1971 年から 1974 年にかけ，そのときに生まれた女性による「第2次ベビーブーム」が起こる（「団塊ジュニア」）。しかし，この2つの山を除くと，おおむね出生率は減少傾向にあった。2005 年には，これまでに最低の 1.26 を記録。「人口減少社会」へ突入した。その後はやや持ち直していたが，2015 年以降，再び減少の一途をたどっている。

❷❶ Ⓒ 共生社会

障がいを持っている人もそうでない人も，だれもがノーマル（普通）に暮らすことができる社会を目指すという理念を**ノーマライゼーション**という。それを可能にするための方策が**バリアフリー**や**ユニバーサルデザイン**である。

バリアフリーとは，障がいをもっている人や高齢者などが生活するうえでバリア（障壁）となっているものを取り除くことである。バリアには物質的なものだけでなく心のバリアも含まれる。

はじめから誰もが使いやすくわかりやすいことを企図してデザインすることを**ユニバーサルデザイン**，それに基づきつくられたものを共用品という。外国ではアクセシブルデザインともいう。

Ⓑ ＮＰＯ (Nonprofit Organization)

ＮＰＯは，社会貢献活動を行い，利益の配分を目的としない非営利組織である。

ＮＰＯはボランティア活動を組織化し，社会に対する影響力を強めたものであるともいえる。ボランティアはＮＰＯ活動を支える重要な存在である。ボランティアもＮＰＯも自分たちの社会は自分たちでつくるという市民参加の理念に基づいている。

センサリー・ルーム
日本のプロサッカーチームのホームスタジアムには，視覚・聴覚などの感覚過敏をもつ人やその家族のための観戦ルームがある。この部屋は，音や光，においなどの刺激がなるべく少なくなるよう配慮されており，ソフト・ハード面を工夫した環境づくりに取り組んでいる。国内の空港の一部にも，同様の目的で，光や音を遮断したカームダウン・クールダウンスペースの設置が進んでいる。

パックの切れ込み
目の見える人も見えない人も，パックの口にある切れ込みを見たり触ったりすれば，牛乳か加工乳かがわかるよう作られている。

THEME Ⅱ 少子高齢化にともなう負担をどう分かち合っていくべきか？

少子高齢化では，自分の力だけでは生活できない高齢者が増加する一方，高齢者を支える若い世代の人口が減少し，その負担が一方的に増大していくことが懸念されている。政府は，子どもの出生数の増加・高齢者の健康増進・年金・健康保険制度の見直しなどの対策を打ち出している。これらは，社会全体（＝国家）で高齢者を支えるという考え方（**公助**）に立ったものだが，近年では地域社会や NPO などが主体となって推進される取り組みも増えている。私たちは，こうした問題にどう向き合っていくべきだろうか？

自助 が大事

所得の再分配は，個人が所有する財産を自由に処分する権利を侵害するものであり，もってのほかだ。

ノージック（➡p.184）

共助 が大事

「限定的な知」しか持たない国家が強制的に弱者保護をすれば，恣意的な分配しかできず，個々人の自由な判断で形成される「自生的秩序」をさまたげてしまう。

ハイエク（オーストリアの経済学者）

公助 が大事

格差の少ない社会こそ「自由で平等とみなされる市民の間で社会的協働を行う公正なシステム」である。そのためにも，所得や富の公平な分配が必要だ。

ロールズ（➡p.181）

諸課題

Side Story 人口抑制のため長年「一人っ子政策」を続けてきた中国も，急激な少子高齢化の進行に対応するため，2016 年からすべての人民に2人目の子どもを持つことを認めるようになり，その効果が注目されている。

⑤ 文化と宗教

寛容

世界中で紛争や移民の問題が発生している現代。異なる文化や信仰を持つ他者との関わりという点では，これらの問題は私たちにとっても遠い世界の出来事ではない。グローバル化が進む今，「共生」について考えてみよう。

Approach 文化や宗教の対立を乗り越えるには？ ― 「寛容」の精神に学ぶ

2015年11月，フランスのパリ市街で同時多発テロが発生しました。イスラーム系の武装組織であるISの犯行とみられ，多くの人が犠牲となりました。この事件に端を発したデモも各地で発生しています。

こうしたテロ事件の緊張の中で，一冊の古典が注目を集め，ベストセラーを記録しています。18世紀の啓蒙思想家である，ヴォルテールの『寛容論』(1763年) です。

ヴォルテールは，カトリックとプロテスタントの対立が発生していたトゥールーズという町で当時実際に起きた「カラス事件」を事例に上げ，宗教的寛容について述べています。「カラス事件」とは，プロテスタントのカラス一家の長男の死に対し，狂信的なカトリックの群衆によって，その罪が父であるジャン・カラスに向けられ，冤罪で処刑された事件です。この，宗教的な熱狂に端を発した冤罪事件についてヴォルテールは『寛容論』において，次のように述べています。

「下賤のやからの狂信に引き摺られて，トゥールーズの裁判官たちが無実の一家の父を車責めの刑にかけてしまったのであれば，これは前代未聞のことである。…この上なく神聖な宗教の間違いが大犯罪を生んでしまったわけである。」(ヴォルテール著／中川誠 訳『寛容論』中公文庫)

そして，宇宙の創造主としての神の存在を認める「理神論」という立場から，「不寛容」の法が「道理に反し，残忍なものである」ことを主張します。

⊙パリの広場の木に貼られたヴォルテールのポスター

「キリスト教がお互いに寛容でなければならないのを立証するには，ずば抜けた手腕や技巧を凝らした雄弁を必要としない，さらに進んでわたしはあなたに，すべての人をわれわれの兄弟と思わねばならないと言おう。なに，トルコ人が兄弟だと，シナ人，ユダヤ人，シャム人が兄弟だと君は言うのか。いかにも。その通り。われわれはみんな同じ父を持つ子どもたち，同じ神の被造物ではなかろうか。」(同前)

フランスは「共和国」として，革命の理念に端を発した人間の自律，個人の尊厳を大事にしてきました。政教分離の原則が強いフランスでは，ライシテ*(非宗教性)の原理によって「スカーフ事件 (⊙❶Ⓐ)」に見られるような宗教の排除，異文化摩擦の例も多数見られています。こうした文化的・宗教的な摩擦はフランスだけではなく，世界的に起こっていることではないでしょうか。武装勢力によるテロや，紛争，移民の問題などが注目されがちな今日，その根底にあるものに目を向けるとともに，その対立を乗り越え共生していく社会を目指す上で，ヴォルテールの「寛容」の精神から学ぶことは多くあるのではないでしょうか。

*ライシテの原理は，宗教に依存しない，世俗主義的な考え方としてフランスにおいて発展してきたもの。

❶パリ同時多発テロ以降，「私はシャルリ」を掲げたデモの様子

代表的な啓蒙思想家であったヴォルテールは，人間の理性に信頼を置く自由主義者であった。「わたしはあなたの意見には反対だ，だがあなたがそれを主張する権利は命をかけて守る」という彼の言葉には，自由を信奉する「寛容」の精神が見てとれはしないだろうか。また，「われわれは，自分たちの畑を耕さねばならない」(『カンディード』)とあるように，ヴォルテールは言論活動，執筆活動にとどまらず，自ら行動し，時には権威者との衝突や政治批判によって投獄されたり，亡命することもあった。

ヴォルテール

「私が信じているが，お前には信じられないことを信じるのだ。そうでなければお前の生命はないぞ」などとどうして言えるか理解に苦しむ。……このような振舞いが人定法で許されているのであれば，そのとき日本人はシナ人を憎み，シナ人はタイ国人を憎悪しなければならなくなるだろう。タイ国人はガンジス河流域の住民を迫害し，迫害された連中は今度はインダス河流域の住民に襲いかかることになろう。……そして全人民が一丸となってキリスト教徒に飛びかかってくるかもしれないのだが，当のキリスト教徒はたいへん長い間お互い同士殺し合いに明け暮れていたのである。 (『寛容論』)

わたしは，多元性が文明の本質そのものであると思います。多元性といっても私は他者性という意味で使っていますが，差異の原理，他者性への敬意，これらは文明の根源であると言えます。
(シェリフ 著／小幡谷友二 訳『イスラームと西洋―ジャック・デリダとの出会い，対話』駿河台出版社)

デリダ

Side Story 2016年5月，イギリスのロンドンで初めてイスラーム教徒であるサディク・カーンが市長となった。テロなどによって欧州でイスラーム教徒への風当たりが強まる中，融和や平等を唱えて当選した。

❶ 異文化接触・文化摩擦

Ⓐ フランスの「スカーフ禁止法」

View ヨーロッパのなかでも多くのイスラーム系移民を受け入れているフランスの事例

「まず、イスラムのスカーフは、西洋では単なる民族衣装ではなく、女性差別によるもの、すなわち女性からおしゃれの自由をうばい、抑圧するものととらえる人が多いということがあります。男女平等をよしとするフランスでは、それは許しがたいのです。…

しかし、スカーフだけを禁止しては、「イスラム差別だ」という反発は必至です。そこで、特定の宗教だけを狙い撃ちにしているのではないことを示すために、十字架もキッパ（男性用帽子）も同時に禁止になったのです。これを聞いて筆者は即座に、「仏教の僧侶の坊主頭は？」と思いました。スカーフと同じく、特定の宗教の信者であることをおおっぴらに表明するものですし、多くの男性は坊主頭を嫌がりますから、男性に対して抑圧的ともいえます（もちろん、僧侶本人たちはそういうものだと受け入れ、抑圧は感じていないでしょうが、それはスカーフをかぶるイスラム女性にしても多くの場合は同じです）。たとえば青年僧が、フランスの公立の大学に留学したら、かつらや帽子をかぶって坊主頭を隠さなければならないのでしょうか。坊主頭も禁止したら、この法律は確かに平等といえますが、もしＯＫだったら？と、思いフランスの文部省に問い合わせてみました。が、今のところ返事はありません。」

（藤原聖子『世界の教科書で読む〈宗教〉』ちくまプリマー新書）

Ⓑ ヘイト・スピーチ

View ヘイト・スピーチの本質とは何だろうか？

ヘイト・スピーチをどのように規制すべきか考える出発点として、ヘイト・スピーチとは何かの検討が必要です。**ヘイト・スピーチの本質は、歴史的に形成された構造的な差別に日常的に苦しめられているマイノリティ**※**をターゲットとして、差別を煽り、侮辱し、傷つけ、排除する言動による排外的な攻撃で**あり、迫害です。何世代にもわたる差別の苦しみを引き継ぎ、かつ、日常的に様々な理不尽な差別的取り扱いをされ、民族的・人格的尊厳、アイデンティティを傷つけられ苦しめられている人々に対するものだからこそ、ヘイト・スピーチという言葉の暴力はその心身に極めて深刻な民族的、歴史的被害をもたらします。ヘイト・スピーチの本質は差別であり、歴史的に形成された差別構造と切り離すことができません。

（前田朗編『なぜ、いまヘイトスピーチなのか―差別・暴力、脅迫、迫害―』三一書房）
※マイノリティ…少数派（社会的少数者）

⬅ヘイト・スピーチを許さないと抗議する人たち（川崎市）

特に現代ではインターネットが普及して、顔が見えない相手とのコミュニケーションが増えているから、相手の置かれた立場や文化的背景など、相手のことを思いやる、想像力を持ちたいものだよね。

解説

Ⓐフランスでは 1989 年に、公立学校でスカーフ（ヒジャブ）を着用したムスリムの女性生徒が退学処分になる事件が発生した。このことが議論を呼び、2004 年には、「**公立校内での目立つ宗教的シンボルの着用を禁止する法**」（いわゆる「**スカーフ禁止法**」）が制定された。共和国の理念とともに政教分離の強いフランスでは、**ライシテ（非宗教性）**の原理のもと、こうした文化的・宗教的摩擦が発生している。さらに 2010 年には、「**ブルカ禁止法**」（ブルカは全身を覆う衣装で、公共の場での着用を禁じた法）が制定され、違反したものには罰金を課す。

⬆スカーフを着用したイスラームの女性

Ⓑヘイト・スピーチという語は、1890 年代にまずアメリカで広まり、アフリカ系やユダヤ系住民に対する差別や言動などが特に問題になった。

国連の人種差別撤廃委員会の「ヘイト・スピーチに関する一般的勧告３５」（2013 年 8 月）においては、『**特定の人種的または民族的集団を攻撃するスピーチ**』『**人種原則の核心である人間の尊厳と平等を否定し、個人や特定の集団の社会的評価を貶めるべく、他者に向けられる形態のスピーチ**』と表現されている。

この定義は、特に社会の中でのマイノリティへの攻撃が念頭に置かれている。**ヘイト・スピーチは、マイノリティへの大規模人権侵害やジェノサイドにつながる**おそれがあると考えられている。

ヘイト・スピーチの法規制について

日本でヘイト・スピーチという語が普及したのは 2013 年ごろからである。しかしそれ以前より、在日外国人への差別的な表現はインターネットなどで顕著にみられた。日本では **2016 年に「ヘイトスピーチ対策法」が制定**された。差別的言動の解消に向けた施策を講ずることを国や地方公共団体に求めるものであるが、罰則規定がない限定的なものである。ヘイト・スピーチの法規制に関しては、**憲法が保障する「表現の自由」を制限し、人々の言論を委縮させるおそれがある**とし、規制は慎重に考え

られてきている。しかし、**欧州諸国では多くの国で、処罰を含めた法規制が進んでおり、ヘイト・スピーチの規制は国際的な人権基準になりつつある。**

2019 年には川崎市が、ヘイト・スピーチを刑事罰の対象とする条例を制定した（2020 年 7 月施行）。勧告・命令に反しヘイト行為を繰り返した違反者は、氏名が公表され捜査当局に告発される。裁判で有罪の場合最高 50 万円の罰金刑が科される。インターネット上の書き込みは罰則の対象外である。

諸課題

B サイード『オリエンタリズム』 View「東洋」へのまなざし

オリエンタリズム（Orientalism）とは，ヨーロッパ人から見た東洋への固定的イメージのこと。西洋は，「西洋」ではない文明や社会を「東洋」としてひとくくりにし，「**怠惰**」・「**感情的**」・「**エキゾチック**」・「**近代化されていない**」・「**神秘的**」などというイメージによって理解しようとした。パレスチナ出身アメリカの思想家，**エドワード・サイード**（1935-2003）は，西洋の，東洋に対するこうした表面的な理解を「**オリエンタリズム**」といって批判をした。

「すなわち，オリエンタリズムは「東洋」（オリエント）と（しばしば）「西洋」（オクシデント）とのあいだに設けられた存在論的・認識論的区別にもとづく思考様式なのである。」

（サイード 著／板垣雄三・杉田英明 監修／今沢紀子 訳『オリエンタリズム（上）』平凡社）

サイードによれば，オリエントは，近代の西洋社会からみれば得体のしれない「他者」であり，ヨーロッパは，「一種の代理物であり，隠された自己でさえあるオリエントからみずからを排除することによって，みずからの力とアイデンティティを獲得した」（同前）という。つまり，「オリエンタリズム」は，ヨーロッパがみずからを「他者」としての「オリエントと対照をなすイメージ，観念，人格，経験を有するものとして規定する上で役立った」（同前）のである。そして，サイードは，このことがヨーロッパにおけるアジアやアフリカの植民地化に繋がったとして，ヨーロッパ社会の帝国主義的イデオロギーを批判した。

> 我々は異文化をいかにして表象することができるのか。異文化とは何なのか。ひとつのはっきりした文化（人種，宗教，文明）という概念は有益なものであるのかどうか。あるいは，それは常に（自己の文化を論ずる際には）自己賛美か，（「異」文化を論ずる際には）敵意と攻撃とにまきこまれるものではないだろうか。文化的・宗教的・人種的差異は，社会＝経済的・政治＝歴史的カテゴリーより重要なものといえるだろうか。観念とはいかにして権威，「正常性」，あるいは「自明の」真理という地位を獲得するものだろうか。知識人の役割とは何であるのか。知識人とは，彼が所属している文化や国家を正当化するために存在するものなのだろうか。
> （サイード 著／板垣雄三・杉田英明 監修／今沢紀子 訳『オリエンタリズム（上）』平凡社）

解説

B「オリエンタリズム」は，特に美術の世界において，西ヨーロッパにはない異文明の物事・風俗に対して抱かれた憧れや好奇心から語られることが多く，西洋美術史などの分野では「**東方趣味**」「**東洋志向**」などの訳語が与えられてきた。サイードによって批判的に使用され，注目を浴びた。後に，アメリカの哲学者・言語学者である**ノーム・チョムスキー**（1928～）は，帝国主義というモデルを用いてアメリカのグローバル・パワーの解釈を展開した。

⬅ジラール『日本の化粧』1873年，プエルトリコ，ポンセ美術館

⬆ E. サイード（1935～2003）

③ グローバル化する現代

A グローバリゼーション

グローバリゼーション（globalization）とは，交通手段・輸送手段・情報の伝達手段の発展により，国や地域を超えて，人やモノが地球規模に移動し，政治や文化，経済が拡大していく現象のことである。

近年の日本では，訪日外国人観光客の増加や，日本に在住する外国人（在留外国人・外国人労働者など）の増加，さらには経済のグローバル化が進んでいる。これらに伴い，異文化との接触が増加することで，異文化交流・異文化理解が進むという面もある。日本の伝統文化をはじめ，マンガ・アニメ・ポップスなどのポップカルチャーは，「**クールジャパン**」といわれ，海外でも人気を博している。

グローバリゼーションによる自由貿易や資本主義の仕組みの地球規模の拡大は，国家間の文化交流を進展させ，社会を経済的に豊かにする一方，格差や貧困の問題も生み出す。また，環境問題や人の動きが活発になることに伴う**パンデミック**（感染症の世界的な流行）などは，グローバリゼーションの副産物といえる。

B 多文化主義

オーストラリアは，英語を公用語とする英語圏国家のひとつであるが，実は総人口の約4分の1を国外で生まれた者が占める多文化社会である。豪州統計局（ABS）の統計（2011年）によれば，総人口約2,234万人のうち，国内で出生した者が約1,632万人（73%），国外で出生した者が約602万人（27%）である。オーストラリアでは，1970年代以降白豪主義（白人以外の移民を事実上禁止する）を捨て去り，他の移民を広く受け入れるようになった。オーストラリアの多文化主義は，異なる文化圏の存在を社会のなかで容認する考え方として，社会に根づいている。

⬅日本のアニメのコスプレを楽しむ外国人

解説

Aグローバル化によって，文化は画一化，均質化する。その象徴ともいえるのが，マクドナルドなどのアメリカ発のファストフード店である。「多国籍企業」は，業務を効率化，マニュアル化し，その文化を世界中に拡大していく。近年では，グローバリゼーションへの反発としての「**反グローバリゼーション**」が台頭してきている。

⬅イスラーム圏のファストフード店

B多文化主義（マルチカルチュラリズム）とは，異なる文化を持つ集団が存在している社会において，多様性を認めるとともに，各集団が対等の立場で扱われるべきであるという考え方。オーストラリアやカナダでは，政策的に多文化主義が用いられている。

Side Story サミュエル・P・ハンティントンは，『文明の衝突』において世界を文明で区別し，西欧文明が，イスラーム文明および中華文明と対峙しているとした。これに対しエマニュエル・トッドは，イスラーム圏はむしろ西欧に近づきつつあることを指摘した。

❹ 文化相対主義

Ⓐ 「自民族中心主義」と「文化相対主義」

　異文化接触が頻繁になると，生じてくるのが「自民族中心主義（エスノセントリズム）」である。どの社会・民族も，自分の文化を基準として異文化を見るために，自文化の優越性を強調して異文化を蔑視，排除するような傾向がみられることがある。エスノセントリズムに対して，「**文化相対主義**」とは，あらゆる文化や思想などに価値の優劣はないとする考え方であり，文化の多様性や異文化への寛容な視点を持つ立場である。

解説
Ⓐ「自民族中心主義（エスノセントリズム）」の事例として，ナチスドイツによる，アーリア民族の優越性の主張とユダヤ人迫害（ホロコースト）などが挙げられるだろう。エスノセントリズムは暴力性に発展するおそれもある一方，愛国心や郷土愛の重要性も叫ばれている。「文化相対主義」は構造主義者の**レヴィ - ストロース**などが論じた。

🔵 Focus　われらみな「食人種」？—レヴィ - ストロースの思想

　「食人」（カニバリズム）というと，「野蛮」「タブー（禁忌）」といったイメージがあるのではないだろうか。
　レヴィ-ストロースは，『われらみな食人種』のなかで，各地のカニバリズムの事例を以下のように分類した。
　①食料的なもの，②政治的なもの，③魔術的なもの，④儀礼的なもの，⑤治療法
　私たちが受け入れている，治療法としての臓器移植なども「他人の肉体を導きいれる」という意味ではカニバリズムに属するという。また，われわれは「他者と同一化したいという感情」を抱くことがあり，「親族の遺体を食べることで愛と敬意を示す人々」との境界を引くのは難しいだろう。こう考えると，カニバリズムの概念は多様であり，

「食べちゃいたいくらいかわいい！」って思うことも，カニバリズム的な感情といえるのかな？

案外ありふれたものなのだ。その意味で，われわれはみな「食人種」といえるのかもしれない。
　では，なぜわれわれはそれを「野蛮」とみなすのか。「**自分には良心があると思い，その優位性を信じたいがために，われわれは正視しがたい慣習や信仰を野蛮のせいにする間違いを犯した**」と彼は言う。彼は，カニバリズムを単なる「野蛮」としてみるのではなく，その多様性や普遍性に言及し，われわれに思索を促している。

THEME　異文化対立を乗り越えるには？　「文化相対主義」と「普遍主義」とのジレンマ

　異文化と接したとき，自分とは異なるものを「野蛮」「未開人」というステレオタイプで見てしまうことがある。文化相対主義の考え方では，それぞれ異なる文化にも優劣はないとする。こうした考え方は，自分とは異なる「他者」である異文化との「対話」を可能にするかもしれない。一方，人間としてあらゆる場面で正しいといえる普遍主義的な価値観も必要な場面があるだろう。このジレンマをどう考えるべきだろうか？　先哲の思想を手掛かりにしてみよう。

モンテーニュ（1533〜92）フランスの思想家・随筆家・政治家
　住民たちには，野蛮で未開なところは何もないように思う。どうも本当のところ，われわれは，**自分たちが住んでいる国での，考え方や習慣をめぐる実例とか観念以外には，真理や理念の基準を持ち合わせていない**らしい。あちらの土地にも完全な宗教があり，完全な政治があり，あらゆることがらについての，完璧で申し分のない習慣が存在するのだ。彼らは野生であるが，それは，自然がおのずと，その通常の進み具合によって生みだした果実を，われわれが野生と呼ぶのと同じ意味合いで野生なのである。
（モンテーニュ 著／宮下志朗 訳『エセー2 巻』白水社）

レヴィ－ストロース（1908〜2009）フランスの文化人類学者，構造主義の思想家
　民族学者は研究対象としての文化への共感と敬意の念から，**文化相対主義**を打ち出しました。それによると，いかなる文化も他の文化の道徳的・知的価値を判断できるような基準を持ちません。文化はそれぞれいくつかの可能性の中の一つの選択であり，その選択は相互に比較したり還元したりはできません。したがって，ある文化の価値において他の文化の価値に判断を下すことはできないわけです。
（レヴィ－ストロース 著／大橋保夫 訳『構造・神話・労働』みすず書房）

ウォーラーステイン（1930〜2019）アメリカの社会学者，世界システム論
　このような普遍主義に訴えるレトリックには，主として三つの種類がある。第一は，「人権」の擁護，さらには「民主主義」と呼ばれるものの促進。第二は，「文明の衝突」という隠喩で語られているものである。そこではつねに「西洋」文明は，普遍的な価値や真理に立脚する唯一の文明として存在してきたので，「他の」文明に優るものだ，とされている。第三は，市場の科学的真理を主張するものである。
（ウォーラーステイン 著／山下範久 訳『ヨーロッパ普遍主義』明石書店）

Side Story　レヴィ－ストロースは，『月の裏側——日本文化への視角』（中央公論新社）にて，日本文化についても語っている。彼は，幼いころから浮世絵などに親しみ，日本文化を好んでいたという。

⑥ 平和と人類の未来

➡ロシアによる
ミサイル攻撃に
よって壊滅した
学校（2022年3
月，ウクライナ）

Approach 人はなぜ戦争をするのか？ アインシュタインとフロイトとの往復書簡

哲：世界では，常にどこかでテロや紛争があり，最新鋭の兵器開発など争いが止みません。人類は戦争をなくすことはできないのでしょうか？

真田：この課題については，20世紀前半に，アインシュタインの「**どうしたら人間を戦争のもたらす苦難から守れるか**」という質問に対してフロイトが答えている。

知恵：100年ほど前の話だけれども，ぜひ紹介してください。

真田：フロイトは，人間は2つの欲動に突き動かされていると考える。一つは生の統一と保存。これを「**生の欲動**」と呼ぶ。もう一つは戦争など，破壊し攻撃しようとする「**死の欲動**」。そして，どちらの欲動も不可欠なものととらえる。

エロス　対抗　タナトス

哲：人を傷つけ，破壊しようとする人間の欲求が不可欠だなんて。それでは，戦争をなくすことなどできないじゃないですか。クッソー（いささか興奮気味）

真田：哲，落ち着け。攻撃の欲動を取り去ることができないからこそ，戦争を防止することを考えるのが大切になるのだ。

哲：戦争をなくすといいながら，自分が攻撃的になってしまうなんて。反省します。

知恵：人の話は最後まで聞きましょうよ。それで，フロイトが考えた戦争を防止する方法を教えてください。

真田：フロイトは死の欲動に対抗する生の欲動に訴えかけることを考える。その第一は「**愛する対象との絆**」……恋愛に限らず人とつながりあうこと。一方，敵対国で生活する人々も，私たちと同じ人間であるというごく当たり前のことを理解すること。

哲：僕も最近海外の友人ができて，インターネットを通して交流する機会が増えました。

真田：つながりを大切にすることは大事だね。そして第二は「**同一化**」……**相手の身になって考える。他国の文化や背景を理解すること**。これだね。

知恵：私も最近アジアのＰＯＰグループに興味があります。それを機会に，その国のことも関心を持ち，海外のファンとも交流しています。

真田：それは良いね。最後にフロイトは「**文化の力**」を指摘している。たしかに人間は，攻撃を含めた様々な欲動から自由になれないけれど，文化を獲得することで，知性の力を伸ばし，欲動をコントロールすることができるという。

哲：日本のアニメやゲームも，世界に影響を与えていますよね。

真田：だからといって，ゲームばかりやっていてもダメだぞ。ところでこれを見てみよう。

> ### ユネスコ憲章前文
> 戦争は人の心の中で生まれるものであるから，人の心の中に平和のとりでを築かなければならない。相互の風習と生活を知らないことは，人類の歴史を通じて世界の諸人民の間に疑惑と不信を起こした共通の原因であり，この疑惑と不信の為に，諸人民の不一致があまりにもしばしば戦争となった。

知恵：「戦争は人の心の中で生まれる」……これはフロイトの主張に通じるところがありますね。そういえば友人の高校では，海外交流やSDGsの活動を積極的に行っています。日ごろから海外の人たちとの絆を深め，理解を広げておくことが大切なのですね。

真田：今日紹介した『ひとはなぜ戦争をするのか』という本は，国際連盟の企画により1932年に書かれたものだ。この翌年にはヒトラーがドイツで政権を握り，ユダヤ人であったフロイトやアインシュタインは亡命することとなる。そして世界は戦争へと突き進んでいった。

歴史を教訓にして，私たちはフロイトやアインシュタインの主張を，今こそ実現しなければならない。だから「どうしたら人間を戦争のもたらす苦難から守れるか」考え話し合おうよ。

↑ **2023年ベトナム研修訪問の様子**（文部科学省スーパーグローバルハイスクールの行事。埼玉県立浦和第一女子高校）

参考：アインシュタイン，フロイト 著 浅見省吾 訳『**ひとはなぜ戦争をするのか**』講談社

Side Story ユネスコの前身は国際連盟のもとに1922年に設立された国際知的協力委員会である。この委員会にはアインシュタインやキュリー夫人が参加し，新渡戸稲造が事務を担当していた。

❶ 人間の安全保障

Ａ 人間の安全保障とは

　従来の国家に重きを置いた安全保障（国家の安全保障）の考え方から，**個人の福祉（幸福）に視点を当てた安全保障**のこと。「人間の生存や尊厳に対する脅威」を取り除くことを目的としている。アマルティア＝セン（→p.182）は，2001年に設立された人間の安全保障委員会で緒方貞子と共同議長を務めた。言葉のとおり，人間という存在により安全を保障する概念であり，人と人との信頼関係や結びつきが重要である。国家間や国際間という大きな話でなくとも，身近な例で，友人関係が極めて重要であることを考えれば，この概念の重要性が理解できるのではないだろうか。

●人間の安全保障　イメージ図

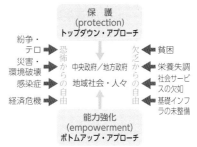

（JICA資料による）

Ｂ 世界紛争地図

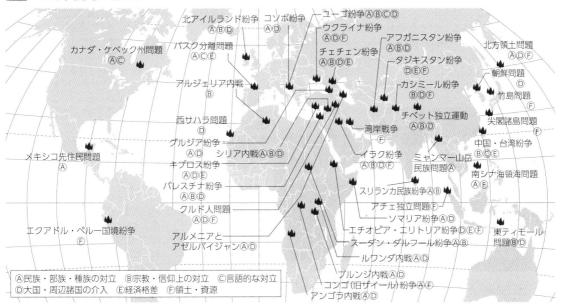

Ⓐ民族・部族・種族の対立　Ⓑ宗教・信仰上の対立　Ⓒ言語的な対立
Ⓓ大国・周辺諸国の介入　Ⓔ経済格差　Ⓕ領土・資源

Ｃ 世界の飢餓　　ハンガーマップと地域別栄養不足人口

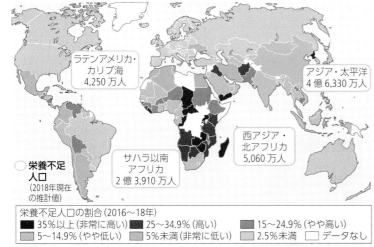

○ 栄養不足人口（2018年現在の推計値）

栄養不足人口の割合（2016〜18年）
■ 35%以上（非常に高い）　■ 25〜34.9%（高い）　■ 15〜24.9%（やや高い）
▨ 5〜14.9%（やや低い）　■ 5%未満（非常に低い）　■ 2.5%未満　□ データなし

（WFP資料による）

　世界ではいまも紛争が繰り返され，平和とは程遠い国や地域が存在している。凄惨な争いは，社会を停滞させる要因となり，貧困を生み，個人の生存を踏みにじる。貧困は，人々から生きる意欲や希望を奪い，社会の一層の停滞をもたらす。一方で，「自爆テロ」といったテロリズムは，貧困に対するいらだちをきっかけに起こされる場合もある。「テロリズムの刃が向けられる側が，テロリズムを起こす側の富を奪うことにより繁栄を享受していることが許しがたい」という考え方である。自分の命を捨ててまで攻撃を行うこと自体は，許されない暴力行為であるものの，「彼らをそこまでして駆り立てているものは何か」という問いも，極めて重い。

諸課題

❷ ロールズの原爆投下批判とオバマ大統領広島訪問

原典　ロールズの原爆使用批判

　ヒロシマへの原爆投下から50年め※のこの年こそ，この攻撃について何を思いめぐらすべきかを反省するにふさわしい時なのである。……私の見解では，1945年春から始まった日本各地への無差別爆撃と8月のヒロシマ・ナガサキへの原爆投下とは，ともにきわめて大きな過ち（great wrongs）であって，不正行為と受け止めてしかるべきである。

　あの戦いから50年たった今こそなしうべきことは，私たちの落ち度を振り返り，よくよく考えなおす作業なのである。ドイツ人も日本人もそうした取り組み――戦後ドイツのスローガンを借りると「過去の克服」――を行うことを私たちは当然期待してよい。だったらどうして，私たちもこの作業に取りかかるべきでないなどと言えるのだろうか。道徳上の過失なしに自分たちが戦争を始めたなどと考えることがそもそもあってはならないのだ！

（ロールズ／川本隆史　訳「ヒロシマから五十年」『現代思想の冒険者たち』講談社による）

※第二次世界大戦終結50周年にあたる1995年，アメリカ合衆国ワシントンにあるスミソニアン博物館で，原爆投下に関する特別展覧会が企画された。しかし，これは激しい批判にさらされ，展覧会は大幅に縮小されることになった。その後，アメリカ国内では原爆投下の是非を問う議論が活発に行われた。日本への原爆投下を正当なものと論ずる人も多い中，ロールズは，本論で原爆投下の道徳的非道性を厳しく追及している。

解説

　ロールズは，アメリカの人たちは，「二種類のニヒリズム」におちいっていると考える。一つめは，地獄のような戦争を一刻でも早く終わらせるためならどんな手段を選んでもよいとする論法〔原爆投下のおかげで，戦争が早く終わり，結果的により多くの人命が救われた〕。二つめは，戦争に突入した以上，私たちはみな有罪という同等の立場にあるのだから，誰も他人（他国民）を非難することなどできないという考え〔戦争に勝つことが最優先されるべきで，そのために使った手段をことさらに攻め立てることはできない〕。

　この二つのニヒリズムを論駁して，ロールズはこの論文を結んでいる。「たしかに戦争はある種の地獄かもしれない，だからといって〔戦争を終結させる複数の手段の〕善し悪しの区別がつけられなくなるのだろうか。また，時にはすべての（あるいはほとんどすべての）当事者が何らかの程度において責めを負っていることを認めたとしても，全員が同程度に有責だということにはならない。あらゆる道徳的・政治的原理や抑制が私たちから免除されるような時点など，けっして訪れはしない。二つのニヒリズムは，私たちに対して常時きちんと適用されるべき諸原理と諸抑制がないという不当な要求を行っているにすぎないのである。」

⬅広島を訪問し，被爆者と抱き合うオバマ大統領（左）と，そのすぐそばに控える黒いカバン（右，2016年）
黒いカバン（核のフットボール）に納められた機器は，大統領がどこからでも核攻撃の許可を出せるようにするためのものとされる。

写真：読売新聞／アフロ

❸ 科学者と戦争

原典　ラッセル・アインシュタイン宣言

　戦争の廃絶は国家主権に不快な制限を要求するであろう。しかし，おそらく他のなにものにもまして事態の理解をさまたげているのは，「人類」という言葉が漠然としており，抽象的だと感じられる点にあろう。危険は単にぼんやり感知される人類に対してではなく，自分自身や子どもや孫たちに対して存在するのだが，人々はそれをはっきりと心に描くことがほとんどできないのだ。人々は個人としての自分たちめいめいと自分の愛する者たちが，苦しみながら死滅しようとする切迫した危険状態にあるということがほとんどつかめていない。そこで人々は，近代兵器さえ禁止されるなら，おそらく戦争はつづけてもかまわないと思っている。……

（日本パグウォッシュ会議HPによる）

解説

　アインシュタイン（1879〜1955）は，ドイツ生まれの理論物理学者。1933年に，ユダヤ人であるがゆえにナチスに追われ，アメリカ合衆国に移住した。もともと平和主義者であったが，ドイツがアメリカよりも先に原爆を開発してしまうことに危機感を募らせ，ルーズベルト大統領に原爆開発を促したが，日本に原爆が投下されたことを知って大変な衝撃を受けた。戦後は世界的な科学者として平和運動を牽引し，ラッセル（➡p.192）や湯川秀樹らとともに世界へ強いメッセージを発信しつづけた。ラッセルとの提案により，1955年，ラッセル・アインシュタイン宣言を発表した。核兵器廃絶を訴えた名高い宣言として，現在も人々に訴えかける強いメッセージとなっている。

↑ラッセル

↑アインシュタイン

⬆湯川秀樹（1907〜81）　京都府出身の物理学者。原子核内部の中間子の存在を予言し，のちに証明され，日本人として初めてノーベル賞を受賞。

核兵器は，広島・長崎以来一度も兵器として使用されていません。この状態を持続させるには，どうしたらよいでしょうか？

Side Story　アインシュタインは，死去する前年の1954年に，「もしヒロシマとナガサキのことを予見していたなら，1905年発見した公式（E=mc²）は破棄していただろう」と語ったという。

THEME Ⅱ　暴力と憎しみの連鎖を断ち切るには？

20-④　教育の力が暴力を克服する

……親愛なるみなさん，2012年10月9日，タリバンは私の額の左側を銃で撃ちました。私の友人も撃たれました。彼らは銃弾で私たちを黙らせようと考えたのです。でも失敗しました。私たちが沈黙したそのとき，数えきれないほどの声が上がったのです。テロリストたちは私たちの目的を変更させ，志を阻止しようと考えたのでしょう。しかし，私の人生で変わったものは何一つありません。次のものを除いて，です。私の中で弱さ，恐怖，絶望が死にました。強さ，力，そして勇気が生まれたのです。私はこれまでと変わらず「マララ」のままです。そして，私の志もまったく変わりません。私の希望も，夢もまったく変わっていないのです。

……私は，自分を撃ったタリバン兵士さえも憎んではいません。私が銃を手にして，彼が私の前に立っていたとしても，私は彼を撃たないでしょう。これは，私が預言者**モハメッド（ムハンマド）**，**キリスト**，**ブッダ**から学んだ慈悲の心です。

これは，**マーティン・ルーサー・キング**，**ネルソン・マンデラ**，そしてムハンマド・アリー・ジンナーから受け継がれた変革という財産なのです。これは，私が**ガンディー**，バシャ・カーン，そして**マザー－テレサ**から学んだ非暴力という哲学なのです。そして，これは私の父と母から学んだ「許しの心」です。まさに，私の魂が私に訴えてきます。「穏やかでいなさい，すべての人を愛しなさい」と。……

「ペンは剣よりも強し」ということわざがあります。これは真実です。過激派は本とペンを恐れます。教育の力が彼らを恐れさせます。彼らは女性を恐れています。女性の声の力が彼らを恐れさせるのです。

（マララ・ユスフザイさんの2013年7月12日の国連演説，「THE HUFFINGTON POST」による）

解説

パキスタンで女子が教育を受ける権利を訴えて武装勢力に頭を撃たれたマララ・ユスフザイさん（16）が2013年7月12日，ニューヨークの国連本部で演説し，「すべての子どもに教育を受ける権利の実現を」と訴えた。元気な姿とともに，銃撃されても信念を曲げず，教育を受けられない子どものための活動を続けると世界にアピールした。この日はマララさんの16歳の誕生日。国連はマララさんの取り組みや銃撃後の不屈の精神をたたえて「マララ・デー」と名付けた。翌2014年，マララさんはノーベル平和賞を受賞した。

➡マララ・ユスフザイさん

お情ぶかい御神の本当の僕たる者は，……正当な理由なくしては，アッラーの禁を破って生あるものを殺すことなく，姦通を犯すこともない。このようなことをする者は必ず罪の報いを受けるであろう。　（井筒俊彦 訳『コーラン（中）』岩波文庫）

↑キング牧師（➡p.190）

愛だけが，敵を友人に変えられる唯一の力だ。

自分の敵を愛し，迫害する者のために祈りなさい。
（「マタイの福音書」『新改訳　新約聖書』日本聖書刊行会）

↑イエス（➡p.45）

↑マンデラ*

自由であるというのは，単に己の鎖を脱ぎ捨てるだけではなく，他人の自由を尊重し，向上させるような生き方をすることである。

＊ネルソン・マンデラ（1918〜2013）　南アフリカ共和国が長年行ってきたアパルトヘイト（非白人に対する人種隔離政策）を撤廃させた政治家。27年間獄中にあったが，1990年に釈放され，93年にノーベル平和賞を受賞。その後大統領に就任し，民族和解に努めた。

殺そうと争闘する人々を見よ。武器を執って打とうとしたことから恐怖が生じたのである。
（中村元 訳『ブッダのことば』岩波文庫）

↑仏陀（➡p.63）

↑ガンディー（➡p.189）

弱い者ほど相手を許すことができない。許すということは，強さの証だ。

↑マザー－テレサ（➡p.191）

世界平和のためにできることですか？家に帰って，家族を愛してあげてください。

この本に載っている思想家の言葉で，心に残ったものはありましたか？

倫理で学ぶ思想家たちの言葉には，私たちが苦しいとき，悲しいとき，助けになるものがたくさんあります。そんなときに，ぜひこの本を読み返してみてください。

Side Story　マララさんは2015年，シリア難民の少女らのための学校をレバノンに新設した。この際マララさんは，「銃弾ではなく書籍」に投資するよう，各国の指導者に要求するスピーチを行った。

用語解説

自己の課題

第1章　現代に生きる自己の課題

□ **1 理性** （→p.4）

人間の能力のひとつ。感じたり（感情），欲したり（欲望）する能力に対して，論理的に思考し判断する能力のこと。ものごとを正しく判断する能力や，善悪を識別する能力も意味する。人間と動物の違いを考えたとき，知性的能力は人間の大きな特徴だと考えられる。

□ **2 ホモ－サピエンス** （→p.4）

動物分類学上での現生人類の学名でもあり，博物学者リンネによって分類され命名された。ラテン語で「叡智人」，「賢い人」という意味で，ほかの動物と比較して，理性を中心として思考することを人間の本質とする人間観。ギリシャ以来の理性を重視する立場に基づく。

□ **3 ホモ－ファーベル** （→p.4）

「道具をつくる人」という意味で，哲学者ベルクソンは人工的な道具を製作する知的能力，与えられた環境を改変する能力を人間の本質であると規定した。人間は道具を使って自然に働きかけ，生活しやすい環境をつくりあげてきた。人間の対象に働きかける能動性を重視する人間観である。

□ **4 アニマル－シンボリクム** （→p.4）

哲学者カッシーラーは，人間は言語や記号などのように意味を表す象徴（シンボル）を操る動物であると人間を規定した。人間は事物を様々な意味を持つシンボルとしてとらえ，みずからもシンボルを生み出し，世界と関わっていく。カッシーラーはシンボルを広範な文化を作り出す活動力としてとらえようとした。

□ **5 ホモ－ルーデンス** （→p.4）

「遊ぶ人」という意味で，歴史学者ホイジンガは人間活動の本質的機能を遊ぶこととした。遊びとは，日常生活からの離脱，自由で自己目的的な活動，限定された時間と空間で行われ独自の規則性を持つものであり，法律や芸術，文芸などの人間文化は遊びの中で発生し展開してきたと考えた。

□ **6 ホモ－ロークエンス** （→p.4）

「ことばをもつ人」という意味で，言語の使用から人間の本質を規定している。人間は環境をことばによって意味づけし，秩序づけている。さらに人間は言葉を使用することによって，時間や空間の制約を超えたイメージを持つことができる。

□ **7 ホモ－ポリティクス** （→p.4）

「政治人」という意味で，哲学者アリストテレスが『政治学』なかで，「人間は自然本性上ポリス的動物である」と主張したことに由来する。人間は孤立した存在ではなく，社会を形成しその中で生きてゆく存在である。そのため，人間の生きる意味や目的はポリスのなかにあり，人間の社会性に重点を置いた表現である。

□ **8 ホモ－エコノミクス** （→p.4）

「経済人」という意味で，合理的に経済活動を行う主体として人間をとらえ，経済学の理論的な前提となる人間像である。**アダム＝スミス**は「もっぱら利己心に導かれて動く人間」と表しているが，私利私欲を満たすために目的合理的に物事を判断し行為する人間類型がホモ－エコノミクスである。

□ **9 第二の誕生** （→p.5）

ルソーが『エミール』のなかで，青年期を「第二の誕生」とあらわした。青年期はそれまでの児童期の単なる延長線上にあるのではなく，身体的，精神的，社会的にも大きな変化が訪れる時期であり，新しい自己の生き方を模索する時期である。

□ **10 自我のめざめ** （→p.5）

青年期になると心身の変化や環境の変化により，「自分とは何者なのだろうか」ということを考えるようになり，自己のあり方を探るようになる。このように自己の関心を内面に向け，自己を観察し反省するようになることを自我のめざめという。このような過程を通して，自己の価値観や生き方を確立していく。

□ **11 第二次性徴** （→p.5）

10代になるとあらわれる身体の性的特徴（変声，初潮など）を第二次性徴という。戦後はライフスタイルの変化などにより，身体発育が年々早まり，性的成熟が低年齢化していく発達加速現象がみられる（1980年以降は停止傾向）。第二次性徴による身体的変化は，自分について考える一つの契機となる。

□ **12 心理的離乳** （→p.5）

自我のめざめは，青年の心にこれまでの生活への疑問をもたらし，自分の判断と責任で行動を決定しようとする傾向をもたらす。家族からの保護・監督から離れて，家族からの依存から独立し，大人として自立しようとする過程を心理的離乳という。

□ **13 第二反抗期** （→p.5）

青年期では親からの解放を望みながらもうまくいかない苛立ちや，精神的・身体的変化にともなう内面の混乱や不安感や落ち着きのなさを感じるようになる。それらの感情が自分では処理できずに，親や教員などの身近な権威への反抗となってあらわれること。

□ **14 マージナル－マン** （→p.5）

二つの集団の境界に位置する人であり，集団への所属が不確定となり，情緒不安定を示す。このような特徴は青年期でも見られる。子どもの集団に所属することも望まないが，おとなの集団に所属することも受け入れられていない，つまり子どもでも大人でもない時期である青年期を**レヴィン**はマージナル－マンとして把握した。

□ **15 アイデンティティ（自我同一性）** （→p.6）

「自分は自分である」という自覚のこと。自分自身が時間的に連続しているという自覚（連続性），自分が他の誰でもない自分自身であるという自覚（斉一性），他者からも自分の存在を認められているという感覚などによって構成されている。自分が何者であるかの答えを見つけ，社会のなかの居場所を見つけていくのが青年期である。

□ **16 心理・社会的モラトリアム** （→p.6）

青年期に，人はいろいろなことに挑戦し，試行錯誤しながら，アイデンティティを確立していく。そのために，青年期には大人としての社会的義務を負うことが猶予されている。この何者かになるための何者でもない期間を心理学者の**エリクソン**は心理・社会的モラトリアムとよんだ。

□ **17 アイデンティティの危機（拡散）** （→p.6）

アイデンティティを形成する途上で，自分が何者かわからなくなっている状態のこと。青年期ではそれまでの自己のありかたに対して疑問をもつようになりアイデンティティ拡散が生じる。しかしこれはアイデンティティの確立のはじまりでもある。拡散と確立のあいだで揺れ動く危機を経験しながら，アイデンティティを確立していく。

□ **18 知覚** （→p.10）

人間が，外部の環境から何らかの情報を獲得することをいう。一方，我々は，必ずしも外界をそのまま知覚しているわけではない。ミラー・リヤー錯視のように，二本の異なる長さの線の網膜像がありながら，どちらも同じ長さであると認識してしまう。これを認識の誤謬（錯視）という。また，目の前にいる人が遠ざかるにつれて，その人の網膜像も小さくなっていくが，だからといって，我々はその人が小さくなったとは認識せず，同じ身長のままであると認識する。これを**知覚の恒常性**という。

□ **19 記憶** （→p.10）

人間が，脳内に蓄えている知識のことをいう。例えば，友だちの声は，物理的にいえばある特定の音波である。その音波を誰それの声として意味づけ，覚えることを**符号化**という。音波を聞けば誰の声であるとわかるのは，それが知識として**貯蔵**されているからである。誰の声であるか思い出すことを**検索**といい，知識を取り出すことができないことは**忘却**という。記憶にも種類があり，自分の名前や誕生日といった永続的な記憶は**長期記憶**といい，電話番号や認証コードなど，そのときだけ覚えて数分後には忘れてしまうものを**短期記憶**という。短期記憶は，何度も**反復（リハーサル）**することによって長期記憶となる。

□ **20 パーソナリティ** （→p.12）

個人に特有の行動や考え方の傾向や様式のまとまりをパーソナリティという。パーソナリティの形成には先天的な要素である遺伝と後天的な要素である環境の両方が重要な役割を果たし，人生の各段階を通じて発達していく。人格と訳されるが，日本語の人格には道徳的なニュアンスがあるため，パーソナリティということが多い。

□ **21 個性** （→p.12）

個人が自己の独自性を自覚し発達，発揮させ，その人らしさをあらわしていくことを個性化という。社会のなかのさまざまな価値やモデルのなかから自分にふさわしいものを主体的選択しながら，独自性を形成していく。パーソナリティの形成には個性化と社会化の側面がある。

□ **22 類型論** （→p.12）

パーソナリティをいくつかのタイプ（類型）分

けし，理解する方法，直観的にパーソナリティを把握することができる。類型論にはユングの「内向性」と「外向性」のようにパーソナリティそのものを分類したものと，**クレッチマー**の体型による分類のように，パーソナリティとは別の特徴から分類したものがある。

□ **23 特性論** （➡p.12）
パーソナリティの個人差を重視し，細かい要素の組み合わせからパーソナリティを理解する方法。たとえば，「思いやりがある」や「まじめである」などのパーソナリティの要素・特性の強さを数量化することにより，パーソナリティを数量的に測定し，他者と比較することができる。

□ **24 欲求** （➡p.14）
何かを欲し，求める心の様子や動き。欲求はそれを満たそうとすることにより，行動を方向付け生起させようとする原動力となる。**マズロー**は欲求階層説で，欲求を5つに分類し，基本的な生理的欲求から，より高次の社会的・人格的欲求の順にあらわれてくると示した。

□ **25 感情** （➡p.14）
エクマンによれば，人間の基本的感情は「恐怖」「怒り」「嫌悪」「驚き」「侮蔑」「悲しみ」の6つである。これらは，人間の進化の過程で，生存に有利な反応をとるよう形成されたと考えられている。例えば，自分を脅かすものに対しては「怒り」によって攻撃姿勢をとる一方，対抗できないものからは逃避したほうが生存に有利だから「恐怖」が生まれる。これらの感情がどのようにして生起するかについても諸説あり，**末梢起源説**は身体末梢部の生理的反応が脳に伝わると考える（涙を流すから悲しい）。**中枢起源説**は，脳の一部が感情を発生させ，身体に生理的反応を起こさせると考える（悲しいから涙が出る）。**二要因説**は，身体的要因と認知的要因とが存在すると考える（涙が出るのは，失恋したからだ。失恋だなんて悲しい）。

□ **26 脱中心化** （➡p.16）
心理学者ピアジェの，子どもの発達に関する用語。幼児は自分自身の観点からしか世界を見ることができないが（自己中心性），成長するにつれ想像力や抽象的な観念を議論する能力を身に付け，自分とは違う，他者の視点でものを見ることができるようになる。

□ **27 認知バイアス** （➡p.22）
思考の偏り（思い込み）のことをいう。例えば，学校で鳴った非常ベルを誤作動と考えてしまう**正常性バイアス**（危険性の過小評価）。結果が出てから，なんとなくそんな気がしていたと考えてしまう**後知恵バイアス**。怒っている人を見て，たまたまそういった状況なのだと考えるのではなく，そうした性格なのだと考えてしまう**対応バイアス**（個人的・性格的要因の過大評価）。成功は自分のおかげ，失敗は他人のせいと考えてしまう**自己奉仕的バイアス**。自分の考え（仮説）に反する情報を無視してしまう**確証バイアス**がある。

□ **28 欲求不満（フラストレーション）** （➡p.22）
みずからの欲求を満たそうとしている途中で，何らかの妨害によって欲求を満たそうとする行動が妨害された状態のことで，こころに不快な

緊張状態をひきおこす。成長の過程で，適度な欲求不満を経験しそれを乗り越えていくことによって，欲求不満に耐え対処する能力（欲求不満耐性）を身につける。

□ **29 葛藤（コンフリクト）** （➡p.22）
同じぐらい強く望む要求（欲求），または避けたい要求が同時に複数存在し，どちらかしか実現できないため，どちらの要求を満たすか選択できないでいる状態のことで，欲求不満の源泉となる。レヴィンの分類の他に，「A社の給料は高いが雇用は不安定，B社の福利厚生はよいが給料は安い」という二重接近一回避型の葛藤もある。

□ **30 防衛機制** （➡p.22）
欲求不満が生じている心の状態は，大きな負担となり不適応をもたらすことがある。このようなときに，無意識的に働く心を守るためのしくみ。フロイトによって発見され，無意識によってとられる自我のはたらきである。防衛機制には，**抑圧，合理化，同一化，投射，反動形成，逃避，退行，代償，昇華，補償**が含まれる。

源流思想
第2章 人間としての自覚と生き方
第1節 古代ギリシャの思想

□ **31 自然哲学** （➡p.25）
紀元前6世紀頃，ギリシャの植民地イオニア地方に起こった学問。世界の事象，特に自然界の秩序の根源を，経験に基づく合理的な説明により解明しようとした。自然哲学者たちは，古来より伝わる物語（神話）を批判し，人に備わる理性こそ真理発見の手がかりだと考えた。

□ **32 ロゴス** （➡p.25）
「言葉」という語義から広がり，論理・法則・理性などを意味するギリシャ語。哲学者は，人間の本質である理性を通じ，世界の普遍的な法則へ到達しようと，思索を始めた。ストア派では，**パトス（情念）**にとらわれずにロゴスに従って生きることを理想とした。

□ **33 万物の根源（アルケー）** （➡p.25）
「はじまり」を意味するギリシャ語。自然のありとあらゆるものの，契機となる原理。自然哲学においては，世界の観察・分析をもとに，水や火，原子や数など多様な発想から，根源的な存在について考察がなされた。

□ **34 ソフィスト** （➡p.26）
「知恵のある者」という意味。紀元前5世紀頃，民主政の発展に伴い，市民に議論の方法や政治的教養を教えていた，職業的教師。次第に，議論に勝つこと自体が目的になりゆき，普遍的な真理や価値の否定に陥る場合もあった。

□ **35 弁論術** （➡p.26）
自分の意見を論理的に伝え，人々を説得する方法。民主政の社会では，市民が政治参加のために必要とし，主にソフィストを通じて身につけた。

□ **36 相対主義** （➡p.26）
知識や価値は，あくまで個人の主観に基づいて決まるという考え方。絶対的な真理は存在しないとしたため，各々の事物が，固有に普遍的な価値を持つと考える立場とは，相反した。

□ **37 ピュシス** （➡p.27）
自然の本性。時代や場所によらず，普遍・絶対的な法則を，固有に持っていると考えられた。

□ **38 ノモス** （➡p.27）
人為。人の手で担われる社会の仕組み。具体的には，法・制度・慣習などのこと。民族ごとに多様であることから，相対的なものだとされた。

□ **39 無知の知** （➡p.28）
知識があるつもりになっていただけで，実際には分かっていないと気づくこと。知らないという自覚こそ，真の知を目指す契機となる。

□ **40 汝自身を知れ** （➡p.28）
デルフォイのアポロン神殿の柱に記された，格言。「身のほどをわきまえよ」という元の教えから転じて，**ソクラテス**は「自らの無知に目を向けよ」と解釈し，無知を自覚した上で，真の知を愛する姿勢を貫くようになった。

□ **41 エイロネイア** （➡p.28）
アイロニー（皮肉）。ソクラテスが，他者との議論において用いた方法。知らないことを教わる態度で，相手に説明させた上で矛盾を突き，知識の不十分さに気づかせること。

□ **42 問答法（助産術）** （➡p.28）
ディアレクティケー。他者との対話から，相手の思い込みや無知に気づかせ，改めて真の知への方向付けを行うこと。真の知の誕生を導くという意味で，ソクラテス自身が助産法と呼んだ，対話形式。

□ **43 アレテー** （➡p.28）
元来は，事物に固有に備わる特長を意味するギリシャ語。他のものには無い性質や，他と比較して卓越している点を指す。馬のアレテーは，よく走ること，カミソリのアレテーは，よく切れることなど。ソクラテスは人間のアレテーを「人格の善さ」と考えた。勉強や運動が出来るとしても，人格の善さ（徳）が伴わねば，善い人生にもつながらないと考えたのである。

□ **44 魂への配慮** （➡p.28）
知識や徳の探求に励む態度。魂を人間の本質としたソクラテスにとって，よく生きることはすなわち，精神を磨き続け，徳を身につけることであった。

□ **45 徳は知** （➡p.28）
ソクラテスの立場を示す言葉。人々がよく生きるためには，正しさや善さの判断基準となる徳が必要である。真実の探求により，徳について知ることで，その知に従った善い行動が伴う。

□ **46 知徳合一** （➡p.28）
徳についての正しい知により，魂そのものが善いものになるという考え方。知の探求で魂をよりよくすることで，人の徳が実現するとされた。

□ **47 知行合一** （➡p.28・83）
ソクラテス…徳について正しく知ることで，正しさの実践が可能になるという考え方。道徳的でない行動の原因は，知識の不足であるから，知の探求により徳を備えねばならないとされた。

王陽明…道徳的判断（知）は日々の実践（行）で発揮されるものであって，知っていながら行わないのは，知らないことと同じであるとする

王陽明の主張。

48 福徳一致 （➡p.28）
徳を持ち，正しい判断に導かれながら生きることが，幸福な人生につながるという考え方。ソクラテスの，地位や財産ではなく，精神の充実を見据えた人生観が表れた言葉。

49 イデア （➡p.31）
元々の意味は姿・形。**プラトン**によるとイデアは，理性によって認識される，存在の真の姿のこと。完全で永遠不変な実在である。現実の世界ではイデアは，中途半端なかけらとしてしか存在せず，その本質を見ることは出来ない。

50 善のイデア （➡p.31）
多様なイデアの中でも，最も重要な根拠となっているもので，各々の事物の完全形の，更に理想となる存在。これが完全な形をもって存在することで，他の全てのイデアを統一する役割を果たすとされる。

51 想起（アナムネーシス） （➡p.31）
不完全な現実の世界にいながらも，普遍的な理想を認識しようとするはたらき。個々の事物に含まれる美しさなどによって，理性が触発されて起きる。魂が元いた世界で見た，イデアの記憶を思い出そうとすることに，なぞらえた考え方。

52 エロース （➡p.31）
恋愛を表すギリシャ語。プラトンは，美しいものや真実の理想的な姿であるイデアへの憧れを，恋愛になぞらえて表現した。不完全な世界で生きる人間が，知を探求し，完全な存在へ近づき，獲得しようとする原動力として，情熱が必要だとされた。

53 知恵 （➡p.31）
イデアの認識能力を持つ，理性が実現すべき徳。国家においては統治者階級の人々が習得すべき徳とされた。

54 勇気 （➡p.31）
理性に従ってはたらく意志（気概）が，実現すべき徳。国家においては防衛者階級の人々が発揮すべきものとされた。

55 節制 （➡p.31）
人間の生の中では肉体に関わる，欲望が実現すべき徳。国家においては生産者階級の人々が発揮すべきものとされた。

56 正義 （➡p.31）
知恵・勇気・節制の3つの徳の，調和がとれた状態で実現する徳。正しい生き方の基盤となる。国家においては，正義が実現すれば，国じゅうの秩序を保つ**理想国家**を導くことが可能だと考えられた。

57 四元徳 （➡p.31）
知恵・勇気・節制・正義の四つの徳を，ギリシャの四元徳と総称する。魂を理性・意志（気概）・欲望の3つの部分に分けた上で，各部分で統制が取れると，全体の秩序が保たれることで，4つ目の正義が実現する。バランスの取れた生き方に必要な要素であるとともに，それぞれの徳を国家になぞらえた場合，3つの階級の市民が自らの役割を果たすことで，理想国家における正義の実現が叶えられる。

58 哲人政治 （➡p.31）
プラトンが理想とする国家像で，国の指導者は哲学の教養を持たねばならぬとする考え。哲学者が支配者となるか，国のリーダーが哲学を学ぶのどちらかによって，徳の備わった国家運営が可能になるとした。政治において，善さが求められるという価値観に基づく。

59 理想国家 （➡p.31）
プラトンが目指した，国家のあるべき姿。各階級がそれぞれに与えられた，徳を実現することが条件となる。

60 形相（エイドス） （➡p.34）
事物に備わる固有の本質。プラトンのイデアと同根の言葉だが，アリストテレスは存在する事物の内側にこそ，本質が宿っていると考えた。現実の世界に理想的なものが実現しうる点で，現実には不完全なものしか無いと考えたプラトンとは異なる。

61 質料（ヒュレー） （➡p.34）
事物を形作る素材。種子が樹木へ成長するように，質料は様々に姿を変化させる。

62 最高善 （➡p.34）
人間の生きる究極目的となる，動機。幸福のこと。善とは，事物が固有に持つ本質の発揮を意味する。人間としての最高の幸福は，本質である徳を持って生きることといえる。幸福を目指すことは，それ自体が善いことである。

63 テオーリア（観想） （➡p.34）
テオーリア（theōria）。本来は「見る」の意。理性を持ち，事物を考察することで，内に秘められた普遍的な真理へ到達しようとすること。アリストテレスにとっては，日々理性をはたらかせ，本質の探求に臨む観想的生活こそが，理想的な生き方であった。

64 知性的徳 （➡p.34）
知性の働きの良さに関わる徳。知恵や思慮など，教育を通じて身につける。

65 倫理的徳 （➡p.34）
勇気，節制，正義などの行動に関わる徳。日々の生活で，よい行いや態度を繰り返すなかで習得できる，実践的な力。修正的徳，性格的徳とも言う。

66 習性（エートス）的徳 （➡p.34）
倫理的徳のこと。（➡62 倫理的徳）

67 中庸 （➡p.34・74）
極端に走らず，過度や不足のないこと。物事の対処が一方に偏らず，ほどよい中間を得ていること。「中庸の徳たるや，至れるかな（中庸の徳が最善のものである。）」と論語にある。

68 友愛（フィリア） （➡p.34）
倫理的徳のひとつで，社会に生きる上で特に肝要なもの。ともに社会に生きる者どうしをつなぐ友情を表し，正義以上に重要とされる。

69 ポリス的動物 （➡p.34）
アリストテレスが人間の本質を分析した言葉。ポリス的とは，社会・政治的という意味。各個人が互いに役割を持ち，社会を形成する際，とりわけ友愛と正義の2つの徳を原理とする。

70 全体的正義 （➡p.34）
法の遵守。倫理的徳のひとつである，正義の分類に基づく。秩序に従い，不正をはたらかないこと。

71 部分的正義 （➡p.34）
全体的正義に対し，限られた財貨を公正に分

け合うことに関する徳。更に配分的正義，調整的正義に分けられる。

72 配分的正義 （➡p.34）
部分的正義のうち，能力や功績に応じて，報酬を分け与えること。

73 調整的正義 （➡p.34）
部分的正義のうち，既に起きたことについて，後から裁判や取引などにより，平等を保つべく補償，罰則を与えること。

74 世界市民主義（コスモポリタニズム） （➡p.37）
民族や国家を問わず，あらゆる人に備わる理性という共通点に着目した考え。都市国家が失われた時代にあって，人々はより一層の，普遍的な価値を求めた。

75 アタラクシア （➡p.37）
魂の平安。情念のはたらきで波風が立つことのないよう，魂を制御している状態。エピクロスは，心身共に苦痛から解放された過ごし方を，真の快楽とした。

第2節 キリスト教

76 ユダヤ教 （➡p.43）
唯一神であるヤハウェを信仰する，イスラエル人（＝ユダヤ人）による民族宗教。厳格な一神教である。『旧約聖書』を聖典とする。ユダヤ教徒は神から与えられた律法を守り，神は選ばれた民族であるイスラエル人のみを救済するという「契約」に基づく宗教。

77 ヤハウェ（ヤーウェ） （➡p.43）
ユダヤ教における神。ヤハウェは唯一にして絶対の存在。天地を造った「創造神」であると同時に，人間的な要素を持った「人格神」であり，律法の遵守を求める「裁きの神」でもある。「ノアの方舟」「バベルの塔」など『旧約聖書』のエピソードの中には，人間に裁きを与える神の性格が示されている。

78 選民思想 （➡p.43）
神に選ばれた民であるイスラエル人だけが神の救済の対象であるとするユダヤ教における考え方。神の恩恵・救済を受ける代わりに，ユダヤ教徒は，厳しく律法を遵守しなくてはならない。ユダヤ教徒は，数々の苦難は，選ばれた民であるユダヤ教徒への試練であると解釈し，宗教的結束を強めた。

79 律法 （➡p.43）
ユダヤ教徒が，神との契約に基づいて守るべき戒律のこと。宗教的・儀礼的な戒めの他，信徒の日常生活を律する倫理的な戒めも内容として含む。『旧約聖書』の冒頭に書かれている「モーセ五書」にはモーセの授かった「十戒」をはじめとする重要な律法が示されている。

80 『旧約聖書』 （➡p.43）
ユダヤ教の聖典。全39巻からなり，成立年代は前1100年頃から前150年頃と言われている。天地創造を描いた「創世記」や「出エジプト記」等を中心とする「モーセ五書」のほか，「歴史書」，「詩歌書」，「預言書」から構成されており，ユダヤ教徒の苦難の歴史や，守るべき律法，神への賛美などが記されている。

81 モーセの十戒 （➡p.43）
イスラエル民族のエジプトからの脱出を率いる途中で，指導者であったモーセがヤハウェか

ら授かった十の戒律。ユダヤ教における「律法」の中心となる重要な神の命令。十戒は、宗教的内容と、儀礼的・倫理的な内容に大別される。

□**82 裁きの神**　（➡p.43）
　契約を結んだユダヤ教徒に対し、厳しく律法の遵守を求めるヤハウェの人格神としての性格を表す言葉。律法を守る者には救済を与え、律法を破る者には厳しく罰を与える。例えば『旧約聖書』では、神は悪が満ちた地上を見て後悔し、唯一正しい人であったノアの一族以外、全てを洪水によって滅ぼした。

□**83 バビロン捕囚**　（➡p.43）
　前6世紀に新バビロニアによって、ユダ王国が滅亡したとき、多くのイスラエル民族がバビロンに強制的に移住させられたできごと。その後、バビロニアがペルシアによって滅亡すると、イスラエル人は帰国を許され、帰国した者たちによってイェルサレムの神殿が再建した。

□**84 預言者**　（➡p.43）
　ヘブライ語では、nabi（ナービー）といい、神によって選ばれ、神から言葉を授かった者をさす。神の意志を代弁して民衆に伝えた。『旧約聖書』でも、代表的預言者であるイザヤ、エレミヤ、エゼキエルなどの預言者の言葉、活動が記されている。

□**85 メシア（救世主）**　（➡p.43）
　ヘブライ語では「油を注がれた者」という意味。油を注ぐことは王の地位を授かるための儀式であった。ユダヤ教では、国家を再興するための民族の救い主として、その到来が待望された。ギリシャ語で書かれた『新約聖書』では「キリスト」という。**キリスト教**では、全人類の救い主である**イエス**をメシアとして信仰する。

□**86 『新約聖書』**　（➡p.45）
　キリスト教の聖典。『旧約聖書』が「神との旧い約束」であるのに対し、『新約聖書』は「神との新しい約束」の意味。全27巻からなり、イエスの言行や歴史をもとに、弟子達が編纂した。「マタイ」、「マルコ」、「ルカ」、「ヨハネ」の四福音書のほか、パウロの書簡などの「詩歌書」、「歴史書」などから構成される。

□**87 神の国**　（➡p.45）
　『新約聖書』の福音書のなかで、イエスは、「神の国はあなたたちの間にあるのだ」といい、神の国の到来を告げた。神の国は、目に見える形や、政治的な意味で国が成立するという意味ではなく、人々が神への愛や隣人愛に基づいて愛し合う中で、人々の心のなかに成立する精神的なできごとを指す。

□**88 神への愛**　（➡p.45）
　『新約聖書』のなかで、イエスは重要な掟として二つの戒めを挙げている。「神への愛」は、その内の第一のもので、「心をつくし、精神を尽し、思いを尽して、あなたの主である神を愛しなさい」との戒めに示されている。

□**89 隣人愛**　（➡p.45・191）
　「自分を愛するように、あなたの隣人を愛しなさい」という、イエスの説いた全人類的な愛。人間は神の愛によって生かされており、その愛に応えるためにも自身の敵を含む全ての人を平等に愛し、手を差しのべる必要がある。

□**90 黄金律**　（➡p.45）
　『新約聖書』の福音書に示された、「人にしてもらいたいと思うことは、何でも、あなたがたも人にしなさい」というイエスの重要な教え。イエスの黄金律は、普遍的な人間の道徳的規範として、根付いているものである。

□**91 絶対愛（アガペー）**　（➡p.45）
　神による、無差別・無償の愛のことを指す。神の愛は、正しい人にも罪人にも、善人であっても悪人であっても無差別に平等に降り注ぎ、しかも見返りを求めることのない、与える愛である。イエスは、神の無条件の愛によって生かされている人間は、同じように隣人を愛するべきだと説いている。

□**92 キリスト教**　（➡p.45）
　ユダヤ教を母体として、イエスの復活を信じる人々によって創始された世界宗教。キリスト教では、預言者として活動し、パリサイ派による形式的な律法主義を批判して神の無差別、無償の愛、隣人愛を説いたイエスを神の子と信じ、救世主であるイエスが、全人類の罪を贖うために十字架にかけられたと考える。

□**93 回心**　（➡p.49）
　他の宗教を信仰していた人が、心を入れ替えてキリスト教の教えを信仰するようになること。**パウロ**も、元々は熱心なパリサイ派でキリスト教を迫害していたが、後に回心した。また、広い意味では、信仰を持たない人が、信仰をもつようになることも指す。

□**94 原罪**　（➡p.49・50）
　人類が、生まれながらに負っている罪のこと。キリスト教では、アダムとイヴの子孫である人間はすべて、彼らが禁忌を犯して楽園を追放されたという罪を、生まれながらに背負っていると考える。そのため、根源的な悪や死などから人は逃れることができなくなったとされる。

□**95 贖罪**　（➡p.49・50）
　イエスが十字架に架けられて犠牲となったのは、全人類の原罪を代わりに背負ったためであり、イエスが身代わりとして罪を贖ったことで、我々は救済されているという思想。パウロが提唱した。イエスによる贖罪を信じることが、キリスト教の教義の根幹をなしている。

□**96 贖罪思想**　（➡p.50）
　イエス＝キリストが十字架に架けられて犠牲となったのは、全人類の原罪を代わりに背負ったためであり、イエスが身代わりとして罪を贖ったことで、我々は救済されているという思想。パウロが提唱した。イエスによる贖罪を信じることが、キリスト教の教義の根幹をなしている。

□**97 三位一体説**　（➡p.50）
　「父なる神」、「子なるイエス」、「聖霊」は一体となって同じ存在様式をなしており、神は本性的に一つであるとする説。アタナシウス派の考え方で、325年のニケーア公会議によってキリスト教の正統教義として確立した。

□**98 教父**　（➡p.50）
　キリスト教の「教義」を明らかにし、教会から承認を得た人物のことで、キリスト教の「正統教義」の確立に尽力した指導者、神学者を指す。中世における「最大の教父」とされるアウ

グスティヌスなどによって導かれ、その思想は「教父哲学」と呼ばれる。

□**99 恩寵**　（➡p.50）
　無償の愛として与えられる神の恵みのこと。**アウグスティヌス**は、自由意志を持った人間は、禁欲に努めても意志の弱さから悪への自由に引きずられてしまうとし、意志によって善をなすことのできない人間は、神の恩寵にすがるしかないとする「恩寵予定説」を唱えた。

□**100 三元徳**　（➡p.50）
　キリスト教における三つの重要な徳のこと。「信仰」、「希望」、「愛」の三つの徳のことである。『新約聖書』の「コリント人への手紙」の中で「そのうちもっとも大いなるものは愛である」とされている。

□**101 スコラ哲学**　（➡p.51）
　中世神学のなかで研究された哲学のこと。大聖堂やその付属学校（スコラ）で研究された。キリスト教の教義を、ギリシャ哲学によって理論化しようとしたもので、スコラ哲学を大成した**トマス＝アクィナス**もアリストテレス哲学の研究を通し、キリスト教神学を体系化した。スコラ哲学では、哲学よりも信仰が優位とされた。

□**102 信仰と理性の調和**　（➡p.51）
　キリスト教神学の中には、イスラーム世界から再流入したギリシャ哲学と矛盾する点もあった。スコラ哲学を完成させたトマス・アクィナスは、哲学と神学という学問体系の基礎付けを行い、「自然の光」による「理性」よりも、「恩寵の光」による信仰を優位とした。理性は信仰によって完成するとして、両者の調和をはかった。

第3節　イスラーム

□**103 イスラーム**　（➡p.55）
　アラビア語で神への「絶対帰依」を意味する。7世紀にアラビア半島のメッカに生まれた**ムハンマド**が創始した宗教。唯一神アッラーへの信仰に基づく一神教で、約16億人もの信徒がいる世界宗教。中東やアジアなど幅広い地域で信仰されている。『クルアーン』（『コーラン』）を聖典とし、信仰と実践が深く結び付いている。

□**104 アッラー**　（➡p.55）
　アラビア語で「神」を意味する言葉。アッラーはイスラームにおける唯一絶対の神であり、世界を創造した創造神でもある。「アッラー」というのは呼称でなくそのまま「神」を意味する。

□**105 『クルアーン』（『コーラン』）**　（➡p.55）
　イスラームにおける聖典。「読誦」を意味するため、声に出して読むべきとされる。また、『クルアーン』は、神からムハンマドに直接啓示された神の言葉なので、他の言語に訳したものは本来的には『クルアーン』と見なされない。教義のほか、信徒が日常生活で守るべき規則や行うべき実践など詳細に記されている。

□**106 ヒジュラ（聖遷）**　（➡p.55）
　信仰の中心がメッカからメディナに遷されたできごと。ヒジュラが行われた622年はイスラーム暦元年とされる。ムハンマドが布教を開始した当時のメッカは多神教の中心地であり、イスラームは迫害されたため、メディナに本拠を移した。後の630年には、ムハンマドは再

用語解説

び帰還し，メッカを無血開城した。

□**107 ウンマ** （→p.55）
イスラーム共同体のこと。宗教的共同体であると同時に，政治的・社会的共同体でもある。血縁や部族関係によらず，同じ宗教を信仰する人間同士の平等な関係からなる。イスラーム法（シャリーア）に基づき，社会規範を遵守して生活する。

□**108 ムスリム** （→p.55）
アラビア語でイスラーム教徒をあらわす言葉。神に服従するものという意味。すべてのムスリムは平等であると考えられており，境遇や立場，経済状況などが違っていても，イスラームの教えのもとでは等しく扱われる。

□**109 スンナ** （→p.55）
ムハンマドの伝えた慣行，習慣のことで，スンナをまとめたもの（ムハンマドの言行録）がハディースである。これらは，『クルアーン』とともに，イスラーム法（シャリーア）の一部である。スンナに従う人々のことを，一般に「スンナ派」といい，ムハンマドの血統を重視する「シーア派」と対立する。

□**110 シャリーア** （→p.55）
アラビア語で「イスラーム法」を意味する。『クルアーン』やムハンマドの伝えた慣行であるスンナを中心に，9世紀頃体系化されたムスリムが守るべき社会規範，法のこと。宗教的な儀礼だけではなく，相続，結婚，刑罰，食事，利子の扱いなど，日常生活の詳細まで規定されている。

□**111 六信** （→p.55）
ムスリムが信じるべき六つのもの。神・天使・聖典・預言者・来世・天命のことである。そのうち，聖典には『クルアーン』だけではなく，同根の宗教であるユダヤ・キリスト教の『旧約聖書』，『新約聖書』も含まれるが，その中でも『クルアーン』は完全な教えであると説かれている。

□**112 五行** （→p.55）
ムスリムが行うべき五つの実践のこと。「アッラーのほかに神はなく，ムハンマドは神の使徒である」と唱える「信仰告白」，1日五回メッカの方向に祈りをささげる「礼拝」，ラマダーン月に日中は食事を採らずに過ごす「断食」，救貧税として貧者に行われる「喜捨」，生涯に一度は聖地メッカを訪れる「巡礼」からなる。

□**113 ジハード** （→p.55）
イスラームが，異教徒を改宗させつつ拡大していく戦いのこと，聖戦。歴史的には，十字軍遠征などがジハードを行った例である。

第4節　仏教

□**114 ヴェーダ** （→p.61）
もともとは「知識」という意味だが，宗教的知識を記したバラモン教の聖典の一群を指すようになった。神々を祀る祭祀に関する言葉や神々への賛歌が収められている。『リグ＝ヴェーダ』『ヤジュル＝ヴェーダ』『サーマ＝ヴェーダ』『アタルヴァ＝ヴェーダ』の4つが代表的なヴェーダである。

□**115 輪廻** （→p.61）
輪廻転生ともいう。生きとし生けるものが，

自らの行為の善悪に応じて別の生に生きかわり死にかわりして，輪が廻るように延々と生死を繰り返していくこと。古代インドの人々は輪廻を信じており，そして輪廻は決して望ましいことではなく，再生よりも再死の苦しみを思い，厭い離れるべきものであった。

□**116 業（カルマ）** （→p.61）
「行為」を意味するサンスクリット語で，業と表記される。身・口・意の三業があり，身体での行いは身業，言葉にすると口業，考えただけでも意業となり，それらの行為は原因となって必ず結果をもたらす（自業自得）。良いカルマを積めば良い結果が，悪いカルマを積むと悪い結果が起こる（善因善果・悪因悪果）。これが輪廻思想と結びつくと，現在の行いが来世を決定するという考え方につながる。

□**117 解脱** （→p.61）
古代インドの人々にとって輪廻は厭い離れるべき苦しみであった。そして，この輪廻を繰り返す苦悩から解放されることが望みであった。この輪廻の苦しみから解放されることが解脱である。バラモン教では，瞑想や苦行を行うことによって梵我一如を悟れば，この輪廻の苦しみから解脱できると説かれた。

□**118 アートマン（我）** （→p.61）
「我」と表記される。肉体が滅びても滅びることのない永遠不滅の自己の本質。輪廻する主体でもある。現代人が「魂」と呼んでいるものに近い。仏陀はこのような永遠不滅の実体のようなアートマンを否定した（無我）。

□**119 ブラフマン（梵）** （→p.61）
「梵」と表記される。宇宙の根源にある根本原理であり，宇宙そのものと言っていい。また，宇宙を神格化した神＝梵天を指すこともある。

□**120 梵我一如** （→p.61）
宇宙の根本原理であるブラフマン（梵）と，自己の本質であるアートマン（我）が，本来は同一であることを意味する。バラモン教では修行によってこの真理を体得できれば，輪廻から解脱できるとされる。仏教ではその前提であるアートマンが否定されることから，当然梵我一如という考え方は排除される。

□**121 ヴァルダマーナ** （→p.61）
ジャイナ教の開祖で，マハーヴィーラ（偉大な英雄）と尊称される。ゴータマ＝シッダッタ（仏陀）とほぼ同じ時期のインドに生まれ，経歴も似ている。王族に生まれ，結婚して一子を設けるが，30歳ぐらいの時に出家して苦行生活に入ったところなど，ゴータマ＝シッダッタの人生とほぼかぶっている。その後修行を完成し，完全な知恵を得てジャイナ（勝利者）となったとされる。

□**122 ジャイナ教** （→p.61）
古代インドで，修行を完成してジャイナ（勝利者）となったとされるヴァルダマーナが広めた教え。ヴェーダの権威を否定し，生贄などをともなうバラモン教の祭祀を認めない。ヴェーダからの解脱のためには不殺生・不妄語・不偸盗・不邪淫・無所有の五つの戒めを守り，出家して悪業を作らないようにするなど，仏教に似た側面を持つが，仏陀が否定した苦行を積極的に課す点は全く異なる。また，仏教以上に不殺生を

徹底する点が特筆される。現在でもインドに200万人の信者がいる。

□**123 ヒンドゥー教** （→p.61）
インド教とも呼ばれる。インド古来のバラモン教が聖典と**カースト制度**を継承し，民間信仰を取り入れて長い間をかけて変容発展した多神教の民族宗教。今日のヒンドゥー教でインド全域にわたって崇拝されている神はビシュヌ神とシバ神とである。ヒンドゥー教はこのほかにブラフマン神を加えた三つの神格を中軸として発達してきた。しかしブラフマン神は中世以降勢力を得ることができなかった。

□**124 ダルマ** （→p.63）
法と表記される。仏陀が悟った内容であり，仏陀の教えである。仏陀がこの世にあらわれようが現れまいが，この世を流れている法則，真理であり，仏陀は瞑想修行によってそのダルマを発見し，まとめ，教えたのである。具体的には縁起の法，四法印，四諦，八正道，中道で示された真理である。

□**125 仏陀** （→p.63）
もともとは普通名詞で，悟りを開き真理に目覚めた者（覚者）一般を指す。しかし，やがて最初に悟りを開いて仏陀となったゴータマ＝シッダッタ（釈迦・釈迦牟尼）個人を指すようになり，ゴータマ仏陀以外の覚者は，阿羅漢と呼ばれるようになった。

□**126 四苦八苦** （→p.63）
人間である限り避けられない四つの基本的な苦しみに，更に四つを加えて合計八つにまとめられる苦しみ。四苦とは**生苦・老苦・病苦・死苦**の四つの生理的な苦しみ。それに**愛別離苦・怨憎会苦・求不得苦**の三つの精神的な苦しみと，以上の苦しみをまとめた**五蘊盛苦**を合わせ，総計八つの苦しみで八苦。「一切皆苦」というときの具体相と言ってもよい。

□**127 四法印** （→p.63）
仏陀が悟った真理の内容を四つのスローガンにまとめたもの。仏教の掲げる四つの旗印と考えればよい。仏教を修行することによって味わえる四つのメニューと考えてもよい。具体的には**一切皆苦・諸行無常・諸法無我・涅槃寂静**の四つである。

□**128 縁起** （→p.63）
仏陀の悟りの中核をなす考え方で，「縁りて起こる」という意味。すべてのものごとは必ず何らかの原因があって生じ，他のものを条件として存在しているということ。「諸行無常」という真理も，「諸法無我」という真理もこの「縁起」が基本にあって成り立つ。

□**129 無明** （→p.63）
「苦」の原因を「縁起」の考え方によって遡って行ったとき，その最後にたどり着いた「苦」の根本原因。この世の真理について暗い（明るく無い）ことで，無常・無我であるものを常・我であると思ってしまうような根本的な無知。この無明を別の側面から見ると「渇愛」になる。

□**130 初転法輪** （→p.63）
初めて法（教え）の輪を転回させたという意味で，悟りを開いた仏陀が最初に行った説法のこと。ベナレス郊外のサールナート（鹿野苑）で，

かつての修行仲間である5人の比丘に対して説かれた。その内容は仏教の根本思想である中道・四諦・八正道についてであった。説法は瞑想実践を伴いながら数週間に及び、やがて5人とも悟りを開いて阿羅漢となり、仏陀を入れて6人の阿羅漢が地上に存在することとなり、ここに仏教教団（サンガ）が誕生した。

□**131 四諦** (➡p.63)
　四聖諦ともいう。**苦諦・集諦・滅諦・道諦**の四つの真理という意味。この世のすべては苦であることを自覚するという苦諦、苦をもたらす根本原因は無明（渇愛）にあるという集諦、苦の根本原因である無明（渇愛）を滅せば苦も滅びるという滅諦、そしてその方法を説く道諦からなる。

□**132 中道** (➡p.63)
　初転法輪で、どうしても苦行主義にこだわっていた五人の比丘に対して最初に語られた内容。快楽主義と苦行主義の双方を極端な生き方として退け、真理に至るための正しい道を説いた。とは言え、「何事もほどほどに」という事なかれ主義ではなく、具体的には八正道のことであり、厳しい道であることに変わりはない。

□**133 三毒** (➡p.63)
　人間を駄目にする煩悩の中で、最も基本的な三つのもの。**貪・瞋・癡（痴）**の三つのことで、貪はむさぼること。瞋は怒りや憎しみ、後悔する気持ちも含む。癡は愚かなこと、無知なことで、妄想なども含む。

□**134 八正道** (➡p.63)
　苦を滅して解脱し、涅槃にいたるための八つの正しい道（＝修行法）。正見（正しくものごとを見、無常を正しく観じること）、正思（貪・瞋・癡を離れ、正しい思惟をすること）、正語（嘘や二枚舌、粗悪な言葉を避け、正しい言葉で語ること）、正業（不殺生、不邪淫を守り、正しい行いをすること）、正命（戒律を守って正しい生活をおくること）、正精進（常に八正道を意識して奮励努力すること）、正念（自己の心身のありようを、念を凝らしてありのままに観察し続けること）、正定（正しい精神統一）の八つの修行法である。

□**135 慈悲** (➡p.63)
　慈はいつくしみのことで、生きとし生けるものに楽を与えること（与楽）、悲はあわれみのことで、生きとし生けるものの苦を取り除くこと（抜苦）。仏教の慈悲は人間のみならず、生きとし生けるものすべてに及ぶのがポイントである。すべての生き物に、あたかも母がわが子をいとおしむぐらいにまで慈悲の心を及ぼすことが要求される。

□**136 上座部仏教** (➡p.67)
　上座仏教ともいう。仏陀入滅後100年ほどして発生した教団の根本分裂の際、仏陀の定めた戒律の厳守を主張した長老たち保守派の流れをくむ。セイロン（スリランカ）に伝わり、そこから東南アジアに伝播した。南伝仏教とも呼ばれる。原始仏教以来の出家主義を保ち、仏陀の教えを改変すること無く伝えることにこだわる。修行によって阿羅漢となり、苦からの解脱をめざす。

□**137 部派仏教** (➡p.67)
　仏教教団の根本分裂の際に戒律の厳守を主張する上座部と、戒律の柔軟な適用を主張する大衆部に分かれたが、そのおのおのが更に枝末分裂を繰り返して20ほどの部派に分裂した。この頃の仏教を部派仏教と呼ぶ。

□**138 大乗仏教** (➡p.67)
　紀元前後に、ヒンドゥー教の成功を目の当たりにした在家仏教徒を中心とする勢力が、大衆部の僧侶の知恵を借りてはじめた仏教改革運動により形成されたと考えられている。大乗とは「大きな乗り物」という意味で、主に自己の悟りを目指している上座部に「小さな乗り物＝小乗」という蔑称を与えたのに対し、自分たちは全ての衆生を救済するのだとして自らを大乗と称した。中国、朝鮮を経て日本に伝わったのはこの流れで、北伝仏教とも呼ばれる。

□**139 阿羅漢** (➡p.67)
　羅漢ともいう。修行を完成し、解脱をした聖者のこと。元々は仏陀と同じ意味で、解脱を果たした釈迦も阿羅漢と呼ばれていたが、後に仏陀という呼称は釈迦を指す固有名詞のようになってしまい、釈迦以外の解脱者一般のことを阿羅漢と呼ぶようになった。上座部仏教では仏陀と同じ意味で使われ、修行の目標であるが、大乗仏教では仏陀よりは劣る境地とされてしまった。

□**140 菩薩** (➡p.67)
　元は修行中の釈迦を指したが、のちに悟りを求めて努力する修行者一般を指すようになった。大乗仏教では自分の悟りを後回しにして、他の一切衆生を救済しようと利他行に励む菩薩は、慈悲を実践する理想像とされた。

□**141 六波羅蜜** (➡p.67)
　大乗仏教の求道者である菩薩が実践すべき六つの修行法。波羅蜜とはサンスクリット語のパーラミターの音写で、彼岸に至ることを意味する。つまり、迷いのこの世界（此岸）から悟りの彼岸に渡るための六つの徳目ということである。具体的には**布施・持戒・忍辱・精進・禅定・智慧**の六つである。

第5節　中国思想

□**142 諸子百家** (➡p.73)
　春秋戦国時代に活躍した思想家たちの総称。富国強兵をめざす諸侯間を、遊説して政策を進言し、時には役人としてとりたてられることもあった。儒家、道家、陰陽家、法家、名家、墨家、縦横家、雑家、農家の9派が、代表的な学派である。（これに小説家を加え10派とすることもある。）この時代は、他時代に比べて自由な討論が許され、諸子（多くの思想家）、百家（多くの学派）たちは、互いに論争するなかで、思想を深めていった。

□**143 法治主義** (➡p.73)
　法によって人民を統治すること。儒家は、徳を持つ君主により民を教化する徳治主義を唱えたが、法家は、性悪説の立場をとり、自分の利益だけを求める民を支配することは、徳治主義では現実的に不可能とし、刑罰を伴う法による支配を強調した。

□**144 儒家** (➡p.73)
　諸子百家のひとつで、**孔子**の思想を継承、発展させた学派。人間社会における道徳的な生き方を主なテーマとし、仁・礼が孔子により、仁・義が孟子により特に重んじられた。仁は一般的に思いやりとされるが、家族内の、目下から目上の者に対する敬愛の気持ちが基本とされ、身分制や社会秩序との結びつきが強いため、儒家思想は漢代以降中国王朝の正統な思想となった。孔子の死後、内面的道徳性を重んじる子思、孟子の流れと、礼による矯正を重んじる子夏、荀子の流れが生じた。宋代には道教、仏教が隆盛の下、朱子学により儒家復興が企てられ、明代には朱子学に対抗して陽明学がおこった。これら朱子学、陽明学を新儒教と呼び、ともに日本に流入し、江戸時代、盛んに研究された。江戸幕府が特に重んじたのは朱子学であった。

□**145 儒教** (➡p.74)
　儒学に、宗教的要素が付け加えられたものを儒教という。儒教では孔子や孟子など偉大な思想家が信仰の対象とされ、また、天や先祖の祭祀という宗教的要素も含んでいる。逆に、儒教のうち、学問的な領域を儒学と呼ぶという考え方もある。儒教は漢の時代に、武帝により国教となり、以後の中国及び周辺国の政治や文化に大きな影響を与えた。

□**146 論語** (➡p.74)
　弟子たちがまとめた孔子の言行録。内容の多くが対話編の形をとる。子貢、顔回、子路、樊遅などの弟子たちとの生き生きとしたやり取りの中に、孔子の思想、人柄が表されている。四書五経の四書の筆頭で、日本へは早くから伝わり、平安時代には貴族の教養書とされ、近世では、学校や塾で素読され、日本の歴史、社会に大きな影響を及ぼしていくこととなった。

□**147 仁** (➡p.74)
　孔子の思想の中核をなす人間同士の親愛の情のこと。論語においてはさまざまな言葉で言い表されている。例えば親や兄・年長者への敬愛の気持ちである孝悌が仁の基本とされたように、仁は家族愛を出発点とし、それを社会全体に及ぼすことで道徳の基礎ができるとした。さらに身分や年齢が下のものから上の者への親愛の情が基本であった。この考え方は、墨子により「別愛」と批判される。この他、仁は**愛・信・忠・恕（おもいやり）・克己復礼**などの言葉で説明されている。

　「礼」はもともと伝統的な礼儀作法・社会規範のことである。狭い意味の礼儀作法ではなく、祖先を祀る宗教的儀礼、身分をわきまえた立ち振る舞いの仕方、習慣や法も制度も含む広い概念である。孔子は、内面の（主観的な）仁の心が、外に現れたのが、（客観的）礼であるとした。仁や礼は、学問によって学ばれるとされ、学問による人格の完成が唱えられた。

□**148 孝悌** (➡p.74)
　孝は親への、悌は兄や年長者への敬愛に満ちた愛情のこと。目下の者から目上の者を愛する、他人より身近な人を愛する家族愛が社会の道徳を基礎だとした。

□**149 克己** (➡p.74)
　意志の力により、自分の感情や欲望に打ち克

つこと。(⊙149 克己復礼)

□**150 恕** (⊙p.74)

おもいやりのこと。論語では「おのれの欲せざるところ人に施すことなかれ(自分がされたくないことは他人にもしてはならない)」と説明されている。キリスト教の黄金律(「人からしてもらいたいことを人にもせよ」)と表現は違うが、他を尊重するという気持ちが、共通して根底に流れている。

□**151 忠** (⊙p.74)

まごころをもって人に尽くすこと。「夫子の道は忠恕のみ。(先生の言われた道はまごころと思いやりにつきる。)」というように、孔子は、「忠恕」といった日常的で平凡な心掛けを、道徳の基本とした。

□**152 克己復礼** (⊙p.74)

孔子が仁を説明した言葉であり、仁を実現するための心掛けでもある。「己に克ちて礼に復するを仁となす」とある。克己とは利己心をなくすことで、復礼とは、社会的規範に従うことである。礼は、仁が外から見えた形に現れたものなので、克己復礼により、仁が実現することになる。

□**153 君子** (⊙p.74)

孔子は、教養を備え常に道徳的な修養に努める人を「君子」とし、最高の道徳的人格者を「聖人」と呼んだ。これに対して徳を求めないで、自己の得ばかり求める者を「小人」といった。

□**154 徳治主義** (⊙p.74)

道徳的人格者(聖人・君子)による治世。徳のある施政者が、徳の力で民を従わせる政治のやり方。孔子は刑罰が伴う法、による支配を嫌い、仁や礼をもって民を導く方法をよしとした。徳をもって民に接すれば、民は自分から支配に服するとした。

□**155 性善説** (⊙p.78)

人間の本性を善とする、孟子や孔子の人間観。具体的には孟子は、人は生まれながらにして善い心(四端の心)をもっており、これらの心を育てていけば、四つの徳(仁・義・礼・智)が実現するとした。

□**156 惻隠** (⊙p.78)

他人の不幸を憐れむ心、忍びざるの心(人の不幸に耐えられない心)、同情心。他人を思いやる仁の徳のもと、きっかけ(仁の端)となる。

□**157 羞悪** (⊙p.78)

悪を恥じて、憎む心。正義を守ろうとする義の徳のもと、きっかけ(義の端)となる。

□**158 辞譲** (⊙p.78)

他人へりくだり、譲る心。礼儀作法や社会的規範に従って他者を尊重する「礼」の徳のもと、きっかけ(礼の端)となる。

□**159 是非** (⊙p.78)

善や正(是)と悪と不正(非)を区別する心。道徳的に判断できる智の徳のもと、きっかけ(智の端)となる。

□**160 仁・義・礼・智** (⊙p.78)

儒家が重んじた四つの徳。孟子は、四徳は生まれながらにして持つ四つの善い心(四端の心)を育てることにより実現することができるとした。

□**161 四端** (⊙p.78)

孟子が、人が生まれながらにしても持つとした、四つの善い心で、四徳のもと(はじまり、きっかけ、めばえ)となる心。

□**162 四徳** (⊙p.78)

儒家で重んじられる、仁・義・礼・智のこと。

□**163 浩然の気** (⊙p.78)

四徳を身につけた、理想的な心。いかなる局面でも動揺しない、毅然とした、しかも広大でのびのびとした心である。この心を浩然の気と呼んだ。そして浩然の気を養う人を大丈夫と呼んで、孟子は理想の人間と考えた。

□**164 大丈夫** (⊙p.78)

浩然の気を身につけた、理想的な人物。だいじょうふ、または、だいじょうぶと読む。

(⊙160 浩然の気)

□**165 五倫** (⊙p.78)

人間関係に応じて身につけるべきとされた、五つの徳目。古代中国で基本とされた家族や身分間で基本とされていた。親子の間では「親」(親愛)、君臣の間では「礼」(礼を守る)、夫婦の間では「別」(けじめ)、長幼(年長者と年下者)の間では「序」(順序)、友人の間では「信」(信頼)。これら**親・義・別・序・信**の五つを、孟子は五倫とした。

□**166 董仲舒** (⊙p.78)

前漢の儒学者。董仲舒は儒教の国教化を皇帝に進言し、儒教が中国の支配原理となるきっかけを作った人物である。彼はまた、五経博士(五経を研究する官職)の設置を進言し、訓詁学の基礎を築いた。孟子の四徳(仁・義・礼・智)に信を加えて、五常(五つの徳目)とした。五倫とあわせて五倫五常といい、儒学の基本的な徳とされた。

□**167 仁義** (⊙p.78)

孟子が四徳の中で特に重視した徳。孔子の説いた仁は家族道徳を出発点とした、思いやりの心であるが、これを社会や国家で実現するには道徳の基準を客観的にしっかりと設け、守っていくことが必要である。このような道徳の客観的基準を設けて守り、正しさを求める徳を、孟子は義と称し、義も人間の心に元々備わる、羞悪の心に端を発するとした。

□**168 王道政治** (⊙p.78)

仁義の道徳に基づく善政。為政者である君主が先王の道を模範とし仁義をわきまえ、人民の幸福が実現される理想の政治。王道の反対は、権力や刑罰に依存する覇道。

□**169 易姓革命** (⊙p.78)

孟子の革命思想。為政者は天命によって、その地位に就くのだから、王道に反し覇道政治に傾く場合は、天は命を革め、為政者の姓名(王統)を易える。これを易姓革命と言った。革命の主体は西洋近代の革命思想と違って、民ではなく天であるが、徳がなければ支配者が追放されるという考え方である。

□**170 性悪説** (⊙p.80)

荀子と、その弟子である法家の思想家に通じる人間観。「人の性は悪なり。その善なるは偽なり。(人間の本性すなわち生まれつきの性質は悪であって、その善というのは人為的なもの、すなわち後天的な矯正によるものである。)」荀子は、本性の悪を正すためには偽(人為、努力)によらなければならない、すなわち、人間の行動規範である礼を教育しなければならないと説いた。

□**171 礼治主義** (⊙p.80)

礼を重んじた政治。社会規範である礼により、民を矯正し、善に導くという支配方法。荀子は仁(他者への思いやり)より、礼により人を矯正することで支配する、礼治主義を唱えた。人の本性を悪とする性悪説がその背景にあった。荀子の性悪説・礼治主義を、法治主義(刑罰を伴う法による支配)にまで発展させたのは、荀子の弟子で、後に法家の思想家となる韓非子・李斯である。

□**172 墨家** (⊙p.81)

墨子を祖とする諸子百家の一つの学派。人々がわが身を愛するのと同じように他人を愛する「兼愛」の心を持てば人々の私利私欲も失せて(拒利)、国家は安定し、みな幸福になれると説いた。交利(利益の調整、相互利益)、非攻(非戦論)を説き、人々が分け隔てなく愛しあう世界の実現を理想とした。また、儒家の指導による盛大な儀式や厚葬(手厚い葬儀)が民に大きな負担を強いることから、節用(質素倹約)・節葬(節度ある葬儀)をよしとした。

□**173 兼愛** (⊙p.81)

わが身を愛するのと同じように他人を愛する、無差別平等の愛。墨子は儒家の仁を別愛(差別的愛)と批判した。儒家の説く仁(別愛)こそが人を分け隔て、世の乱れの原因とした。

□**174 兼愛交利説** (⊙p.81)

兼愛(自他を区別しない無差別平等の愛)と交利(相互利益)が、平和で幸福な社会を実現するとした。

□**175 非攻** (⊙p.81)

墨子が主張した、他国への侵攻を否定する非戦論。兼愛に基づけば、人を殺す戦争は否定すべきものとなる。人を一人殺した者は処罰され、人を百人殺せば百倍の罪になるはずなのに、他国を侵略して多くの人を殺した者が英雄としてほめたたえられるのはおかしい、と墨子は唱える。しかし、否定した戦いはあくまで侵略戦争であり、侵略された側の自衛のための戦争は肯定され、墨家はまた、そのような戦いを、巧みな技術により積極的に援助し、小国を固く守ったという史実が遺されている。

□**176 法家** (⊙p.81)

戦国時代末期に確立された、賞罰を伴った法による厳格な支配を主張した学派。荀子の性悪説をさらに発展させ、自己の利益だけを追求する人間は厳しい刑罰によってのみ規則を守り正しい行動ができるとした。法を作り、法を運用する君主に、権力を集中させる政治方法を取り、これを取り入れた秦は、春秋戦国の長い間統一のとれなかった中国の、統一と支配に成功した。法家の思想家として、いずれも秦に仕えた商鞅、李斯、韓非子が挙げられる。厳格な刑罰は、秦の滅亡を早める結果ともなった。

□**177 朱子学** (⊙p.82・219)

南宋の儒学者朱子によって大成された儒学。朱子は、人間に備わる心の道徳的本性を宇宙原理(理)に基づいて考える宋代に始まった哲学的

な儒学（周敦頤，程顥・程頤）を，理気二元論，性即理，居敬窮理といった概念によって体系化した。為政者の指導原理として，東アジア世界（中国では宋代以後，日本では江戸時代）に大きな影響を与えた。

□178 理気二元論 （➡p.82）
朱子学の基本となる世界観で，万物はすべて理と気から成っているとする考え。理とは万物の原理であり存在の根源である。気とは，発育する力をもった形のない物質。理と気は一定の秩序に従って結合し，人間・動植物・物体を形成している。

□179 性即理 （➡p.82）
人間の生まれつきの心の性質（本然の性）を理（天理＝善）とする立場。理と気によって成り立つ人間は，気（物質）の影響を受け，心が私欲にとらわれてしまう（気質の性）。朱子学では，居敬窮理という修養法によって本然の性である理へと立ち返ることを目指す（復性復初）。

□180 本然の性 （➡p.82）
人間の生まれながらの心の性質（本性）。

□181 気質の性 （➡p.82）
気の影響を受け，本性が覆い隠され，私欲にとらわれた心の状態。

□182 居敬 （➡p.82）
朱子の説いた聖人にいたる修養方法。日々の生活のなかで，欲望を抑えるために厳しく自己を律する態度。

□183 窮理 （➡p.82・236）
朱子の説いた聖人にいたる修養方法。理を窮めるために，個々の事物に宿る理をひとつずつ探究していく学問態度（『大学』にある「格物致知」に基づく）。

□184 天人合一 （➡p.82・219）
中国思想で，天（自然現象また世界の主宰者）と人（人間及び社会）は，対立するものではなく一体であり，天道（自然）と人間の特性や徳性（人の倫理的優秀性），社会の秩序は対応一致するという考え方。朱子学も天人合一論の立場に立つ。

□185 聖人 （➡p.82）
「天理に存して人欲を去る」（私欲を去り，理に則して生きる）ことができる理想の人格者。朱子や王陽明は，人はみな聖人になることができると説いた。

□186 修己治人 （➡p.82）
自己の修養を完成した者（修己）が，その徳によって民衆を治めること（治人）を理想とした孔子の徳治主義の立場のこと。朱子は『大学』の八条目（格物⇒致知⇒誠意⇒正心⇒修身⇒斉家⇒治国⇒平天下）の修身までを修己に，斉家・治国・平天下を治人に当てはめて説いた。

□187 心即理 （➡p.83）
朱子の性即理に対して，王陽明は感情や欲望などを含み込んだ自然な心の働きそのものが理であると主張した。

□188 致良知 （➡p.83）
王陽明は，人間が生まれながらに備える道徳心（良知）を発揮すること（致良知）を説いた。

□189 格物致知 （➡p.83）
『大学』にある言葉。朱子は「物に格（至）りて，知を致す」（事物の理を探究することで，天理

に到達する）と解釈し，居敬窮理を説いた。王陽明は「物を格（正）して，知を致す」（良知を実践することで世界の秩序が整う）と説いた。

□190 道家 （➡p.84）
宇宙の原理であり，すべてを支配する神秘的な道を中心思想とする学派。老子を祖とし荘子，列子などに受け継がれた。儒学と並び中国の主要思想となる。人為的な道徳や文化等を否定し，無為自然に生きることを説いた。老荘思想ともいう。

□191 道（タオ） （➡p.84）
儒家の説く「道」は，人として生きる「道」で道徳のよりどころとして，仁や礼等，具体的に示されたものであった。老子の「道」は，宇宙万物をあわせ貫く唯一絶対の根源的な道で，万物は道から生まれて道にかえるとした。道はまた，自然のあり方そのものともいえる。老子の道は，人が直接的に体験でき，感覚でとらえることのできる存在（有），でなく，おぼろげでわかりにくく，神秘的で，名付けようもないため仮に「道」とよんだり，「無」と呼ばれたりする。

□192 無 （➡p.84）
道（タオ）の別名。➡191 道（タオ））

□193 無為自然 （➡p.84）
老子は人間の生き方として，人為的な力を排除して，ありのままにまかせること（無為自然）を理想とした。人為として，道徳，学問，文明などは道の妨げとなるとしてこれらを去れば，そこに道の偉大な働きが現れるとした。道が廃れたことが世を乱し戦乱を巻き起こす原因だとし，世を治めるために徳や学問を勧めた儒家を痛烈に批判した。

□194 柔弱謙下 （➡p.84）
無為自然による具体的な生き方。柔軟で柔和，弱々しく，へりくだり，人と争わない姿勢（柔弱謙下）を，道に従った理想的な態度と説いている。イメージとしては水である。「上善は水のごとし」のように，水は，争うことなく相手に合わせて柔軟に形を変え，下へと自然に流れていき，しかもすべてに恵みを与える，理想的な在り方をしている。

□195 小国寡民 （➡p.84）
老子が描いた理想社会。小さな国で人口が少なく，他国と往来がない自給自足の国で，文字すら使わない，文明のない原始的農村社会である。ここでは余分な生産物をめぐる争いや，文明の利器，武器を使った戦いも起こりえず，人々は悠々と平和に暮らし，豊かな心で，自己に満足して穏やかな生活を続けることができる。

□196 万物斉同 （➡p.86）
荘子の思想の中心的な考え方。この世のすべてのものは，存在として同じ価値をもつ（万物斉同）として，そこへ人為による差別・区別をもちこむことがいかに無意味であるかを説く。例えば 美醜，善悪，優劣などの差別・区別は人のみが行う人為的なもので，本来大きな違いはないのに，どちらか一方を得るためにする人為的な努力や，またそれらを得られない悩み苦しみを，無意味だとする。

□197 心斎 （➡p.86）
真人になるための，心斎坐忘という修養法。

心をむなしくして，一切のけがれを去って心を清くし（心斎），一切の分別や作為，自己の体や感覚・思考を含めてすべてを忘れれば（坐忘），天地自然と一体になり，のびやかな精神の自由を手に入れることができる。

□198 坐忘 （➡p.86）
雑念や知を捨て去り，身心・物我の区別を忘れて無為自然の道に同化すること。（➡194 心斎）

□199 逍遥遊 （➡p.86）
何事にもとらわれずに万物斉同の世界に遊び，自由に生きる境地のこと。何事かを求め，悩み苦しむ人為の世界を捨て，雄大な世界と一体化し悠々と遊ぶ。「逍遥」「遊」の語句は，それぞれ，あてどなくさまよう，遊ぶという意味である。『荘子』では冒頭を飾る奇想天外な話で，逍遥遊の境地が表現されている。

□200 真人 （➡p.86）
道教や老荘思想において理想的とされる人物像。何ものにもとらわれず，あるがままの自由自在な境地で生きる人のこと。

□201 道教 （➡p.86）
道教は，中国古来の不老長寿を求める神仙思想を基盤として生まれた土着的，伝統的な宗教。老子や荘子が作り出したわけではなく，思想的にもすべてが共通するわけではないが，老荘思想が援用され（考え方に取り入れられ），老子は神格化され崇拝・信仰の対象となっている。民衆の生活に深く浸透し，中国の思想に大きな影響を及ぼしていった。

西洋近現代思想

第3章　現代をかたちづくる倫理

第1節　人間の尊厳

□202 ルネサンス （➡p.95）
文芸の復興，再生。古代ギリシャ・ローマ時代の文化に立ち返り，人間らしさの表現を追究しようとした思潮。

□203 ヒューマニズム （➡p.95）
人間中心主義。人間性を意味するラテン語，フマニタスを語源とする。古典に学び，人間性の再発見を目指した思想運動。

□204 人文主義 （➡p.95）
ルネサンス期における，古典研究を元にした神や人間の本質を考察する学問的姿勢。（➡200 ヒューマニズム）

□205 自由意志 （➡p.95）
ピコ＝デッラ＝ミランドラの人間観の，中心的概念。人間は，自身の生き方を自ら選び取り，どのような存在にもなりうる可能性に開かれた存在だとする考え方。

□206 95カ条の論題 （➡p.98）
宗教改革の端緒として，ヴィッテンベルク大学の教授であった神学者マルティン・ルターが，当時のローマ教会における贖宥状の販売を批判して，教会の扉に掲示した文書。ルターは，「真に悔い改めているならば，……それは贖宥状なしに与えられる」として贖宥状への批判と「信仰のみ」を説いた。

□207 宗教改革 （➡p.98）
カトリック教会の腐敗に対する刷新運動。ウィクリフやフスが先駆であり，多くは 16 世

紀以降にドイツのルターを発端として興った改革運動をさす。スイスを中心に活動したカルヴァンも後世に多大な影響を与えた。運動が民衆にも拡大していった背景としては，**グーテンベルグ**の発明した**活版印刷術**の普及などがある。

□**208 信仰義認説**（しんこうぎにんせつ）　（→p.98）
人が救われるかどうかはその行為に関わらず，人間は神への信仰によってのみ，罪から解放され義とされるという説。ルターの根本思想。ルターは，教会や聖職者を媒介せず，神への信仰のみに生きることによって神の恵みとしての救いが与えられるのだと説いた。

□**209 聖書中心主義**　（→p.98）
「信仰のみ」とするルターの根本思想で，聖書をキリスト教信仰の唯一の根拠とする考え方。プロテスタントの基本的な態度。教会や聖職者の媒介，伝統・慣行によらず，一人ひとりが聖書を読むことによって，神への信仰を正しく理解するべきだという立場。

□**210 万人司祭説**（ばんにんしさいせつ）　（→p.98）
キリスト教信仰の根拠を聖書のみに求めるルターの思想に基づき，聖職者の存在を否定し，全ての人が平等にキリスト者であるべきだとする立場。万人が直接聖書に触れることで，自由に神とかかわることを主張し，教会の権威を批判している。

□**211 職業召命観**（しょくぎょうしょうめいかん）（ルター）　（→p.98）
人間には神から授かった職業があり，使命があるとする思想。ルターにおいては，召命の意義として，どんな職業・身分の人であってもそれぞれの役割があり，その職業に励むことが正しいキリスト者の姿であるとした。

□**212 予定説**　（→p.100）
フランスに生まれ，スイスのジュネーブで宗教改革運動を行った**カルヴァン**の中心的思想。人間が救われるかどうかは，行為によらず，神によってあらかじめ定められているという説のこと。カルヴァンは予定説に基づいて，人々は与えられた職業に精励し，神の栄光にかなうよう奉仕すべきだと説いた。

□**213 職業召命観**（カルヴァン）　（→p.100）
職業は，神によって与えられた召命であり，使命であるとする思想。カルヴァンにおいては，予め定められている救済について，自分が救われているという確証を得るために，禁欲的に職業に励むことが，神の栄光にかなう行為だとして，職業を積極的に意義づけた。

□**214 カルヴィニズム**　（→p.100）
カルヴァン主義のことを意味する。予定説や，職業召命観などを内容とするカルヴィニズムは，世俗において職業に励むことを積極的に肯定するものであり，蓄財も肯定したため，商業が盛んな地域で受け入れられた。19世紀の社会学者M.ウェーバーはカルヴァンの禁欲的精神が資本主義の萌芽に影響を与えたとしている。

□**215 ク・セ・ジュ**　（→p.102）
私は何を知るか，という問いかけ。**モンテーニュ**が主著『エセー』において掲げる一文。自己を省み，謙虚に生きることを重んじた態度。

□**216 考える葦**　（→p.103）
パスカルが人間をたとえた言葉。植物の葦のように，人はか弱く儚い。しかし，宇宙のあら

ゆる存在に目を向け認識しようとする点に尊厳があるとした。

□**217 中間者**　（→p.103）
悲惨さと偉大さ，虚無と無限の中間に揺れ動く，人間のことを表現したパスカルの言葉。具体的には，信仰を持ち，悲惨さを自覚した生を目指した。

□**218 幾何学的精神**　（→p.103）
合理的な推論の力。数学や物理学のような，客観的法則の認識に必要な精神。

□**219 繊細の精神**　（→p.103）
直観による判断力。人間の心情を慮ることや，人間存在の根拠のように，分析的思考で到達できない事柄の認識に用いるとされた。

第2節　科学革命と合理的な精神

□**220 近代科学**　（→p.106）
16世紀以降のヨーロッパで起こった，実験・観察に基づく自然科学。仮説の検証を通じて，自然法則を実証する。

□**221 機械論的自然観**　（→p.106）
自然にある事物や事象は，常に因果法則に従ってはたらくはずだとする考え方。この確信のもと，神の意志などを否定し，合理的に世界を説明しようとした。

□**222 経験論**　（→p.108）
科学的思考における実験・観察のように，実際に確認した経験的事実をもとにして，普遍的真理を導き出すべきとする考え方。

□**223 知は力**　（→p.108）
ベーコンが唱えた，学問的知識は世界を変える手段であるという意味の言葉。学問では，真理そのものを目指すべきではなく，得られた知識を社会のために活用してこそ意義があるとした。

□**224 イドラ**　（→p.108）
ベーコンが指摘した，人々が日常生活において陥りやすい，思い込みや偏見。イドラを退けて初めて，事物の正しい認識が可能になる。

□**225 帰納法**　（→p.108）
論証方法の一つ。何度も実験・観察を繰り返し，例外が無いことを確かめ，総合的な結論として，普遍的な原理を導き出すこと。

□**226 明晰判明な原理**　（→p.111）
デカルトの用語。いつでもどこでも誰にでも自明な，確実で疑いえない客観的事実。

□**227 方法的懐疑**　（→p.111）
デカルトが『方法序説』で示した，真理を獲得する目的で，あえて身の回りのあらゆる事柄を疑うこと。疑っても疑いきれないほど確かなものを，明晰判明な事実として認める。

□**228 良識**　（→p.111）
bon sens。**デカルト**が唱える，真偽を正しく判断する認識能力。誰にでも備わる理性。

□**229 哲学の第一原理**　（→p.111）
いかなる哲学者でも否定しえない，思考の確かな出発点。デカルトは「今この瞬間に思考している自分」の存在を，疑うことは出来ないと考えた。

□**230 演繹法**　（→p.111）
ある確実な知識を出発点として推論し，必然的な形で異なる真理を導き出す，論証方法。

□**231 生得観念**　（→p.111）
生まれながらに内面にある，神や善悪についての考え。経験論に立つロックは一切否定し，生まれたばかりの状態は「白い板」のようだと考えた。

□**232 合理論**　（→p.111）
考える力（**理性**）によって，真理を把握しようとする立場。生得観念を認める。

□**233 私（自我）**　（→p.111）
自己を対象とする認識作用のこと。「私（**コギト**）」は，デカルトの哲学の出発点である。

□**234 物心二元論**　（→p.111）
真に存在するもの（実体）は神と精神と物体であり，世界は精神と物体で構成されているという考え方。古くはプラトンの哲学に見られる考え方だが，近代においてはデカルトの哲学に取り入れられている。

□**235 心身二元論**　（→p.111）
人間は，身体・肉体といった物理的な実体とは別に，心や魂といった能動的な実体であるとする考え方。デカルトが主張した。

□**236 汎神論**　（→p.114）
すべての存在するものは神のうちにあり，神なしには何も存在しないとする考え方。**スピノザ**の主張。

□**237 神即自然**　（→p.114）
汎神論の考え方を端的に示した言葉。

□**238 モナド**　（→p.114）
世界に実在するものを構成する，それ以上分割できない精神的実体である単子のこと。**ライプニッツ**提唱した概念で，彼はモナドを前提として多元論を展開した。

□**239 予定調和**　（→p.114）
現存する世界は，神によって創造された最良の世界であるとする，ライプニッツの主張。

第3節　社会契約の思想

□**240 王権神授説**（おうけんしんじゅせつ）　（→p.118）
国王の権力は神から授けられた神聖なものとして，国王の地上の統治権を絶対視する考え方。国家の権力の起源を人間どうしの合意による契約におく社会契約説とは対となる，ヨーロッパの絶対王政を正当化する理論的な根拠。イギリスの**フィルマー**や**ジェームズ1世**，フランスの**ボシュエ**らによって唱えられた。

□**241 自然法**　（→p.118）
人間が生まれながらにして理解できる，いつの時代でもどんな場所でも，人間社会に当てはまる普遍的な法則・ルールのこと。人間あるいは国家が人為的に作成した法律である「実定法」を超える法である。古代のストア派では「理法」にあたり，中世キリスト教神学では「神の摂理」に相当する。また，近代自然法の父とされるグロティウスは，人間を理性的・社会的な存在とみなし，理性を人間社会の秩序とし，社会契約説における自然権保障の根拠となっていった。

□**242 自然権**　（→p.118）
国家や社会，時代を超えて，すべての人間が生まれながらに有する普遍的な権利のこと。近代自然法思想においては，生命，自由，平等，財産などの権利があげられる。社会契約説とむ

すびつき、国家の目的は個人の自然権を保障することとされた。民主社会の基本的原理であり、今日の人権へと発展するものになる考えである。

□**243 自然状態** （➜p.118）

社会契約説によって想定された、国家や政治、法律が成立するまえの状態のこと。この状態においては、人間は何ものにも拘束されることがない。この状態のとらえ方の違いが、**ホッブズ**や**ロック**、ルソーらの社会契約説の考え方が異なる原因となる。

□**244 万人の万人に対する闘争** （➜p.118）

ホッブズにおける自然状態における人間のありようを表現した言葉。ホッブズは自然状態の人間は利己的であり、自己保存のみを考え行動するため、他者不信となり暴力的な行動をとる。このような状態をホッブズは別な言葉で「人は人に対して狼」とも表現した。

□**245 所有権** （➜p.120）

自分の物として持ち、使用・収益・処分など自由に扱うことの権利のこと。一般的には財産等に用いられるが、個人の生命や自由に関する所有権も含め自然権の一部とする。

□**246 抵抗権** （➜p.120）

人民の信託により成立した国家・政府が、不当に権力を行使したとき、人民が国家・政府に対し抵抗する権利のこと。このとき国家・政府を作り直す場合には革命権となる。ホッブズは、人民は一切の権利を国家に譲渡するため人民の抵抗権を認めなかったが、ロックは人民の**信託**により政府が誕生すると考えるため、権力が濫用される場合には人民の抵抗権を認めた。この考えがアメリカの独立運動や名誉革命の理論的根拠となった。

□**247 革命権** （➜p.120）

抵抗権の思想をより徹底した考え。J.ロックにより明確にされた。（➜243 抵抗権）

□**248 一般意志** （➜p.122）

ルソーの社会契約説の基本原理となる考え方。公共の場面において、社会共通の利益を目指す普遍的な意志のこと、全人民が納得できる意志のことである。個人が自己の利益を目指す意志を特殊意志と呼び、その意志の総和である全体意志とは対になる概念。例えば、多数決の結果は、多くの人が望む意志の総体（全体意志）ではあるが、少数側の人たちにとって、結果は納得できるものではない。少数側も議論を重ねるなかで全員が納得できる考え方を一般意志と呼ぶ。この一般意志に従う社会契約こそが社会のあるべき姿とした。

□**249 全体意志** （➜p.122）

私的利害を持つ個々人の意志（特殊意志）の総和。（➜245 一般意志）

□**250 百科全書** （➜p.124）

1751～72年にかけてフランスで編纂された百科事典。ディドロ、ダランベールを中心に、**ヴォルテール、ルソー、モンテスキュー**などフランスの啓蒙思想家が多数関わって編纂された。当時の技術的・科学的な知識の最先端を集めたこの書物は、自然科学的・唯物論的な傾向をもち、人々に合理的・自由な考え方をもたらすのに貢献した。

第4節　ドイツ観念論

□**251 批判哲学（批判主義）** （➜p.127）

カントによる、理性能力を吟味・検討し、その限界を明らかにする哲学をいう。『純粋理性批判』では、人間の経験によるものと、そうでないものを分け（分けるが批判の語源）、人間の認識の限界をあきらかにした。また理性が要請する理念を、認識の対象ではなく実践における価値に位置づけた。

□**252 コペルニクス的転回** （➜p.127）

従来の哲学では、「認識が対象に従う」（認識は対象をあるがままにとらえている）と考えてきた。カントはその発想を逆転し、「対象が認識に従う」（対象は人間の認識の形式にしたがって認識される）と唱え、そのことを天文学におけるコペルニクスの発見（天動説から地動説へ）になぞらえて説明した。

□**253 ドイツ観念論** （➜p.127）

カントに由来し、フィヒテ、シェリングを経てヘーゲルによって完成されるドイツ哲学の総称。カントの英知界と現象界の二元論的世界観を、精神的なもの（絶対的自我あるいは絶対精神）から統一的に説明することを目指した。

□**254 自由** （➜p.127）

カントの自由は、人間的価値そのものである。人間は、欲望という理性の外部に依存することなく、実践理性が打ち立てた道徳法則に自発的に従うことができる。カントは、理性の自律を自由とみなした。

□**255 理論理性** （➜p.127）

カントは理性能力を、普遍的な認識を可能にする理論理性と、行為を道徳的に律する実践理性にわけた。理論理性には感性と悟性があり、それらの**ア・プリオリ**（経験に先立つ）な枠組みに従って現れる（認識される）対象のあり方を現象と呼び、認識される以前の対象そのもの（物自体）は認識不能であるとした。

□**256 実践理性** （➜p.127）

経験によらずに理性（推論能力）によって導かれる理念（自由、魂の不死、神）は、認識の対象ではなく、人間の尊厳を保証する価値として要請されるものである。実践理性は理念に基づき道徳法則を樹立し、そこに自らを従わせしめる能力である。

□**257 道徳法則** （➜p.127）

カントにより用いられた概念で、道徳的な行為の基準となる法則。自己の行動のルール（格率）が、いつでも誰にも通用するもの（普遍性）となるようにすることが大切であるとし、「こうすべきである（当為）」という命令として、自己や他者の人格を尊重するよう行為の基準を示している。

□**258 自律** （➜p.127）

人間は理性的な存在として、理性が打ち立てた道徳法則に自発的に従うことが自由である。自律の能力を発揮する自由な人間のあり方を人格とよんだ。理性の外部（欲求や自然法則）に従うことは他律である。

□**259 動機主義** （➜p.127）

カントは善悪の基準（道徳性）を行為の動機に求めた。道徳法則に従うことを義務とする純粋な意志の善さのみが道徳性を保障するものであ

り、結果が道徳的に見えても、自分の利益の為といった不純な意志で行われた行為には道徳性を認めず、適法性をもつだけとした。

□**260 格率** （➜p.127）

各個人が定めた主観的な行動のルール。早寝早起き、腹八分目など個人が生活の中で従っている行動原理。

□**261 定言命法** （➜p.127）

「～すべし」という無条件に命ずる命令のこと。「～ならば～、すべし」という条件付きの命令である仮言命法と区別される。カントは普遍性をもつ道徳法則は定言命法として示されるとした。カントの代表的な定言命法に、「あなたの意志の格率が、常に同時に普遍的立法の原理となるように行為せよ」がある。

□**262 人格主義** （➜p.127）

善意志にもとづき道徳的に行為する主体を人格とよび、そこに人間の尊厳をみとめた。相互に人格を尊重する立場が人格主義。カントはそのことを定言命法で次のようにあらわした。「自分の場合であれ、他人の場合であれ、人格の内なる人間性を、常に同時に目的として扱い、けっしてたんに手段としてのみ扱うことのないよう行為せよ」。

□**263 善意志** （➜p.127）

道徳的義務に従う意志を善意志と呼び、無条件に善といえるものは善意志のみとした。

□**264 永遠平和** （➜p.127）

カントは国家間の自然状態を戦争状態とみなした。国家間に平和をもたらすためには、常備軍を撤廃すること、国家間に連合体をつくることなど、不断の努力が必要であると説いた。永遠平和の構想は、20世紀に誕生した国際連盟や国際連合の思想的な根拠となった。

□**265 目的の国** （➜p.127）

カントは各人が尊厳ある人格としてお互いを尊重し合う道徳的な共同体を理想的な社会として考え、目的の国と呼んだ。

□**266 精神** （➜p.131）

精神は、**ヘーゲル**哲学の根幹をなす実体。精神は、自己外化する（自己の外部である対象の中に自己をあらわす）ことで反省的に自己の認識を深め（自覚）、より高次なものへと展開していく。

□**267 自覚** （➜p.131）

世界を成り立たせている精神の基本的なはたらきで、自分自身のあり方を意識する自己意識のこと。精神は弁証法的に自覚（自己意識）を高めることで、究極のあり方である絶対精神に至る。

□**268 自己外化** （➜p.131）

自己の内にあるもの、自己の本質であるものを、自分以外の対象（自己の外）にあらわすこと。

□**269 絶対精神** （➜p.131）

ヘーゲルにとっての最高の原理であり、弁証法的に発展した、究極の到達点の状態である精神のこと。自由を本質とする。

□**270 理性の狡知** （➜p.131）

ヘーゲルは世界史の観点からとらえた絶対精神を世界精神と呼び、「世界史は自由の意識の進歩である」と説いた。世界精神が、目的実現のために背後からナポレオンなどの英雄を巧み

用語解説

に操るさまを理性の狡知という。

□**271 弁証法** (→p.131)
もとは古代ギリシャ語の「対話」に由来し，対立を通して認識を深める思考の論法。ヘーゲルは，絶対精神の原理・法則とした。ある事態（正）とそれに対立する事態（反）が矛盾・対立を通して総合され，より高次な事態（合）へと発展する(止揚)運動。

□**272 人倫** (→p.131)
社会的関係の中にあらわれた精神（客観的精神）が「人倫」である。客観的精神は，抽象的・外面的な「法・権利」から主体的・内面的な「道徳」を経て，「人倫」と呼ばれる共同体へと進む。「人倫」もまた，愛に基づく「家族」（個人が自立することで解体）から商業社会である「市民社会」（対立・不平等が生じる人倫の喪失態）を経て，「人倫」の最高段階である「国家」へと展開する。ヘーゲルは，「国家」において個人と社会全体が調和した真の自由が実現すると説いた。

□**273 相互承認** (→p.131)
ヘーゲルは，人倫において自己と他者がお互いの欲望や存在を認めあうことが可能となり，個人と全体の調和が実現すると唱えた。

第5節 イギリス功利主義

□**274 功利主義** (→p.136)
行為の善悪の判断を，その行為の結果が快楽や幸福をもたらすかどうかという，行為の有用性(utility)から道徳的判断の根拠を求める考え方。よって帰結主義の性格をもつため，カントの動機説と対をなす。18世紀にイギリスから始まり，現代の英米哲学に影響を与える。代表的思想家にベンサムやJ.S.ミルなどがいる。

□**275 最大多数の最大幸福** (→p.136)
イギリスの功利主義者ベンサムの思想を端的に表現する言葉。ベンサムは社会全体の幸福を，個人の幸福の総和として考え，その幸福の総和が最も大きくなるように，政治が行われるべきだと考えた。

□**276 量的功利主義** (→p.136)
ベンサムは社会全体の幸福を量るとき，「各人は等しく一人として数えられ，誰もそれ以上に数えてはならない」とし，幸福となる人の量が最も多くなること（最大多数の最大幸福）が道徳の原理と考えた。このようなベンサムの立場に代表される考え方を量的功利主義という。

□**277 快楽計算** (→p.136)
快楽（幸福）は量的に計算できるとするベンサムの考え方。これにより道徳の客観性を保証しようとするもの。具体的には快楽を，強さ・持続性・確実性・時間的な近さと，快楽を生み出す行為の多産性，純粋性，及ぼす範囲の七つの基準で量的に算出するというもの。これにより，質の異なる快楽を量的に捉えることができ，道徳に客観性を与えようとした。

□**278 制裁（サンクション）** (→p.136)
快楽・苦痛などを通じて，個人のとるべき行為に対し，外側からの強制力・拘束力となるもの。ベンサムは(1)自然の過程のなかでうける物理的制裁，(2)法律などによって罰則をうける政治的制裁，(3)世間の人々，世論といった評判に

基づく道徳的制裁，(4)神が与える宗教的制裁の四つをあげた。これにより，個人と社会全体の調和に至るとした。

□**279 質的功利主義** (→p.138)
J.Sミルに代表される，快楽そのものに高級，低級といった質的な差があることを認める，功利主義の考え方。人間は尊厳という感覚をもっているため，動物が感じるような感覚的・身体的な快楽よりも，他者のために働くような献身的な精神的快楽の方が，快楽としての質が高いとした。

□**280 内的制裁** (→p.138)
ミルが重視した制裁の内容。ミルの考える制裁とは内面的な部分で個人の行動を拘束するものであり，ベンサムの考える外的な制裁（サンクション）とは対をなす。それはいわば良心であり，道徳的行為をしなかったとき，個人のなかに生じる良心の呵責による苦痛を内的制裁とした。

□**281 良心** (→p.138)
自己の行為について，善悪をわきまえる心の働き。利己的な気持ちをおさえ，他者や社会全体の幸福のために行為することを求める。(→277 内的制裁)

□**282 他者危害の原則** (→p.138)
自由に関するミルの考え方を表す言葉。他者や社会に危害を与えない限り，個人の行動を機制すべきではないというもの。

第6節 19世紀の科学とプラグマティズム

□**283 実証主義** (→p.141)
フランスのコントが提唱した思想。感覚的経験によって確かめられない知識は無意味であるとして，経験的事実に基づく知識（実証できるもの）のみを確実な学問的知識と，それを認める立場をいう。実証主義は，産業革命を達成させた科学への信頼を土壌にして発展した。

□**284 社会学（社会科学）** (→p.141)
社会現象およびその現象が引き起こされるメカニズムを対象として研究する学問。実証主義の流れの中で提示され，「社会学」という用語もコントが初めて使用した。コントは，その思想の中心に科学を置いたが，人間の知識の数学・天文学・物理学・化学・生物学・社会学の六分野に分類し，知性の発達の最終段階で成立するのが社会学であるとした。

□**285 進化論** (→p.141)
生物は不変ではなく，進化してきたものであるという考え，またその立場からの研究・理論のこと。最も知られているのは，ダーウィンであるが，進化論はそれ以前から唱えられており，19世紀前半，フランスの生物学者ラマルクは，キリスト教の神による創造説との対立から非難・攻撃された。ダーウィンはさまざまな動植物を観察することにより生物の種の変化を裏づけて体系化し，科学的に「自然淘汰」「適者生存」という理論を展開した。これを著した『種の起源』(1859)は生物界のみならず，思想界にも衝撃を与えたが，ラマルク同様，キリスト教界や学者の間に激しい反論を引き起こすこととなった。

□**286 社会進化論** (→p.141)
イギリスの社会学者スペンサーが，進化論を「社会」に適用し，その発達を読み解こうとしたもの。スペンサーは，社会進化の過程を生物の進化と同様に考え，生物の器官が進化とともに機能を分化するように，社会も分業と協力が発達するとした。また，資本主義の自由競争に基づく社会では「適者生存」を通して，個性と社会の安定が調和すると考えた。このため社会主義を，この自然の法則に反するものとした。

□**287 プラグマティズム（実用主義）** (→p.142)
19世紀後半～20世紀にかけて，アメリカ資本主義の急速な形成と成熟を背景として形成された哲学。近代市民社会と人間の可能性に対する楽天的な肯定の立場から，知識や観念を行動によって検証・修正しようとする特徴をもつ。パースにより名づけられ，ジェームズ，デューイらによって広く普及した。

□**288 道具主義** (→p.142)
後期プラグマティズムを代表する思想家デューイが提唱した。思想や知識は，人間が行動するときに役立つ道具であり，役に立たないものは本当の思想や知識ではない，とする考え方。したがって，人間の概念や真理は永遠不変のものではなく，生活過程での矛盾や障害を解決するために，実際の生活のなかで試され，改善されていくべきものであるとした。

□**289 創造的知性** (→p.142)
教育学者でもあったデューイが唱えた，常識と科学，経験と未来とを結びつける柔軟な知性のこと。デューイは創造的知性の育成を教育の目標とし，これにより個人や社会が発達・進歩することを追求した。

第7節 社会主義の思想

□**290 社会主義** (→p.146)
資本主義社会の資本家と労働者の階級対立，貧困と失業といった社会問題を，社会全体の変革によって克服し，平等な社会を作ろうとする思想。

□**291 空想的社会主義** (→p.146)
マルクス，エンゲルスが，初期の社会主義思想を評して使用した用語。オーウェン，サン＝シモン，フーリエに代表される当時の社会主義思想は，社会体制の変革による労働者にとっての理想的な平等社会を構想し，資本主義に対する矛盾を指摘・批判しているが，科学的な分析や課題の把握が十分でなかったことなどから，批判をこめて呼ばれた。

□**292 科学的社会主義** (→p.147)
マルクス主義の別称。初期社会主義思想が「空想的」と評されたことに対比して使われる。

□**293 マルクス主義** (→p.147)
弁証法的唯物論＊を哲学的基礎とし，歴史・社会構造の科学的分析に基づき，資本主義社会における生産力と生産関係の矛盾から，社会主義社会への移行は必然であると考える，マルクス・エンゲルスの社会主義思想。階級闘争・革命による社会変革を唱え，その後の革命，労働運動・社会主義運動の理論的基礎となった。20世紀において最も影響を与えた思想の一つといえる。

＊世界の本質は自ら運動し発展する物質であり，精神（意識）もこうした物質の運動の所産である。世界は常に内部に矛盾を含んでおり，その矛盾を原動力に運動・発展している，とする考え。

□**294 類的存在** （⏎p.147）
マルクスの思想の基本をなす人間観。人間は，共同体において他者との関係性のなかで連帯して生きる存在であることを意味する。

□**295 労働の疎外** （⏎p.147）
ヘーゲル，フォイエルバッハの思想を継承して，マルクスが唱えた理論。「人間の本質は労働である」と考えるマルクスは，①労働からの疎外，②労働生産物からの疎外，③類的存在からの疎外，④人間からの疎外の四つの側面から，資本主義社会において，ひとは労働本来の価値や目的である創造の喜びや社会的連帯から切り離され，疎外された存在となっていると主張した。

□**296 階級闘争** （⏎p.147）
社会が二つ以上の階級に分かれ，その対立する階級間で闘争が行われること。マルクス主義では，生産手段を所有する資本家（支配階級）と所有しない労働者（被支配階級）間の経済的・政治的闘争を指す。

□**297 唯物史観（史的唯物論）** （⏎p.147）
弁証法唯物論を社会・歴史の領域に適用した思想であり，マルクス主義哲学の基本的理念を表す。社会・歴史が発展するための原動力は，従来考えられていた人間の意識・観念など（上部構造）ではなく，物質的な生産様式（下部構造）にあり，これが上部構造を規定すると考える立場。

□**298 マルクス－レーニン主義** （⏎p.147）
マルクスの思想を，帝国主義という資本主義の新たな段階に対応する社会主義革命の理論と実践として，レーニンが発展させた考え。共産主義実現のために，労働者と農民との同盟による暴力革命と資本主義から共産主義への移行期におけるプロレタリアート独裁の必要性を説いた。

□**299 新民主主義論** （⏎p.147）
中国を指導した毛沢東が，著書『新民主主義論』（1940年）において展開した独自の革命論。発展途上である自国の状況を前提に，農村において本拠を組織し，革命を二段階に分けて達成しようとするもの。まず反帝国主義・反封建主義の新民主主義革命を達成し，その後に社会主義革命に移行することを目指した。

□**300 社会民主主義** （⏎p.150）
時代・国によって定義は多義にわたるが，ここではベルンシュタインの思想をもとにした立場を指す。（⏎300 修正主義）

□**301 フェビアン協会** （⏎p.150）
1884年，ロンドンに設立されたイギリスの社会主義団体。名称は，慎重に持久戦を行い，勝利をおさめた古代ローマの将軍ファビウスに由来する。中心的なメンバーにシドニー＝ウェッブ，ベアトリス＝ウェッブ，バーナード＝ショウらがいる。

□**302 フェビアン社会主義** （⏎p.150）
イギリスの社会主義団体「フェビアン協会」に所属する思想家たちによる理論。革命によら

ず，議会主義に基づく改革を積み重ねて，最終的に社会主義（土地と産業資本の個人的・階級的所有から社会的所有への移行）を実現しようとする，漸進的な社会改革を目指した。

□**303 修正主義（修正マルクス主義）** （⏎p.150）
マルクス主義における原則あるいは命題に対し，重大な修正を加える理論・思想。概して，批判的な立場に対して使われ，ドイツ社会民主党を指導したベルンシュタインが代表とされる。フェビアン社会主義の影響を受けたベルンシュタインは，マルクス主義おける階級闘争・暴力革命などを否定し，積極的な議会活動による漸進的な社会主義の実現，労働組合運動による労働者の地位の向上，福祉政策の充実などを主張した。

第8節 実存の思想

□**304 実存** （⏎p.154）
今ここに，このように生きている現実の自己（現実存在）を意味し，「本質」と対比される。本質とは「～である」と言うように一般化されるが，これは，今ここに生きる他に変えようがない自己を示す。

□**305 実存主義** （⏎p.154）
19世紀の合理主義的な哲学に対して，客観的思考では把握できない個人の主体性を強調する。自己のあり方を自ら決断し，選びとり生きていく中で本来の自己のあり方を目指す。

□**306 主体的真理** （⏎p.154）
人間一般にかかわることでなく，私自身にとっての真理。「私がそのために生き，かつ死ぬことを願うような理念」と若きキルケゴールは日記に記し，みずからの決断と行動を通して，生涯にわたって熱烈にそれを求めた。

□**307 不安** （⏎p.154）
恐怖には明確な対象があるが，一方どういうわけか理由を明らかにできないが，ただ何となく持つ気分。キルケゴールは，神の前で罪を犯す人間の自由の可能性に対するめまいであるとも述べている。

□**308 絶望** （⏎p.154）
精神を死に至らしめる病。神との真の関係を見出せず，自己の根拠を失い，世俗的な快楽や社会的な成功を求めることによって挫折する中で自覚されるもの。

□**309 あれか，これか** （⏎p.154）
何をなすか，自らの全人格をかけて，主体的に決断し行動に移すこと。キルケゴールの著作名でもある。

□**310 単独者** （⏎p.154）
実存の三段階で，第三段階の宗教的実存にあたる神の前にただ一人たつ生き方。ここで人間は，絶望や不安から救われ，真に主体的な生き方が開けてくる。

□**311 ニヒリズム** （⏎p.156）
伝統的価値観をすべて否定し，虚無主義とも訳される。ニーチェは19世紀のヨーロッパが，これにおちいっていると指摘した。

□**312 ルサンチマン** （⏎p.156）
弱いものが強いものに対して抱く怨恨。ニーチェは，キリスト教の説く愛や同情に対して，この心理が隠されていることを指摘する。

□**313 奴隷道徳** （⏎p.156）
キリスト教道徳に対してニーチェが名づけたもの。ルサンチマンから生まれたものであり，強いものに対して否定の言葉を投げかける。

□**314 力への意志** （⏎p.156）
あるがままの世界をそのまま肯定し，新しい価値を創造する，本能的な生命力にあふれ自らを強めようとする意志。これによって，ニヒリズムを乗りこえることができるとニーチェは主張した。

□**315 「神は死んだ」** （⏎p.156）
キリスト教を中心とするヨーロッパの伝統的価値観がもはや生命力を失い，社会の退廃や人間の凡庸化，平均化の原因になっている。このことをニーチェが象徴的に述べた言葉。

□**316 超人** （⏎p.156）
ニーチェが提示した，理想とする人間のあり方。ニヒリズムを克服し，自ら生の意味や目的を見出して，新しい価値の創造者となる生命力に満ちた主体的人間像。

□**317 永劫回帰** （⏎p.156）
世界はその意味や目的はなく，ただ永遠にそれを繰り返すだけの円環運動であるという考え。ニヒリズムの極限の姿とも言えるもの。

□**318 運命愛** （⏎p.156）
世界の無意味さ目的のなさに耐え，自己の運命を他の誰のものでもない自分のものとして受け入れ，かけがえのないものとして愛しぬく生き方。

□**319 限界状況** （⏎p.158）
死・苦悩・罪責・争いのように人間が超えることもできないし，変化させることもできないもの。これを避けることなく乗りこえようと努めることで，実存への覚醒がもたらされるとヤスパースは考えた。

□**320 超越者** （⏎p.158）
人間をはじめあらゆる存在を包み込み，それを支える絶対者。人間は対象として明確にこれを捉えることはできず，限界状況のなかで実存の自覚を深めていく中で出会うもの。

□**321 実存的交わり** （⏎p.158）
真の自己になろうと欲するもの同士が，相手に対して誠実さを持ち，互いに吟味し合うなかで，実存としての本来のあり方が開けてくるというヤスパースの主張。

□**322 現存在** （⏎p.160）
Dasein（ドイツ語）の訳。存在の意味を問う人間のありかたを表したハイデガーの用語。

□**323 世界内存在** （⏎p.160）
人間は世界の中へ投げ出され，そのうえで世界へ開かれ，世界のさまざまな存在者と関わり，配慮しながら生きている。このような人間の構造を表現した言葉。

□**324 被投性** （⏎p.160）
人間は，自ら自分の存在を始めたわけではなく，すでに世界の中に投げ出されているという根源的な事実。

□**325 ひと（世人，ダス－マン）** （⏎p.160）
本来の自己が直面するであろう不安を，人間はおしゃべりや気晴らしによって覆い隠してしまう。そのように本来の自己の可能性から目をそむけて，没個性的で代替可能な世間の一員と

□326 **死へとかかわる存在** （→p.160）
　良心の呼び声にこたえ，このことを自覚し主体的に生きるときに，人間の本来的な実存としての生き方への道が開かれる。

□327 **存在忘却** （→p.160）
　「存在」とは何かと，その意味を問うことなく生きていく在り方。

□328 **故郷喪失** （→p.160）
　存在忘却し，本来の自分とそのよりどころを見失って生きる人間の生き方。

□329 **実存と本質**（「実存は本質に先立つ」） （→p.162）
　サルトルの無神論的実存主義の考えを表す言葉。人間は何であるかが，あらかじめ決められているわけでなく，人間はみずからつくったものになるという考え。

□330 **投企的存在** （→p.162）
　作り上げられた事物と違い，人間は本質を自分で作り出すものであり，未来に向かって自らを投げかけるものである。その人間のあり方を示した言葉。

□331 **自由の刑** （→p.162）
　人間が自由であるということは，同時に人間は自分のあり方に全責任を持っている。そのためわれわれは逃げ口上もなく孤独である。その自由の責任や重さを，サルトルはこのように表現した。

□332 **アンガジュマン** （→p.162）
　人間が自由ということは，自分自身を選択することにとどまらず，全人類に一つの人間像を示し，社会全体を選択することも意味している。そのため，自己の積極的な社会参加による社会変革の行動を実践していくことが求められる。

□333 **即自存在** （→p.162）
　事物のように，自己は何であるかという自己意識を持たずに，それ自体で存在するもの。

□334 **対自存在** （→p.162）
　つねに自己に向き合い，未来に向かって新しい自己を形成していこうとする人間のあり方。

第9節　現代の思想

□335 **生命の飛躍（エラン・ヴィタール）** （→p.165）
　生命の進化を推し進める根源的な力のこと。**ベルクソン**は，生命には進化をすすめていくための創造的な力があり，そうした生命の流れこそが，根源的な実在だとし，「生の哲学」を提唱した。

□336 **現象学** （→p.166）
　フッサールが提唱した哲学的立場。現象学では，客観的世界が実在しているという素朴な確信を，一度括弧に入れて判断を中止し（エポケー），純粋に意識に現れてくる「現象そのもの」を取り出して（現象学的還元）考察しようとする学問である。世界の実在性への認識がどのように生まれてくるのかを考察対象とした。

□337 **エポケー** （→p.166）
　「判断中止」を意味する。フッサール現象学では，客観的世界が実在するという日常的な主観的確信を，一度判断中止（エポケー）によって括弧に入れることで，意識に現れる素朴であり

のままの現象を抽出する際に用いられる方法。

□338 **精神分析** （→p.167）
　不安や抑うつ，ヒステリー（転換性障害）は，無意識に追いやられた記憶や葛藤が原因になっており，抑圧されている内容を意識化することにより，症状を緩和できると**フロイト**は考えた。精神分析とは無意識の探求であり，その方法として自由連想法や夢分析が用いられる。

□339 **無意識** （→p.167）
　人間の精神は，自分で気づいている意識，思い出そうとすれば思い出すことのできる前意識，そして意志の力では思い出すことができない無意識からなっている。無意識は憶えておくにはつらすぎる記憶などを溜めこんでおく，記憶の貯蔵庫として働いている。夢は無意識がかたちを変えてあらわれたものである。

□340 **エス（イド）** （→p.167）
　フロイトは人間の心（心的装置）は，エス（イド），自我（エゴ），超自我（スーパーエゴ）の三つの領域からなっていると考えた。エス（イド）は本能的欲衝動や生理的欲求の源で，快楽原則に支配されており，ひたすら欲求を満たすことを求める。生まれたばかりの子どもの心は，エスのみで占められている。

□341 **自我** （→p.167）
　外界からの要請，エス（イド）からの要求，超自我（しつけや社会道徳を内面化し自我を監視する）からの要求を現実原則にしたがって調整し，現実に適応できるようにする。外界，エス（イド），超自我の板挟みとなっている自我が，不安定な状態から心を守るためにはたらくしくみが，防衛機制である。

□342 **集合的無意識** （→p.168）
　ユングは，心は自我を中心とする意識と，個人的記憶が含まれている個人的無意識，そして私たちの個人的経験に一切基づいていない集合的無意識によって構成されると考えた。集合的無意識は，人々に存在し世代を超えて受け継がれており，生まれつき備わっているものである。

□343 **元型** （→p.168）
　集合的無意識の内容は，神話や象徴として意識にあらわれる。これらの神話や象徴のもととなっているものが集合的無意識の中におさめられている元型（アーキタイプ）である。元型はひな形であり，私たちは元型そのものを知ることはできないが，夢や神話のなかに共通する姿として，元型のイメージがあらわれる。

□344 **補償** （→p.168）
　防衛機制のひとつで，**アドラー**が提唱した。ある心理的・身体的劣等感を，他のことがらが優れることにより社会的に認められ，解消しようとするしくみである。例えば，勉強に対する劣等感を運動で認められることで補うことがあげられる。

□345 **コンプレックス** （→p.168）
　無意識のなかに抑圧された複数の感情のかたまりで，ユングは始め「感情によって色づけられた複合体」と呼んだ。自我の働きを乱し，本人にとって思いがけない行動や何かにとりつかれたような行動を引き起こす。本人がはっきり自覚している劣等感は，ユングの考えるコンプレックスとは異なる。

□346 **フランクフルト学派** （→p.169）
　ドイツのフランクフルト研究所に集まった学者集団をフランクフルト学派とよぶ。マルクスとフロイトの思想を統合し，**ホルクハイマー**を中心に独自の批判理論を構築した。第一世代の多くはユダヤ人だったため，ナチスの台頭によりアメリカに亡命し，ナチズムの研究により理論的抵抗をつづけた。第二世代に**ハーバーマス**がいる。

□347 **批判理論** （→p.169）
　デカルトを典型とする伝統的理論に対して，ホルクハイマーは自らの立場を批判理論と呼んだ。伝統理論が現状を観察し記述することにとどまっているのに対して，批判理論は社会が抱えている矛盾を意識化し，その矛盾を破棄するために個別的な科学や学問の成果を集約し，社会の根本的な変革を目指す。

□348 **道具的理性** （→p.169）
　事物の本質を認識する能力であった理性が，今日ではある目的を達成するための道具や手段となってしまっているとホルクハイマーは指摘する。このような理性を道具的理性という。この理性は外なる自然を征服するだけでなく，人間の内なる自然を抑圧し，啓蒙が野蛮に転嫁することをもたらした。

□349 **権威主義的パーソナリティ** （→p.169）
　人々を支配する力を持つ強いものには服従し，力を持たない弱いものに対しては攻撃し，支配しようとする性格を権威主義的パーソナリティ（性格）という。自由はそれまでの絆から断ち切られることであり，孤独で不安である。この孤独感や不安感から逃避するために，支配され支配することにより相手と一体となろうとする。

□350 **対話的理性** （→p.169）
　道具的理性に対するハーバーマスの考える理性のはたらきで，暴力や抑圧によらず相手との対話による強制なき合意（コミュニケーション的合理性）を目指すのが対話的理性である。強制なき合意の実現のためには，すべての当事者が対等な立場で話し合いに参加することが求められる。そしてその対話のなかで自らの判断や見解を変容させながら合意を目指す。

□351 **コミュニケーション的合理性** （→p.169）
　ホルクハイマーらが否定した「道具的理性」が目指す目的合理性の対極にあるのがこの思想である。ハーバーマスは，近代の合理性の功罪を弁別して，そこに肯定的なものを見出そうとしていた。彼はこの「コミュニケーション的合理性」の貫徹を，同時に近代＝啓蒙の貫徹として主張する。

□352 **合意** （→p.169）
　対話的理性が目指すもの。たがいになんでも言い合える上下関係のない関係を前提として，相互の批判を行い，ことばをつくしてたがいの理解を深め，合意は形成されるべきだとされる。このように成立した合意が社会をひとつにまとめあげている。（→379 コミュニケーション的合理性）

□353 **構造主義** （→p.172）
　個々の現象や事象について，関係する社会的，文化的な「構造」を分析することで読み取ろうとする思想的立場，運動。自ら主体的に決断し

たと思っていたことも、実は社会的・文化的な「構造」に規定されている場合がある。構造主義の試みは、近代社会が前提としてきた「主体的人間像」を解体しようとする運動とも言える。

□354 文化相対主義 (**⊃**p.172)
すべての文化は固有の価値を有しており、その間に優劣はないという考え方。例えば「西欧文明」と「未開文明」には、それぞれ独自の文化的価値があり、どちらかが優れている、劣っているという見方はできない。文化人類学者の**レヴィ・ストロース**は、構造主義の立場から文化相対主義を主張し、自文化中心主義を厳しく批判した。

□355 野生の思考 (**⊃**p.172)
未開社会における神話的思考のこと。レヴィ-ストロースによれば、西欧文明の思考は、科学的・抽象的な「文明の思考」であるのに対し、未開社会の思考は、具体的で、手を加えられていない「野生の思考」である。彼は、「文明の思考」も「野生の思考」もそれぞれの構造があり、構造の差異があるのみでそこに優劣はないとした。

□356 パロール (**⊃**p.172)
ソシュール言語学における「発話行為」のこと。「りんご」という言葉があるとすれば、現実に「り」・「ん」・「ご」と発話されている言葉が「パロール」である。ソシュールは、発話された音声や文字記号のことを「**シニフィアン**」と呼び、発話によって示されている内容である「**シニフィエ**」と明確に区別した。

□357 ラング (**⊃**p.172)
社会で共有される言語の体系、構造のことをさす。ソシュールは、発話行為である「パロール」と言語体系である「ラング」を区別し、人間の言語活動や思考は「ラング」によって無意識に規定されているとした。ラングに基づいて、個々の発話行為でパロールが意味づけられる。

□358 狂気 (**⊃**p.172)
フーコーによれば、近代ヨーロッパが理性化していくなかで、権力から除外されたもの、非理性的なものは、「狂気」として排除されてきたという。フーコーは「狂気」の歴史を描き出し、社会の権力構造の中で、監獄や学校、軍隊などの装置によって人間が規格化されていく過程を批判的に論じた。

□359 ポスト構造主義 (**⊃**p.174)
構造主義を乗り越えようとする思想的潮流として、1960年代後半から興った運動の総称。構造主義よりもさらに、西欧近代社会の伝統的な枠組みを批判しようとする傾向にある。フランスの哲学者デリダや、**ドゥルーズ**が代表的なポスト構造主義者である。

□360 脱構築 (**⊃**p.174)
フランスの思想家デリダの提唱した概念で、哲学を再構築する考え方。デリダによれば、西欧哲学は「善悪」「主観・客観」などの**二項対立**によって理論を構築していくが、「脱構築」はこうした枠組みを解体し、新しい哲学を模索しようとする概念である。

□361 器官なき身体 (**⊃**p.174)
役割をもつ「器官」という秩序なしに、人間が欲望を自由に働かせること。ドゥルーズが提

唱した概念で、通常身体は、それぞれの役割を持った諸器官の連携によって機能しているが、「器官なき身体」のように欲望の赴くままに行動することで、国家・社会の固定的な枠組みから脱することを目指した。

□362 分析哲学 (**⊃**p.176)
言語の論理的な分析によって哲学的な問題の解決を試みる現代哲学の一潮流で、英米哲学の主流。哲学上の問題は言語のあいまいな使用により生じているとして、ヘーゲル哲学やハイデガーの思想を批判した。

□363 言語ゲーム (**⊃**p.176)
ウィトゲンシュタインが後期において、言語を用いて生活する人間の営みを、一定のルールに基づいて行われるゲームになぞらえた言葉。言語が日常生活においてどのように用いられているかという、言語の「使用」という観点から探究した。人間は生活の場における言語ゲームに参加することで、ゲームのルールを理解するほかない。

□364 反証可能性 (**⊃**p.177)
ポパーが科学の指標とした考え方。ある仮説が観察や実験によって反証される可能性が高いにもかかわらず、反証を免れ生き延び続けた場合、その仮説はより大胆で優れた仮説として科学的に受け入れる根拠があるとする。

□365 ホーリズム（全体論） (**⊃**p.177)
ある系（システム）全体は、部分の算術的総和以上のものであるとする考えのこと。部分に対する全体の優越性を説いている。部分や要素だけを還元してシステム全体を理解できるとする還元主義と対立する。

□366 パラダイム (**⊃**p.177)
クーンは、実際の科学研究のひな型―ものの見方、問題の立て方、問題の解き方、背景にある世界観の総体―をパラダイムと呼んだ。そして、科学の進歩は、科学革命というパラダイムの断続的な転換（パラダイムシフト）によって生じると唱えた。

□367 公共性 (**⊃**p.179)
アーレントは、多数性という人間の条件に対応した「活動」（言論と行為をもって互いの違いを主張し認め合う活動）を実践する場を公共性と呼んだ。アーレントは、近代資本主義の下で公共性が衰退した結果、孤立した個人からなる大衆社会が成立し、それが全体主義の温床となったと主張した。

□368 他性 (**⊃**p.180)
レヴィナスは、決して自己に取り込むことのできない、理解を超えた他者の有り様を他性と呼び、それまでの全体性を指向する哲学に対して、他者の無限を対置した。その表徴が「顔」である。

□369 原初状態 (**⊃**p.181)
ロールズが正義を構想するにあたり、公正さを担保するために社会契約説の自然状態を援用して提唱した考え方。社会を構成する多様な人々が、無知のヴェールに覆われた状態のこと。

□370 無知のヴェール (**⊃**p.181)
所有する資産や能力、置かれている階層や地位、また将来構想など自己に関わる一切の情報が隠されている状況のこと。ロールズは、その

もとで理性的な判断を遂行することにより、誰もが納得できる公正なルールを導き出すことができると主張した。

□371 公正としての正義 (**⊃**p.181)
ロールズが提唱した正義の原理。第一原理は「平等な自由の原理」。第二原理は①「機会均等の原理」と②「格差原理」からなる。「格差原理」とは、不平等な扱いが許されるのは、最も不遇な人々の利益が最大となるような場合であるべきだとする原理。

□372 潜在能力 (**⊃**p.182)
アマルティア＝センが福祉の基準として提唱した概念で、人が選択できる「機能」の組み合わせのこと。「機能」とは教育を受けられることや栄養状態がよいことなど自由を実現するために必要なものであり、「生き方の幅」を保障するものである。

□373 徳倫理学 (**⊃**p.185)
徳倫理学は行為の正しさの基準を結果や義務に求めるのではなく、徳のある人であればどのように行為するか、という観点で判断する倫理学説であり、アリストテレスの徳論に由来する。現代の徳倫理学者のハーストハウスは、行為の正しさを、次のように定義している。「行為は、もし有徳な行為者が当該状況にあるならばするであろう、有徳な人らしい（つまり、その性格にふさわしい）行為であるとき、またその場合に限り、正しい。」

□374 フェミニズム (**⊃**p.186)
女性の自由・平等・人権を求める思想と運動。近年は、特定の社会や時代が作り出した性差（ジェンダー）を自明視することなく、多様な性のあり方（LGBT）や生き方を解放する思想や運動を展開している。代表的な思想家にボーヴォワール（仏）、フリーダン（米）、ジュディス＝バトラー（米）がいる。

□375 生命への畏敬 (**⊃**p.188)
シュヴァイツァーが行った医療・伝道活動の根本にある考え方。シュヴァイツァーは生きとし生けるものすべてに見出される「生きようとする意志」を、神に通ずる尊いものと受け止め、その存在を敬い大切にしていくべきだと訴えた。

□376 アヒンサー（不殺生） (**⊃**p.189)
「ヒンサー」（殺生・暴力・傷害）という語に否定形の「ア」をつけた言葉で、不殺生・非暴力などと訳される。インドでは古来、仏教やジャイナ教の修行にも取り入れられて尊ばれてきた。ガンディーはこれを自らの思想の根本に据え、一切の生きとし生けるものへの愛にまで高め、生涯かけて実践した。

□377 サティヤーグラハ (**⊃**p.189)
「真理の把持」「真理の把握」と訳される。ガンディーの根本思想であり最終目標である。アヒンサーとブラフマチャリヤー（自己浄化）によって真理を把握し、身に着け、社会にも具現していくことこそガンディーの生涯かけての目標であった。

□378 真理把持 (**⊃**p.189)
サティヤーグラハのこと。

□379 非暴力主義 (**⊃**p.189)
暴力的手段を一切使うことなく、不正と戦うこと。ガンディーに言わせれば「非暴力」とい

うのは消極的な戦い方ではなく，最も積極的で最も力のある方法である。ただ，そのためには生命への愛と自己犠牲を体現していなければならず，困難な道ではある。相手がどんな暴力手段を持って来ても，自らの命を絶つことになっても，アヒンサーの精神を身をもって示すことで相手の良心に訴えかけ，暴力の不正を悟らせ，非暴力で暴力を乗り越える崇高な道である。

□**380公民権運動** （➡p.190）
1950〜60年代のアメリカでは，有色人種に対して，選挙権の制限や人種隔離制度など，差別が合法的に行われていたため，**キング牧師**らを中心とする黒人団体が，人種差別の撤廃や公民権法の制定を要求して展開した運動。

□**381公民権法** （➡p.190）
公民権運動の成果として1964年に成立した法律。人種や性別などが理由で選挙や教育，住居などで不当に差別することが禁じられた。

□**382ボランティア** （➡p.191）
自分の意志で，進んで社会事業などに参加する人。またその行為をも指す。報酬や見返りは求めない。高等学校や大学で，進学や就職における自己アピールの材料や単位取得の手段として使われるよう，卒業後の進路内定という「対価」を得るための手段とされる傾向も見られるが，それはボランティアの精神に反する。1998年のNPO法の成立により，ボランティア団体や市民団体の法人格取得が容易になり，活動も多岐に及び，活発化している。

□**383戦闘的ヒューマニズム** （➡p.192）
ロラン＝ロランが唱えた，人類愛の精神を基礎とし，平和の実現を目指して，社会の不合理や暴力に対して戦っていくべきだとする考え方。ロランは単なる作家・著述家ではなく，戦争を誘発する動きやファシズム的動きに対しては常に抗議の声をあげ，闘い続けた。

□**384ラッセル・アインシュタイン宣言** （➡p.192）
1955年に，ラッセルとアインシュタインの提案で，世界の著名な科学者11名が出した核兵器廃絶を訴えた共同宣言。これを受けて1957年に開催された**パグウォッシュ会議**では，核の危険性，科学者の社会的責任が討議された。

日本思想
第4章　国際社会を生きる日本人としての自覚
第1節　日本の風土と思想

□**385風土** （➡p.197・268）
人間の日々の暮らしに影響を与える，気候や地形といったもの。それらは，人間の生活や精神性，文化の形成などに影響を与えるため，単なる客観的な「自然」とは異なる。例えば，梅雨の降雨や冬の降雪，それによる清らかな河川や，里山の収穫物は日本の風土を特徴付ける一因である。

□**386八百万神** （➡p.197）
「八百」も「万」も具体的な数ではなく，「数が多い」ことを表す。それらが重なり合わさることで，「極めて多く」という意味になる。古代から日本では，大木や岩，山や川，動物といった自然物に霊が宿るとする**アニミズム**的特徴があるほか，自然物以外にも雷のような自然現象

や，鏡や長年愛用した道具など，人々に畏敬の念を与える森羅万象すべてに神性を見出し，それらを神として崇めた。その総称を八百万神という。

□**387祟り** （➡p.197）
もともとは神が何らかの形で人前に現れることを意味したが，のちに自然災害や疫病や飢饉など，人間社会に危害・災厄をもたらす現象の総称を神々の怒りと考え，それらを「祟り」と呼ぶようになった。

□**388古事記** （➡p.197）
天武天皇の命により，奈良時代に作られた日本最古の歴史書。『帝紀』・『旧辞』をもとに稗田阿礼が暗誦したものを，太安万侶が筆記した。全3巻。天地のはじまりから推古天皇の治世までが記されている。『日本書紀』と内容に大差はないが，公式な歴史書として位置づけられてこなかったため，江戸中期の本居宣長が研究するまで重視されていなかった。

□**389日本書紀** （➡p.197）
奈良時代に舎人親王らにより編纂された，日本最古の官撰の歴史書。正史。全30巻。『古事記』と同様に，『帝紀』・『旧辞』をもとにして作成された。神代から持統天皇の治世までが記載されている。

□**390清き明き心（清明心）** （➡p.197）
古代日本人が理想とした心のあり方。神々に対し欺くことのない，清らかで澄んだ心。日本の道徳，倫理観のもとになるもの。同義で，中世では神道にもとづく正直が，近世では儒教に基づく誠が，日本人の美徳・徳目として重視された。

□**391正直** （➡p.197・238）
日本人の伝統的な徳目の一つ。古代の「清明心」が中世に入り武士階級を中心に発展し形成された概念。一方で，石田梅岩は正直を倹約とともに商人の道をなす中心的な徳目として掲げた。

□**392誠** （➡p.197）
嘘偽りなく，真実をつらぬくという日本人の伝統的な徳目の一つ。

□**393祓い** （➡p.197）
宗教的な罪や穢れを除いて身心を清める方法の一つ。神道では，汚穢を忌み，清浄を貴ぶため，その手段として行われるもの。具体的には，罪を償うために代償物を提供する。人を模してつくられた形代に，罪や穢れを託し祓い去る方法などがある。

□**394禊** （➡p.197）
神道における，いわゆる浄化の儀礼の一つ。罪や穢れを除去するため，あるいは神事の前に，海や河川などで水に浸かり心身を清めること。

第2節　仏教の受容と展開

□**395憲法十七条** （➡p.201）
聖徳太子が国家統一のために制定したといわれる。仏教や儒教の精神を取り入れ，官吏の心得を示したもの。

□**396凡夫** （➡p.201）
憲法十七条で用いられた。欲望や迷いを捨てきれない普通の人のことを指す仏教用語。仏の目から見れば，誰も完全ではないので，自分の

意見だけが正しいと思い込むことを戒めた。

□**397三宝** （➡p.201）
仏教用語。仏（仏陀）・法（仏陀の教え）・僧（修行者とその共同体）のことであり，憲法十七条では，篤く敬うことが求められる。

□**398世間虚仮，唯仏是真** （➡p.201）
聖徳太子が，亡くなる際に遺したと伝えられる言葉。「この世は虚しく仮のものであり，ただ仏のみが真実である」という意味。

□**399神仏習合** （➡p.202）
日本古来の神道と，伝来した仏教の教えが融合すること。奈良時代より始まる。

□**400本地垂迹説** （➡p.202）
日本の神々は，仏が衆生を救うために仮に姿を変えて現れたという教え。これによれば，仏が本来の姿で主，神は仮の姿で従ということになる。

□**401鎮護国家** （➡p.202）
仏の力，加護を得て国を治め守ろうとするもの。奈良仏教の特色とされる。

□**402南都六宗** （➡p.202）
唐から移入された仏教の各種教学を研究する学派の総称。法相・三論・倶舎・成実・華厳・律からなる。

□**403天台宗** （➡p.203）
最澄が中国から伝えた法華経を中心経典とする宗派。日本では，比叡山延暦寺が総本山である。

□**404一切衆生悉有仏性** （➡p.203）
すべての人が，仏となる可能性があるという法華経の一乗思想の教えを表した言葉。

□**405密教** （➡p.203）
経典など言葉によって理論的に示される他の仏教の教え（顕教）に対して，言葉などでは伝えきれない秘密の教え。神秘主義的な教えを，限られた教団内で伝持していくという点に特徴がある。

□**406真言宗** （➡p.204）
空海が唐に渡り，密教を学び日本に開いた宗派。

□**407大日如来** （➡p.204）
真言密教で，宇宙の永遠の真理そのものを示す仏として最高の存在とされるもの。

□**408即身成仏** （➡p.204）
身密・口密・意密の三密の行の実践によって，この身がそのまま仏になることができるというもの。

□**409浄土信仰** （➡p.205）
平安時代中期，源信や空也によって広められた信仰。現世に救いを求めるのでなく，死後に阿弥陀如来の待つ西方での救いを求める。

□**410末法思想** （➡p.205）
仏陀の死後，仏法の力が次第に失われ，最終的にはその教えは形だけのものになり，いかに修行しても，現世では仏による救済は得られないとする考え。天災や戦乱があいついだ平安時代の後期，人々に広まっていった。

□**411念仏** （➡p.205）
浄土信仰での修行。心の中に阿弥陀仏や極楽浄土を思い描く（観想），口に「南無阿弥陀仏」と唱える（称名）などがある。

□**412『往生要集』** （➡p.205）
源信が著した。「厭離穢土・欣求浄土」（こ

の穢れた世を厭い，浄土を求める)をすすめた。特にここでは，観想念仏(仏を心に思い描く)が重要視されている。

□**413 浄土宗** (→p.206)
　浄土教の影響を受けた法然が開いた宗派。阿弥陀仏の本願を信じ，その名号を称える称名念仏をひたすら行う専修念仏を説き，称名念仏以外を一切不要とした。

□**414 専修念仏** (→p.206)
　他の一切の修行方法を捨てて，ひたすら「南無阿弥陀仏」と称える称名念仏に専念すること。法然の思想の根幹をなす。

□**415 浄土真宗** (→p.208)
　親鸞を祖と仰ぐ人々が起こした宗派。親鸞自身は生涯法然の弟子であることを自認し，新しい派を開くことは考えていなかったが，自然と一派をなした。真宗・一向宗とも呼ばれる。

□**416 本願** (→p.208)
　阿弥陀如来がまだ修行中の菩薩だった時に立てたとされる48の誓願のこと。四十八願ともいう。そのうちの第18願が特に重要視され，そこには阿弥陀如来の「念仏を称えた者すべてを自分の浄土である極楽浄土に往生させるという誓願が叶わないうちは自分は決して悟りを開いて如来になることはない。」との誓いが書かれている。浄土諸宗はこの阿弥陀如来の誓願に救いのすべてを託すのである。

□**417 悪人正機** (→p.208)
　自力で功徳を積むことのできる自力作善の善人よりも，煩悩ゆえに善をなせない煩悩具足の凡夫という自覚を持つ悪人こそが，阿弥陀如来の救いにあずかる対象であるという思想。洪水などで救助を待つ人々が居たとして，レスキュー隊員はまず自力で全く泳げない人を救い，しかる後に自力で泳げる人も救う，ということを考えればわかりやすいかもしれない。法然にもこの思想はあったが，この思想を明確に打ち出したのは親鸞である。

□**418 他力** (→p.208)
　本来は仏や菩薩等の救いの力一般を指すが，特に浄土諸宗でクローズアップされ，阿弥陀如来の本願に基づく救いの力を指すことが多い。阿弥陀如来の本願が叶った以上，阿弥陀如来にすがれば必ず極楽浄土へ救われる，ということになり，仏の他力を信じて念仏を称えるのである。

□**419 絶対他力** (→p.208)
　親鸞が到達した究極の他力信仰のあり方。親鸞は法然の他力の考え方を突き詰めていった結果，救いのすべては阿弥陀如来のはからいによるものであって，念仏を称えるという行為ですら自力でしているのではなく，仏の慈悲によってそのようにはからわれているのだとまで考える。つまり，救いの中には人間の側の努力の要素はなく，すべては阿弥陀如来の本願によってとりはからわれているのだという思想。

□**420 自然法爾** (→p.208)
　親鸞の絶対他力の思想を言い換えたもので，すべては阿弥陀如来のはからいによって「自ずから然らしめられている」働きであるということ。また，そのはからいにすべてを任せること指す。

□**421 臨済宗** (→p.211)
　禅宗の一派で，もとは9世紀の中国で臨済義玄が起こした宗派であるが，それを12世紀末，栄西が南宋から伝えた。坐禅をする際に，公案に一心に取り組むことより悟りに達しようとする。

□**422 曹洞宗** (→p.212)
　臨済宗と同様，もとは9世紀の中国で起こった禅宗の一派。それを道元が1227年に南宋から伝えた。臨済宗とは違って，坐禅の際に公案などは与えず，ひたすら坐る只管打坐をすすめる。そして坐禅の修行がそのまま悟りの体現であるとする。

□**423 只管打坐** (→p.212)
　「只管」とはただひたすら，「打坐」とは坐禅に打ち込むこと。ただひたすら坐禅に打ち込み，坐禅を唯一の行とすることを説く，道元禅の精髄を表現した語である。

□**424 身心脱落** (→p.212)
　道元によれば仏教の眼目は自己を習うことで，それはまた自己を忘れ，自己が万法に証せられることである。つまり，坐禅によって一切の執着を離れた時，身も心もすべての存在の中で脱け落ちたようになり，世界と一体になった無我の境地が訪れる。

□**425 修証一等** (→p.212)
　修は坐禅の修行，証は悟りのことである。道元の思想の根幹をなす考えで，修行があってしかる後に悟りがあるのではなく，坐禅の修行がそのまま悟りを体現しているという意味。つまり，坐禅は単なる悟りのための手段ではなく，坐禅そのものが目的であり，悟りの内容をあらわしているとされる。

□**426 正法眼蔵** (→p.212)
　道元の主著。坐禅の工夫などの実践面はもちろん，道元自身の宗教哲学を，仏教の他の諸宗派や禅宗系統と対比しながら述べ，独自の立場を明確に表している。

□**427 日蓮宗** (→p.214)
　日蓮によって開かれた新しい宗派。法華宗ともいわれる。法華経こそが仏教最高の教えであると信じて他宗を認めない態度は，日本においては珍しく，一神教と似た性質を帯びる。商人や地方武士に広まったが，折伏という戦闘的な布教方法を用いたり，他宗を排撃したことから，迫害を受けることも多かった。

□**428 南無妙法蓮華経** (→p.214)
　「南無」とは「帰依する」ということで，妙法である蓮華経(法華経)に帰依したてまつるという意味である。これを題目と呼ぶ。

□**429 唱題** (→p.214)
　「南無妙法蓮華経」という題目を唱えること。日蓮は，法華経の題目には釈迦が仏となった徳のすべてが備わっており，題目を唱えることによって仏になるための功徳が与えられ，国も安らぐと説いた。

□**430 法華経の行者** (→p.214)
　法華経を広め，実践する人のこと。法華経自体の中に，この経を受持する者は法難(迫害)に遭うと説かれているため，日蓮を始め法華経の行者は，迫害を受ければ受けるほど益々使命感を高ぶらせて布教に邁進する傾向が強い。

第3節　儒教の受容と展開

□**431 居敬窮理** (→p.220)
　居敬は自己の感情，欲望を抑制し，物事を貫く客観的理に従う態度。敬はつつしむことで感情に動かされることを慎むこと。窮理は万物の理を見極めること。これらが合わさって朱子学の学問・修養の方法として重んじられた。「居敬」は静座を中心とした心身の修養。「窮理」は読書を中心とした心身の修養。

□**432 上下定分の理** (→p.220)
　君臣上下の関係は，天地間の自然を貫く道理と同じように定められたものだという思想。林羅山によって説かれた。

□**433 存心持敬** (→p.220)
　常に心の中に敬(つつしみ)を持つことを心掛け，さらに「上下定分の理」を身をもって体現すること。林羅山が説いた。

□**434 垂加神道** (→p.221)
　儒教を学んだ後に神道を学んだ山崎闇斎が提唱した，神儒合一の神道説。天皇崇拝の立場をとるこの思想は，後の尊王思想に影響を与えたとされる。

□**435 陽明学** (→p.222)
　中国明代の王陽明によって創始された実践的儒学。朱子学が，万物を貫く客観的「理」と同時に心の本性であるとする，「性即理」を説いたのに対し，心の本体である「良知」はそのまま「天理」であるとする「心即理」を説いた。そしてこの「良知」が発現することを「致良知」と呼んだ。ここに朱子学に見られた知(窮理)と行(居敬)の区別がなくなり，知行合一が道徳の基本となった。

□**436 時・処・位** (→p.222)
　中江藤樹は万物の根本原理である孝の心の実践において，時(時期)，処(場所)，位(身分)の三つの条件を考慮することを説いた。

□**437 良知** (→p.222)
　人間に生まれながらにそなわっている，善悪を判断する心の本体。

□**438 士道** (→p.223)
　山鹿素行は，武士の職分として，人倫の教化と，為政者としての自らの人倫の道の体現する立場を示した。
　新時代の武士とっての「士道」は，農工商の三民を率い，その長となって人の道を実現することにあるとした。

□**439 武士道** (→p.223)
　武士としての心構えや生き方の総体をさす言葉。鎌倉時代において主従関係を軸とした献身的奉公としての武者の習として確立する。ところで，武士階級が政治的実権を掌握し社会的指導的位置を占めた期間は，600年に及ぶ。しかし幕藩体制の成立とともに泰平の世では武士に武道ではなく文道が要求される。そこでは儒教的武士道いわゆる「士道」が要求され仁義に生きる武士が要求された。また，こうした流れに対して，死の覚悟と主君への献身に生きる『葉隠』(1716年)が，戦国の気風の失われた元禄時代に示された。

□**440 古学** (→p.223)
　朱子による注釈を経ないで古代儒教の文献の本文から直に孔子・孟子らの思想を読み取ろう

とした学派。

□441 古義 (→p.224)
もともとの意味。『論語』『孟子』が本来伝えようとした意味をさす。

□442 古義学 (→p.224)
伊藤仁斎の唱えた学問で，朱子を始めとする後代の注釈を排して直接「論語」等を研究することで古の聖人たちの本来の思想を捉え，儒教の本来の意味（古義）を捉えようとした。

□443 仁愛 (→p.224)
仁斎が孔子の教えの根本として捉えたもので，孔子の教えは「仁」すなわち「愛」につきるとした。

□444 真実無偽 (→p.224)
他者との交わりにおいて，自分に対しても，他人に対しても偽りのない純粋な心のありよう。

□445 忠信 (→p.224)
忠は，他者に自分のことのように深く思いやること。信は，他者の信頼に，うそをつかず全力で答えること。仁斎は誠の実践は難しいので，「忠信」を日常における実践すべき倫理の根本とした。

□446 忠恕 (→p.224)
忠は「まごころ」恕は「思いやり」のこと。仁の達成のための基本的徳目。すべての人々が，忠恕を実践し，仁を完成すれば，平和な社会秩序が実現する。

□447 先王之道 (→p.226)
荻生徂徠は，孔子の求めた「道」とは，古代中国の堯・舜などの聖人（先王）が，天下を安ずるため人為的に制作した道とする。具体的には礼楽刑政のことであるとした。

□448 経世済民 (→p.226)
世を治め，民を救うこと。徂徠は，個人の修養を重んじる反面，安民をおろそかにしている従来の儒教を批判した。そこで「安天下の道（安民の道）」として政治の具体策を論じた。

□449 礼楽 (→p.226)
先王が制作した，道のこと。儀礼，音楽，刑罰，政治のことで先王はこの「道」を制作することで人々が特性を発揮し，社会全体が調和的に発展することを可能にしたとする。

□450 刑政 (→p.226)
刑は刑罰，政は政治を指す。自然にできあがっている秩序に忠実に従えばいいという朱子学の立場を疑問視した荻生徂徠が，礼楽と同様につくりあげなければならない秩序として主張するもの。

□451 古文辞 (→p.226)
古代中国の言語とそれを用いた文のこと。徂徠は，古文辞学の立場から「六経（聖人の述作とされる）」を研究し，古代中国語を通じて経典を読み直す作業は，国学にも影響を与えた。

□452 安天下の道 (→p.226)
徂徠は，「弁道」のなかで，「先王の道は，天下を安んじるための道である」と論じている。すなわち，道とは，天下を安定させる具体的制度であるとした。

第4節　日本文化と国学

□453 ますらを（お）ぶり (→p.229)
賀茂真淵が『万葉集』に見出した，男性的で

おおらかな歌風のこと。後の「からくにぶり」（中国風）や「たおやめぶり」（女性的で優しい気風）によって失われた古代日本人の精神であると主張した。

□454 高く直き心 (→p.229)
賀茂真淵が尊ぶ，自然で素直な高貴さをたたえた心のあり方。儒教的な人為的で理屈っぽい心情と対置される。

□455 惟神 (→p.230)
『古事記』や『日本書紀』に記されている神代に由来する習俗。本居宣長は，神々の思し召しに従順に従う神の道こそ日本固有のあり方であると主張した。

□456 漢意 (→p.230)
儒教や仏教などの外来思想に基づく考え方や生き方。本居宣長は，日本古来の大和心（真心）を取り戻すためには，漢意を排除する必要があると唱えた。

□457 真心 (→p.230)
本居宣長は「よくもあしくも，うまれつきたるままの心」を真心と呼んだ。儒教や仏教の欲望を抑える態度を批判し，自分の欲望や感情を素直に受け止める心情を尊んだ。

□458 もののあはれ (→p.230)
自然や人情などのものに触れて素直に感動すること。「もののあはれを知る」とは，感ずるままに心を動かすことができること（豊かな感受性を持つこと）であり，本居宣長は『源氏物語』の光源氏を「心ある人」として評価した。

□459 復古神道 (→p.232)
平田篤胤が国学に基づき提唱した神道。大和心を天皇崇拝の心ととらえ，天皇の絶対性と日本の優越性を備えた神の道に従うことを唱えた。民衆にも広まり，幕末の尊王攘夷論に影響を与えた。

第5節　近世の民衆思想

□460 加上の説 (→p.236)
富永仲基が主張した，古代神話や宗教を解釈する仮説のひとつ。後代に生まれた学説はその正当性を示すために，より古い時代に起源を求め，複雑さを増すものだという考え方。

□461 無鬼論 (→p.236)
山片蟠桃が著書『夢の代』の中で主張した，天変地異といった人間の力の及ばぬものを何もかも「鬼神」によるものとするべきではないという，合理的思考に基づく無神論。

□462 蘭学 (→p.236)
江戸時代にオランダを通じて日本に入ってきたヨーロッパの学術・文化・技術の総称。

□463 倹約 (→p.238)
石田梅岩の石門心学の中心的な徳目。行き過ぎた贅沢を慎むこと。個人的な倹約だとしても他人に利するものであれば肯定されるべきだと梅岩は主張している。（→469 石門心学）

□464 勤勉 (→p.238)
正直・倹約と並ぶ，石田梅岩の石門心学の中心的な徳目。職分を全うするための，労力をいとわぬ心構えとその実行。（→469 石門心学）

□465 石門心学 (→p.238)
単に，心学ともいう。神道・儒教・仏教の三教合一説を基盤としている。その実践道徳の根

本は，天地の心に帰することによって，その心を獲得し，私心をなくして無心となり，仁義を行うというものである。中心となるのが「正直・倹約・勤勉」の三徳である。当初は都市部を中心に広まり，次第に農村部や武士まで普及するようになった。江戸時代後期に大流行し，全国的に広まった。

□466 万人直耕 (→p.240)
すべての支配階級を「不耕貪食」の存在として否定，いっさいの学問や宗教は搾取を合理化するためのものであるとして，その理想とする社会は万人直耕の自然世，すなわち働く農民だけの平等な世界であるという，安藤昌益の思想。

□467 自然世 (→p.240)
すべての人々が直接農耕を営む，平等とすべき社会。法世とは対極に位置する。

□468 法世 (→p.240)
人間がわざわざこしらえた人為的な社会のこと。農民以外の階層はすべて農耕を営まず，農民が生産したものを収穫し搾取するだけである。

□469 天道 (→p.241)
儒教では，天道は人間に対する絶対の道を意味した。しかし，二宮尊徳によれば，天道は天理自然の道であり，田畑に作物を生長させるとともに，雑草をも生やすものであり，善でも悪でもない。人間は天道に支配されているがため，善き心であっても欲望を生じてしまう。そこで，人間の道である人道をもって，天道にただ従うのではなく，私利私欲を制していくべきとした。天道と人道があいまって農業は成り立つのである。

□470 人道 (→p.241)
二宮尊徳の説く，天理自然の理である天道を制御し利用する人間としての道のこと。（→473 天道）

□471 分度 (→p.241)
推譲とならぶ，二宮尊徳が人道を実現していくうえで最も大切だとする実践的倫理の一つ。分度は，合理的な生活設計を行うことであり，その実践のために勤労や倹約が求められた。

□472 推譲 (→p.241)
分度によって得られた富を，人々や社会に譲ること。（→475 分度）

□473 報徳思想 (→p.241)
二宮尊徳の提唱する分度と推譲を支える，徳には徳をもって報いるという思想。この理念をもとに，尊徳は危機に瀕した藩や荒廃した農村の復興を手がけた。

第6節　幕末の思想

□474 和魂 (→p.243)
東洋の道徳のこと。アヘン戦争で西洋列強の力に衝撃を受けた佐久間象山が，国力を充実させるために取り入れるべきと主張した。思想の一つ。

□475 洋才 (→p.243)
西洋の科学技術のこと。和魂と洋才それぞれの長所を取り入れることによって，国力を充実すべきだと佐久間象山は主張した。（→478 和魂）

□476 天地公共の理 (→p.243)
世界を支配する不変的な法則として，肥後熊本藩士の横井小楠が提唱した。国際平和の実現

をめざす開国論である。

□**477 一君万民論** （⊃p.243）
藩の枠組みを超えて，すべて国民は天子(天皇)に忠誠を尽くすべきという，松下村塾を開いた長州藩の吉田松陰の思想。この思想は，当時の幕府のあり方に対する批判的な精神も含まれており，尊王討幕運動に多大な影響を与えた。

第7節　西洋思想の受容と展開

□**478 文明開化** （⊃p.247）
明治初期の，それまでの因習を打破し，西洋文明を積極的に導入しようとする風潮。日本の文明開化は政府主導の，上からの欧化政策の色彩が強く，物質的・外面的であり，都市部偏重で地方にはなかなか伝わらなかった。

□**479 明六社** （⊃p.247）
明治6(1873)年に，森有礼が当時の代表的知識人に呼びかけて結成した啓蒙思想結社で，日本最初の学術団体である。福沢諭吉，中村正直，西周，津田真道，西村茂樹，加藤弘之らが参加した。月一度の定例会を開いた他，演説会，講演会なども催した。そこでの成果は『明六雑誌』を通じて広く読まれ，日本の知識人たちの間で共有された。

□**480 天賦人権論** （⊃p.248）
「天賦人権」とは今の言葉でいえば基本的人権のことである。人間は本質的に平等であり，何人も侵すことのできない自由・平等・幸福追求の権利などを生まれながらに天から賦与されているという思想。市民革命の底流にあった自然権思想を，東洋的な「天」という観念を使って表現したものである。

□**481 独立自尊** （⊃p.248）
福沢諭吉が生涯を貫いて実践し，人にも勧めた精神。福沢の思想の中核をなす。精神的にも経済的にも自分で自分の身を支配し，他によりすがる心を捨て，自尊心を忘れない。福沢の願いは「一身独立して一国独立す」の言葉に示されている通り，日本の真の独立であり，そのためには国民一人一人の独立心が不可欠であると考えた。

□**482 実学** （⊃p.248）
福沢諭吉が，西洋に遅れを取り，独立の危機さえある日本で，まず学ばれなければならないと考えた実用的な学問。『学問のすゝめ』の中では「人間普通日用に近き実学」と表現されており，具体的には数理学(物理学を中心とした自然科学)，経済学，歴史学，地理学など。一方，江戸時代に主として学ばれていた漢学や，和歌や漢詩をつくるなどのいわゆる文学は「虚学」と呼び，それは後回しにすべきだと考えた。

□**483 富国強兵論** （⊃p.248）
明治政府が国家目標として掲げたスローガン。明治政府は開国和親を布告し万国公法の遵守を表明したが，一方で欧米列強に伍して国家的自立と強国化を目指した。そのために西洋文明の積極的導入をして文明開化をはかるとともに，経済力や軍事力の強大化を必要としたのである。

□**484 東洋のルソー** （⊃p.250）
中江兆民のことを指す。兆民はルソーの影響を強く受け，ルソーの『社会契約論』を抄訳して『民約訳解』として出版。フランス流の急進

的民権論を説いて，自由民間運動に多大な影響を与えた。そのため東洋のルソーと呼ばれる。

□**485 恩賜的民権** （⊃p.250）
中江兆民の造語で，人民が為政者から恩賜的に恵み与えられた人民の諸権利という意味。本来は民権は人民が自らの手で勝ち取るもので，恵み与えられるなど屈辱的なはずだが，兆民は時勢を考慮すればとりあえずはそれでよしとする。そして，恩賜的民権を恢復的民権に育て上げれば良く，それが日本人民の課題であるとした。

□**486 恢(回)復的民権** （⊃p.250）
これも中江兆民の造語。上から与えられたものではなく，人民が自らの手で勝ち取った人民の諸権利。英仏などの民権はこれである。兆民は，現状の恩賜的民権を実質的に恢復的民権に育てていくべきだと説いたのである。

□**487 二つのJ** （⊃p.252）
内村鑑三が生命をささげてまで愛することを欲したイエス(Jesus)と日本(Japan)のこと。内村にとって愛国心とキリストへの愛は不可分なもので，キリストを離れては真心をもって国を愛せなくなるし，国を離れてはキリストを愛することはできないと述べている。

□**488 非戦論** （⊃p.252）
日露戦争の機運が高まった頃，世の中はおしなべて開戦に賛成の風潮だったが，その風潮に逆らって戦争そのものを否定する論調も現れた。それが非戦論である。幸徳秋水・堺利彦らは社会主義の立場から『万朝報』や『平民新聞』紙上で非戦を訴えた。また，日清戦争は義戦であるとして賛成していた内村鑑三はそれを後悔し，戦争はすべて悪で正義の戦争などは無いと思うに至り，キリスト教信仰も相まってすべての戦争に反対する立場に立った。

□**489 無教会主義** （⊃p.252）
内村鑑三の中心的な信仰の立場。洗礼や聖餐などの儀式にとらわれて「教会の外に救いなし」とする教会主義の考え方に反対し，パウロやルターの福音主義につながる「信仰のみによる救い」という思想に立ち，直接聖書を読むことに基づく信仰を重んじる立場である。

□**490 平民主義** （⊃p.255）
徳富蘇峰の初期の考え方。明治20年代雑誌『国民之友』や『国民新聞』で展開した。鹿鳴館時代に象徴される日本の近代化が貴族・官僚主導であると批判し，民衆の立場からの西欧文化の受容と，近代化の推進こそが国民の利益と幸福につながるとした。

□**491 国民主義** （⊃p.255）
陸羯南が標榜した考え方で，対外的には国民的独立を，対内的には国民的自由を求めるもの。政府の欧化政策を厳しく批判し，アジアの盟主として欧米に対抗できる国家を目指すものであった。

□**492 国粋主義** （⊃p.255）
一派的には自国の文化的や政治的伝統の独自性または優越性を強調し，それを政策や思想の中心的価値と考える思想をさす。明治20年代，三宅雪嶺や志賀重昂らが設立した政教社では，極端な欧化路線に反対し，日本の伝統文化を称揚し国粋主義を掲げたが，ここでいう「国

粋」は tradition の訳語であって，のちの軍国主義と一体となった反動的排他的な「国粋主義」とは一線を画するので注意が必要である。

□**493 大逆事件** （⊃p.256）
1910年，各地で多数の社会主義者・無政府主義者が明治天皇暗殺を計画したとの理由で検挙され，翌年26名の被告のうち幸徳秋水ら12名が死刑，残りが無期懲役その他の刑に処せられた事件。幸徳事件ともいうが，幸徳はこの事件に直接関係しておらず，社会主義運動を弾圧しようとする政府の方針の下で，首謀者に仕立て上げられて処刑されたのであった。以後，社会主義運動・労働運動が厳しく弾圧されていく契機ともなった。

□**494 自己本位** （⊃p.258）
徳義心の高い個人主義。義務と責任を有する近代的な個人として，自己の立場や思想を徹底することによる，社会や国家との衝突という困難に対処していくことを意味する，夏目漱石の思想。

□**495 則天去私** （⊃p.258）
見栄や虚偽を持つことなく，自我を超越して天のあり方に則して生きる境地。夏目漱石が理想とした。

□**496 諦念（レジグナチオン）** （⊃p.259）
自己が世間との葛藤に陥ったとき，俗世間に自らを迎合させつつ，しかしそれによって流され自分を見失うことはしないという，森鷗外が見出した境地。

□**497 ロマン(浪漫)主義** （⊃p.260）
ロマンチシズム(Romanticism)の訳語。個性を重んじ，知性よりも感情の優越を強調する。日本では森鷗外，北村透谷の活動を中心とする明治20年代を前期ロマン主義，島崎藤村や明星派の活動を中心とする30・40年代を後期ロマン主義と呼ぶ。

□**498 自然主義** （⊃p.260）
島崎藤村，田山花袋などが代表的で，自分の心や欲望をありままに観察し，真実を描くために，あらゆる美化を否定する作風を持つ。

□**499 教養主義** （⊃p.261）
教養を育むことを重んじる立場や考え方。

□**500 白樺(派)** （⊃p.261）
明治43年に武者小路実篤，志賀直哉などによって創刊された同人誌『白樺』を中心にして起こった文芸思潮のひとつ。人間肯定，理想主義・人道主義・個人主義的な作風を持つ。

□**501 無政府主義** （⊃p.261）
アナーキズム。国家や社会，宗教などのあらゆる既成権力を否定し，完全な個人の自由に基づく社会の樹立を求める思想。自由を固く追求する側面において，社会主義・共産主義と一線を画する。明治〜大正期の日本においては幸徳秋水，大杉栄，伊藤野枝らが代表的。

□**502 自由主義** （⊃p.261）
17〜18世紀の市民革命を背景にうまれた思想。個人の権利や自由を尊重する立場をとり，近代民主主義における最も基本的な思想原理である。また，人権尊重の思想や民主的な政治制度の確立を求める思想などは，すべてこの自由主義から発したものともいえる。

□**503 小日本主義** (→p.261)
　明治末～大正期にかけ，経済雑誌『東洋経済新報』の主幹として活躍した三浦銕太郎・**石橋湛山**らが，「大日本主義」に基づく軍事的な対外膨張政策に反対し，提唱した思想。産業主義・自由主義・個人主義の三つを柱に，軍備縮小，植民地の全面放棄などの主張を展開した。

□**504 大正デモクラシー** (→p.262)
　大正時代の民主主義的改革を求める思潮・運動。護憲運動や普通選挙運動をはじめ，社会権を求める労働運動・社会主義運動など，政治・社会・文化などあらゆる分野で改革の実現を目指す運動が展開された。

□**505 民本主義** (→p.262)
　吉野作造が提唱した民主主義思想であり，「デモクラシー」の訳語。大正デモクラシーにおける護憲運動，諸改革の理論的根拠となった。「天皇主権」の当時にあって，主権の所在の問題を避けて運用面に焦点をあて，民意の尊重・民衆の福利が実現されることを目指した。

□**506 青鞜** (→p.263)
　1911（明治44）年に創刊，1916（大正5）年まで発行された「青鞜社」の機関紙。**平塚らいてう**を中心に5人の女性が発起人となって発刊された，日本初の女流文芸雑誌で，創刊号にはらいてうが記した「元始，女性は太陽であった」という序文が掲載され，女性解放を高らかに宣言した。

□**507 女性の解放** (→p.263)
　政治，経済，社会，文化，家族生活など，あらゆる領域において，性別を理由とした差別・偏見・因習などから女性が解放されること。明治末に結成された青鞜社は，女性の解放を目指す先駆けとなった。

第8節　日本の思想の展開

□**508 純粋経験** (→p.266)
　西田幾多郎が『善の研究』において真実在としたもの。知情意がいまだ分離されることなく，主観と客観が対立する以前の主客未分，物我一体となった経験（直接経験）のこと。

□**509 主客未分** (→p.266)
　音楽を聴く体験において，心が音楽に奪われて音楽と一体となっているような状態をいう。それに対して「私が音楽を聴いている」という事態は，私（主観）が音楽（客観）を思惟的・反省的にとらえることで生じており，そこでは主客が分裂した状態にある。

□**510 善** (→p.266)
　西田は「善とは一言にていえば人格の実現である」という。人格の実現とは自分らしさを発揮することであるが，それは宇宙の統一力と自己が一体となった主客合一の境地（純粋経験）を生きることである。それはエゴイズムを脱して真の自己に到達することである。

□**511 人格の完成** (→p.266)
　人格の完成とは，西田が善とすることであり，主観と客観とを統一し，**主客合一（純粋経験）**の境地を生きることであるとされる。（→513善）

□**512 場所の論理** (→p.266)
　後期西田哲学を支える考え方。西田は，主語－述語の関係において述語を論理の基盤にすえ，述語的場所こそ真実在であるとした。述語的場所とは，あらゆる主語（個物）を包摂する「無の場所」であり，その根底に全存在の根拠となる絶対無を見出した。

□**513 絶対無** (→p.266)
　西田幾多郎の場所の論理を説明する際に使用される概念。全存在の根拠となる。（→516場所の論理）

□**514 人間の学としての倫理学** (→p.268)
　和辻哲郎は，西洋の個人主義的な倫理学を批判して，間柄的存在である「人間」の学として倫理学を規定した。和辻は，人間存在の根本的な法理を人間の個人的側面と社会的側面が相互に否定し合う運動（空）であるとした。

□**515 間柄的存在** (→p.268)
　人間は「世間」と「人」との二重存在である，という和辻哲郎の人間観。人は「世間」という社会（家族や学校，趣味の仲間など）の中にあって，「この私」という自己意識（しっかり者の長女でテニス部部長，嵐のファンなど）を持つことができるという具体的な人間のあり方のこと。

□**516 民俗学** (→p.270)
　地域に根差した習俗や信仰，また民話や方言などを収集・分析して，庶民が暮らしの中で培ってきた文化や価値観を研究する学問。日本民俗学研究の中心となったのが**柳田国男**である。

□**517 新国学** (→p.270)
　折口信夫が提唱した国文学・古典芸能の民俗学的研究のこと。折口信夫は，柳田とともに日本の民俗学を担った学者。釈迢空の号を用いて歌人としても活躍した。国文学や古典芸能の民俗学的研究に多くの業績を残した。

□**518 常民** (→p.270)
　柳田国男が民俗学の研究対象として名づけた民俗伝承の担い手の人々のこと。当初は「極普通の百姓」とされ農民を指していたが，後に日本人一般のことをそう呼ぶようになった。

□**519 習俗** (→p.270)
　社会の習わし，風習など。日々の暮らしの中に見られる伝統的な生活様式。

□**520 祖霊信仰** (→p.270)
　常民は，先祖の霊は里からそう遠くない山や海などの他界に留まり，歳神として年の初めに村里を訪れその年の豊穣をもたらすという習俗を持っていた。柳田はこの祖霊信仰が日本の神の原型であるとした。

□**521 氏神信仰** (→p.270)
　古代において氏神とは各氏族の祖霊のことであったが，土地に祀られることで，その地に住む人々（氏子）の守り神とされるようになった。現在の神社はこの氏神信仰に基づいている。

□**522 先祖の話** (→p.270)
　柳田が太平洋戦争末期に執筆したもの。仏教や国家神道の死の儀礼に対して，庶民が素朴に信仰してきた死生観・霊魂観を示し（祖霊信仰），戦死者の慰霊のあり方を論じた。

□**523 まれびと** (→p.270)
　折口信夫が神の原像ととらえた，常世など他界から時を定めて訪れる存在（来訪神）。村落の人々は，幸福をもたらしてくれるまれびとを手厚くもてなし，そこから発せられることばから和歌や物語が発生したと説いた。

□**524 常世** (→p.270)
　日本神話で，海の彼方に存在するとされた神の国（他界）。そこから豊穣をもたらす神が「まれびと」として来訪するとされた。

□**525 来訪神** (→p.270)
　村人に幸をもたらすために村の外から訪れる神のこと。

□**526 神社合祀反対運動** (→p.270)
　南方熊楠は，郷里和歌山県で強行された国の神社合祀政策に対して，激しい反対運動を展開した。合祀によって神社が廃止されるので，生活に密着した行事や鎮守の森とされる豊かな自然が失われることに抗議した。現在，自然保護運動の先駆として評価されている。

□**527 民芸** (→p.270)
　柳宗悦は，下手物と呼ばれる民衆が日常に使う工芸品を「民芸」と名付け，そこに用の美や無心の美という独自の美を見出した。

□**528 法華経信仰** (→p.273)
　法華経信仰は明治期以降，知識人に大きな影響を与えた。**田中智学**が主催した国柱会には多くの文学者や政治家が参加した。宮沢賢治もその一人で，法華文学の創作を勧められ，終世創作活動に打ち込んだ。

□**529 農民芸術** (→p.273)
　宮沢賢治が説いた日々の農作業や暮らしの中に芸術活動を取り入れていく生活芸術の理念。「農民芸術概論綱要」で「宇宙感情の　地　人　個性と通ずる具体的なる表現である」と説明している。

□**530 羅須地人協会** (→p.273)
　宮沢賢治が悲惨な東北の農村を改良しようと設立した活動拠点。稲作指導，肥料設計，農民芸術や科学の講義などが無償で行われた。

□**531 超国家主義** (→p.274)
　日清戦争の前後から高まってきた国家主義の流れをくみ，それが変質して形成された思想。極端な国家主義を意味する。主な提唱者である**北一輝**は，『日本改造法案大綱』をあらわし，貧しい国民を救うため，有力者を武力によって除去すべきと主張した。この北の思想は，二・二六事件を企てた青年将校らに大きな影響を与えたとされる。

□**532 天皇機関説** (→p.274)
　大日本帝国憲法下で確立された憲法学説。国家を法律上ひとつの法人ととらえ，その中の君主や議会，裁判所などは国家という法人の機関であるとする。ドイツの公法学者イェリネックの唱えた国家法人説の影響を受け，日本では憲法学者である**美濃部達吉**が主張した。相対する主張として，**穂積八束**などが主張した天皇主権説がある。

□**533 批評** (→p.275)
　小林秀雄は，当時流行したプロレタリア文学をマルクス主義の「意匠」（見た目，体裁）をまとったものにすぎないと批判し，批評を芸術家の作品を通して自己の思想を表現する文学の形式として確立した。

□**534 無責任の体系** (→p.276)
　丸山真男は戦後「超国家主義の論理と心理」で，超国家主義の実態を為政者らによる政治的

な主体性の欠いた「無責任の体系」であり，それは封建時代からの「遺産」であると批判した。

第5章　現代の諸課題と倫理

□**535 クローン技術**　（⊃p.281）
遺伝的に同一である個体をつくりあげる技術。1996年にイギリスで「ドリー」と名付けられたクローン羊が誕生した。成長した羊の体細胞から造られた世界初の動物クローンとして注目を集めた。

□**536 遺伝子操作**　（⊃p.281）
生物のDNAに記されている遺伝情報を人為的に操作する技術。農業や医薬品製造で広く利用されている技術であるが，遺伝子組み換え作物の安全性など，慎重に見極める必要があるなど課題も多い。

□**537 QOL**　（⊃p.281）
直訳すると「生命の質」。単純な延命（生命の量）を目指すのではなく，患者が自己決定権に基づいて自分らしく生きられるよう手助けする医療の立場を指す。

□**538 脳死**　（⊃p.283）
脳幹を含めた脳の機能が完全に失われ，回復も不可能であるが，生命維持装置によって心臓の機能が維持されている状態。

□**539 臓器移植法**　（⊃p.283）
移植使用を前提に，医師が死体（脳死した者の身体を含む）から臓器を摘出することを認めた法律。1997年に制定され，2009年の法改正で脳死移植の要件が緩和された。

□**540 地球温暖化**　（⊃p.285）
温室効果ガス（CO_2など）の大気中への排出で地球の平均気温が上昇し，自然環境，ひいては人類の生活環境に悪影響を及ぼす現象。異常気象，海水面上昇，食糧生産の不安定化などの影響が深刻で，1992年の気候変動枠組み条約で，温室効果ガス削減に向けた取り組みがスタートした。

□**541 京都議定書**　（⊃p.285）
地球温暖化防止のためにCO_2などの排出量削減を目指す国際条約。1997年の気候変動枠組み条約第3回締約国会議（京都）で，先進国全体で1990年比$CO_2$5.2%削減，排出権取引承認などが決まった。2005年に発効したが，2012年に約束期間が満了。

□**542 パリ協定**　（⊃p.285）
2015年に採択された，2020年以降の温暖化対策の国際的な枠組みとなる条約。産業革命前からの世界の平均気温上昇を「2度未満」に抑え，さらに平均気温上昇「1.5度未満」を目指すことが目標。先進国だけでなく，途上国にも温室効果ガス排出量の削減目標を策定することが義務化されたが，達成できなかった時の罰則規定は盛り込まれなかった。

□**543 環境倫理**　（⊃p.287）
1960年以降に深刻化した地球規模の環境破壊に対し，これらを防止する様々な運動を倫理学的にとらえ直した学問。環境倫理学の根本には，人間だけを倫理的な配慮の対象としてきた「人間中心主義」への批判がある。

□**544 情報社会**　（⊃p.289）
情報があたかも資源のような価値をもち，それらを中心として機能する社会のこと。

□**545 忘れられる権利**　（⊃p.289）
意図せずインターネットなどに拡散してしまった不都合な個人情報が検索結果として表示されないよう，検索エンジン運営者に要請する権利が，「忘れられる権利」である。2014年にEUの裁判所がこの権利を認める判決を出し，2014年に日本の裁判所も同趣旨の判断を下している。

□**546 家族**　（⊃p.293）
婚姻関係，親子関係などによって結びついている社会集団。親族をどこまで家族に含めるかは，社会のあり方と結びついている。

□**547 男女共同参画社会**　（⊃p.293）
男女が，社会の対等な構成員として，自らの意志によって社会のあらゆる分野において活動し，決定に参加できる社会。1999年制定の男女共同参画社会基本法により，実現が目指されている。

□**548 ジェンダー**　（⊃p.293）
「社会的性差」のこと。生物学的性差（Sex）に対する概念。

□**549 NPO**　（⊃p.295）
公益的な立場から行政に働きかけを行う一方，営利を追求しない民間組織。営利を目的としないため，ボランティアや募金活動が運営基盤となることが多い。

□**550 少子高齢社会**　（⊃p.295）
出生率の低下により総人口に占める子どもの割合が減少する一方，65歳以上の高齢者の割合が14%を超え，さらに増大していく社会。

□**551 オリエンタリズム**　（⊃p.299）
パレスチナ出身の批評家**サイード**が提唱した概念。西欧が，自文化からみて「異質」とみなしたものを「オリエント（東洋）」に押し付け，これに偏見をもって接してきた西欧の姿勢を「オリエンタリズム」と呼び，批判した。

□**552 他者**　（⊃p.299）
自分以外の他のもの。サイードは，西欧が自ら不気味で不可解な「オリエント」という他者像をつくり上げることで，自文化の普遍性・優越性を誇示してきたと主張した。

□**553 多文化主義**　（⊃p.299）
異なる文化を持つ集団が存在する社会において，それぞれの集団が「対等な立場で」扱われるべきだという思想・政策。オーストラリアやカナダでは，多文化主義に基づく諸政策が実施されている。

□**554 人間の安全保障**　（⊃p.301）
人間一人ひとりに着目し，生存・生活・尊厳に対する広範かつ深刻な脅威から人々を守り，それぞれの持つ豊かな可能性を実現するために，保護と能力強化を通じて持続可能な個人の自立と社会づくりを促す考え方。

□**555 飢餓**　（⊃p.301）
食糧が不足し，人々が飢えること。

□**556 核兵器**　（⊃p.303）
核分裂反応や核融合反応で放出される膨大なエネルギーを対象の破壊に用いる兵器。

用語索引